Oliver Reis

# GOTT DENKEN

Eine mehrperspektivische Gotteslehre

LIT

**Bibliografische Information der Deutschen Nationalbibliothek**
Die Deutsche Nationalbibliothek verzeichnet diese Publikation in der
Deutschen Nationalbibliografie; detaillierte bibliografische Daten sind
im Internet über http://dnb.d-nb.de abrufbar.

ISBN 978-3-643-11698-7

© LIT VERLAG Dr. W. Hopf  Berlin  2012
Verlagskontakt:
Fresnostr. 2    D-48159 Münster
Tel. +49 (0) 2 51-620 320    Fax +49 (0) 2 51-23 19 72
e-Mail: lit@lit-verlag.de    http://www.lit-verlag.de

**Auslieferung:**
Deutschland: LIT Verlag Fresnostr. 2, D-48159 Münster
Tel. +49 (0) 2 51-620 32 22, Fax +49 (0) 2 51-922 60 99, e-Mail: vertrieb@lit-verlag.de

Österreich: Medienlogistik Pichler-ÖBZ, e-Mail: mlo@medien-logistik.at

Schweiz: B + M Buch- und Medienvertrieb, e-Mail: order@buch-medien.ch

# Inhaltsverzeichnis

Einleitung: Die Vorlesung ‚Gott denken' ................................................................. 7
1     Einführung in die theologische Logik .................................................. 11
    1.1     Rahmen der Lehrveranstaltung ..................................................... 11
    1.2     Modelle theologischer Reflexion .................................................. 13
    1.3     Was ist Theologie? ........................................................................ 14
    1.4     Ziel der Lehrveranstaltung ............................................................ 23
    1.5     Reflexionsprozess ......................................................................... 24
2     Gottes Dasein .......................................................................................... 31
    2.1     Reflexionsprozess I ....................................................................... 31
    2.2     Modelle im Verständnis der Gottesgegenwart ............................. 33
    2.3     Reflexionsprozess II ...................................................................... 56
3     Gottes Macht ........................................................................................... 61
    3.1     Thematische Hinführung .............................................................. 61
    3.2     Modelle im Verständnis der Gottesmacht ................................... 63
    3.3     Reflexionsprozess ......................................................................... 84
4     Reflexives Lernen I ................................................................................. 89
    4.1     Reflexion der theoretischen Rekonstruktionen ............................ 89
    4.2     Einführung des fachlichen Kompetenzmodells ............................ 93
    4.3     Lernstand ....................................................................................... 96
    4.4     Anleitung zur Mehrperspektivität und zum
           veränderten Handeln ...................................................................... 97
    4.5     Einführung in die Theorie des reflexiven Lernens ..................... 100
    4.6     Exemplarische studentische Reflexionen ................................... 101
5     Gottes Rede ........................................................................................... 105
    5.1     Reflexionsprozess I ..................................................................... 105
    5.2     Modelle im Verständnis der Gottesrede ..................................... 107
    5.3     Reflexionsprozess II .................................................................... 126
6     Gottes Herrschaft .................................................................................. 131
    6.1     Thematische Hinführung ............................................................ 131
    6.2     Modelle im Verständnis der Gottesherrschaft ........................... 133
    6.3     Reflexionsprozess ....................................................................... 157
7     Gottes Rechtfertigung ........................................................................... 163
    7.1     Reflexionsprozess I ..................................................................... 163
    7.2     Modelle im Verständnis von Leid im Angesicht von
           Gottes Herrschaft ........................................................................ 165
    7.3     Reflexionsprozess II .................................................................... 191

8     Gottes Gewalt ....................................................................... 197
    8.1     Thematische Hinführung ....................................................... 197
    8.2     Modelle im Verständnis der Gewalt Gottes ............................ 198
    8.3     Reflexionsprozess ................................................................. 221

9     Gottes Name ......................................................................... 227
    9.1     Reflexionsprozess I .............................................................. 227
    9.2     Gottes Name als theologisches Problem ............................... 229
    9.3     Reflexionsprozess II ............................................................. 251

10     Gottes Wille ......................................................................... 255
    10.1     Thematische Hinführung ..................................................... 255
    10.2     Modelle im Verständnis des Willen Gottes .......................... 256
    10.3     Reflexionsprozess ............................................................... 280

11     Reflexives Lernen II ............................................................ 285
    11.1     Reflexion der theoretischen Rekonstruktionen .................... 285
    11.2     Anwendungsübung .............................................................. 298
    11.3     Exemplarische studentische Reflexionen ............................ 300

12     Menschen denken Gott ........................................................ 309
    12.1     Rückkopplung Kompetenzmessung ..................................... 309
    12.2     Thematische Hinführung zur Meta-Reflexion des
           Gottdenkens ........................................................................ 312
    12.3     Religion als sinnvoller Taschenspielertrick ......................... 313
    12.4     Reflexionsprozess ............................................................... 330

13     Tiefenstrukturen (christlichen) Gottdenkens ...................... 335
    13.1     Thematische Hinführung ..................................................... 335
    13.2     Tiefenstrukturen religiöser Kommunikation ........................ 337
    13.3     Reflexionsprozess II ............................................................ 363

14     Abschlussreflexion .............................................................. 367
    14.1     Vorbereitung und Durchführung der Abschlussreflexion ......... 367
    14.2     Exemplarische studentische Reflexionen ............................ 369

Literaturverzeichnis .................................................................... 373

Anhang ....................................................................................... 385

# Einleitung: Die Vorlesung ‚Gott denken'

Dieses Buch dokumentiert den Lehrprozess der Vorlesung ‚Gott denken', die ich im Sommersemester 2008, im Wintersemester 2008-09 und im Sommersemester 2010 an der Technischen Universität Dortmund gehalten habe. Die Vorlesung ist Teil eines umfangreicheren Lehrprojektes in der Religionslehrerbildung, bei dem es darum geht, systematisch-theologische Inhalte so zu lehren, dass sie in der Berufsprofessionalisierung von Lehramtsstudierenden fruchtbar werden.[1] Für die Vorlesung ergaben sich daraus die folgenden Kriterien:

1. Die Vorlesung orientierte sich an den Fragen, zu denen auch die späteren Religionslehrer/innen befragt werden. Dadurch veränderte sich die inhaltliche Struktur. Während klassische Vorlesungen zur Gotteslehre nach einer Vorrede zur prinzipiellen Aussagbarkeit von Gottesaussagen eine biblische Grundlegung suchen, um daran die Aussagen der Lehrtradition anzuschließen und aktuelle Glaubensaussagen zu treffen, war diese Vorlesung durch zentrale Anfragen wie die nach dem Dasein, der Macht oder dem Willen Gottes strukturiert.

2. Der Vorlesung musste es gelingen theologische Positionen zu diesen Anfragen in der Kürze der Zeit so trennscharf zu machen, dass deutlich wird, welche Position welche Erklärungsleistung besitzt. Daran musste sich die Auswahl der Theorien und ihre (mediale) Darstellung messen lassen. Dadurch fiel so mancher klassischer Stoff aus der Vorlesung heraus und Nebenspuren wurden anders gewichtet. Es geht also darum, die Positionen so zu *modellieren*, dass ein Diskurs der Perspektiven entsteht. Es wurde von den Studierenden erwartet, dass sie das eigene Denken einer mehrperspektivischen Beobachtung aussetzen – so wie sie auch im späteren Religionsunterricht einerseits eine reflektierte (kirchliche) Position markieren und gleichzeitig die Vielfalt der Positionen der Schüler/innen aufnehmen und weiterentwickeln müssen.

3. Die Vorlesung bietet die theologischen Modelle zu den Anfragen an, um die Studierenden zu einem aktiven Umgang mit dem Glauben zu befähigen. Die gelehrten theologischen Positionen sind Deutungsfolien, die die Studierenden dabei unterstützen, das eigene Gott-Denken und auch das von anderen zu verstehen, um später gezielter Lernprozesse organisieren zu können. Deshalb hat der Lehrprozess gegenüber dem studentischen Lernprozess dienende Funktion. Die Vorlesung fördert diesen mit Reflexionsfragen, die das Verstehen der theologischen Modelle sowie deren Anwendung überprüfen und die gezielt typische, zu kurz greifende Denkmuster irritierten.

---

[1] Die andere Seite des Lehrprojektes, die begründete Planung und die kompetenzdiagnostische Auswertung der studentischen Lernprozesse, ist dokumentiert in *Oliver Reis*, Systematische Theologie für eine kompetenzorientierte Religionslehrer/innenbildung. Ein Lehrmodell im Rahmen der Studienreform, Münster (erscheint 2013). Aus Sicht dieses Buches stellt die hier dokumentierte Vorlesung die Lehrpraxis dar.

Dieses Buch bleibt so nah wie möglich an den real gehaltenen Vorlesungen. Deshalb bilden die möglichen Schüler-Anfragen auch weiter den Leitfaden.[2] Jedes Kapitel bildet außerdem den vielfältigen Diskurs der zentralen theologischen Modelle ab. Die Sitzungen wurden transkribiert, sprachlich geglättet und mit einem wissenschaftlichen Apparat versehen, der die Referenzen ausweist. Viele reale Interaktionen zwischen mir und den Studierenden zu organisatorischen Fragen/Verständnisfragen oder auch weit entfernte Nebenwege wurden dabei entfernt. Ich habe nur diejenigen aufgenommen, die sich als Schlüsselstellen für den weiteren Vorlesungsgang erwiesen haben. Da Datenmaterial von drei Vorlesungen vorliegt, die zwar in den zugrunde liegenden Folien identisch, aber durch die freie Rede und die unterschiedlichen Studierenden sonst jeweils sehr individuell waren, habe ich die drei Vorlesungsgänge in einem systematisiert. Alle Aussagen gehören in einen der Durchgänge, aber in dieser Zusammenstellung hat die Vorlesung nicht stattgefunden. Das weitet die jeweilige Darstellung der Sitzung über das normale Maß der Vorlesung aus und sorgt für eine gewisse Fiktionalisierung. Insgesamt kommt dies aber den Modellen zugute, die nun ausführlicher eingeführt und sorgfältiger untereinander vernetzt werden konnten, als dies in der Live-Situation geschah. Ansonsten habe ich versucht, den mündlichen Charakter und den Sprechort des Hörsaals zu bewahren.

Da dieses Buch zunächst als Lernbuch für die zukünftigen Durchgänge von ‚Gott denken‘ funktionieren soll, habe ich die zentralen Folien als Leitmedien und die Reflexionsfragen an die Studierenden integriert. Um einen Einblick in die studentischen Lernprozesse zu geben, sind außerdem die Antworten auf die Reflexionsfragen von drei Studierenden enthalten. Im Anhang sind die Textfragmente beigefügt, die auf der online-Plattform *ews* eingestellt sind und auf die ich mich in der Vorlesung als *ews-Text* beziehe.[3] Damit unterstützt das Buch den eigenständigen Lernprozess zur Vorlesung. Neben dieser Funktion als Lernmedium verstehe ich das Buch aber auch als offene Einladung an alle, die Interesse haben, den ‚Hörsaal‘ zu betreten und diese eigenartige theologische Lehre über die Rede von Gott mitzuverfolgen. Hoffentlich wird das eigene Gottdenken im Spiegel der verschiedenen Positionen produktiv angeregt! Das Buch kann aber auch als fachwissenschaftlicher, erkenntnisorientierter Beitrag zur Systematischen Theologie gelesen werden, der durch den spezifischen Entstehungsort der Lehre eine spezifische Form gewinnt. Wie in der Form der ‚Dialoge‘ wird der Erkenntnisgegenstand in der ‚Vorlesung‘ als spürbarer, konkreter Kontext in Auseinandersetzung mit dem Verstehen und Fragen der Hörer prozesshaft entwickelt. Dabei entsteht in der Zusammenstellung der Perspektiven zu den kritischen Anfragen eine dichte, aktuelle, hörende und ordnende Rede von Gott, die um die Stärken und die Grenzen ihrer eigenen Rede weiß.

---

[2] Die Auswahl der Anfragen und die Logik der Reihenfolge werden in Fußn. 20 erläutert.

[3] Auch Leser/innen außerhalb der Lehrveranstaltung können dieser Plattform beitreten, um sich z.B. mit eigenen Fragen an der Weiterentwicklung zu beteiligen oder einfach nur um die Folien in Farbe herunterzuladen, die in diesem Buch bis auf wenige Ausnahmen in Graustufen präsentiert werden. Bei Interesse wenden Sie sich per Mail an mich (oliver.reis@tu-dortmund.de).

Erkenntnisgewinne auf dieser Ebene verlangen allerdings einen Perspektiv-wechsel in die für Experten ungewohnte Hörer-Rolle.

Zum Schluss: Dieses Buch wäre nicht ohne die tatkräftige Unterstützung von Frau Agnes Filipiak, Frau Kathrin Stolz und Frau Laura Wagner entstan-den, die die Lehrveranstaltung über die Semester begleitet haben und die dafür gesorgt haben, dass aus der vagen Idee eines Lehrbuches zur Vorlesung Wirk-lichkeit geworden ist. Vielen Dank dafür! Mein Dank gilt auch vielen Kolleginnen und Kollegen aus Dortmund sowie aus verschiedenen Netzwerken, die mein theologisches Denken über die gemeinsamen Lehr- und Lernjahre mitge-formt haben. Daran haben einen ganz besonderen Anteil auch die Dortmunder Studierenden, die mein Gegenüber in der Lehre sind und die mich herausfor-dern, neugierig und offen von Gott zu sprechen.

Dortmund, den 1. März 2012

# 1 Einführung in die theologische Logik

## 1.1 Rahmen der Lehrveranstaltung

Ich begrüße Sie zu der Vorlesung 'Gott denken'. Wir werden nun ein Semester lang verschiedene Aspekte der Gottesfrage untersuchen. Das geschieht auf eine ungewöhnliche, aber hoffentlich auch interessante, spannende Weise. Hierzu ein paar Bemerkungen:

Jede der folgenden 14 Sitzungen besteht aus einem Inputteil, der ca. 60 Minuten dauern wird. Je nach Sitzung wird es so sein, dass Sie vor oder nach dem Input Reflexionsübungen vorgelegt bekommen. Für die 'aktive Teilnahme' als Studienleistung ist es notwendig, dass Sie ein Studientagebuch führen. Das Studientagebuch besteht aus Ihrer Mitschrift und eben diesen Reflexionsübungen, die dazu dienen, dass Sie Ihr eigenes Denken zu den Gottesfragen ausdrücken, mithilfe der Theorien besser verstehen, klären oder auch weiterentwickeln können. Das Studientagebuch dokumentiert insofern Ihren Lernprozess mithilfe der Vorlesung. Mir ist wichtig, dass Sie das verstehen: Die Vorlesung liefert Theorien, mit deren Hilfe Sie Ihr Denken ordnen, verstehen, bewerten, entwickeln können. Ich stelle also nicht einfach den Forschungsstand zur Gotteslehre dar, sondern ich biete Ihnen für Fragen, bei denen Sie als angehende Lehrer und Lehrerinnen eine reflektierte Position brauchen, Theorien an. Diese Theorien machen das Problem hinter den Fragen deutlich und zeigen mögliche Lösungsmöglichkeiten mit Stärken und Schwächen. Die ausgewählten Fragen – vergleichen Sie hierzu die Übersicht – habe ich zum einen aus empirischen Untersuchungen zu Schülerfragen übernommen (Gottes Dasein, Gottes Macht, Gottes Rechtfertigung, Gottes Gewalt[4]), zum anderen sind es Fragen, die mir Ihre Kommilitonen immer wieder stellen (Gottes Wille, Gottes Rede) und schließlich habe ich Fragen ausgewählt, die den Bogen der Vorlesung abschließen und einzelne Elemente vernetzen (Gottes Name, Gottes Herrschaft). Die letzten beiden Sitzungen (Menschen denken Gott, Tiefenstrukturen des Gottdenkens) bringen noch einmal eine Meta-Perspektive auf das Gottdenken. Wir sehen uns von außen, in einer kritischen Distanz, unsere theologischen Reflexionen an. Die Theorien in diesen beiden Sitzungen sollen Ihnen helfen, den eigenen Standpunkt des theologischen Denkens und Redens in seinen Grenzen und Chancen zu entdecken. Das ist heute notwendig, da die nicht hinterfragte Kommunikation über und im Glauben nur noch selten funktioniert. Vielmehr ist es Ihre Aufgabe den Kommunikationsmodus und damit den Wirklichkeits- und Relevanzanspruch mit zu entfalten. So fügen sich hoffentlich die Sitzungen zu den Aspekten der Gottesfrage und die beiden Meta-Sitzungen zusammen.

Sie merken schon, dass es mir in dieser Lehrveranstaltung darauf ankommt, Ihre theologischen Reflexionsmöglichkeiten zu entfalten. Ich glaube, dass Sie

---

[4] Vgl. z.B. *Rainer Oberthür,* Kinder und die großen Fragen. Ein Praxisbuch für den Religionsunterricht, München 1995, 14-16. Siehe aber auch Fußn. 20.

für die Bewältigung der Schulpraxis in der universitären Phase Ihrer Ausbildung vor allem lernen können, Ihre bisherigen intuitiven Reflexionsmuster mithilfe von Theorien zu ordnen, aufeinander abzustimmen, begründen zu können. Sie können hier Denkwege routinisieren, auf deren Grundlage Sie später Religionsunterricht planen, durchführen, reflektieren oder auch nur einfach in Kommunikationssituationen sprachfähig bleiben. Ohne diese vernetzende Reflexion wird es Ihnen kaum gelingen, zum einen eine *theologische Grundposition* zu entwickeln, die in sich ausreichend konsistent und komplex ist, und zum anderen auch von dieser Grundposition aus *inhaltliche Lernprozesse* für die Schüler/innen zu *gestalten*[5]. Denn dafür müssen Sie Ihr eigenes Denken und das der Schüler/innen von außen beschreiben und rekonstruieren können. Also nutzen Sie die Zeit an der Universität, um die grundlegenden theologischen Reflexionshandlungen zu erlernen oder zu professionalisieren.

Gerade weil Ihre Reflexionsfähigkeiten für mich einen zentralen Schlüssel zur Lehrprofessionalität darstellen, werden wir diese Fähigkeit in zwei Sitzungen zum *Reflexiven Lernen* selbst zum Thema machen. Sie bekommen in diesen Sitzungen eine Rückmeldung über Ihre Stärken und Schwächen in der theologischen Reflexion. Ich hoffe, Sie können sich mit diesem Auftrag identifizieren und begreifen die Übungen als Aufgabe mit einem Wert für Sie selbst, da Sie dann Motivation freisetzen können, wie Sie sie im Studium sonst leider nur selten an sich selbst erfahren können.

Das Studientagebuch bietet die Grundlage für unsere Entscheidung, ob Sie die Studienleistung erbracht haben oder nicht. Das hängt im Wesentlichen davon ab, welche Qualität die Reflexionsübungen besitzen, und genau diese werden wir sehr differenziert erheben. Das ist nun ganz entscheidend: Wir bewerten nicht, welche Position Sie vertreten. Würden wir das tun, wäre die Prüfungsform des Studientagebuches nicht sinnvoll, weil wir Sie zu persönlichen Reflexionen über Ihr Gottdenken ermuntern und dann bestimmte inhaltliche Einstellungen verurteilen würden. Wir bewerten dagegen, ob es Ihnen gelingt, mithilfe der Theorien das eigene Gottdenken zu verstehen. Die aktive Teilnahme hängt deshalb davon ab, ob Sie in der Reflexion ein Mindestmaß darin erreichen, das eigene Denken theoretisch zu erfassen. Welche Unterschiede wir hier machen und wie wir Sie einschätzen, werden Sie schon in der dritten Sitzung ausführlich erfahren. Da diese Unterscheidung im letzten Semester Schwierigkeiten machte, betone ich noch einmal: Sie können Ihre ehrliche Meinung zu den Aspekten der Gottesfrage schreiben, wir erwarten aber, dass Sie diese Meinung auf einem gewissen Niveau reflektieren können. Deshalb sollten Sie sich von Anfang an Mühe bei den Reflexionen geben.

---

[5] Das entspricht den Kompetenzanforderungen der KMK von 2008 an die universitäre Religionslehrerbildung (vgl. *Ländergemeinsame inhaltliche Anforderungen für die Fachwissenschaften und Fachdidaktiken in der Lehrerbildung.* Beschluss der Kultusministerkonferenz vom 16.10.2008 i.d.F. vom 08.12.2008, hg. v. Sekretariat der ständigen Konferenz der Kultusminister der Länder in der Bundesrepublik Deutschland, 34f. [Quelle: www.kmk.org/fileadmin/veroeffentlichungen_beschluesse/2008/2008_10_16-Fachprofile.pdf, 02.06.2010].

Zu den Spielregeln: Diese Lehrveranstaltung verknüpft die zwei Lehrformate 'Übung' und 'Vorlesung' miteinander. Sie können grundsätzlich auch während der Vorlesung Fragen stellen, doch ich entscheide jeweils, welchen Raum dies bekommt. Ich möchte die 60 Minuten Input pro Sitzung einhalten und werde deshalb darauf achten, dass der eigentliche Vorlesungsteil kompakt als solcher erkennbar bleibt. Während der Vorlesung gilt also, dass ich das Rederecht in der Regel für mich in Anspruch nehme und nur selten an Sie weitergebe. Das heißt, dass Sie in der Vorlesungsphase auf Nebengespräche verzichten und sich darauf konzentrieren, die Theorien mit Blick auf ihr Lösungspotenzial für die Frage zu verstehen. Der Übungsteil hat einen anderen Charakter. Leise Gespräche sind erwünscht, Sie können die Kommilitonen oder auch meine Mitarbeiterinnen, Frau Stolz und Frau Buballa, oder auch direkt mich ansprechen, wenn Sie Fragen haben. Damit die Reflexionen sinnvoll erfolgen können, ist auch hier darauf zu achten, dass ein gewisser Geräuschpegel nicht überschritten wird.

Das Lernprodukt in dieser Lehrveranstaltung ist das Studientagebuch. Dieses können Sie erstellen, ohne dass Sie hier anwesend sind. Wir werden wöchentlich die Folien der Vorlesung und die Reflexionsübungen in *ews* einstellen[6]. Die Reflexionsübungen werden wöchentlich hier bis nach der Veranstaltung abgegeben oder bis 15 Uhr eingescannt und den beiden Mitarbeiterinnen zugemailt. Es ist so möglich, den Lernprozess zu vollziehen, ohne wöchentlich anwesend zu sein. Allerdings sind die Folien nicht als Selbststudiumsmaterial angelegt. Sie bieten Visualisierungen, Stichworte, Zusammenhänge, die erst mit meiner Rede vollständig sinnvoll werden.

## 1.2    Modelle theologischer Reflexion

Nach dieser Vorrede zu dem didaktischen Auftrag der Vorlesung und den formalen Teilnahmebedingungen möchte ich nun inhaltlich einsteigen. Die heutige Sitzung ist eine Einführungssitzung. Sie soll zeigen, was die Theologie von anderen Disziplinen unterscheidet, weil die theologische Reflexion auf eine bestimmte Weise funktioniert. Das ist vielleicht schon etwas irritierend für Sie, aber die theologische Reflexion folgt bestimmten Regeln, die Sie beherrschen müssen, wenn Sie als Theologin und Theologe in dieser Wissenschaft oder auch in dieser Kirche etwas mitteilen wollen. Entgegen der landläufigen Meinung, dass jede/r in Glaubensdingen kompetent ist, gibt es tatsächlich Grundregeln, wie theologische Aussagen innerhalb des Christentums angemessen zu bilden sind. Hier sind wir oft nicht genau genug. Viele Probleme innerhalb des Gottdenkens entstehen nicht durch theologische Reflexionen, sondern verdeckt durch psychologische, soziologische oder ethische Reflexionen, die ihrerseits anderen Regeln folgen. Hierfür sollen Sie mit der heutigen Sitzung ein erstes Gespür entwickeln. Die Frage, auf die die heutige Sitzung reagiert, wäre also:

---

[6] *ews* ist die Lernplattform der TU-Dortmund, zu der sich die Studierenden angemeldet haben.

*„Wofür überhaupt eine wissenschaftliche theologische Reflexion? Es kann doch jeder denken, was er/sie will!"*

Für diese einführenden Überlegungen folge ich der evangelischen Theologin Dorothee Sölle (†2003), die aber auch Generationen von katholischen Theologen und Theologinnen stark beeinflusst hat. Sie hat 1990 ein Buch mit dem Titel „Gott denken. Einführung in die Theologie"[7] vorgelegt, das dieser Vorlesung insgesamt als Vorbild dient. Das ist weniger inhaltlich gemeint – abgesehen von der heutigen Einführungssitzung wird sie uns eher nur ab und zu noch begleiten – als vielmehr formal. Das Buch hat u.a. deswegen eine gewisse Berühmtheit erreicht, weil Sölle darin wichtige Fragen des christlichen Glaubens wie Schöpfung, Sünde, Gnade, Auferstehung vor dem Hintergrund dreier theologischer Konzepte durchspielt: der liberalen, der orthodoxen und der radikal befreiungstheologischen-marxistischen Theologie. Sie zeigt überzeugend, wie die jeweilige Theologie im Hintergrund das theologische Denken zu den Einzelfragen prägt. Und genau an diese formale Struktur schließt sich die Vorlesung an, auch wenn die Hintergrundpositionen und die inhaltlichen Aspekte andere sind.

Für Sölle ist die dritte, erfahrungsorientierte Grundposition den anderen beiden theologisch so sehr überlegen, dass die beiden grundsätzlich abgewertet werden. Auch diese Hierarchisierung fehlt in dieser Vorlesung. Ich biete Ihnen zu den Aspekten der Gottesfrage jeweils die verschiedenen Theorien an, damit Sie sich selbst in der Vielfalt besser kennen lernen. Da jede dieser Theorien klare Stärken und Schwächen hat, gibt es keinen Zwang, eine theologische Grundposition als die richtige zu lernen. Wichtig ist aber, das eigene Denken in den theologischen Kategorien kennen zu lernen und überhaupt und zu sehen, ob und inwiefern das eigene Denken als theologisches Denken durchgeht.

## 1.3     Was ist Theologie?

### *1.3.1     Begriffsbestimmung*

Zu Beginn: Was ist eigentlich Theologie? Der Begriff Theologie setzt sich aus zwei Ausdrücken zusammen: 'theos' (Gott) und 'logos' (Lehre, Vernunft). Sölle unterscheidet sehr genau, zwischen einem Verständnis von Theologie als die Lehre *von* Gott und Theologie als die Lehre *über* Gott. Gibt es da einen wesentlichen Unterschied? Schauen wir uns die erste Variante an: Wir nehmen an, dass Theologie die Lehre über Gott wäre. Das wäre dann Blasphemie, sagt Sölle.[8] Warum? Die Präposition 'über' drückt aus, dass wir einen Gegenstand hätten, der hier unter uns begrenzt und verfügbar wäre. Diesen Gegenstand könnte ich nun sezieren, in allen Einzelheiten beschreiben und sagen, dass Gott so und so ist.

---

[7] *Dorothee Sölle*, Gott Denken. Einführung in die Theologie, Stuttgart 1990.
[8] Vgl. *Sölle*, Gott Denken, 1990, 9.

*S: Aber ist das nicht genau das, was Theologie tut?*

Eine gute Theologie passt auf, dass sie nicht zu einer Rede *über* Gott wird, so als hätte jemand Gott im Griff. Unsere Sprache, das werden Sie auch merken, arbeitet natürlich immer genau an der Grenze, das zu tun, ihn 'einzupacken'! Nehmen wir so typische Anfragen wie: „Ja, aber wieso lässt Gott so etwas zu, wieso tut Gott so etwas?" Dann stecken in der Frage und den meist rationalisierenden Antworten schon einige Annahmen darüber, wie Gott ist bzw. wie Gott eigentlich sein müsste, damit er Gott sein kann [→ **Gottes Rechtfertigung, Gottes Name**]. Auch das ist ein Reden *über* Gott. Mir ist aber von Anfang an wichtig, die Wahrung dieser Grenze als Qualitätsmerkmal einer guten Theologie zu bestimmen. Kann man überhaupt Theologie betreiben und diese Grenze beachten? Ich hoffe doch! Achten Sie darauf, welcher Position es wie gut gelingt!

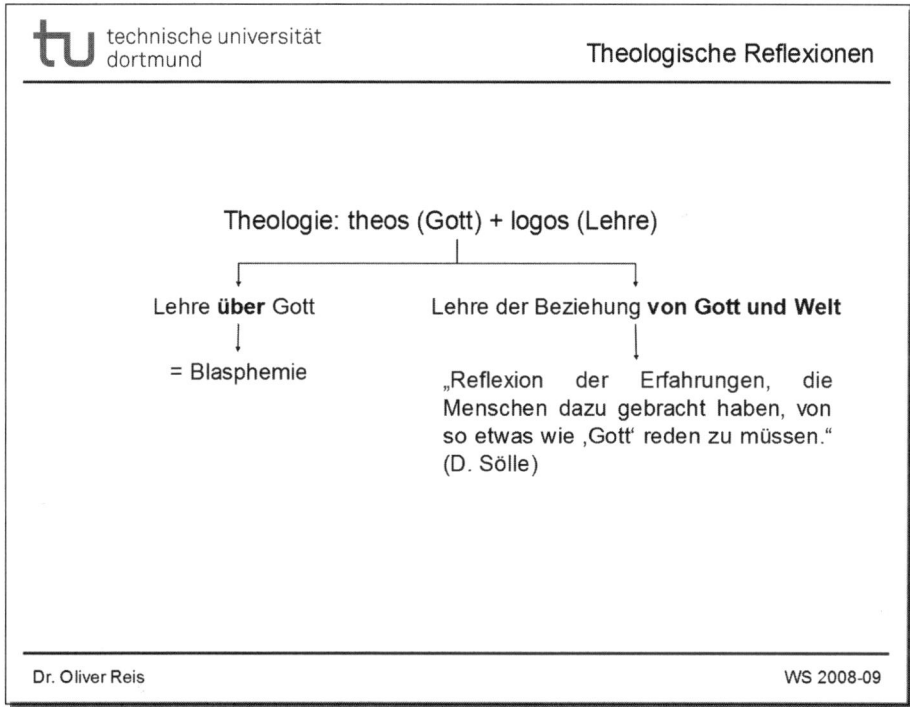

Das andere – und das will Theologie sein – ist eine Rede *von* Gott. Sie erzählt damit von Gott und seiner Beziehung zur Welt. Sie kann das allerdings nur tun, wenn sie von einer vertrauensvollen Beziehung zu Gott getragen ist. In der Theologie reflektieren wir unsere Beziehung zu Gott, die ihren Kern in der Rede zu Gott hat. Deshalb hat die theologische Rede letztlich gut versteckte Wurzeln im Gebet – weniger in der sezierenden, verobjektivierenden und darin scheinbar wissenschaftlichen Rede. Gerade weil sie von der Beziehung zu Gott als Person ausgeht, kann sie auch nicht einfach nur die Reflexion dessen sein, was Menschen über Gott denken. Das ist ein Unterschied! Wenn Theologie die menschlichen Gedanken von Gott systematisieren würde, dann ginge es nicht mehr darum, Gott als Person die angemessene Ehre zu erweisen, ihn zu verherrlichen. Das ist aber der Auftrag der Theologie.[9] Auch wenn sich so vielleicht sauberer Wissenschaft betreiben ließe, das ist keine Theologie mehr, sondern vielmehr Religionswissenschaft. Da beschreibe ich möglichst objektiv den Glauben von Menschen. Theologie setzt dagegen voraus, dass es diesen Gott in einer bestimmten Beziehung zur Welt gibt und unsere Profession, Ihre Profession als angehende Theologen und Theologinnen, ist es zu fragen und darüber zu sprechen, wie sich Gott zur Welt verhält.

Darüber können natürlich alle Gläubigen sprechen, sie erleben, erfahren in und an ihrem Leben, wie sich Gott zur Welt verhält. Die Theologie denkt über diese Erfahrungen nach. Dorothee Sölle sagt: Theologie ist die „Reflexion der Erfahrungen, die Menschen dazu gebracht haben, von so etwas wie ‚Gott' reden zu müssen."[10] Dahinter steht auch die Erkenntnis, dass gerade dann, wenn ich Gott als Person mit einem Willen für die Welt ernst nehme, die Erfahrungen im Glauben geprüft werden müssen. Nicht nach unseren Maßstäben, sondern von Gott selbst her. Und natürlich gilt das auch für unser Nachdenken selbst. Die Theologie muss auch klären, welche Art der Reflexion gut ist, welche diesem Gott oder eben seiner Beziehung zur Welt nicht gerecht wird. Theologie ist, so könnte man mit Dorothee Sölle sagen, ein bestimmter Modus des Glaubens (die Art und Weise) den Glauben zu (be)denken.[11]

### 1.3.2   Hörendes und ordnendes Denken

Wir bedenken Glauben nach bestimmten Regeln. Dabei gibt es zwei unterschiedliche Arten das zu tun (also Glauben zu bedenken und diese Beziehung zu dem, was wir Gott nennen): Das eine ist ein *hörendes, antwortendes Denken* von der Rede Gottes her.[12] Sölle entwickelt dieses Kriterium von dem hebräischen Umgang mit dem Text her. Hörendes, antwortendes Denken von der Rede Gottes her geht von der Beziehung mit Gott, der Vereinigung mit dem Erkenntnisgegenstand aus. Gott denken ist dann stark von der Liebe zu Gott geprägt. Und in dieser Beziehung zueinander spricht Gott zu seinen Menschen im Bund. Was aber ist die Rede Gottes? Wir werden uns in der Sitzung zu Gottes Rede noch genauer mit der Behauptung auseinander setzen, Gott 'rede' zu den Menschen. An dieser Stelle ist es aber wichtig zu sehen, dass es eine wesentli-

---

[9] Vgl. auch *Jürgen Werbick*, Gott verbindlich. Eine theologische Gotteslehre, Freiburg/Basel/Wien 2007, 21f, 25.
[10] *Sölle*, Gott Denken, 1990, 9.
[11] Vgl. *Sölle*, Gott Denken, 1990, 11.
[12] Vgl. hierzu auch die Doppelstruktur des *auditus fidei* und des *intellectus fidei* in der Enzyklika Fides et Ratio von Johannes Paul II. (vgl. *Fides et Ratio*. Enzyklika v. Papst Johannes Paul II., hg. vom Sekretariat der Deutschen Bischofskonferenz, Bonn 1998, Nr. 65).

che Voraussetzung der Theologie ist, dass sie auf Gottes Rede hört und ihr verpflichtet ist. Gott *spricht* offenbar und die Theologie verhält sich dazu.

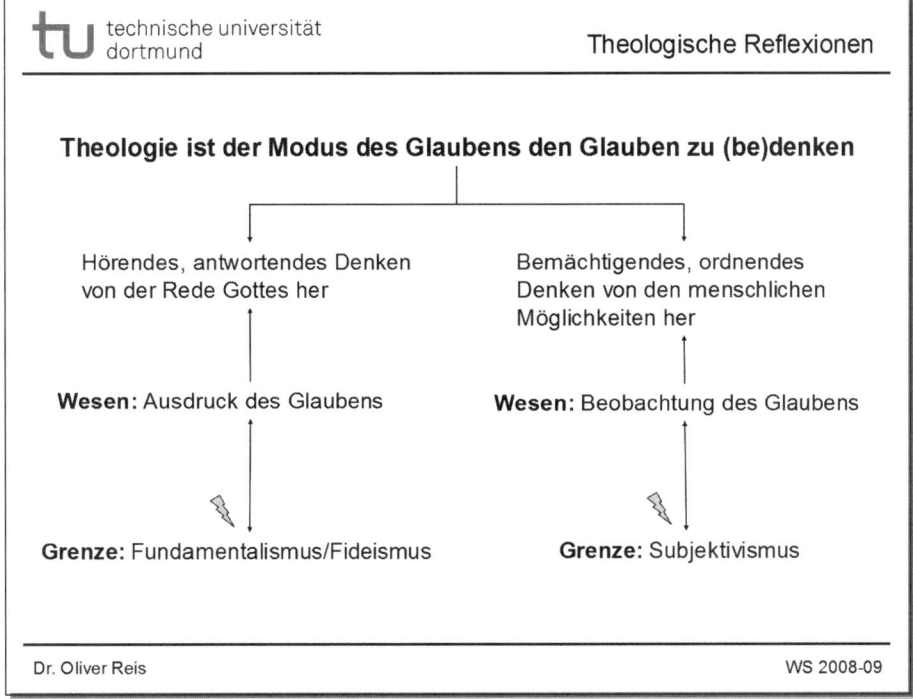

Aber wo und wie spricht Gott denn überhaupt? Wo wird Gott für uns überhaupt zu jemandem, der uns etwas sagen kann? Ansonsten wäre das Merkmal ja sinnlos.

*S: Mir fallen dazu die Schrifttexte ein.*

Die Bibel kann so verstanden werden, dass Gott in und/oder durch sie spricht. Die Tradition wird in dieser Perspektive zum Versuch, diese Rede weiter zu sagen/weiter zu sprechen.

*S: Setzt das nicht voraus – das haben ja Menschen geschrieben – dass die das richtig verstanden haben?*

In der Sitzung zu **Gottes Rede** werden wir uns genauer mit dem Problem beschäftigen. Richtig ist, dass wir heute unhinterfragt davon ausgehen, dass die Bibel oder auch andere Situationen, in denen Menschen sagen, dass Gott zu ihnen gesprochen hat, zunächst Menschenworte sind und wir viel theologische Denkarbeit brauchen, um zu klären, ob das Menschenwort oder die menschliche Erfahrung Gottes Rede sein kann. Weil sich Theologie auch als hörende Wissenschaft versteht, muss sie klären, ob es eigentlich eine Gottesrede gibt, die nicht wieder ihre eigene Rede ist. Hier tritt eine gewisse Zirkularität auf – das meint einen Kreisschluss im Denken –, die uns in der Vorlesung begleitet. Aber das ist für die Theologie überhaupt nur ein Problem, weil sie als Denkprämisse hat, dass dieser Gott tatsächlich spricht. Theologie kann ich nicht betreiben, wenn ich nicht davon ausgehe, dass Gott tatsächlich spricht. Eine gute Theologie hört und hat gute Ohren dafür, was Menschen mit diesem Gott erfahren haben. Sie hört diesen Erfahrungs- und Erzählströmen zu und will diese Ströme weitererzählen.

Wichtig ist, dass Sie Gottes Rede nicht als etwas Vergangenes begreifen. Dieses Zuhören ist ein Akt der Gegenwart, weil auch Gottes Rede in der Gegenwart erfolgt. Die Theologie hört nach, was früher von Gott gehört wurde, weil es wichtig ist, um die heutige Gottes Rede zu identifizieren. Es ist unsere Aufgabe zuzuhören. Ich sehe es bei mir selbst, aber auch in Gesprächen mit Ihnen, dass wir diese Fähigkeit des Hörens nicht mehr pflegen. Wir haben schon längst über die Kirche, über Gott, den Papst, Jesus geurteilt, wie es sein muss oder müsste, wenn es mit rechten Dingen zugehen soll. Für die Theologie steht aber am Anfang immer das Zuhören dessen, was Menschen als Rede von Gott ausgewiesen haben, bevor sie sich überlegt, was heute zu hören ist. Und genau dann kann uns klar werden, dass Gottes Rede nicht abgeschlossen ist.

Das Hören bestimmt also, was Gottes Rede sein kann. Darin liegt zweierlei: 1. Jedes Mal, wenn Menschen sagen, dass Gott zu ihnen spricht oder in unsere Zeit hinein, dann muss sich diese Rede an dem ausweisen, was schon gehört wurde. Diese kritische Reflexion bindet den Glauben an die Geschichte einer Gemeinschaft und an die Gemeinschaft selbst. Das ist notwendig, „um nicht im Subjektivismus des ‚Jeder hat so seinen Glauben' zu verkommen."[13] 2. Das bedeutet freilich nicht, dass es die Aufgabe der Theologie ist, einfach nur das früher Gehörte zu wiederholen. Sölle hierzu:

> „Eine Theologie, die Schrift und Tradition nur wiederholt, sozusagen versteinernd repitiert und nicht artikuliert, was der Text im gegenwärtigen Kontext zu sagen hat, verfehlt ihre Aufgabe für das Volk Gottes."[14]

Sölle markiert hier eine Extremform des Hörens, die die Theologie nur noch dafür benutzt, das reine Nachreden als einzig rechtgläubige Form zu begründen. Diese Extremform hat zwei Gesichter, die ganz zusammengehören und aktuell im Christentum besonders wirkmächtig sind. Da ist zum einen der *Fundamentalismus:* die Gottesrede ist in der Bibel wörtlich erfolgt und muss genau in dieser Form bewahrt und darf nicht durch äußere Theorien angefragt werden. Jede Generation hat die Pflicht nach diesem Wort zu leben und damit die Vergangenheit zur Gegenwart zu machen. Das ist zum anderen der *Fideismus*[15]: der Glaube geht aller Reflexion voraus und ist selbst nicht mehr Gegenstand der Vernunft, da genau dies den Glauben einem fremden Maßstab unterwerfen würde.

---

[13] *Sölle*, Gott Denken, 1990, 11.
[14] *Sölle*, Gott Denken, 1990, 12.
[15] Vgl. *Peter Walter*, Fideismus, in: ³LThk, Bd. 3, Sp. 1272f.

Die röm.-katholische Kirche – sowie Teile der evangelischen Kirche – lehnen dieses Verständnis als untheologisch ab[16] und stellen dem Hören und Antworten auf die Rede Gottes das *bemächtigende, ordnende Denken* von den menschlichen Möglichkeiten her komplementär zur Seite. Dieses theologische Denken hat seine Wurzeln in dem antiken hellenistischen Denken gewonnen. Theologie heißt in diesem Sinne auch, dass ich mit dem, was ich kann/mit dem was ich weiß, selber denke, dass ich Gottes Beziehung zur Welt unterscheidend wahrnehme. Diese Unterscheidung braucht jedoch Kriterien, die sich aus dem Hören ergeben. Aber trotzdem ist es ein wirklicher, menschlicher Akt, der auch die Anstrengung braucht, um die richtigen Worte zu ringen, damit möglichst keine falschen Zungenschläge, keine vorschnellen Lösungen, kein Zuviel-sagen-Wollen und keine falsche Scheu unsere Rede von Gott verstellen.[17] Große Theologen und Theologinnen werden deshalb als solche verehrt, weil es ihnen gelungen ist, Gottes Wort in einer bestimmten Zeit durch ihre Erkenntnisse, durch ihre Sprache ein lebendiges und überzeugendes Gesicht zu geben. Die Theologie als ein besonderer Modus des Glaubens unterwirft den Glauben und das Wort Gottes einer Beobachtung von außen, aber nicht zum eigenen Selbstzweck, sondern für das Wort Gottes selbst. Aus Sicht der Theologie hält das Wort Gottes diesen Gang durch die menschliche Reflexion aus, sein Bedenken schwächt es nicht, sondern macht es möglich, dass jede Generation das Wort frisch und unverbraucht und lebenspendend hören kann. Stimmt dies nicht, sind der Fundamentalismus und der Fideismus ohne Alternative.

Das bemächtigende Ordnen hat seine eigene Grenze. Es kann vergessen lassen, dass wir mit unseren Möglichkeiten, mit unseren Beobachtungsmöglichkeiten auf das Hören in einer Gemeinschaft verwiesen sind. Wenn wir den Glauben oder auch die Theologie wie von außen beobachten, so sind wir darin als Glaubende frei. Wenn wir in der Beobachtung diese Verbindung aufgeben, dann wird das bemächtigende Ordnen zum Selbstzweck und wir sind bei der Rede *über* Gott gelandet.[18] So hat diese Seite ihre eigene verzerrte Denkform. Da ist zum einen der *relativistische Subjektivismus*, den Sölle oben als glaubensfern beurteilt hat: Jeder glaubt, was er glaubt! Es gibt keine Wahrheit mehr, von der aus die einzelnen Standpunkte beurteilt werden können. Da ist zum anderen ein gewisser *positivistischer Rationalismus*: Gottes Handeln und Reden müssen rational erklärbar sein, wenn sie legitim sein wollen. Gott fügt sich so in das Kategoriensystem der Welt ein und er kann außerhalb dessen keine Geltung mehr beanspruchen. Wenn Christen z.B. fordern: „Wir können selbst bestimmen, ob Frauen Priesterinnen werden können oder nicht. Wenn das die Glaubensgemeinschaft heute für richtig hält, so gibt es keine gute Gründe, dass Rom dieses Recht den Frauen vorenthält.", dann hat diese Art zu denken nichts Hö-

---

[16] Vgl. *Die Interpretation der Bibel in der Kirche, Die päpstliche Bibelkommission, hg. v. Sekretariat der Deutschen Bischofskonferenz, Bonn 1993, 61-63.*

[17] Vgl. *Werbick*, Gott verbindlich, 2007, 70.

[18] Vgl. *Die Interpretation der Bibel*, hg. v. d. Päpstlichen Bibelkommission, 1993, 15 (mit Verweis auf Dei Verbum 12), 66-68.

rendes! Es klingt so richtig, ist aber ebenso untheologisch gedacht, wie dies im Fundamentalismus geschieht. Theologie ist nicht Politik – auch wenn sie politisch wird –, sie liefert nicht die Gründe für unsere Taten.

Theologie – das kann man von Sölle lernen – besteht deshalb darin, das antwortende Hören und das bemächtigende Ordnen in eine Beziehung zu bringen, in der das eine das andere bedingt. Das ist die hohe Kunst der Theologie: Im Hören so zu ordnen, dass etwas verstehbar wird und im Ordnen zu zeigen, dass genau das schon immer zu hören war! Das ist schwer und es ist so viel einfacher, fundamentalistisch oder subjektivistisch das eine oder das andere zu betonen. Gerade für Sie als angehende Religionslehrer/innen gehört es aber zur Professionalität die Grenze zu beiden Extremen zu wahren. Denn professionell zu handeln heißt u.a., dass Sie angemessen innerhalb der Standards der Kirche handeln und diese lassen beide Pole als religionspädagogische Grundhaltung nicht zu.[19] Gerade Sie werden als Experten wahrgenommen, die die Grenze ziehen können, um den eigentlichen, angemessenen Ort des Glaubens und der Glaubensreflexion zu bestimmen – und dieser Ort integriert beide Seiten. Aber auch didaktisch ist der komplexe Ort der einzig richtige: Denn wenn wie im Subjektivismus *alles* gesagt werden kann oder wie im Fundamentalismus *nur ganz Bestimmtes*, dann ist die Kommunikation im Unterricht schnell versandet.

Die entscheidende Frage ist deshalb, ob es möglich ist, – wie das der Religionspädagoge Rudolf Englert formuliert hat – sich in der Gottesrede einzuwohnen, so dass sie zu einem begleitenden, umarmenden Wort wird, welches Wirklichkeit schafft.[20] Die Theologie muss dies voraussetzen können. Wenn sie nicht mehr zuhören und verstehen will, dann ist sie keine Theologie mehr. Religionsgemeinschaften, denen es darum geht, die gegenwärtige Welt der Vergangenheit anzupassen, brauchen keine Theologie – genau wie Menschen, die nicht mehr zuhören wollen, weder Theologie noch überhaupt eine Religionsgemeinschaft brauchen. Sie jedoch geben Religionsunterricht im Namen einer Glaubensgemeinschaft, die sich der theologischen Reflexion unterwirft und deshalb ist ein grundlegendes Theologiestudium Voraussetzung für den Lehrberuf.

### 1.3.3 Beziehung von Glaube und theologischer Reflexion

Mit der scholastischen Formel ‚*fides quaerens intellectum*' drückt der christliche Glaube die Bindung von Glaube und theologischer Reflexion aus. Diesen Satz kann man verschieden auslegen. Man kann ihn übersetzen mit „Der Glaube befragt den Verstand." oder „Der Glaube auf der Suche nach Einsicht."

---

[19] Vgl. *Der Religionsunterricht vor neuen Herausforderungen, Die deutschen Bischöfe.* Hg.v. Sekretariat der Deutschen Bischofskonferenz, Bonn 2005, Kap. 3.3.
[20] Vgl. *Rudolf Englert*, Der Religionsunterricht nach der Emigration des Glaubens-Lernens, in: KatBl 123 (1998), 4-12, hier 10.

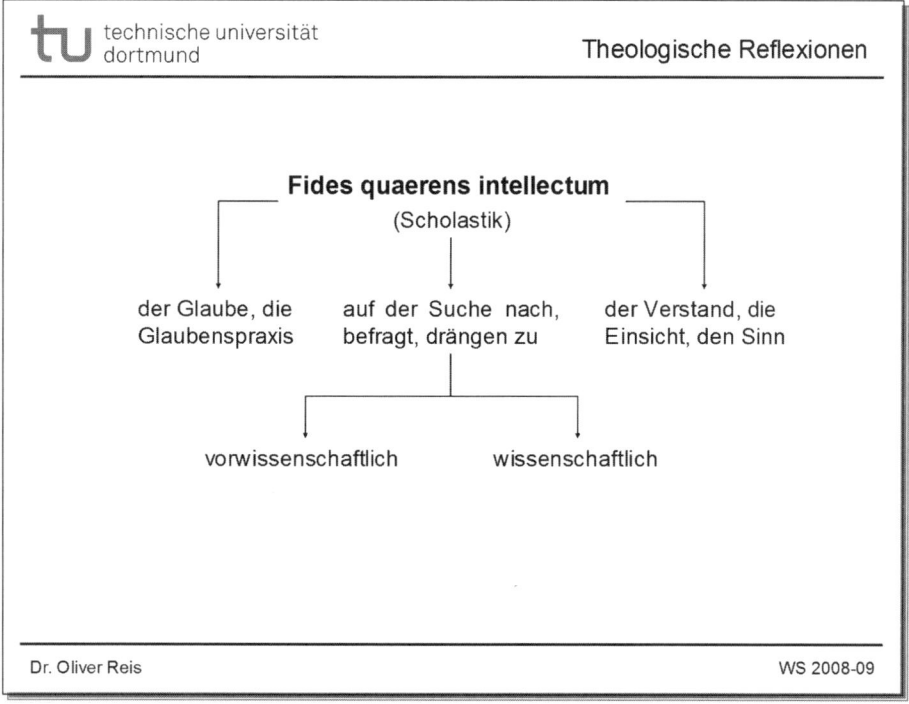

**Fides quaerens intellectum**

(Scholastik)

der Glaube, die        auf der Suche nach,        der Verstand, die
Glaubenspraxis        befragt, drängen zu        Einsicht, den Sinn

vorwissenschaftlich        wissenschaftlich

Dr. Oliver Reis        WS 2008-09

Der zweite Satz betont, dass der Glaube immer seine eigene Verstehbarkeit sucht, er scheut die kritische Reflexion nicht: „Es ist nicht ein Zeichen starken, sondern schwachen Glaubens, wenn unsere Suche (nach der Einsichtigkeit; O.R.) schnell endet und wenn der Glaube das Licht der Vernunft scheut."[21] Und diese Verstehbarkeit bindet das Christentum von Anfang an die Gemeinschaft, die sich auf Jesus Christus beruft. Sölle sagt dazu: „Glauben ist gewiss meine persönliche Sache, aber immer auch mehr als nur meine Privatangelegenheit. Der Glaube der Christenheit war, ehe ich geboren war, und er wird nach meiner Lebenszeit sein. Er lebt in und durch eine Gemeinschaft. Er ist der Glaube der Kirche (…)."[22] Und deswegen lässt sich der zweite Satz auch nicht vom ersten lösen, denn immer bleibt der Glaube die Basis, der sich kritisch darüber äußern kann, wie er rationalisiert wird. Für Sölle ist klar, dass der Glaube in einer Glaubenspraxis wurzelt, die mehr über den Glauben sagt als das Bekenntnis: Das ist wahr! Für Sölle geht es deshalb bei der Theologie darum, dass sich eine bestimmte Glaubenspraxis mit ihren Bekenntnisformeln auf den Weg der Reflexion macht. Und dieser Weg hat etwas Selbstvergewisserndes, aber auch Verunsicherndes. Wir können uns ihn aber nicht ersparen. Sie müssen diese Reflexionswege gegangen sein, sonst scheitert ihr Glauben angesichts der Fragen und Denkwege der Kinder und Jugendlichen. Wenn ich selber Angst vor der Frage habe „Warum lässt Gott das zu?", wie soll ich gegenüber Schülern

---

[21] Vgl. *Sölle*, Gott Denken, 1990, 13.
[22] *Sölle*, Gott Denken, 1990, 14.

sprachfähig bleiben, die genau diese Frage an mich richten? Sie sehen, dass sich in der scholastischen Formel noch einmal die ganze Spannung von Hören und Ordnen spiegelt. Die Formel wird zu einem Kompass der theologischen Reflexion, der Sie auf problematische Extreme hinweist.

Die Auseinandersetzung des Glaubens geschieht in der Theologie wissenschaftlich, weil dies die Einsichtigkeit auf ein gewisses Niveau steigert. Die Verweigerung der Einsicht fällt dann auf denjenigen zurück, der die Einsicht verweigert. ‚Wissenschaftlich' heißt, dass ich den Standard akzeptiere, Ihnen als Lehrender einen Weg vorzuzeigen, der kohärent, der in sich stimmig ist, der widerspruchsfrei ist. Ich nehme in dieser Vorlesung die Herausforderung an, mein Gottdenken zu systematisieren, so dass es diesem Anspruch möglichst genügt. Es muss ein stimmiges Ganzes auch angesichts der verschiedenen Aspekte der Gottesfrage bleiben. Die Denkwege, die ich aufzeige, müssen in ihren Methoden nachvollziehbar sein. Das ist in diesem Fall der Vorlesung leichter, weil ich ja nicht eine Theologie darstelle, die alle Aspekte bearbeitet, sondern verschiedene Ansätze, durch deren Brille ich immer wieder die Aspekte beleuchte. An vielen Punkten der Vorlesung muss ich eigene theologische Überlegungen anstellen, um den Horizont der Frage aufzuwerfen oder bestimmte Lösungen in ihrer Denkkraft zu entwickeln. An diesen Stellen bin ich der Theologie als Wissenschaft verpflichtet. Hören und Ordnen müssen dann mit bestimmten Methoden nachvollziehbar sein.

Damit habe ich Ihnen heute den Eckstein des theologischen Denkens gelegt, der das ganze ‚Haus der Denkwege' prägen wird, das ich mit Ihnen bauen möchte. Am Anfang steht die folgende dreifache Erkenntnis: Der Glaube muss sich erstens der ordnenden, beobachtenden Reflexion aussetzen. Und trotzdem braucht und darf sich der Glaube nicht in den Reflexionen verlieren, sie müssen zweitens ihre geistige Mitte im Hören auf das Wort Gottes behalten. Diese Mitte ist nur zu wahren, wenn die Theologie drittens gläubiges Bedenken ist. D.h. wenn die Theologin, der Theologe sich selbst als Teil der hörenden Gemeinschaft sieht, wenn auch die unterschiedlichen Erfahrungen, die unterschiedlichen Glaubenspraxen uns zu ganz eigenen Menschen gemacht haben. Diese drei Elemente machen die theologische Reflexion aus und sie unterscheiden sie von anderen wissenschaftlichen Reflexionen:

1. Die Reflexion geschieht aus der Glaubensgemeinschaft mit einer bestimmten Glaubenspraxis heraus. Jeder glaubt aus seiner Geschichte heraus. Sie haben alle eine eigene Geschichte. Manche haben sogar eine Glaubensgeschichte, die sieht gar nicht mehr wie eine Glaubensgeschichte aus. Ohne Teil der Gemeinschaft mit seiner Glaubensgeschichte zu sein, kann niemand Theologie treiben. Und umgekehrt gibt jede individuelle Geschichte der jeweiligen Theologie ihr eigenes Gesicht.

2. Die gläubige Reflexion auf den Glauben verdankt sich der Rede Gottes. Sie ist hörend auf Gottes Wort bezogen. Es gibt keinen Maßstab über dieser Beziehung Gottes zu seinen Menschen.

3. Doch sind die Menschen darauf angewiesen, das Wort Gottes immer wieder neu, in veränderten Kontexten zur Geltung zu bringen und sind dafür auf eine eigenständige ordnende, bemächtigende Reflexion angewiesen. Diese beugt sich aber immer unter das Wort Gottes.

4. Daraus entstehen Denkwege, die sich bewährt haben und die neues Denken orientieren können. Deshalb geschieht die wissenschaftliche Reflexion entlang bewährter Denkwege, die aber niemals das Wort Gottes selbst verdrängen dürfen.

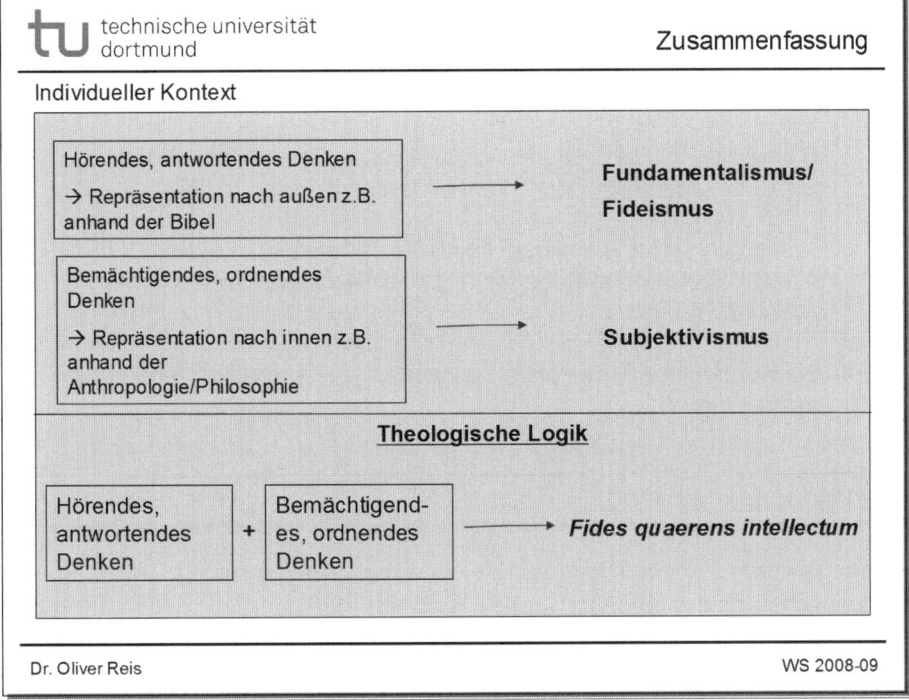

## 1.4     Ziel der Lehrveranstaltung

Aus dieser Struktur ergeben sich dann auch die Ziele der Vorlesung: Die dritte Zielebene ist die entscheidende. Wie gut es Ihnen gelingt, mithilfe der 'professionellen' Reflexionen die eigene Theologie zu verstehen, ist für mich der Maßstab über die Güte der Lehrveranstaltung. Es wird nicht mit dieser einen Vorlesung gelingen, dass Sie von sich selbst sagen können „Ich bin jetzt TheologIn!" Dieser Prozess dauert Jahre, aber das bisherige Schienennetz zu testen, den einen oder anderen Neubau zu beginnen und zu einer bewussten ersten Reise in den neuen Bahnen aufzubrechen, das soll diese Veranstaltung anstoßen: Machen Sie sich bewusst, was Sie schon lange ‚gehört' und wie Sie es bisher ‚geordnet' haben. Überprüfen Sie diesen Stand mithilfe von Denksuchbewegungen anderer Theologinnen und Theologen (1. Zielebene). Erkennen Sie, welches theologische Denken Ihnen nahe ist und welches fremd bleibt. Erfahren Sie die Stärken und Schwächen des eigenen Denkens.

technische universität dortmund                                   Ausblick

**Ziele:**

1. Sie werden diese Art Reflexionen, d.h. **explizit theologische Reflexionen anderer Menschen zu Gott in seiner Beziehung zur Welt** kennen lernen (Vorlesungsteil).

2. Sie werden im Rahmen meiner Reflexionen Systematisierungs- versuche jener Reflexionen kennen lernen (Vorlesungsteil).

3. Sie werden selbst – angeregt durch die Reflexionen – einen eigenen Reflexionsweg gehen und Ihre Theologie kennen lernen (Übungsteil).

4. Sie werden Ihre Reflexionen beobachten und Ihre Art zu reflektieren kennen lernen.

Dr. Oliver Reis                                                WS 2008-09

Die zweite Zielebene vermittelt zwischen den fremden, theoretischen Denkwegen und dem eigenen Denken. Schauen Sie kritisch auf mein Theologi- sieren. Denn bei den jeweiligen Theorien bekommen Sie ja nur das (wertvolle) Endergebnis, aber wie ich mit den Theorien und dem Wort Gottes umgehe, daran können Sie den theologischen Denkprozess in der Balance von Hören und Ordnen selbst mitgehen. Konzentrieren Sie sich deshalb nicht nur auf die Er- gebnisse meines Denkens, sondern schauen Sie mir auch kritisch über die Schulter – dabei lässt sich einiges für das eigene Theologisieren lernen. Die vierte Zielebene betrifft das reflexive Lernen, das Ihnen dabei helfen soll, die eigenen Reflexionen genauer zu verstehen und so zu verbessern.

## 1.5      Reflexionsprozess

### 1.5.1    Vorbereitung

Damit ist die erste Sitzung beendet. Ich hoffe, ich konnte Ihnen den spezifi- schen Auftrag dieser Vorlesung deutlich machen und die theologische Logik ausreichend herausarbeiten. Zum Abschluss nun zur ersten Reflexionsübung:

1. Versuchen Sie die **theologische Logik** des Gott-Denkens von anderen zu unterscheiden. Die folgenden Texte zeigen jeweils verschiedene Logiken. Versuchen Sie die jeweiligen Logik zu benennen und einzuordnen (Was hat diese Logik mit der theologischen gemeinsam? Was unterscheidet diese Logik von der theologischen?)!

2. Stellen Sie sich *erstens* vor, Sie möchten mit einer Freundin darüber sprechen, was Gott Ihnen bedeutet. Was würden Sie ihr erzählen? (Text über halbe bis dreiviertel Seite) Analysieren Sie *zweitens* Ihren Text daraufhin, wo Sie „ordnen" und wo Sie „gehört" haben.

Dr. Oliver Reis                                                  WS 2008-09

Die Übung zu dieser Vorlesung besteht aus zwei Teilen. Im ersten Teil fordere ich Sie auf, Ihr Verständnis der theologischen Logik zu sichern. Sie sollen die Logik bestimmen, der zwei Textfragmente zur Gottesfrage folgen [vgl. **EWS-Texte 1 und 2**]. Sind dies theologische Texte? Sind alle drei Elemente erfüllt? Hören die Autoren auf andere Quellen? Haben sie einen anderen Glaubensstandpunkt? Zu welchen Schlüssen kommen sie beim Ordnen? Ich werde fast immer eine solche Aufgabe stellen, die von Ihnen fordert die Vorlesung noch einmal durchzuarbeiten, weil es sonst wenig Sinn macht, zu komplexen Reflexionsaufgaben zu kommen.

Zur Bearbeitung der zweiten Aufgabe erzählen Sie einer Freundin, was Gott Ihnen bedeutet. Sie werden sich in diesem Brief automatisch auf bestimmte Quellen des Glaubens beziehen und gleichzeitig zeigen, was in Ihrer Glaubensgeschichte daraus geworden ist. Das muss auf der Oberfläche gar nicht erkennbar sein, aber Sie sollen diese drei Elemente wieder herausarbeiten. Wo stehe ich mit meinem Glauben? Was zeigt der Text von meiner Glaubensgeschichte und -praxis? Auf welche Traditionsströme habe ich mich bezogen? An welche Geschichten hänge ich mich? Wo zeigen sich meine eigenen Unterscheidungen und auch Entscheidungen? Ich möchte aber noch einmal daran erinnern, dass Sie sich nicht einen theologischen Text ausdenken müssen, wenn das nicht wirklich Ihre Position ist. Gehen Sie zunächst einmal unbefangen daran, der Freundin, dem Freund zu erklären, was Gott Ihnen bedeutet und machen Sie sich dann an die Analyse. Lernen Sie Ihre Position kennen und wenn das keine theologische ist, dann haben Sie eben andere Quellen, hängen sich an andere Geschichten an und treffen andere Unterscheidung. Diese Freiheit haben Sie hier. Sie kennen aber nun die Gründe, warum die Kirche die theologische Reflexion verlangt, und Sie wissen, dass Ihre Form den Glauben zu bedenken, keine theologische ist. Wie Sie sich dann zu dieser Erkenntnis verhalten, welche Entscheidung daraus für das Theologiestudium folgt, ist ein Zweites. Das Studientagebuch kann Raum für diese Auseinandersetzung bieten.

Diese Analyseaufgabe ist schon eine sehr komplexe Aufgabe, aber ich möchte Ihnen von Anfang zeigen, worauf es mir ankommt. Und Sie werden sehen: Sie bekommen bei dieser Form der Reflexion mit der Zeit eine gewisse Routine.

### 1.5.2    Exemplarische studentische Reflexionen

#### a) Meike:

1.) Sigmund Freud trägt eine subjektive Logik, der Glaube wird nicht ausgedrückt, sondern nur beschrieben. Freuds Argumentation beruht auf den Ansichten der Psychoanalyse, so zieht er beispielsweise einen Vergleich der Glaubensmotivation mit dem Bedürfnis nach Schutz in der Kindheit. Sigmund Freud denkt bemächtigend und ordnend, jedoch nicht hörend und antwortend.
William James praktiziert ein hörendes, antwortendes Denken. Seine Argumentation beruht auf seiner eigenen Überzeugung des Glaubens, unterstützt von Gegebenheiten der Bibel. Diese stark fundamentalistische Logik wird geprägt durch die totale Lebenshingabe für Gott, für den Glauben. Hin zur theologischen Logik fehlt der Bezug zur aktuellen Realität, das bemächtigende, ordnende Denken.

2.) Was Gott für mich bedeutet, ist schwierig in Worte zu fassen. Gott ist etwas Unbegreifliches, das über uns steht und uns „behütet". Wir sind nicht allein und einsam, denn Gott ist bei uns (JHWH – Ich bin da). Aus diesem Grundsatz entsteht eine Gemeinschaft, in der man sich angenommen und integriert fühlt. Das gemeinsame christliche Handeln setzt Zeichen der Hoffnung. Mir ist Gott dann besonders nahe. Durch die Nähe Gottes erkenne ich Zuversicht und werde in meiner positiven Lebenshaltung gestärkt.
In meiner Argumentation führe ich besonders Aspekte aus der heutigen Praxis der Kirche auf. Auch, wenn es dabei Parallelen zur frühchristlichen Gemeinde gibt, beschreibe ich den Glauben eher, als das ich ihn überzeugt ausdrücke. An der Stelle, an der ich das Zitat „Ich bin da" aufführe lässt sich die theologische Logik erkennen. Ich habe das Wort der Bibel gehört und in meinen Kontext geordnet. Insgesamt lässt sich erkennen, dass mir noch viele biblische Fakten fehlen, um nicht nur zu ordnen, sondern das Gehörte mit dem Ordnen zu verbinden.

#### b) Thomas:

1. Die Logik von Freud hat mit der theologischen gemeinsam, dass die irdische Existenz durch ein zukünftiges Leben verlängert wird.
Ein Unterschied ist, dass er die Lehre als Illusion darstellt, er spricht sogar von Wahnideen.

William James hat mit der theologischen Logik gemeinsam, dass man nach dem Glauben leben soll.

Ein Unterschied ist, dass er der Meinung ist, dass Gott Lebenskraft aus unserem Glauben saugt. Ebenso bezeichnet er den Glauben als „erträumtes Schlaraffenland".

2. Wenn ich einem Freund oder einer Freundin erklären müsste, was mir Gott bedeutet, würde ich sagen, dass ich daran glaube, dass es eine höhere Macht gibt, die mir Kraft und Inspiration gibt. In schwierigen Situationen ist es hilfreich sich an ihn (Gott) zu wenden – aber auch in guten Situationen, um sich zu bedanken. Der Glaube an Gott spielte schon immer eine große Rolle in meiner Familie und hat bei mir schon in einigen schwierigen, persönlichen oder aber familiären Problemen einen großen Rückhalt gegeben. Ich habe mal einen Beitrag gehört, wo jemand auch seinen Glauben an Gott rechtfertigen musste. Er fragte seinen Gegenüber, woher er wüsste, dass der Fernsehturm noch da wäre, obwohl er vor lauter Nebel nicht zu sehen wäre.

So sicher, wie der andere sich war, dass der Turm noch da ist, war er sich in seinem Glauben an Gott sicher.

Diese Antwort hat mich sehr beeindruckt.

Ich denke, das Beispiel mit dem Turm ist hörendes Denken, da es bildhaft versucht, den Glauben verstehbar zu machen.

Ordnendes Denken war in dem ersten Teil vorhanden, da ich dort beschreibe, wie der Glaube sich auswirkt und ich beobachte, wie ich den Glauben auslebe.

## c) Tanja

**Frage:** Vergleiche die Logik von S. Freud und W. James mit der theologischen Logik: Unterschiede & Gemeinsamkeiten

Sigmund Freud beschreibt religiöse Vorstellungen als Illusionen, die die ältesten, stärksten, dringendsten Wünsche der Menschheit erfüllen" (Z.9). Freud hält den Glauben an Gott für eine Illusion, da die Menschheit Halt und Schutz in ihrer realen Welt sucht, die oft ungerecht und hart erscheint. Er sagt auch, dass die Menschen von der Wirklichkeit absehen und sie vielleicht sogar verdrängen und sich auf ihre Wunschvorstellungen konzentrieren, um sich das Leben in ihrer „Illusions-Welt" aufzubauen, in der sie den Schutz und die Liebe eines Vaters erfahren, den sie seit ihrer Kindheit brauchen („Wir heißen also einen Glauben eine Illusion, wenn sich in seiner Motivierung die Wunscherfüllung vordrängt und sehen dabei von seinem Verhältnis zur Wirklichkeit ab, ebenso wie die Illusion selbst auf ihre Beglaubigungen verzichtet." Z.31-33).

„(…), der schreckende Eindruck der kindlichen Hilflosigkeit hat das Bedürfnis nach Schutz – Schutz durch Liebe – erweckt, dem der Vater abgeholfen hat, die Erkenntnis von der Fortdauer dieser Hilflosigkeit durchs ganze Leben hat das Festhalten an der Existenz eines – aber nun mächtigeren – Vaters verursacht." (Z.10-14)

Freud meint, dass die Menschheit sich nach einem mächtigeren Vater sehnt, der ihnen Schutz und Mut gibt und „(e)ine sittliche Weltordnung schafft, die ihnen die Erfüllung der Gerechtigkeitsforderung versichert, die innerhalb der menschlichen Kultur so oft unerfüllt geblieben ist" (Z. 15-17).

Freuds Logik könnte also das wünschende, hilfesuchende Denken beinhalten, dessen Hauptgegenstände, anders als beim Fundamentalismus, dessen Hauptgegenstand die

Lehre Gottes (die Bibel) ist, Gott selbst und seine väterlichen Eigenschaften sind. Freud betont auch, dass der Glaube, den er hier als Illusion darstellt, unbeweisbar ist und somit niemand gezwungen werden darf sie für wahr zu halten, sie zu glauben (Z.35-36). Die theologische Logik dagegen, hat eine erkenntnisreiche Haltung, die den Glauben als einzige Erkenntnisgrundlage betrachtet (Fideismus) und anders als bei der Logik, die Freud in seinem Text „Gottes Glaube – infantile Neurose und Illusion" darstellt, keine Illusion entsteht, sondern sich an der Wirklichkeit orientiert. Sowohl die theologische als auch die Lehre Freuds repräsentieren nach innen, da sich in beiden Logiken mit dem Glauben auseinandergesetzt wird.

William James unterstreicht die Konzentration auf den Glauben und die Umsetzung der Glaubenslehre und nicht die Konzentration auf das Ketzertum („Unsere Glaubensfähigkeiten wurden uns ursprünglich nicht zu dem Zwecke gegeben, Orthodoxie und Ketzertum auszubilden, sondern auf dass wir danach Leben sollten." Z.3-5). James möchte, dass die Menschheit auf ihre religiösen Bedürfnisse vertraut und somit in ihrem Lichte lebt und so handelt, als wäre die unsichtbare Welt, in der die Naturordnung, die das Leben und Sterben bestimmt, nicht maßgebend ist, sondern die geistigen Kräfte das letzte Wort haben, wirklich („Und auf unsere religiösen Bedürfnisse zu vertrauen heißt in erster Linie: in ihrem Lichte zu leben und so zu handeln, als wäre die unsichtbare Welt, auf welche sie hindeuten, wirklich," Z.5-7 und „Die bloße Zuversicht, dass diese Naturordnung nicht das letzte Wort ist, sondern nur ein Symbol, eine Erscheinung, das äußere Gerüst eines vielstöckigen Universums, in dem geistige Kräfte das letzte Wort haben und ewig sind – (...)," Z.9-12). James meint, dass diese Zuversicht genügt, das Leben lebenswert erscheinen zu lassen, trotz der Gegenbeispiele, die der Mensch im Alltag mitbekommt („(...) – diese bloße Zuversicht genügt für solche Menschen, das Leben lebenswert erscheinen zu lassen, trotz aller entgegenstehenden Annahmen, wie sie durch die Lebensumstände auf dem natürlichen Schauplatz nahe gelegt werden.", Z.12-14), denn würde diese Gewissheit vernichtet, breitet sich Verzweiflung und Selbstmordstimmung aus („Wird aber diese innere Gewissheit – vage wie sie ist – vernichtet, so ist für diese Menschen mit einem Mal alles Licht und aller Glanz des Daseins ausgelöscht. Oft genug setzt an diesem Punkte die Verzweiflung am Leben, die Selbstmordstimmung ein", Z.14-16). Er sagt, der Glaube an eine unsichtbare Weltordnung schafft, durch Geduld und Anstrengung inspiriert, eine bessere sichtbare Weltordnung für sittliche Menschen, denn der Glaube an die Tauglichkeit zu erfolgreichem, sittlichen und religiösen Leben hat sich selbst verwirklicht, indem er sich auf ihren Glauben an die unsichtbare Welt stützte („(...), dass eben durch unseren Glauben an eine unsichtbare Weltordnung jene Geduld und jene Anstrengungen inspiriert werden, welche die sichtbare Weltordnung für sittliche Menschen zu einer guten machen. Unser Glaube an die Vortrefflichkeit der sichtbaren Welt hat sich selbst verwirklicht, indem er auf unseren Glauben an die unsichtbare Welt stützte", Z.27-33). James meint auch, dass Gott selbst vielleicht Lebenskraft aus dem Glauben der Menschen schöpft („(...) Gott selbst saugt vielleicht Lebenskraft und Lebenssteigerung aus unserem Glauben", Z.37-38), somit ist es ein Ausgleich von Nehmen und Geben zwischen Gott und der Menschheit.

James´ Logik stützt sich auf ein weltverbesserndes Denken, dessen Hauptgegenstände Gott, die Gerechtigkeit und die Weltverbesserung sind.

James Logik stützt sich auch auf das „vielleicht" wie er es in seinem Text „Ist das Leben wert, gelebt zu werden?" betont („ Noch einmal: es ist eine Sache des vielleicht! Und noch einmal: Das Vielleicht beherrscht die Situation!", Z.34-35), während die theologische Logik sich kein „Vielleicht" erlaubt, auch wenn anthropologische und philosophische Fragen der theologischen Logik auftreten.

**Frage:** 2.1 die persönliche Bedeutung von Gott
2.2 Analyse von 1. auf das „Ordnen" und das „Hören"

1. Der Glaube an Gott stärkt mein Wesen und mein Handeln, da ich weiß, dass Gott hinter mir und meinen Taten steht. Also ist Gott auf der einen Seite immer für mich da. Auf der anderen Seite jedoch, lässt er der Welt, und somit auch mir, freien Lauf. Er lässt die Bewohner der Erde (nicht nur die Menschen, sondern auch alle anderen Lebewesen) frei entscheiden. Er lässt uns einen freien Willen, was ich sehr schätze. Viele Menschen beschweren sich, warum Gott bei allem Unglück und all den Verbrechen nicht ein-schreitet oder zumindest die Verursacher oder Täter bestraft, aber ich denke, das Gott kein strafender Gott ist, sondern ein helfender, wenn auch in dem Sinne passiv. Men-schen, die behaupten, sie würden in Gottes Namen morden und andere Sünden begehen, missbrauchen meiner Ansicht nach Gottes Namen und die daraus entstehende Macht. Ich denke in manchen Lebenssituationen schickt er eine Art Schutzengel. Ich jedenfalls habe es in manchen Situationen so empfunden. Ich denke, man muss auch lernen für sich selbst und auch in einem gewissen Rahmen Verantwortung für seine Umwelt zu tragen und nicht für alles Negative Gott die Schuld zu zuweisen.
2. Ich habe, wie wohl fast jeder, aus der Bibel und aus dem Religionsunterricht „ge-hört", aber auch aus Gesprächen mit Mitmenschen. In der Bibel wird Gott auch als mächtiger Vater allen Lebens auf der Erde beschrieben.
Ich „ordne" darin, wie ich Gott empfinde, nämlich als einen Gott, der Eigenverantwor-tung erwartet und den Lebewesen freien Willen und freie Gedanken ermöglicht.

# 2 Gottes Dasein

## 2.1 Reflexionsprozess I

### 2.1.1 Thematische Hinführung zum Reflexionsimpuls

Ich begrüße Sie zu dieser zweiten Sitzung in der Vorlesung 'Gott denken'. In der letzten Sitzung habe ich eine Einführung gegeben, wie die theologische Logik funktioniert. Die dazu gehörige Übung sollte Sie auffordern, diese Logik von anderen möglichen Logiken, wie der psychologischen, pädagogischen oder philosophischen Logik, zu unterscheiden. Mithilfe der Dreierstruktur ‚Glaubensstandpunkt – antwortendes Hören – bemächtigendes Ordnen' sollten Sie für sich überprüfen, ob Sie intuitiv einen theologischen Standpunkt, als gläubiges Bedenken des Glaubens, einnehmen oder nicht. Außerdem bietet der persönliche Text zur Bedeutung Gottes eine ganz zentrale Grundlage für die weiteren Aspekte der Gottesfrage. Wenn wir z.B. heute zu Gottes Dasein arbeiten, dann wird Ihre Reaktion auf die zweite Aufgabe der letzten Sitzung schon explizit, d.h. ausdrücklich, oder eben implizit, d.h. indirekt und/oder unter der Oberfläche verborgen, wesentliche Aussagen zum Dasein Gottes machen. Sie haben also mit diesem Text einen Eckstein für Ihr Gottdenken gesetzt.

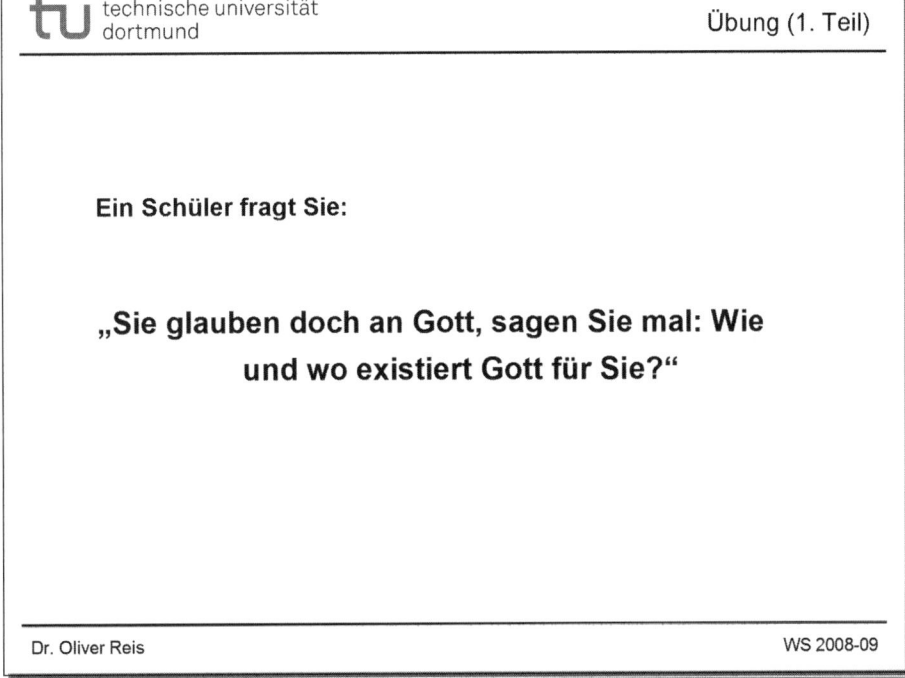

| tu technische universität dortmund | Übung (1. Teil) |
|---|---|

**Ein Schüler fragt Sie:**

**„Sie glauben doch an Gott, sagen Sie mal: Wie und wo existiert Gott für Sie?"**

| Dr. Oliver Reis | WS 2008-09 |
|---|---|

Während wir beim letzten Mal zuerst das Input gehört haben, werden Sie dieses Mal zuerst die Reflexion auf eine Frage hin vornehmen. Daran schließt sich mein Input an, das Sie in die Lage versetzen soll, die intuitive Reflexion als

Position theoretisch zu rekonstruieren. Damit meine ich, dass Sie über die Theorien die Struktur Ihrer Antwort und damit auch deren Stärken und Schwächen erkennen können. Zu einer Anfrage, z.B. zum Dasein Gottes, gibt es einen begrenzten Pool an Denkmöglichkeiten, die miteinander vernetzt sind. Wenn Sie an einer bestimmten Stelle eine bestimmte Entscheidung treffen, dann hat das Auswirkungen auf die ganze Antwort. Mit solchen Entscheidungssituationen will das Input in dieser Sitzung zum Thema Gottes Dasein bekannt machen. Zunächst aber nun der Impuls für die heutige Sitzung: Ein Schüler fragt Sie: „Sie glauben doch an Gott. Sagen Sie mal, wie und wo existiert Gott eigentlich?" Und jetzt nehmen Sie bitte die Vordrucke zum Studienbuch, die Sie sich ausgedruckt und mitgebracht haben, und versuchen Sie in den nächsten 20 Minuten Ihre Antwort auf die Frage zu formulieren. Sie können natürlich auch schreiben, dass Sie selbst nicht glauben, dass Gott existiert. Spannend sind dann die Gründe für diesen Standpunkt, denn auch dieser Standpunkt verlangt später eine Reflexion mithilfe der theoretischen Positionen.

### 2.1.2    Exemplarische studentische Reflexionen

#### a) Meike:

> 1. Gott existiert für mich in der Gemeinschaft derer, die an Gott glauben. Gott wird mir bewusst durch ein positives Miteinander, durch Hilfsbereitschaft und Freundlichkeit. Dort, wo Menschen für einander einstehen und sich unterstützen, sehe ich Gott. Der Glaube an das Allumfassende und Liebende gibt mir das Gefühl, nicht allein zu sein. Gott existiert nicht nur in der Gemeinschaft der Kirche, sondern überall. Überall kann man Gott finden, wenn man die Augen dafür öffnet.

#### b) Thomas:

> 1. Gott existiert vor allem in Gottesdiensten in der Kirche, aber nicht nur dort. Er ist ein Helfer in schwierigen Situationen, er ist aber ebenso bei Aktionen in Gemeinden, die von ehren- oder hauptamtlichen durchgeführt werden, wie z. B. Freizeiten, Gruppenstunden oder Wallfahrten.
> 2. Man kann sich jederzeit an ihn wenden, im Vertrauen darauf, dass er einen erhört und hilft, die Situation gut zu überstehen.
> Und natürlich existiert er in Gesprächen von Menschen die von ihm erzählen und sich austauschen.

#### c) Tanja:

> **Frage:** Ein Schüler fragt Sie: „Sie glauben doch an Gott, sagen Sie mal wie und wo existiert Gott für Sie?
>
> Gott ist keine Person wie du und ich. Gott kann man nicht sehen oder hören, man trifft ihn auch nicht auf der Straße oder in der Schule. Er ist nur in deinem Kopf, in deinen Gedanken. Gott ist in jedem Menschen und in allem Guten, das er geschaffen hat. Du

kannst dir das aber nicht so vorstellen, als wäre Gott dein 3. Arm oder dein 11. Zeh, sondern er ist in deinem Glauben und somit ist er auch in dir. Gleichzeitig ist er aber auch überall. Alles, was du siehst ist Gottes Werk und dort steckt auch Gott selbst drin. Wenn du ein Bild malst und du hast dir viel Mühe dafür gegeben und dir Zeit dafür genommen, dann steckt in dem Bild auch automatisch ein Teil von dir.

Wenn du traurig bist oder Sorgen hast, ist Gott bei dir, aber er ist auch bei dir, wenn du lachst und dich freust. Du merkst es dann vielleicht nur nicht, weil du mit anderen Dingen beschäftigt bist. Gott ist so, wie du ihn dir vorstellst, aber auch so, wie ich ihn mir vorstelle. Jeder Mensch hat eine andere Vorstellung von Gott und seiner Gestalt, also kann man nicht sagen, Gott hat einen Bart und lange Haare oder Gott ist ein Mann, weil jemand anderes das vielleicht nicht so sieht. Gott kann ja auch kurze Haare haben, eine Frau sein oder eine dunkle Hautfarbe haben. Also ist für jeden Menschen Gott anders. Somit kann ich dir nur sagen, wie Gott für mich ist. Wie du Gott siehst und erlebst, musst du dir selbst überlegen. Für mich jedenfalls ist Gott in dem Glauben der Menschen.

## 2.2    Modelle im Verständnis der Gottesgegenwart

Ein zentrales Problem des heutigen christlichen Gottesglaubens besteht darin, dass die christliche Tradition davon ausgeht, dass Gott eine Person ist, die als ein Gegenüber des Menschen einen Willen besitzt und handeln kann. Genau diese Vorstellung meint man, wenn man den christlichen Gottesglauben als zutiefst *theistisch* bezeichnet. Dieser Theismus setzt nun voraus, dass Gott in Raum und Zeit verortet ist. Dadurch erst wird eine Person als solche identifizierbar und erst dadurch wird er bestimmbar, ansprechbar und in seinem Willen auch erkennbar. Er kann durchaus *unsichtbar* sein, das ist nicht unbedingt das Problem, aber er muss irgendwie irgendwo sein, um überhaupt *sein* und damit wirken bzw. handeln zu können. Und genau dieses Irgendwie-Irgendwo-Sein, die Realität Gottes in seiner Zuwendung zur Welt, ist für die Theologinnen und Theologen, aber genauso auch für Kinder und Jugendliche, schwierig zu denken – weil uns verschiedene Logiken dabei geprägt haben, wie etwas sein kann.[23]

---

[23] Die theologische Herausforderung der theistischen Annahmen wird z.B. deutlich bei *Klaus von Stosch*, Gott – Macht – Geschichte. Versuch einer theodizeesensiblen Rede vom Handeln Gottes in der Welt, Freiburg i.Br. 2006, 23-60. Wie stark sich das Denken der Kinder und Jugendlichen von der theistischen Denkprämisse entfernt hat, zeigen *Werner H. Ritter/ Helmut Hanisch/Erich Nestler/Christopf Gramzow* (Leid und Gott. Aus der Perspektive von Kindern und Jugendlichen, Göttingen 2006, 159-170), *Hans Georg Ziebertz/Boris Kalbheim/Ulrich Riegel* (Religiöse Signaturen heute. Ein religionspädagogischer Beitrag zur empirischen Jugendforschung, Gütersloh/Freiburg 2003, 327f.,345) und ganz aktuell *Eva-M. Stögbauer* (Die Frage nach Gott und dem Leid bei Jugendlichen wahrnehmen. Eine qualitativ-empirische Spurensuche, Bad Heilbrunn 2011, Kap. 1 und 2) insbesondere auch in der Zuwendung zu abstrakt-universalisierten und deistisch-orientierten Denkmustern (vgl. für einen Überblick zur Veränderung des Gottesglaubens *Norbert Mette*, ‚Gottesverdunstung' – eine religionspädagogische Zeitdiagnose, in: *R. Englert/H. Kohler-Spiegel/Ders./F. Rickers/Fr. Schweizer* (Hg.), Jahrbuch der Religionspädagogik (JRP). Bd. 25: Gott im Religionsunterricht, Neukirchen-Vluyn 2009, 9-23). Gegenwärtig werden diese „massiven Mentalitätsveränderungen" am stärksten darin beobachtet, dass die Leiderfahrung nur noch selten zur Theodizee wird, die „ja von Hause aus an ein theistisches Symbolverständnis

Wie kann man denn nun theologisch diese Frage angehen? Ich möchte Ihnen im ersten Schritt klassische religiöse/christliche Denkmodelle zeigen, die sich schon erheblich unterscheiden. Diese intuitiven religiösen/christlichen Denkmodelle sind in der Aufklärung in eine zentrale Krise geraten – das ist der zweite Schritt. Wie diese Krise unsere heutigen Probleme und Versuche, die Existenz und Gegenwart Gottes zu denken, geprägt hat, möchte ich Ihnen im dritten Schritt zeigen. Auf diese Krise haben letztlich auch Sie in Ihren Texten reagiert.

### 2.2.1  Polytheistische Gottesvorstellung der Antike

Ich beginne mit der antiken polytheistischen Gottesvorstellung. Götter haben in dem hellenistischen oder auch dem ägyptischen Kulturkontext schlicht existiert, weil ihr Dasein sie erst als Gott bestimmbar macht. Die Frage dort ist nicht „Ist ein Gott wirklich da?"; einer real existierenden Machterscheinung wird ein Name gegeben, der das Machterleben kennzeichnet. Diesen Gott zu leugnen würde bedeuten das Machterleben zu leugnen – und das ist in diesen Kulturen zunächst einmal unsinnig. Diese altägyptische Darstellung zeigt, wie der Himmel, die Erde, die Gestirne, Fruchtbarkeit, Leben und Tod durch personalisierte Mächte bestimmt werden.

> „Die Erde ist hier durch den liegenden Erdgott Geb dargestellt, der Himmel durch die Himmelsgöttin Nut. Beide werden vom Luftgott Schu getrennt. Über dieses Himmelsgewölbe fährt am Tag die Sonnenbarke, ein Boot, das die Sonne in Gestalt des Sonnengottes Re trägt. Es wird am Abend (rechts) von Osiris, dem Gott der Unterwelt, der Totenwelt, in Empfang genommen."[24]

Viele Bilder dieser Art zeigen uns, wie der Kosmos und seine Prozesse durch die Götter zusammengehalten und gesteuert werden. Religion reagiert im

---

gebunden" ist (*Werner H. Ritter*, Leid und Gott aus der Sicht von Kindern und Jugendlichen, in: KatBl 133 (5/2008), 364-368, hier 365). In Kap. 3.7 werden wir diese Spur weiterverfolgen, am Anfang sollten aber die drei zentralen Herausforderungen bearbeitet werden, die nach Rudolf Englert den Gottesglauben von Kindern und Jugendlichen am meisten bestimmen: die Frage nach der Realität Gottes, die Frage nach der Personalität und die Frage nach der Allmacht Gottes (vgl. *Rudolf Englert*, Gottesglaube hier und heute. Empirische Erkundungen und theologische Herausforderungen, in: Theologisch Revue 103 (3/2007), 177-186, hier 179-183). Es muss also zunächst der Beziehungsort geklärt werden (Kap. 2), von dem aus Gottes Handeln bzw. Wirken betrachtet wird (Kap. 3), das auf etwas abzielt (Kap. 6). Dem Modus der Beziehung in der Anrede Gottes und dessen Hörbarkeit für den Menschen wird als erkenntnistheoretisches Verbindungsstück ein eigenes Kapitel gewidmet (Kap. 5). In diesen Kapiteln entsteht ein mehrperspektivischer Modellrahmen, der die Frage nach dem Leid (Kap. 7) und die nach dem Zorn Gottes (8) bearbeiten lässt. Dann lässt sich abschließend auch noch einmal die Frage nach der spezifischen Personalität Gottes mit Eigenname und klarem Willen (Kap. 9 und 10) stellen, bevor insgesamt das menschliche Gottdenken einer Meta-Analyse unterzogen wird (Kap. 12 und 13).

[24] *Stefan Ernste*, ‚Vertilgen wird sie der Herr, unser Gott!' – Gewalt in der Bibel, Quelle: http://www.stefan-ernste.de/Gewalt.htm [12.3.2009].

Kult der personifizierten Mächte und kann durch die Entschlüsselung der Kräfte dafür sorgen, das Überleben zu sichern.[25]

---

| tu technische universität dortmund | Gottes Dasein ist selbstverständlich (Antike) |

„Wenn Mann und Frau die Ehe schließen, wird der Gott Jugatinus zugezogen. Das mag noch erträglich heißen, aber die Braut muss ins Haus geführt werden. Dazu wird der Gott Domiducus benötigt. Damit sie auch häuslich sein, braucht man den Gott Domitius, damit sie bei dem Mann bleibt, muss die Göttin Manturna dazukommen. (…) Aber wenn die Göttin Virginiensis da ist der Jungfrau den Gürtel zu lösen, der Gott Subigus, dass sie sich der Umarmung des Mannes unterwerfe, die Göttin Prema, dass sie in ihr stillhalte, was soll dann noch die Göttin Pertunda?"

*Augustinus (Gottesstaat, VI)*

| Dr. Oliver Reis | WS 2008-09 |

---

Augustinus untersucht in seinem „Gottesstaat" (413-426 n. Chr.) von der christlichen Position aus die Existenz und Gegenwart der Götter im antiken polytheistischen Kult kritisch. Er zeigt dort in einer schönen Passage, zu welcher Enge und Passivität dieses Konzept der Gegenwart der Götter führt:

> „Wenn Mann und Frau die Ehe schließen, wird der Gott Jugatinus hinzugezogen. Das mag noch erträglich heißen, aber die Braut muss ins Haus geführt werden, dazu wird der Gott Domiducus gebraucht. Damit sie auch häuslich sei, braucht man den Gott Domitius, damit sie bei dem Mann bleibt, muss die Göttin Manturna dazu kommen. (…) Was füllt man das Schlafzimmer mit einem Schwarm von Gottheiten an, wo doch selbst die Brautführer sich zurückziehen? Nicht darum füllt man es an, dass im Gedanken an ihre Gegenwart das Schamgefühl umso sorgsamer gewahrt werde, sondern damit unter ihrem Beistand der von Natur schwächeren, durch die Neuheit der Lage verwirrten Braut ohne Schwierigkeit die Jungfernschaft geraubt werde. (…) Aber wenn die Göttin Virginiensis da ist, der Jungfrau den Gürtel zu lösen, der Gott Subigus, dass er sich der Umarmung des Mannes unterwerfe, die Göttin Prema, dass sie in ihr still halte. Was soll dann noch die Göttin Pertunda?"[26]

---

[25] Für einen kleinen religionswissenschaftlichen Überblick vgl. *Thomas Ruster*, Der verwechselbare Gott. Eine Apologetik des fremden Gottes, Freiburg i.Br. 2000a, 7-11.

[26] *Aurelius Augustinus*, De Civitate Dei (413-426), in der Ausgabe: Aurelius Augustinus, Vom Gottesstaat, 2 Bde, Band 1, Buch 1 bis 10, übers. von W. Thimme u. eingel. u. komm. v. C. Andresen, München [3]1991, Buch VI, Kap. 9, 306.

Augustinus wird hier etwas ironisch, er will zeigen, zu welchem komplizierten Akt die Hochzeitsnacht wird, die eine ganze Konferenz mit den Göttern voraussetzt. Aber die Ironie kann nicht darüber hinweg täuschen, dass die Hochzeitsnacht – oder etwas allgemeiner – der Geschlechtsakt kompliziert ist und aus vielen Gründen scheitern kann. Tatsächlich wird hier – gerade aus Sicht der Mannes, aus der ja der Text auch formuliert ist – eine Vielzahl an Machtsituationen rekonstruierbar, die sich günstig ineinander fügen müssen, damit der Geschlechtsakt 'funktioniert'. Und wenn die Mächte durch den Kult gnädig gestimmt werden können, dann wird das Risiko gemindert, dass sich die Macht gegen die Menschen richtet.

Diese Struktur ist nun keine Sache der Antike. Sie müssen sich nur die Sportschau anschauen und erleben in den verschiedensten Sportarten Menschen, die ihre Leistung durch ein Ritual vorbereiten und die Leistung dann verschiedenen Mächten widmen, die durch das Ritual positiv gestimmt werden. Wenn Sie einem Fußballspieler den bestimmten Erfolgsschuh wegnehmen, einem Trainer den bestimmten Schal oder einer/einem Studierenden während der Klausur ein bestimmtes Maskottchen, dann geht etwas verloren, dann kann sich Macht willkürlich und gegen die Menschen entwickeln. Auch heute. Wer in solche Rituale verstrickt ist, fragt nicht nach der Existenz oder der Gegenwart der Macht, die erfahren wurde, diese wird schlicht vorausgesetzt. Wenn wir heute eher die Frage nach Gottes Existenz und Gegenwart stellen als an seiner kultischen Verehrung im Gottesdienst teilzunehmen, dann muss Gott einiges von dieser intuitiven Existenz verloren haben. Zweierlei ist wichtig: Zum einen hat Gott selbst ein anderes Verhältnis zu diesen 'selbstverständlichen Göttern' und zum anderen damit auch ein anderes Verhältnis zur Macht. Der zweite Aspekt wird uns in einer der nächsten Sitzungen beschäftigen [→ **Gottes Macht**], ich konzentriere mich heute vor allem auf den ersten.

## 2.2.2    Radikale Transzendenz Gottes zur Freiheit der Schöpfung

Schon Israel hat diese Form der Gotteserfahrung radikal kritisiert, das Christentum hat diese Kritik im Kern übernommen. Für Israel ist klar, dass diese Form der Gotteserfahrung und -verehrung zu einem Gottesdienst gegenüber kosmischen Kräften führt, der gegenüber der Welt unfrei macht.[27] Gerade in dem Versuch die Mächte zu kontrollieren, entsteht eine ungute Bindung, die immer wieder Opfer fordert. Der Text von Augustinus spiegelt so z.B. den Versuch, weibliche Macht zu kontrollieren. Die Frau wird durch den Kult beherrschbar. Für Augustinus dagegen ist der eheliche Geschlechtsakt von Christen durch seine Hinordnung auf die Nachkommenschaft ein freier Akt von Mann und Frau zum Lob und Preise Gottes. Gerade Augustinus weiß um die positiven und negativen Mächte, die den Geschlechtsakt prägen, er sieht diesen

---

[27] Vgl. *Friedrich-Wilhelm Marquardt*, Was dürften wir hoffen, wenn wir hoffen dürften? Eine Eschatologie, Bd. 2, Gütersloh 1994, 253ff.

als Gott und seinem Heilswillen unterstellt, der dann in diesen Grenzen positive Frucht für die Gemeinschaft bringt. Hier zeigt sich ein zweites Denkmodell von der Existenz und Gegenwart Gottes, das sich für Israel besonders einprägsam am ersten Schöpfungsbericht Gen 1,1-2,4a festmachen lässt.

| tu technische universität dortmund | Das Selbstverständliche ist nicht Gott (Antike) |
|---|---|
| **Gott** · Welt als Schöpfung | „Dann sprach Gott: Lichter sollen am Himmelsgewölbe sein, um Tag und Nacht zu scheiden. Sie sollen Zeichen sein und zur Bestimmung von Festzeiten, von Tagen und Jahren dienen; sie sollen Lichter am Himmelsgewölbe sein, die über die Erde hin leuchten. So geschah es. Gott machte die beiden großen Lichter, das größere, das über den Tag herrscht, das kleinere, das über die Nacht herrscht, auch die Sterne. Gott setzte die Lichter an das Himmelsgewölbe, damit sie über die Erde hin leuchten, über Tag und Nacht herrschen und das Licht von der Finsternis scheiden. Gott sah, daß es gut war." *(Gen 1:14-18)* |
| Dr. Oliver Reis | WS 2008-09 |

Dieser Bericht bezieht sich in seinen Unterscheidungen von Himmel und Erde, von Licht und Finsternis, von Wasser und Land auf ein Weltbild, das an sich für die Zeit nicht ungewöhnlich ist. Ungewöhnlich ist aber der Deutungsakt Israels, diese Welt insgesamt als Schöpfung zu begreifen. Das Weltbild wird zu einer Folie, die theologisch weiterverarbeitet wird. Eine entscheidende Wendung dieser theologischen Bearbeitung ist, dass die Welt gerade dadurch, dass sie ein Geschöpf ist, gottfrei ist. Mit Claus Westermann kann man sagen, dass die Spitze des ersten Schöpfungsberichts die Aussage ist: Die Welt ist nicht Gott, sondern Geschöpf und alles, was Geschöpf ist, kann nicht Gott sein.[28] Diese Formel wird leicht verständlich, wenn Sie sich das Bild aus Ägypten vergegenwärtigen und sich klarmachen, was auf diesem Hintergrund bedeutet, dass Gott die Gestirne an den Himmel setzte. Der Schöpfungsbericht verhält sich im babylonischen Exil (586-538 v. Chr.) damit religionskritisch gegenüber seiner babylonischen Umwelt, die über die Göttlichkeit der Gestirne einen unterdrückenden Kult der Menschen begründet. Wenn der Schöpfungsbericht auf der Grundlage des Weltbildes erzählt, dass Gott den gesamten Kosmos so unter-

---

[28] Vgl. *Claus Westermann*, Genesis-Kommentar, Bd. 1, Neukirchen-Vluyn 1974, 176 ff.

scheidend geschaffen hat, dann ist er kein Element in diesem Kosmos. Dann ist Gott außerhalb und wird zum Garanten einer freien Welt, in der die Menschen auf einen Dienst an den irdischen Kräften verzichten können. Gott ist in diesem Modell die Voraussetzung für ein freies Leben.[29] Und so wie die babylonischen Schöpfungsmythen, die der biblische Text als bekannt voraussetzt, immer wieder erzählt werden, damit sich die schöpferische Ordnung des Anfangs immer weiter fortsetzt, so erzählt auch der biblische Text, welcher Grundordnung Israel verpflichtet ist, wenn das Leben bewahrt sein soll: der Unterscheidung von Geschöpf und Schöpfer, die den Menschen an den Schöpfer bindet, damit er aus dem Dienst der irdischen und himmlischen Kräfte und Mächte entlassen ist.

Die Behauptung von der Schöpfung durch Jahwe gibt ihm einen Ort außerhalb der Welt, die Dinge, die wir oft mit Macht aufladen, werden zu Zeichen seiner Gegenwart. Sie verweisen also auf ihn, eine direkte Bezeugung der Gegenwart Gottes ist in diesem Modell nicht möglich. Hier zeigt sich schon eine ganz wichtige Struktur für die Existenz und Gegenwart Gottes: Sie zeigt sich in der verstehenden Relation zum Schöpfer, der in der Relation als gegenwärtig mitgesetzt ist, für den es aber keinen festen Ort außerhalb der Relation in der kosmischen Ordnung gibt. Selbst der Himmel wäre gegen weite Teile der alttestamentarischen Schriften gelesen, wenn Gott einfach im Himmel wäre. Denn dann wäre Gott selbst ein Geschöpf. So hält 1 Kön 8,27 zu Recht fest: „Siehe der Himmel und die Himmel der Himmel fassen dich nicht". Die Geschöpfe, wie auch der Himmel, können aber alle zum Zeichen seiner Gegenwart werden. Das AT achtet penibel darauf, dass diese Relation zwischen den Geschöpfen und Gottes Gegenwart nicht so vereindeutigt wird, dass der Gott an diesen Ort so gebunden ist, dass er ohne diesen Ort nicht mehr sein kann. Sei es der Himmel, sei es das Land, sei es der Tempel, der Kult – immer wird die Fixierung auf einen dieser Orte selbst zum Problem, das Gott von einem anderen Ort wieder selbst aufdeckt.[30] Man könnte sagen, dass dieses Denkmodell den Ort Gottes als Hilfskonstruktion für eine Gegenwart benutzt, die immer wieder auf eine unangemessene Vergeschöpflichung Gottes hinweist. Hans-Joachim Sander formuliert dazu: „Gott bewohnt einen anderen Ort als den, an dem man ihn erwartet – aber deshalb kann man ihn getrost an solchen Orten erwarten, an denen dieser Anders-Ort nicht ausgeschlossen ist."[31] Dadurch entsteht eine radikale, unüberwindbare Entzogenheit (d.i. Transzendenz) Gottes, d.h. ein Sein im Außen unserer Welt, das zugleich der Welt an inneren Punkten ganz nah ist und ihre Freiheit begründet.

Gegenüber dem ägyptischen Weltbild ist es sehr schwer diese Freiheit zu leben und die Machterfahrungen von diesem Willen Jahwes zum Leben in Freiheit zu lesen. Wir neigen dazu, die Machterfahrungen für sich selbst zu nehmen – wie z.B. die Sterne für viele Menschen unser Schicksal bestimmen. Von die-

---

[29] Vgl. *Werbick*, Gott verbindlich, 2007,161-163.
[30] Vgl. *Klaus Müller*, Streit um Gott, Politik, Poetik und Philosophie im Ringen um das wahre Gottesbild, Regensburg 2006, 44.
[31] *Hans-Joachim Sander*, Einführung in die Gotteslehre, Darmstadt 2006, 13.

sem Denkmodell her können wir sagen, dass die Sterne *als Zeichen* tatsächlich Träger des Wortes Gottes werden – wie die Sterndeuter in der Weihnachtsgeschichte des Matthäus schmerzlich verstanden haben, nachdem sie zunächst die Sterne kosmisch missverstanden und den Messias in Jerusalem gesucht haben.[32] Das Bekenntnis zu Gott dem Schöpfer macht uns zu seinem vertrauten Gegenüber, der für uns *da ist*, aber nicht so, dass er zwangsläufig an einem bestimmten Ort als Geschöpf *existiert*. Wolfgang Leidhold spricht deshalb von einer „abwesenden Präsenz"[33] und Jürgen Werbick von einer „verborgenen Präsenz"[34]. Die Transzendenz macht also die *Existenz* uneindeutig, aber – so glaubt es Israel – nicht sein *Für-uns-da-Sein* [→ **Gottes Name**]. Auch wenn viele Menschen glauben, dass es für religiöse Menschen doch gerade am wichtigsten sei, dass Gott in der Welt ist, so ist dies Israel im AT ein höchst verdächtiger Gedanke, der sich schließlich auch gegen das Christentum und seine Behauptung richtet: Gott wird Mensch in Jesus Christus. Und dieser Vorbehalt muss auch dann unser ‚Hören' prägen, selbst wenn wir an die Inkarnation glauben [→ **Tiefenstrukturen**].

Damit haben wir jetzt zwei Grundmodelle, wie Gottes Dasein gedacht werden kann. Das erste setzt bei den konkreten irdischen und himmlischen Machterfahrungen an und identifiziert diese Machterfahrung mit dem Handeln (eines) Gottes. Mit dieser Identifikation wird schlicht Gottes Dasein und Existenz vorausgesetzt. Die große Stärke dieses Modells ist die intuitive unvermittelte Einsichtigkeit der Existenz und Gegenwart Gottes. Die große Schwäche ist, dass die Machterfahrung zum Dienst an einer kosmischen Macht auffordert und die Erfahrung mit dieser Gottheit unbestimmt bleibt. So ist leicht möglich, dass aus der Machterfahrung eine willkürliche, sich verselbständigende ‚Machtmaschinerie' mit einer erheblichen gesellschaftlichen Wirkung wird. Das zweite Modell kennt auch eine Machterfahrung, nämlich die der Befreiung aus der Hand kosmischer Kräfte, die im ersten Modell als Götter verehrt werden (Exodus). Dadurch verschiebt sich die Ursache dieser Machterfahrung zwangsläufig außerhalb des Kosmos und alle Attribute, die sich üblicherweise auf die kosmischen Götter beziehen, beziehen sich nun auf diesen transzendenten Gott.[35] Die große Stärke dieses Modells ist seine aufklärerische Klarheit. Es ist deshalb auch kein Zufall, dass Juden und Christen in den antiken Kulturen als Atheisten galten, da sie mit dem polytheistischen Götterhimmel radikal aufräumten.[36] Die Welt wird tatsächlich zu einer freien Welt – das ist eine Erfahrung, die wir mit Sicherheit auch heute teilen würden. Von daher ist uns das Modell auf gewisse Weise sehr nah. Die große Schwäche besteht darin, dass diesem Modell die Gottesnähe leicht verloren geht und die Beziehung zwischen

---

[32] Vgl. *Ursula Früchtel*, Mit der Bibel Symbole entdecken, Göttingen 1991, Kap. 4.

[33] *Wolfgang Leidhold*, Gottes Gegenwart. Zur Logik religiöser Erfahrung, Darmstadt 2008, 30.

[34] *Werbick*, Gott verbindlich, 2007, Kap. 4.9.

[35] Vgl. *Müller*, Streit um Gott, 2006, 43.

[36] Vgl. *Ernst Dassmann*, Kirchengeschichte I. Ausbreitung, Leben und Lehre der Kirche in den ersten drei Jahrhunderten, Stuttgart/Berlin/Köln 1991, 98.

Gott und seiner Schöpfung immer wieder neu gesucht und gefunden werden muss.[37]

Es ist kein Zufall, dass selbst Israel immer wieder neue Formen einer Vereindeutigung der Beziehung gesucht hat und sich immer wieder dem antiken polytheistischen Bild der Gegenwart Gottes angenähert hat – auch wenn hier dann Jahwe die alleine ordnende kosmische Macht wird (vgl. z.B. Psalm 94[38]) [→ **Gottes Macht**]. Das Christentum hat diesen Drang zur Vereindeutigung viel stärker zu seiner Form gemacht und damit in gewisser Weise die beiden Denkmodelle vereinigt. So weit ist Israel nicht gegangen.

### 2.2.3    *Gott als erste Ursache in der Scholastik*

 technische universität dortmund                Gott hält alles in Bewegung (Mittelalter)

„Fünf Wege gibt es, das Dasein Gottes zu beweisen. Der erste und nächstliegende Weg geht von der Bewegung aus. Es ist eine sichere (…) Tatsache, dass es in der Welt Bewegung gibt. Alles aber, was in Bewegung ist, wird von einem anderen bewegt. (…) Das kann aber unmöglich so ins Unendliche fortgehen, da wir dann kein erstes Bewegendes und infolgedessen überhaupt kein Bewegendes hätten. Wir müssen also unbedingt zu einem ersten Bewegendem kommen, das von keinem bewegt ist. Dieses erste Bewegende aber meinen alle, wenn sie von ‚Gott‘ sprechen.“

*(Th.v.Aquin, STh I, q2a3)*

Dr. Oliver Reis                                                WS 2008-09

Damit sind wir bei dem dritten vermittelnden Denkmodell angelangt, das ich historisch an der Scholastik festmache und damit bei der Epoche, die unter der größten Spannung versuchte, Vernunft und Glauben als wechselseitige Bedingungen zu betrachten.[39] Sie erinnern sich an das Leitmotiv *fides quaerens intellectum* aus der ersten Sitzung, das eben das scholastische Denken prägt? In

---

[37] Vgl. *Werbick*, Gott verbindlich, 2007, 301,319f.,323f.
[38] Vgl. *Ernste*, ‚Vertilgen wird sie der Herr, unser Gott!‘.
[39] Vgl. *Hans Küng*, Antwort auf die Gottesfrage der Neuzeit, München [5]2008, 56-59; *Ruster*, Der verwechselbare Gott, 2000a, 62-69.

dieser Epoche der Theologie und des Glaubens lassen sich durchaus die antiken Verhältnisse wieder erkennen. Es halten zwar nicht mehr die vielen Götter der konkreten Machterfahrung die Welt zusammen, sondern Gott mit seinem himmlischen Hofstaat, zu dem auch die Heiligen gehören. Wie auf dem Bild erkennbar ist, geht es hier weniger darum, dass Gott alles steuert, vielmehr fügt Gott alles zusammen, wie es seinem Heilswillen entspricht. Dieses Bild setzt voraus, dass Gott nicht einfach ein Geschöpf ist, so wird auch die biblische Unterscheidung von Geschöpf und Schöpfer nicht aufgehoben. Aber gleichzeitig wird mit ihm die kosmische Erfahrung identifiziert, dass ja alles von irgendwo her kommt, dass alles auf etwas hin läuft. Die Machterfahrung ist die der Ordnung, die in der engen Verzahnung von christlicher Religion/Kirche mit Politik, Militär, Ökonomie nahe liegt. Die christliche Heilsordnung wird ‚geatmet' – und damit auch die *Gegenwart* Gottes –, solange eben der Zustand selbst als (wenn auch vorläufiger) Heilszustand verstanden werden kann. Insofern begegnet im Mittelalter den Menschen die göttliche Macht intuitiv und im kirchlichen Raum auch unvermittelt. Die Heiligen, die Engel und zuweilen auch Gott selbst haben die selbstverständlichen Götter des ersten Denkmodells ersetzt, und gleichzeitig ist die Fremdheit, die in der eigenartigen transzendenten Ortlosigkeit Gottes ihren Ausdruck gefunden hat, aus dem zweiten Modell in den Hintergrund getreten.[40] Deutlich wird dies vor allem daran, dass der Himmel nun zu einem statischen Ort Gottes wird, von dem aus er regiert.

Die darin liegende Verwechselbarkeit von Himmel und Gott ist aber selbst im Mittelalter nicht ganz vollzogen worden. Viele Kunstbilder aus der Zeit zeigen uns, dass schon damals der Himmel als Metapher und physikalische Größe unterschieden wurde – in den englischen Begriffen von 'heaven' und 'sky' drückt sich diese Unterscheidung aus.[41] Die meisten Bilder zeigen diese Unterscheidung durch verschiedene Blautöne und eine doppelte Himmelsabgrenzung. Die Herrschaft Gottes im Himmel geschieht also vom Heaven aus und nicht vom Sky und ist damit nicht eine kosmische Herrschaft durch ein Element des Kosmos. Es ist eine Herrschaft als Voraussetzung, Kraft und Ziel aller kosmischen Bewegung, so dass selbst in dieser Hochphase der Verwechselbarkeit die Grunderkenntnis des zweiten Modells nicht völlig aufgehoben wurde. Trotzdem geht in diesem dritten vermittelnden Modell die Leitunterscheidung von Gottes transzendenter Macht über die kosmischen Mächte und Kräfte verloren, er ist in die kosmische Auseinandersetzung mit seinem Heilswillen als objektive Zweitursache verstrickt, wie das Thomas in seiner Summa beschreibt und wie dies auch der erste der Gotteswege ausdrückt: Dieses allgemeine kosmische Prinzip ist das, was wir Gott nennen.[42] Damit wird der relationale, transzendente Ort Gottes aus dem zweiten Modell nicht mehr gewonnen. Gott fällt immer wieder auf seinen Ort, den Himmel, zurück. Die Erkenntnis des zweiten Modells, dass

---

[40] Vgl. *Ruster*, Der verwechselbare Gott, 2000a.
[41] Für diese Unterscheidung vgl. *Michael Welker*, Schöpfung und Wirklichkeit, Neukirchen-Vluyn 1995, Kap. 3.
[42] Vgl. *Klaus Müller*, Gottes Dasein denken, Regensburg 2001, 57f.

der Himmel nur als Zeichen taugt, das als Ort der göttlichen Herrschaft gedeutet wird, fällt weg. Es wird übersehen, dass der Himmel, so wie der Tempel, der Kult, das Land und auch die Kirche zu einem gottlosen Ort werden kann, weil dort nicht mehr Gottes Gerechtigkeit geehrt wird, sondern die der Menschen zusammen mit den Mächten und Gewalten. Diese Differenz zwischen Gott und Himmel musste sich die Theologie erst langsam wieder erarbeiten, nachdem das dritte scholastische Denkmodell seit der Aufklärung im 18. Jahrhundert bis heute seine intuitive Plausibilität verloren hat.[43]

## 2.2.4 Die Frage nach der Existenz Gottes in der Aufklärung

Bisher habe ich Ihnen drei Modelle gezeigt, wie Gottes Gegenwart im Verhältnis zur Welt gedacht wurde und auch heute noch gedacht wird. Dabei zeigt sich eine eigentümliche Spannung, Gottes Gegenwart sehr nah an den kosmischen Vorgängen zu sehen (1. Denkmodell) oder eben den gleichen Vorgängen sehr kritisch gegenüber zu setzen (2. Denkmodell). Das erste lässt sich als natürliche Theologie beschreiben, das zweite denkt eher von der Offenbarung Gottes aus, die die natürliche Theologie überschreitet. Das dritte Denkmodell wäre dann der Versuch einerseits Gott als kosmische Macht über alle Mächte zu setzen und insofern natürliche Theologie und Offenbarungstheologie zu verknüpfen. Aber wie gesagt, das sind *theologische* Standpunkte, die der Antwort auf die Frage nach Gottes Gegenwart eine bestimmte Struktur geben, und ich bin sicher, dass Ihre Antwort-Texte – sofern Sie nach einem Ort Gottes gesucht haben – auch eine gewisse Nähe zu einem der Denkmodelle aufweisen. Die Anfrage des Schülers zielt aber nur sehr bedingt auf eine theologische Lösung als vielmehr auf das Problem, dass in der Welt eine Gegenwart Gottes unmöglich sein kann, nicht denkbar, vielleicht unvernünftig ist. Die Frage zielt auf die *Wirklichkeit* der Behauptung, dass Gott da ist, und somit ist die Geltung der Aussage zu begründen. Ich werde gleich noch darauf eingehen, dass die drei theologischen Denkmodelle mit dieser Anfrage an das *Wirklichkeitsverständnis* unterschiedlich gut umgehen können und antwortfähig bleiben. Ich möchte aber zunächst die Verschiebung von den theologischen Denkmodellen auf das Wirklichkeitsverständnis selbst genauer herausarbeiten.

Diese Verschiebung ist eine Folge der Aufklärung, die einen deutlichen Einschnitt für das Gottdenken im Allgemeinen und das Denken der Existenz und Gegenwart Gottes im Besonderen bedeutet. An dem Denken Immanuel Kants (1724-1804) wird dieser Einschnitt gut nachvollziehbar. So hat der sog. ‚vorkritische Kant' bis 1763 noch ganz in den Bahnen des scholastischen Den-

---

[43] Vgl. *Oliver Reis*, Nachhaltigkeit – Ethik – Theologie. Eine theologische Beobachtung der Nachhaltigkeitsdebatte, Münster 2003; *Thomas Ruster*, Von Menschen, Mächten und Gewalten. Eine Himmelslehre, Mainz 2005, 19-25.

kens die Beweiskraft des *physikotheologischen Gottesbeweises*[44] vertreten: Gott lässt sich aus der zweckmäßigen und vollkommenen Einrichtung seiner Werke erschließen, die zielgerichtete Komplexität setzt eine zielgerichtete Bewegung voraus, die nicht durch Zufall erklärbar ist. Es läuft für ihn in dieser Phase darauf hinaus, dass „die Vernunft nichts denken könne, ohne dabei Gottes Existenz vorauszusetzen."[45] In der sog. ‚kritischen Phase', in der er u.a. seine „Kritik der reinen Vernunft" (2. Aufl. 1787) ausarbeitet, wird dies von ihm als unvernünftig verworfen. Denn dieser Beweis setze einen Begriff von 'Welt' als von Gott gesetzte Totalität voraus, der nicht über die Erfahrung gebildet werden kann. Und so wie 'die Welt' nicht als Gegenstand der Erfahrung existiert, so auch nicht 'Gott'. Kant behauptet nicht, dass Gott nicht existieren kann, er sagt aber, dass der Begriff 'Gott' nicht angemessen auf einen Gegenstand Gott bezogen ist. Kant legt Bedingungen dafür fest, wann wir einen Verstandesbegriff angemessen bilden, der nicht nur eine bloße Idee bleiben soll, wie der Begriff 'Gott'. Diese Bedingungen möchte ich mit Hilfe der Textauszüge zu Kant, die Sie in *ews* [vgl. EWS Text 3] gefunden haben, erklären:

> „Alles, was uns als Gegenstand gegeben werden soll, muss uns in der Anschauung gegeben werden. Alle unsere Anschauung geschieht aber nur vermittels der Sinne. Der Verstand schaut nichts an, sondern reflektiert nur" (288). „Daher haben auch die reinen Verstandesbegriffe ganz und gar keine Bedeutung, wenn sie von Gegenständen der Erfahrung abgehen und auf Dinge an sich selbst bezogen werden wollen" (312). „Daher scheinen die reinen Verstandesbegriffe viel mehr Bedeutung und Inhalt zu haben, als dass der bloße Erfahrungsgebrauch ihre ganze Bestimmung erschöpfte, und so baut sich der Verstand unvermerkt an das Haus der Erfahrung noch ein viel weitläufigeres Nebengebäude an, welches er sich mit lauter Gedankenwesen anfüllt, ohne es einmal zu merken, dass er sich mit seinen richtigen Begriffen über die Grenzen ihres Gebrauchs verstiegen habe" (316).[46]

Kant ist kein Empirist, er sagt nicht: Was ich nicht sehen oder fühlen kann, das kann es auch nicht geben. Für ihn ist die Erkenntnis der Dinge eben an unsere Erkenntnismöglichkeiten gebunden. Die Vernunft weiß nichts von den Dingen an sich, sondern nur von den Dingen für uns, die wir nach bestimmten Kategorien, die dem Erkennen vorausgehen, wahrnehmen. Er nimmt aber auch die empiristische Kritik an der zu seiner Zeit üblichen Metaphysik ernst, die zu großen spekulativen, empirisch überhaupt nicht mehr begründbaren Gebäuden geführt hat. Deswegen unterscheidet er genau zwischen solchen Begriffen, die mittels der Anschauung gewonnen werden, und solchen, die als reine Verstandesbegriffe nur im Verstand selbst gebildet worden sind, aber deshalb noch lange keine Geltung für die Wirklichkeit beanspruchen können.

---

[44] Vgl. zur Einführung in den Begriff: *Jürgen Mittelstraß/Martin Carrier*, Art. ‚Physikotheologie', in: Enzyklopädie Philosophie und Wissenschaftstheorie. Hg. v. *Jürgen Mittelstraß*, Bd. 3, Stuttgart/Weimar 2004, 238f.

[45] *Müller*, Streit um Gott, 2006, 49.

[46] Alle Textstellen beziehen sich auf *Immanuel Kant*, Prolegomena zu einer jeden künftigen Metaphysik, die als Wissenschaft wird auftreten können (1783), in der Ausgabe: *Konstantin Pollok* (Hg.), Immanuel Kant, Prolegomena zu einer jeden künftigen Metaphysik, Hamburg 2001 (=PhB.540).

> „Unser Begriff von einem Gegenstande mag also enthalten, was und wie viel er wolle [d.i. dass er existiert], so müssen wird doch aus ihm herausgehen, um diesem die Existenz zu erteilen. Bei Gegenständen der Sinne geschieht dieses durch den Zusammenhang mit irgendeiner meiner Wahrnehmungen nach empirischen Gesetzen; aber für die Objekte des reinen Denkens ist ganz und gar kein Mittel, ihr Dasein zu erkennen, weil es gänzlich a priori erkannt werden müsste; unser Bewusstsein aller Existenz aber (es sei durch Wahrnehmung unmittelbar, oder durch Schlüsse, die etwas mit der Wahrnehmung verknüpfen) gehört ganz und gar zur Einheit der Erfahrung; und eine Existenz außer diesem Felde kann zwar nicht schlechterdings für unmöglich erklärt werden, sie ist aber eine Voraussetzung, die wir durch nichts rechtfertigen können. Der Begriff des höchsten Wesens ist eine in mancher Absicht sehr nützliche Idee; sie aber eben darum, weil sie bloß Idee ist, ganz unfähig, um vermittelst ihrer allein unsere Erkenntnis in Ansehung dessen, was existiert, zu erweitern."[47]

Kant spielt hier auf den Gottesbeweis von Anselm von Canterbury (1033-1109) an, der aus der Schlussfolgerung, dass zu einem höchsten Wesen, das ich mir unzweifelhaft denken kann, immer auch seine Existenz gehört – und zwar weil dies der Begriff eines höchsten Wesens impliziert. Was wäre das auch für ein höchstes Wesen, das nicht existiert?[48] Selbst wenn in einem Begriff – wie der des höchsten Wesens – die Existenz dieses Wesens eingeschlossen ist, so sagt Kant, muss geprüft werden können, ob überhaupt ein x existiert, das unter den Begriff fällt, zu dem gehört, dass x existiert. Formalisiert lässt sich Kants Vorbehalt so darstellen: *Prädikat*[49] $H(x)$: x ist höchstes Wesen und zum *Begriffsinhalt*[50] von $H(x)$ gehört, dass x existiert. Damit ist aber noch nicht geklärt, ob gilt $\exists x \, (x \mid x \in R = \{$alle erfahrbaren Dinge des Kosmos$\}) \, H(x)$. Es könnte immer noch sein, dass $H(x)$ einen leeren *Begriffsumfang*[51] hat. Entscheidend ist hier die Definition der Menge R, die eben an die obige Definition der Erfahrung angekoppelt ist und die Gott zu einem Gegenstand des Kosmos macht. Kant bestreitet folglich nicht die Existenz Gottes grundsätzlich, sondern nur als $x \in R$. Gott als ein solches x muss für Kant zwangsläufig eine reine Idee des Nebengebäudes bleiben, die deshalb auch keine weiteren Welterkenntnisse ermöglichen kann. Selbst wenn nun bewiesen werden könnte, dass Gott existiert, vielleicht als $y \in A$ mit A=\{alle Dinge, die überhaupt, d.h. auch jenseits des Kosmos existieren\}, dann wäre dies für die menschlichen Möglichkeiten der Welterkenntnis

---

[47] *Immanuel Kant*, Kritik der reinen Vernunft (2. Aufl. 1787), in der Ausgabe: Kants gesamelte Schriften, hg. v. der Königlich Preußischen Akademie der Wissenschaften, Abt. 1: Werke, Band 3, Berlin (2)1911, hier Nachdruck Köln 1995, 402f.

[48] Vgl. *Müller*, Gottes Dasein denken, 2001, 64-67.

[49] Unter einem „Prädikat" versteht die Logik den Aussageteil, der einem Subjekt zugesprochen wird wie z.B. Eigenschaften oder Handlungsweisen. Vgl. *Kuno Lorenz*, Art. ‚Prädikat', in: Enzyklopädie Philosophie und Wissenschaftstheorie. Hg. v. *Jürgen Mittelstraß*, Bd. 3, Stuttgart/Weimar 2004a, 310f.

[50] Der „Begriffsinhalt" meint in der Logik die Menge an Eigenschaften, die notwendig sind, um den Gegenstand eineindeutig zu bestimmen. Vgl. *Kuno Lorenz*, Art ‚intensional/Intension', in: Enzyklopädie Philosophie und Wissenschaftstheorie., Bd. 2, 2004b, 256f.

[51] Der „Begriffsumfang" meint in der Logik die Menge an Gegenständen, die unter ein Prädikat fallen. Diese Menge könnte in diesem Fall eine leere Menge sein. Vgl. *Lorenz*, Art ‚intensional/Intension', 2004b, 256f.

unbedeutend, weil es keine vernünftigen Schlussfolgerungen von diesem y auf die erfahrbare Welt gäbe:

> „Wenn auch (…) das Dasein einer höchsten Intelligenz bewiesen wäre: so würden wir uns zwar daraus das Zweckmäßige in der Welteinrichtung und Ordnung im Allgemeinen begreiflich machen, keineswegs aber befugt sein, irgend eine besondere Anstalt und Ordnung daraus abzuleiten, oder, wo sie nicht wahrgenommen wird, darauf kühnlich zu schließen; indem es eine nothwendige Regel des speculativen Gebrauchs der Vernunft ist, Naturursachen nicht vorbeizugehen und das, wovon wir uns durch Erfahrung belehren können, aufzugeben, um etwas, was wir kennen, von demjenigen abzuleiten, was all unsere Kenntniß gänzlich übersteigt."[52]

Und hier bricht Kant dann eben mit dem physikotheologischen Gottesbeweis. Die obigen Regeln zwingen ihn dazu. Der Schluss von der Weltordnung, der strebenden Bewegung, die Thomas von Aquin in seinen „Fünf Wegen" noch als objektives Weltprinzip unhinterfragt voraussetzt, auf den ersten Beweger wird überflüssig.

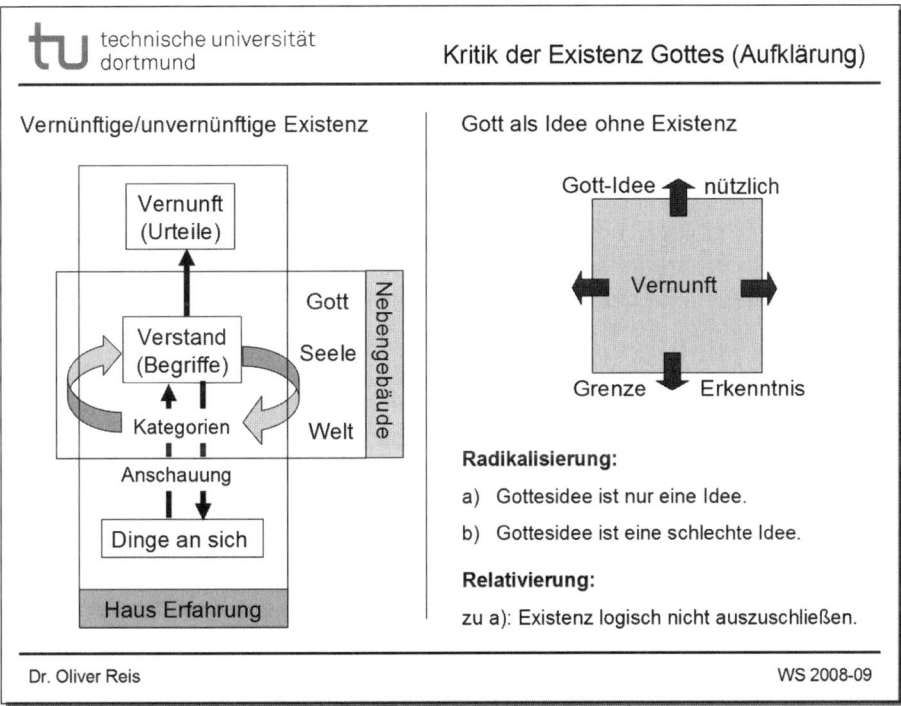

Die Vernunft hat mittels der Naturwissenschaften eine erfahrungsorientierte Erklärung der Ordnung und beobachtbaren Nicht-Ordnung bereitgestellt, die nicht mehr theologisch verdoppelt werden muss. Und vor allem kommt diese natürliche Ordnung damit klar, dass die Ordnung nach moralischen Maßstäben eben doch nicht perfekt ist. Vernünftige Schlüsse sollten deshalb auf die Idee

---

[52] *Kant*, Kritik der reinen Vernunft, 1995, 402.

eines höchsten Wesens verzichten, da sie mehr verdunkelt als erhellt. Gerade die Theologie ist hier angesprochen, die ja immer wieder erfahrungssatte und reine Verstandesbegriffe miteinander vermischt. Sie hat gerade die Illusion des Nebengebäudes als Hauptgebäude zur Profession gemacht, könnte man mit Kant und vielen Religionskritikern in der kantischen Tradition sagen.

Auch wenn es Kants Anliegen war, Vernunft und Glaube zu trennen, so geschah dies nicht in der Absicht, den Glauben als Illusion darzustellen. Das höchste Wesen zu denken, wird dem Menschen sogar von der Vernunft selbst aufgedrängt:

> „Das höchste Wesen bleibt also für den bloß spekulativen Gebrauch der Vernunft ein bloßes, aber doch fehlerfreies Ideal, ein Begriff, welcher die ganze menschliche Erkenntnis schließt und krönet, dessen objektive Realität auf diesem Wege zwar nicht bewiesen, aber auch nicht widerlegt werden kann."[53]

Im Bereich der theoretischen Vernunft bringt sich die Vernunft in große Schwierigkeiten. Kant hält deshalb auch den Versuch, Gott als Schöpfer einer guten Weltordnung zu rechtfertigen, für ein unauslöschliches Anliegen, das aber eben nicht im Rahmen der Vernunft bearbeitet werden kann. Die starke Trennung hat unweigerlich zur Folge, dass Religion nun entweder in den Grenzen der Vernunft gedacht wird oder sich selbst als unvernünftig diskreditiert. Glaube und Gottdenken werden von dem Maßstab der Vernunft aus beobachtet und so wie dieses Konzept angelegt ist, ist innerhalb der Vernunft kein Platz dafür.

Wenn die Theologie oder auch der Glaube selbst oft ziemlich unreflektiert von der 'Gotteserfahrung' spricht, dann bezieht sich dies auf das Problem, das Kant dem Glauben und der Theologie bereitet hat. Und dieser Begriff zeigt an, dass der Glaube und die Theologie nicht in den Grenzen der Vernunft bleiben können, weil sie dann ihre Einsichtigkeit aufgeben würden [→ Einführung]. Die Anschaulichkeit Gottes, eigentlich die Rückgewinnung der Anschaulichkeit Gottes, ist das große Thema der Theologie seit der Aufklärung. Und so einfach ist sie nicht zu gewinnen, denn die Erfahrungen, die Menschen als Gotteserfahrung vorbringen, fügen an einer bestimmten Stelle einen reinen Verstandesbegriff ein und müssten die Anschauung so ausweisen können, dass der geschaute Gegenstand eindeutig zu identifizieren wäre. Das jedoch ist schwierig, meistens wurde ein Ereignis gedeutet und dies geschieht dann unter Zuhilfenahme eines reinen Verstandesbegriffs. Und andersherum lässt sich auch sagen, dass jede Gotteserfahrung auch anders, eben ohne die theologischen Verstandesbegriffe beschreibbar ist. Nein, Kant lässt sich nicht so ohne weiteres aushebeln, und das merken Sie und das merke ich, wenn die Selbstverständlichkeit des Glaubens zwischen den Fingern rinnt und sie sich eben nicht einfach denkerisch wieder gewinnen lässt.

Während für Kant ‚Gott' zwar theoretisch eine Idee ohne Erfahrung ist, so ist für ihn diese Idee im Bereich des moralischen Handelns eine sehr wirkmäch-

---

[53] *Kant*, Kritik der reinen Vernunft, 1995, 426.

tige, die so eng zum Menschen gehört, dass der Mensch nur moralisch handelt, wenn er diesen Gott voraussetzt.[54] Kant hat insgesamt Zeit seines Lebens um die Gottes Existenz gerungen. In einigen religionskritischen Lesarten wird die Grenze zwischen Vernunft und Religion über Kant hinaus aber weiter radikalisiert. Man kann dann wie z.B. Feuerbach sagen, dass die Gottesidee nur eine Idee ist, die überhaupt keine Beziehung zu einem Gegenstand hat. Kant würde ja nur sagen, dass diese Beziehung nicht mit der Vernunft erfasst werden kann. Dieser Ansatz wird dann von seinen Schülern noch weiter radikalisiert, die z.T. diese Idee dann sogar für eine inhumane Idee halten. Erst wenn sich die Menschen gegenüber diesem höchsten Wesen die Geschichte in die eigenen Hände zurückholen, ist Humanität möglich. Diese beiden Radikalisierungen stehen für einen *Atheismus*, der die Existenz eines Gegenstandes aus Vernunftgründen abstreitet. Heute werden sie vom sog. *Agnostizismus* wieder zurückgenommen. Wer behauptet „Gott existiert nicht!" lädt die ganze Beweislast auf seine Schultern und kann diese theoretisch nicht einlösen. Der Atheismus der beiden Radikalisierungen erscheint deshalb als genauso unvernünftig.[55]

## 2.2.5   *Gottes Existenz/Dasein in der modernen Theologie*

### 2.2.5.1   Rückblick auf die vorkritischen Modelle

Bedenkt man diese Ergebnisse als einen Einschnitt für das Wirklichkeitsverständnis der Existenz, dann wird klar, dass Kant seine Unterscheidung explizit gegen das dritte vermittelnde Denkmodell der Scholastik führt. Und wenn die Vermittelbarkeit von Glaube und Vernunft, von Evidenz Gottes in der Welt und Differenz Gottes zur Welt wiedergewonnen werden soll, dann braucht es hierfür einen anderen Rahmen mit einer anderen Bezugsgröße als die objektive Welt als Beweis für die Tatsache der Schöpfung. Das ist nicht einfach, aber durchaus möglich, wie wir noch sehen werden. Das erste Denkmodell der punktuellen Macht, die 'Gott' genannt wird, behält auf der einen Seite seine Geltung. Denn es benennt ja einen Gegenstand als $x \in R$ und verzichtet damit aber gleichzeitig auf einen Schöpfergott. Dieses Konstrukt ist im pluralistischen Polytheismus auch nicht notwendig. Ob der christliche Gott so richtig gehört wurde, ist die eine gewichtige Anfrage, die andere ist die aus Kants Sicht, dass eine so Gott genannte kosmische Kraft, besser natürlich, da zum Wohle der Menschen zweckmäßiger, rekonstruiert wird. Wer sich dieser Rationalisierung entzieht, stellt sich außerhalb der rationalen wissenschaftlichen Weltbeschreibung. Das ist für Religionen unter Umständen – wie man auf dem Markt der Religionen beobachten kann – kein schlechter Ort, um Anhänger zu finden und um die

---

[54] Vgl. zu der Transformation der Gottesfrage aus dem Bereich der theoretischen Vernunft in den der praktischen vgl. *Müller*, Streit um Gott, 2006, 52-56.

[55] Zu den Radikalisierungen vgl. *Küng*, Existiert Gott?, [5]2008, Teil C, als Einstieg in den Agnostizismus vgl. *Siegfried Blasche*, Art. ‚Agnostizismus', in: Enzyklopädie Philosophie und Wissenschaftstheorie. Hg.v. *Jürgen Mittelstraß*, Bd. 1, Stuttgart/Weimar 2004, 53.

Lehre zu verkaufen. Für die röm.-katholische Theologie ist es aufgrund des Leitwortes *fides quaerens intellectum* kein guter Ort. Das zweite Denkmodell lässt sich scheinbar relativ bruchlos auf Kants Erkenntnisse beziehen. Es beansprucht ja gerade nicht, dass H(x) mit R als Grundmenge gilt. Sie würde sogar Kants These, dass der Begriffsumfang leer ist, in dem aufklärerischen Anliegen unterstützen. Sie würde eben sagen: Genau: Gott existiert nicht in dem Sinne, wie wir ,existieren' sonst verstehen. Die Schwierigkeiten sind aber gleichzeitig auch schon absehbar, denn selbst, wenn die Existenz zugunsten einer relationalen Gegenwart aufgegeben wird, ist a) zu klären, ob gänzlich auf die Existenz im Sinne einer Grundmenge A verzichtet wird und b) wie die Relationierung überhaupt möglich ist, da ja dort offenbar der Kantische Erfahrungsbegriff theologisch überschritten wird. Eines ist damit klar: Die Theologie wird auf keinen Fall bruchlos Gottes Gegenwart denken können, wenn sie die Denkbedingungen Kants ernst nimmt. Das muss sie nicht, wäre aber vermutlich eine Bedingung für die Einsichtigkeit. Da Sie in Ihren Texten entweder aufgrund der Ihnen selbst abhandengekommen Einsichtigkeit das Dasein ablehnen oder eben um die Einsichtigkeit ringen, werden Sie die Kantische Anfrage in Ihren Texten spüren und bei der Wahl des Denkmodells entsprechende Brüche produzieren. Das könnte für Sie eine wichtige Entdeckung werden, wie Sie in Ihrem Denken logischen Optionen folgen.

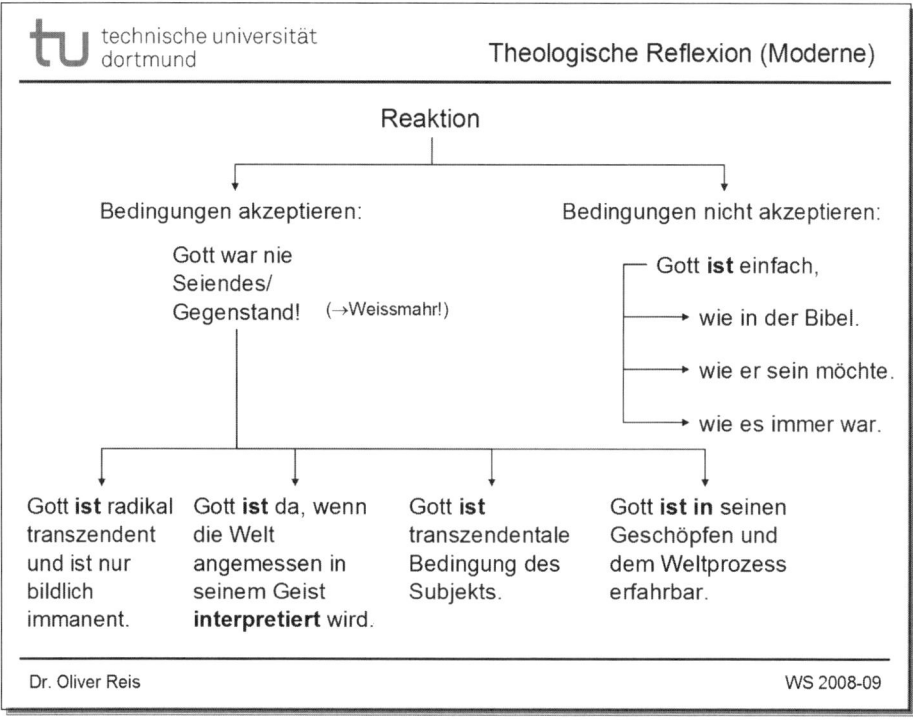

## 2.2.5.2 Fundamentalismus und Fideismus

Die Theologie steht seit 200 Jahren zunächst einmal vor der Grundfrage, ob sie die von Kant und anderen Denkern der Aufklärung vorgelegten Bedingungen, dass erstens religiöses Denken an die Bedingungen der Vernunft geknüpft ist und dass zweitens jedes Erkennen subjektgebundenes Erkennen ist, akzeptieren will. Der *Fundamentalismus* und der *Fideismus* der letzten Sitzung lassen sich nun als zwei moderne Haltungen beschreiben, diese Bedingungen nicht zu akzeptieren. Sie halten an der unvermittelten objektiven Welt als Gottes Handlungsraum fest und denken Gott als einen, der grundsätzlich aus eigener Kraft die ihm scheinbar angelegten Grenzen sprengen kann. Diese Macht zeigt sich dann in der Wunderfähigkeit, die nun explizit als Aushebelung der Naturgesetze verstanden werden kann, und in der Schöpfungsfähigkeit, die gegen die Evolution z.B. als Kreationismus gelesen wird. Der Kampf gegen das, was die Rationalität als Wirklichkeit zulassen kann, soll den Boden dafür bereiten, Gottes Wirklichkeit objektiv sehen zu können. Begründet wird dies mit biblischen Versen, die dafür selbst verobjektiviert und einer subjektiven Interpretation, d.h. einer hermeneutischen Auslegung, entzogen werden.[56] Von der letzten Sitzung her sind die Probleme dieser Position klar und sie ist als nicht-theologisch zu kennzeichnen.

Wenn wir die beiden Bedingungen akzeptieren, dann werden sich die drei Denkmodelle verändern, ihre spezifischen Intentionen werden aber trotzdem bewahrt.

## 2.2.5.2 Deismus

An dem Text von Weissmahr, den Sie in *ews* zu dieser Sitzung gefunden haben [**vgl. EWS Text 6**], finden Sie diese grundsätzlich affirmative, d.h. bejahende Bewegung: Gott kann nicht Seiendes in der Welt sein oder als Seiendes außerhalb der Welt direkt Ursache für einen Prozess innerhalb der Welt sein, denn dann wäre er Geschöpf und nicht mehr Schöpfer. Diese Position kann direkt zu einer Gesamtposition ausgebaut werden, wenn die radikale Transzendenz zur entscheidenden Bedingung wird. Diese Transzendenz kann dann sogar als objektiv verstanden werden. Die Nähe zum zweiten Denkmodell ist unübersehbar, allerdings ist die dortige relationale Gegenwart – Sie erinnern sich an die ‚verborgene Präsenz' – nicht mehr genauso objektiv, sie wird zu einem nur bildlichen Sprechen. Diese Position trägt *deistische* Züge. Damit meint man, dass diese Theorie die Immanenz Gottes und damit sein gegenwärtiges Handeln an der Welt aufgibt.[57] Die Welt ist nach der Schöpfung, die als der echte göttli-

---

[56] Vgl. für eine knappe kritische Prüfung: *Regina Radlbeck-Ossmann*, Schöpfung der neue Streit um die Evolutionstheorie, in: KatBl 133 (2008), 327-332.

[57] Vgl. zur Einführung *Oswald Schwemm*, Art. ‚Deismus', in: Enzyklopädie Philosophie und Wissenschaftstheorie,, Bd. 1, 2004, 444f.

che Akt gilt, ein abgeschlossenes, freies System. Der Deismus tritt seit der Aufklärung auf und ist bis heute sehr verbreitet. Wenn jemand z.B. sagt, dass Gott natürlich nicht die Welt in sieben Tagen geschaffen hat, dass aber auch der Urknall irgendeinen Grund haben muss und dass Gott diesen bewirkt hat, dann ist das ein moderner Deismus. Aber auch Äußerungen, die betonen, dass Gott die Welt radikal ihrer Freiheit überlässt und alle Verantwortung nun bei den Menschen liegt, liegen in dieser Struktur. Die Stärke ist eben, dass der Anspruch, Gott muss im Kosmos *erfahrbar* (im Kant'schen Verständnis) sein, mit einem guten Gewissen aufgegeben werden kann. Die Anbindung an die subjektive Erkenntnis wird nicht bewahrt, so dass der zweiten Denkbedingung Kants widersprochen wird. Schwierig wird an dieser Position aber besonders, dass erstens die Transzendenz all ihrer Fähigkeit zur kritischen Aufklärung beraubt wird, was das zweite Denkmodell aber gerade so stark gemacht hat. Zweitens führt diese entkernte Transzendentalität zu einer leeren Spitzenaussage, die mit Kant zu keiner neuen Erkenntnis führt.[58] Eine solche Theologie ist schlicht überflüssig. Im Grunde ist sie auch keine echte Theologie, da wie gezeigt, das ‚Hören' nicht ausgebildet ist.

### 2.2.5.3 Hermeneutische Theologie

Die zweite Position betont, dass alles Reden von Gott an die (menschliche) Sprache gebunden ist. Damit ist im Kantischen Sinne nicht gesagt, dass damit nicht eine objektive Wirklichkeit zutreffend bezeichnet ist, aber die Beziehung zum menschlichen Interpretationsakt lässt sich nicht mehr aufheben. So kann die Theologie von Gottes Gegenwart sprechen und weiß, dass das ‚Ding an sich' ihr entzogen bleibt und dass auch in der Sprache die Grenze der Sprachlosigkeit nicht überwindbar wird, sondern gerade offen gehalten wird – dafür dass sich etwas in Sprache von der Gegenwart Gottes ereignen kann. Dadurch kann diese Position die eigenartige Verschränkung von theistischer Transzendenz und Immanenz des zweiten Denkmodells aktualisieren. Die relationale Gegenwart dort muss entgegenständlicht werden und der bildliche Charakter der Sprache betont werden, ohne deswegen die Ortgebundenheit aufzugeben.

> „Gottes Handeln ist dem Menschenhandeln transzendent. Es ist ihm schlechthin voraus, so dass dieses immer wieder neu vom Heiligen Geist gelockt in Gottes Handeln hinein finden kann. Und es ist dem Menschenhandeln zugleich so tief reichend immanent, dass man sagen kann, es verberge sich in ihm und werde nur denen als Gottes Handeln offenbar, die sich selbst von ihm ergreifen lassen, den Willen Gottes in der Welt geschehen zu lassen."[59]

Deswegen ist die Bildlichkeit auch nicht als ‚nur' zu lesen; im Sinne von: Ach, dann sind das alles nur Bilder! Die Sprache mit ihren Ausdrucksmöglich-

---

[58] Vgl. *Sander*, Einführung in die Gotteslehre, 2006, 20-22, der diese Verdopplung für die Auseinandersetzung um die Schöpfungstheologie zeigt.
[59] *Werbick*, Gott verbindlich, 2007, 328.

keiten und den Grenzen des Ausdrückens ist das Medium, das Außen angemessen im Innern zu thematisieren.[60] Dann sind tastende Kennzeichnungen von immanenten Prozessen möglich, in denen Gottes Gegenwart Unterscheidungen in die Welt einführt, die ansonsten kaum möglichen wären:

> „Die Handlungsbehauptung [Gott hat gehandelt; O-R.] *identifiziert* vielmehr in den kausal bestimmten Abläufen die Realisierung einer Intention, das Geschehen eines Willens, der hier ja gar nicht geschehen könnte, wenn die Handlung gar nicht im Kontext der Ursache-Wirkungs-Zusammenhänge, die die Situation bestimmen, möglich wäre."[61]

Schaut man sich beispielhaft diese Überlegungen von Werbick an, dann fällt auf, dass diese Position von Kant sehr viel gelernt hat und eindeutig auf ihn bezogen ist, dass sie allerdings die Erfahrbarkeit – im Sinne von Ereignissen deuten – hier von der Vernunft löst und an eine *gläubige* Vernunft bindet. Mit Kant gesprochen: Die Anschauung beruht nun auf Erfahrungen, die ihrerseits aber letztlich auf Voraussetzungen ohne Anschauung beruhen. Die Voraussetzung der Gläubigkeit bleibt im Hintergrund der so möglichen Aussagen, wird allerdings transparent gemacht, wenn es sein muss. Dann wird auch klar, dass diese Position die Grenzen von Kant im Letzten nicht akzeptiert und Religion eben nicht in den Grenzen der Vernunft denkt. Dadurch entsteht ein eigener Bereich des Glaubens und Theologisierens, der in sich unvernünftiges und vernünftiges Denken trennt.[62] So markiert diese Position eine Grenze, bis zu der sie Kants Thesen teilt: da, wo die Theologie die Vernunft zum Maßstab selbst machen müsste. Genau diese Widerständigkeit zeigt noch einmal die Herkunft vom zweiten Denkmodell, das sich weigert einfach die Prozesse im Kosmos als göttlich zu akzeptieren und über Gott eine neue Beobachtungsmöglichkeit gewinnen will. Sie differenziert aber in Anlehnung an Kant das Wirklichkeitsverständnis in Richtung eines *modernen hermeneutischen Grundverständnisses* aus, um zumindest im Rahmen einer gläubigen Vernunft das *fides quaerens intellectum* bearbeiten zu können. Mit diesem Bruch zur normalen Vernünftigkeit werden Sie in Ihren Texten mit Sicherheit auch gerungen haben.

### 2.2.5.4 Transzendentaltheologie

Eine dritte Position, die ich Ihnen zeigen möchte, akzeptiert noch stärker die Kantschen Denkvoraussetzungen, geht allerdings mit ihnen über Kant hinaus. In Anlehnung an Kants Analyse der menschlichen Erkenntnismöglichkeiten, die Kant 'Transzendentalanalyse' nennt, fragt diese *Transzendentaltheologie* nach den Möglichkeiten eines Subjekts, das ‚Ich' sagt und damit eine Identität meint. Und im Rahmen einer solchen Subjektanalyse zeigt der Religionsphilosoph

---

[60] Vgl. *Sander*, Einführung in die Gotteslehre, 2006, 27-31.
[61] *Werbick*, Gott verbindlich, 2007, 320.
[62] So wie z.B. Sander, wenn er Induktion und Deduktion als unvernünftige Schlüsse analysiert und die Abduktion als der obigen Grenzwanderung zwischen Sprachlosigkeit und Sprachfähigkeit angemessen rekonstruiert (vgl. *Sander*, Einführung in die Gotteslehre, 2006, Kap. I.)

Klaus Müller, dass unser Subjektbegriff, unser ‚Ich' voraussetzt, dass es zu diesem Ich einen absoluten, vorausgesetzten Grund gibt, der dieses Selbstverhältnis erst ermöglicht.

> „Wenn – aber nur wenn – ich auch noch unter den verschärften Bedingungen einer unter Kritik gestellten Moderne den Ichgedanken denke, schließt sich diesem per se ein Transzendenzgedanke der Form ‚grundloser Grund' an, der als nicht-äußerer und nicht-gegenständlicher dem augustinischen ‚interior intimeo meo' einschließlich des ‚superior summo meo' genügt."[63]

Die augustinische Gegenüberstellung meint sinngemäß übersetzt, dass Gott mir näher ist, als mein Innerstes und zugleich fremder als das mir Äußerste. Müller selbst ist davon überzeugt, damit eine Grundlage für ein Gottesdasein gefunden zu haben, aus dem sich der christliche Gottesglaube entwickeln lässt. Diese Transzendentalanalyse wäre damit ein fundamentaltheologisches Argument, um ganz in den Bahnen der Vernunft, sinnvoll wie schon Kant, die zentralen Themen der Theologie zu bearbeiten.[64] Ist dies wirklich noch eine theologische Position? Gelingt ihr noch das ‚Hören'? Das ist in der Theologie umstritten. Thomas Fößl kommt für die philosophische Transzendentalanalyse Pröppers über den Freiheitsbegriff zu dem Urteil, dass dieser Weg nicht bruchlos gelingt, dass irgendwann doch einmal die Vernunft in eine gläubige Vernunft umschlägt, wenn man wirklich in einer biblischen Gotteslehre ankommen will[65] – oder man gibt diesen Anspruch auf und bleibt in der Religionsphilosophie.

Zunächst einmal ist dies eine komplexe theologische Position, die aber trotzdem vom Grundanliegen her auch in Positionierungen von Schüler/innen und Studierenden zu finden ist. Und zwar dann, wenn wir die Frage als Frage nach der Wahrheitsfähigkeit ernst nehmen und dann streng in einer Wahrheitsfähigkeit bleiben wollen, die allgemein verständlich bleiben soll. Wir suchen dann nach einem gemeinsamen Grund – im Sinne eines Fundaments –, auf den wir uns beide stellen können. Müller macht das hier mit dem Subjektbegriff: „Sie sagen doch ‚Ich', oder? Wissen Sie, was das für Konsequenzen hat?" Andere Theologen machen das über die Liebe oder über die Beziehung. Die Struktur ist aber vergleichbar. Die Stärke ist der ausgewiesene rationale Grund, der mich im Denken nicht mehr loslässt, ein solches Denken kann Vernunft und Glauben scheinbar wieder vermitteln und damit wird diese Position zu den Erben der Scholastik. Die Schwäche ist die Abstraktion von dem Gott, den die Bibel bezeugt. Er wird, wie Müller sagt, ‚entgegenständlicht'. Wie gesagt, ist das noch Theologie?

---

[63] *Müller*, Gottes Dasein denken, 2001, 170.

[64] *Müller*, Gottes Dasein denken, 2001, Kap. 8.3; *Müller*, Streit um Gott, 2006, 56.

[65] Vgl. *Thomas Fößl*, Freiheit als Paradigma der Theologie? Methodische und inhaltliche Anfragen an das Theoriekonzept von Thomas Pröpper aus theologischer Perspektive, in: Theologie und Philosophie 82 (2007), 205–239, hier 219.

## 2.2.5.5 Monismus

Klaus Müller hat dieses Dasein Gottes inhaltlich weiterverarbeitet und damit kommen wir zu der vierten Position: dem *monistischen Kosmotheismus*. Was ist damit gemeint? ‚Monistisch' sind alle Theorien, die alles, was ist, aus einer Substanz erklären. Es gibt geistige und materialistische Monismen. Den Materialismus, der behauptet, es gibt keinen Geist, alles ist Materie, kennen Sie vielleicht. Selbst das Bewusstsein ist dann eine Funktion des Gehirns als Materie. Geistige Monismen sind dementsprechend solche Theorien, die alles aus geistigen Prozessen erklären. Die Materie ist dann nur eine Leistung unseres Geistes. Es gibt aber auch theologische Monismen, die davon ausgehen, dass alles, was ist, Gott selbst ist. Man nennt eine solche Position *Pantheismus*: Alles ist Gott! Dieser Pantheismus ist wie der vorherige Deismus auch eine Folge der Aufklärung. Während der Deismus aber über Gebühr Gott und Welt auseinander reißt, um die Welt vernünftig erklären zu können, so setzt der Pantheismus Gott und Welt ineinander. Auch dadurch wird diese eigenartige Transzendenz des klassischen Theismus bearbeitet. Sie müssen gar nicht mehr nach Orten außerhalb der Welt oder spezifischen Orten innerhalb der Welt fragen, Gott ist Welt. Diese Position hat vor allem Baruch de Spinoza (1632-1677) bekannt gemacht, der die Gotthaftigkeit der Welt und die Welthaftigkeit Gottes als vernünftig erkennt. Alle Substanzen – auch das Einzel-Ich – sind Modifikationen der göttlichen Substanz. Wir begegnen Gott in seinen Geschöpfen! Der Pantheismus ist immer noch ein Theismus, er setzt immer noch eine Relation von Gott und Welt voraus, er löst aber das Gegenüber durch ein Ineinander ab.[66] Insofern erfüllt der Pantheismus immer noch die Bedingung, dass Gott kein Seiendes ist. Der moderne Pantheismus versucht durch feine Differenzierungen diese Grenze zu bewahren.

Klaus Müller unternimmt nun die Aufgabe, in zwei Richtungen zu begründen, dass dieser Pantheismus zum einen als die Lösung der von Kant aufgeworfenen Anfragen an den Gottesglauben taugt und zum anderen als eine biblisch begründete Denkform Gottes auszuweisen ist. Wenn ihm dieses Anliegen gelingt, dann wäre es tatsächlich möglich, den christlichen Glauben mit dem Kriterium der Vernünftigkeit zu denken. Die Grundidee von Müller besteht darin, dass er an Kant auf drei Ebenen zeigen kann, dass dessen engen Relationen Anschauung/Denken, Subjekt/Objekt und theoretische Vernunft/praktische Vernunft letztlich jeweils eine Einheit voraussetzen, die er aber selbst nicht gewinnt. Kant hat ja gerade gezeigt, dass Denken nur mit Anschauung zu Erkenntnis führt, dass das Objekt nur vom Subjekt gewonnen wird und dass die praktische Vernunft eine Gotteskenntnis voraussetzt, die theoretisch nicht folgenlos bleiben kann. Hier setzt Müller mit Hilfe verschiedener Kant-Schülern an und will diese Einheit wiedergewinnen, die den Identitäten zugrunde liegt. Sie ahnen es schon von der Transzendentalanalyse her: Es ist eben die absolute

---

[66] Vgl. *Müller*, Streit um Gott, 2006, Kap. 2.3; *Küng*, Existiert Gott?, [5]2008, 160-164.

Einheit, die das höchste Ziel der Vernunft ist und die nach Kant nur noch auf Seiten der Subjektinstanz gesucht werden kann: „Also muss die Subjektinstanz daraufhin untersucht werden, inwiefern sie etwas Absolutes impliziert."[67] Erst diese vorausgesetzte Einheit macht es möglich, dass die Teile zueinander in ein Verhältnis treten können.[68] Der deutsche Idealismus des 18. und 19. Jahrhunderts hat um diese Einheit gerungen und dafür auf Spinozas Pantheismus zurückgegriffen. Während bei diesem der Pantheismus aber zu einem totalen Determinismus von Welt als Prozess Gottes geführt hat,[69] so versucht der Pantheismus nach Kant deutlich zu machen, dass Freiheit und Monismus im Sinne eines Kosmotheismus kein Widerspruch sind. Die menschliche Freiheit schließt die Begegnung mit Gott nicht aus, sondern ein. Das Geborgensein in der All-Einheit und die personale Begegnung korrespondieren miteinander: „Vielmehr ist der Monismus das Geheimnis jedes Theismus, der einen wirklichen Weltbezug impliziert."[70] Insofern liest dann Müller den biblischen Sinai-Theismus „Ich bin der, der ich bin" (Ex 3,14) von der altägyptische All-Einheits-Formel der Göttin Sais „Ich bin alles, was war und ist und sein wird." Gott tritt uns gegenüber aus dem geheimnisvollen Hintergrund allen Seins. Irritierend und spannend: Die Sakramente werden in dieser Perspektive nicht zum Einbruch Gottes in die profane Welt, sondern zum aktualisierenden Ausbruch seiner ständigen Gegenwart. Diese Position zeigt eine gewisse Nähe zu dem ersten Denkmodell, fasst aber dieses von der Sais-Formel her in eine Einheit: All die Götter sind individualisierender Ausdruck der einen Gottheit – so entsteht im Pantheismus ernst gemeinte Personalität wie auch die des Menschen.[71]

Es gelingt dieser Position so die Evidenz von Gottes uns umhüllender und begegnender Gegenwart in seiner Welt zu bewahren und diese konsequent an das erkennende Subjekt zu binden. Während die zweite Position das Wirklichkeitsverständnis in Richtung Bildlichkeit ausdifferenziert, bleibt es hier bei einem direkten und intuitiven, aber natürlich subjektgebundenen Wirklichkeitsbezug. Damit kann die Position viel von den intuitiven Gotteserfahrungen aufnehmen und braucht kein kompliziertes Aufdecken und Verschleiern von Wirklichkeit. Ihr gelingt es auch, das Weltgefühl der Vernetzung, der wechselseitigen Abhängigkeit der Substanzen mit Blick auf die All-Einheit auszudrücken. Und da bin ich sicher: darauf haben die einen oder anderen von Ihnen zurückgegriffen: Gott als der Grund des Lebens, dem man in der Welt begegnet. Hier kann ohne Dualismen gedacht werden, weil das, was dualistisch erscheint wie z.B. Heil für die einen, Leid für die anderen, in der Einheit aufgehoben ist. Auch die Sünde als Unterscheidung gegen den Weltprozess wird hinfällig, weil der Weltprozess selbst auch das Fehlverhalten der Menschen in sich weiterführt. Das ist mit Sicherheit eine der klaren Stärken. Hat diese Position auch Schwä-

---

[67] *Müller*, Streit um Gott, 2006, 61.
[68] Vgl. *Müller*, Streit um Gott, 2006, 60f.
[69] Vgl. *Müller*, Streit um Gott, 2006, 78f.
[70] *Müller*, Streit um Gott, 2006, 195.
[71] Vgl. *Müller*, Streit um Gott, 2006, 201ff.,234.

chen? Die Schwäche besteht darin, dass der Monismus mit Sicherheit auf biblische Strömungen angemessen zurückgreifen kann, dass aber der biblisch-christliche Theismus, einsetzend mit dem Schöpfungsvorstellung bis hin zur Erlösung der Welt als Grundfigur des Gottdenkens, kaum noch zu halten ist – vor allem dann, wenn Sais zur Hintergrundfolie für den Sinai wird. Dann wird Müllers Monismus zuerst von und vor der Vernunft begründet.[72] Das Ineinander von Welt und Gott als Zielpunkt gibt den externen Standpunkt zur Beobachtung der Welt auf. Damit geht die Aufklärung durch den Theismus verloren. Und wir sind so – in Thomas Rusters Worten – wieder nach Ägypten geführt worden.[73] So fallen die Probleme des ersten Denkmodells, auf die das zweite Denkmodell aufmerksam gemacht hat, auf diese vierte Position zurück.

Dieser Konflikt ist nicht zu entscheiden, weil natürlich Ruster als Vertreter der zweiten Position schon wieder den personalen transzendenten Theismus voraussetzt, den Müller gerade als unvernünftig brandmarkt. Vor allem dessen Widerstand gegen die Welt zwingt ständig zum dualistischen, katastrophischen Wahrnehmen der nahezu gegengöttlichen Wirklichkeit. Ist das wirklich vom Schöpfungsgedanken her biblisch gedacht?[74] Eine berechtigte Anfrage. Denn so wahr, wie biblisch Schöpfung die Unterscheidung von Geschöpf und Schöpfer bezeichnet, genauso wahr ist, dass Schöpfung ein Bekenntnis zur Welt einschließt, wie Müller mit Ratzinger zeigt, das einen Dualismus ausschließt.[75] So ist dem transzendenten Theismus das Ineinander des Pantheismus verdächtig und dem monistischen Kosmotheismus das Nebeneinander. Beide Metaphern erzeugen aber ihre eigene Rationalität und können die der anderen Position nicht ausschließen.[76]

Zwischen den vier Positionen spielt sich nach meiner Wahrnehmung gegenwärtig das Spektrum der möglichen Antwortversuche ab, die mit der Schülerfrage im Rahmen einer (gläubigen) Vernunft umgehen wollen. Alle Positionen – auch diejenigen eingeschlossen, die Kants Bedingungen nicht akzeptieren –, sind letztlich partikular: Sie nehmen etwas Wichtiges und Richtiges wahr, aber sie haben auch ihre Grenzen. Wenn Sie Positionen gemischt haben – und

---

[72] Vgl. *Thomas Ruster*, Rez. zu „‚Müller, Klaus: Streit um Gott. Politik, Poetik und Philosophie im Ringen um das wahre Gottesbild, Regensburg 2006‘, in: Theologische Revue (2007), Sp.82-84, hier 83f. Ob Müller selbst diese Überordnung der All-Einheit anstrebt oder vielmehr ein vermittelndes Verhältnis – für beide Züge lassen sich Belege anführen –, sei an dieser Stelle dahingestellt, da es hier darum geht den Monismus darzustellen. Als höchste Denkform der Vernunft will er selbst das Endziel einer religiösen Entwicklung sein, die die Vernunft über die Religion aufklärt, und kann deshalb den Theismus nur inklusiv denken (vgl. *Müller*, Streit um Gott, 2006, 234,241,249).

[73] Vgl. *Ruster*, Rez. zu Streit um Gott, 2007, Sp. 82; Vgl. auch *Johannes B. Brantschen*, Gott ist anders. Theologische Versuche und Besinnungen, Luzern 2005, 12f.; *Werbick*, Gott verbindlich, 2007, 192f.,197.

[74] Vgl. Müller zum Ansatz von Magnus Striet in *Müller*, Streit um Gott, 2006, 201f.

[75] Vgl. *Müller*, Streit um Gott, 2006, 30f.

[76] Vgl. *Werbick*, Gott verbindlich, 2007, 196.

das kann aus guten Gründen geschehen sein, weil Sie bestimmte Grenzen über-winden wollten –, dann werden Brüche in der Argumentation erkennbar, weil die Positionen eben nicht ineinander aufzulösen sind. Es bleibt dabei: Mir geht es nicht darum, dass Sie nun eine Position übernehmen, mir geht es darum, dass Sie verstehen, innerhalb welcher Strukturen Sie das Dasein Gottes reflektieren, welche Lösungsmöglichkeit Ihnen nahe ist und welche fern. Das können Sie mit dem Input als Material angehen.

## 2.3    Reflexionsprozess II

### 2.3.1    Vorbereitung

technische universität
dortmund

Übung (2. Teil)

- Ordnen Sie die Texte von Marx und Leidhold in die kennen gelernten Positionen ein und begründen Sie Ihre Entscheidung!
- Wo würden Sie Ihren eigenen Text (Übung – 1. Teil) einordnen? Benutzen Sie hierfür auch die angehängte Tabelle zu den Grundoptionen. Welche Folgen hat diese Einordnung?

Dr. Oliver Reis

WS 2008-09

Damit bin ich schon bei den Übungen für diese Sitzung. Bevor Sie daran gehen, die eigene Position mit Hilfe der Theorien zu rekonstruieren, möchte ich Sie bitten, zunächst noch einmal die Theorien so aufzuarbeiten, dass Sie die beiden Text-Auszüge von Wolfgang Leidhold und von Karl Marx [**vgl. EWS-Texte 4,5**] in die von mir vorgestellten Positionen einordnen können. Wenn Sie den Eindruck haben, dass Sie die Strukturen der Positionen als verschiedene Optio-nen trennscharf genug erfasst haben, dann machen Sie sich bitte an die Reflexi-on des eigenen Textes.

In *ews* finden Sie die Tabelle, die die in der Vorlesung angesprochenen Po-sitionen als Grundoptionen ganz kurz skizziert und eine Kernaussage zur Gegenwart Gottes formuliert [**vgl. EWS-Tabelle 1**]. Alle diese Grundoptionen habe ich Ihnen heute oder auch schon in der letzten Sitzung kurz präsentiert. Ich gehe davon aus, dass Sie bis zur nächsten Woche die Grundoptionen in der Tabelle auf die entsprechenden Vorlesungsteile beziehen und – falls nötig – Fragen zu ihnen stellen können. Wir werden die nächsten Wochen mit ihnen weiter arbeiten und deshalb habe ich heute zweierlei getan: Ich habe Sie erstens in den 'Kosmos' der theologischen Grundoptionen eingeführt und zugleich an diesen den ersten Aspekt der Gottesfrage bearbeitet. In den nächsten Sitzungen kann ich die theologischen Grundoptionen voraussetzen, wenn wir weitere Aspekte der Gottesfrage bearbeiten. Ich danke Ihnen für Ihre Geduld und wünsche Ihnen eine gute Woche. Bis zur nächsten Sitzung!

## 2.3.2 *Exemplarische studentische Reflexionen*

### a) Meike:

2.) Marx kritisiert in seinem Text die Religion des Volkes. Durch das Verständnis des unvollkommenen Menschen im Diesseits spiegelt die Religion die Wünsche nach Vollkommenheit wieder. Die Menschen, so Marx, müssen die Religion ablegen und sich selbst anerkennen, um frei leben zu können. Die Religionskritik von Marx orientiert sich an der Position des Mittelalters.

Dafür, dass Gott alles in Bewegung hält, leben die Menschen im Gottesdienst. Die Aussage Marx´ „Das religiöse Elend ist in einem der Ausdruck des wirklichen Elends und die Protestation gegen das wirkliche Elend" verdeutlicht, dass die Religion etwas künstlich Geschaffenes ist, um mit der Endlichkeit des Menschen umgehen zu können. Doch damit wird dieses „Elend" erst einmal in den Fokus gerückt. Man kann diese Aussage auf die Position der Antike beziehen: Das Selbstverständliche ist nicht Gott; aber das Nicht-Selbstverständliche. Hier setzt die Kritik Marx´ an. Wenn sich die Menschen von Religion frei sprechen, können sie auch frei leben und sich selbst als höchstes Wesen sehen.

Marx selbst stellt die Religion als illusorisches Glück, als phantastische Verwirklichung dar. Gott ist eine Idee ohne Existenz, was mit dem Verstand nicht greifbar ist. Diese Kritik an der Existenz Gottes ist eine Position aus dem Zeitalter der Aufklärung. Marx äußert sich deutlich atheistisch. Durch den Gottesglauben verlieren die Menschen ihre Menschlichkeit.

Leidhold trennt in seinem Text das Greifbare vom Unnahbaren. Dinge und Vorstellungen des realen Lebens können wir erkennen und betrachten. Daraus ergibt sich ein handfester Beweis der Existenz der Dinge. Die Religion hingegen lässt sich nicht beweisen. Wir werden von etwas berührt, können aber nicht weiter bezeichnen was uns berührt. Leidhold kehrt der Religion mit dieser Ausführung nicht den Rücken zu, sondern zieht lediglich eine strikte Linie zwischen Vernunft und Glauben. Auch wenn wir die Religion nicht begreifen können, können wir sie nicht nicht-sehen. Die Position Leidholds ist die des Fideismus. Er erkennt an, dass die Existenz Gottes für uns (in dieser Welt) nicht greifbar ist. Um Gott zu begreifen, müssen wir den Verstand hinter uns lassen.

3.) Meinen eigenen Text würde ich teilweise der Position des Patheismus und teilweise der Position der hermeneutischen Theologie zuordnen. Für mich gibt es viele kleine Situationen im Alltag, wo ich Gott entdecken kann. Wenn Menschen miteinander leben, erkennt man Gott. Dafür muss man nur wachsam sein. In der Gemeinschaft der Gläubigen erfahre ich Gott auch. Sei es im Gottesdienst oder bei Freizeitangeboten, gemeinsam Gottes Wort zu hören und zu leben, bringt ihn mir nahe.

### b) Thomas:

2. Den Text von Leidhold würde ich zum Teil der jüdischen Sicht in der Antike zuordnen und zum Teil der Aufklärung.
Nach der jüdischen Sicht ist Gott nicht in der Welt, sondern transzendent, also außerhalb. Leidhold beschreibt dies als „jenes Andere" daß nicht auftaucht, aber diesen Bezug zu uns aufnimmt.
Vergleichbar mit der Sicht der Aufklärung ist die Kritik der Existenz Gottes.
Marx würde ich ebenfalls mit der Zeit der Aufklärung verbinden, da er die Existenz Gottes bestreitet. Er sagt, dass der Mensch die Religion macht und nicht andersherum.

3. Meinen eigenen Text würde ich schon der Moderne zuordnen, da ich auch nicht davon ausgehe, dass Gott nie Gegenstand war und ist, sondern transzendent wirkt.

### c) Tanja:

**Frage: Einordnung der Texte von Marx und Leidhold in die kennengelernten Positionen und die Begründung dafür b) Einordnung des eigenen Textes**
a) Wolfgang Leidhold bezeichnet in seinem Text „Mysterium und Logik" die religiöse Erfahrung als mysteriös, da sie durch die menschlichen Sinne nicht erfassbar ist. Das Numen macht sich zwar bemerkbar, bleibt jedoch ungreifbar, somit kennt man auch seinen Inhalt nicht. Leidholds Text zeigt Ähnlichkeiten mit Kants Aufklärung. Er spricht zwar nicht davon, dass Gott nicht mit dem Verstand erfassbar ist, aber, ähnlich wie bei Kant, sagt Leinhold, dass Gott und die Erfahrung mit ihm nicht erfassbar ist, man kann die religiöse Erfahrungen mit keinem Sinnesorgan erfassen, so wie man andere Gegenstände erfassen kann. Auch hierbei spielt der Verstand eine große Rolle, denn Gott ist nach Leidhold nur im Verstand, sprich in den Gedanken und auch in der Sprache durch Gedankenaustausch, Kommunikation gegenwärtig. Da man ihn nie gesehen, gehört oder gespürt hat, kann man auch keine eigene Rekonstruktion von ihm machen, somit wäre die Reaktion von Leidhold nach der theologischen Reflexion in der Moderne die Bedingung zu akzeptieren, dass Gott nie Gegenstand war. Der Inhalt von Leidholds Text trifft auch auf die Aussage zu, die von der Bedingung Gott war nie Gegenstand ausgeht, das Gott radikal transzendental und nur bildlich Immanent ist. Leidholds Gedankengänge gingen zwar nicht so weit, dass man behaupten kann, dass er eine fideistische Position vertritt, da er das Ausschreiten der Verstands- Grenze nicht erwähnt hat. Jedoch sagt Leidhold, dass Gott, wenn, nur auf Bildern von Menschenhand zu erfassen ist. Dennoch würde man Leidholds Position größtenteils im Fideismus wiederfinden.
Karl Marx, der von 1818 bis 1883 in London gelebt hat, war deutscher Philosoph. Er hat sich viel mit gesellschaftskritischen Themen auseinandergesetzt, unter anderem mit dem Thema „Glaube". In seinem Text „Opium des Volks" kritisiert er die Religion, die

die Menschheit sich geschaffen hat, um aus ihr Selbstbewusstsein zu schöpfen. Er bezeichnet Religion als eine Art von Illusion, die den Menschen einschränkt. „Die Kritik der Religion endet mit der Lehre, dass der Mensch das höchste Wesen für den Mensch sei, also mit dem kategorischen Imperativ, alle Verhältnisse umzuwerfen, in den Mensch ein erniedrigtes, ein geknechtetes, ein verlassenes, ein verächtliches Wesen ist" (Z. 38-40, letzter Abschnitt). Dieses Zitat zeigt eindeutig seine Ansicht vom Glauben, somit kann man aus dem Text schlussfolgern, dass K. Marx Atheist war.

Er vertritt die Position des Atheismus, die sagt, dass Gott in der Welt nicht existiert und Gott da ist, wenn wir unsere Menschlichkeit verlieren.

Wenn man die theologische Reflexion der Moderne betrachtet, könnte man behaupten, dass Marx die Bedingungen der Reaktion akzeptiert, dass Gott nie Seiendes war, jedoch ist nach Marx Gott <u>nur</u> in der bildlichen biblischen Sprache da. Hierbei wird <u>nur</u> betont, weil Marx behauptet, dass Religion eine Art Schwäche, Illusion ist und somit Gott <u>nur</u> in der bildlichen biblischen Sprache vorhanden ist. Er radikalisiert das Ganze, indem er die Gottesidee als eine schlechte Idee erklärt. Marx meint, dass sie den Menschen dazu bringt sie zur Unterdrückung und Verführung zu missbrauchen.

b) Mein Text orientiert sich teilweise an Kants Aufklärung, weil ich Kants Meinung vertrete, dass man keine direkte Erfahrung mit Gott machen kann, da Gott nur in der psychischen und nicht in der physischen Welt des Menschen ist. Somit spielt sich die religiöse Erfahrung nur im Glauben, der wiederum durch den Verstand im Gehirn entsteht, ab, weswegen man Gott nicht mit den Sinnesorganen wahrnehmen kann. Gott kann man nur deuten. Nach der theologischen Reflexion akzeptiere ich die Bedingung, da ich Gott auch als keinen Gegenstand wahrnehme.

Gott ist ganz in der bildlichen biblischen Sprache da, also in Bildern und Metaphern, in denen man Gottes Gegenwart spürt.

# 3 Gottes Macht

## 3.1 Thematische Hinführung

Liebe Studierende, ich begrüße Sie zu der dritten Sitzung in der Vorlesung 'Gott denken'. Zunächst kommt heute mein Input, erst im Anschluss daran werden Sie mit der Reflexionsübung beginnen. Das Thema der Sitzung – so wie Sie es der Übersicht entnehmen können – ist Gottes Macht. Es geht um den Fragekreis: Was kann Gott? Wodurch zeigt er sich als mächtig? Was heißt dann allmächtig?

Ich möchte in dieser Vorlesung so vorgehen, dass ich zunächst einmal einen alttestamentarischen Blick auf die Macht Gottes werfe, bevor ich mich vorsichtig dem Problem der Allmacht nähere. Das Problem ist, dass wir schon eine sehr klare nahezu selbstverständliche Vorstellung von der Allmacht Gottes haben und oft genau diese selbstverständliche Vorstellung so anstößig finden, dass wir dieses Thema gar nicht mehr angehen wollen. Jürgen Werbick formuliert dieses Problem so:

> „Wer die Arbeit am Begriff – die Differenzierungs-Anstrengungen einer Gottes-Lehre – verweigert, der lässt das Selbstverständlich-Allzuselbstverständliche gelten, indem er sich davon abgrenzt oder indem er es fraglos übernimmt. Und er vergibt so die Chance, den Frageimpuls zu erspüren, der im Begriff ja nicht erstorben, sondern artikuliert ist, damit er zum Tragen kommen kann."[77]

Dieser Frageimpuls lässt sich aus meiner Sicht über die Bibel, speziell über das Alte Testament gewinnen. Dieser Zugang über das AT, um erst einmal unsere Vorstellung von der Macht Gottes zu irritieren, wird aber auch dem Thema gerecht, wenn wir uns klar machen, dass das AT die Allmächtigkeit Gottes als Wesenseigenschaft gar nicht kennt. Dort findet sich die Rede von der Kraft und Stärke Jahwes, die sich geschichtlich in seinem Handeln für oder auch gegen das Volk Israel erwiesen hat.[78] Hier zeigt sich eine Grundbestimmung der göttlichen Macht, die dann die Basis für vier wichtige Denkmodelle zur (All-)Macht darstellen soll: zwei theologiegeschichtliche, die bis heute weiterwirken und zwei aktuelle. Damit erhalten Sie wieder die Möglichkeit, die eigene Position zu diesem Thema besser zu verstehen und von anderen möglichen Positionen begründet abzusetzen.

Damit Sie in dieser Sitzung nicht die Ergebnisse der letzten aus dem Blick verlieren, möchte ich die Ergebnisse noch etwas systematisieren: Die Positionen, die Sie zum Dasein Gottes als theologische *Grundoptionen* kennen gelernt haben, bilden den Hintergrund für Ihre eigene Position oder auch die von Fachtheologen zum Aspekt der Macht Gottes. Woran liegt das? Nun, wie wir in der letzten Sitzung gesehen haben, verknüpft eine Position zum Dasein Gottes zwei Ebenen: zum einen die Ebene des *Wirklichkeitsverständnisses* und zum anderen

---

[77] *Jürgen Werbick*, Von Gott zu sprechen an der Grenze zum Verstummen, Münster 2004, 98.
[78] Vgl. *Thomas Pröpper*, Art. ‚Allmacht Gottes'. I. Biblisch. ²LThK Bd. 2, Sp. 412-414.

die Ebene der *Bedeutungsstrukturen*. Ich habe in der letzten Sitzung gezeigt, wie sich durch die Auseinandersetzung mit Kant vor allem eine Krise im Wirklichkeitsverständnis ergeben hat, wie überhaupt noch die Wirklichkeit der Existenz Gottes sinnvoll gedacht werden kann. Darauf haben die verschiedenen theologischen Positionen zum Dasein Gottes reagiert, indem sie die Anfrage im Wirklichkeitsverständnis mit einer bestimmten inhaltlichen theologischen Struktur – eben der Bedeutungsstruktur – verbunden haben, wie Gott da ist. Sortiert man die theologischen Positionen systematisch, dann fällt auf, dass sich bestimmte Grundoptionen herausbilden, auf die die einzelne Position von Ihnen oder von Fachtheologen bezogen ist: So hält die Grundoption einer *radikalen Transzendenz/Deismus* an einer direkten, intuitiven Wirklichkeit Gottes fest, die auf derselben Realitätsebene liegt wie dieser Hörsaal, nur eben unserem Zugriff radikal entzogen ist. Dieser Gott ist nichts Seiendes im Kosmos (Wirklichkeitsverständnis). Dann wird es möglich Gottes Dasein als ganz normale, nur eben transzendente Existenz zu denken, die über den Beginn der Welt hinaus nicht mehr von außen als Ursache in der Welt bestimmbar ist (Bedeutungsstruktur). Dagegen hat eine *hermeneutische Theologie* auf Kant reagiert, indem sie die unvermittelte Existenz aufgibt und die Wirklichkeit Gottes auf eine letztlich sprachbildliche Ebene verschiebt, die sich der Unterscheidung von Form und Inhalt bewusst ist (Wirklichkeitsverständnis). Die Transzendenz Gottes wie auch die Immanenz werden in unserem Sprachgeschehen verschränkt, wenn wir in der Welt Gottes Dasein und Handeln als ein bleibendes Außen zur Sprache bringen. Hinter die Sprachlichkeit können wir eben nicht schauen, aber wir können berechtigterweise in die Welt eine Perspektive Gottes einführen und ihn damit ins Spiel der Welt bringen (Bedeutungsstruktur).

Die Tabelle von Gottes Dasein unterscheidet solche Grundoptionen oberflächlich betrachtet nach den Bedeutungsstrukturen. Vergessen Sie aber nicht, dass diese Grundoptionen eben durch eine bestimmte Verarbeitung der Kant'schen Anfragen an das Wirklichkeitsverständnis entstanden sind. Diese Grundoptionen der Tabelle koppeln deshalb immer Wirklichkeitsverständnis und Bedeutungsstruktur, wobei es möglich ist, dass sich eine Grundoption wie z.B. die hermeneutische Theologie auch weiter ausdifferenziert, weil der Frageimpuls unterschiedlich hermeneutisch bearbeitet werden kann. Bei Ihnen wie auch den Fachtheologen gilt, dass die gewählte theologische Grundoption weiter wirksam ist, wenn nun Gottes Macht bedacht wird. Denn mit der theologischen Grundoption haben Sie eine grundlegende Entscheidung zum Wirklichkeitsverständnis getroffen und Sie haben sich dafür entschieden, wie Sie Transzendenz und Immanenz einander zuordnen. Und dies bleibt eben auch bei der Frage bedeutsam, welche Position Ihnen zu Gottes Macht plausibel erscheint. Wenn Sie grundsätzlich pantheistisch denken, dann wird sich das auch in Ihren Reflexionen zu Gottes Macht niederschlagen.

Die vier Denkmodelle, die ich Ihnen gleich zu Gottes Macht vorstelle, sind nun vier Bedeutungsstrukturen zugeordnet, die inhaltlich plausibel machen, wie wir Gottes Macht sinnvoll denken können. Sie transportieren natürlich ihrerseits wieder ein bestimmtes Wirklichkeitsverständnis und passen deshalb zu bestimmten Grundoptionen, die damit zum Aspekt der Macht Gottes weiter entfaltet werden. Das heißt im Umkehrschluss, dass ich nicht alle Grundoptionen weiter entfalte, sondern nur einen kleinen Teil. Das ist natürlich eine didaktisch schwerwiegende Entscheidung. Mir kommt es aber darauf an, zuerst bewusst eine *theologische* Reflexion vorzunehmen, weil ich davon ausgehe, dass Sie im Anschluss an die Sitzung sowohl die fideistisch-fundamentalistische als auch die atheistisch-agnostische Grundoption selbst weiter entfalten können. Die vier verbleibenden theologischen Grundoptionen – Deismus, Monismus, Hermeneutische Theologie und Transzendentaltheologie – beziehen sich auf den Frageimpuls und die vier Denkmodelle, die sich aus dem Frageimpuls ergeben, – auch wenn ich Ihnen gleich sage, dass sich hier keine einfach 1:1-Zuordnung zwischen den Denkmodellen und den verbliebenen vier theologischen Grundoptionen vornehmen lässt. Das ist schon noch eine eigene Aufgabe an Sie, die vier Denkmodelle auf die Grundoptionen zu beziehen. Damit Sie die ganze Breite an Grundoptionen im Blick behalten können, schreibe ich im Übrigen die Tabelle vom Dasein Gottes für die Macht Gottes fort. Nun aber genug der Vorrede, beginnen wir damit, den eigentlichen Frageimpuls zur Macht Gottes über das AT zu erarbeiten!

## 3.2    Modelle im Verständnis der Gottesmacht

### 3.2.1    *Machterleben als Basis für Machtvertrauen*

Sie haben online die biblischen Texte gefunden, die ich für die erste Folie brauche. Ich nutze jetzt Ihr historisch-kritisches Einleitungswissen. Die Bibelstellen, auf die ich mich für die erste Folie beziehe, tragen auf den ersten Blick wenig zu unserem Thema bei. Aber das ändert sich, gerade dann, wenn man sie im intertextuellen Zusammenhang liest, dann wird ein systematischer Zusammenhang deutlich, der für unser Thema wichtig ist.[79] Der erste Text ist Gen 26, 1-6 [vgl. EWS-Text 7].

---

**Gen 26, 1-6**

**1** Im Land brach eine Hungersnot aus, eine andere als die frühere zur Zeit Abrahams. Isaak begab sich nach Gerar zu Abimelech, dem König der Philister. **2** Da erschien ihm der Herr und sprach: Geh nicht nach Ägypten hinunter, bleib in dem Land wohnen, das ich dir verspreche. **3** Halte dich als Fremder in diesem Land auf! Ich will mit dir sein und dich segnen. Denn dir und deinen Nachkommen gebe ich alle diese Länder und erfülle den Eid, den ich deinem Vater Abraham geleistet habe. **4** Ich mache deine Nachkommen zahlreich wie die Sterne am Himmel und gebe ihnen alle diese Länder. Mit deinen Nachkommen werden alle Völker der Erde sich segnen, **5** weil Abraham auf meinen Ruf gehört und weil er auf meine Anordnungen, Gebote, Satzungen und Weisungen geachtet hat. **6** Isaak blieb also in Gerar.

---

[79] Diesen spannenden intertextuellen Zusammenhang übernehme ich von Prof. Dr. Herbert Mölle, den er in einem gemeinsamen Seminar zur „Verheißung des Lebens" herausgearbeitet hat.

Zunächst einmal ist zu berücksichtigen, dass wir hier einen relativ frühen vor-
jahwistischen Text vorliegen haben, der in der jahwistischen Text-Schicht im
Pentateuch tradiert wird. Der Text ist damit vor 950 v. Chr. zu datieren. Berücksichtigt man die Hypothese, dass die Abraham-Isaak-Jakob-Genealogie künstlich ist, d.h. eine redaktionelle Bearbeitung darstellt, dann wird der Blick frei
auf einen Text der nomadischen Isaak-Sippe, die in diesem Text in einem Blick
rückwärts begründet, warum sie im Land in relativem Wohlstand wohnt, das
dem Stammvater verheißen wurde. Die theologische Inhaltserzählung versteht
das Wohnen im Land als die Erfüllung der Verheißung an Isaak. Also: Gen
26,1-6 hat eine Gruppe im Hintergrund, die selber in der Verheißung lebt. Entgegen einer anderen Vermutung liegt hier keine Handlungserzählung vor, die
mit Blick auf die Hungersnot in V. 26,1 davon erzählt, wie eine schwierige Situation durch das blinde Vertrauen auf Jahwe bewältigt werden kann. Sondern
in einer Zeit ohne Not wird mit einem Blick in die Vergangenheit geklärt, wie
es zu dem gegenwärtigen Wohlstand gekommen ist.[80]

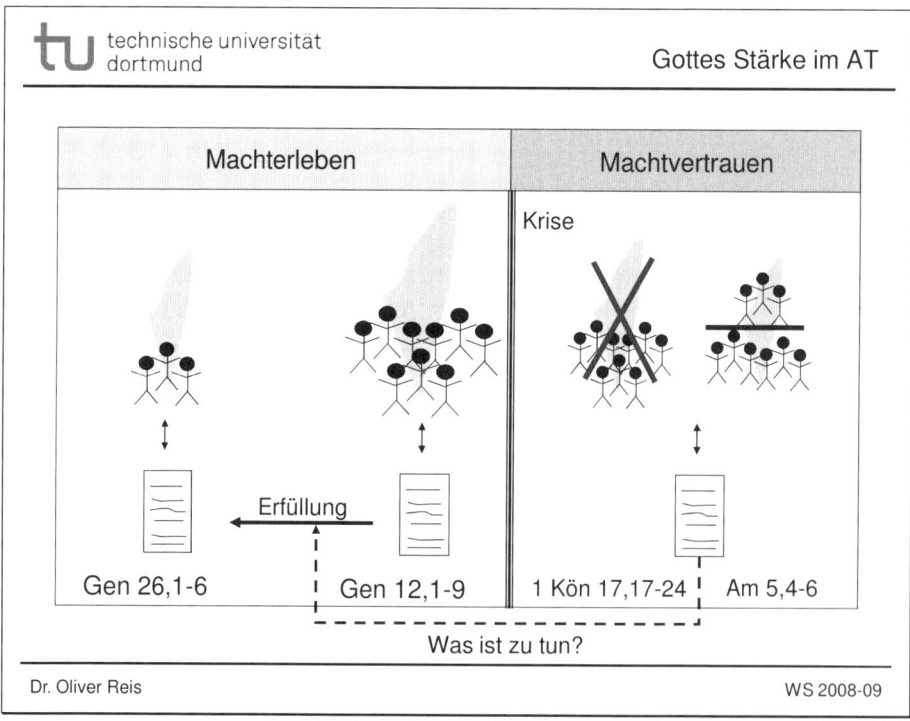

Hier zeigt sich ein typisches Beispiel dafür, wie sich im AT Gottes Macht
zeigt: Stark ist Jahwe, weil er seine Verheißungen über Generationen erfüllen
kann. Dieser Text steht in einem Zusammenhang zu dem, was Menschen faktisch erleben. Israel tradiert die Zusage der Verheißung an Isaak, weil es die
Stärke Jahwes faktisch erlebt. Dieser Glaube ist nicht sehr spekulativ, er ist an

---

[80] Vgl. *Josef Schabert*, Genesis 12-50, Würzburg [6]2005 (=NEB.5),16, 185f.

die reale *Machterfahrung* gebunden, die an einen Gott, eine Göttin gebunden wird. Im Grunde kennen Sie diese Struktur schon von dem ersten Denkmodell der letzten Sitzung. Heute liegt der Akzent aber nicht auf dem Dasein Gottes, sondern auf seiner Macht.

Nun wenden wir den Blick auf Gen 12,1-9, der in der Endredaktion der Bibel Gen 26,1-6 durch literarische Verknüpfungen vorgeschaltet wurde [**vgl. EWS-Text 8**].

---

**Gen 12,1-9**

**1** Der Herr sprach zu Abram: Zieh weg aus deinem Land, von deiner Verwandtschaft und aus deinem Vaterhaus in das Land, das ich dir zeigen werde. **2** Ich werde dich zu einem großen Volk machen, dich segnen und deinen Namen groß machen. Ein Segen sollst du sein. **3** Ich will segnen, die dich segnen; wer dich verwünscht, den will ich verfluchen. Durch dich sollen alle Geschlechter der Erde Segen erlangen. **4** Da zog Abram weg, wie der Herr ihm gesagt hatte, und mit ihm ging auch Lot. Abram war fünfundsiebzig Jahre alt, als er aus Haran fortzog. **5** Abram nahm seine Frau Sarai mit, seinen Neffen Lot und alle ihre Habe, die sie erworben hatten, und die Knechte und Mägde, die sie in Haran gewonnen hatten. Sie wanderten nach Kanaan aus und kamen dort an. **6** Abram zog durch das Land bis zur Stätte von Sichem, bis zur Orakeleiche. Die Kanaaniter waren damals im Land. **7** Der Herr erschien Abram und sprach: Deinen Nachkommen gebe ich dieses Land. Dort baute er dem Herrn, der ihm erschienen war, einen Altar. **8** Von da brach er auf zum Bergland östlich von Bet-El und schlug sein Zelt so auf, dass er Bet-El im Westen und Ai im Osten hatte. Dort baute er dem Herrn einen Altar und rief den Namen des Herrn an. **9** Dann zog Abram immer weiter, dem Negeb zu.

---

Dieser Text nun entstammt der jahwistischen Tradition selbst, die von der Exegese zwischen 950 und 740 v. Chr. angesetzt wird. Er weitet als sog. ‚Kopftext' dieser Tradition den Blick über die Erwählung Israels hinaus. Es kann weiter von gesicherten Lebensgrundlagen ausgegangen werden, aber die Erfahrung des stabilen und einflussreichen Großreiches unter Salomo verändert den Blick. Das Leben im Land ist jetzt erst die anfangshafte Erfüllung. Die Verheißungen an Abraham und Isaak gelten letztlich für alle Menschen. Damit wird die „ursprüngliche Vorstellung der Isaak-Tradition als ein Vorausbild auf etwas Größeres hin interpretiert" – wie der Kollege Prof. Herbert Mölle es in einer gemeinsamen Veranstaltung formuliert hat. Und damit nutzt Gen 12,1-9 die Verheißung z.B. von Gen 26,1-6 und kann – unter sich weiter verbessernden Bedingungen – einen Blick in die Zukunft werfen. Sie werden sich vielleicht jetzt fragen, was daran so wichtig ist. Es ist aber für die Bestimmung von Gottes Macht ein gewaltiger Schritt, da nun nicht mehr einfach nur rückwärts das Machterleben an diesen Gott gebunden wird. Es wird in die Zukunft hinein verlängert.[81]

Wir sind als Christen gewohnt, nahezu selbstverständlich über Gottes Macht jenseits des Todes zu reden, aber das zu können, hängt eng mit diesem Wagnis in Gen 12,1-9 zusammen. Israel projiziert aus dem Erleben von Jahwes Stärke als Verheißung die Verheißung einer universalen Heilszusage. Das ist theolo-

---

[81] Vgl. *Schabert*, Genesis 12-50, Würzburg 2000 (=NEB.16), 127-129.

gisch nahe liegend, weil Israel so seine eigene Wachstumsgeschichte als Gottes Handeln – und gerade nicht als menschliche Leistung – interpretiert und es ist inhaltlich korrekt, weil Israel damit eine Machtzuschreibung weiter entfaltet, die im Grunde schon in dem liegt, was Israel selbst erlebt: die Gerechtigkeit Gottes. Man muss sich klar machen, dass die Projektion keine ist, die eine Weltherrschaft Israels meint, es geht nicht darum, dass sich Israel einfach noch größer denkt. Inhaltlich partikularisiert sich Israel gerade in der insgesamt erwählten Welt. Die Gerechtigkeit Gottes ist offen für Differenzen und ist den Schwachen zugewandt; alleine schon das verbietet die Vorstellung, dass Gott in Israel als Weltmacht totales Heil für alle schafft. Von daher liegt die Projektion als Reflexion der Isaak-Verheißung in der Geschichte Israels mit Jahwe. Sie wird aber plausibel in der Situation, dass die Isaak-Verheißung faktisch weiter gilt. Deren Erfüllung wird in der theologischen Reflexion gerade zum Beweggrund für die Universalisierung. Damit wird in der Reflexion die konkrete, besondere heilsgeschichtliche Stärke Jahwes als Zuwendung und Fürsorge mit dem Ziel der Gerechtigkeit auf den neuen Kontext übertragen. Diese Phase ist insgesamt von einem realen *Machterleben* geprägt, so dass der Glaube an Gottes Macht zunächst vom Machterleben lebt.

Eine wichtige Nebenbemerkung: Schon die jahwistische Tradition hat den Heilsuniversalismus in dem zweiten Schöpfungsbericht Gen 2,4b-25 mit dem Thema 'Schöpfung' verbunden. Das ist insofern wichtig, da die meisten theologischen Entwürfe die Allmacht Gottes biblisch ganz eng mit der Schöpfung verknüpfen.[82] Vom Jahwisten aus gesehen heißt das aber nur, dass der Heilsuniversalismus den ganzen Kosmos einschließt. Die Steigerung der Macht zur All-Macht meint eine Entgrenzung des Herrschaftsbereichs, der unter die Verheißung der Gerechtigkeit Jahwes *als Gott (des Exodus)* fallen wird [→ **Gottes Name**]. Wir werden gleich noch sehen, wie das in der Alten Kirche und der Scholastik auch anders interpretiert werden kann.

Nun zunächst einmal weiter in der Problementfaltung, wir haben nämlich erst die eine Hälfte des Grundproblems entwickelt. Jede Religion lebt von diesem *Machterleben* und auch Israel ist auf dieses Machterleben bezogen [→ **Gottes Dasein**]. Das Spannende an Israel ist aber, dass diese Struktur, neue geschichtliche Situationen von den geltenden Verheißungen her zu verstehen, auch dann greift, wenn das Machterleben in die Krise gerät. Das kann das Land (Okkupation/Exil), es kann die Nachkommen (Fremdverheiratung, nachlassende Kinderzahl), es kann den Kult (Zerstörung des Tempels) betreffen. Die Projektion der Verheißungszusage in die Zukunft durch den Jahwisten bedeutet zweierlei: Einerseits verschärft die Verheißung einer universalen Heilszukunft die Anfrage an Gottes Macht, wenn es zu einer Krise im Wohlergehen kommt (Wer keine Verheißungen für die Zukunft macht, scheitert auch nicht an deren Nichterfüllung!). Andererseits liefert ein solches Schema den theologischen Schlüssel, um die Krise zu bearbeiten. Normalerweise destabilisieren diese Kri-

---

[82] Vgl. z.B. *Pröpper*, Allmacht Gottes, Sp. 415f.

sen die Gottesbeziehung deshalb so radikal, weil diese Krisenerfahrungen selbst Machterfahrungen, Erfahrungen mit Gegenmächten sind, die nicht mit den Verheißungen in Verbindung gebracht werden können und die Jahwes Macht unweigerlich in Frage stellen. Die Problemlösekraft dieser Struktur besteht darin, dass damit Jahwes Heilshandeln weiter verfolgt werden kann, auch dann wenn es augenscheinlich aufgehört hat. Diese Idee verfolge ich in drei kleineren Schritten weiter.

a) In dem Text von 1 Kön 17,17-24 geht es Elija und in seinem Gefolge auch Elischa, darum, Jahwe als Herrn des Lebens gegenüber Baal zu etablieren. Das wird nötig, weil in Zeiten der Dürre/Unwetter oder auch der Bedrohung durch politische Feinde Gottes Macht begrenzt erscheint. In dieser Krise zeigt sich an den Gottesmännern, dass es eben Gott ist, der das Leben schenkt.[83] Auch wenn wir hier noch in der vorexilischen Zeit sind, so ist doch die Situation des Machterlebens brüchig geworden, sie lässt verschiedene Interpretationen zu. Dieser Text gibt eine Interpretation erneut auf dem Boden der alten Verheißungen. Der Text selbst zeigt aber die Treue zu Jahwe in der Krise und ist kein Beweis dafür, dass diese Treue natürlich ist. Wenn es so wäre, dann wäre der Text überflüssig. Hier verlagert sich das Gewicht noch stärker als in Gen 12,1-9, da nun das *Machtvertrauen* zu einer – hier als richtig bewerteten – Interpretation wird, der das faktische Machterleben nicht einfach entspricht.

b) Wichtig ist nun, dass dieses Machtvertrauen in den Geschichtsbüchern und bei den Propheten wie Amos und Hosea dadurch als plausibel begründet wird, dass es Jahwe selbst ist, der die Krise in seiner Macht herbeigeführt hat. Israel hat seine Verheißung verwirkt, so dass Jahwe seine Macht dadurch beweist, dass es dem Land Israel nicht gut geht. Während bei Elia/Elischa also in einer offen interpretierbaren Situation die Gottesmänner für Jahwes Macht Zeugnis ablegen, wird nun Jahwe bewusst zur (gerechten) Gegenmacht, die Israel in seinem Wohlstand bedroht. Amos 5,4-6 ist ein solcher Text, der deutlich macht, wie gerade das Erleben von Gegenmächten als Machterleben Jahwes interpretiert werden kann, weil sich Gott gegen Israel selbst wendet. Es hat die Verheißung verspielt. Aber ebenso wie bei Hosea erfolgt die Interpretation vom Ende des Machterlebens bei Amos mit Blick auf eine verheißungsvolle Zukunft.[84] Das ist möglich, eben weil im Machtvertrauen auch die Krise als Jahwes Handeln und damit als Machterleben verstanden werden kann. Die von Amos als *bevorstehend* empfundene Krise wird so zur Voraussetzung eines neuen direkten Machterlebens.

c) In der exilischen priesterschriftlichen Theologie wird nun genau diese Theologie genutzt, um das Exil als heilsgeschichtlichen Wendepunkt zu erfahren. Der Neuanfang im Machtvertrauen auf Jahwe ist auch angesichts der totalen Krise des Machterlebens gerechtfertigt, er ist in der Lage seine Verheißung

---

[83] Vgl. *Georg Hentschel*, 1 Könige, Würzburg [3]1993 (=NEB.16), 111f.
[84] Vgl. *Alfons Deissler*, Zwölf Propheten. Hosea – Joel – Amos. Würzburg [2]1985 (=NEB.4), 91.130-133.

aufleben zu lassen. Gen 35,9-15 ist ein solcher priesterschriftlicher Text, der eine Brücke dafür baut, dass so wie Jakob die Verheißung der Fremde von Jahwe empfängt, so auch Israel im Exil unter der Verheißung Jahwes steht.[85] In dieser Phase gibt es nun kein faktisches Machterleben mehr. Aber das Bekenntnis zum mächtigen Gott wird zum schöpferischen Neuanfang, den dann der nachexilische Deuterojesaja in seinem Schöpfungshymnus Jes 41 in Worte der Fülle bringen kann.

Wir können festhalten:

1. Der Kern der israelitischen Bestimmung von der Mächtigkeit Jahwes ist an das reale *Machterleben* gebunden, dass Jahwe Land und Nachkommen und Wohlstand geschenkt hat. Biblisch gesehen, macht die Rede von der Macht Jahwes keinen Sinn, wenn sie nicht an reale Machterfahrungen in der Gottesbeziehung gebunden ist. Hier geht es nicht um die *Beobachtung* einer Eigenschaft *von außen*, sondern um die *teilnehmende Reflexion* der erfahrenen Beziehung.[86]

2. Diese Machterfahrung ist aber nur der eine Pol der Mächtigkeit Jahwes. In der Krise des Machterlebens, die fast schon konstitutiv für die Geschichte Jahwes mit seinem Volk wird, bildet das Machtvertrauen den zweiten Pol. Diese Lücke im Machterleben wird erneut von Jahwe her interpretiert.

3. ,Allmächtigkeit' Jahwes meint als Grundzug aus dem Machtvertrauen heraus, dass Jahwe in allem und durch alles sein Heil für Israel und die Welt vollzieht. Bedenken Sie, dass sowohl der priesterschriftliche als auch der jahwistische Schöpfungsbericht eine kosmische Perspektive auf die Macht Gottes schaffen, in der Israel die eigene schwache, politische Situation vertrauensvoll als Teil eines universalen Heilshandelns begreift. Allmacht wird also konstitutiv inhaltlich von der Gerechtigkeit Gottes für seine Welt her begriffen und damit an ein „Wozu?" gebunden. Auch die Allmacht ist deshalb biblisch eine Beziehungsgröße, die Gott in der Septuaginta den Titel 'Pantokrator' schenkt: Der Herrscher des Himmels vollzieht seinen Heilswillen für die ganze Welt auch auf Erden und ist deshalb überall und am Ende der Stärkere.[87]

> „Wer mit einer Allmacht rechnet, nach der Gott jederzeit alles anders wollen oder machen könnte, der ist beim biblischen Gott an der falschen Adresse – der mag sich einen Gott suchen, der in seinem Sinne allmächtig ist. Der biblische Gott ist dieses nicht und will es offenbar auch nicht sein."[88]

4. Einerseits sind biblisch gesehen das priesterschriftliche Bekenntnis und damit das Machtvertrauen die Voraussetzung für das erneute Machterleben. Andererseits gilt aber auch, dass das erneute nachexilische Machterleben die Voraussetzung für das Tradieren des Vertrauens ist. Machterleben und Machtvertrauen sind einander konstituierende Bedingungen. Ohne Machterleben kein

---

[85] Vgl. Schabert, Gen 12-50. NEB 16, Würzburg 1986, 231f.
[86] Für diese Unterscheidung vgl. *Werbick*, Gott verbindlich, 2007, 378-380.
[87] Vgl. *Werbick*, Gott verbindlich, 2007, 374f.; *Klaus Berger*, Jesus, München 2004, 276.
[88] *Berger*, Jesus, 2004, 276.

Machtvertrauen und ohne Machtvertrauen kein Machterleben. In der Macht Gottes sind beide Seiten unauflöslich ineinander verbunden. Damit können wir auch den Frageimpuls formulieren, auf den die Denkmodelle reagieren werden: Offenbar kann Gott für uns handeln, was bedeuten dann aber Erfahrungen des offensichtlichen Nicht-Handelns? Was heißt das für Gott selbst? Was heißt das für die Welt? Was heißt das für die Möglichkeiten an der Welt zu handeln?

### 3.2.2 Die Lücke zwischen Machterleben und Machtvertrauen als theologische Herausforderung

Die Lücke in der Verbindung zwischen Machterleben und Machtvertrauen bildet den Brennpunkt der jüdisch-christlichen Gottesreflexion. Die Lücke zu bearbeiten ist eine theologische Herausforderung; diese anzunehmen ist nicht einmal die notwendige Reaktion. Sie ist nur eine voraussetzungsvolle Option.

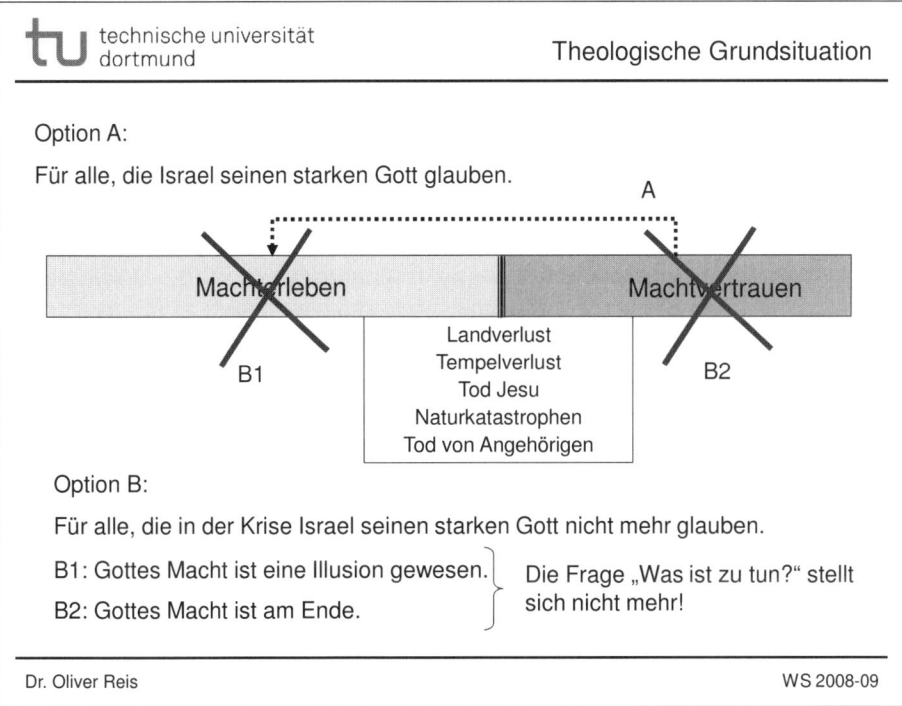

Option A besteht eben darin, die Lücke im Machterleben aus dem Machtvertrauen heraus zu verstehen und der Frage nachzugehen, was die Krise von Gott her bedeutet. Solche Krisen können der Landverlust und der Tempelverlust Israels oder in christlicher Perspektive der Tod Jesu sein. Der Tod Jesu ist genauso eine Krise, in der seine Anhänger gedacht haben, wenn Jesus stirbt, dann ist sein Gott offensichtlich doch am Ende. Für uns heute können dies auch Naturkatastrophen oder der Tod von Angehörigen sein. Situationen, in denen mein persönliches Lebensgefühl – alles wird gut gehen, mein Leben wird schon irgendwie mit Gott besser werden, ich werde immer genug zu essen haben, alle Menschen, die ich liebe, werden nach mir sterben, die Welt wird stabil sein, mir wird nichts passieren! – in die Krise gerät, was die Frage nach Gottes Macht aufwirft. Und zwar als eine theologisch rationale Frage, die nun in der Spur – Wir glauben Israel seinen starken Gott! – bearbeitet wird. Wir Christen können beispielsweise den Tod Jesu nicht aus eigener Kraft, aus eigener Machterfahrung verstehen. Wenn Sie sich die neutestamentlichen Zeugnisse anschauen, verweisen diese immer auf die Wirkmacht Jahwe, Gott, den Vater Jesu. Dass wir glauben, dass dieser Jahwe seinen Sohn Jesus im Tod nicht allein lässt, sondern ihn bewahrt. Die Glaubenskraft hierzu kommt aus den Machterfahrungen und dem darin gespeicherten Machtvertrauen des AT, die jetzt eben auch für die Heiden, die an diesen Jesus Christus glauben, relevant werden können. Beim Tod Jesu steigen wir Christen in die jüdische Geschichte mit ein und zwar im Zentrum und gleich mit der ganzen Verletzlichkeit des jüdischen Jahwe-Glauben. Deshalb Option A für alle, die Israel seinen starken Gott glauben.

Option B ist dann für alle, die in der Krise Israel seinen starken Gott nicht (mehr) glauben. Die erste Option *(B1)*: Das Machterleben gab es überhaupt nicht, das war eben Zufall, Schicksal, Illusion – auf jeden Fall kein Heilswillen eines Gottes. Dieser Bruch im Glauben liegt genauso nahe wie der Glaube selbst. Sie verlieren das Gefühl der Kontinuität Ihrer Erfahrungen, so dass es zu einem Umbau der Wahrnehmungs- und Deutungsmaßstäbe kommt. Meist steht diese Option in Verbindung mit der Erfahrung einer neuen realen Macht, die auch rückwärts alle bisherigen Erfahrungen umdeuten kann – das vermag nicht nur Jahwe in seiner Macht, das können auch andere Mächte wie der Tod! Option *B2*: Gottes Macht ist am Ende! Es gab ihn vielleicht mal, er war vielleicht mal mächtig, aber jetzt eben nicht mehr. Wenn Sie sich die Biographie Ihrer Freundinnen und Freunde anschauen, die vielleicht mit Kirche, Theologie und Glauben groß geworden sind, heute aber damit nichts mehr zu schaffen haben, die werden vielleicht sagen, dass es ihnen als Kind gut getan hat, dass sie immer jemanden hatten, zu sie sprechen konnten, aber die Welt ist heute anders, diese Stimme ist stumm geworden, sie hat einfach keinen Platz mehr im heutigen Leben. Faktisch erfahre ich Gottes Macht nicht mehr. Das Wagnis des Machtvertrauens erscheint als sinnlos.

Die Unterscheidung der Optionen A/B macht darauf aufmerksam, dass der Glaube seinen Sitz in einer Zeugengemeinschaft hat, die das Machterleben als Fundament der Wirklichkeit tradiert [→ **Einführung in die Theologische Logik/Gottes Rede**]. Die Optionen A und B liegen flächig nebeneinander! Alle Versuche, Option A mit großen geschichtsmächtigen Bildern aufzuladen, die den Modus des Glaubens verschleiern und die so tun, als wäre Gottes Macht einfach deskriptiv zu beschreiben, können nicht darüber hinwegtäuschen, dass die Überzeugungskraft erst rückwirkend einleuchtet, wenn man sich für eine Option entschieden hat. Wenn man sein Leben vom Machterleben her interpretieren kann, ist die Option A vielleicht selbstverständlich, aber sie ist nicht natürlich. Sie ist die wesentlich verletzlichere Option. Und wenn Sie heute hier sitzen, dann wissen Sie schon längst, dass sehr vieles für Option B spricht. Sie kennen vermutlich auch mehr Personen, die Option B für sich gewählt haben. Und spätestens die Schüler und Schülerinnen der Sekundarstufe I werden Sie ebenfalls in großer Zahl mit der Frage konfrontieren, ob Sie Gott und seiner Macht wirklich vertrauen. Deswegen markiere ich hier im biblischen Zugang ganz deutlich die offene Stelle, die Lücke, die sich nicht 'wegtheologisieren', sondern nur theologisch verstehen lässt. Ich wünsche Ihnen, dass Sie noch lange der Zeugengemeinschaft trauen und sagen können: „Seine Verheißung und seine Macht sind nicht zu Ende!"

Eine *methodische Nebenbemerkung*: Ich weiß nicht, wie es Ihnen geht, aber mich hat die biblische Reflexion in der Vorbereitung ‚verzaubert'. Sie hat es mir ermöglicht aus der formalen Frage „Was kann Gott?", in der ich beobachtend von außen mit den Mitteln der Vernunft nach den Möglichkeiten Gottes frage, eine Frage zu machen, die mich etwas angeht. Sie wird zu der persönlichen Frage „Wie stehe ich vor dir, Gott?", und damit zu einer Beziehungsfrage, die eine Antwort von mir verlangt. Die Wirklichkeit dieser biblischen Reflexion wird natürlich wieder von der Grundoption mitbestimmt. Je nach Grundoption erscheint diese Reflexion auch unsinnig oder irrig und damit gerade nicht zielführend. Sie war mir aber wichtig, weil ich Ihnen diesen *Reflexionsort* in der Beziehung vor Gott als einen sinnvollen theologischen Ort zeigen wollte. Wenn Sie sich darauf einlassen können, geraten Sie nicht automatisch in die Denkspur, dass Gottes Allmacht eben bedeutet, dass Gott alles kann, und Sie geraten auch nicht gleich in den Sog der Frage, wie angesichts dieser Allmacht das Leid verstanden werden kann. Die in dieser Spur notwendige Theodizee, als Rechtfertigung Gottes mit den Mitteln der Vernunft, werden wir auch noch angehen [→ **Gottes Rechtfertigung**], aber Sie können schon hier sehen, dass der Standpunkt die Frage verändert. Bleiben Sie erst einmal in der Gottesbeziehung vor Gott und in der Frage, ob Sie Jahwe seine Allmacht, d.h. seinen unbedingten Heilswillen für uns zutrauen, und überlegen Sie, warum uns das so schwer fällt.

### 3.2.3    *Wandel im Allmachtsverständnis*

Theologiegeschichtlich ist die Allmacht spätestens seit dem 3. Jahrhundert unter veränderten Vorzeichen reflektiert worden. Lässt sich gerade für die ersten beiden Jahrhunderte nach Christi Geburt für Kleinasien an der Offenbarung des Johannes zeigen, wie unter dem Begriff des 'Pantokrators' die biblische Konzeption von Macht in der realen Spannung von Machterleben und Machtvertrauen in Christi tradiert wird[89], so verschiebt sich in der Auseinandersetzung mit der Gnosis ein wesentliches Element im Machtbegriff: Die Allmacht Gottes

---

[89] Vgl. *Werbick*, Gott verbindlich, 2007, 374-376.

macht sich nun an der Schöpfermacht Gottes fest, die den Menschen ganz abhängig denkt. Der grenzenlose Schöpferwille Gottes wird der alleinige Grund für alles, was außer Gott existiert. Die ‚creatio ex nihilo', also die Schöpfung aus dem Nichts, wird zum Beweis seiner Macht.

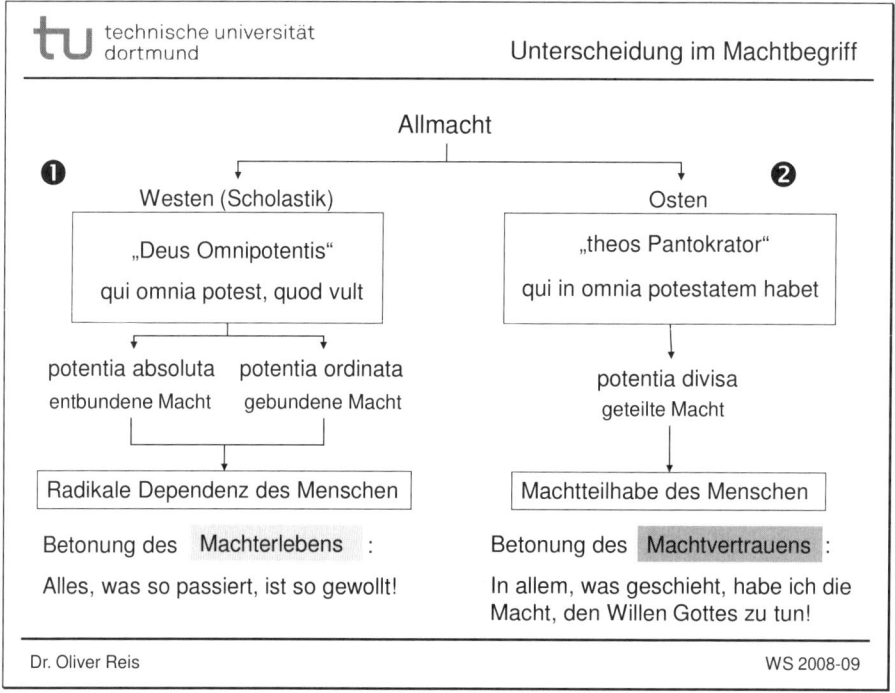

Im lateinischen Sprachraum wird von Augustinus Gottes Omnipotenz als die Potenz verstanden, alles zu können.[90] Das ‚Alles' in omni-potentia ist damit erstens auf eine Fähigkeit Gottes bezogen und ist zweitens inhaltlich von dem biblischen „Wozu?" der Macht abgelöst.

> „Es geht nun nicht mehr begrifflich-primär um Über- oder All-Macht für oder gegen, zugunsten seines Volkes bzw. seines guten Willens. Es geht vielmehr in der Allmachtssemantik nun originär um die unendliche Steigerung eines Mächtigseins, das hier als in sich unbegrenzt gedacht werden muss. [Das Wofür und Wozu der Allmacht; O.R.] wird dem Begriff allenfalls hinzudefiniert, ihm begrifflich angefügt (…)."[91]

### 3.2.3.1  Der *deus omnipotentis* in der Scholastik

Im Westen ist dieses Allmachtsverständnis in der Scholastik perfektioniert worden. Als metaphysische Spekulation über das Wesen dieses Gottes, der die Welt aus seiner Macht heraus geschaffen hat und zugleich in seiner Ordnung

---

[90] Vgl. *Werbick*, Gott verbindlich, 2007, 385ff.
[91] *Werbick*, Gott verbindlich, 2007, 387f.

erhält, hat sich eine Vorstellung von Gottes Macht entwickelt, die das selbstverständlich-allzuselbstverständliche Verständnis bis heute prägt. Wenn wir Gott als den allmächtigen Vater, den Schöpfer des Himmels und der Erde anrufen, dann meinen wir dies in der Regel als „Deus omnipotentis, qui omnia potest, quod vult". Das ist der allmächtige Gott, der all das kann, was er will. Für ein solches Allmachtsverständnis finden sich durchaus biblische Sätze, die diese Perspektive betonen wie z.B. Psalm 135,6: „Alles, was dem Herrn gefällt, vollbringt er, im Himmel, auf der Erde, in den Meeren, in allen Tiefen." oder auch Jes 46,10 oder Hiob 42,2. Die ‚potentia absoluta' drückt dieses Vermögen aus, während die ‚potentia ordinata' die Entgrenzung zurückbinden soll. In der potentia ordinata finden sich dann auch die nachträglich eingefügten ‚Wozu'-Bestimmungen der Macht – wie bei Thomas von Aquin die Barmherzigkeit. Gott richtet seine Allmacht nicht gegen seinen eigenen Heilswillen und wirkt auch nur so auf die Geschöpfe, dass sie es auf ihre Weise verstehen können.[92] In diesem Denkmodell kann aber letztlich die Allmacht dadurch nicht gebunden sein, das würde sie ja gerade aufheben.[93] Das führt selbst bei Luther, der die Macht Gottes auf das Kreuz bezieht, dazu, dass er den in Jesus Christus offenbarten Heilswillen Gottes auf der Hintergrundfolie einer zu allem fähigen Majestät entfaltet, deren absoluter Wille das Maß bestimmt.[94] Diesem Denkmodell entspricht die totale Dependenz des Menschen gerade in seinem Geschöpfsein. Er ist ohnmächtig angesichts dieser Allmacht Gottes, so dass der Mensch der bloß Empfangende ist. Alles, was er empfängt, ist dann eine Gabe Gottes. Das passt zu der kosmologischen Vorstellung des Daseins Gottes [→ **Gottes Dasein**], führt aber theologisch dazu, dass *einfach alles* von oben her eine *Gabe Gottes* wird.[95]

Dieses Denkmodell betont von daher radikal das Machterleben als natürliche Option. Machtvertrauen ist selbstverständlich, weil das Machterleben in der kirchlich dominierten Ordnung des Mittelalters normal ist. Die metaphysische Spekulation über das Wesen Gottes führt zu einem veränderten heilsgeschichtlichen Konzept, das mit dem biblischen Pantokrator nur noch wenig gemeinsam hat. Auch wenn die Rede inhaltlich ähnlich ist, so hat sie doch einen anderen Standort, der dafür sorgt, dass das Prophetische, das Gewagte, das Verheißungsvolle der Pantokrator-Rede in der Omnipotenz einer bedrohlichen Legitimierung des Status quo gewichen ist. Im historischen Kontext des Mittelalters mag diese Inszenierung erfolgreich sein, in der neuscholastischen Tradierung

---

[92] Vgl. *Thomas von Aquin*, Summa theologica, Bd. 1, Quaestio 25, Artikel 3, in der Ausgabe: Deutsche Thomas-Ausgabe, Salzburg, Leipzig 1934.

[93] Vgl. *Werbick*, Gott verbindlich, 2007, 368-372; *Sabine Pemsel-Maier*, Dreifaltig und allmächtig. Gottesverständnis und Gottesrede im Dialog von Religionspädagogik und Dogmatik, in: RpB 60/2008, 53-68, hier Kap. 3.2.

[94] Vgl. *Martin Luther*, de Servo arbitrio, Daß der frei Wille nichts sei. Antwort D. Martin Luthers an Erasmus von Rotterdam (1525), in der Ausgabe: *H. H. Borcherdt/G. Merz* (Hg.): Martin Luther. Ausgewählte Werke. Ergänzungsreihe Erster Band, München ³1983, 709.

[95] Vgl. *Werbick*, Gott verbindlich, 2007, 393f.

bis heute setzt das Denkmodell den Glauben an einer problematischen Stelle unter Druck. Denn nun besteht Glaube im Wesentlichen darin, in allem, was passiert, göttlichen Heilswillen zu sehen und sich in dieses Geschehen hineinzufügen. Die von mir freigelegte Lücke wird systematisch verdeckt, weil sie selbst als das Problem und gottkritisch verstanden werden muss. Damit wird aber zugunsten einer stabilen und orientierenden Ordnung – der großen Stärke des Modells – jede Möglichkeit genommen gerade über das Bekenntnis zum allmächtigen Gott, die realen Mächte zu kritisieren oder als selbst von Jahwe benutzte Mächte zu enthüllen, wie dies in der Bibel geschieht.

Wenn heute dieses Denkmodell vertreten wird, dann geschieht dies oft fideistisch als antimodernistische Kampfansage an eine naturwissenschaftliche Weltvorstellung. Betont wird die volle Handlungsautonomie Gottes, seinen Willen durchzusetzen. Jede Determinierung Gottes wird folgerichtig abgelehnt. Auch hier zeigt sich noch einmal die schwerwiegende Verkopplung von Allmacht und Schöpfung. Beide Begriffe legen sich im Westen gegenseitig aus und blockieren einander gegenüber einem veränderten, biblisch orientierten Verständnis. Gekoppelt ist das Denkmodell dann auch an ein wörtliches Wirklichkeitsverständnis der biblischen Texte. Gottes in der Bibel festgehaltenes Handeln wird zum Beweis seiner von Anfang an und auch heute noch erkennbaren Handlungsmacht. Die hermeneutische Erkenntnis, dass viele biblische Sätze auch als Lobpreis in einer historischen Situation ihren Sinn behalten, die ganz von der Krise des Machterlebens gekennzeichnet ist, wird nicht gesehen. Da in der katholischen Kirche unterhalb der theologischen Reflexion diese Allmachtsvorstellung aber immer noch das Gottesdenken prägt, löst deren faktische Krise auch eine Orientierungslosigkeit im Gottdenken aus, die bedenklich ist. Hier ist die theologische Pluralität, die ich Ihnen heute zeige, schlicht unerlässlich.

### 3.2.3.2   Der Pantokrator im Osten

Im Christentum des Ostens dagegen wird die Allmacht Gottes weiter in den biblischen Assoziationen des 'Pantokrator' reflektiert. Wie ich schon gesagt habe, ist dies der griechische Begriff der Septuaginta für den hebräischen Gottesnamen ‚El Schaddei'. Vom NT wird insbesondere die Vorstellung übernommen, dass dieser Pantokrator seine himmlische Herrschaft auf die Erde ausdehnt und ihm dabei als Weltenherrscher die Mächte und Gewalten zu Füßen gelegt werden.[96] Seine Allmacht drückt sich darin aus, dass er „in omnia potestatem habet".[97] Wie schon im AT wird mit dem Pantokrator ganz im Sinne des AT

---

[96] Dass in der byzantinischen Kaiserzeit der Pantokrator auch zum Urbild und Legitimation faktischer kaiserlicher Macht wurde, zeigt *Hermann Häring*, Das Böse in der Welt, Darmstadt 1999, 195. Das Wort selbst schützt also nicht vor der Doppeldeutigkeit, die ich in den beiden Denkmodellen festgehalten habe.

[97] Vgl. *Werbick*, Gott verbindlich, 2007, Kap. 5.7.

keine deskriptive Aussage getroffen, die losgelöst vom Glaubensstandpunkt evident ist. Wer im Vater Jesu, den Pantokrator behauptet, der kennt die Welt mit ihrer Eigenlogik und sieht trotzdem in ihr noch einen anderen Willen wirksam. Während der omnipotente Gott eher die Identität des Weltgeistes mit dem Geist Gottes behauptet, bleibt beim Pantokrator das Verhältnis vor der eschatologischen Auslösung durchaus als ‚inkommensurabel' denkbar; es gibt keinen Maßstab, der Weltgeschichte und Heilsgeschichte in eins setzen kann. Auffallend an der Konstruktion, die im Anschluss an die Bibel im Osten tradiert wird, dass die Allmacht weniger eine abstrakte Eigenschaft ist, sondern die heilsgeschichtliche Fähigkeit meint, sich gegenüber allem, was Macht beansprucht, als mächtig zu erweisen. Denken Sie hier an Paulus Röm. 8,38: „Denn ich bin gewiss: Weder Tod noch Leben, weder Engel noch Mächte, weder Gegenwärtiges noch Zukünftiges, weder Gewalten der Höhe noch der Tiefe noch irgendeine andere Kreatur können uns scheiden von der Liebe Gottes, die in Christus Jesus ist, unserem Herrn." Allmacht wird hier nicht wie im Westen in der Dyade Gott-Welt, sondern in der Triade Gott-Mächtiges-Welt gedacht. Von diesen Überlegungen her betont diese ostkirchliche Allmachtsvorstellung stärker das Machtvertrauen. Da hier Kirche und Welt nie so konvergent gesehen wurden wie im Westen, steht Gott in seiner Macht nicht so sehr auf Seiten, dessen was ist, sondern auf der Seite der Gläubigen. Da ist die göttliche Macht eine Macht, die uns an Gott bindet. Hier werden die Gläubigen als Menschen gesehen, die an der göttlichen Macht Anteil gewinnen. Diese Figur kennen Sie aus Basiswissen Dogmatik und der Einführung in die Systematische Theologie unter der Erlösungsfigur der ‚Theosis'. Dadurch wird das Machtvertrauen auf Gottes Macht gegenüber einer Welt betont, die den Menschen durch ihre Machtansprüche verohnmächtigt. Der Satz wäre hier: „In allem was geschieht, habe ich die Macht, den Willen Gottes zu tun!" Gegenüber allem, was gerade passiert, sind Sie so frei, sind Sie so mächtig, dass Sie das tun können, was Gott will.

Die Ostkirche tut sich mit diesem Modell in der Moderne zunächst einmal genauso schwer wie die Westkirche, auch sie muss das Wirklichkeitsverständnis dieser Macht Gottes klären. Nur dass hier die Konfliktlinie weniger die Naturwissenschaften oder die Theodizee betrifft. Vielmehr führt die Abkoppelung von der Welt und ihren Mächten in der Moderne zu einer schwer vermittelbaren, sich radikalisierenden Sonderwelt. Trotzdem bietet das ostkirchliche Modell – wie schon das zweite Denkmodell aus Gottes Dasein – einen interessanten Zugang für moderne Theologien, weil weniger auf Gottes Eigenschaft als vielmehr auf die Welt und das Mächtige in ihr aus der Perspektive Gottes geschaut wird. Diese zerstörerischen Mächte sind faktisch beobachtbar – und genauso, dass im Geist Jesu Christi wirklich ein anderer Umgang mit diesen Mächten möglich ist. In dieser Interpretation könnte vom Machtvertrauen aus der Glaube an die Allmacht bedeutsam werden.

Damit haben wir nun zwei theologiegeschichtlich sehr wirksame Denkmodelle, die auf den Frageimpuls verschieden reagieren, indem sie entweder eher das Machterleben betonen oder eher das Machtvertrauen. Beide sind aber darauf bedacht, von diesem Pol aus auch den anderen zu erreichen und die biblisch freigelegte Spannung zu erhalten. Im Westen wird eine Krise durch Machtvertrauen verarbeitbar, da die Krise selbst a priori, d.h. schon vor der Erfahrung, als Machterleben definiert wird. Im Osten wird die Kirche zu einem Ort des Machterlebens, in der die real wirksame Königsherrschaft Gottes repräsentiert wird. Hier wandelt sich das Wagnis des Machtvertrauens als Krise der Welt in lebendiges, anfanghaftes, letztlich sich eschatologisch erfüllendes Machterleben. Beide Denkmodelle haben so Entscheidendes von den biblischen Grundlagen gelernt, aber zugleich in der Transformation für ihre Zeit etwas aus dem Blick verloren: das scholastische Denkmodell die jeder metaphysischen Bestimmung der Macht Gottes vorausgesetzte Bindung an eine inhaltliche Bestimmtheit,[98] das Ostkirchliche die ergreifende heilsuniversalistische Erwählung, die die eigene Partikularität integriert.

### 3.2.4    Der Umgang mit Gottes Allmacht heute

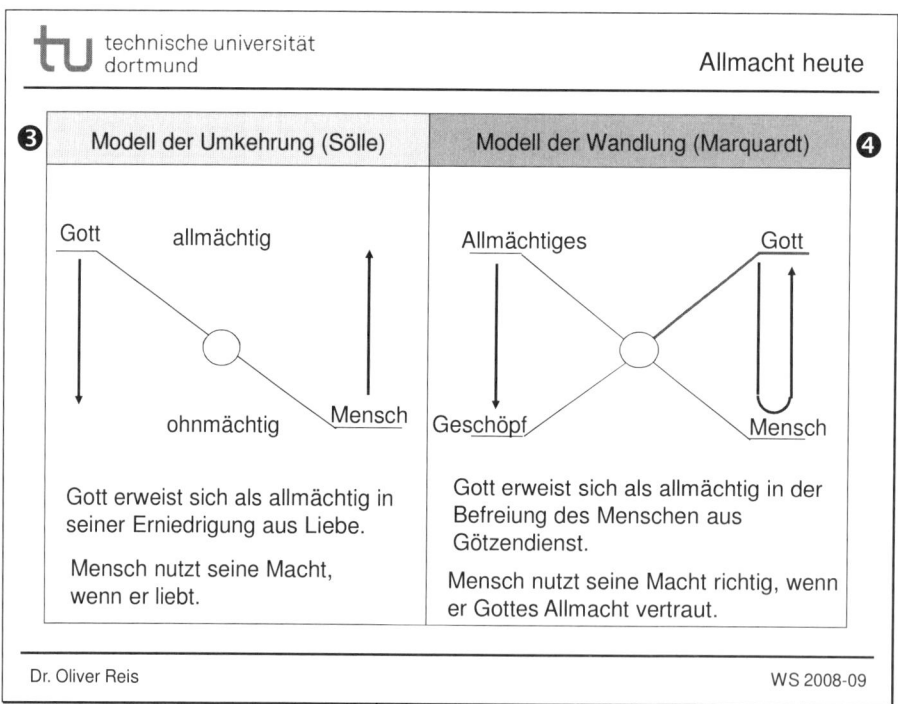

Blicken wir in die gegenwärtige Diskussion um die Macht Gottes, so ist das scholastische Denkmodell in seiner neuscholastischen Fassung in der katholischen Theologie in den Hintergrund getreten. Egal in welches aktuelle Buch Sie schauen, dieses Denkmodell ist aufgrund seiner fehlenden Sensibilität für die

---

[98] Vgl. *Werbick*, Gott verbindlich, 2007, 372.

Brüche in der Welt (metaphysische Krise des Seinsverständnisses) und die fehlende Bindung der Macht an die biblischen Verheißungen (inhaltliche Krise der Leidensunfähigkeit, Unbewegtheit, die Allpotenz) nicht mehr ‚State of the Art'.[99] Bei der Vielzahl der Positionen ist es zwar etwas vermessen, die gegenwärtige Diskussion auf zwei Strukturbilder zu reduzieren, aber wenn man die Positionen daraufhin untersucht, wie sie Machterleben und Machtvertrauen so ineinander setzen, dass die metaphysische und die inhaltliche Krise bearbeitet werden kann, dann lassen sich im Wesentlichen zwei strukturelle Typen unterscheiden.

Welche theologischen Bedingungen prägen die Lösungsversuche? Die metaphysische Krise hat dazu geführt, dass ein wörtlich-berichthaftes Wirklichkeitsverständnis von Gottes Macht nicht zu halten ist. Gottes Macht wird nicht mehr kosmisch überlegen und alles durchdringend gedacht. Die einzige Ausnahme hierzu stellt die monistische Grundoption dar, die auch gerade deshalb so plausibel ist, weil sie das Gefühl aufnimmt, dem kosmischen Ganzen als Macht in allem zuzugehören. Ansonsten führt die metaphysische Krise eher zu einer Neuentdeckung der biblischen Verheißung. Gerade die protestantische Theologie hat früh seit den 70er Jahren Gottes Macht explizit von seiner Anteilnahme, seiner Gerechtigkeit her gedacht. Unter den Bedingungen einer Welt, die sich autonomisiert und eben frei der alles bestimmenden metaphysischen Gottes Macht ist, wird die Autonomie gerade zum Indikator für die Macht Gottes. Gute autonome Macht der Menschen ist nicht mehr die Konkurrenz der göttlichen Macht wie im ersten Denkmodell, sondern das Medium der *guten* Gottes Macht. So wird die Macht Gottes subtil in die scheinbar gottlose Wirklichkeit *hineingelesen* – ein Hinweis für die theologische Grundoption. Alternativ kann man die göttliche Macht auch mit Trompetenschall faktisch behaupten, man gerät dann aber in die Spur, die ich oben schon für das (neu-)scholastische Modell ausgelegt habe. Oder man kann den Versuch, von Gottes (All-)Macht zu sprechen, auch unterlassen und davon ausgehen, dass diese Geschichten von der Macht Gottes symbolischen Wert hätten, aber eben nichts über die Wirklichkeit aussagen. Beide Alternativen sind keine theologische Lösung [→ **Einführung in die theologische Logik**] und interessieren mich hier nicht weiter.

### 3.2.4.1   Modell der Umkehrung

Um auf diese metaphysische und inhaltliche Krise zu reagieren, bilden die gegenwärtigen Denkversuche von FachtheologInnen – wie aber auch die von Ihnen – zwei Denkmodelle/Bedeutungsstrukturen als Pole aus. Reale Positionen sind dann vielleicht nicht ein Denkmodell in Reinform, sondern versuchen beides zu integrieren, dann lassen sich aber auch relativ leicht die Brüche in der Position beschreiben.

---

[99] Vgl. hierzu *Pemsel-Maier*, Dreifaltig und allmächtig, 2008, Kap. 3.3.

Das linke Modell, das ich in der *Struktur der Umkehrung* beschreibe, biete ich Ihnen als Rekonstruktion der Theologie von Dorothee Sölle[100] an. Sölle stellt sich ganz radikal der Gotteskrise des 20. Jahrhunderts und versucht ihre Theologie von dem Punkt aus einzurichten, dass sie die zeitgenössische Wahrnehmung „Gott ist tot!" ernst nimmt. Sie interpretiert das Verstummen Gottes aber nicht als seinen Tod, sondern als einen Hingebungs- und Bindungsakt an Jesus Christus. Jesus Christus vertritt Gott vor uns so, dass dessen Leiden und Kreuzestod zum Angelpunkt der Macht Gottes wird. Gottes Allmacht besteht in der radikalen Hingabe an die Welt, in seiner Verohnmächtigung, die uns als Subjekte ganz ernst nimmt. Wenn Gott durch seine Verohnmächtigung die Menschen ermächtigt, dann wird eine Freiheit denkbar, die Grenzen überwindet und die schöpferisch das Leben sucht. Diese Macht Gottes ist bei den Armen leichter zu lernen – also gerade dort, wo zunächst das klassische Machterleben in die Krise gerät. Insofern wird die Krise des Machterlebens zur Quelle eines biblisch neu inspirierten Machtvertrauens. Die Ohnmächtigkeit Gottes ist deshalb in Wirklichkeit Machterleben, aber die Erwartung an dieses Machterleben ist radikal verkehrt. Diese Macht ist keine Durchsetzungsmacht mehr, keine die von der Ohnmächtigkeit des Gegenübers lebt. Wenn Gott sich in seiner Liebe zur Welt hingibt, dann ist dies ein aktiver Akt der Liebe, die sich teilt und dadurch stärker wird. Wenn sich die Liebe ihrer Ohnmacht aussetzt, so macht dies Gott nicht passiv, sondern stellt in Wahrheit die Höchstform des göttlichen Handelns dar.[101] Wenn die Menschen diese Liebe leben, dann ist dies der entscheidende Machterweis, an den sich Gott in seiner größtmöglichen Freiheit bindet. Das Umkehrungsmodell lebt insofern von einer doppelten Umkehrung: erstens der Umkehrung von Macht und Ohnmacht in den vertauschten Rollen der Dependenz und Interdependenz und zweitens in der inhaltlichen Umkehrung, was wahre, gute Macht überhaupt ist.

Dieses Umkehrungsmodell wird semantisch von der scheinbaren Paradoxie getragen, dass es der Erweis echter Allmacht ist, dass Gott sich in liebevoller Freiheit den Menschen hingibt. Sie können diese Paradoxie in vielen Texten lesen, aber nur wenige meinen wie Sabine Pemsel-Maier die Umkehrung ganz radikal.[102] Dies liegt an einer theologisch problematischen Konsequenz des Umkehrmodells in Reinform. Denn die logische Konsequenz wäre, dass die Umkehrung dazu führen kann, dass dem Untergang der Menschen der Untergang Gottes folgt.[103] Wenn die Identifikation Gottes am Kreuz mit der Welt so stark ist, dass Gott von den Gegenmächten der Liebe bezwungen wird, woran könnte sich dann noch begründet das Machtvertrauen richten?

Die Konzepte von der 'Allmacht der Liebe' können als Reaktion auf dieses Problem dazu tendieren, diese Liebe für per se unüberwindlich zu halten. Das

---

[100] Hierfür beziehe ich mich auf *Sölle*, Gott denken, Kap. 14 und 15 und *Dorothee Sölle*, Stellvertretung. Ein Kapitel Theologie nach dem „Tode Gottes", Stuttgart 1982, 148-162.
[101] Vgl. hierzu auch *Werbick*, Gott verbindlich, 2007, 404.
[102] Vgl. *Pemsel-Maier*, Dreifaltig und allmächtig, 2008, Kap. 3.4.2.
[103] Vgl. *Werbick*, Gott verbindlich, 2007, 365.

Scheitern wird als theologische Prämisse als undenkbar gesetzt. Jan Bauke-Ruegg und Wolfgang Krötke analysieren sehr genau, dass aber in diesem Fall nur die Semantik ausgetauscht worden wäre. Dann steht immer noch der Gedanke der allumfassenden Wirklichkeit im Hintergrund, nur wird das Wesen der größten Macht (immer noch in der Steigerungsvorstellung) in der kommunikativen Struktur der Liebe ausgemacht. Unter einer veränderten Semantik wäre also das klassische katholische System rekonstruiert.[104] In dieser Logik ‚rutscht‘ z.B. Thomas Pröpper in seinem Allmachtsartikel im LThK, wenn die Ohnmachtsituation Gottes von Gott aus letztlich notwendig aus der Allmacht heraus schöpferisch überwunden wird.[105] Es ist tatsächlich ein Problem, dass die Bindung Gottes an seine ihn selbst verohnmächtigende Liebe nicht zu stark gedacht werden darf, wie es im Umkehrungsmodell radikal geschieht, aber auch nicht zu äußerlich, weil sonst eine eigenartige Differenz zwischen der Verohnmächtigung und einer bleibenden klassischen Allmächtigkeit bleibt.[106]

Einige ‚Allmacht-der-Liebe‘-Theologen wie Jürgen Werbick. oder Hermann Häring versuchen die Balance zu halten und bleiben weder in der radikalen Umkehrung stehen, noch vollziehen sie unter der Hand die Rückverschiebung in das scholastische System. „Im christlichen Zusammenhang hilft also die Frage, ob Gott *an sich* mächtig oder ohnmächtig sei, nicht weiter."[107] Die Umkehrung bleibt das Grundbild, aber nun tritt die Erkenntnis hinzu, dass die Macht der Liebe auch selbst als mächtig gesehen werden kann und muss, die fremde Mächte überwinden kann, ohne eine allumfassende metaphysische Macht zu werden.[108] Die Liebe ist selbstmächtig, ohne die Autonomie der Angesprochenen aufzuheben. Sie spricht an, fordert heraus die eigene Freiheit in der Welt zu erkennen. Aber wie Sie gleich sehen werden, hat Werbick damit schon das Denkmodell gewechselt…

Bevor ich abschließend zum vierten Denkmodell komme, möchte ich kurz das dritte Modell noch etwas einordnen. Die Analyse des dritten Modells machte deutlich, dass es sich einerseits besonders vom ersten Denkmodell abgrenzt, indem es die Interdependenz von Gott und Mensch und Immanenz und Transzendenz im menschlichen Handeln radikal wie bei Sölle verschränkt. Trotzdem betont es letztlich nicht das Machtvertrauen, sondern das Machterleben der vorausgesetzten Liebeserfahrung, von der aus Gottes Mächtigkeit interpretiert wird. Insbesondere dann, wenn die Überwindung aller Gegenmächte in der Umkehrung dogmatisiert wird, ist die Nähe zum ersten Denkmodell handgreiflich. Die Lücke im Machterleben wird thematisiert, aber als von Gott her in

---

[104] Vgl. *Werbick*, Gott verbindlich, 2007, 398f.
[105] Vgl. *Pröpper*, Art. ‚Allmacht Gottes, Sp. 416.
[106] Vgl. *Werbick*, Gott verbindlich, 2007, 365.
[107] *Häring*, Das Böse in der Welt, 1999, 197.
[108] Vgl. *Werbick*, Gott verbindlich, 2007, 411: „Aber ist denn auch dies noch denkbar: der Mensch, der sich seiner Zukunft verweigert, in der alle Verheißung liegt; ein Gott, der so ohnmächtig ist – so ohnmächtig sein will –, dass er sich nicht liebend entschlossen gegen diese Verweigerung durchsetzt?"

seiner Gerechtigkeit immer schließbar vorausgesetzt. So ist das Denkmodell an die biblische Grundfigur angeschlossen und erhält auch die Spannung zwischen den beiden Polen. Das Ringen um die Option ist deutlich spürbar. Die große Stärke des Modells ist, dass die Allmacht Gottes motiviert, Gott gegenüber mit der geschenkten Macht angemessen umzugehen, weiter die Liebe zu teilen. Die Welt wird von allen Menschen, die an dem Projekt der Liebe mitarbeiten, veränderbar. So lenkt die Berufung auf die Macht Gottes in der prophetischen Tradition des Amos auf die Bearbeitung bedrängender Probleme. Das Denkmodell führt aber auch in eine Sackgasse, wenn es Gott nicht aus der Ohnmacht entlässt, um die Vergötzung des Menschen selbst anzuprangern. Es kann auf der menschlichen Appellebene verbleiben und letztlich wird es stumm, wenn Gott mit den Menschen untergeht.

### 3.2.4.2  Modell der Wandlung

Und genau hier setzt das vierte Denkmodell an, das ich an der Theologie von *Friedrich Wilhelm Marquardt* rekonstruieren möchte.[109] Er versucht bewusst Gottes Macht von der Bibel her als geschichtliches Handeln zu begreifen und stellt die Gegenwart in dieses Handeln. Dazu muss er dann das Machtvertrauen betonen, das sich ausdrücklich auf das Machterleben *Israels* bezieht und nicht auf ein faktisches Heute. Wie Karl Barth bezieht er Gottes Macht ausdrücklich auf die fortwährende Konkurrenz zwischen Gott und den Mächten, die sich als Allmächtiges generieren. Jahwe setzt seine Macht für unsere Freiheit gegenüber den Mächten ein, die in der Macht Gottes zu dem werden, was sie sind: Geschöpfe. So hat auch diese Allmachtskonzeption einen Link zur Schöpfung, aber sie liest ‚Schöpfung' stärker vom zweiten Denkmodell in Gottes Dasein her in seiner aufklärerischen Funktion. Schöpfung wird gelesen als Jahwes Macht über und gegenüber dem, was andere Völker in ihren Schöpfungserzählungen an kosmischen Kräften verehrt haben. Der vermeintliche 'Tod Gottes' in der Moderne ist der Kampf Jahwes um das Leben der Menschen seit Äonen. Jede Zeit steht in Gefahr Gottes Tod gegenüber dem, was sich als allmächtig aufführt, zu behaupten. Wir stehen in dieser Linie. Den Kampf um unser Leben führt er auf unserer Seite. Der Weg Gottes in die Welt, sein Beistand sorgt immer auch für Probleme, weil wir dann Gott mit den Zeichen seines Beistandes selbst verwechseln, was schon Amos kritisch bemerkt, aber diese Inkarnation im Himmel, im Land, im Königtum, im Tempel, im Kult, in Jesus Christus sind notwendige Versuche der Befreiung der Menschen aus der Knechtschaft des Götzendienstes [→ **Gottes Dasein**]. Da, wo die Menschen aus

---

[109] Ich beziehe mich hierfür vor allem auf *Marquardt*, Was dürften wir hoffen, wenn wir hoffen dürften, 1992-1996. Ein anderer wichtiger Vertreter ist z.B. *Martin Hailer*, Gott und die Götzen. Über Gottes Macht angesichts der lebensbestimmenden Mächte, Göttingen 2006. Auch *Ralf Miggelbrink*, Der zornige Gott. Die Bedeutung einer anstößigen Tradition, Darmstadt 2002 lässt sich so lesen.

der Freiheit Gottes Willen befolgen und nichts in der Welt als Gott erwählen, da zeigt sich ganz offenbar seine heilsgeschichtliche Wirksamkeit. Götzendienst ist der Dienst an Geschöpfen, die wir für allmächtig halten. Und das Bekenntnis zum allmächtigen Gott – ganz im ostkirchlichen Sinn des dritten Denkmodells – macht den Menschen frei, um aus diesem Götzendienst auszusteigen. Der Mensch nutzt all seine Macht richtig, wenn er Gottes Allmacht vertraut.

So kann man sagen, dass Gott nicht das abstrakt Allmächtige ist, aber in seinem Kampf mit den Menschen gegen die Mächte sich als allmächtig erweist und von daher zu Recht seit Beginn Gott als allmächtiger Vater bekannt ist. Dieses Modell nenne ich das *Modell der Wandlung*: Eigentlich erwarte ich von Gott, dass ich unter seiner Herrschaft Macht erlebe, wie ich sie brauche. Ich will Anteil an der Gottesmacht bekommen. Ich erfahre tatsächlich die Macht, aber sie verändert meine Erwartungen, da die Mächtigkeit der Welt banal wird und eine andere Macht als die Durchsetzungsmacht entscheidend wird. Wahre Macht befreit und ermutigt, stärkt und sucht sich Partner. In dieser Perspektive kann ich dann wahrhaftig Gott den Allmächtigen bekennen – wenn ich der Kirche ihre Zeugenschaft von der Macht Gottes glaube. Was kann also Gott? Er kann uns mit einer Machterfahrung konfrontieren, die in sich die Machterfahrungen gewandelt hat. Und von dieser Machterfahrung aus, wie ein anderer interpretativer Maßstab, wandelt sich Wirklichkeit.[110]

Hier ist die Stelle, an der VertreterInnen der Allmacht-der-Liebe wie z.B. Werbick beide Modelle ‚verlinken', wenn er betont:

> „Gott wird die Macht zugesprochen, die Menschen in ihre Freiheit *hervor*zurufen, weil er ihnen eine Heraus-forderung schenken kann, in der sie sich selbst finden, auf die hin sie die werden können, die sie zutiefst sind – und von sich aus werden wollen, wenn sie entdeckt haben, was sie werden können."[111]

Sie sehen, dass die Rede von Gottes Liebes-Allmacht in beiden Modellen sowohl der Umkehrung als auch der Wandlung gedacht werden kann, dass aber beide Modelle einer eigenen Logik folgen. Wer die Allmacht der Liebe als Bild nutzen will, kann also entweder a) radikal im dritten Modell der Umkehrung bleiben, b) unter der Hand eine Verschiebung ins erste Modell vornehmen oder c) schließlich das Bild bewusst im vierten Modell zur Entfaltung bringen und darin die vorgenommene Umkehrung wieder aufheben. Vertretern der Lösung c) wie Jürgen Werbick und auch Hermann Häring gelingt es so, die Sackgasse der Ohnmacht Gottes zu vermeiden. Sie holen ihn im Rahmen des Wandlungsmodells in der Liebe wieder in die Beziehung zu den Menschen und lassen ihn dort als fürsorglichen Gott mit aller Liebesmacht gegen die Mächte bei den Menschen sein, ohne dass dadurch die Autonomie des geliebten Menschen aufgehoben wird.

Zurück zum vierten Denkmodell: Das vierte Denkmodell traut sich in die Lücke des Machterlebens, unterstellt sich der herausfordernden Machterfah-

---

[110] Vgl. sehr eindringlich *Häring*, Das Böse in der Welt, 1999, Kap. IV.
[111] *Werbick*, Gott verbindlich, 2007, 406.

rung, die eine zukünftige, offene Bestimmung ermöglicht. Während das dritte Denkmodell in seiner radikalen Form die Zukunft in der Auseinandersetzung um die Liebesmacht offen sieht, so hält das vierte Modell überhaupt die Form offen, worin sich Gottes Macht zeigen wird. Das, was uns gerecht wird, das Ergebnis, für das Gott seine Macht einsetzt, ist selbst offen. Wenn wir von unserem Erwartungshorizont schon wüssten, worin das neue Machterleben bestehen müsste, so betont es das vierte Modell, dann würden wir damit Wandlung verhindern. Das wird möglich, weil sich die Allmacht gerade gegen das vermeintlich geschlossene Weltsystem richtet und von Gottes Allmacht her gerade die immer offen stehende Alternative betont. Die auch von diesem Modell wahrgenommene Krise im Machterleben wird als die wichtige Situation vor Gott verstanden, die mit Israel an der Seite im Vertrauen auf die Macht Gottes bewältigt werden kann. Die Allmacht Gottes ist damit aber ausdrücklich nicht mehr eine Eigenschaft Gottes, die wir in der Hand haben. Theologie kann zeigen, dass die Rede von der Allmacht Gottes wichtig ist, weil sie die Perspektive auf die Wirklichkeit verändern kann. Die Allmacht Gottes als Wirklichkeit einlösen kann aber nur Gott selbst. Theologie wird an dieser Stelle verletzlich und vorsichtig![112]

### 3.2.4.3   Stärken und Schwächen der Modelle

Was lassen sich für Stärken und Schwächen des Modells erkennen? Dieses Modell löst sich sehr weit von der Intuition, was Gottes Macht bedeutet. Es lebt von einer einerseits hermeneutischen Grundhaltung, die sich in der biblischen Bildersprache auf Spurensuche nach der Macht Gottes begibt. Das klingt zunächst so weit weg, ist so intellektuell. Aber diese Allmacht kommt schnell an die Alltagswirklichkeit heran. Wenn Sie am Sonntag in der Messe den Klingelbeutel mit einem schlechten Gewissen schnell weiterreichen, weil Sie nicht ein paar Cent geben wollen, aber die 5€ viel zu viel sind, dann spüren Sie etwas von der Macht des Geldes, die aus dem bedruckten Papier eine Frage von wichtigen Optionen macht. Der Allmachtsbegriff im Wandlungsmodell erinnert z.B. im Glaubensbekenntnis „Ich glaube an Gott den allmächtigen Vater" daran, dass Sie nichts anderem dienen müssen. Es ist ein Zuspruch und die Aufforderung nicht zu vergessen: Nichts darf so mächtig sein, dass es Ihr Handeln bestimmen kann, sondern Sie sind frei in allen Handlungen selbst das Maß zu setzen. Wollen wir diese Wandlung wirklich? Wollen wir unter dieser Allmacht Gottes leben? Das ist die Stärke des Modells, dass es tatsächlich erlaubt, die Wirklichkeit theologisch zu reflektieren, auch wenn diese Reflexion vielfach überfordert – vielleicht weniger intellektuell als durch seine Radikalität die Welt von Gott her zu denken [→ **Gottes Rede**]. In dieser Zuspitzung sehen Sie, dass das Modell sehr genau an unserer biblischen Rekonstruktion ansetzt, dieses nahezu

---

[112] Es lohnen sich die beeindruckenden Passagen z.B. in *Häring*, Das Böse in der Welt, 1999, 196ff; *Werbick*, Gott, verbindlich, 2007, Kap. 5.12.

aktualisierend interpretiert. Insofern stellt auch dieses Modell eine sinnvolle Vermittlung in der Spannung zwischen Machterleben und Machtvertrauen dar.

Die Probleme liegen hier ähnlich wie bei dem zweiten Denkmodell – zu dem es eine große Nähe besitzt – darin, dass das Modell letztlich nicht einfach behaupten kann, die feindlichen Mächte sind schon überwunden, aber auch nicht, sie sind noch gar nicht überwunden. Der Charme des Modells liegt ja gerade darin, einerseits die Machterfahrung mit Gottes Allmacht beschreiben zu können, andererseits die feindlichen Mächte als real zu beschreiben. Die eschatologische Offenheit und der Glaube – nicht das deskriptive Wissen! –, dass am Ende der Tage dieser Widerspruch gelöst ist, sind hier die Lösung.[113] Aber wie Martin Hailer ausführt, droht diese paradoxale Vermittlung immer wieder auseinander zu ‚driften'. Entweder werden dann wieder die realen Mächte verharmlost – und die Behauptung von Gottes Allmacht verdichtet sich unrechtmäßig zum Besitz – oder sie werden so stark betont, dass die Innen-Außen-Abgrenzung die Gläubigen unter ungeheuren Handlungsdruck setzt, der in der katholischen Kirche keinen originären Platz hat.[114] So wird diese Allmachtskonzeption vor allem eines tun: spalten, zwischen denen, die darin eine radikale Weltkritik formulieren wollen, und denen, die genau darin einen Widerspruch gegen den universalistischen Heilswillen ansehen, der die Welt doch versöhnt. Die Mächte werden dann vor allem in ihrem Nutzen für den Menschen erfasst. Die vorgenommenen Deutungen aus dem vierten Denkmodell heraus sind zwar dem eigenen Anspruch zutreffende Deutungen der objektiven Wirklichkeit, aber es bleiben eben deutungsoffene Interpretationen.

Sie sehen, dass die beiden aktuellen Denkmodelle wie versprochen die Lücke im Machterleben als Brennpunkt der christlichen Theologie bearbeiten. Sie versuchen bewusst, das, was in den theologiegeschichtlichen Modellen an biblischer Erkenntnis verloren gegangen ist, wiederzugewinnen. Und sie versuchen die Allmacht Gottes in einer anderen Welt verständlich zu machen. Sie haben aber auch gesehen, dass sie erneute Schwächen haben, dass die Modelle eine Grenze haben, die sie als alleinige Lösung problematisch macht. Bruchlos integrieren lassen sie sich auch nicht. Und trotzdem sollte dieses Ergebnis Sie nicht entmutigen. Theologie lebt von diesem Ringen und ist sich der Grenzen bewusst. Jede Weiterentwicklung macht immer wieder auf den Vorbehalt aufmerksam, dass die Theologie nicht vollständig über Gott reden kann, sondern in der brüchigen Rede von Gott von diesem zeugt [→ **Einführung in die theologische Logik**].

---

[113] Vgl. z.B. *Werbick*, Gott verbindlich, 2007, 412ff.
[114] Vgl. *Hailer*, Gott und die Götzen, 2006, 316-324.

### 3.3 Reflexionsprozess

*3.3.1 Vorbereitung*

Die erste Aufgabe soll Sie anregen, die vier Denkmodelle in ihren Merkmalen genauer zu untersuchen, damit Sie die beiden Textausschnitte von Thomas Ruster und Karl Barth korrekt einordnen können. Das konkrete Beispiel mit dem Tod des Freundes in Aufgabe 2 lese ich als die Krise des Machterlebens, die zu den Optionen nötigt. Wenn Sie zunächst aus den beiden Optionen A und B heraus antizipativ einen Text schreiben, dann werden Sie zum zweifachen Perspektivwechsel angeregt und lernen die beiden, in der Vorlesung unterschiedenen Reflexionsorte aus eigener Erfahrung kennen. Das ist nicht einfach, aber eine wichtige Übung, um später gezielt Interventionen setzen zu können. Wenn Sie anschließend diese Texte von den Grundoptionen her untersuchen, bleiben die Grundoptionen präsent und Sie konkretisieren diese gleichzeitig thematisch für die Macht Gottes. In *ews* finden Sie die fortgeschriebene Tabelle zu den Grundoptionen [**vgl. EWS-Tabelle 2**].

Dabei wird dann auch klar, wie komplex die Optionen A und B jeweils mit bestimmten Grundoptionen zusammen hängen und dass die vier Denkmodelle zu Gottes Macht als Realisierung der Option A ebenfalls auf bestimmte Grundoptionen bezogen sind. Ich hoffe, Sie machen auch mit dieser Reflexionsübung eine gute Erfahrung. Vielen Dank für Ihre Aufmerksamkeit, bis nächste Woche.

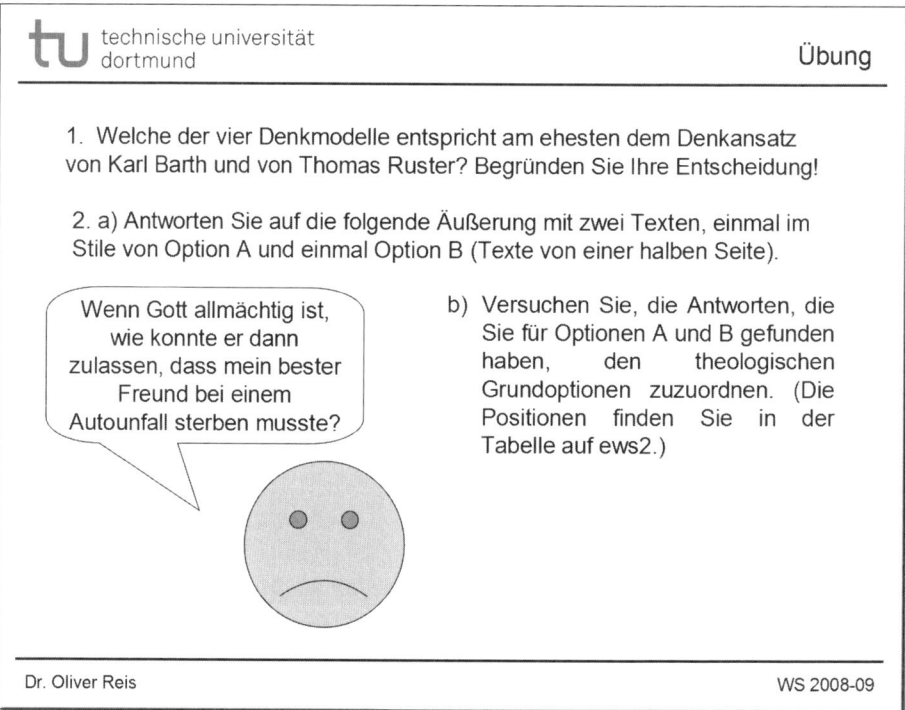

tu technische universität dortmund — Übung

1. Welche der vier Denkmodelle entspricht am ehesten dem Denkansatz von Karl Barth und von Thomas Ruster? Begründen Sie Ihre Entscheidung!

2. a) Antworten Sie auf die folgende Äußerung mit zwei Texten, einmal im Stile von Option A und einmal Option B (Texte von einer halben Seite).

Wenn Gott allmächtig ist, wie konnte er dann zulassen, dass mein bester Freund bei einem Autounfall sterben musste?

b) Versuchen Sie, die Antworten, die Sie für Optionen A und B gefunden haben, den theologischen Grundoptionen zuzuordnen. (Die Positionen finden Sie in der Tabelle auf ews2.)

Dr. Oliver Reis — WS 2008-09

## 3.3.2 Exemplarische studentische Reflexionen

### a) Meike:

1.) Die Position 2 entspricht am ehesten dem Denkansatz von Thomas Ruster. Die Allmacht Gottes findet sich in der Stimme Gottes, nicht in großen Taten. Der Glauben entspringt Gottes Wort, mit dem er zu den Menschen spricht und sie beruft, ihnen Verheißungen, Versprechen und Gebote gibt. Gott besitzt Macht und Stärke gegenüber allen und die Menschen vertrauen auf diese Gottesmacht. Gott steht auf der Seite der Menschen; durch dieses Vertrauen erfahren die Menschen Gottes Macht, sie haben Teil an dieser Macht. Durch die Machtteilhabe des Menschen wird die Gottesmacht nicht kleiner.
Karl Bart ordne ich die Position 3 zu. Für ihn ist Gott nicht die Macht an sich. Gott ist das Gegenteil der „Allmacht" und die „Allmacht" ist das Übel, der Teufel. Kehrt man das Übel um, kommt man zur Liebe. In Position 3 erniedrigt sich Gott aus Liebe zum Menschen. In der Liebe Gottes zu den Menschen erfahren wir eine Macht. Wenn der Mensch liebt, nutzt er diese Macht.

2a) „Wenn Gott allmächtig ist, wie konnte er dann zulassen, dass mein bester Freund bei einem Autounfall sterben musste?"
Option A: Gott hat für deinen Freund ein kürzeres Leben auf der Erde vorgesehen. Es ist möglich, dass er eine besondere Bestimmung hat, die er hier nicht erfüllen kann. Ich bin mir sicher, dass dein Freund durch einen bestimmten Grund so früh verstorben ist. Gott ist jetzt aber ganz bestimmt bei ihm. Ich glaube, dass es deinem Freund jetzt gut oder sogar besser geht.
Option B: Ich glaube, dass die Kraft Gottes nicht mehr so groß ist, dass er deinem Freund hätte helfen können. Zu Beginn war die Macht Gottes unbegreiflich, doch jetzt ist diese Macht am Ende. Gott kann nicht mehr mit seiner Allmacht handeln. Wir Menschen sind auf uns allein gestellt.
2b) Meine Antwort zu Option A ordne ich dem Fideismus zu. Gott ist allmächtig, wenn er es sein möchte und das logisch Mögliche überschreitet. Wir können nicht begreifen wann und warum Menschen bei Autounfällen sterben müssen. Uns bleibt das Vertrauen in Gottes Allmacht. Wir trösten uns mit dem Glauben an einen für uns nicht erkennbaren Sinn und legen die Verantwortung für das Geschehene in Gottes schützende Hände.
Meine Antwort zu Option B ordne ich der Position des (radikalen) Atheismus zu. Gott existiert mit seiner Macht nicht mehr in der Welt. Sobald wir versuchen Gottes Allmacht als eindeutige Begründung anzuführen, bilden wir uns etwas ein. Gott wäre immer dann allmächtig, wenn wir ihn in dieser Position brauchen, um uns selbst zu täuschen. Der Mensch ist jedoch für sich und alle Geschehnisse selbst verantwortlich, auf Gott kann er vernünftig denkend nicht hoffen.

### b) Thomas:

1. Ich würde die Denkansätze von Karl Barth und Thomas Ruster dem ‚Modell der Umkehrung' [...] zuordnen. Ruster spricht davon, dass Gott in der Lage ist mit Menschen zu sprechen. Das könnte man mit dem Punkt vergleichen, dass Gott sich erniedrigt aus Liebe.

2. Option 2: Der Tod meines Freundes tut zwar weh, aber es wird seinen Sinn haben. Ich werde jetzt durch den Glauben Kraft für den Alltag gewinnen und im Sinne Gottes weiter leben. Er wird mir meinen Weg weisen und mir helfen, über die Trauer hinweg zu kommen. Mein Freund wird nun bei Gott sein und dort in Frieden ewig leben.
Dieser Trauerfall wird mich nur stärken, weiter nach Gottes Willen zu leben.
Option 3:
Wie kann Gott so etwas zulassen? Ein gnädiger, gerechter Gott würde einen so jungen Menschen nicht so früh aus dem Leben nehmen. Es fällt mir schwer, jetzt noch an ihn zu glauben.
Was hat er nur falsch gemacht, dass er und seine Familie und Freunde so hart von ihm bestraft werden? So einen Gott brauche ich nicht und ich kann auch nicht an ihn glauben, wenn er so schreckliche Dinge zulässt.

3. Option A würde ich der Transzendentaltheologie zuordnen, aber auch noch ein bisschen der Hermeneutischen Theologie, weil es bei diesem Standpunkt darum geht, Gottes Wort zu befolgen und zuerkennen, dass wir ohne ihn nicht wären was wir sind.
Option B ist entweder dem Atheismus oder dem Agnostizismus zuzuordnen, da hier an der Existenz Gottes gezweifelt wird. Ich denke, dass bei dieser Aussage klar wird, dass in guten Zeiten an einen Gott geglaubt wird, das heißt, er wird nach dem radikalen Atheismus ‚missbraucht‘.

### c) Tanja:

**Frage:** Welche der vier Positionen entspricht am ehesten dem Denkansatz von a)Karl Barth und von b)Thomas Ruster? Begründen Sie Ihre Entscheidung! 2a) Antworten Sie auf die folgende Äusserung mit zwei Texten, einmal im Stile von Option A & einmal Option B. b) Versuchen Sie, die Antworten, die Sie für Option A und B gefunden haben, den Positionen zuzuordnen.

1. Karl Barth unterstützt das Modell der Wandlung nach Marquardt, bei dem Gottes Macht nicht allmächtig ist, sondern Gott seine Macht mit dem Menschen teilt und er an ihrer Seite steht. Dadurch wird der Mensch frei und wenn er Gottes Allmacht vertraut, dann nutzt er seine Macht auch richtig. Barth schreibt in seinem Textausschnitt aus der Dogmatik im Grundriss, dass Gott nicht die Allmacht besitzt, somit nicht die „potentia" ist, was somit Position 1 und 2 ausschließt, „denn der „Allmächtige" ist böse, wie „Macht an sich" böse ist. Der „Allmächtige", das ist das Chaos, das Übel, das ist der Teufel"(Z.16-18).*
Thomas Rusters Text „Abschluss": Was Gott kann. Von Gottes Allmacht." Befasst sich mit Gottes Macht. Gott habe keine Naturgesetze ausser Kraft setzenden Mächte, dennoch hebt er sich von der menschlichen Natur ab durch seine Macht, die größer als alle anderen existierenden Stärken und Mächte zu sein scheint (vgl. „Vom kosmischen, die Naturgesetze ausser Kraft setzendem Handeln Gottes wird in der Bibel nicht berichtet – oder wenn, dann nur hymnischen oder metaphorischen Sinn. Elia macht die Erfahrung: „Er im Sturme nicht – Er im Beben nicht – Er im Feuer nicht -, aber nach dem Feuer eine Stimme verschwebenden Schweigens" (1 Kön 19,11-12). Gott kann sich von anderem unterscheiden und damit Nichtgöttliches zulassen. Was immer seine Macht ist, durch Teilen und Teilhabe wird sie nicht kleiner. Gott kann reden. Gott kann zu einzelnen Menschen sprechen. Er kann sie berufen, für andere da zu sein. Er kann ihnen Ver-

heißungen, Versprechungen geben. Er kann ihnen Gebote geben. Er kann ihnen drohen oder sie verlocken. Er kann gedenken – (…)"). Diese Macht kann man somit als Allmacht bezeichnen, die aber nicht mit übernatürlichen Superkräften zu vergleichen ist. Ruster unterstreicht diese Aussage mit dem Zitat aus Paulus: „Denn ich bin gewiss, dass weder Tod noch Leben, weder Engel noch Herrschaften, weder Höhe noch Tiefe, noch irgendein anderes Geschöpf uns zu scheiden vermag von der Liebe Gottes"(Z.20-23). Dieses Zitat sagt aus, dass egal was passiert, die Liebe der Menschen zu Gott nicht erschüttert wird. Das ist die Betonung des Machtvertrauens. „Die Stimme Jahwes ist voller Kraft. Die Stimme Jahwes zersplittert die Zedern. Die Stimme Jahwes schlägt feurige Blitze. Die Stimme Jahwes macht erbeben die Wüste. Die Stimme Jahwes entwurzelt die Eichen"(Z.23-25) Dieses Zitat aus dem Psalm 29,4-9 beweist, da Ruster die zweite Position, die im Osten verbreitet war, vertritt, denn es betont die „potentia divisa" (qui in omnia potestatem habet, übersetzt: Gott, der gegenüber allem Macht und Stärke besitzt.

2a) Option A:
Der Glaube beruht auf Machtvertrauen. Zwar beruht er für die meisten Menschen auf das Machterleben, wenn aber mal ein Unglück geschieht, wie jetzt in diesem Beispiel, das der beste Freund bei einem Autounfall stirbt, dann wird der Glauben erschüttert, so wie es in diesem Fall auch ist. Deswegen sollte man nicht nur „Machterleben", sondern der Macht Gottes Vertrauen, um die Erfüllung der Verheißung wie sie beim Machterleben ist, wieder zu erlangen. In dieser Krise wird klar, dass die Welt falsch ist und Gott dieser Welt keine fortlaufende Erfüllung gutheißen kann. Man muss die Schuld also in der Welt und bei sich selbst suchen und nicht bei Gott, wenn man hier überhaupt von Schuld sprechen kann. Wenn man trotz der Krise und trotz des Verlustes einer geliebten Person weiterhin der Macht Gottes vertraut und seinen Glauben nicht aufgibt, dann kehrt die Erfüllung der offenen Verheißung zurück.

Option B:
Dieser Fall zeigt, dass Gott nur eine Illusion ist, wenn man vorher an ihn geglaubt hat und in seiner Verheißung gelebt hat und bisher keine Krisen hatte, sondern alles gut lief. Für die, die die Gottesmacht bisher erlebt haben und darauf gehofft und vertraut haben in die Erfüllung der geliebten Verheißung weiter zu leben, ist Gottes Macht am Ende und Gott verstummt einfach. Da es keinen Gott oder nur einen ohnmächtigen Gott gibt, kann er auch den Tod des besten Freundes nicht verhindern. Die Frage der Schuld erübrigt sich, genau wie die Frage was zu tun ist.

2b)
Option A kann man in die Position „Gottes Dasein ist in der Welt als Seiendes allgegenwärtig" des Pantheismus einordnen. Somit ist Gott allmächtig wenn er alles durchdringt und wir seine Gegenwart spüren.
Option B ist in den Atheismus einzuordnen, deren radikale Position „Gott existiert nicht in der Welt und deren gemäßigte Position „Gott existiert höchstens als „nützliche Illusion" ist. Gott ist dann nur noch allgegenwärtig, wenn wir uns einbilden, dass er es ist und ihn somit dazu missbrauchen bzw. wenn wir ihn in dieser Position brauchen.

*Position 3 kann man auch ausschließen, weil Barth die Umkehrung nicht erwähnt, bei der Gott den Menschen einmalig erniedrigt.

# 4 Reflexives Lernen I

## 4.1 Reflexion der theoretischen Rekonstruktionen

Ich begrüße Sie heute zu unserer vierten Sitzung. Die Sitzung hat einen eigenen Charakter, da wir unsere Hauptlinie des Gottdenkens heute nicht weiter verfolgen. Heute geht es darum, dass ich mir mit Ihnen das bisherige Lernen anschauen möchte. Heute wird also auch gelernt, aber etwas darüber, wie Sie in der Vorlesung lernen. Wenn Sie ein Kochrezept lernen, etwas über sich selbst durch Rückmeldungen von Freunden und Freundinnen oder eben hier, dann sind die Lernprozesse jedes Mal andere. Sie verfolgen jeweils eigene Ziele, sind ganz unterschiedlich methodisch organisiert und sind Ihnen persönlich ganz unterschiedlich nah. Und trotzdem wäre es natürlich möglich, Ihr Lernen in all diesen Situationen zu beobachten. Dabei würden sich vielleicht andere Dinge zeigen, andere Lernstrategien, andere Stärken und andere Schwächen. In der heutigen Sitzung möchte ich Ihnen die Gelegenheit bieten, Ihr Lernen in einem fachlichen Lernprozess der Systematischen Theologie kennen zu lernen, der darauf abzielt, das eigene Gottdenken mithilfe verschiedener theologischer Theorien zu professionalisieren. Dieses Lernangebot zum ‚reflexiven Lernen‘[115], das ich Ihnen heute anbiete, soll Ihnen ermöglichen diese Professionalisierung gezielter zu erleben, da Sie nach der heutigen Sitzung Qualitätsunterschiede in der Reflexion unterscheiden und benennen können und die eigene Reflexion in Anlehnung an bestimmte Qualitätsmerkmale verbessern werden.

Steigen wir ein. Im ersten Schritt möchte ich Sie bitten, dass Sie sich die folgenden Reflexionen von Kommilitoninnen und Kommilitonen zur ersten Sitzung durchlesen und dass Sie versuchen die drei Texte in eine Reihenfolge zu bringen. Diese Reihenfolge drückt die Qualität der Aufgabenbearbeitung aus. Welcher Text hat also am besten die Logik von dem Freud-Textauszug erfasst und dies in den Kategorien Standpunkt/Hörend-antwortendes Denken/Ordnend-bemächtigendes Denken ausgedrückt? Nehmen Sie sich dafür zehn Minuten Zeit und besprechen Sie sich ruhig mit Ihren Banknachbarn. Wichtig ist für die Reflexion heute, dass Sie sich Ihre Einschätzung aufschreiben und sich damit auch erst einmal festlegen.

---

[115] Vgl. zum Hintergrund des reflexiven Lernens in dieser Vorlesung ausführlich *Reis*, Systematische Theologie für eine kompetenzorientierte Religionslehrer/innenbildung, 2013, Kap. 2.2.3.

„[...] Die Logik, die im Text „Die Religionskritik der Psychoanalyse" von Sigmund Freud zum tragen kommt, könnte man wie folgt bezeichnen: Religion und Glaube als Illusion, d.h. fundamentalistisch. Wenn ein Wunsch im Vordergrund steht, der mit Hilfe des Glaubens erfüllt werden soll, spricht Freud von einer Illusion. Mit der theologischen Logik hat diese Logik recht wenig zu tun. Denn die theologische Logik besagt ja, dass man etwas aufnimmt und dies dann für sich selbst ordnet oder es dabei belässt wie man es gehört hat. Bei dem Text von Freud kommt Religion/Glaube rüber, als wenn man damit Wünsche erfüllen kann. [...]"

„Freud beschreibt die Religion als eine Illusion, die nur dazu da ist, unser Bedürfnis nach Schutz zu stillen. [...] Als Fazit seines Textes sagt Freud, dass die Religion nicht beweisbar, aber allerdings auch nicht widerlegbar sei. Mit diesem Fazit sagt Freud nichts über die Wirklichkeit der Religion aus, jedoch hört es sich den ganzen Text so an, als wenn Freud eine eher negative Einstellung gegenüber der Religion hat. Er benutzt in seinem Text viel Wissen aus seinem Berufsfeld – der Psychoanalyse. [...] Meiner Meinung nach benutzt Freud zu viel denkende Logik, da er kaum Argumente gegen seine These, dass Religion eine Illusion ist, darlegt. Die hörende Logik kommt in seinem Text zu kurz, was eindeutig den Unterschied zur theologischen Logik darstellt. [...]"

„[...] Die Logik Freuds ist in dem Maße von der theologischen Logik abzugrenzen als dass sie das hörende Element unberücksichtigt lässt. Freud beschreibt Glaube und Religion lediglich als eine Illusion des Menschen, die aus dessen dringendsten Wunschvorstellungen erwächst. Aus Erfahrung der eigenen Hilflosigkeit suche sich der Erwachsene einen mächtigen Ersatzvater. Aus dieser Überlegung schließt Freud auf eine Nicht-Existenz Gotte. Gottes Existenz ist aber für das hörende Denken von der Rede Gottes her eine zwingende Voraussetzung. Wenn Freuds Logik also nicht hörend ist, stellt sich die Frage, ob sie ordnende Elemente aufweist und in dieser Form der theologischen Logik übereinstimmt. Ich glaube, dass man diese Frage bejahen kann. Freud denkt von den menschlichen Möglichkeiten her und versucht Glaube mit Hilfe des schon angesprochenen Modells der Wunscherfüllung rational zu erklären. Gerade ihm als Denkendem ist es möglich Religion als psychologisches Phänomen zu entlarven. Dem gläubigen Menschen bleibt eine solche Erkenntnis aufgrund des Fehlens des ordnenden Elements verwehrt. Des Weiteren fordert Freud, das „niemand (darf) gezwungen werden [darf], sie für wahr zu halten, sie zu glauben". An dieser Stelle deutet seine Logik sogar auf den Grenzbereich des Subjektivismus hin und ist damit ganz klar ordnend. [...]"

Welche Reihenfolge haben Sie entdeckt? Wer ist dafür, dass der erste Text der stärkste Text ist? [7 Studierende melden sich.] Dann weiter: Wer ist dafür, dass der zweite Text der stärkste Text ist? [4 Studierende melden sich.] Wer ist dafür, dass der dritte Text der stärkste ist? [20 Studierende melden sich.] Das ist also eine erste Bestandsaufnahme und Sie sehen schon, dass es kein eindeutiges Urteil gibt, weil die Kriterien für die Beurteilung ganz unterschiedlich sind. Diese Kriterien müssen wir im Folgenden prüfen. Deshalb nun zunächst diejenigen, die den ersten Text für den Stärksten halten.

*S1: Die Hauptthesen von Freud sind kurz und knapp dargestellt. ‚Hören' und ‚Ordnen' kommen als Merkmale vor.*

Danke! Was sagen denn diejenigen dazu, die den zweiten Text am stärksten fanden: Stimmen Sie den Kommilitonen zu?

*S2: Erst einmal finde ich es auch wichtig, dass es kurz und knapp bleibt. Wie sagt man so schön: „In der Kürze liegt die Würze!" Und der dritte ist mir auch zu ausschweifend. Aber wenn man jetzt nicht in der Vorlesung gewesen ist – ich war in der ersten Sitzung nicht da und habe deshalb auch diese Aufgabe selbst nicht gemacht –, dann würde man den ersten nicht verstehen. Der lässt mehr offen und reißt nur an. Der zweite Text dagegen erklärt die verschiedenen Logiken noch mal ein bisschen genauer.*

Warum glauben Sie denn, können Sie den Text nicht so gut verstehen? Was fehlt Ihnen?

*S2: Also „Religion und Glaube als Illusion, das heißt fundamentalistisch". Das ist so zack, das ist für mich irgendwie nicht so erklärt.*

Also da fallen Begriffe und mit denen werden Urteile gebildet, die Sie ohne weiteres nicht mehr nachvollziehen können. Es ist im Grunde nicht klar, ob der/die Autor/in die Begriffe richtig versteht und wie er oder sie zu dem Urteil kommt. Das sieht nach einem schnellen Urteil aus, vielleicht auch nach einem zu schnellen Urteil. Hier wäre ein Kriterium, dass die Aufgabenbearbeitung nachvollziehbar bleiben muss und dafür die Begriffe sorgfältig einführen und die Urteile begründen muss. Die dritte Gruppe muss sich davon jetzt abgrenzen. Was sagen Sie zu diesen Gruppen?

*S3: Also ich würde schon sagen, dass der dritte Text der stärkste ist, denn ‚kurz und knapp' sollte kein Kriterium sein. Was mir wichtig ist, dass man die Unterschiede zwischen den einzelnen Logiken erkannt hat und dass man die Charakteristika mit den einzelnen Logikarten wirklich verknüpft. Und das finde ich, das ist in dem dritten Text wirklich gut dargestellt worden.*

Können Sie mir das genauer erklären: Was meinen Sie mit der ‚Verknüpfung der Charakteristika der einzelnen Logikarten'?

*S3: Wir sollen ja an dem Freud-Text unser Analysevokabular wiederaufbereiten.*

Was meinen Sie mit ‚Analysevokabular'?

*S3: Wenn ich mir den ersten Text anschaue, dann geht der mit den Begriffen in der Vorlesung nicht gut um. Er benutzt sie, aber das ist nicht scharf genug, irgendwie intuitiv. Das kommt zwar kurz und knapp rüber, aber ich bezweifle, ob derjenige die Begriffe richtig verstanden hat.*

Ich verstehe Sie so: Wir haben in der Vorlesung die Begriffe mit einer bestimmten Bedeutung kennen gelernt. Es ging in der Übung darum zu zeigen, dass man die Begriffe in ihrer eigenen Struktur auf die fremden Texte anwendet. Die Anwendung ist dann gut gelungen, wenn mithilfe der Fachbegriffe die fremden Texte zutreffend eingeordnet wurden.

*S3: Genau. Und deswegen ist der erste Texte auch nicht so gut. Und deswegen ist der dritte Text am stärksten. Zuerst nennt er die Merkmale zu den Logiken, die kann ich regelrecht abchecken. Denn ich kann sagen: Die Merkmale kommen vor und die Merkmale kommen nicht vor. Und deshalb ist das eher so ein Text, oder so ein Text. Wenn Sie sich das beim ersten Text angucken: ‚Religion und Glaube als Illusion, das heißt fundamentalistisch'. Wir haben ein Urteil. Es ist nur das Urteil. Wir können überhaupt nicht einschätzen anhand von welchen Charakteristika von Religion und Glaube als Illusion diese Aussage getroffen wird.*

Ist die Aussage: „Religion, Glaube gleich Illusion, das heißt fundamentalistisch" denn richtig?

*S4: Religion und Glaube sind für Freud nur ein Hirngespinst, das denkt man sich aus. Aber dann kann das ja nicht fundamentalistisch sein. Weil fundamentalistisch haben wir als Extrem des Hörens auf das Wort Gottes festgelegt. Vielleicht meint derjenige ja auch etwas anderes, aber nach unserem Verständnis passt das hier nicht.*

Diese Antwort können Sie nur bilden, wenn Sie ein Raster zur Verfügung haben, in das Sie die Beobachtungen eintragen können. Konkret sollten Sie die zweite Folie aus der ersten Sitzung zur **Einführung in die theologische Logik** vor Augen haben. Dort steht die fundamentalistische Perspektive in der gleichen Linie wie der Fideismus als eine Überbetonung des Hörens. Wenn man den Begriff so nimmt, macht er an der Stelle vom Text selber her keinen Sinn. Der Text ist an der Stelle in sich widersprüchlich. Machen wir so weiter, dann sehen wir, dass der Text auch in der Spannung von Hörend/Ordnend nicht zu einem klaren Urteil kommt. Vielmehr zeigt sich, dass die Begriffe aus der Vorlesung ‚hingestellt' werden. Die Begriffe werden durch eigene Aussagen gerahmt, aber dabei fällt auf, dass die eigenen Aussagen um die Begriffe aus der Vorlesung herum immer unklarer werden. Je persönlicher der/die AutorIn antworten müsste, umso weniger kommen die Fachbegriffe vor und umso mehr geht an analytischer Schärfe verloren. Der dritte Text dagegen arbeitet immer konzentriert an der Frage „Welche Logik liegt hier vor?" Der Text geht die Merkmale ab und kommt dann zu einem eindeutigen Urteil. Von dieser Analyse her erkennen wir hier das Kriterium: dass die/der AutorIn im Text mithilfe der korrekten Anwendung der Fachbegriffe zu einem klaren und richtigen Urteil über die Logik der Freud'schen Argumentation kommen soll. Und wenn man dieses Kriterium zugrunde legt, dann lassen sich in den Reflexionen durchaus unterschiedliche Niveaus bestimmen, die ich versuche in diesem Kompetenzmodell zu unterscheiden. Die Nachvollziehbarkeit und die Knappheit wären dementsprechend sekundäre Kriterien. Das liegt daran, dass ich in der ersten Sitzung als Ziel für diese Veranstaltung ausgegeben habe, dass Sie in der Lage sein sollen, das eigene Gottdenken in wesentlichen Aspekten mithilfe von theologischen Theorien beschreiben und in seinen Stärken und Schwächen reflektieren zu können. Der Hintergrund war, dass Sie erst dann, wenn Sie das eigene Denken im Pluralismus von möglichen Denkoptionen begreifen können, in der Lage sind, das Denken von Schülern und Schülerinnen sinnvoll zu begleiten. Sie müssen also das eigene Denken mithilfe der Theorien rekonstruieren können. Wenn das das Ziel ist, dann muss sich die Vorstellung, was eine gute Bearbeitung der Aufgabe ist, an diesem Ziel ausrichten. An diesem Kriterium merken Sie noch einmal, dass es mir nicht auf das Urteil selbst ankommt, sondern auf die Qualität der Reflexion.

## 4.2 Einführung des fachlichen Kompetenzmodells

 technische universität dortmund

**Kompetenzmodell theoretische Rekonstruktion**

**Stufe 4** ist die höchste Stufe und stellt die Bewertung dar, die Theorien und die eigene Analyse wird kritisch bewertet, Stärken und Schwächen der Modelle und Positionen werden abgewogen, es liegt ein tiefes Verständnis der Problematik vor.

„Ich persönlich nehme für mich in Anspruch, keiner der dargestellten Positionen anzugehören, da ich bestrebt bin einen neuen Weg zu beschreiten. Ich habe zwar pantheistische Elemente, erschöpfe mich aber nicht darin...“

Die **Stufe 3** ist eine Stufe der Interpretation, die Theorien werden nicht nur wiedergegeben, sondern geordnet und mit der eigenen Position verwoben, Zusammenhänge werden dargelegt und Widersprüche aufgegriffen.

„Ich habe mich für die Zwei-Reiche Lehre entschieden (...). Zu allererst ist die Trennung zwischen Kirche und Welt wichtig, weil dadurch beide Reiche voreinander geschützt sind. Zum Beispiel kann der Kaiser nicht behaupten seine Entscheidungen seien gottgewollt, um so die Untertanen ohne Einschränkungen regieren zu können (...)“

Die **2. Stufe** ist eine theoriegeleitete Reflexion, d.h. die Inhalte werden korrekt wiedergegeben und werden als Bausteine in die Reflexion integriert, die Argumentation ist strukturiert, keine groben Widersprüche.

„Option B kann man eindeutig dem Atheismus (radikal) zuordnen. Er bestreitet die Existenz Gottes; so kann er auch nicht in das Geschehen eingegriffen haben.“

Die **1. Stufe** stellt eine rein intuitive Perspektive dar, d.h. die Vorlesungsinhalte werden unzureichend oder falsch wiedergegeben und sind nicht in die Reflexion integriert. Die Argumentation ist – falls vorhanden – widersprüchlich, insgesamt eher oberflächlich.

„Der hl. Text, die hl. Überlieferung, der Glaube und das Lehramt sind für die Kirche eng miteinander verbunden. (...) Allein der Glaube kann viel bewirken (...).“

Dr. Oliver Reis          WS 2008-09

Das fachliche Kompetenzmodell, das ich Ihnen nun zeige, liegt auch der Bewertung Ihrer Reflexionen zugrunde. Ich unterscheide vier Stufen. Die Beispiele zu einer Stufe, die darunter stehen, sind Beispiele aus der letzten Vorlesung. Die Stufen entfalten sich von unten nach oben. Die **Stufe 1** zeigt sich darin, dass eine Person die zugrunde liegenden Begriffe intuitiv benutzt, es wird durchaus versucht, Begriffe aus der Vorlesung in der Anwendung zu nutzen. Dabei werden die Begriffe aber nicht in den Kontext eingepasst, d.h. die Begriffe passen oft nicht dorthin, wo sie stehen. Sie sind wie Fremdlinge zwischen den persönlichen Sätzen. Insgesamt werden Inhalte in der Anwendung falsch wiedergegeben und sind nicht in die Reflexion integriert. Manchmal werden auch Sätze oder umfassendere Ausdrücke als Zitate in den Text eingefügt/angehangen, ohne dass sie stimmig auf die Aufgabe bezogen sind. Typisches Prüfungsverhalten: Die Lehrenden geben den Auftrag: Bitte verknüpfen Sie eine Theorie, die Sie gelesen haben, mit folgendem Problem, wenden Sie das auf folgenden Fall an! Die Studierenden dieser Stufe „werfen Wortfetzen“ von den gelernten Theorien aus. Diese Wortfetzen sind nicht nur nicht auf die Anwendung bezogen, sie stellen noch nicht einmal die grundlegende Theorie für die Anwendung vor. Es sind rein assoziative Ketten, die aber auch nicht erklärt oder begründet werden können. Bei diesem Verhalten wissen die Studierenden in der Regel schon, dass sie die Theorien nicht gut gelernt haben, aber

nicht, dass sie falsch gelernt haben. Wenn man so will, zeigt sich bei Studierenden der Stufe 1 eine schwächere Variante einer Lernform, die für Ihr Studium
leider immer noch typisch ist: das Lernen von isolierten Theorieblöcken durch
Auswendiglernen ganzer Sätze oder von Textstrukturen, mit denen sich der
Gesamtzusammenhang wieder rekonstruieren lässt.

Bei Reflexionen von **Stufe 2** werden die Theorien schon in ihrer Struktur
richtig verstanden. Aber die Theorie bleibt immer noch als Block isoliert, d.h.
die Theorie kann nicht ‚auseinander gebaut' und mit anderen Theorien in ihren
Merkmalen verglichen und vernetzt werden. Kritisches Prüfen einer Theorie
gelingt ebenfalls nicht, da die Theorie nicht von außen betrachtet werden kann,
denn dann wären andere Theorien nötig, die einen Maßstab in der Beobachtung
bilden können. Aber in der Regel werden Theorien gar nicht so nah an eine
Person herangelassen, dass sie das eigene Denken verändern. Die Vorstellung,
dass Theorien die Wahrnehmung steuern können und deshalb die Erkenntnisfä-
higkeit ausdifferenzieren, erscheint diesen Studierenden absurd. So wird Theorie neben Theorie korrekt gelernt und wieder vergessen, wenn sie nicht mehr
gefordert sind. In Anwendungssituationen passiert dann Folgendes: Zunächst
einmal wird sich der zugrunde liegenden Theorie versichert und dann wird versucht aus der gelernten Theorie Schlüsse zu ziehen. Dies geschieht so, dass
nach den richtigen Theorie-Blöcken gesucht wird, die wie ein 'Label' angebracht werden. In den Reflexionen suchen Studierende nach den richtigen 'Labeln' und begründen mit Zitat-Blöcken aus der Vorlesung. Da der Aufbau einer
eigenen Wissensstruktur nicht angedacht ist, gelingt es nicht, mit den Theorien
in einer eigenen Sprache eine Aufgabe zielführend zu bearbeiten. Vielfach findet sich stattdessen hier und da noch ein angehängter Block ohne einen inhaltlichen Zusammenhang, der vielleicht und hoffentlich aus Sicht des Lehrenden
passen könnte. Und da keine Chance ausgelassen wird, die richtigen Zitate angebracht zu haben, wird auch dieser und dieser Block noch angehangen. In Prü-
fungssituationen, die eine Anwendung verlangen, merken diese Studierenden
durchaus, dass die bisherigen Lernstrategien nicht reichen, fühlen sich der Situation aber ohnmächtig ausgeliefert. Sie haben keine Ahnung mehr, ob sie eine
gute Leistung bringen oder nicht.

Wenn es dagegen gelingt, die Theorien aufzubrechen und mit eigenen Worten, ohne Verlust der Qualität das Problem zu beschreiben, wenn die Theorien
die Augen geschärft haben, dann wird die eigene Position und die von anderen
beschreibbar. Es wird möglich, wirklich die gestellte Aufgabe planvoll zu bearbeiten. Vielleicht können Sie sogar Meta-Kommentare setzen, die das eigene
Vorgehen strukturieren. „Nachdem ich bisher das und das geklärt habe, ist nun
noch zu prüfen, ob…" Sie können Kriterien nutzen, die hinter diesen Begriffen
stehen, und tatsächlich mit diesen Theorien arbeiten. Mit dieser **Stufe 3** beginnen Sie erst wirklich theologisch arbeitsfähig zu werden. Erst jetzt können Sie
das Theologiestudium als Vorbereitung für den Schuldienst begreifen. Sie glauben nicht mehr, dass an der Universität möglichst viele Kisten mit Theorieinhal-
ten zu packen sind, die dann in der Schule wieder ausgepackt werden. Sie mer-

ken, wie sich eine Haltung entwickelt, die die neuen Inhalte mit den alten vernetzt und die Sie auch für neue inhaltliche Anforderungen mit Basisannahmen versorgt. Deshalb gehen Sie Anwendungsaufgaben so an, dass zunächst einmal alles bereit gelegt wird, was gebraucht wird, um die Aufgabe zu bearbeiten. Dann aber wird der Fokus auf die Anwendung selbst gelegt. Studierende dieser Stufe sind unzufrieden, wenn Sie mit ihrer Bearbeitung das Ziel nicht erreicht haben, weil Sie den zu gehenden Weg einschätzen können.

Während auf Stufe 3 die eigene Position ständig ausdifferenziert wird und die eigene Position auch nach außen klar und präzise vermittelt werden kann, ist es noch nicht möglich, die Position in der Gegenüberstellung mit anderen Positionen zu beobachten. Das setzt voraus, dass die konkurrierenden Positionen in ihren Merkmalen nebeneinander gelesen werden können und zwar so, dass nicht die eigene Position das Verstehen der anderen manipuliert. Sie können sich deshalb auf **Stufe 4** von der eigenen Perspektive lösen und erkennen, dass jede Position eine mögliche Perspektive mitbringt, die etwas Bestimmtes erkennen lässt und den Blick auf etwas anderes verstellt. Sie können Denken zu Aspekten der Gottesfrage als System mit eigenen Regeln generalisieren. Dies zu können setzt nach Robert L. Selman den Abschluss einer komplexen psycho-sozialen Entwicklung in der Fähigkeit der Perspektivenübernahme voraus, die aber entscheidend ist, um das eigene Denken an fremdes Denken anschlussfähig zu halten.[116] Diese Fähigkeit sollten Sie als Lehrende erwerben, wenn Sie den Ihnen anvertrauten Kindern und Jugendlichen gerecht werden wollen. Denn dann sind Sie in der Anwendungssituation in der Lage die Theorie auszuwählen, die am besten geeignet für bestimmte Kommunikationssituationen ist, weil Sie die Theorien in ihren Anwendungskonsequenzen verstehen. „Die Theorie als solche darzulegen, kostet nur Zeit, um die eigentliche Aufgabe zu bearbeiten und ist von daher überflüssig. Meine eigene Position bei Gottes Dasein ist eine hermeneutische. Dann weiß ich, dass ich damit Folgendes tun will. Ich benutze die Theorie, weil mir klar ist, ich möchte das und das schaffen, aber mir ist auch klar, meine Position hat da und da sofort ihre Schwierigkeiten." So über die eigene Position sprechen zu können, ist ein wesentliches Ziel des Theologiestudiums für die Religionslehrerbildung. Wenn Sie z.B. verstanden haben, dass eine Schülerin fideistisch in Fragen des Glaubens ‚argumentiert', dann verstehen Sie Missverständnisse und Konflikte besser, die sich daraus ergeben, dass Sie selbst einen hermeneutischen Ansatz verfolgen. Das eröffnet mehr Freiräume in der Arbeitsbeziehung, als wenn Sie einfach nur denken: „Oh Gott, wie denkt die denn?" Sie wissen nun sofort, wo die Reizpunkte liegen, die irritieren, Sie sehen aber auch die Stärke in der Orientierung.

Ich gehe nicht davon aus, dass alle Stufe vier erreichen werden. Diese Veranstaltung will Sie aber dazu motivieren, dass alle mindestens Stufe 2 erreichen. Deshalb bekommen Sie von mir die ‚Aktive Teilnahme' nur bestätigt, wenn in

---

[116] Vgl. zur Einführung in diese Theorie: *Detlef Garz,* Sozialpsychologische Entwicklungstheorien. Von Mead, Piaget und Kohlberg bis zur Gegenwart; Wiesbaden [3]2006, 95-101.

Ihren Reflexionen diese Qualität spätestens am Ende der Vorlesung sicher erreicht ist. Das Ziel ist zugleich, dass eine möglichst große Zahl den Sprung von 2 nach 3 macht – deshalb setzen wir Sie ständig unter Anwendungs- und Rekonstruktionsdruck. Dieser Sprung ist wichtig, denn in Modul M3 erwarten wir bis zur Modulprüfung einen Umgang mit den theologischen Theorien auf Stufe 3, wenn Sie eine Note im Bereich 3,0 und besser erreichen wollen. Mit Stufe 2 werden Sie nur im Bereich 3,3 landen, aber je nachdem wie ungenau Sie im ‚Labeln' sind, kann es auch passieren, dass Sie die Prüfung nicht bestehen. Mit Stufe 1 haben Sie in der Systematischen Theologie keine Chance. Wie ist denn jetzt der Stand nach drei Sitzungen?

## 4.3 Lernstand

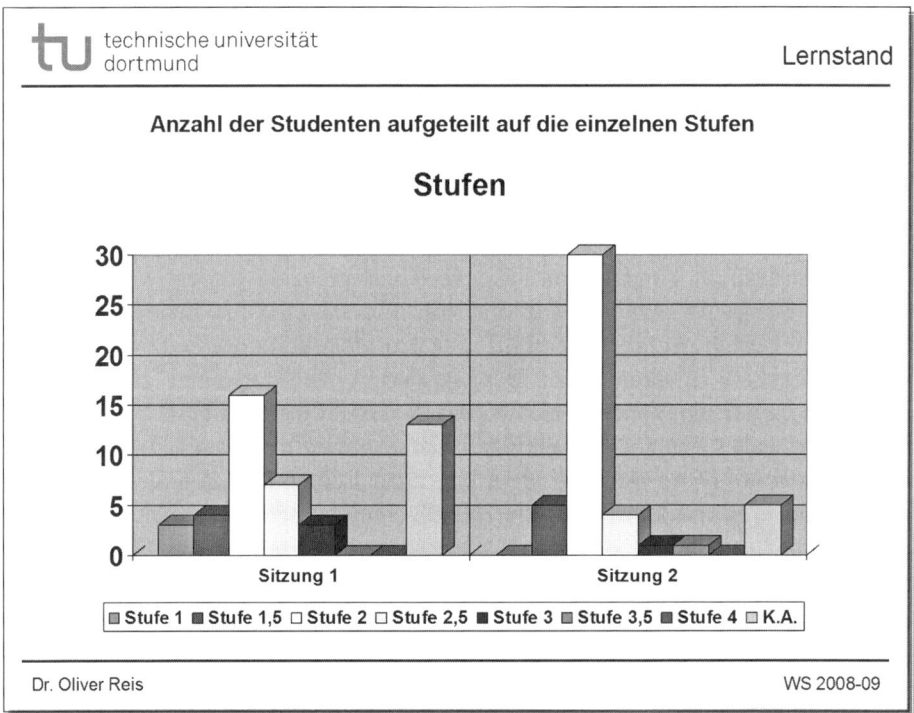

Bisher sieht das so aus: Sie sehen hier die Stufenverteilung nach den ersten beiden Sitzungen. Das sind Ihre Reflexionsübungen, die mit diesen Kompetenzmodellen korrigiert wurden. Sie sehen, der Großteil der Vorlesungsgruppe bewegt sich in dem Stufenbereich 1,5 bis 2,5. Sie sehen weiterhin, dass sich ein erster Trend der Verschiebung nach rechts zu höheren Reflexionsformen zeigt. Es gibt auch vereinzelt Schwankungen, weil der eine oder die andere nicht mit allen Aufgaben gleich gut zurechtkommt oder auch nicht alle Aufgaben mit gleicher Intensität bearbeitet. Das ist jetzt nur eine Momentaufnahme, die zunächst einmal entlasten soll. Sie sehen, dass die meisten im Rahmen ihrer Reflexionsmöglichkeiten wenige Schwierigkeiten haben werden, die Anforderungen für die ‚Aktive Teilnahme' zu erfüllen. Nach oben – mit Blick auf die Modulprüfung ist noch viel Luft, da erwarte ich noch einige Bewegung im Laufe der Veranstaltung.

## 4.4 Anleitung zur Mehrperspektivität und zum veränderten Handeln

Einstufung vornehmen + Lernauftrag geben

„[...] Die Logik, die im Text „Die Religionskritik der Psychoanalyse" von Sigmund Freud zum tragen kommt, könnte man wie folgt bezeichnen: Religion und Glaube als Illusion, d.h. fundamentalistisch. Wenn ein Wunsch im Vordergrund steht, der mit Hilfe des Glaubens erfüllt werden soll, spricht Freud von einer Illusion. Mit der theologischen Logik hat diese Logik recht wenig zu tun. Denn die theologische Logik besagt ja, dass man etwas aufnimmt und dies dann für sich selbst ordnet oder es dabei belässt wie man es gehört hat. Bei dem Text von Freud kommt Religion/Glaube rüber, als wenn man damit Wünsche erfüllen kann. [...]"

„Freud beschreibt die Religion als eine Illusion, die nur dazu da ist, unser Bedürfnis nach Schutz zu stillen. [...] Als Fazit seines Textes sagt Freud, dass die Religion nicht beweisbar, aber allerdings auch nicht widerlegbar sei. Mit diesem Fazit sagt Freud nichts über die Wirklichkeit der Religion aus, als wenn Freud eine eher negative Einstellung gegenüber der Religion hat. Er benutzt in seinem Text viel Wissen aus seinem Berufsfeld – der Psychoanalyse. [...] Meiner Meinung nach benutzt Freud zu viel denkende Logik, da er kaum Argumente gegen seine These, dass Religion eine Illusion ist, darlegt. Die hörende Logik kommt in seinem Text zu kurz, was eindeutig den Unterschied zur theologischen Logik darstellt. [...]"

„[...] Die Logik Freuds ist in dem Maße von der theologischen Logik abzugrenzen als dass sie das hörende Element unberücksichtigt lässt. Freud beschreibt Glaube und Religion lediglich als eine Illusion des Menschen, die aus dessen dringendsten Wunschvorstellungen erwächst. Aus Erfahrung der eigenen Hilflosigkeit suche sich der Erwachsene einen mächtigen Ersatzvater. Aus dieser Überlegung schließt Freud auf eine Nicht-Existenz Gottes. Gottes Existenz ist aber für das hörende Denken von der Rede Gottes her eine zwingende Voraussetzung. Wenn Freuds Logik also nicht hörend ist, stellt sich die Frage, ob sie ordnende Elemente aufweist und in dieser Form mit der theologischen Logik übereinstimmt. Ich glaube, dass man diese Frage bejahen kann. Freud denkt von den menschlichen Möglichkeiten her und versucht Glaube mit Hilfe des schon angesprochenen Modells der Wunscherfüllung rational zu erklären. Gerade ihm als Denkendem ist es möglich Religion als psychologisches Phänomen zu entlarven. Dem gläubigen Menschen bleibt eine solche Erkenntnis aufgrund des Fehlens des ordnenden Elements verwehr. Des Weiteren fordert Freud, das „niemand (darf) gezwungen werden [darf], sie für wahr zu halten, sie zu glauben". An dieser Stelle deutet seine Logik sogar auf den Grenzbereich des Subjektivismus hin und ist damit ganz klar ordnend. [...]"

Dr. Oliver Reis          WS 2008-09

Jetzt kommt der nächste Schritt. Sie haben bisher gesehen, dass es eine unterschiedliche Qualität in der Aufgabenbearbeitung gibt und Sie haben die Kriterien kennen gelernt, die für uns hinter der Bewertung stehen. Mit Blick auf das reflexive Lernen ist nun entscheidend, dass Sie selbst in der Lage sind, die Bewertung der Qualität zu vollziehen. D.h., dass Sie die Texte auf die Kriterien beziehen und die Unterschiede mit deren Hilfe beschreiben. Das ist die entscheidende Voraussetzung dafür, dass Sie die eigenen Texte später auf die Kriterien hin schreiben. Ich möchte Sie deshalb bitten, das können Sie in einer kleinen Gruppe machen, dass Sie sich überlegen, zu welcher Stufe welcher Textausschnitt gehört. Stellen Sie sich vor, Sie wären an der Stelle von Frau Stolz oder Frau Buballa und müssten diese Textausschnitte jeweils in die Stufen des Kompetenzmodells einordnen. Sie sollten sich auf die Stufen festlegen, können aber eine Tendenz mitgeben. So sind auch die Zwischenstufen in dem Diagramm entstanden. Über Ihre Lösungen werden wir im Plenum gleich nicht mehr sprechen, die Einordnung ist schon Teil der Reflexionsübung zu dieser Sitzung. Wichtiger als die Stufe als solche, sind uns die Argumente für die Einstufung. Diesen Übungsteil schließen Sie ab, indem Sie eine kurze Rückmeldung an die Studierenden schreiben und einen Hinweis, was diese tun könnten, um sich eine Stufe zu verbessern. Sie können in den nächsten 15 Minuten damit schon einmal beginnen. Die Zeit wird nicht reichen, um die Aufgabe schon hier komplett zu bearbeiten, aber Sie können zumindest Ihre Überlegungen nach den ersten Schritten sichern.

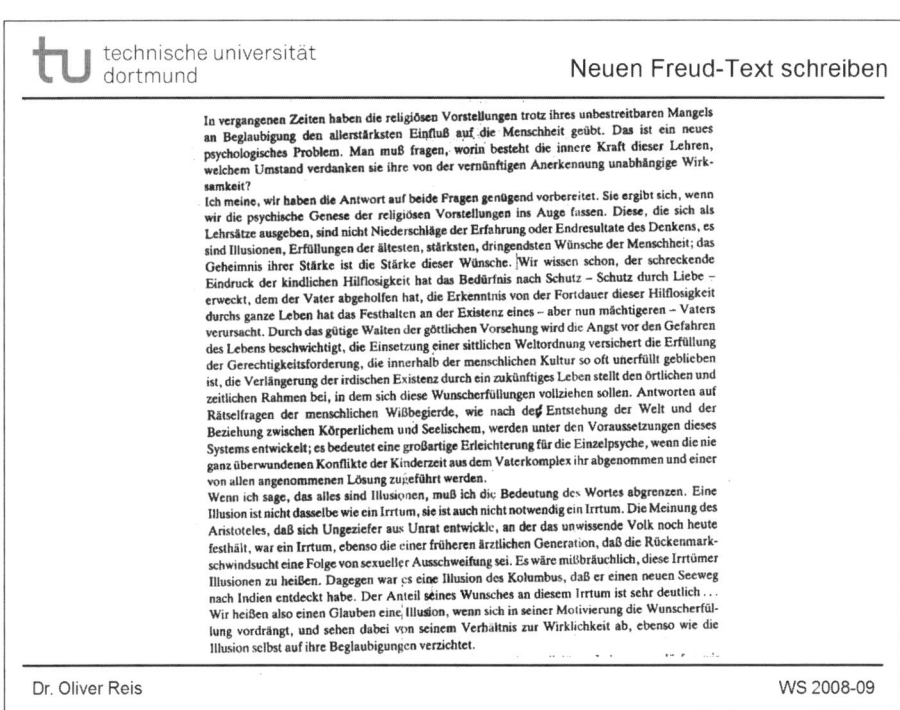

Der vorletzte Schritt – den können Sie sich eigentlich schon fast denken – besteht darin, noch einmal den Freud-Text **[vgl. EWS-Text 1]** zu überarbeiten. Sie sollen dabei bewusst die nächste Stufe im Kompetenzmodell anpeilen. Versuchen Sie die Kriterien des Kompetenzmodells anzunehmen: Bilde ich die Struktur der Begriffe ab? Integriere ich die Fachbegriffe sinnvoll? Wie bilde ich die Gedankenstruktur? Dies ist vor allem eine Trainingssituation, zu der Sie wiederum eine Rückmeldung von uns bekommen werden. Ich hoffe, die bisherigen Übungen haben Sie darauf ausreichend vorbereitet. Der überarbeitete Passus muss nicht lang sein. Wir wollen an diesem Schritt erkennen, ob Sie mithilfe des reflexiven Lernens tatsächlich die Qualität verbessern können. Insofern untersuchen wir so den Zusammenhang Ihres fachlichen und reflexiven Lernens. Auch hierzu haben Sie noch einmal 10 Minuten Zeit; nicht unbedingt um den Text jetzt schon zu schreiben, sondern um vielmehr Ideen und Ansätze für die Überarbeitung zu sichern.

 technische universität dortmund

Anwendung

**Textausschnitt zur Analyse**

Gottes Dasein

„Gott ist für mich eine allmächtige Kraft, die mich immer und überall begleitet. Er existiert in mir, in meinem Herzen, in meinem Verstand. Jedoch wenn ich bete, stelle ich mir vor, dass er irgendwo „dort oben" ist und zuhört und über mich wacht.

Meinen Text würde ich in zwei Positionen einordnen.

Im ersten Teil bezeichne ich Gott als eine allmächtige Kraft, die in meinem Herzen und in meinem Verstand existiert. Diese Meinung ist die Position des Pantheismus, da Gott allgegenwärtig ist. Er ist da, wenn ich genau in mein Herz sehe und auf meinen Verstand höre, der meiner Meinung nach auf gewisse Weise von Gott beeinflusst wird.

Den zweiten Teil würde ich der radikalen Transzendenz zuordnen, da ich Gott auch als etwas sehe, das über mich wacht und weil ich zu ihm „da oben" bete."

Dr. Oliver Reis

WS 2008-09

Nun der letzte Schritt: Sie haben an dem Freud-Text trainiert, kriterienbezogen zu schreiben. Aber können Sie das Trainierte auch in einer anderen Situation, auf einen anderen Text anwenden, der wirklich eine versuchte theoretische Rekonstruktion darstellt? Als letzte Aufgabe in dieser Reflexionsübung sollen Sie den Text einer Kommilitonin analysieren. Zunächst nehmen Sie mithilfe des Kompetenzmodells eine Einstufung vor. Achten Sie darauf, dass der Abschnitt die intuitive Position darstellt, die letzten beiden Abschnitte deren theoretische Rekonstruktion. Und Sie sollen die Qualität dieser theoretischen Rekonstruktion entlang der Stufen untersuchen. Wichtig ist auch hier, dass Sie die Einstufung gut begründen, je genauer Sie arbeiten, umso größer ist der Trainingseffekt. Nach der Analyse folgen wieder eine Rückmeldung und eine Empfehlung an die Kommilitonin, was sie anders machen könnte. Vielleicht bieten Sie sogar schon umgeschriebene Sätze an, die deutlich machen, was Sie erkannt haben. Wenden Sie bei diesem Text also an, was Sie heute in der Beschreibung und Beurteilung der theoretischen Rekonstruktionen gelernt haben.

Insgesamt besteht die Reflexionsübung zu der heutigen Sitzung also aus den folgenden Teilen: a) Einstufung und Rückmeldung der drei Freud-Varianten, b) Freud-Text selbst kriterienorientiert schreiben und c) Einstufung und Rückmeldung zum Text zu Gottes Dasein.

## 4.5    Einführung in die Theorie des reflexiven Lernens

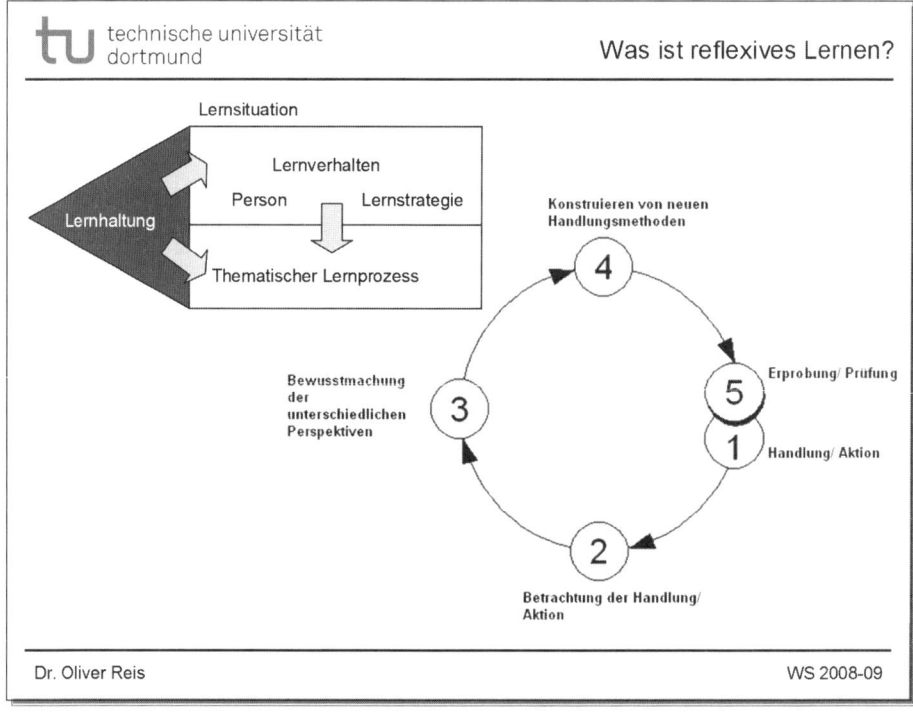

Zum Abschluss der heutigen Sitzung: Die Sitzung hat das Thema ‚reflexives Lernen' und was das ist, haben Sie wahrscheinlich schon intuitiv verstanden, wenn Sie überlegen, was wir heute gemacht haben. Ich möchte jetzt einen kurzen, systematischen Blick auf das werfen, was wir heute getan haben. Wir brauchen diese Strukturen nämlich für die zweite Sitzung zum reflexiven Lernen. Heute habe ich Sie im Prozess des reflexiven Lernens geführt, beim nächsten Mal werden Sie sich selbst führen müssen. Deshalb lohnt es sich, schon an dieser Stelle die Handlungsstruktur des reflexiven Lernens transparent zu machen.

Beim reflexiven Lernen machen Sie sich Ihr eigenes Lernen bewusst. Das sollen die Graphiken links oben zeigen. Reflexives Lernen ist eine Lernhaltung, bei der Sie Ihr Lernen selbst beobachten, während Sie lernen. Sie richten einen Teil Ihrer Aufmerksamkeit nicht nur darauf einen Stoff gut zu verstehen, sondern Sie beobachten sich selbst dabei, wie Sie mit dem Stoff umgehen. Warum macht man das und lässt Sie nicht einfach thematisch lernen? Weil man davon ausgeht, dass Sie bestimmte Reflexionsqualitäten nicht von sich aus, das heißt von der Schule aus mitbringen. Sie werden auch hier nicht einfach von selbst immer besser. Es ist vielmehr so, dass der NC des Abiturs der Faktor mit der größten Vorhersagekraft über Ihren Studienerfolg ist. Woran liegt das? Sie alle haben in der Schule ein individuelles lernstrategisches Verhalten gelernt: wie Sie mit Texten, wie Sie mit Verständnisschwierigkeiten umgehen, was für eine

Arbeitsdisziplin Sie haben, wie Sie sich Zeit organisieren, wie gut Sie Widerstand aushalten. Das Level, das Sie dabei erreicht haben, reichte für das Abitur,
damit haben Sie es bis hierhin geschafft. Weil Sie erfolgreich waren und insgesamt eine halbwegs sinnvolle persönliche Balance hergestellt haben, werden Sie
beim Lernen vorbewusst alles versuchen, mit den gleichen Lernstrategien weiter erfolgreich zu sein. Da der NC etwas über die Komplexität und Flexibilität
von Lernstrategien und damit über die Anpassungsfähigkeit an bestimmte Lernkulturen aussagt, ist der NC ein solch bedeutender Faktor für die Examensnote.
Wenn Sie sich entscheidend verbessern wollen, dann müssen Sie an Ihren Lernstrategien arbeiten.

Ein Schlüssel dazu ist das reflexive Lernen, das sich an dem Zyklus orientiert und im Kern dafür sorgt, dass die intuitive Handlung der Beobachtung
zugeführt wird und in dieser Beobachtung alternative Handlungsmöglichkeiten
deutlich werden. In der differenzierteren Wahl einer Handlungsoption für die
nächste Handlung liegt dann der wichtige Lernfortschritt, den das reflexive
Lernen auslösen möchte. Die Handlung war Ihre Reflexion, bzw. die Reflexion
der Kommilitonen. Den Einstieg in die beobachtende Haltung habe ich über die
Einordnung in eine Reihe angeregt. Die Einstufung der Freud-Texte auf der
Grundlage des Kompetenzmodells forderte Sie zu einem Perspektivwechsel auf,
in dem die verschiedenen Reflexionsoptionen nebeneinander liegen. Die Lern-
rückmeldung regt dazu an, neue Handlungsoptionen zu formulieren. Den Freud-
Text neu zu schreiben ist schließlich die Erprobung des eigenen Lernfort-
schritts. Diesen zu sichern, indem der Zyklus noch einmal auf eine andere
Handlung angewendet wird, war die Funktion der letzten Aufgabe.

Wir werden noch eine Sitzung dazu nutzen, das reflexive Lernen weiter zu
trainieren. Wie schon gesagt werden Sie dann selbst diesen Zyklus im Blick
behalten müssen. Ich würde mir auch über diese Veranstaltung hinaus wünschen, dass Sie Ihr Lernen selbst weiter beobachten und es weiter entwickeln.
Übrigens werden wir am Ende ein kurzes Rückmeldegespräch führen, in dem
ich Ihnen über das fachliche Lernen hinaus auch eine Rückmeldung zum reflexiven Lernen geben werde. Von der Qualität Ihres reflexiven Lernens hängt
sehr viel für Ihre Lernqualität ab. Hieran zu arbeiten, kann entscheidender sein
als das bloße Theorielernen. Ich bedanke mich für die Mitarbeit in dieser Sitzung! Ich hoffe, sie hat Ihnen etwas zu denken aufgegeben und wir sehen uns in
der nächsten Woche wieder.

## 4.6    Exemplarische studentische Reflexionen

### a) Meike:

1.) Text 1: Dieser Text ist sehr kurz und knapp gehalten und in sich widersprüchlich.
Der Autor geht auf diesen Widerspruch nicht weiter ein und bleibt insgesamt sehr oberflächlich. Der Text versucht sich an der Theorie entlang zu arbeiten, bringt die Vorlesungsinhalte jedoch auch nicht ausreichend zum Vorschein. Text 2: Text 2 orientiert

sich auch deutlich an der vorgestellten Theorie. In kurzer, aber deutlicher Erklärungs-
weise werden die Inhalte korrekt widergegeben, die eigene Position des Autors ist jedoch nicht zu erkennen. Text 3: Dieser Text stellt die Zusammenhänge der Vorlesung
gut dar und ist in sich schlüssig. Die Position des Autors ist auch in diesem Text nicht
ganz deutlich erkennbar.

2.) Text 1 stelle ich auf die Kompetenzstufe 1. Dem Autor empfehle ich, sich bei der
Reflexionsaufgabe die Vorlesungsinhalte noch einmal präsent zu machen, um einige
Unklarheiten erkennen zu können und das eigene Verständnis zu fördern. Text 2 erreicht meiner Meinung nach die Kompetenzstufe 2. Der Autor sollte sich die Position
des Textes noch deutlicher machen und seine persönliche Haltung dazu in Verbindung
stellen. Text 3 steht für mich auf Stufe 2,5. Der Autor zeigt einen Ansatz der Selbstref-
lexion, die er noch weiter bedenken und formulieren sollte. Er sollte versuchen, Widersprüche zu erkennen und diese einzuordnen.

3.) Sigmund Freud beschreibt den Glauben mit Argumenten der Psychoanalyse als
Illusion. Diese Illusion trägt den enormen Wunsch nach Schutz und Liebe, wie es auch
in der Kindheit den Wunsch nach Nähe des Vaters gibt. Abgeleitet von diesen inneren
Wünschen entwickelt sich, so Freud, unsere Glaubensmotivation. Freud spricht über
den Glauben wie ein außenstehender Betrachter, er spricht bemächtigend und ordnend.
Direkte Glaubensinhalte, die hörenden Aspekte einer Argumentation, so wie wir sie bei
Freud sehen, lässt auf eine subjektive Logik schließen. Die theologische Logik dagegen
vereint die bemächtigenden und ordnenden Aspekte mit den hörenden und antworten-
den. Wer mit der theologischen Logik denkt, der vereint den Glauben mit der Einsicht
und kann den Glauben auch heute noch mit direkten Argumenten behaupten.

4.) Den Text zu Gottes Dasein ordne ich der Kompetenzstufe 2 zu. Der Autor beschreibt
seine Ansicht zu Gottes Dasein gut verständlich. Die anschließende Zuordnung zu den
Positionen erfolgt recht knapp. Die Position des Pantheismus kann noch Verständnis-
fragen aufwerfen, da Gott dieser Position nach in allen Dingen zu finden ist. Der Autor
hat diese Position auf seine Haltung hin ausgelegt und begründet. Die Position der radikalen Transzendenz ist in nur einem Satz begründet, wirft aber keine groben Widersprüche auf. Insgesamt ist die Aufgabe strukturiert gelöst und beruft sich auf die Vorlesungsinhalte.
Ich rate dem Autor, sich die Position noch einmal zu vergegenwärtigen, um die Ideen,
die dahinter stehen, deutlicher erkennen zu können. Er sollte die eigene Position dann
auf die Vorlesungsinhalte beziehen und hinterfragen."

### b) Thomas:

1. Den ersten Text würde ich der Stufe 1-2 zuordnen, da auf den Text von Freud nicht
inhaltlich eingegangen wird – zumindest nicht sehr ausführlich. Außerdem werden
keine Fachtermini gebraucht, die Ausdrucksweise hat die Tendenz zur Umgangssprache
(„kommt rüber")
Lernauftrag: mehr auf den Inhalt eingehen, mehr ‚Fachtermini benutzen.
Der zweite Text ist für mich auf der Stufe 2 einzustufen, da hier mehr auf den Inhalt
von Freuds Text eingegangen wird. Auch wird hier die eigene Meinung verboten, je-

doch hätte der Aspekt mit der hörenden und denkenden Logik deutlicher erörtert werden müssen.

Der dritte Text ist meiner Meinung nach der beste und auf Stufe 4 einzustufen.

Die Sachverhalte werden erläutert, und zwar plausibel, die eigene Meinung wird vertreten und es wird über den Text hinaus auf andere Denkmodelle (Subjektivismus) hingewiesen.

2. Freuds Logik muss man von der theologischen Logik abgrenzen, da er die Lehre als Illusion darstellt, er spricht gar von Wahnideen. Bei Freud ist unverkennbar ordnendes Denken im Vordergrund, da er den Glauben beschreibt und beobachtet und seine Theorien zum Ausdruck bringt. Er geht nicht von der Existenz Gottes aus, und somit ist bei ihm kaum hörendes Denken vorhanden, denn Gottes Existenz ist hierfür Voraussetzung. Freud versucht den Glauben anhand des Schutzbedürfnisses des Menschen zu erklären, da der Mensch sich in Notsituationen einen „mächtigeren Vaters" sucht. Hier ist ein Bezug zur theologischen Logik zu erkennen, da beim ordnenden Denken versucht wird, mit menschlichen Möglichkeiten den Glauben zu beschreiben.

3. Diesen Textabschnitt würde ich auf der Stufe 2 – 3 einordnen. Die Gedanken sind klar nachvollziehbar und die eigene Einordnung ist auch nicht fehlerhaft. Jedoch hätte man die Positionen eventuell etwas expliziter erklären können, um die Einordnung besser einzugrenzen.

### c) Tanja:

**Frage:** 1. Die drei Auszüge mit Begründung einstufen und einen Lernauftrag für die Verfasser der Auszüge geben. 2. Noch einmal die Aufgabe bearbeiten, Freuds Logik analysieren. Achten Sie aber bewusst auf die Kriterien d. Kompetenzmodells! 3. Zum Abschluss: Text auf der letzten Folie einstufen und Lernauftrag geben.

1. Der erste Textauszug weist zu wenig analytischen Charakter auf. Es gibt nicht genügend Begründungen oder Argumente für die einzelnen Aussagen („Religion und Glaube als Illusion, d.h. fundamentalistisch", Z.2). Auch ist der Ausdruck mehr unformal als fachorientiert ((…) recht wenig zu tun"Z.4; (…) kommt (…) rüber, als (…)" Z.5). Der Verfasser dieses Textauszugs sollte mehr Fachtermini verwenden, die zur Textanalyse passen, versuchen begründeter zu argumentieren und Aussagen mit dem Text zu belegen. Ich würde diesen Auszug in die 2.Stufe einordnen.

Bei dem zweiten Textauszug ist es ähnlich. Hier wird zwar mehr interpretiert („Mit diesem Fazit sagt Freud nichts über die Wirklichkeit der Religion aus, jedoch hört es sich den ganzen Text so an, als wenn Freud eine eher negative Einstellung gegenüber der Religion hat", Z.2-4; „Meiner Meinung nach benutzt Freud zu viel denkende Logik, da er kaum Argumente gegen seine These, dass Religion eine Illusion ist, darlegt".Z5-6) als in dem vorigen Textauszug, jedoch könnte der Verfasser des zweiten Auszugs sich auch formaler ausdrücken(„(…) rational zu erklären,"Z.8). Man kann diesem Text auch besser folgen als den beiden anderen Auszügen, da man weiß, was der Verfasser aus welcher Textstelle aus dem Text Freuds analysiert hat. Der Verfasser schlussfolgert auch eigenständig („Aus Erfahrungen der eigenen Hilflosigkeit (…)," Z.3; „Aus dieser Überlegung schließt Freud auf (…)", Z.4). Daher finde ich die Einstufung dieser Analyse zwischen Stufe 3 und 4 gerechtfertigt.

Die Aussage „Dem gläubigen Menschen bleibt eine solche Erkenntnis aufgrund des Fehlen des ordnenden Elements verwehrt" (Z.9-10) ist so nicht korrekt, weil nach der theologischen Logik der Mensch hört <u>und</u> ordnet. Das ist die einzige Bemängelung dieser Textanalyse. Somit ist sie auch die anspruchsvollste Analyse.

2. Sigmund Freud beschreibt religiöse Vorstellungen als „(I)llusionen, die die ältesten, stärksten, dringendsten Wünsche der Menschheit erfüllen" (Z.9). Freud, als Begründer der Psychoanalyse, hält den Glauben an Gott für eine Illusion, da die Menschheit Halt und Schutz in ihrer realen Welt sucht, die oft ungerecht und hart erscheint. Er sagt auch, dass die Menschen von der Wirklichkeit absehen, sie teilweise verdrängen und sich auf ihre Wunschvorstellungen konzentrieren, um sich das Leben in ihrer „Illusions-Welt" aufzubauen, in der sie Schutz und Liebe des Vaters erfahren, den sie seit ihrer Kindheit brauchen („Wir heißen also einen Glauben eine Illusion, wenn sich in seiner Motivierung die Wunscherfüllung vordrängt und sehen dabei von seinem Verhältnis zur Wirklichkeit ab, ebenso wie die Illusion selbst auf ihre Beglaubigungen verzichtet"Z.31-33): „(…), der schreckende Eindruck der kindlichen Hilflosigkeit hat das Bedürfnis nach Schutz – Schutz durch Liebe – erweckt, dem der Vater abgeholfen hat, die Erkenntnis von der Fortdauer dieser Hilflosigkeit durchs ganze Leben hat das Festhalten an der Existenz eines – aber nun mächtigeren – Vaters verursacht." (Z.10-14) Freud meint, das die Menschheit sich nach einem Mächtigeren Vater sehnt, der ihren Schutz und Mut gibt und „(e)ine sittliche Weltordnung schafft, die ihnen die Erfüllung der Gerechtigkeitsforderung versichert, die innerhalb der menschlichen Kultur so oft unerfüllt geblieben ist" (Z.15-17). Freuds Logik bezieht sich nur auf den Bereich des bemächtigenden, ordnenden Denken, der nur einen Teil der theologischen Logik beinhaltet, denn die theologische Logik ist durch das ordnende <u>und</u> hörende, antwortende Denken gekennzeichnet. Sein Subjektivismus, geprägt durch sein ordnendes Denken, zeigt an dieser Stelle, dass er sich zwar mit dem Glauben beschäftigt um sich dieses Phänomen erklären zu können, sich aber nicht mit ihm identifizieren kann. Somit fehlt das hörende Denken in Freuds Logik, was sie deutlich von der theologischen Logik unterscheidet.

3. Den Text zur Analyse der Vorlesung Gottes Dasein ordne ich zwischen die erste und die zweite Stufe ein, weil die Einführung in die Positionseinordnung meiner Meinung nach zu kurz und ungenau ist. Den Ausdruck „dort oben" finde ich unpassend, da es eine unpräzise und unformale Aussage ist. Man assoziiert den Ausdruck „dort oben" mit dem Himmel, aber im letzten Satz versteht man ihn als Synonym für „ausserhalb der Welt", was nicht identisch mit Himmel ist, weil der Himmel im Gegensatz zum All, der ausserhalb der Welt ist, nicht unbegrenzt oder unendlich ist. Der Verfasser dieses Textes sagt, dass Gott in seinem Herzen und in seinem Verstand existiert, aber zeitgleich auch, dass Gott allgegenwärtig ist. Da erkennt man einen Widerspruch, den man in Zukunft durch genauere Erklärung der Aussage vermeiden sollte. „Diese Meinung ist die Position des Pantheismus(…)" sollte man anders ausdrücken, z.B. indem man „ist" durch „vertritt" ersetzt.

Der Verfasser sollte begründeter argumentieren, sich von der einfachen Ausdruckweise loslösen und darauf achten, dass er/sie widersprüchliche und nicht zutreffende Aussagen vermeidet.

# 5 Gottes Rede

## 5.1 Reflexionsprozess I

### 5.1.1 Thematische Hinführung zum Reflexionsimpuls

Ich begrüße Sie zu der 5. Sitzung in der Vorlesung 'Gott denken'. Nachdem Sie in der letzten Sitzung Ihr Lernen mithilfe des reflexiven Lernens beobachtet haben, setzen wir nun die theologischen Reflexionen fort. Das Thema ist dieses Mal, dass Gott zu uns spricht. In der Einführung habe ich diesen Themenkomplex schon angesprochen, als ich als ein Merkmal theologischer Reflexion mit Dorothee Sölle festgehalten habe, dass wir auf Gottes Wort hören. Das setzt voraus, dass Gott sein Wort spricht. Was aber bedeutet das? Wie schon bei Gottes Dasein und Gottes Macht geht es mir auch hier darum, dass Sie die Vielfalt an Denkmöglichkeiten sehen und was sich jeweils aus den verschiedenen Perspektiven ergibt.

Diese Sitzung beginnt mit einer Schüler-Frage als Reflexionsimpuls, die von einem Sek I Schüler kommen könnte:

 technische universität dortmund

Übung_1

Ein Schüler konfrontiert Sie mit der Meinung:

„Alles, was Gott angeblich gesagt haben soll, ist eine Erfindung von früheren Menschen und der Kirche bis heute!"

Was antworten Sie dann?

Dr. Oliver Reis

WS 2008-09

## 5.1.2    Exemplarische studentische Reflexionen

### a) Meike:

1.) "Überleg dir mal, wie die Menschen zu diesen angeblichen Behauptungen gekommen sein könnten. Die Menschen müssen doch enorme Glaubenserlebnisse erfahren haben. Ihre Lebenskraft und Hoffnung beruht auf dem Glauben an Gott; jedes dieser bedeutenden Erlebnisse bezogen die Menschen auf ihren Gott/auf die Taten Gottes. In diesen Glaubenserfahrungen erkennen die Menschen die Reden Gottes. Die Grundsätze, die Gott uns in seinen Reden gibt, haben bis heute ihre Bedeutung. Für mich sind die Reden keine Erfindung ohne Ursprung, sondern grundlegende Glaubenszeugnisse. Du hast recht, wenn du sagst, dass die Reden nicht bildlich gesehen aus Gottes Mund stammen, aber sie zeigen uns genau, welches Verhältnis wir mit Gott haben.

### b) Thomas:

1) Ich könnte die Haltung durchaus nachvollziehen, jedoch glaube ich, dass dies nicht so ganz zutreffend sein kann. Ich denke, dass es nicht möglich ist, einen Glauben und dessen Inhalt über Tausend Jahre weiterzutragen, wenn das alles auf Erfindungen basieren würde. Ich glaube jedoch auch nicht, dass wirklich alle, die davon schreiben, wirklich mit Gott gesprochen haben. Dadurch denke ich dass früher gläubige Menschen sich mit Hilfe des Glaubens viele Sachen erklärt haben und diese somit auf Gott zurückführten. So wurde der Glaube an Gott für die Menschen erfahrbar und hat sich über viele Generationen bis heute überliefert.

### c) Tanja:

**Frage:**
1.Übung: Ein Schüler konfrontiert Sie mit der Meinung: „Alles, was Gott angeblich gesagt haben soll, ist eine Erfindung von früheren Menschen und der Kirche bis heute!" Was antworten sie dann?

Da es unbeweisbar ist, ob es wirklich Gottes Worte waren/sind, die in der Bibel oder in Erzählungen vorkommen, kann man keine konkrete Antwort geben, die dieser Aussage zustimmt oder widerspricht. Ich denke, viele Menschen haben Weiter- Erzählung als Gottes Worte gedeutet und sie auch als solche weitererzählt. Ich denke, dass auch die Kirche viele eigene Deutungen als Worte Gottes ausgegeben oder fremde Deutungen angenommen hat. Somit kann man in jedem Fall sagen, dass ein Teil der Erzählungen Fehl oder Missdeutungen und Eigeninterpretationen sowie Wunschvorstellungen sind, aber als reine Erfindung würde ich es nicht bezeichnen. Das Problem bei dieser Sache ist, dass es keine schriftlichen Texte aus der direkten Quelle Gott gibt, sprich, dass es keine Texte gibt, die er selber geschrieben hat, was eben zu Missinterpretationen führt oder zu einer Art „Übersetzungsfehlern". Auch Erzählungen, die eigentlich keine direkte oder gar keine Verbindung mit Gott oder Gottes Worten haben, sondern z.B. mit Personen aus der Kirche, deren Worte dann als Gottes Worte verstanden werden, obwohl es nicht beweisbar ist, ob diese Person behauptet hat, es seien Gottes Worte, die er nur weitergegeben hat an die Menschheit oder ob es seine eigenen Worte waren. Man weiß auch nicht, ob diese Person wirklich Gottes gehört und weitergegeben haben oder ob sie einfach das Gefühl hatten, Gott würde zu ihnen sprechen oder ihnen etwas mitteilen (auch in Form von Geschehnissen).

## 5.2 Modelle im Verständnis der Gottesrede

### 5.2.1 Zugänge zur Vorstellung ‚Gott spricht…‘

Bevor ich mit meinem Input beginne, möchte ich auch dieses Mal den Horizont des Problems deutlich machen, das sich mit der Behauptung verbindet, Gott spreche uns an, wir könnten auf sein Wort hören und tun, was würdig und recht ist. Ich möchte damit beginnen, dass Sie überlegen, was für Sie das Problem dieser Behauptung ist, dass es sich lohnt darüber eine Vorlesung zu halten.

*S1: Warum zeigte sich Gott früher so offensichtlich? Er hat doch früher direkt angesprochen! Warum macht er das heute nicht mehr?*

Was denken Sie? Was würden Sie antworten?

*S1: Das tut er heute auch noch, wir hören nur nicht zu. Wir sind so mit uns selbst beschäftigt, dass wir gar nicht mitbekommen, wenn er uns anspricht.*

*S2: Er hat sich nie offensichtlich gezeigt. Ob er uns anspricht, hängt immer auch davon ab, ob wir hören wollen. Es ist immer auch unsere Aufgabe, die Rede und seine Spuren zu suchen. Letztlich müssen wir die Zeichen seiner Anrede deuten.*

*S3: Das sind ja zunächst einmal Texte, die davon erzählen, dass Gott so oder so spricht. Da kann etwas Wahres mit ausgedrückt werden, aber das ist unsere Interpretation. Wir müssen uns die Erzählungen vorknöpfen und etwas daraus machen!*

Ihre Frage und Ihre Antworten legen den Finger in die ‚Denk-Wunde‘, die es zu bearbeiten gilt: Kann Gott heute reden? Bevor ich mit dem Input beginne, ist es hilfreich, wenn wir uns die neuralgischen Punkten klar machen, an denen die Antworten unterschiedliche Entscheidungen treffen, um mit dem Denkproblem fertig zu werden. Zunächst die neuralgischen Punkte und dann die Entscheidungen, die Sie treffen. Wenn wir uns fragen, ob Gott zu uns spricht, dann ist die **erste** Entscheidung, die getroffen werden muss, wie Sie das Verhältnis von Vergangenheit mit Gegenwart bestimmen: Wählen Sie ein Modell der geschichtlichen Kontinuität oder ist die Vergangenheit abgeschlossen? Wenn Sie die Kontinuität wählen, dann haben Sie damit auch **zweitens** schon eine Entscheidung über das Wirklichkeitsverständnis getroffen, da dann Form und Inhalt nicht getrennt werden können. Das Erzählte rutscht auf die gleiche Realitätsebene wie die Gegenwart. An diesem zweiten Entscheidungspunkt muss **drittens** geklärt werden, wie Gott überhaupt aus seiner verborgenen Gegenwart in eine offenbare Gegenwart übergeht. Hier spielen Ihre Positionen zum Dasein Gottes und zur Macht Gottes eine entscheidende Rolle. Wenn Gott in seiner offenbaren Gegenwart das Wort ergreift, dann ist noch offen, ob dies auch an unseren Erkenntnis-/Deutungs-/Hörvorgang gebunden ist oder ob dies als objektives Geschehen verstanden wird, das stattfindet und das von uns vielleicht überhört werden kann, das aber trotzdem als Anrede eindeutig gekennzeichnet ist. An diesem dritten Entscheidungspunkt geht es um die Frage nach der Beschaffenheit der Rede in der Relation zu uns. Diesen Punkt kann man noch genauer ausdifferenzieren, wenn wir **viertens** die offenbarte Anrede von unserem Verhalten zu dem Geoffenbarten unterscheiden. Dies wären insgesamt vier Aspekte, an denen Antwort-Möglichkeiten eine Entscheidung treffen müssen.

Die Frage, die Sie (S1) gestellt haben, folgt schon einer Logik, die auf Entscheidungen an den vier Punkten zurückgeht: Die Frage geht von einer Kontinuität der Gottesrede, genauer einer Realitätskontinuität aus, und dann wird das „gegenwärtige Schweigen" zum Problem, das interpretiert werden muss. Auch die Antworten agieren auf diesen Ebenen: Antwort 3 z.B. geht hinter diese Prämisse zurück und bricht die scheinbar objektive Frage durch die Interpretationsnotwendigkeit auf. Durch den Wechsel des Wirklichkeitsverständnisses wird nicht die Wirklichkeit der Rede Gottes geleugnet, sie wird aber in dem Rückbezug auf die alten Texte zu einem wechselseitig korrelativen Akt in der Gegenwart. So kann das Schweigen Gottes an unsere Tätigkeit gekoppelt werden, die Anfrage an Gott wird in eine Anfrage an uns transformiert. So wie die Antwort das Realitätskontinuum und den Objektivismus der Gottesrede aufbricht, so stößt sie aber auch selbst an eine Grenze, wenn es um die Fiktionalität der Texte und unsere Interpretationsleistung geht. Denn wir wollen ja auch nicht einfach sagen: Klar, ist nur Literatur! Denn wer würde schon bejahen, dass es egal sei, ob ich Teil der katholischen Kirche bin und nach ihren Grundsätzen denke und lebe oder mich einem Harry-Potter-Orden anschließe? Wir behaupten ja schon eine besondere Wirklichkeit der Bibel und sind davon überzeugt, dass Gott uns ruft. Aber wie kann man das begründen? Bestimmt nicht literatur- oder sprachwissenschaftlich, schon gar nicht historisch!

Damit wir hinter unsere Denkbahnen noch einmal zurückkommen, beginne ich auch bei diesem Thema mit einer jüdischen Denkstruktur. Dadurch gewinne ich leichter eine theologische Perspektive auf die klassische katholische Position und höre selbst erst einmal zu… Ich werde anschließend drei Grundpositionen gewinnen, die mit dem historisch entstandenen Problem in der Moderne auf ihre Weise umgehen. Abschließend werde ich prüfen, wie sich die Kirche zu diesen Grundpositionen verhält. Insgesamt haben Sie mit diesen Positionierungen eine ausreichende Spannbreite an Denkmöglichkeiten, um Ihre Positionen bei der Schülerfrage theoretisch zu rekonstruieren. Da wir die Positionen mit den eben erarbeiteten neuralgischen Punkten analysieren können, sollten Sie in der Lage sein, die Struktur der Positionen ausreichend scharf erkennen und die Positionen unterscheiden zu können.

## 5.2.2    Das Wort Gottes bestimmt, was wirklich sein kann

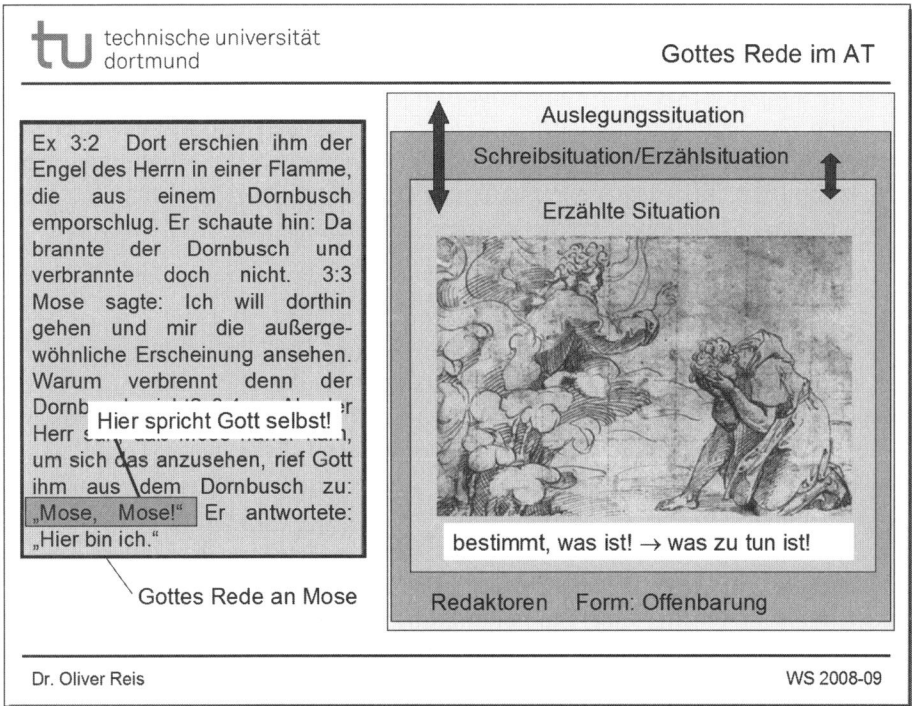

Wenn Sie sich Ihre Texte aus der ersten Sitzung anschauen, war das ein gängiges Motiv: Gott spricht zu Ihnen im Gebet, Sie können ihn hören – haben ganz viele geschrieben. Sie können ihn hören, Sie können ihm vertrauen, weil er mit Ihnen sprechen kann. Gott kann sprechen – das soll unser Thema sein. Kann er das? Diese Frage soll Sie dafür sensibilisieren, dass ein wesentliches Buch, das die Rede Gottes sein soll, unter ,normalen Menschen' im Verdacht steht, dass es alles andere als Gottesrede ist. Wenn die Bibel keine Gottesrede ist, wo und wie kann Gott dann reden? Vielleicht braucht es dafür das Herz, die Seele, aber das sind Orte, die sind überhaupt nicht mehr ausweisbar. Wenn die katholische Theologie sich damit zufrieden gäbe, dass jeder von Ihnen, der hier sitzt, für sich eine persönliche Theorie hat, dass Gott mit ihm irgendwie spricht und dieses ,irgendwie' nicht weiter durchdacht werden kann, dann wäre es mit der katholischen Theologie an universitären Standorten bald zu Ende. Was wir heute machen, ist dagegen der Versuch wie immer hörend und ordnend zugleich, aus der Position des Glaubenden nachzudenken, wie man objektiv für alle verständlich machen kann, dass Gott reden kann. Als Zugang wähle ich die Dornbusch-Offenbarung Ex 3,2ff, den Text finden Sie auf der Folie:

**Ex 3,2-4**

**2** Dort erschien ihm der Engel des Herrn in einer Flamme, die aus einem Dornbusch emporschlug. Er schaute hin: Da brannte der Dornbusch und verbrannte doch nicht. **3** Mose sagte: Ich will dorthin gehen und mir die außergewöhnliche Erscheinung ansehen. Warum verbrennt denn der Dornbusch nicht?

Bis hierher ist das eine Beschreibung dessen, was durchaus ‚passiert' sein könnte. Wenn Sie in der Wüste unterwegs sind, Wasserentzug, Hitze, Sie bzw. Ihr Gehirn fängt an Gebilde zu produzieren. Da ist es nicht ungewöhnlich, dass Sie einen Dornenbusch flimmern sehen, so dass es aussieht wie ein Brennen, aber er verbrennt nicht. Das ist bis dahin als Phänomen gut vorstellbar. Aber jetzt kommt ein interessanter Perspektivenwechsel. Jetzt geht es nämlich nicht so weiter, dass Mose etwas erfährt sondern:

**4** Als der Herr sah, dass Mose näher kam, um sich das anzusehen, rief Gott ihm aus dem Dornbusch zu: Mose, Mose! Er antwortete: Hier bin ich.

Das ist Gottesrede im AT in zweifachem Sinne: Zunächst einmal offensichtlich an dieser Stelle: „Mose, Mose!" Wir finden in der Bibel Sätze, die beanspruchen, dass hier Gott spricht. Aber zugleich beansprucht die ganze Passage Gottes Rede zu sein. In der Konstruktion des AT ist diese ganze Tora-Passage eine Rede Gottes an Mose, die er an das Volk weitergibt. Das Spannende ist, dass die direkte Gottesrede „Mose, Mose!" dadurch verständlich wird, dass der ganze Text als Gottesrede aufgefasst wird. Entscheidend ist, dass dieser Text in einem Kontext als Gottesrede an Mose verstanden, *geglaubt* wird.

Ich habe Ihnen hier eine Darstellung aus dem 16 Jh./17Jh. abgebildet, und Sie sehen rechts Mose und links Jahwe, der sich im Dornbusch zeigt und zu Mose ruft: „Mose, Mose!" und der Mose hier hat eine solche Furcht Gott anzuschauen, dass er sich verbirgt. Wichtig ist hier an der Stelle Folgendes: Wenn wir heute diesen Text, also den linken Text lesen, dann läuft bei uns ein Film im Kopf ab. Wir sehen Gott, der den Mose sieht und zu ihm sagt: „Mose, Mose!", und wir sehen Mose, der sich verhüllt und zu Gott sagt: „Hier bin ich!". Wir haben Bilder im Kopf und setzen intuitiv voraus, dass es zunächst ein Geschehen gibt und zu diesem Geschehen einen Text, der es auf eine bestimmte Weise abbildet. Wir lesen die biblischen Texte dabei mit einem Wörterbuch und einer Grammatik, die unserer Zeit des 20. Jahrhunderts entstammt. So können wir die Realität der ersten Sätze der zitierten Passage uns gut direkt als passiert vorstellen. Der Ruf „Mose, Mose!" dagegen ist der normalen Grammatik fremd, wir können ihn nicht ohne weiteres in unsere Annahmen der Realität integrieren, wir müssen ihn übersetzen. Dabei hilft es dann z.B. das Wirklichkeitsverständnis zu verändern und uns von der Form als Realitätsbeschreibung zu lösen. Entscheidend ist, dass wir dabei intuitiv die Plausibilität der Bibel von unserem außerbiblischen Standpunkt her beurteilen, ob etwas so passiert ist und von der Bibel korrekt eingefangen wurde.

Im jüdischen Verständnis des Alten Testaments ist das Verhältnis genau andersherum. Im Alten Testament ist es so, dass das Bild, das zu einer erzählten Szene entsteht, bestimmt wird durch den Text. Also der Text bestimmt das Bild! Das Tora-Verständnis ist so, dass die Tora den Rahmen dafür abgibt, was überhaupt wirklich ist.[117] Die Tora bestimmt, was Sie überhaupt denken, kennen und sehen können. Das heißt, dass das mit dem Text erzeugte Bild nur ein menschliches Bild ist, das nicht einfach Realität beanspruchen kann. Vielmehr ist das Reale der Text und dieser Text produziert für jede Generation neue Bilder. Da jede Generation sich ihre Bilder macht, sind nicht die Bilder das Entscheidende, sondern die Kraft des Textes diese Bilder hervorzurufen. Die Menschen interpretieren jeweils diese Texte neu, sie verstehen ihre eigene Wirklichkeit auf der Grundlage der Texte. Wenn wir dies jetzt so verstehen, dass wir sagen: „Also behauptet die Bibel, dass Gott wirklich zu Mose gesprochen hat und meinen mit ‚wirklich' unser Realitätsverständnis?", dann haben wir schon wieder unseren Maßstab angewandt und nicht verstanden, wie Wirklichkeit von der Tora bestimmt wird, indem sie ein eigenes Lebensgesetz erzeugt, das zunächst einmal nur auf sich selbst bezogen ist.[118]

Nun weiß das Judentum auch, dass Menschen diese Texte geschrieben haben und auch die Redaktoren oder Redaktorengruppen sind zum Teil bekannt, die diese Texte zusammengestellt, geschnitten, gekürzt, verglichen usw. haben. Trotzdem haben sich die Autoren und Redaktoren weitgehend nicht in die Texte hineingeschrieben. Vielmehr treten sie hinter die literarische Oberfläche zurück, wodurch der Text eine *Form* als Offenbarungstext erhalten hat. Der Text ist von der Form her, wie er geschrieben wurde, also das, was wir sehen können: ein Offenbarungstext. Das heißt, dass der Text selber verschleiert, dass ihn Menschen geschrieben haben. Wir haben heute einen Text vorliegen, der in diesem Kontext daherkommt, wie vom Himmel gefallen. Das haben aber Menschen so geschrieben, dass dieser Text aussieht wie ein Text, der vom Himmel fällt. Die Wirkung dieser Form ist, dass jede Generation Zeuge der Offenbarung an Mose statt ist und damit Zeuge der Gottesrede. Im jüdischen Umgang mit den Texten hat sich eine Auslegungstradition für diese Zeugenschaft herausgebildet, die dem Schrift-Text der Tora selbst normativ gegenübertritt. Geradezu damit die Hörer des Wortes Gottes sein Wort nicht einfach mit dem Gesagten verwechseln, sind innerbiblisch die Prophetenbücher und die Schriften und außerbiblisch der Talmud und seine Kommentierungen wichtige Instrumente, um die Wirklichkeit der Gottesrede immer wieder neu auszusagen. Innere Widersprüche in den Texten und die Pluralität der Perspektiven, immer noch erkennbare

---

[117] Dieser Perspektivwechsel lässt sich auch nachlesen bei der Tora-Talmud-Rekonstruktion von *Ruster* (Von Menschen, Mächten und Gewalten, 2005, 220-228), bei *Steven S. Schwarzschilds* Untersuchung zur normative Geltung der Tora (Schekhinah und jüdische Eschatologie, in: *A. Falaturi/J. Petuchowski/ W. Strale* (Hg.), Universale Vaterschaft Gottes. Begegnung der Religionen, Freiburg i.Br/Basel/Wien 1987, 88-114) oder auch bei *Gerd Theißens* erstem Grundaxiom seiner Bibeldidaktik *(Zur Bibel motivieren. Aufgaben, Inhalte und Methoden einer offenen Bibeldidaktik,* Gütersloh 2003, 134f.).

[118] Vgl. *Reis*, Nachhaltigkeit – Ethik – Theologie, 2003, Kap. 4.3.2. So ist es in der vorgestellten Perikope sehr wahrscheinlich, dass die Erzählsituation mit der erzählten Situation in einem historischen Verständnis nicht viel gemein hat (vgl. *Josef Schabert*, Exodus, Würzburg 1989, 20-23 (=NEB.24)). Aber genau das Fehlen der Historizität vermindert nicht den Wirklichkeitsanspruch. Darum geht es (vgl. *Reis*, Nachhaltigkeit – Ethik – Theologie, 2003, Fußn. 1091).

historisch bedingte Redeanlässe z.B. schwächen zwar einerseits den Eindruck eines einheitlich geoffenbarten Textes, verstärken aber zugleich die Spannung, dass es um die Wirklichkeit des Gotteswortes geht, das immer wieder neu gesucht werden muss, und nicht fundamentalistisch um ein Wort in seiner spezifischen Form.[119] Im jüdischen Verständnis hebt deshalb die aktualisierende Auslegung die Form nicht auf, es geht weiter um das Gotteswort – die Tora lebt im Talmud, könnte man sagen[120] – und der Sinn wird auch in der Form gesucht, aber trotzdem ist nicht das Gesagte der Sinn. Denn dann wären innere Widersprüche ein erhebliches Problem – wie der Islam zu Recht anmerkt. So aber fordern die inneren Widersprüche geradezu auf, den Sinn in der Sprache der Form zu suchen und eben nicht eine zweite Wirklichkeit mit unserer Sprache, unserer Grammatik aufzumachen und damit schon unweigerlich an die Bibel unseren Maßstab anzulegen. Wenn man so will, bleibt in diesem Konstrukt also gerade durch die aktualisierende Auslegung der selbstbezügliche Charakter der biblischen Wirklichkeit erhalten.

### 5.2.3  Die Zeugen bestimmen die Wirklichkeit des biblischen Textes

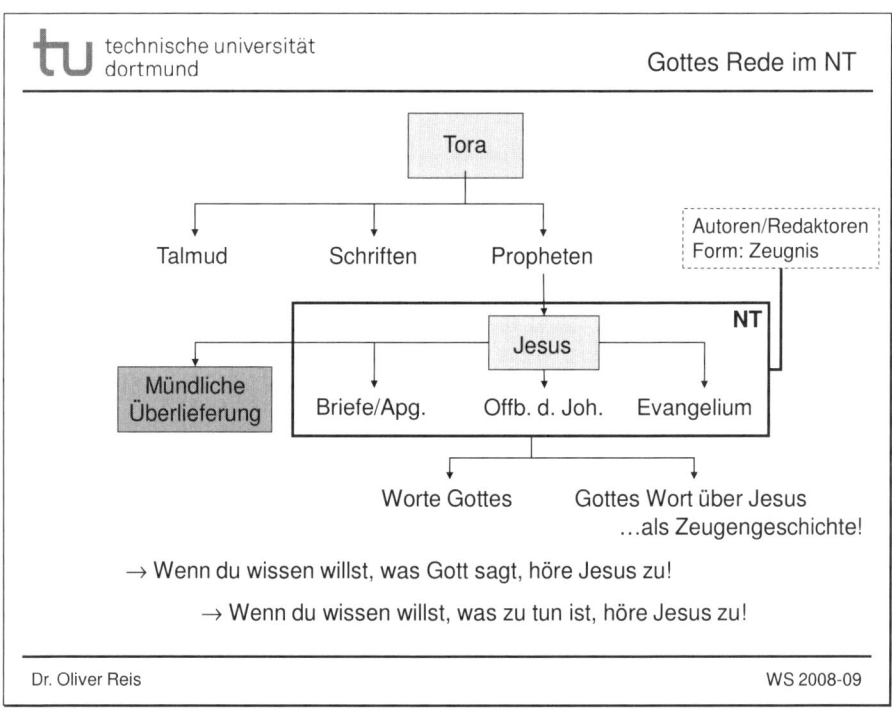

Das Neue Testament fügt sich in diese Struktur erstaunlich gut ein. Aus jüdischer Sicht ist Jesus Christus einerseits verstehbar als Prophet, als Ausleger

---

[119] Vgl. *Werbick*, Gott verbindlich, 2007, 383.
[120] Vgl. *Ruster*, Von Menschen, Mächten und Gewalten, 2005, 226.

bzw. „Täter der Tora".[121] Ein Evangelium stellt als Form andererseits doch noch etwas Neues dar. In den Evangelien wird das Zeugnis von Jesus als Christus selbst zum göttlichen Wort. Es geht also nicht nur einfach um das Berichtete über Jesus den Sohn Gottes oder das Wort Gottes, sondern die Person wird selbst zur Tora, zur Weisung. Mit den Evangelien wird die Nachfolge Jesu Christi zum Tora-Tun. Damit ist aber auch der Text selbst Wort Gottes, seine Botschaft, seine Selbstmitteilung – wie Karl Rahner sagt. So kommt es erneut zu dieser eigenartigen Dopplung des Wortes Gottes, und auch hier werden Jesu Weisungen in den Texten erst verständlich, wenn die Zeugenschaft der Autoren – und damit die Wirklichkeit von Gottes froher Botschaft – akzeptiert ist. Die Wahrheit und die Bedeutung der Texte erschließt sich nicht von außen nach einem fremden Maßstab, sondern nur von Innen, damit in der Nachfolge der Zeugenschaft. Die Bibel selbst verweist auf diese interne zirkuläre Verwiesenheit, da in 1 Kor 15,4 z.B. Jesus „am dritten Tage auferweckt worden [ist], gemäß der Schrift." oder wie der Fremde den Jüngern in Lk 24,27 auf dem Weg nach Emmaus darlegt: „ausgehend von Mose und allen Propheten, was in der gesamten Schrift über ihn geschrieben steht."

Analog zum Alten Testament haben wir im Neuen Testament auslegende Schriften wie die Briefe, Geschichtswerke wie die Apostelgeschichte oder prophetische Texte wie die Offenbarung des Johannes. Auch hier dient die Pluralität der Evangelien und die direkte selbst normativ gewordene theologische Auslegung dazu, die z.T. älter ist als das Evangelium selbst, eine Erstarrung in der Form zu verhindern. Gleichzeitig wird dadurch nicht der wirklichkeitsbestimmende Gehalt der Texte aufgehoben, der an diese Formen gebunden ist. Die Dogmatik hält diesen normativen Gehalt in der Formel „norma normans non normata" fest. Die Bibel ist zu Recht die normierende Norm, die selbst nicht einer Norm, einem ihr fremden Maßstab unterworfen werden darf. Aber damit sie genau diese Funktion behalten kann, braucht sie die Auslegung im Sinne der Zeugenschaft. Das ist in der Urgemeinde vor allem personal gedacht. D.h., Menschen verkörpern in ihrem Leben die Zeugenschaft für das Wort Gottes und halten genau damit seine Wirklichkeit lebendig.[122] Das gilt zum einen breit in dem öffentlichen Wirken der Heiligen und Märtyrern, die Kirche beansprucht aber schon früh – z.B. bei Ignatius von Antiochien –, dass diese Zeugenschaft auch streng kanalisiert in der mündlichen Überlieferung der Apostel (Prinzip der Apostolizität) an die Bischöfe und diese an ihre Nachfolger (Prinzip der Apostolischen Sukzession) erfolgt (→ **Einführung in die Systematische Theologie**). Und diese mündliche Überlieferung normiert nicht die Bibel von außen, sondern stellt die Bibel in einen Auslegungsrahmen, der mit dem Talmud vergleichbar ist.

---

[121] *Marquardt*, Was dürfen wir hoffen, wenn wir hoffen dürften?, Bd. 1, 1993, 346.

[122] Vgl. 1 Petr 3,15. Die Aufarbeitung dieser Personalisierung bei der Implementierung des Gottesreiches ist auch ein Nebenstrang der Dissertation von *Mathis-Christian Holzbach* (Plutarch, Galba-Otho und die Apostelgeschichte. Ein Gattungsvergleich, Münster 2006.)

Wenn nun also das Neue Testament so ausdrücklich in die Konstruktion des Alten Testaments als Wort Gottes eingeschrieben ist, wofür braucht es überhaupt diese Erweiterung? Ist Jesus denn nun ein Prophet oder zeigt er als Sohn Gottes den Willen des Vaters? Meines Erachtens ist diese Frage nur perspektivisch zu beantworten. Für uns Heidenchristen ist Jesus der Zugang zur Tora, die Nachfolge Jesu macht uns zu legitimen Hörern des Wortes. Wenn wir seine Zeugen sind – z.B. in dem Bekenntnis „Deinen Tod, oh Herr, verkünden wir und deine Auferstehung preisen wir!" oder beim Beten des Vater-Unsers –, dann erweisen wir uns als rechtmäßige Kinder Gottes, weil wir in für Israel erkennbaren Formen Tora tun. Und Israel kann um des eigenen Gottesglaubens willen, dem Propheten Jesus diese Heilswirkung für die Völker zutrauen.[123] Insofern redet Gott in Jesus zu uns und wir können Jesus zuhören, indem wir das Evangelium und die Schriften lesen und denen zuhören, die den Schlüssel über die mündliche Überlieferung zu den Texten in den Händen halten. Letzteres ist wichtig, um ein Korrektiv zu haben, damit wir beim Hören nicht bei unseren eigenen Gedanken und Maßstäben ‚hängen bleiben'.

Auf eine Sache möchte ich Sie noch hinweisen: Bei dem Konzept des Alten Testaments habe ich angemerkt, dass das Alte Testament in der Form eines Offenbarungstextes an Mose geschrieben ist. Im Neuen Testament beginnt das Lukas-Evangelium damit, dass der ‚Autor' ankündigt:

**LK 1,1-4**

**1** Schon viele haben es unternommen, einen Bericht über all das abzufassen, was sich unter uns ereignet und erfüllt hat. **2** Dabei hielten sie sich an die Überlieferung derer, die von Anfang an Augenzeugen und Diener des Wortes waren. **3** Nun habe ich mich entschlossen, allem von Grund auf sorgfältig nachzugehen, um es für dich, hochverehrter Theophillus, der Reihe nach aufzuschreiben. **4** So kannst du dich von der Zuverlässigkeit der Lehre überzeugen, in der du unterwiesen wurdest.

Das Neue Testament liefert seine Konstruktionsbedingungen selber mit, aber auch das ist Form und nicht einfach historische Realität. Und diese Form passt, da das NT einerseits Gottes Rede ist, aber selber auch die Wirkung der Anrede Gottes in der Nachfolge sichtbar machen will. Dies macht deutlich, dass die Evangelien keine objektiven Texte im heutigen Sinne sein wollen, sondern immer schon daran gebunden sind, dass sich die Zuhörer in die Nachfolge Jesu stellen und den Zeugen glauben, dass Jesus das menschgewordene Wort Gottes ist. Da diese Form aber deutlich mit der historischen Realität arbeitet, die normale Realität theologisch bearbeitet, ist die Wirklichkeit der Evangeliums-Texte einerseits auf die normale Realität bezogen, andererseits wird diese von der Wirklichkeit der Bibel her interpretiert. Das habe ich noch einmal neu in der Beschäftigung mit der Tora gelernt, und umso besser lässt sich das Denkproblem, das viele Menschen heute haben, beschreiben.

---

[123] Vgl. *Reis*, Nachhaltigkeit – Ethik – Theologie, 2003, Kap. 4.3.4.5.

### 5.2.4 Heilige Überlieferung und Heiliger Text im hermeneutischen Zirkel

Lesen wir die biblischen Texte von der Bergpredigt im Matthäus-Evangelium her, haben wir intuitiv ein Bild vor Augen, das so ähnlich sein könnte wie das abgebildete Kunstbild. Der biblische Text ‚beschreibt' eine historische Szene. Er ist intuitiv ein heiliger Text, weil er eine historische Szene des Auftretens Jesu und darin authentische Jesu-Worte festhält, die von Gottes Willen künden. Und gerade weil die Kirchliche Lehre von einer Heiligen Überlieferung der Apostel als Augenzeugen des Geschehens spricht, wird der Eindruck einer Abbild-Realität in den Texten verstärkt. Die katholische Rezeption unterstützt in der Regel die Vorstellung einer ungebrochenen Realitätskontinuität der biblischen Erzählungen in die Auslegungen der Kirche hinein, denn so leuchtet am stärksten ein, wie es sein kann, dass die Kirche – und in ihr insbesondere die Bischöfe – dem Wort Jesu zuhört und in der Kontinuität der Botschaft Jesu auch spricht. Dadurch, dass die biblische Wirklichkeitsstruktur so zur Normalrealität wird, hat sich unter der Hand etwas verändert: denn vom AT aus gedacht wird die biblische Wirklichkeitsbeobachtung im Willen Gottes zum Maßstab sich zur Normalrealität zu verhalten, hier werden dagegen beide identifiziert.[124]

Diese Unterscheidung ist noch im Mittelalter nicht weiter bedeutsam, sie wird erst dann bedeutsam, wenn in der Neuzeit die Wirklichkeit auf verschiedene Weise beschrieben wird und – wie in **Gottes Dasein** erläutert – gerade die theologische Geschichtsbeobachtung deutlich von dem historischen Geschichtsverständnis getrennt wird. Dann liegt die Gefahr nahe – gerade um die Offenbarung Gottes in die Welt hinein zu retten – die theologische Perspektive hinter eine historische zurücktreten zu lassen. Legitim ist es an der Historizität festzuhalten, um an der Form festzuhalten, diese darf nicht einfach aufgegeben werden und durch eigene Interpretationen ohne Referenz zur Form ersetzt werden. Wenn allerdings die theologische Wirklichkeitsperspektive mit der Normalrealität identifiziert wird, um damit die Autorität der Bibel seit der Neuzeit zu verteidigen, dann ist auf ungute Weise das biblische Verhältnis der Gottesrede aufgelöst worden. Wenn Eugen Drewermann beispielsweise die Jungfrauengeburt als wirkliches Geschehen leugnet, dann hat er theologisch Unrecht. Wenn der Paderborner Bischof von ihm fordert, dass er die Jungfrauengeburt als historisches Faktum anerkennen müsse, dann hat dieser den theologischen Bogen überspannt.

---

[124] Vgl. *Reis*, Nachhaltigkeit – Ethik – Theologie, 2003, 454f.

## 5.2.5 Heutige Modelle zum Anspruch der Bibel Gottes Wort zu sein

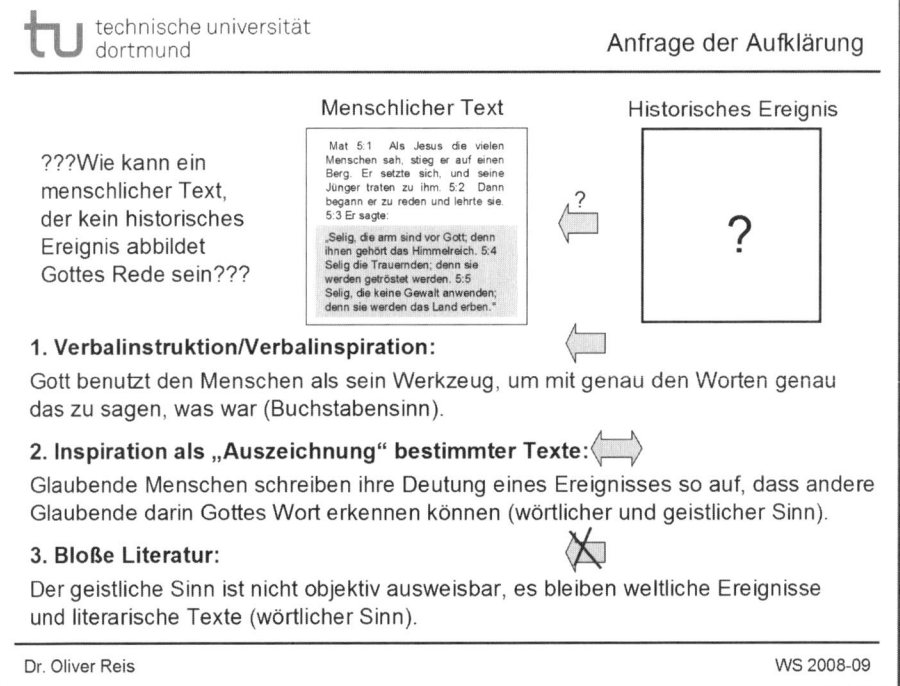

Die Krise der Neuzeit bietet verschiedene Möglichkeiten an, die Bibel als Gottes Wort zu verstehen.[125] Das **erste Modell** des Fundamentalismus hält daran fest, dass die Bibel Gottes Wort ist, weil Gott mit den menschlichen Autoren als sein Werkzeug sein Wort ausgedrückt hat. Dieser Vorgang wird als *Verbalinspiration* oder auch als *Verbalinstruktion* bezeichnet, um zu betonen, dass Gott der Verfasser der Schriften ist und dass in der Anhauchung des Heiligen Geistes die menschlichen Autoren in der Lage waren irrtums- und zweifelsfrei Gottes Wort aufzunehmen. Die radikalste Schlussfolgerung innerhalb dieses Modells ist es zu behaupten, dass die Texte von den Taten Gottes somit seine geschichtlichen Taten und Texte zu den Geboten Gottes Gesetz festhalten. Denn das Wort kann ja nur wahr sein, wenn es eindeutig bezeichnet, was es bezeichnen soll. Diese Form des christlichen Fundamentalismus ist davon überzeugt, dass nur genau auf diese Weise die Autorität Gottes und die Autorität seines Wortes gewahrt werden kann. Die Verbalinspiration kann auch moderater verstanden werden, wenn man zwar daran festhält, dass Gott der Autor der Schriften ist und diese in jedem Wort irrtums- und fehlerfrei ist. Es ist aber ja auch möglich, dass der Text, gerade weil die menschlichen Autoren vom Heiligen Geist getragen waren, eine andere Bedeutungsebene als die bloßen Buchstaben

---

[125] Vgl. hierzu den instruktiven Artikel von *Helmut Gabel*, Inspiration III: Theologie- u. dogmengeschichtlich, in: ³LThK, Bd. 5, Sp. 535-538.

besitzen kann – nämlich eine geistliche. Dadurch wird jedes Wort, genauso wie es gesagt wurde, wichtig, um die Wahrheit zu erkennen, aber dies ist dann doch ein verstehender Akt des Glaubens. Diese Form der Verbalinspiration kann sich widersprechende Textstellen oder auch in der Kirche nicht mehr lebendige Gebote aushalten, weil sie die Texte nicht automatisch historisieren muss. Damit hat diese Form der Verbalinspiration unter der Hand aber schon eine wesentliche Unterscheidung eingeführt, nämlich die zwischen Form und Inhalt, da hier die Form nicht mehr einfach der Inhalt ist, sondern der Inhalt in der Form erschlossen werden muss. Gemeinsam ist ihnen, dass Form und Inhalt beide auf die Seite Gottes gehören. Eine dritte Spielart, die sogenannte *Realinspiration,* geht noch einen Schritt weiter als die moderate Auslegung. Sie geht davon aus, dass Gott seine Botschaft durch das menschliche Wort übermittelt und dabei den Menschen eine ihm angemessene Form finden lässt. Das Inspirationsergebnis ist immer noch in dieser Form irrtumsfrei, aber hier wird nun der Inhalt Gott und die Form den Menschen zugerechnet. Der Vorteil dieser Form von Verbalinspiration ist, dass der menschliche Prozess eine höhere Eigenständigkeit erhält, die zum veränderten Menschen- und Weltbild der Neuzeit passt. Problematisch daran ist, dass Inhalt und Form der Gottesrede selbst zerrissen werden, was die Verbalinstruktion gerade verhindern wollte. Wichtig ist zu sehen, dass alle drei Formen eines gemeinsam haben. Ihnen liegt ein klares Kommunikationsmodell von oben zugrunde. Gott richtet als Sender über das Medium der menschlichen Verfasser eine Botschaft an die Welt. In diesem Bild erscheint die Nutzung von zeitgenössischen Redeformen als mediale Form, damit die Botschaft von Gott bei den Menschen ankommt. Mit diesem Kommunikationsmodell kann die Verbalinspiration weiter das Grundmerkmal von der alles bestimmenden Wirklichkeit behaupten, sie benutzt aber einen Wirklichkeits- und Mächtigkeitsbegriff, der nicht auf die Anfragen der Neuzeit reagiert. Die Frage ist nun doch, von wo aus das Wort wie in die Köpfe hineinkommt. Die Annahme eines Realitätskontinuums von den abgefassten Texten bis in unsere Zeit erweist sich als schweres Erbe. Wer hierauf reagiert und das Modell verändert, bekommt sofort gesagt, dass dann die Wahrheit der Bibel aufgegeben und sie einem fremden Maßstab unterworfen wird. Ob das zweite Modell diesem Vorwurf entgehen kann, wollen wir im Folgenden sehen.

Ein **zweites Modell** wird sichtbar, wenn man sagt, dass die menschlichen Verfasser nicht deshalb brauchbare Instrumente für das Wort Gottes sind, weil sie in besonders reiner Weise das Wort ‚durch sich durch' lassen. Die Redeformen sind vielmehr *Reflexions*formen des menschlichen Geistes, um etwas Bestimmtes, eine Erfahrung in einer konkreten historischen Situation auszudrücken. In dieser Situation gewinnt der biblische Autor Freiheit sich, die Welt und Gott zu verstehen. Diese Freiheit wäre die Voraussetzung dafür, dass Gottes Rede in Menschenwort ergeht. Die Hypothek dieses zweiten Modells ist es zu erklären, wie dieses echte Menschenwort noch Gottes Wort sein soll und wie verhindert werden soll, dass sich dort nicht ‚Fehler' einschleichen. Um auf diese Anfragen einzugehen, muss sich das Modell radikal vom Sender-Empfänger-

Modell lösen. Karl Rahner[126], einer der Protagonisten dieses zweiten Modells, denkt von der menschlichen Glaubensgemeinschaft her: Die Glaubensgemeinschaft ist schon selbst Werk des Geistes und der Geist ist es, der das ursprüngliche Zeugnis bewahrt und immer wieder aktualisiert. Insofern ist der ganze Vollzug der Glaubensgemeinschaft vom Wirken des Geistes getragen. Wenn die Kirche in bestimmten Texten von bestimmten Autoren in der Kanonisierung, aber außerhalb des Kanons, dieses Geistwirken in der Reflexion bestimmter Erfahrungen erkennt, dann kann sie aus der inneren Sicht legitimerweise diese Reflexion in den Strom der lebendigen Vollzüge der Glaubensgemeinschaft als lebendiges Geistwirken einrechnen. Entscheidend ist, ob die Texte in die bisherigen Erfahrungen mit diesem *einen* Gott hineingenommen werden können oder nicht. Dafür kann es in diesem Modell kein anderes Kriterium geben als den Glauben, dass sich Gott auch in diesen Worten selbst mitteilt. Bürgen für diese Wahrheit kann wiederum nur die Glaubensgemeinschaft. Und zwar insofern, weil es die Kirche gibt, um diesen Vollzug Gottes ein historisches Gesicht zu geben und nicht andersherum.[127] Die Kirche steht damit selbst in der Zeit und in der Verantwortung in ihren Vollzügen Ort der Selbstmitteilung zu werden. Sie ist deshalb auch darauf angewiesen, die biblische Rede Gottes hermeneutisch zu erschließen, um den theologischen Sinn der Verfasser in den Formen zu erschließen. Durch diese Öffnung hin zur Hermeneutik ist die Historizität der biblischen Texte nicht der Reibungspunkt für dieses Modell, Texte können auch durchaus einen Sitz in der Literatur haben und trotzdem inspiriert sein – wenn die Glaubensgemeinschaft eben genau in dieser Deutung einer geschichtlichen Situation das Wirken des Heiligen Geistes erkennt, dass Gott sich dadurch mitteilt. In diesem Modell wird also Gottes Wort an das Menschenwort gebunden und nicht umgekehrt. Dass das Menschenwort aber Gottes Wort sein kann, liegt daran, dass das Wort selbst Ort des Sprechens ist. Das ist das, was Rahner die Selbstmitteilung Gottes nennt, der sich ganz der Welt aussetzt. Insofern hält auch dieses Modell das Grundmerkmal fest, dass die Wirklichkeit von Gott her bestimmt wird, weil es dann ja letztlich Gott ist, der sich in den lebendigen Vollzügen zum Ausdruck bringt. Im Unterschied zum ersten Modell liegen paradoxerweise Form und Inhalt auf beiden Seiten: Die Bibel ist ganz Menschenwort und darin ganz Gottes Wort. Insofern greift aus Sicht des zweiten Modells der Vorwurf des ersten Modells, die Autorität Gottes und seine Wahrheit zu verraten, nicht. Für das zweite Modell ist es für den biblisch geschichtlich-geoffenbarten Gott angemessen, sich der Welt und seiner Glaubensgemeinschaft so auszuliefern. Die Autoritäts- und Wahrheitsvorstellung des ersten Modells offenbart vielmehr ein verzerrtes Bild von biblischer Vorstellung, das doch stark von menschlichen Wünschen der Macht und Autorität ge-

---

[126] Vgl. *Karl Rahner*, Über die Schriftinspiration, Freiburg/Basel/Wien ²1962 (=Quaestiones disputatae. Bd. 1).
[127] Vgl. *Bernhard Fresacher*, Kommunikation. Verheißungen und Grenzen eines theologischen Leitbegriffs, Freiburg i.Br. 2006, 32.

prägt ist. Legt der Fundamentalismus also nicht selbst einen eigenen Maßstab an die Rede Gottes an?

Die Aufnahme der Hermeneutik macht aber auch zugleich die Abgrenzung zum **dritten Modell** nötig. Denn für dieses stellt sich angesichts des zweiten Modells die Frage, ob es mit dem Heiligen Geist nicht ein neues Element einführt, das wiederum selbst nicht auszuweisen ist. Ist der geistliche Sinn, auf den sich das Modell beruft, nicht einfach nur der Auslegungsschlüssel einer Gemeinschaft, der für eine Immunisierung nach außen sorgt? Wird nicht einfach schlicht verschleiert, dass es eben Menschenwort ist, kurz: schlichte Literatur? Wo und wie gelingt der Überstieg vom Menschenwort zum Gotteswort? Ist der Verweis auf die Erstehung der Gemeinschaft als Geistwirken – das ist ja die Grundlage, um zu behaupten, dass alle Selbstvollzüge Ausdruck des Hl. Geistes sind – nicht seinerseits auch von den so und so gedeuteten Texten inspiriert? So dass Glaubensgemeinschaft und Hl. Texte gemeinsam inspiriert sind oder eben doch nicht? Es ist ein kurzer Weg vom zweiten Modell zum dritten Modell, das die Heiligen Texte für gute und ansprechende Literatur hält. Literatur mit großen Helden, tollen Frauenpersönlichkeiten, starken und fragmentarischen Szenen, mit guter und schlechter Wirkung bei ihren Rezipienten. Es ist auch vorstellbar, dass sich Rezipienten zusammenfinden, die die Wirklichkeit von dieser Literatur aus interpretieren. Das ist für die Literaturwissenschaften nichts Neues. Jedes Jahr tun sich neue literarische Zeichenuniversen auf – wie z.B. Herr der Ringe, Matrix oder Twilight –, die einen Blick auf die Normalrealität ermöglichen. Genau dieser zweite Blick macht ja fiktionale Literatur so interessant. Gerade weil sie fiktional ist, ermöglicht sie eine Distanzierung, die in der Literatur und auch im realen Leben produktiv genutzt werden kann. Kann das Christentum als Religion nicht einfach sagen: „Ja, genauso fiktiv sind auch unsere Texte!"? Das würde so viele Anpassungsprobleme an die Neuzeit lösen! Aber nein, kann es nicht. Daran erinnert die Verbalinspiration auch das zweite Modell zu Recht. Die Heilige Schrift ist der Maßstab der Wirklichkeit, sie ist Gottes Wort und legt damit selbst Zeugnis ab für die Quelle all dessen, was ist. Diese Verschränkung von Text-Realität und Normalrealität ist nicht im Rahmen fiktionaler Literatur zu interpretieren.

### 5.2.6  *Reflexion der Modelle*

Im letzten Schritt dieser Sitzung ist nun zu klären, wie sich die Kirche zu diesen Modellen verhält. Mit Beginn der Neuzeit lässt sich relativ klar sagen, dass das Lehramt der Kirche zunächst defensiv die Autorität und die irrtumsfreie Wahrheit der Bibel gegenüber den wissenschaftlichen Erkenntnissen verteidigt. Über die Verbalinspiration wird legitimiert, dass die Bibel das Wort Gottes, im Sinne der Verfasserschaft ist. Das I. Vatikanum hält in Kap. 2 seiner dogmatischen Konstitution *Dei Filius* fest, dass die biblischen Texte heilig sind, weil sie Gott als Autor, als Urheber (lat. *auctor*) haben und der Kirche in dieser

Form überliefert sind.[128] Die theologische Reflexion des 20. Jahrhunderts ist breiter, und zunehmend erkennt auch das Lehramt mit Rückblick auf die scholastische Tradition, dass die Bedeutung der menschlichen Autoren selbst wieder theologisiert werden muss.

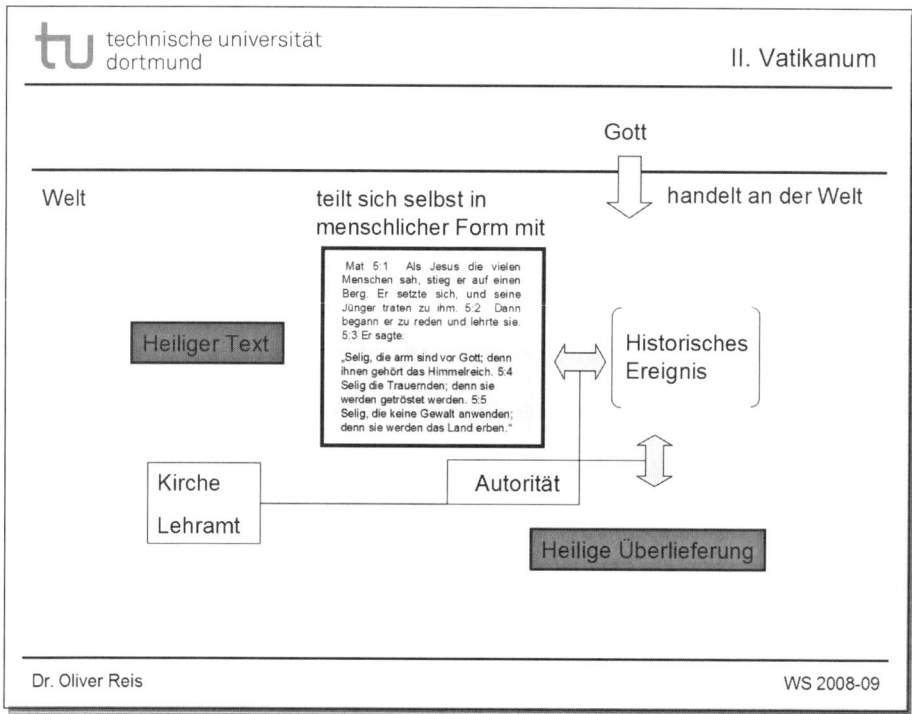

Seit der Enzyklika *Divine afflante Spiritu* von 1943 lässt sich das Lehramt ausdrücklich auf die hermeneutische Unterscheidung von Form und Inhalt ein. Das II. Vatikanum kann als deutliche Zäsur angesehen werden, da sich hier Passagen finden lassen, die deutlich vom zweiten Modell aus zu verstehen sind. So bleibt Gott in *Dei Verbum*, der dogmatischen Konstitution zur Offenbarung, Autor (lat. *auctor*) der Schriften und diese damit seine Rede. Zugleich wird daraus die paradoxale Figur, dass sich Gott Menschen mit ihren Fähigkeiten und Kräften als „wahre Autoren" (*Dei Verbum* 11) erwählt hat.[129] Genauso ist einerseits das einfache Sender-Empfänger-Kommunikationsmodell erkennbar, aber genauso deutlich wird die Kommunikation vom Empfänger her aufgebaut, der Glaubensgemeinschaft, die sich zu dem selbstmitteilenden Gott bekennt und die das an sie gebundene Wort weiterträgt.[130] Die verobjektivierende Redeform

---

128 Vgl. *Heinrich Denzinger,* Enchiridion symbolorum definitionum et declarationum de rebus fidei et morum. Kompendium der Glaubensbekenntnisse und kirchlichen Lehrentscheidungen. Verb., erw., ins Deutsche übertragen und hg. v. *Peter Hünermann,* Freiburg i.Br./Basel/Rom/Wien 38 1999 (=DH), .*Dei Filius,* Kap. 2 (DH 3006).
129 Vgl. DH 4215.
130 Vgl. *Dei Verbum (=DV)* 2 (DH 4202).

und die aus der Perspektive der Glaubensgemeinschaft gehen in dem Konzilstext ineinander über. Doch lässt sich z.B. in Verbindung mit *Gaudium et Spes*, der pastoralen Konstitution des Konzils, deutlich erkennen, wie sich das Konzil traut, seine eigene Zeitgenossenschaft, seine eigene Perspektivität als Gottes Zeugengemeinschaft in die Welt einzutragen. Wird die eigene Standortgebundenheit so transparent gemacht, dann verändert sich erheblich das Bild von Verkündigung. Denn dieses ist dann nicht mehr davon geprägt, mit dem Heiligen Text als objektives Instruktionsmedium die Welt zu beobachten. Vielmehr ist die Verkündigung mehr vom Verstehen als Vollzug aus dem Geist heraus gedacht; ‚Verkünden' als sich der Welt aussetzen, um genauso das lebendige Wirken des sich selbst mitteilenden Gottes zu zeigen, der sich selbst der Welt aussetzt.[131]

Man sollte aber nicht vergessen, dass die objektivierenden Passagen vom Gottes Handeln und Mitteilen das einfache Kommunikationsmodell der *moderaten Verbalinspiration/bzw. der Realinspiration* als *eine Interpretationsperspektive* zulässt.[132] Insofern bleibt die Bibel auch der Zugang zu den historischen Ereignissen, die in einer zu klärenden Beziehung zu dem Heiligen Text stehen. Und ganz deutlich bietet das historische Ereignis den Ankerpunkt, um überhaupt noch sinnvoll von einer Heiligen Überlieferung zu sprechen.[133] Diese Heilige Überlieferung ist u.a. eng kanalisiert durch die Apostolizität und die Apostolische Sukzession an das Lehramt der Kirche, die damit die Autorität für die Auslegung der Texte wird.[134] Dadurch wird die Kirche und in besonderer Weise das Lehramt der Schlüssel, um das historische Ereignis und den Hl. Text in ihrer Relation zu erschließen.[135] Das führt zu einer bewussten Zirkularität in der Hermeneutik, die zugleich in Spannung zu einer latenten Historisierung steht. Indem sich die Kirche selbst als Referenzpunkt gesetzt hat, hat das II. Vatikanum die Gottesrede an die Moderne anschlussfähig gehalten, sie aber nicht der Moderne ausgeliefert. Wichtig ist mir noch, dass Sie sehen, dass die

---

[131] Vgl. z.B. *Thomas Franz*, Sehen – Urteilen – Handeln. Fundamentaltheologische Grundlagen für ein person- und prozesszentriertes Lehren der Kirche, in: *Scheidler/Reis* (Hg.), Vom Lehren zum Lernen. Didaktische Wende in der Theologie?, Münster 2008, 109-116; *Fresacher*, Kommunikation, 2006, 29-34.

[132] Das kann man bei der hermeneutischen Theologie insgesamt beobachten: Der einfache, wörtliche Glauben, den die hermeneutische Theologie aufklären möchte, kehrt als eine Interpretationsperspektive fast noch gestärkt zurück. Man sollte nicht vergessen: der Fundamentalismus ist selbst eine moderne Position, die eine bestimmte Option der hermeneutischen Theologie ablehnt (vgl. *Oliver Reis*, Mit Glaubensaussagen Lernprozesse gestalten, in: KatBl 134 (2009a), H.2, 112-121).

[133] *Dei Verbum* dazu: „Dieses Offenbarungsgeschehen ereignet sich in Taten und Worten, die innerlich miteinander verknüpft sind, so dass die Werke, die in der Heilsgeschichte von Gott vollbracht wurden, die Lehre und durch die Worte bezeichneten Dinge offenbaren und bekräftigen, die Worte aber die Werke verkündigen und das in ihnen enthaltene Geheimnis ans Licht treten lassen" (Abs. 2). Auf eine Abbildvorstellung wie im Fundamentalismus wird verzichtet, die Relation aber auch nicht aufgelöst.

[134] Vgl. DV 7 und 8 (DH 4207-4209).

[135] Vgl. DV 10 (DH 4213).

Zirkularität und die Autorität der Kirche nicht primär eine innerkirchliche Machtdemonstration der Herrschaft über die Botschaft sind, sondern ein durchaus theologisch sinnvoller Versuch darauf zu bestehen, dass die biblische Wirklichkeit die Referenz für die Normalrealität sein muss. Schwierig daran ist eher – wie schon gesagt – die latente Historisierung, die für das behauptete Realitätskontinuum vom Jesus Geschehen über die biblische Urgemeinde zur historischen Urgemeinde bis hin zu heute notwendig sein mag. Sie führt die Kirche aber zugleich in eine defensive Position, weil diese Historisierung aus Sicht der Normalrealität unwahrscheinlich ist und genau dann die Umkehrung der Wirklichkeitsverhältnisse unnötig schwer wird.

Während das II. Vatikanum also als deutliche Hinwendung zum zweiten Modell verstanden werden kann, in der die frühere Lehre aber aufgehoben wurde, so hat sich die Päpstliche Bibelkommission von 1993 in ihrer Schrift „*Die Interpretation der Bibel in der Kirche*" noch eindeutiger zum zweiten Modell bekannt und ganz deutlich von den anderen beiden Modellen abgegrenzt. So lehnt sie ausdrücklich den Fundamentalismus ab,[136] der den geschichtlichen Charakter der Offenbarung selbst nicht erkennt, der mit der Verbalinstruktion über ein unangemessenes Inspirationsverständnis verfügt, der den literarischen Gattungen und ihren verschiedenen ‚Sitzen' keine Bedeutung schenkt. Er ignoriert auch, dass die Texte Gottes Wort gerade in ihrer Zeugenschaft weitertragen. Die Bibelkommission würdigt durchaus das Festhalten an der Autorität und Wahrheit der Bibel als Gottes Wort, lehnt aber dessen Fixierung auf den *Buchstabensinn* ab. Um aber dem Text weiter auch in seiner Form eine normierende Bedeutung geben zu können, hält die Schrift am *wörtlichen Sinn (sensus litteralis)* fest. Dieser meint das, was die inspirierten biblischen Autoren in und für ihre Zeit als Gottes Botschaft ausdrücken wollten. Um diesen genauen Aussagesinn muss also durchaus quer zum Buchstabensinn gedacht werden, weil eine bestimmte Gattung oder Redeform wie die ironische Rede der Karikatur dies verlangt.[137] Hierfür sind alle (literarischen) Methoden der Bibelauslegung – insbesondere die historisch-kritische Methode – einzusetzen, um die in den von historischen Autoren mit konkreten historischen Kontexten vermittelte Rede Gottes möglichst genau zu erfassen. Deshalb ist jede Bibelauslegung in der Katholischen Kirche daran gebunden den wörtlichen Sinn zu erfassen. Aber gleichzeitig muss die legitime Bibelauslegung als Hören auf das Wort Gottes in der Auslegung des wörtlichen Sinnes immer auf den *geistlichen Sinn* bezogen sein. Mit dem *geistlichen Sinn* meint die Kirche, dass die biblischen Texte von dem Jesus-Geschehen her ihre Orientierung gewinnen, d.h. von dem Glauben an Jesus als den Sohn Gottes, der den Willen des Vater zeigt und die Welt zum Heil führt. Dieser geistliche Sinn darf nicht ohne den wörtlichen Sinn bestimmt werden, aber eine Auslegung des wörtlichen Sinnes ohne die geistliche Sinndi-

---

[136] Vgl. *Die Interpretation der Bibel in der Kirche*, 1993, Teile I und F.
[137] Vgl. *Die Interpretation der Bibel in der Kirche*, 1993, 69.

mension kann nicht den inspirierten Sinn der Verfasser treffen.[138] Im Sinne des zweiten Modells ist der geistliche Sinn an die Glaubensgemeinschaft gebunden, die in den Texten ihre Erfahrungen festhält und für die zukünftigen Generationen als Deutungsfolie festhält. Es sind Texte der Kirche, und deshalb ist auch keine subjektive Auslegung oder eine Ablösung von der Wahrheit der kirchlichen Überlieferung möglich. Damit bekennt sich die Schrift offen zur hermeneutischen Zirkularität, die darum weiß, dass jede Interpretation vom Vorverständnis beeinflusst wird. Während sonst diese Zirkularität aufgeschlüsselt und damit in ihrer immunisierenden Wirkung geschwächt werden soll, erhebt die Schrift sie zur normativen Voraussetzung.[139] Das klärt noch einmal die Position vom II. Vatikanum. Hier zeigen sich deutlich die Grenzen zum dritten Modell, die noch einmal dadurch verstärkt werden, dass die Schrift daran festhält, dass den biblischen Texten durch Deutung verarbeitete historische Ereignisse zugrunde liegen, so dass über den Heiligen Geist ein *geistliches* Realitätskontinuum zwischen Ereignis und heutiger Situation erzeugt wird.[140] Damit hat die heutige Position der Kirche auf das Problem der intuitiven katholischen Vorstellung mit dem historischen Realitätskontinuum reagiert, aber zugleich die Anforderungen an die Verstehbarkeit erhöht.

Diese komplexe Position zu beziehen ist eine der grundlegenden Entscheidungen der Kirche in der Neuzeit, sie ist aber noch gar nicht wirklich verarbeitet, weil sie in ständiger Auseinandersetzung mit den anderen beiden Optionen zurückzufallen droht. Die größte Herausforderung besteht darin, dass die Hermeneutisierung noch nicht geklärt hat, welche Bedeutung die materiale Form der Texte spielt. Auch wenn der biblische Text und die Dogmen es erlauben, dass eine sekundäre theologische Auslegung die Bedeutung für eine bestimmte Zeit in anderen Formen bestimmt, so beanspruchen sie doch auch in der Form selbst Bedeutung zu tragen. Bsp. Krankenheilung: Sie drücken in der literarischen Form der Heilungsgeschichte Jesu Bevollmächtigung aus, in Gottes Namen zu handeln. Das ist richtig, aber was heißt das für unser Verhältnis zur Krankheit und die Hoffnung, dass diese Krankheit in Gottes schöpferischem Willen geheilt wird? Der Fundamentalismus inszeniert Krankenheilung als Zeichen für die Wahrheit der biblischen Zeugnisse. Eine literarisierende Auslegung glaubt heute nicht daran, dass Gott Krankheiten heilen kann und ist froh, dass das die Bibel gar nicht meint. Das zweite Modell muss sich hierzu verhalten. Das Festhalten an der Form bleibt gegenüber der literarisierenden Auslegung ein Stachel im Fleisch, gegenüber dem Fundamentalismus muss die Realität abgrenzend geklärt werden. Das macht das zweite Modell so komplex und so schwierig zu handhaben. Und wie kann es trotz Abgrenzung überhaupt den intuitiven Impuls aufnehmen, dass auch Christen im Fall der Krankheit zu Gott um Heilung beten? Hilft hier überhaupt die hermeneutische Reflexion als In-

---

[138] Vgl. *Die Interpretation der Bibel in der Kirche*, 1993, 71f.
[139] Vgl. *Die Interpretation der Bibel in der Kirche*, 1993, 75.
[140] Vgl. *Die Interpretation der Bibel in der Kirche*, 1993, 34,66f,72.

strument? Wird so auch verständlich, dass die Kirche in den eigenen Vollzügen auf die Verbalinspiration zurückgreift?

Wie schon bei Gottes Dasein hat uns die Aufklärung ein schweres Erbe hinterlassen. Ich folge unserer Kirche in der Wahl des zweiten Modells als Reflexionsfolie. Es ist eine sinnvolle Möglichkeit einerseits an der Umkehrung und Aufhebung unserer Maßstäbe an dem Wort Gottes festzuhalten – sozusagen an dem jüdischen Erbe –, und trotzdem die menschliche Konstruktion der Heiligen Texte in vollem Maße zu vertreten. Die falsche historisierende Kontinuitätsauffassung können wir für eine geistlich-theologische aufgeben und ein anderes Wirklichkeitsverständnis wählen. Das sind für mich gute Grunddaten einer der heutigen Zeit zugewandten Theologie, ohne sich in ihr zu verlieren. Sie selbst werden sich in Ihrer Antwort auf die Schülerfrage strukturell auf eines dieser drei Modelle bezogen haben und müssen deshalb auch mit den verschiedenen Problemen leben, die die drei Modelle mit sich führen: a) die Verabschiedung des *fides quaerens intellectum* (→ **Einführung in die theologische Logik**) bei der fundamentalistischen Antwort, b) die Unentschiedenheit und innere Widersprüchlichkeit der Paradoxie bei der hermeneutischen Antwort und c) die Aufgabe der religiösen Rede bei der rein literarischen Antwort.

Damit schließe ich das Input in dieser Sitzung ab. Wir haben mit der Umkehrung von Normalrealität und durch Gottes Rede bestimmter Wirklichkeit ein Grundmerkmal der jüdisch-christlichen Gottesrede kennen gelernt. Wir haben gesehen, wie das Christentum mit seiner Betonung der Realitätskontinuität von Jesu-Geschehen und heutiger Realität damit in der Neuzeit in eine Historismuskrise geraten ist, die die drei Modelle auf ihre Weise bearbeiten. Die Katholische Kirche hat sich in dieser Frage formell für das zweite Modell entschieden und sich so selbst gewichtige Anfragen vorgelegt. Damit können wir zum zweiten Reflexionsteil übergehen. Haben Sie vorher noch Fragen?

*S: Ich versuche für mich gerade klar zu kriegen: Wir haben jetzt vor allem geklärt, dass Gott über die Bibel und das Lehramt „spricht". Aber wenn ich an die erste Sitzung denke, dann muss doch das Hören irgendwie offener und breiter sein. Wie ist das z.B. mit Liedern, die z.B. Bonhoeffer gesungen hat. Ist das nicht auch Gottes Rede?*

Nehmen wir z.B. konkret das Lied „Von guten Mächten wunderbar geborgen" von Dietrich Bonhoeffer, das kennen vielleicht einige von Ihnen. Zunächst einmal ist es ein sehr genau ‚zuhörendes' Lied (→ **Einführung in die theologische Logik**). Damit meine ich in Anlehnung an die erste Sitzung, dass dieses Lied gerade deshalb bei vielen so ein tiefes Gefühl von Geborgenheit und Getragenheit auslöst, weil es die Rede Gottes so gut aufnimmt. Ich habe in dieser Sitzung wenig von dem gesprochen, was Gott spricht, ich habe mich darauf konzentriert, die Wirklichkeit der Rede Gottes zu rekonstruieren. Wir haben aber schon in verschiedenen Sitzungen zur Gegenwart und zur Macht Gottes inhaltliche Aspekte ausgemacht. Und da lässt sich das Lied verstehen als angemessene Aktualisierung der biblischen Pantokrator-Vorstellung von der Macht

Gottes gegenüber den scheinbar allmächtigen politischen Kräften der NS-Zeit (→ **Gottes Macht, Modell 4**). Bonhoeffer bekennt sich in der scheinbaren Ohnmacht und Gottesverlassenheit zu Gott, der die Welt zusammenhalten kann. Mit Bonhoeffer können wir in dem Lied unsere Erfahrung ausdrücken, dass ich auch in dunklen Zeiten von Gottes Schöpfermacht umgeben bin, mit der er die Mächte und Gewalten ordnen kann. Wenn ich diese Erfahrung von der Bibel her nicht kennen würde, dann wäre das ein Lied, das sich überhaupt nicht ausweisen könnte. Die normative Kraft – und das ist ganz entscheidend – liegt in den biblischen Texten selbst, auf die hier angemessen im Bekenntnis reagiert wird. So ist die Bibel die ‚Brille‘, durch die wir eigentlich erst sehen und die Welt verstehen.

Wenn wir das Lied in die Welt singen, dann kann sich für Außenstehende vielleicht auch wieder Gottes Rede ereignen, die hermeneutische Theologie des zweiten Modells ist offen, nach neuen Formen der Gottesrede zu suchen, sie kann sie auch in neuen Formen entdecken und würde dann vom wörtlichen und geistlichen Sinn danach fragen, ob hier eine Rede ergangen ist, die sich an den biblischen Text und seine Botschaft rückbinden lässt.[141] Für den Fundamentalismus wäre diese Erweiterung nicht möglich, da jede Änderung der Form unweigerlich die Botschaft verändert. Das II. Vatikanum zeigt aber explizit in der Pastoral-Konstitution *Gaudium et Spes*, dass die Kirche bereit ist, das Wort Gottes in neuen Formen in der Welt zu suchen, weil sie sich selbst als in der Zeit und ihren Kontexten reflektierend versteht.[142] Von daher macht Ihre Frage zu Recht darauf aufmerksam, dass die Gottes Rede in diesem zweiten Modell nicht als Instruktionspaket in die biblischen Texte eingesperrt bleibt. Andererseits ist die Offenbarung Gottes in Jesus Christus für die Kirche abgeschlossen, wie das gleiche II. Vatikanum in *Dei Verbum* festhält.[143] Das bindet unsere Erfahrungen an das Jesus-Geschehen als Normgröße – zu Recht wie wir gesehen haben, da sich genau darin das Grundmerkmal erhält, dass die Wirklichkeit von Gottes Wort her zu bestimmen ist. Von daher dürfen wir Gottes Rede auch nicht leichtfertig entgrenzen. Halten wir fest: Bonhoeffer ist zunächst einmal Hörer des biblischen Wortes. Aber in Bonhoeffers Berührtheit zeigt sich gerade, dass das Wort nie aufhört uns zu erreichen und dann kann das Lied von Bonhoeffer zu einer Form werden, in der sich für uns heute Gottes Rede ereignet, der wir zuhören und die wir weitertragen können.

---

[141] Vgl. *Gabel*, Inspiration IV. systematisch-theologisch, in: ³Lthk, Bd. 5, Sp. 539.
[142] Vgl. *Fresacher*, Kommunikation, 2006, insbesondere Kap. 2.3.
[143] Vgl. *Dei Verbum*, Abs. 4.

## 5.3 Reflexionsprozess II

### 5.3.1 Vorbereitung

 technische universität
dortmund

Übung_2

1. Wie spricht für die Kirche Gott zur Welt und wie können wir seine Rede verstehen? Nutzen Sie zur Beantwortung den unteren Zirkel und die Textauszüge von Dei Verbum und der Päpstlichen Bibelkommission!

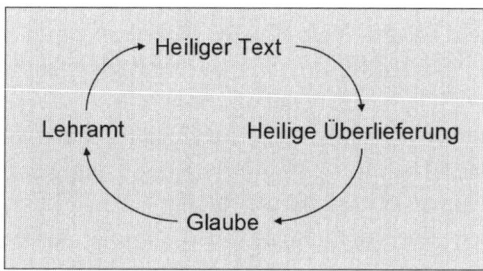

2. Analysieren Sie Ihre eigene Aussage (1. Übung!): Welche der drei Lösungen (Verbalinstruktion/-inspiration, Inspiration, bloße Literatur) kommt Ihrer am nächsten?

Dr. Oliver Reis                                                    WS 2008-09

Auch dieses Mal lege ich Ihnen zwei Aufgaben vor. Die erste soll Ihnen dabei helfen, den Vorlesungsinput vertiefter zu verstehen. Sie sollen die letzte Folie noch einmal auf die Frage hin durcharbeiten, wie auf diesen Grundlagen die Kirche die Frage beantwortet, dass Gott zu seiner Welt spricht und wir ihn verstehen können [**vgl. EWS-Text 13**]. Die in der Grafik angedeutete zirkuläre Struktur kann die Antwort prägen. Wenn die Modelle trennscharf genug sind, dann können Sie an die zweite Aufgabe gehen, und die eigene Position aus der ersten Reflexionsaufgabe mithilfe der Modelle rekonstruieren und in ihren Stärken und Schwächen einschätzen. Damit bedanke ich mich für Ihre Aufmerksamkeit, bis zum nächsten Mal!

### 5.3.2 Exemplarische studentische Reflexionen

#### a) **Meike:**

2.) Der Text „Die Verbum" und der Text der Päpstlichen Bibelkommission stellen dar, dass Gott sich den Menschen in Jesus Christus offenbart hat. Besonders durch Jesus spricht Gott zu uns Menschen. Es kann keine direktere Offenbarung Gottes geben, als die Taten und Worte Jesu. Er ist Mittler und Erfüller der ganzen Offenbarung. In den

Schriften des AT und NT finden wir Aufzeichnungen der Rede Gottes. Die von Menschen verfassten Texte stehen unter der Eingebung des Heiligen Geistes. Wir finden also in diesen Schriften genau dass, was Gott selbst uns überliefern wollte. Gott selbst ist der wahre Verfasser, dessen Reden Menschen durch seine göttliche Intervention schriftlich überlieferten.

In … den heiligen Texten erkennt die Kirche die heilige Überlieferung der Rede Gottes. Wir glauben an die direkte Tradierung der Gottesreden von Gott an uns in den heiligen Schriften. Darin sehen wir seine Offenbarung uns gegenüber. Da die Kirche davon spricht, dass Gott den Menschen beruft, um sich uns in den Texten zu offenbaren, kann man von einer Verbalinspiration sprechen. All das und auch nur das, was Gott selbst wollte, wurde durch die Berufung des Menschen, mit Gott als wahrem Verfasser, überliefert.

3.) In meiner Aussage über die Reden Gottes schwanke ich zwischen den Darstellungen als „bloße Literatur" und der Inspiration als Auszeichnung bestimmter Texte. Ich stelle dar, dass wir in den Texten Glaubenszeugnisse der damaligen Menschen erkennen können. Diese an Gott glaubenden haben ihre Erfahrungen und Deutungen so aufgeschrieben, das wir auch heute noch Gottes Wort darin hören können. Gottes Rede ist uns in den Texten nicht nur wörtlich sondern vor allem im übertragenden, bildlichen Sinn erzählt. Die Texte, die von den Menschen so verfasst wurden, dass wir die Rede Gottes darin erkennen, müssen unter großer Machtbeeinflussung Gottes stehen; anders wären solche Werke nicht möglich. Genau in dieser Erklärung finden wir die Offenbarung Gottes an uns. In meinem Text stelle ich des weiteren dar, dass die Entstehung der Texte durch reale, weltliche Ereignisse ablief. Es ist deutlich, dass ich davon ausgehe, dass die Menschen die Texte geschrieben haben. Ob dies jedoch unter der Inspiration Gottes geschah, schließe ich nicht aus. Die Reden Gottes liegen in den Schriften, wir finden sie in der Erzählweise / dem sich behauptenden Erzählstil und den Berichten über die Glaubenserfahrungen der Menschen. Dadurch, dass wir die Reden Gottes erkennen, ist die Möglichkeit, dass die Texte bloße Literatur sind, für mich ausgeschlossen.

### b) Thomas:

2) Die (heiligen) Texte, die in der Bibel stehen, also das Wort Gottes, wurde von Menschen geschrieben, die vom Heiligen Geist „angehaucht" wurden. Da diese Texte laut Dei Verbum Gott als ihren Urheber haben sind sie der Kirche übergeben worden (Heilige Überlieferung). Durch den Glauben an diese Worte können die biblischen Texte verstanden werden, da man eine „lebendige Beziehung" hat zum Inhalt des Textes. Somit kann sich die Kirche auf diese Texte beziehen, sie richtig interpretieren und deuten und weiter in die Welt heraustragen. Dabei beziehen sie sich wieder auf die Bibel, also den Heiligen Text.

3) Ich habe eindeutig die größte Nähe zu Punkt 2 „Inspiration als „Auszeichnung" bestimmter Texte, da auch hier davon ausgegangen wird, dass bestimmte Ereignisse von glaubenden Menschen gedeutet wurden um Gottes Werk oder Sinn darin zu sehen. Ich sehe aber dabei auch eine kleine Verbindung zu Punkt 1, der Verbalinspiration, denn glaubende Menschen lassen sich von Gott inspirieren.

## c) Tanja:

**2. Frage a):** Wie spricht für die Kirche Gott zur Welt und wie können wir seine Rede verstehen? Nutzen Sie zur Beantwortung den unteren Zirkel + die Textauszüge von Die Verbum und der Päpstlichen Bibelkommission!

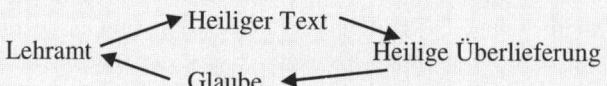

Heiliger Text

Lehramt          Heilige Überlieferung

Glaube

1. In dem Textauszug „Dei Verbum" wird Jesus Christus als der Vermittler zwischen Gott und der Glaubensgemeinschaft dargestellt. Jesus wird als „(C)hristus, das Fleisch gewordene Wort" (Z.5) bezeichnet, somit ist Christus, de Heilige Geist in menschlicher „fleischlicher" Form, in Form vom Menschen Jesu auf der Welt. Da die Dreifaltigkeit besagt, dass die drei Seinswesen Gott, der Heilige Geist und Jesus eine Einheit bilden, ist also auch Jesus, der wortwörtlich auf die Welt gebracht wurde, gleichzeitig Gott und somit auch Gottes Wort („In dieser Offenbarung redet also der unsichtbare Gott(...)",Z.8-9). Jesus dient also als der „(M)ittler der und die Füllung der ganzen Offenbarung"(Z.27-28). Die Entstehung der Heiligen Texte liegt also in menschlicher Form, die Gottes Wort durch Jesus gehört haben. Da die Kirche „(G)ott [als] Urheber"(Z.40) sieht, erkennt sie die Zeugenberichte an(„Denn die heilige Mutter Kirche hält aufgrund apostolischen Glaubens die Bücher sowohl des Alten wie des Neuen Testaments in ihrer Ganzheit mit allen ihren Teilen für heilig und kanonisch", Z.32-37) und überliefert sie in mündlicher Form von Bischof zu Bischof. Das ist die Heilige Überlieferung als Teil des Zirkels*. Gott redet die Menschen in Jesu Gestalt „(a)us dem Übermaß seiner Liebe die Menschen wie Fremde an"(Z.11), und bringt die Gemeinschaft dazu, an die Worte Gottes zu glauben.
2.) In dem Textauszug „Päpstliche Bibelkommission" wird darauf hingewiesen, dass die „(E)rfüllung der Heilsereignisse in der Person Jesu Christi der Geschichte der Menschheit [einen] Sinn gibt(Z.28-32). Der Textverfasser warnt vor Missinterpretation („Die neuen geschichtlichen Interpretationen [der Heilsereignisse] können nicht anders sein als die Entschleierung der Fülle dieses Sinns",Z32-35) und erklärt die Kirche zum Lehramt, das der Tradition der Interpretationen treu bleibt („Die kirchliche Autorität, die im Dienste der Gemeinschaft steht, muss darüber wachen, dass die Interpretation der großen Tradition, aus der die Texte hervorgingen, treu bleibt", Z.6-10).
Für die Kirche spricht also Jesus Christus, als das Fleisch gewordene Wort Gottes zur Welt im Auftrag Gottes.
Um seine Rede verstehen zu können, muss man besondere Voraussetzungen erfüllen, wie z.B. den in der kirchlichen Gemeinschaft gelebten Glauben und die Führung durch den Heiligen Geist. Die Erfüllung aller wichtigen Voraussetzungen führt zur richtigen Interpretation des Heiligen Textes. Die Tatsache, dass der Glaube und die Erklärung Gottes und somit auch seiner Rede über den Verstand hinausgeht, sollte man im Hinterkopf halten.
Der Zirkel, der den Zusammenhang zwischen dem Heiligen Text, der Heiligen Überlieferung, dem Glauben und dem Lehramt als Kirche zeigt, spiegelt sich in beiden Textauszügen wider. Die einzelnen „Bestandteile" sind voneinander abhängig und würde ein „Bestandteil" wegfallen, wäre der Zirkel nicht vollständig. Ohne der Heiligen Schrift gäbe es auch keine Heilige Überlieferung, durch die der Glaube verstärkt wird und es

gäbe auch kein Lehramt, der die Heiligen Texte weitevermittelt und lehrt. Somit ist es ein Kreislauf der Abhängigkeiten.

*, der die Entstehung der Heiligen Schrift darstellt.

**Frage:** 2b) Analysieren Sie ihre eigene Aussage (1.Übung!): Welcher der drei Lösungen (Verbalinstruktion/-Inspiration, Inspiration, bloße Literatur) kommt Ihrer am Nächsten?

Meine eigene Aussage kommt der Inspiration als „Auszeichnung" bestimmter Texte am nächsten, da diese Lösung Deutungen glaubender Menschen beinhaltet. In meiner Aussage betone ich die Subjektivität der einzelnen Personen, die Ereignisse niederschreiben, weil sie subjektiv eigene persönliche Deutungen mit einbringen in ihren Texten. Dadurch kann man die 1. und 3. Lösung ausschließen, weil in meiner Aussage die Menschen keine literarischen und somit objektiven Texte schreiben, was der Lösung entsprechen würde, und auch nicht von Gott als Werkzeug benutzt werden, um wortgetreu das zu sagen, was war (1.Lösung). Diese bereits oben erwähnte Subjektivität ist in der 2.Lösung wiederzufinden, da dort nicht nur/kaum wörtlicher Sinn steckt, sondern hauptsächlich geistlicher Sinn, der auf Deutungen und subjektive Interpretation beruht.

# 6 Gottes Herrschaft

## 6.1 Thematische Hinführung

Liebe Studierende, ich begrüße Sie zu der sechsten Sitzung in der Vorlesung 'Gott denken'. In der heutigen Sitzung werde ich zunächst das Input geben und Ihnen dann im zweiten Teil die Reflexionsaufgabe stellen. Gerade in diesen Sitzungen ist mir die thematische Hinführung besonders wichtig. Der Anker für diese Sitzung ist die Erfahrung in Gesprächen mit Jugendlichen, dass die bewusste Auseinandersetzung mit der Bitte im Vater Unser „Dein Reich komme. Dein Wille geschehe wie im Himmel so auch auf Erden" für Irritationen sorgt. Das Wort 'Reich' – wie überhaupt der ganze Anspruch, dass Gott in der Welt einen Herrschaftsbereich errichtet – passt offenbar nicht in die Weltvorstellung von vielen Jugendlichen. Mit Blick auf eine amerikanische Studie zu den religiösen Konzepten Jugendlicher lässt sich dies insofern nachvollziehen, da diese bei einer großen Zahl von Jugendlichen einen moralisch-therapeutischen *Deismus* (→ **Gottes Dasein**) ‚diagnostiziert'. Kennzeichnend für diese Position ist, dass Gott eine Hypothese ist, die wichtig ist, um dem Alltag eine moralische Ordnung zu geben und der immer für einen da ist, dass aber Gott selbst mit dem Alltag nichts zu tun hat. Von daher kann dieser Gott auch keinen Einspruch mehr erheben, er verlangt nichts mehr außer der Einhaltung einer recht bürgerlichen Moral.[144] Ganz im Sinne der dritten Stufe in der Theorie des religiösen Urteils von Oser/Gmünder maximiert diese Position die individuelle Autonomie und damit die Selbstgesetzlichkeit der Welt und darin die des Individuums.[145]

Gerade weil dieser Deismus so selbstverständlich ist, möchte ich mit dieser Sitzung zu Gottes Herrschaft einen bewussten Gegenimpuls setzen. Denn das 'Vater-unser' kann mit diesem moralisch-therapeutischen Deismus wenig anfangen. Es lebt aus dem Geist des Anspruchs: In Jesus errichtet Gott sein Reich, in dem er herrschen wird. Mit Blick auf Gottes Macht und Gottes Rede kann man sagen: Gottes Wort ist so machtvoll, dass es nicht nur als Text von einer anderen Wirklichkeit erzählt, nein es kann diese andere Wirklichkeit, die Herrschaft des Wortes innerhalb der ‚Normalrealität' als gesellschaftliche Wirklichkeit errichten. Die Bitte „Dein Reich komme!" drückt die Hoffnung aus, dass Gott seine Herrschaft errichtet, seinen Gesetzen des Lebens Wirkung verleiht. Wir hoffen auf diese Gesetze, weil wir uns von ihnen ein gutes Leben erwarten. Dieses Bild ist nicht ohne Ambivalenz, denn da sind auch sofort die Bilder des strafenden Gottes, der Gesetzesübertretungen ahndet, und da ist auch die Gewalt, wenn sich ein Reich auf Erden gegenüber anderen Reichen und Individuen durchsetzt. Damit hat der empirisch erhobene Deismus der Jugendlichen nichts zu tun. Gott ist seiner Fremdheit in der Aktualität beraubt. Insofern ist der Herr-

---

[144] Vgl. *Christian Smith/Melinda L. Denton*, Soul Searching. The Religious and Spiritual Lives of American Teenagers, Oxford 2005.
[145] Vgl. *Fritz Oser/Paul Gmünder*, Der Mensch – Stufen seiner religiösen Entwicklung, in: *G. Büttner/V.-J. Dieterich* (Hg.), Die religiöse Entwicklung des Menschen, Stuttgart 2000, 123-152.

schaftsanspruch Gottes in der Welt ein theologisches Thema, das dem Deismus als Grundoption schwer zusetzt. Andersherum ist die Schwierigkeit dieses Herrschaftsanspruchs auch eine Ursache für die Verbreitung des Deismus. Deshalb meine ich, dass es notwendig ist, von Gottes Herrschaftsanspruch zu sprechen, auch wenn oder gerade weil so selbstverständliche Grundoptionen wie der Deismus diesen Anspruch aus der Gottesreflexion verdrängen. Auch heute wieder möchte ich Ihnen verschiedene *theologisch-inhaltliche Denkmodelle* zeigen, die sich die Mühe machen den Herrschaftsanspruch zu entfalten. Wie sich die verschiedenen *Grundoptionen* dazu verhalten, ist dann wieder Ihre selbst zu erbringende Leistung. Aber zunächst möchte ich Ihnen Raum für Fragen geben.

*S: Weil wir gerade noch einmal bei den Grundoptionen sind: Ich denke immer wieder über den Agnostizismus nach. Diese Offenheit ist ja eigentlich eine schwere Position. Wie kann man ihn einhalten, so dass er offen bleibt für das, von dem ich nicht weiß, ob es existiert?*

Der Agnostizismus vertritt ja die These, dass ich nicht weiß, ob es Gott gibt, ob Gott spricht usw., aber dass ich letztlich die Nicht-Möglichkeit auch nicht beweisen kann. Nach meiner Wahrnehmung gibt es zwei agnostische Haltungen: Es gibt einmal die positivistische agnostische Haltung, die zwar die Nicht-Möglichkeit nicht beweisen will, aber letztlich mit den Instrumenten, die die Normalrealität bietet, zufrieden ist und von dem, was da noch ‚außerhalb' der Normalrealität sein soll, erwartet, dass es sich aus eigener Kraft quasi-objektiv aufdrängt und damit deutlich macht, dass die bisherigen Instrumente nicht ausreichen. Dieser Agnostizismus hat ein solches Begriffs- und Denknetz über das gelegt, was wirklich sein kann, dass Gott eigentlich nur dann vorkommen kann, wenn man fundamentalistisch an ihn glaubt, weil er ja dann in der Lage ist, Ereignisse zu schaffen, die mit den normalen wissenschaftlichen Erklärungen nicht mehr zu erklären sind. Deswegen ist dieser Agnostizismus eine recht einfache Haltung, weil alles, was irgendwie nach Religion oder Gotteserfahrung aussehen kann, immer nur natürliche Phänomene sind, die menschlich gedeutet werden. Aber eine echte objektive göttliche Gegenwart kommt in diesem Sinne nicht vor. Wenn Sie bei Gottes Rede das zweite Modell vertreten, dann wissen Sie, dass Sie bei der Konfrontation mit dem objektiven Gottesereignis gar nicht gemeint sind. Dann wissen Sie, dass alle Ereignisse so oder so gedeutet werden können und dass die religiöse Deutung von Ereignissen eine mögliche ist, aber nicht die notwendig einzige und in diesem Fall kommt Ihnen dieser Agnostizismus ziemlich simpel vor, vielleicht sogar bequem, weil er die eigentliche religiöse Frage nicht stellt: Warum soll und kann ich mich auf die religiöse Deutung verlassen?

Es gibt eine andere Form des Agnostizismus, die finden Sie z.B. bei William James[146]. Der sagt, dass er *als Philosoph* letztlich offen dafür sein muss, ob

---

[146] Vgl. *William James*, Ist das Leben wert, gelebt zu werden?, in: *Chr. Fehige/G. Meggle/U. Wessels* (Hg.), Der Sinn des Lebens. München ⁴2002, 276-289. Der Vortrag in seiner Originalfas-

er auf Phänomene stößt, die er sich so nicht erklären kann. Er schließt andere Wirklichkeitsdimensionen nicht aus, weil er keine Begriffe hat, mit denen er das ungebrochen in einer wissenschaftlichen Welt denken kann, weil er weiß, dass die religiösen Begriffe nur indirekt Phänomene der Normalrealität bezeichnen. Von den realen Folgen her aber lässt er zu, dass diese eigenartigen Begriffe trotzdem Realität sinnvoll erfasst haben müssen. Denn für ihn als Pragmatist hängt der Realitätsgehalt einer Beschreibung von den daraus abzuleitenden Folgen für die Realität ab. Und weil religiöse Menschen offenbar die Welt, also die Normalrealität verändern (sei es durch physikalische Erkenntnisse, die religiös motiviert sind oder durch rituelle Vollzüge), wird für ihn der Ausschluss einer religiösen Wirklichkeitsdimension ideologisch positivistisch im obigen Sinne. Diese Offenheit macht ihn selbst nicht religiös. D.h. er glaubt nicht selbst den von der Religion behaupteten Zusammenhang zwischen der religiösen Aussage und der Weltveränderung, er bleibt agnostisch den Religionen gegenüber, aber lässt religiöse Erfahrungen als Fremderfahrungen im Möglichkeitsraum zu. Das ist eine komplexe anspruchsvolle Haltung und da haben Sie völlig recht mit Ihrer Vermutung.

## 6.2 Modelle im Verständnis der Gottesherrschaft

Genauso selbstverständlich wie heute der Deismus als Denkform und damit der Anspruch einer Herrschaft Gottes unplausibel ist, so selbstverständlich ist im jüdisch-christlichen Denken die Vorstellung von der Herrschaft Gottes. In der heutigen Sitzung werde ich Ihnen sechs Denkmodelle zeigen, von denen ich drei im biblischen Kontext verorte. Diese ersten drei bestimmen wie bei Gottes Macht Grundzüge des biblischen Denkens und zeigen so etwas wie die zentralen Fragen unter verschiedenen historischen Kontexten. Die drei anderen Modelle rezipieren die Modelle, betonen einzelne Aspekte und verschieben für den veränderten historischen Kontext auch den Erkenntnisschwerpunkt. So bilden die ersten drei Modelle ganz wichtige Anknüpfungspunkte für die weiteren drei.

### 6.2.1 *Freiheit durch Gottesherrschaft*

Ich beginne für das **erste Modell** in der Antike mit dem Transzendenzmodell aus Gottes Dasein. Hier sind noch mal die beiden Bilder, die sie inhaltlich schon kennen, die ich aber im Folgenden auf die Frage nach der Herrschaft Gottes zuspitzen möchte.

---

sung findet sich unter: http://www.clas.ufl.edu/users/jzeman/wjames/will_to_believe.htm [05.01.2012].

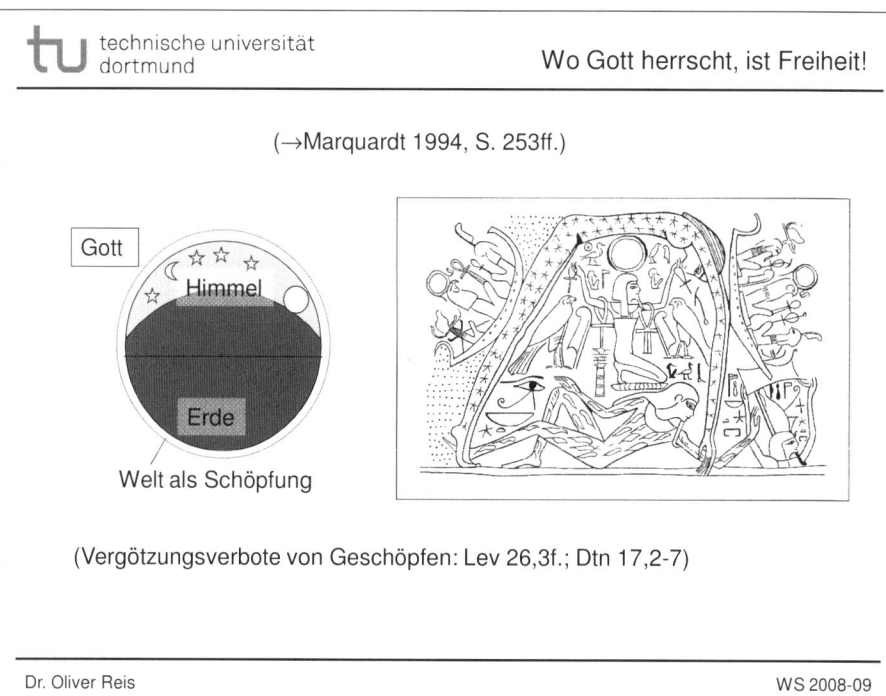

Rechts das ägyptische: Eine Welt, in der Götter dafür sorgen, dass alles in Bewegung bleibt, dass die Erde ihre Bahn ziehen kann. Links das Bild – hier ist genau das 'In-Bewegung-Sein', das 'In-der-Bahn-Bleiben' keine Leistung der irdischen Götter. Die Sterne, die Gestirne am Himmel usw. sind Geschöpfe, die von Gott an den Himmel bestimmt wurden, um der Welt zu dienen. Es sind seine Geschöpfe und alles, das ist der biblische Schöpfungsspruch, alles was Geschöpf ist, ist nicht Gott. Alles was auf der Erde ist, in der Welt ist, sind Geschöpfe, keine Götter! Dann kann man sagen, dass Gott deshalb der Herrscher der Welt ist, weil er einen Raum geschaffen hat, der gottlos ist. Gottes Reich ist eine Welt in der keine Götter mehr herrschen. Gott gibt dann seinem Reich Gebote, die genau diese gottlose Welt absichern sollen. Lev 26, 3ff und Dtn 17,2-7 sind zwei solcher Gebote. In dem einen Gebot geht es darum, dass die Menschen, die die Gestirne anbeten, mit dem Tode bestraft werden sollen (Dtn 17,2-7). Wer also glaubt, dass die Gestirne etwas darüber aussagen, wer wir sind und wie wir leben und wer versucht an die geheimen Kräfte der Gestirne heranzukommen, der ist vor Jahwe tot oder man könnte auch sagen, für den ist Jahwe tot – der ist seinem Reich gestorben. Das ist eine interessante Denkfigur. Denn wenn Sie selber z.B. tatsächlich glauben, dass die Gestirne über eine Macht verfügen, mit der Sie bestimmen können, wer Sie sind und wie Ihre Zukunft aussieht, dann unterstellen Sie sich in dem Augenblick einem anderen Lebensgesetz und verweigern sich dem Lebensgesetz der Tora. Gottes Reich ist daran gebunden, dass seine Tora erfüllt wird. Insofern führt die Anbetung irdischer Mächte zu einem Herrschaftswechsel aus dem Gottesreich in das Reich anderer

Gewalten. Lev 26,3ff. – anderes Thema, aber im Grunde genommen die gleiche Struktur – es geht um das Verbot des Fruchtbarkeitskultes gegen den sich der Jahwe-Kult behaupten musste, wenn Jahwe als Herr des Lebens und die Schöpfung als sein Herrschaftsbereich gelten sollten.[147] Wenn Sie Regengötter anbeten, wenn Sie darum beten – mit bestimmten kultischen Handlungen – dass der Boden fruchtbar ist, dass die Saat wieder aufgehen wird, dann sagt Lev 26 dagegen: Wenn du wirklich glaubst, dass Jahwe Herrscher über die Welt ist, dann wird dir die Welt als Gottes Schöpfung genug zum Leben geben. Der Dienst an den durchaus realen Göttern mit realer (geliehener) Macht steht im Widerspruch zum Herrschaftsanspruch Gottes als Pantokrator (→ **Gottes Macht**).

Dieses Modell als eines im Alten Testament, beansprucht in der Transzendenz Gottes als schöpferischer Pantokrator dessen Herrschaft, die frei macht. Dieses Modell ist also nicht mit dem eingangs ins Spiel gebrachten Deismus zu verwechseln, denn dieser erkennt fraglos die Mächte der Gegenwart an und führt diese sogar auf Gott selbst zurück. In diesem Modell dagegen ist die Welt Ort der Auseinandersetzung um eine für den Menschen zukunftsfähige Herrschaft. Gerade weil diese Herrschaft in dem Wort Gottes als sein Gesetz Freiheit sichern soll, verzichtet dieses Modell auf sichtbare Herrschaftselemente. Das ist seine große Stärke und eine bis heute denkbare Attraktivität. Wird dieses Modell mit einer hermeneutischen Perspektive als Grundoption verbunden, dann kann das Reich Gottes überall da entdeckt werden, wo Menschen sich mithilfe seines Wortes daran halten, dass nichts auf der Erde von uns totalen Dienst verlangen kann. Das ist schon viel für eine christliche Existenz, die sich auch neutestamentlich mit dem Vers. Gal 5,1 begründen lässt: „Zur Freiheit hat uns Christus befreit. Bleibt daher fest und lasst euch nicht von neuem das Joch der Knechtschaft auflegen!" Der Bund mit Gott-Vater in Jesus Christus dient dieser Freiheit, die Israel im Exodus gewonnen hat. Die große Schwäche dieses Modells ist, dass die Transzendenz Gottes so instabil ist und für die Bibel selbst Gott dieses radikale Gegenüber von Gott und Welt nicht durchhält. Die Transzendenz steht biblisch in einer Dauerspannung mit einer Inkarnation in die Schöpfungsbereiche hinein. Der Begriff der 'Inkarnation' meint 'Ins-Fleisch-Kommen'. Und da müssen wir nicht gleich an Jesus Christus selbst denken, auch wenn der Begriff im engen Sinne theologisch darauf bezogen ist. Das Alte Testament denkt als erste ‚Inkarnation' im weiten Sinne die Tora selbst. Wir haben schon in der Sitzung zu Gottes Rede festgehalten (→ **Gottes Rede**), dass Gott selbst in seinem verstehbaren Wort als Lebensgesetz in der Welt wirksam ist. Und wir werden noch in Gottes Name erkennen, wie sich Gott als im Wort anrufbar an die Welt bindet (→ **Gottes Name**).

---

[147] Zu dem exegetischen Hintergrund von Dtn 17,2-7 und Lev 26,3ff. vgl. *Georg Braulik*, Deuteronomium II, Würzburg 1992 (=NEB.28), 125; *Karl Elliger*, Leviticus, Handbuch zum Alten Testament, Tübingen 1966, 373f.)

### 6.2.2    Gottesherrschaft als Gesetz

Das **zweite Modell**[148] der heutigen Sitzung ist nicht im Sinne eines historischen Nacheinanders zu verstehen, das wäre sachlich falsch, es ist vielmehr der andere Pol der Transzendenz Gottes, nämlich seine immanente, d.h. der Welt zugewandte Seite. Diese hebt die transzendente Seite nicht völlig auf, sonst würde Gott selbst auf Dauer ein Geschöpf und könnte nicht mehr Gott sein. Das zweite Modell betont zunächst, dass Gott in der Tora tatsächlich in der Welt herrscht und dafür Herrschaftsstrukturen in Israel als Volk und Land einrichtet, die die Freiheit durch einen realen Tora-Apparat als Gesetzesgrundlage begrenzen, aber genau darin Gerechtigkeit sichern – und damit das eigentliche Ziel der Freiheit des ersten Modells sichern.

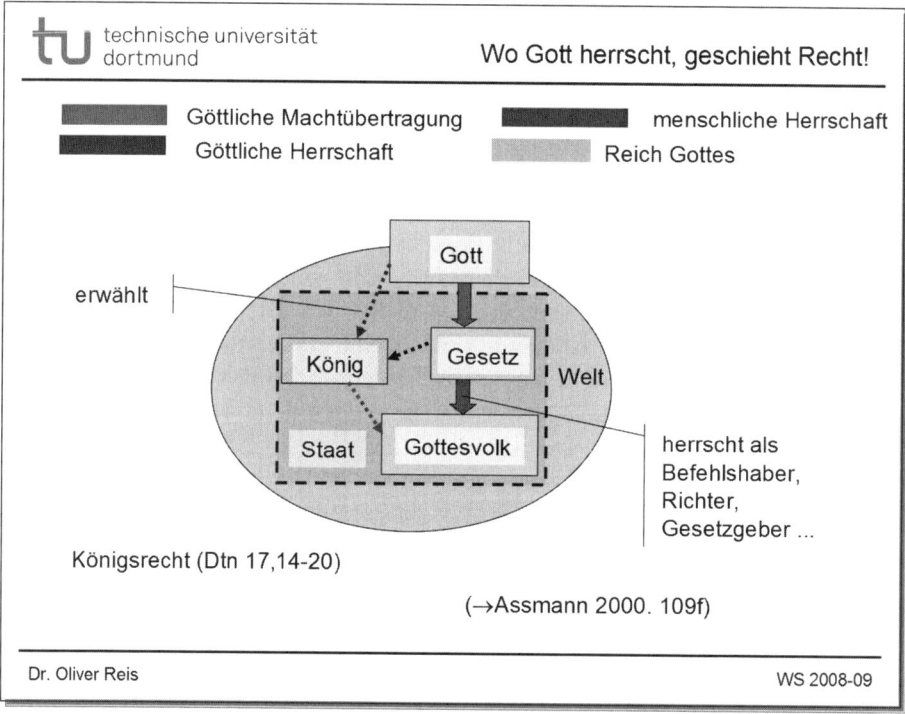

Die Farbzuordnungen auf dieser Folie sind wichtig und ich werde sie auch bei den weiteren Modellen beibehalten [**vgl. Folien in Farbe am Ende des Anhangs**[149]], weil eine ganz entscheidende Frage im Vergleich der Modelle ist, wie die Modelle menschliche und göttliche Herrschaft denken. Wir haben durch die Sitzung zu Gottes Rede schon gelernt, dass das Ineinander von Menschen-

---

[148] Der Abschnitt zum zweiten Modell bezieht sich inhaltlich auf *Reis*, Nachhaltigkeit – Ethik – Theologie, 2003, Kap. 4.3.2.1,4.3.2.2.
[149] Da in dieser Sitzung die Farbgebung die Modellveränderung kennzeichnet, sind die Folien in Farbe am Ende des Anhangs beigefügt. Gleiches gilt für die Visualisierungen in der Sitzung zum Reflexiven Lernen II, da nur in Farbe der Strukturvergleich möglich wird.

wort und Gotteswort unterschiedliche Formen annehmen kann (→ **Gottes Rede**) und vergleichbares geschieht auch hier. Das zweite Modell ist dadurch gekennzeichnet, dass Gott durch sein Gesetz in der Welt herrscht. Er überträgt seinen Herrschaftsanspruch an das Gesetz, an das er sich selber bindet. Allerdings wird diese universale Herrschaft sichtbar an der Erwählung eines Volkes und eines Landes, auf die die Tora bezogen ist. Für dieses Volk in seinem Land ist Gott dann der König und Richter. Es geht in Teilen des AT nicht nur darum, dass Gott seinem Volk Land und Nachkommen verspricht, so dass das Volk gedeihen kann, sondern darum, dass Gott für sein Volk Land erwählt, in dem sein Gesetz herrscht, das er als König und Richter ausführt. Der Theologe Friedrich-Wilhelm Marquardt formuliert dies in dem Text aus seiner Eschatologie, den ich Ihnen in *ews* [**vgl. EWS-Text 21**] eingestellt habe, so:

> „Gott wählt ein kleines Stückchen Erde, wenigstens ein winzig kleines Land unter allen Ländern, (...), um ein Beispiel zu geben dafür, was es für alle heißen könnte: Gott regiert auf Erden. Er erwählt seinem von seiner Tora geleiteten Volk ein nach der Tora zu behandelndes Musterländle zu, in einem missionarischen Akt, in dem er selbst und das Geschehen seines Willens auf Erden inmitten aller Länder erkennbar werden kann: was für eine Art Gott er ist und daß er Gott ist. (...) Das ‚Experiment Israel‘ soll Gottes Protest gegen die politische Schicksalsverfallenheit der Völker werden. Dafür entreißt er ein kleines Volk seiner Schicksalsverfallenheit in Ägypten und unterstellt es stattdessen seinen Führungen.“[150]

Schon vor der eigentlichen staatlichen Phase Israels zeigt sich eine klare theokratische Herrschaftsform. Die immanente Seite dieser Herrschaftsform ist die Tora, als das Wort Gottes, die in der Bundeslade sogar eine materielle Seite hat. In der Folie ist der Pfeil zwischen Gesetz und Volk also bewusst nicht rot. Natürlich braucht es Übergänge, wie die bestimmende Macht des Wortes umgesetzt werden, aber diese Übergänge werden nicht als menschliche Handlungen, sondern als Vollzug der Tora in ihrem eigenen Recht verstanden. Wie kann denn der transzendente Gott als König über sein Gesetz herrschen, wenn er selber nicht auftreten kann? Im Rechtsdenken ist dies aber gar nicht so ungewöhnlich. Ich möchte Ihnen ein Beispiel geben. Der Kölner Dom ist heute nicht mehr die Kathedrale des Erzbischofs von Köln, sondern gehört nach der Fertigstellung durch den preußischen – und im Übrigen protestantischen! – König nur sich selbst. Der Kölner Dom ist juristisch gesprochen sein eigenes Rechtssubjekt. D.h. er kann vor Gericht in seinem eigenen Namen sein Recht einklagen, wenn er z.B. durch Dritte beschädigt wurde. Nun kann der Kölner Dom nicht selbst eine Anklageschrift verfassen, aber die Stiftung, die mit dem Interessensschutz des Kölner Domes betraut ist, kann eine Anklageschrift in seinem Namen verfassen. Dann kommt es zum Fall ‚Dom gegen Stadt‘. Und so ist die Tora selber rechtssetzend, auch wenn natürlich Richter und Priester, aber auch die Propheten sie im Namen Jahwes auslegen und das Gesetz vollziehen.

---

[150] *Marquardt*, Was dürfen wir hoffen, wenn wir hoffen dürften?, Bd. 2, 1994, 253ff.

Für den Ägyptologen Jan Assmann ist dieser Vorgang in dem vorstaatlichen Israel deshalb so spannend, weil Israel in dem Königtum Jahwes politische Macht aus der zwischenmenschlichen Sphäre in die Beziehung Gott und Israel 'umbucht' und dabei theologisiert. Ich lese Ihnen einen Textauszug vor, den Sie auch in *ews* gefunden haben [**vgl. EWS-Text 21**]:

> „Wenn das Volk Israel ein Bündnis mit Jahwe als einen politischen Oberherrn eingeht und im Hinblick auf dieses Bündnis andere politische Bindungen ablehnt, dann wird auch hier eine Metapher zum Modell gemacht. Hier wird nicht metaphorisch, sondern ‚buchstäblich', in aller Form und mit allen politischen Konsequenzen, ein Bündnis geschlossen und Gott zum Vertragspartner gemacht. Die Rolle des Oberherrn ist nicht Metapher, sondern Modell, verbindliche Form seiner Weltzuwendung."[151]

Die Tora bindet Israel als ein Volk im Gegenüber zu Jahwe und bewusst gegen die staatlichen Herrschaftsformen der Umwelt. Die Umbuchung sorgt dafür, dass die politische Herrschaft sich nicht theologisch legitimieren konnte, sondern selbst ihrerseits der Tora unterstand. Israel macht in der Herrschaft Gottes als König, Befehlshaber, Richter usw. ernst damit, dass alle Herrschaft von Menschen über Menschen unter einem grundsätzlichen Vorbehalt steht und deshalb auch kritisch auf ihre Früchte hin beobachtet wird. Lesen Sie z.B. wie im Richterbuch Gideon die Königswürde ablehnt (vgl. Ri 8,22f.) oder wie Jotam in seiner Fabel vom König der Bäume den Königsanspruch als gierig und selbstanmaßend entlarvt (Ri 9,7-15). Damit garantiert das Königtum Jahwes die Freiheit und Gerechtigkeit Israels und ist innerlich zutiefst auf das Anliegen des ersten Modells bezogen.

Dieses zweite Modell wird in der staatlichen Phase variiert. In den biblischen Texten, die diesen Übergang kommentieren, wird die Abkehr von der antistaatlichen Staatsform selbst als sichtbares Indiz für den gebrochenen Bund theologisiert:

**1 Sam 8,4-8**

**4** Deshalb versammelten sich alle Ältesten Israels und gingen zu Samuel nach Rama. **5** Sie sagten zu ihm: Du bist nun alt, und deine Söhne gehen nicht auf deinen Wegen. Darum setze jetzt einen König bei uns ein, der uns regieren soll, wie es bei allen Völkern der Fall ist. **6** Aber Samuel missfiel, dass sie sagten: Gib uns einen König, der uns regieren soll. Samuel betete deshalb zum Herrn, **7** und der Herr sagte zu Samuel: Hör auf die Stimme des Volkes in allem, was sie zu dir sagen. Denn nicht dich haben sie verworfen, sondern mich haben sie verworfen: Ich soll nicht mehr ihr König sein. **8** Das entspricht ganz ihren Taten, die sie (immer wieder) getan haben, seitdem ich sie aus Ägypten heraufgeführt habe, bis zum heutigen Tag; sie haben mich verlassen und anderen Göttern gedient. So machen sie es nun auch mit dir.

Es geht explizit um die Aufkündigung der Umbuchung. Obwohl Israel über die Folgen dieser Rückbuchung aufgeklärt wird, bleibt es bei seiner Forderung:

---

[151] *Jan Assmann*, Herrschaft und Heil. Politische Theologie in Altägypten, Israel und Europa, München/Wien 2000, 109f.

**1 Sam 8,9-21**

**9** Doch hör jetzt auf ihre Stimme, warne sie aber eindringlich, und mach ihnen bekannt, welche Rechte der König hat, der über sie herrschen wird. **10** Samuel teilte dem Volk, das einen König von ihm verlangte, alle Worte des Herrn mit. **11** Er sagte: Das werden die Rechte des Königs sein, der über euch herrschen wird: Er wird eure Söhne holen und sie für sich bei seinen Wagen und seinen Pferden verwenden, und sie werden vor seinem Wagen herlaufen. **12** Er wird sie zu Obersten über (Abteilungen von) Tausend und zu Führern über (Abteilungen von) Fünfzig machen. Sie müssen sein Ackerland pflügen und seine Ernte einbringen. Sie müssen seine Kriegsgeräte und die Ausrüstung seiner Streitwagen anfertigen. **13** Eure Töchter wird er holen, damit sie ihm Salben zubereiten und kochen und backen. **14** Eure besten Felder, Weinberge und Ölbäume wird er euch wegnehmen und seinen Beamten geben. **15** Von euren Äckern und euren Weinbergen wird er den Zehnten erheben und ihn seinen Höflingen und Beamten geben. **16** Eure Knechte und Mägde, eure besten jungen Leute und eure Esel wird er holen und für sich arbeiten lassen. **17** Von euren Schafherden wird er den Zehnten erheben. Ihr selber werdet seine Sklaven sein. **18** An jenem Tag werdet ihr wegen des Königs, den ihr euch erwählt habt, um Hilfe schreien, aber der Herr wird euch an jenem Tag nicht antworten. **19** Doch das Volk wollte nicht auf Samuel hören, sondern sagte: Nein, ein König soll über uns herrschen. **20** Auch wir wollen wie alle anderen Völker sein. Unser König soll uns Recht sprechen, er soll vor uns herziehen und soll unsere Kriege führen. **21** Samuel hörte alles an, was das Volk sagte, und trug es dem Herrn vor.

Die Begründung ist schlicht: so sein wollen wie die anderen. Mit der Erwählung eines Königs steht auch die Erwählung zur Disposition. Aber Jahwe geht diesen Schritt mit und kündigt den Bund von sich aus nicht. Vielmehr untersteht Israel auch in der staatlichen Phase der Tora und damit auch der König. Die Forderung nach einer Repräsentation durch königliche Macht wird noch einmal von der Tora reflektiert und führt zu dem Anspruch des Königsrechts im Buch Deuteronomium:

**Dtn 17,14-20**

**14** Wenn du in das Land, das der Herr, dein Gott, dir gibt, hineingezogen bist, es in Besitz genommen hast, in ihm wohnst und dann sagst: Ich will einen König über mich einsetzen wie alle Völker in meiner Nachbarschaft!, **15** dann darfst du einen König über dich einsetzen, doch nur einen, den der Herr, dein Gott, auswählt. Nur aus der Mitte deiner Brüder darfst du einen König über dich einsetzen. Einen Ausländer darfst du nicht über dich einsetzen, weil er nicht dein Bruder ist. **16** Der König soll sich aber nicht zu viele Pferde halten. Er soll das Volk nicht nach Ägypten zurückbringen, um mehr Pferde zu bekommen; denn der Herr hat zu euch gesagt: Ihr sollt auf diesem Weg nie wieder zurückkehren. **17** Er soll sich auch keine große Zahl von Frauen nehmen, damit sein Sinn nicht vom rechten Weg abweicht. Er soll nicht zu viel Silber und Gold anhäufen. **18** Und wenn er seinen Königsthron bestiegen hat, soll er sich von dieser Weisung, die die levitischen Priester aufbewahren, auf einer Schriftrolle eine Zweitschrift anfertigen lassen. **19** Sein Leben lang soll er die Weisung mit sich führen und in der Rolle lesen, damit er lernt, den Herrn, seinen Gott, zu fürchten, auf alle Worte dieser Weisung und dieser Gesetze zu achten, sie zu halten, **20** sein Herz nicht über seine Brüder zu erheben und von dem Gebot weder rechts noch links abzuweichen, damit er lange als König in Israels Mitte lebt, er und seine Nachkommen.

Sie sehen, wie der König selbst an die Tora gebunden bleibt. Der König wird selbst zu einem Vollstrecker des göttlichen Gesetzes in der politischen Sphäre. Er untersteht damit einem göttlichen Herrschaftsanspruch, ist aber selbst ein menschlicher Herrscher. Seine menschliche Herrschaftsmacht wird daran gemessen, dass er die Tora erfüllt. An der Tora-Erfüllung ist die Macht-übertragung abzusehen. Dieses Konstrukt sieht für die staatliche Phase deshalb parallel eine göttliche Herrschaft als Maßstab und als Beauftragungsmacht sowie gleichzeitig eine menschliche Herrschaft im politischen Handeln selbst vor. Die menschliche Herrschaft wird dabei selbst nicht theologisiert, d.h. das königliche Handeln wird nicht als solches von Gott legitimiert! Das ist ein ganz erheblicher Unterschied, weil die vorstaatliche Tora-Beobachtung durch die Propheten und Priester weitergeht und sie sich nun auf die Beobachtung des Königshandelns richtet. Die Bücher 2 Samuel und die beiden Königsbücher zeigen dies in ihrer Königskritik deutlich. Das führt dazu, dass in keiner der drei Phasen Israels (Vorstaatlichkeit, Staatlichkeit, Substaatlichkeit) eine so heftige Kritik an den Königen und deren Staatsorganisation erfolgt, wie in der Phase der Staatlichkeit.[152] Die vorausgesagten Folgen des Königtums sind eingetreten, sie werden aber eben nicht wie bei den anderen Völkern Gottes Willen zugeschrieben. Das ist ein erheblicher Unterschied. Denn trotz dieser Variation bleibt im zweiten Modell erkennbar, dass da, wo Gott herrscht, Gerechtigkeit herrscht. Denn wenn in Israel Ungerechtigkeit herrscht, dann wird den Königen biblisch sofort die göttliche Beauftragung und der göttliche Segen entzogen. Die vermeintliche Schädigung des eigenen Volkes dient der Untermauerung der Herrschaft Gottes. Dieses Schema haben wir schon in **Gottes Macht** kennen gelernt.

Ich hoffe, dass deutlich geworden ist, dass das zweite Modell trotz seiner sichtbaren Herrschaftsform den Grundgedanken der göttlichen Herrschaft bewahrt hat, dass diese für den Menschen, zu seinem Heil errichtet wird und nicht gegen ihn. Dadurch, dass im zweiten Modell keine ‚An-Archie' (Herrschaftslosigkeit), sondern zunächst ‚Log-Archie' und später ‚Mon-Archie' ist, ist es komplizierter diesen Grundgedanken zu erkennen. Aber wir haben gesehen, dass selbst die Monarchie des Königs an die Monarchie Gottes gebunden bleibt, dass das Recht der Tora die Macht des Königs bestimmt und nicht andersherum.[153] Wir haben außerdem gesehen, dass mit größter Sorgfalt darauf zu achten ist, warum eine Herrschaft Gottes Herrschaft genannt werden kann. Im zweiten Modell kann die menschliche Herrschaft nicht direkt Gottes Herrschaft genannt werden, sondern nur wenn sie durch die Gesetzestreue qualifiziert ist. Hier gibt es keinen direkten Übergang, keine behauptete Kanalisierung von göttlicher auf menschlicher Macht. Wir werden darauf zu achten haben, ob dies eine durchgängige Linie ist, ob andere Modelle zu anderen Lösungen kommen. Aber die Auseinandersetzung mit den beiden Modellen dürfte deutlich gemacht haben, dass biblisch nicht an dem Herrschaftsanspruch Gottes vorbei zu kommen ist. Das zweite Modell bindet menschliche Herrschaft dafür ein, das ist seine große

---

[152] Vgl. *Frank Crüsemann*, Der Widerstand gegen das Königtum. Die antiköniglichen Texte des Alten Testaments und der Kampf um den frühen israelitischen Staat, Neukirchen 1986, 19-84.
[153] Dieser Gedanke des jüdischen Umgangs mit der Tora findet sich bei *Simon Bernfeld* in der Schrift: Soziale Ethik im Judentum. Hg. v. Verband der Deutschen Juden, Frankfurt a.M. 1914, 26.

Stärke. Gottes Herrschaft wird verwechselbar und der Übergang zu Legitima-
tionsformen menschlicher Herrschaft ist fließend – deshalb kommt ja die inner-
biblische Kritik an der gottübertragenen Monarchie. Das ist die große Schwäche. Aber wenn Gottes Herrschaft in einer Kultur sichtbar gemacht werden will,
die über Gottes Willen das Zusammenleben in einer Gesellschaft sichern will,
dann ist das zweite Modell trotzdem ein sinnvoller Versuch, die Grundidee der
Herrschaft Gottes zu bewahren, der auch das Christentum inspiriert hat.

### 6.2.3    Rettung der Gerechten vom Himmel her

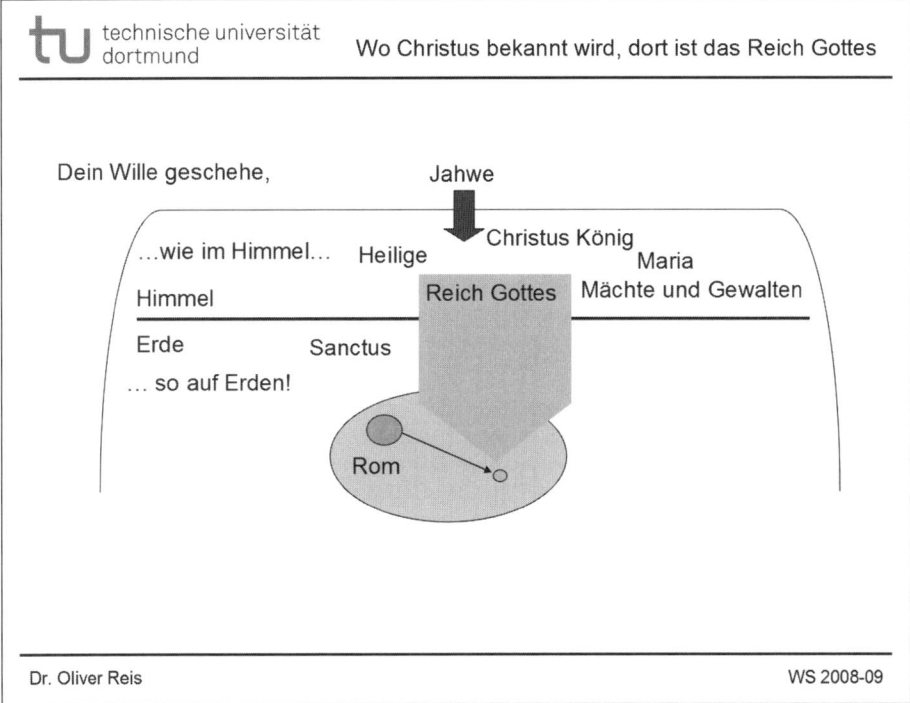

Das **dritte biblische Modell** rekonstruiere ich aus dem Neuen Testament.
Im Zentrum steht dabei die Vater-Unser-Bitte „Dein Reich komme, dein Wille
geschehe wie im Himmel so auf Erden." (Mt.6,10). Diese beiden Bitten gehören
inhaltlich eng zusammen, denn das Reich Gottes zeichnet sich genau dadurch
aus, dass der Wille Gottes, sein Gesetz erfüllt wird. So wie in Jesus das Reich
gegenwärtig ist, weil er den Willen des Vaters tut, so ist auch im Geist Jesu das
Reich überall dort, wo der Wille Gottes erfüllt wird. Interessant ist aber nun,
dass sich dieses Reich vom Himmel her auf die Erde ausbreiten soll. Die Dynamik vom Himmel her ist schon dem Alten Testament mit Blick auf das

Geistwirken nicht neu.[154] Michael Welker hat für das Alte Testament herausge-arbeitet, dass der ‚Himmel' als der Ort von natürlichen und sozialen Kräften und Mächten verstanden werden muss:

> „Himmel – das ist der Bereich der Wirklichkeit, der für uns relativ unzugänglich ist, den wir nicht manipulieren können, der aber das Leben hier und jetzt doch und oft sogar ganz entscheidend bestimmt. Kräfte und Mächte der Natur, Kräfte und Mächte sozialer Sphä-ren, Mächte der Geschichte, Kräfte der Zukunft sind für die biblischen Überlieferungen ‚im Himmel' lokalisiert."[155]

Und diese Himmelsmächte sind insofern relevant, weil auf der Erde das Wirken dieser Mächte im Himmel spürbar ist:

> „Wenn auf der Erde unwahrscheinliche, unvorstellbare Konzentrationen von Mächten und Kräften auftreten, sehen die biblischen Überlieferungen das, was da geschieht, als eine Aktivität an, die vom Himmel ausgeht."[156]

Wenn nun im Alten wie im Neuen Testament die Ausgießung des Geistes vom Himmel her beobachtet wird, dann ist dies eine vergleichbare, aber von Gott her bestimmbare Machterfahrung auf der Erde. Es gibt eine feststellbare Machtkonzentration auf der Erde, die auf den Geist Gottes zurückgeführt wird. Das setzt aber voraus, dass im Himmel selbst die Mächte gebunden sind, denn sonst könnte diese Macht Gottes nicht von dort ausgehen. So heißt es z.B. im Brief an die Epheser (vgl. auch Kol 1,12-20):

**Eph 1,17-23**

**17** Der Gott Jesu Christi, unseres Herrn, der Vater der Herrlichkeit, gebe euch den Geist der Weisheit und Offenbarung, damit ihr ihn erkennt. **18** Er erleuchte die Augen eures Herzens, damit ihr versteht, zu welcher Hoffnung ihr durch ihn berufen seid, welchen Reichtum die Herrlichkeit seines Erbes den Heiligen schenkt **19** und wie überragend groß seine Macht sich an uns, den Gläubigen, erweist durch das Wirken seiner Kraft und Stär-ke. **20** Er hat sie an Christus erwiesen, den er von den Toten auferweckt und im Himmel auf den Platz zu seiner Rechten erhoben hat, **21** hoch über alle Fürsten und Gewalten, Mächte und Herrschaften und über jeden Namen, der nicht nur in dieser Welt, sondern auch in der zukünftigen genannt wird. **22** Alles hat er ihm zu Füßen gelegt und ihn, der als Haupt alles überragt, über die Kirche gesetzt. **23** Sie ist sein Leib und wird von ihm er-füllt, der das All ganz und gar beherrscht.

Die immer noch unzugänglichen Mächte und Gewalten sind im Himmel schon einmal auf Jesus Christus hin geordnet, dort ist in ihm das Reich Gottes errichtet. Sein Tod und seine Auferstehung bezeugen eine unumkehrbare Dy-namik, die im Himmel vollzogen ist, auf der Erde den Nicht-Eingeweihten noch verborgen ist. Wie Welker betont, kann auch die Zukunft vom Himmel her kommen. Die Bitte im Vater-Unser schließt hieran an: Der Wille Gottes ge-schieht im Himmel und soll sich als Zukunft auch auf die Erde ergießen.

---

[154] Vgl. *Michael Welker*, Gottes Geist. Theologie des Heiligen Geistes, Neukirchen-Vluyn 1993, Kap. 2.3.
[155] *Welker*, Gottes Geist, 1993, 136.
[156] *Welker*, Gottes Geist, 1993, 137.

Für unser Thema der Gottesherrschaft ist daran Folgendes interessant: Die Gemeinden, die sich in diese Perspektive einfügen, behaupten nicht, dass sie selbst das Reich Gottes als soziale Organisation realisieren, auch ihnen steht die Zukunft des **gemeinsamen Gottesreiches von Himmel und Erde** noch bevor. Sicher ist nur schon einmal, dass der Himmel zum Gottesreich geworden ist, weil den Gläubigen an ihren Gemeinden die Macht des Geistes Jesu Christi erfahrbar ist. Damit wird das Reich Gottes zu einer transzendenten Größe, die aber an den Gemeinden immanent sichtbar wird, auch wenn diese selbst nicht einfach die 'Bodenstation' des Gottesreiches sind. Das wäre zu einfach. Im Geistwirken sind sie die ,Materie', an der Wort so handelt, dass die Gegenwart Jesu Christi in der Welt sichtbar wird. Insofern bezeichnen sich die christlichen Gemeinden in ihrer Reflexion zu Recht als Leib Christi. Der Theologe Karl Rahner spricht deshalb auch zutreffend von der Kirche als Grundsakrament, weil in ihr noch vor allen Einzelsakramenten, die eigenartige göttliche Wirklichkeit in einem irdischen Geschöpf geglaubt werden kann.[157] Von daher kann man sagen, dass überall da, wo Menschen sich zu Jesus Christus bekennen, bekannt wird, dass das Gottesreich im Himmel angebrochen ist und dass dieses Reich in der Welt von Gott her auf der Welt Zukunft gewinnt. Da im Himmel Jesus Christus als Herrscher bekannt wird und sich die Lebenden von der Erde aus in dieses Bekenntnis einstimmen, wirkt sich unweigerlich diese Herrschaft, sein Reich auch auf die Erde aus. Aber noch einmal: das ist kein Vermögen der Kirche, sie wird selbst von dieser Herrschaft und damit von der eigenen Zukunft ergriffen, sie wird also gleichsam in die Höhe gerissen, wenn sie z.B. in das himmlische 'Sanctus' einstimmt: „Heilig, heilig, heilig, Gott, Herr aller Mächte und Gewalten". Auch das eucharistische Geschehen lässt sich so begreifen als Teilhabe an dem himmlischen Festmahl zum Preise Gottes, zu dem wir unsere bescheidenen Gaben beitragen.[158] Die Wandlung der Welt als Ganzes vom Himmel her steht dagegen offenkundig noch aus.

Wenn wir in diesem Modell von der Herrschaft Gottes sprechen, dann sind wir sehr weit weg von den Fragen des zweiten Modells, hier geht es nicht darum, politische Herrschaft im Namen Gottes zu organisieren, hier geht es darum, wie in einer Zeit, in der die Gemeinden zahlenmäßig klein sind und unter erheblichem Druck politischer Kräfte stehen, einerseits an dem Herrschaftsauftrag Jesu – und damit auch der entsprechenden Lebensordnung in den Gemeinden – festgehalten und andererseits auch die Ungleichzeitigkeit von erfahrbarer Machtkonzentration und Fortgang der Geschichte ernst genommen werden kann. Dies führt (von der apokalyptischen Perspektive her) zu einer theologischen „Hilfskonstruktion"[159] des Himmels, hier als Ort der vollzogenen Gottes-

---

[157] Vgl. hierzu *Herbert Vorgrimler*, Sakramententheologie, Düsseldorf ³1992, Kap. 3.3.

[158] Vgl. *Thomas Ruster*, Wandlung. Ein Traktat über Eucharistie und Ökonomie, Mainz 2006, 120-126.

[159] Vgl. *Sebastian Schneider*, Auferstehung – Grundvollzug des Glaubens. Ein Blick ins Neue Testament, in: INFO. Informationen für Religionslehrer und Religionslehrerinnen Bistum Limburg 31 (1/2002), 4-12.

144

herrschaft.[160] So kann einerseits die erfahrene Kontinuität der in Jesus Christus errichteten Gottesherrschaft behauptet werden, andererseits aber auch die Diskontinuität des irdischen Geschehens berücksichtigt werden. Der Maßstab für die Welt, die Kirchen und die Gläubigen für deren Teilhabe am Reich Gottes sind transparent, Wandlungsorte sind der Welt geschenkt, die Fenster zur Teilhabe sind geöffnet, die Vollendung der Welt als Reich Gottes steht aber noch aus. Und diese Vollendung wird in den Briefen und zum Beispiel in der Offenbarung des Johannes treffend in apokalyptischen Bildern beschrieben. Der Untergang der alten Reiche und die Wandlung des alten Menschen sind Prozesse, mit denen auch noch einmal Gewalt und auch Leid einhergehen wird. Die Auseinandersetzung um die Welt ist nicht schmerzfrei. So wie die Landnahme für Gottes Reich ein schmerzvoller Prozess war, so war auch die ‚Himmelsnahme' Gottes[161] und ist die Weltnahme in Christus ein schmerzhafter Prozess. Diese Texte gehen davon, dass die Welt aus ihren eigenen Kräften heraus die Herrschaft Gottes bekämpfen wird. Und zugleich, das ist die Hoffnung dieses Modells, werden Himmel und Erde neu sein (vgl. Offb 21,1). Als Vorgeschmack auf die Wandlung ist aber jetzt schon das Reich Gottes an den Gemeinden beobachtbar, wenn in ihnen der Geist Jesu Christi wirkt, was wiederum daran hängt, dass die Gläubigen in Jesus Christus bleiben und nicht wieder den Mächten der Welt verfallen. Darum ringen die neutestamtlichen Briefe wie der Epheser-Brief, der Philipper-Brief, der Kolosser-Brief.

Insofern bedeutet die Herrschaft Gottes in Jesus Christus *nach innen* die Verpflichtung auf die Nachfolge Jesu angesichts des Kreuzes, den Willen des Vaters zu tun. Dieses Gesetz hat nur ein Ziel, dass wir den in Jesus Christus gewonnen neuen Menschen nicht verlieren. Das hat sehr viel mit der Freiheit des ersten Modells zu tun, die in der Dienstverweigerung gegenüber den Mäch-

---

[160] Vgl. zu dieser spezifischen Konstruktion in der Apokalyptik von Verborgenheit und Offenbarung Gottes, Gegenwartsbeobachtung und Zukunftserwartung sowie gewaltvoller Bilderflut und geschichtlicher Revolution für die Gerechtigkeit *Georg Taxacher*, Apokalyptische Vernunft. Das biblische Geschichtsdenken und seine Konsequenzen, Darmstadt 2010, insbesondere die Kapitel 4 und 7.

[161] Der erste Satz des Vater-Unser: „Vater-Unser, der du bist im Himmel." ist für die meisten wohl eine Feststellung: Gott hat eben seinen Platz im Himmel. Von den obigen Ausführungen zum Himmel, sollten Sie aber schon gemerkt haben, dass das so einfach nicht sein kann. Denn „[d]ie biblischen Überlieferungen [vom Himmel; O.R.] überwinden damit nicht nur ein bloß naturalistisches Verständnis des Himmels. Sie widerstehen auch der typisch religiösen Vergottung des Himmels und seiner Mächte. Der Himmel wie die Erde ist geschaffen, der Himmel ist eine Kreatur, der Himmel ist nicht Gott oder eine göttliche Macht oder eine ‚göttlich' zu nennende Ansammlung von Machtpotentialen" (vgl. *Welker*, Gottes Geist, 1993, 136). Im Himmel konzentrieren sich die Mächte und Gewalten, aber diese unterscheidet Israel im Sinne des ersten Modells deutlich von Gott selbst. Es ist für Israels Umgang mit dem Himmel kennzeichnend, dass Gott aus der Transzendenz immer wieder im Himmel die Nähe zu seinem Volk sucht, sich also an einen irdischen Ort für seine Gegenwart bindet und diesen dann wieder aufgibt, wenn er mit dem Ort identifiziert wird (→ **Gottes Dasein**). In dieser Dynamik steht auch die *erste Bitte* des Vater-Unser: Als sich zuwendender Vater möge Gott in den Himmel einziehen und dort sein Reich errichten.

ten ihre Spitze hat. Im Rahmen dieses Modells sind wir frei und Sätze wie: „Das geht nicht anders!", „Das haben wir schon immer so gemacht!", „Ich kann nicht anders lernen!" machen uns auf Mächte aufmerksam, in deren Dienst wir stehen. Und machen Sie sich klar: Der Dienst an den Mächten sorgt immer für Opfer. Wer den Mächten dient, akzeptiert die Opfer und ist bereit sie zu verschweigen! An die Herrschaft Gottes in diesem Modell zu glauben, heißt daran zu glauben, dass die Opfer die wahrhaftig Gerechten sind und erhöht werden.[162] Deshalb sehen Sie auf der Folie auch die Heiligen erhöht. Die Heiligen stehen für die Menschen, die durch ihre Nachfolge mit Jesus erhöht werden. Es ist wichtig, dass wir uns trauen Menschen heilig zu sprechen, weil wir uns damit die Wirklichkeit dieser Erhöhung und das Recht auf Verweigerung zusprechen. Diese Verweigerung lebt aus dem Wissen um die himmlische Wandlung und der damit einhergehenden Hoffnung auf eine reale Zukunft für die Erde als ein Gottesreich. Das Reich Gottes ist keine geistige Idee, es ist in Jesus Christus angesagte Herrschaft in einem neuen Gesetz. Wer sich deshalb in Christi Namen den irdischen Mächten verweigert, der betreibt damit eine Kampfansage an die Mächte der Welt. Er sagt ihnen ihre Zukunftslosigkeit voraus – wie es eindrücklich die Offenbarung des Johannes tut – weil er vom Himmel um eine andere Zukunft weiß. Insofern ist dieses Modell vor allem *nach außen* ein bedeutsames politisches Signal.[163] Es stärkt und orientiert nach innen und provoziert nach außen – aber nicht um der Provokation, sondern um der zukünftigen Wandlung willen.

Die große Stärke dieses Modells ist, dass es nicht verflochten ist in Machtbesitz und Machtverteilung innerhalb der christlichen Gemeinden. Hier wird keine Gewalt gegen Christen oder Andersdenkende für Gott legitimiert. Es lebt von der Hingabe in der Nachfolge Christi, und genau das sind die wirksamen Vorzeichen eines Machtwechsels, der im Himmel schon vollzogen ist und sich auch auf die Erde erstrecken wird. Dieses Modell führt ein komplexes Zueinander von Himmelsreich und irdischen Reich ein, das die weiteren Modelle begleiten wird. Es ist ganz eindeutig von dem Impuls des ersten Modells getragen, menschliches Leben als Leben vor Gott gelingen zu lassen. Durch die historische Entzweiung von politischer Macht und Gemeinde können wir vielleicht sogar leichter daran anknüpfen als an das zweite Modell. Die Einführung des eschatologischen Vorbehalts („Einerseits bricht das Gottesreich schon an und andererseits bleibt die Vollendung eine Zukunft von Gott her.") sowie die Verschränkung von Himmel und Erde sind für das christliche Denken sehr wirkmächtig geworden, die dazu dienen, den jüdischen Grundimpuls zu erhalten. Das Problem ist vielleicht, dass diese Komplexität nicht immer erhalten worden ist und leichte Abänderungen fatale Folgen haben. Wenn z.B. die Kirche in ihren Vollzügen glaubt, das Gottesreich zu sein, also der realisierte Herrschafts-

---

[162] An diese Sensibilisierung der Opfer und letztlich die Umkehrung von Opfern und Tätern im Reich Gottes knüpft *Klaus Berger* an (vgl. *Berger*, Jesus, 2007, 114ff.).
[163] Vgl. *Berger*, Jesus, 2007,115.

anspruch zu sein, dann könnte sie auf die Idee kommen, selbst in diesem Herrschaftsauftrag zu handeln. Wenn sich die historische Situation verändert und die
Kirche selbst auf politische und militärische Macht zurückgreifen kann, dann
werden die Gewaltbilder der Äonen-Wende, die die frühchristlichen Gemeinden
bereit waren *an sich* zu ertragen, zu Kollateralschäden, die *andere an ihrem
Leib* für den Endsieg Gottes zu ertragen haben. Vieles hängt daran, ob die Kirche und ihre faktischen Mitglieder als irdischer Teil des Gottesreiches gezählt
werden. Diese Frage wird in der Spätantike besonders virulent, wenn die Kirche
Staatskirche wird und damit auch viele Menschen Christen werden, die ganz
andere Absichten verfolgen, als die frühen christlichen Gemeinden in dem dritten Modell. Als Augustinus von 413 bis 426 n. Chr. seinen Gottesstaat (lat.
*civitas dei*) schreibt, ist diese Auseinandersetzung zu spüren. Die Kirche in
Machtunion mit dem politischen Gebilde des römischen Reiches ist nicht einfach der Gottesstaat. Augustinus selbst denkt durchaus noch in der Tradition des
zweiten Modells, den Gottesstaat als eine Himmel und Erde umfassende Gemeinschaft der Gläubigen, wobei die Zugehörigkeit der lebenden Menschen zu
diesem Gottesstaat erst von der Zukunft, von Gott her zu klären und nicht einfach durch die Kirchenmitgliedschaft oder gar die Staatsangehörigkeit zum
römischen Reich zu beantworten ist.[164] Verändert hat sich aber schon, dass die
Kirche in ihren Vollzügen nicht mehr nur auf zukünftige Verwandlung vom
Himmel her verweist, sondern in ihren legitimen Vollzügen die Zukunft jetzt
lebt. Damit wird zugleich aus dem apokalyptischen Nacheinander der Reiche
eine Koexistenz. Das ist eine wichtige Veränderung, die das vierte Modell voraussetzt, für das ich in die Scholastik springe.

### 6.2.4    Die Welt unter dem kirchlichen Schwert

Das **vierte Modell** zu der Herrschaft ist das der Katholischen Kirche im
Grunde bis heute. Ich entfalte das Modell ausgehend von der Zwei-Schwerter-
Lehre, die das Leitmotiv in der Bulle von Bonifatius VIII. „Unam Sanctam"
von 1302 darstellt. Hier hat sich seit der Antike die gesellschaftliche Bedeutung
der Kirche sehr verändert. Die Kirche selber ist nicht mehr Minderheit gegenüber einem feindlichen Umfeld, sie ist nicht mehr zahlenmäßig klein und unor-
ganisiert. Die kirchliche Hierarchie in Rom herrscht über eigenes Territorium,
den Kirchenstaat, der wie ein Sperrriegel in Mittelitalien liegt. Trotzdem ist
dieser Staat bedroht und er ist ständig auf politische Hilfe von außen angewiesen. Der Kirchenhistoriker Thomas Frenz zeichnet ein interessantes Bild von
der weltlichen Ohnmacht, die durch die ausbalancierte Nutzung der geistlichen
Macht kompensiert wurde.[165] In einer dieser verschärften Situationen versucht

---

[164] Vgl. *Thomas Ruster*, Vater der katholischen Kirche? Der Streit um Augustinus Eschatologie,
in: *Faber, R./Goodman-Thau, E./Macho, Th.* (Hg.),Abendländische Eschatologie. Ad Jacob Taubes, Würzburg 2001, 134-151.
[165] Vgl. *Thomas Frenz*, Art. ‚Kirchenstaat', in: TRE, Band 19, Sp. 92-101.

Bonifatius VIII. mit der Bulle gegenüber Philipp IV. von Frankreich einen Vorrang der kirchlich-geistlichen Macht gegenüber der weltlichen Macht zu errichten. Zunächst einmal wird von Mt 26,52 her zwischen dem Schwert der geistlichen Herrschaft für die Glaubensordnung und dem Schwert der weltlichen Herrschaft für die politische Ordnung unterschieden. Das klingt eher nach Gewaltenteilung, aber die Bulle entfaltet weiter folgendes Bild:

> „Beide also sind in der Gewalt der Kirche, nämlich das geistliche Schwert und das materielle. Jedoch ist dieses *für* die Kirche, jenes aber *von* der Kirche zu handhaben. Jenes ‚in der Hand‘ des Priesters, dieses in der Hand der Könige und Soldaten, aber auf die Zustimmung und Duldung des Priesters hin. Es gehört sich aber, dass ein Schwert unter dem anderen ist und die zeitliche Autorität sich der geistlichen Gewalt unterwirft.“[166]

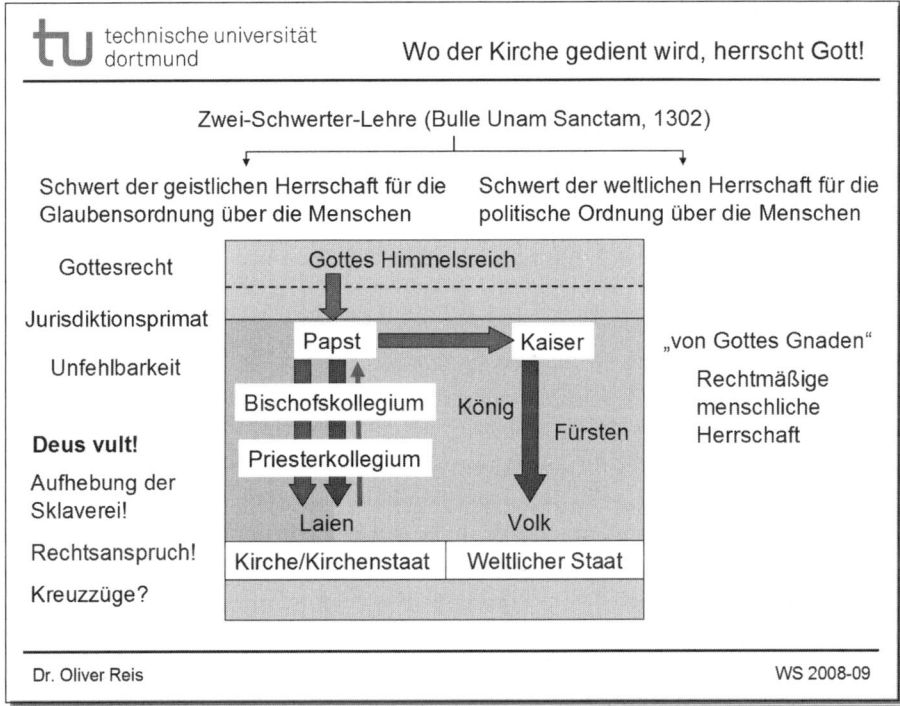

Gott übergibt dem Papst die geistliche und die weltliche Macht, letztere aber nur, damit sie in legitime Hände gerät. Denn nur dann, wenn ein Kaiser diese Macht legitim vom Papst erhalten hat, kann er ein legitimer Herrscher auf der Erde sein. Gleichzeitig wird durch die Unterscheidung ‚von‘ und ‚für die Kirche‘ auch eine kirchlich-weltliche Herrschaft ausgeschlossen. Die Kirche kann das weltliche Schwert nicht für die eigenen Interessen in die Hand nehmen.

Schauen wir uns die drei Machtlinien der Folie genauer an. Zunächst die *erste Linie* ganz links: Ist der Kirchenstaat als weltliche Herrschaft nicht ein Widerspruch gegen dieses Modell? Hier hat der Papst als Landesfürst doch

---

[166] DH 873.

weltliche Macht? Ein genauer Blick in die Konstruktion des Kirchenstaates zeigt dagegen, dass die Päpste die Gebiete nicht als Staatsterritorium geführt haben, sondern als Lehen, auf deren finanzielle Zahlungen sie angewiesen waren. Bedenkt man außerdem die Unabhängigkeitsbestrebungen in den Städten, die selbst in Rom zu der Wiedereinführung des Senats geführt haben, dann korrigiert sich das Bild von der weltlichen Herrschaft deutlich. Der Kirchenstaat hat vielmehr seit Innozenz III. die Funktion gehabt, die geistliche Unabhängigkeit des Papstes zu sichern, hat aber fast nie eine echte politisch-militärische Bedeutung gehabt.[167] Der Kirchenstaat ist auch nie theologisiert worden, so dass in diesem Territorium schlichte menschliche Herrschaft innerhalb der damaligen komplexen Machtkonstruktionen ausgeübt wurde.[168]

Interessanter ist die *zweite Linie* der Gottesherrschaft innerhalb der damaligen europäischen Kirche. Denn die Bulle begründet in klarer Hierarchie, dass die innerkirchliche Machtorganisation göttliches Recht ist. Der Papst ist der höchste Träger der Rechtsprechung und kann unter kein anderes Recht mehr gebeugt werden. Es gibt innerhalb der röm.-katholischen Kirche keine Instanz, die das päpstliche Recht aufheben kann. Die Bulle beschreibt diese Struktur so:

> „Diese [päpstliche; O.R.] Autorität ist aber, auch wenn sie einem Menschen verliehen wurde und durch einen Menschen ausgeübt wird, keine menschliche, sondern vielmehr eine göttliche Gewalt, die Petrus aus göttlichem Munde verliehen und ihm und seinen Nachfolgern in Christus selbst, den er als Fels bekannt, bestätigt wurde, (…).“[169]

Der Papst kann also im Namen Gottes Recht sprechen. Mit Blick auf die Rolle der Tora im zweiten Modell ist der Papst Träger des Gottesrechtes. Der Papst ist die personalisierte Tora, die der Maßstab für das Herrscherhandeln ist! Zusammen mit dem Bischofskollegium und dem Priesterkollegium haben wir eine personal gedachte göttliche Herrschaftslinie gegenüber den Laien. Das Schema der Tora-Personalisierung ist nicht neu (→ **Gottes Rede**), gewinnt aber erst hier bei dem Thema der Herrschaft Gottes seine Brisanz. Die Personen in den Ämtern prägen über das Gottesrecht als Willen Gottes, das die rechtlich legitimen Handlungen sehr differenziert fasst, das ganze kirchliche Leben.[170]

In der *dritten Linie* führt das päpstliche Vermögen Gottesrecht zu sprechen dazu, dass der Papst der legitime Beobachter der weltlichen Herrschaft ist und diese entzieht, wenn sie nicht dem göttlichen Auftrag entspricht. Das Gottes-Gnadentum der Könige ist keine Rechtfertigung für Unheil, sondern ist an eine Herrschaft gebunden, die sich der ‚Tora‘, dem Gottesrecht verschreibt. In dieser Linie wird die große Nähe zum zweiten Modell deutlich und doch haben sich – bedingt durch die anderen beiden Linien – gegenüber dem zweiten Modell zwei wichtige Dinge verändert: 1. War die Tora im zweiten Modell notwendig auf

---

[167] Vgl. *Erwin Gatz*, Art. ‚Kirchenstaat‘, in: ³LThK Band 6, Sp. 58-62.

[168] Das gilt insbesondere auch für ein anderes Beispiel dieser Linie: die klerikale Herrschaft über weltliche Territorien, wie die des Erzbischofs von Köln als Kurfürst des Heiligen Römischen Reichs Deutscher Nationen.

[169] DH 874.

[170] Vgl. *Friedrich Herr*, Das Wagnis der schöpferischen Vernunft, Wien u.a. 2003, 150ff.

das verheißene Land bezogen, so ist diese territoriale Begrenzung nun einer Entgrenzung in zwei Richtungen gewichen. Vielmehr ist die ganze Welt der Herrschaftsbereich des irdischen Gottesrechts. „Wir erklären, sagen und definieren nun aber, dass es für jedes menschliche Geschöpf unbedingt notwendig zum Heil ist, dem Römischen Bischof unterworfen zu sein."[171] D.h., dass nicht nur der christliche Herrscher aufgrund seiner Mitgliedschaft in der Kirche dem geistlichen Schwert unterworfen ist, vielmehr ist global jede weltliche Herrschaft auf die Herrschaft der Kirche als Gottesrecht bezogen. Das irdische Gottesrecht seinerseits ist funktional auf das himmlische Gottesreich bezogen. Der Maßstab des irdischen Gottesrechts entspricht dem himmlischen, aber alle irdische Herrschaft – auch die des Papstes![172] – muss sich vor dem himmlischen Gericht verantworten. So ist die Befolgung des irdischen Gottesrechts der Schlüssel zum himmlischen Reich. Die Verkopplung mit dem Himmel ist die zweite Ausweitung in diesem Modell. Sie ist aber notwendig, damit sich der kirchliche Herrschaftsanspruch nicht verselbständigt. Das ‚Land' ist also nun die globale Kirche, sofern sie Gottes Recht erfüllt, und das Himmelsreich. Wichtig ist noch einmal, dass ‚Kirche' hier das geistliche Gebilde ist, das durch die kirchliche Rechtsgemeinschaft gebildet wird, und nicht automatisch das organisatorisch-territoriale. Deshalb bleibt auf der Erde auch die menschliche Herrschaft als eigenständiger Bereich erhalten, nur dass dessen Legitimität durch die Kirche bestimmt wird. Ideal aus kirchlicher Sicht ist es, wenn die weltliche Herrschaft den Anspruch des Gottesrechts in sich hineinkopiert, denn dann wäre die Welt insgesamt Gottes Herrschaft unterworfen. Doch dies ist nicht einfach die Realität und insofern geht die Kirche in dem Modell zu Recht davon aus, dass von der Durchsetzung des eigenen Herrschaftsanspruchs Gottes legitime Herrschaft über seine Welt abhängt.

2. Das führt zur zweiten Veränderung. Die Kirche, bzw. ihre Entscheidungsträger treffen als Personen rechtliche Entscheidungen gegen Christen und Nichtchristen und auch gegen Herrscher und Herrscherinnen. Da es zu dem göttlichen Recht gehört, politische Macht zu verleihen und zu entziehen, macht die Kirche mit ihren Entscheidungen selbst Politik! „Deus vult!" – „Gott will es!" lautet letztlich die Begründung von Papst Urban II zur Notwendigkeit der Kreuzzüge. Und dann kann man in manchen Fällen ‚daran fühlen', dass eine geistliche Entscheidung von der Sorge um die weltliche Macht der Kirche getragen ist. Die Päpste haben immer wieder Koalitionen gesucht, die den Interessen der Kirche gedient haben.[173] Und in einigen dieser politischen Konstellationen wurde der geistliche Segen von politischen Mächten zielstrebig für Gegen-

---

[171] DH 875.

[172] Vgl. DH 873.

[173] Vgl. Thomas Frenz, Das Papsttum als der lachende Dritte? Die Konsolidierung der weltlichen Herrschaft der Päpste unter Innozenz III. Referat, gehalten auf der Tagung der Katholischen Akademie in Bayern "Staufer und Welfen. Zwei rivalisierende Dynastien am Beginn der Geschichte Münchens", München, 6.-9.2.2008, Quelle: http://www.phil.uni-passau.de/histhw/diversa/ Lachenderdritter.html [23.10.2009].

leistungen erkauft. Das bestätigt so manches Vorurteil gegenüber der Geschichte unserer Kirche. Sie sollten aber erstens nicht vergessen, dass die Kirche selbst nicht die Mittel hatte, um politisch-militärische Entscheidungen mit eigenen Mitteln durchzusetzen, dass zweitens die Kirche selbst für verlässliche Rechtsstrukturen (wie z.B. durch die Inquisition[174]) gesorgt hat und dass drittens aus dieser Konstruktion heraus mit einem Kirchenstaat im Rücken die Kirche viele politische Geschicke zum Guten gewendet hat. Denken Sie an den Umbruch in Osteuropa durch Johannes Paul II: Trotzdem ist das geistliche Agieren in der globalen politischen Sphäre aus dem Gottesrecht heraus etwas, das dem zweiten Modell fremd ist.

In einer positiven Interpretation dieses vierten Modells kann man sagen, dass die kirchliche Herrschaft nach innen und nach außen dazu dient, politische Herrschaft zu binden. Auch hier gewährt das Recht die Macht. In dieser Lesart ist auch der universalistische Anspruch der Bulle angemessen, weil das Recht keine grundsätzliche Grenze haben kann. Kein Diktator, kein Regime und auch keine demokratische Regierung ist sicher davor, dass die Kirche in ihrer Hierarchie den Verstoß gegen Gottesrecht anmahnt. Insofern bewahrt das Modell ganz sicher den biblischen Grundimpuls, dass Gott seine Herrschaft für die Menschen aufrichtet und nicht gegen sie. Eine Schwäche des Modells besteht darin, dass es selber keinen externen Maßstab zulässt, ob etwas dann auch wirklich Gottesrecht ist. Es gibt nur den internen Maßstab, dass der Hierarchie bis hin zum Papst aufgetragen ist, die Nachfolge Jesu als Tora zu bedenken. An den kirchlichen Entscheidungen hierzu müssen sich sowohl die Gläubigen messen lassen, die zu der Rechtsgemeinschaft gehören, als eben auch die (nichtchristlichen) Herrscher. Ist beides nicht anmaßend? Zu bedenken ist, dass schon Bonifatius VIII. die weltliche Macht faktisch nicht entziehen konnte. Und trotzdem sorgt der Anspruch alleine schon für Bewegung, vor allem wenn in der zweiten Linie hohes Druckpotenzial gegenüber den Herrschern aufgebaut werden kann. So bedingen sich die zweite und dritte Linie gegeneinander. Der Preis in der zweiten Linie ist dafür aber hoch, vor allem wenn man bedenkt, wie weitreichend die Eingriffe der Kirche in den Lebensalltag waren. Selbst wenn man die Vorurteile gegenüber dem innerkirchlichen Machtmissbrauch außen vor lässt und die hierarchische Perspektive damit verknüpft, dass Herrschen in der Kirche nur Dienen heißen kann, so bleibt die zweite Linie autoritär gedacht.

Heute ist die erste Linie in den Hintergrund getreten, aber wie schon bei Innozenz III. ist es für die dritte Linie sehr hilfreich, wenn der Papst von einem eigenen Staat aus agieren kann. Problematisch ist es nur, wenn der Erhalt dieser Linie mit der dritten Linie verknüpft wird (Konkordate mit Regimen). Genauso problematisch ist, wenn für die autoritäre Durchsetzung der zweiten Linie von oben nach unten die dritte Linie genutzt wird (Kreuzzüge gegen die Katharer). In beiden Fällen wird Recht dann mit Macht erkauft, und hier hat das System

---

[174] Vgl. hierzu z.B. die sehr lehrreiche Rekonstruktion von *Rainer Decker*, Die Päpste und die Hexen. Aus den geheimen Akten der Inquisition, Darmstadt 2003.

keine interne Korrekturmöglichkeit, weil eben das päpstliche Recht nicht mehr hintergehbar ist. Aus heutiger Sicht wirkten die Päpste des 20. Jahrhunderts durchaus positiv in der dritten Linie, auch weil die erste Linie der weltlichen Herrschaft auf einem Niveau gesichert ist, das genügend Präsenz sichert, ohne selbst anstößig zu sein. Dem steht gegenüber, dass die Basis in der zweiten Linie in Europa stark unterhöhlt ist. Das religiöse Leben ist weitgehend auf den Kult bezogen und entpolitisiert. Die innere Verbindlichkeit, das Recht Gottes leben zu wollen, dürfte stark zurückgehen. Sowohl die Hierarchie selber als auch die Gläubigen gegenüber der Hierarchie machen nicht Eindruck, als wäre die Frage nach der Weisung Gottes das oberste Gebot der Stunde, als hinge daran das ewige Leben. Insbesondere die göttliche Legitimation des Papstes *von oben her* ist noch nicht auf dem Boden des heutigen Inspirationsverständnisses geklärt (→ **Gottes Rede**). Genauso sind *von unten her* die Pluralisierung der Meinungen und der Lebensstile, die Individualisierung des Glaubens – wichtige Errungenschaften der Neuzeit – sind bisher noch nicht mit dem Denken der zweiten Linie verbunden. Durch dieses Vakuum wird aber auch die sichtbare Form des Gottesrechtes und der Gottesherrschaft zurückgenommen. In diese Lücke ist bei der röm.-katholischen Kirche noch nichts getreten. Eines ist klar: so ist die dritte Linie nicht mehr lange sinnvoll zu behaupten und dabei geht ein wichtiges politisches Erbe des drittes Modells verloren, das in der Aktualisierung des zweiten Modells bewahrt wurde. Aber vielleicht ist das auch gut so, weil das Grundmerkmal der Freiheit gegenüber den Mächten und Gewalten im Glauben am besten gewahrt werden kann, wenn erst gar nicht geistliche Macht und weltliche Macht eine so enge Beziehung eingehen, wie das im vierten Modell geschehen ist. Das ist Thema des nun folgenden Modells.

### 6.2.5    Autonomie von Welt und Kirche

Das **fünfte Modell** orientiert sich an der *Zwei-Reiche-Lehre*[175] des Reformators Martin Luther, der an der Grenze zur Neuzeit die Kopplung von weltlicher und geistlicher Herrschaft in der Kirche und insbesondere in der Person des Papstes kritisch beobachtet:

> „Aus welchen Sprüchen klärlich jedermann versteht, daß das Reich Gottes ist nit zu Rom, auch nit an Rom gebunden, weder hie noch da, sondern wo inwendig der Glaub ist."[176]

Mit dieser Auflösung der Gottesrechtsstruktur (zweite Linie) löst Luther im 16. Jahrhundert automatisch das weltliche Regiment aus dem geistlichen Regiment heraus. In letzterem gibt Gott selber Jesus die Vollmacht für sein geistliches Regiment. Der Begriff ‚Regiment' ist vom lat. regnum abgeleitet und meint (Königs-)Herrschaft. Jesus herrscht über das Wort, im Wort über die Bi-

---

[175] Zur Einführung vgl. *Friedrich-Wilhelm Graf*, Art. ‚Zwei-Reiche-Lehre', in: ³LThK Band 10, Sp. 1515-1519.
[176] *Martin Luther*, Von dem Papsttum zu Rom, 1520; zitiert nach der WA Band VI, 292f.

bel, er herrscht im Sakrament und er herrscht in der Vergebung. Das sind die drei Dinge, die das Reich Gottes und das Reich der Kirche ganz konkret ausmachen. In diesem Reich kann es kein anderes Haupt als Jesus selbst – schon gar nicht ein Mensch – geben. Und in dieser wahrhaftigen Kirche kann auch kein Mensch – und schon gar nicht der Papst – einem anderen nach seinem Glauben beurteilen. Luther beobachtet auch sehr genau, wie sich über die stellvertretende Schlüsselgewalt *für* die Gläubigen in dem geistlichen Regiment hinaus im vierten Modell eine regierende Gewalt *gegenüber* dem Gläubigen und Obrigkeit entwickelt hat, die nicht mit der Petrus-Nachfolge zu begründen sei.[177] Luther hebt damit in der Kirche jede weltlich-menschliche und vor allem hierarchische Machtstruktur des Klerus gegenüber den Laien auf.[178]

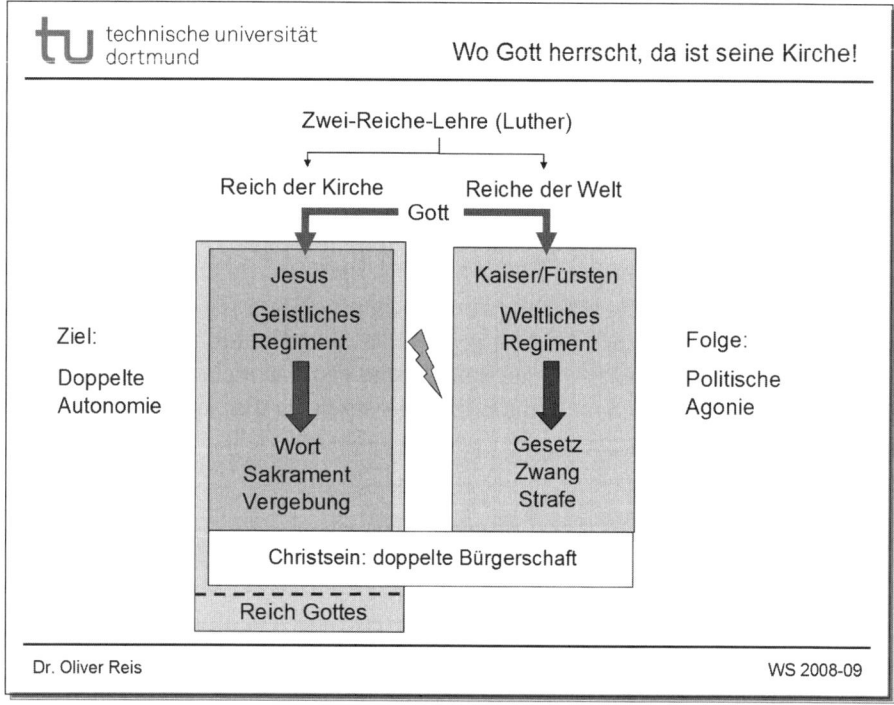

Nach Luther herrscht Gott über die Kaiser in einem weltlichen Regiment durch Gesetz, Zwang und Strafe. Und dieses Regiment ist weder dem Papst verpflichtet noch kann die Kirche durch das weltliche Regiment geschützt werden – Kreuzzüge gegen Andersgläubige sind so nicht zu begründen. Das weltliche Regiment ist durch die Naturordnung einfach dem Gemeinwohl seiner Untertanen verpflichtet. Frieden, Recht und Leben zu bewahren – das reicht als Bestimmung. Genauso sind die Christen als Untertanen von der Naturordnung her zum Gehorsam gegenüber dem weltlichen Regiment verpflichtet. Auch

---

[177] Vgl. *Luther*, Von dem Papsttum zu Rom, 1520, 294,312.

[178] Vgl. *Martin Luther*, De instituendis ecclesiae ministris, 1523; zit. n. WA Band XII, 179f.

wenn das weltliche Regiment nur ein zeitlich befristetes Schattenbild des Gottesreiches in Jesus Christus ist, so ist es doch eine göttliche Ordnung, die von ihm selbst eingestiftet ist. Und wenn ein weltliches Regiment seine Aufgabe nicht erfüllt? Das ist kein Grund über das geistliche Regiment gegen die Obrigkeit aufzubegehren – wie Luther in seiner Ablehnung der Bauernkriege deutlich macht. Da der ewige Frieden, die ewige Gerechtigkeit und das ewige Leben des geistlichen Regiments Jesu letztlich entscheidend sind, gefährdet der Widerstand nur die öffentliche, von Gott erhaltene Ordnung.[179]

Das Spannende ist also, dass die beiden Reiche bei Luther radikal getrennt werden. Weltliches Reich – geistliches Reich. Dazwischen gibt es keine Verbindung mehr. Im Christen kommen die beiden Herrschaftsansprüche zusammen, aber da sie verschiedene Gegenstandsbereiche betreffen, kommen sich die Herrschaftsansprüche nicht in die Quere. War im vierten Modell für die dritte Linie gerade die Loyalität gegenüber der geistlichen Herrschaft als Folge der zweiten Linie der Schlüssel um die weltliche Herrschaft christlich zu binden, so fällt dieser innere Konflikt in diesem Modell aus. Damit wird der Status quo der weltlichen Herrschaft einerseits enttheologisiert, aber genau dies ist natürlich auch eine Form der Theologisierung, da nun jeder politischer Zustand direkt an Gottes Willen gebunden ist. Auch wenn diese Folgerung Luther selbst nicht behagen würde, aber letztlich vollzieht im Rahmen dieses Modells jedes politische System rechtmäßig mit den Instrumenten seines Regiments Gottes Willen. So sehr mit diesem Modell die Autonomie in geistlichen Dingen gegenüber der Hierarchie betont wird (gegen die zweite Linie!), so unbrauchbar ist es zur Umkehrung der Machtverhältnisse, der Täter-/Opfer-Zuschreibungen. Denn auch das weltliche Regiment wird in diesem Modell autonom gegenüber dem kirchlichen Herrschaftsanspruch (gegen die dritte Linie!). Beide Seiten der Autonomie gehören eng zusammen und lassen sich historisch gut erklären. Martin Luther ist in seiner Auseinandersetzung mit dem Papst von einigen deutschen Landesfürsten unterstützt worden, die im Fahrwasser der geistlichen Freiheit auch die politische Freiheit errangen – vielleicht auch dafür Martin Luther als Protagonisten brauchten.

Die Stärke dieses Modells besteht darin, dass es ganz modern den Finger in die Schwachstelle des vierten Modells legt. Wie soll in dem Papst die ‚Inkarnation' des göttlichen Rechts verstanden werden? Das vierte Modell braucht diese Autoritätszuschreibung, um die Linien zusammenzuhalten. Wird damit aber nicht die Herrschaft Jesu selbst entwertet, vor allem wenn sich der Papst Regierungsgewalt zuschreibt? Die Verwechslungsgefahren des vierten Modells werden bei Martin Luther ausgeschlossen. Anderseits hat die evangelische Kirche in ihrer Geschichte immer wieder mit den Folgen dieses Modells zu kämpfen. Im nationalsozialistischen Deutschland wird die Auseinandersetzung zwischen den ‚Deutschen Christen' als gleichgeschaltete Reichskirche und der ‚Beken-

---

[179] Vgl. *Martin Luther*, Art und Recht des weltlichen Regiments, 1530; zit. n. WA Band XXX/II, 554ff., 586ff.; *Martin Luther*, Die Verwerfung des Aufruhrs, 1522; zit. n. WA Band VII, 680.

nenden Kirche' als Widerstandskirche geführt. Karl Barth wirft der lutherischen Lehre vor die Entpolitisierung des Christentums vorbereitet zu haben, weshalb die Bekennende Kirche in ihrer ‚Barmer Theologischen Erklärung' von 1934 ausdrücklich betonte, dass es keinen Lebensbereich gebe, der nicht der Herrschaft Jesu Christi unterstehe. Auch diese Christen wollen deswegen nicht in das vierte Modell zurück. Sie übernehmen die innerkirchliche Autonomie, koppeln sie aber nicht an die Autonomie der Obrigkeit. Vielmehr steht wie im dritten Modell die weltliche Herrschaft unter der kritischen und autonomen Beobachtung der Christen. Die Bekennende Kirche identifiziert sich mit der Minderheitensituation des dritten Modells und hat die Identität von gesellschaftlicher Kultur und Kirche aufgekündigt, die das vierte und fünfte Modell voraussetzt. Aus heutiger Sicht kann die evangelische Kirche in Deutschland über die Zwei-Reiche-Lehre den demokratischen Staat als Ordnung akzeptieren und die eigene geistliche Aufgabe formulieren. Dafür hat die katholische Kirche viel länger gebraucht. Sie übernimmt heute das fünfte Modell sogar in den Fällen, wenn damit Religionsfreiheit gegenüber staatlichen Zugriffen proklamiert werden kann – das ist dann das dritte Moment der Autonomie. Denn mit der Anerkennung der staatlichen Autorität ist auch die Hoffnung auf die Anerkennung der entpolitisierten geistlichen Herrschaft der Kirche verbunden. Dagegen lehnt die röm.-katholische Kirche die Autonomie gegenüber dem Klerus ab. Noch immer ist die Unterscheidung zwischen Laien und Klerus formbildend, wenn auch die Gläubigen in Deutschland schon längst eine evangelisierte Haltung gegenüber der Amtskirche einnehmen. Da die Amtskirche kaum Macht besitzt, um die zweite Linie von oben durchzusetzen – das ist eine Folge der Entkopplung durch Martin Luther –, kommt es zu dem oben beschriebenen Vakuum. So ist das fünfte Modell auch für die (deutsche) katholische Kirche sehr wirkmächtig geworden.

### 6.2.6    Die Herrschaft der Erwählten

Für das **sechste Modell** beziehe ich mich auf die evangelikale Position, die von der Reformation her die individuelle Gewissensfreiheit, die Autonomie des geistlichen Regiments betont. Auch hier wird letztlich noch in den zwei koexistierenden Reichen gedacht. Doch steht die Dualität der Reiche im Gegensatz zu Luther nicht mehr für einen sinnvollen Autonomiefortschritt, sondern für eine Dualität zwischen Licht und Finsternis, Geist und Fleisch, Gott und Satan usw. Deshalb umfasst die geistliche Herrschaft das ganze Handeln als Nachfolge Christi in allen möglichen Erfahrungsbereichen. Gott gibt Jesus die Kraft und dieser erwählt und segnet mit seinem Geist und erweckt Charismen. In der Welt werden Menschen ausgewählt, die ein besonderes Stigma bekommen, das sie auszeichnet Jesu Jünger zu sein. Diese Menschen sind die, die Gottes Macht tatsächlich in sich tragen, um zu glauben, um zu verkünden, um zu heilen, um zu prophezeien, um zu beten, um zu kämpfen, um Geld zu verdienen, um reich zu werden, um viele Nachkommen zu kriegen usw. Der Feind ist hier die anti-christliche Welt, die die wirksame Macht Jesu leugnet und bekämpft.

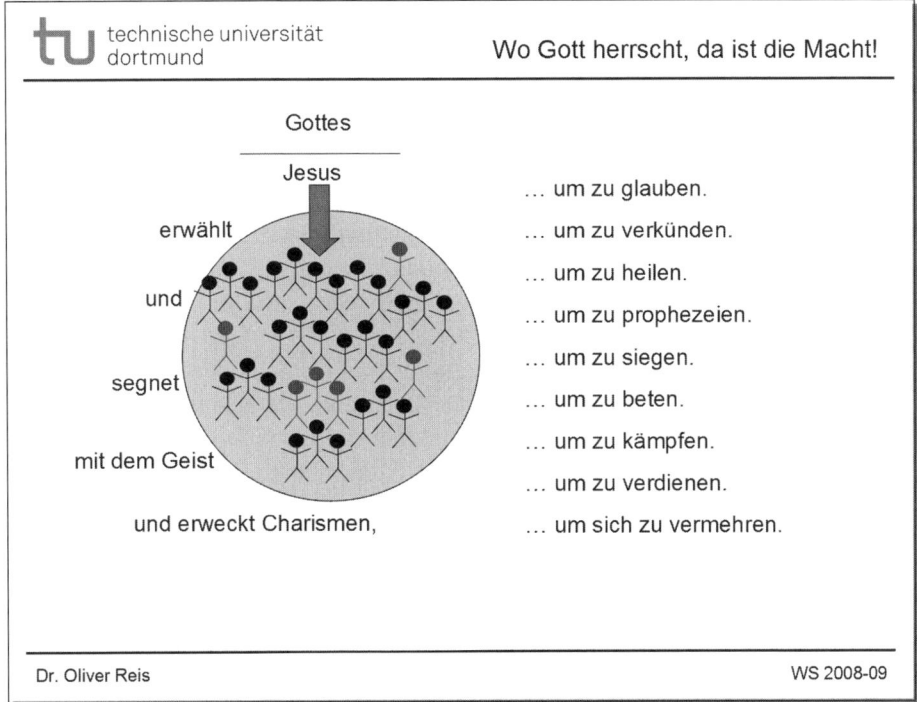

Mit dem dritten Modell hat es gemeinsam, dass die christliche Herrschaft gegenüber den Mächten und Gewalten angesagt ist. Es unterscheidet sich darin, dass die christliche Herrschaft gegenwärtig und kein Geschehen in der Zukunft ist und dass seine Vertreter durchaus über mächtige, ziemlich weltliche mediale 'Waffen' in der Auseinandersetzung verfügen. Gottes Macht ist auf Erden ganz real da – die Erwählten werden von ihr schlicht ergriffen. Begründet wird dies fundamentalistisch (→ **Gottes Rede**) mit der biblischen Zusage, dass die in Jesus begonnene Gottesherrschaft in seinem Geist mit den gleichen Wirkungen fortgesetzt wird.[180] Innerhalb dieses Modells lassen sich zwei Stränge unterscheiden: auf der einen Seite wird verheißen, dass die Macht Jesu im Glauben zur Stärkung der eigenen Ressourcen aufgenommen werden kann. Dies erinnert an die sogenannte kapharnaitische Wandlungslehre von Brot und Wein: Durch die Wandlung essen wir Jesu Leib und trinken sein Blut und gewinnen dadurch Anteil seiner göttlichen Fülle. Dieser Strang führt z.B. zu der Identität von Kapitalismus und Christentum. Der Glaube an Jesus macht dich reich und mit „Je-

---

[180] Vgl. exemplarisch *Stefan Wittmann,* Gottes Herrschaft ist da (Teil 1), 2008, Quelle: http://www.bibelundermutigung.de/gottesherrschaft1.htm [27.10.2009].

sus auf der Chefetage"[181] lassen sich Konkurrenten vom Markt drängen. Oder zu einer Identität von Gesundheitsfetischismus und Christentum: Der Glaube an Jesus macht dich gesund wie eine besondere Arznei, die du aufnehmen kannst. Der andere Strang will sich nicht die Wandlung zunutze machen, sondern fordert in erster Linie eine radikale Wandlung, die die ganze Person umfasst, damit dann Christus ins Leben kann. Dies erinnert eher an das annihilistische Wandlungsverständnis, das davon ausgeht, dass Brot und Wein in ihrer Substanz von Leib und Blut Christi verdrängt und ausgelöscht worden sind.[182] Während der erste Strang stolz auf Wirtschaftswachstum der Unternehmungen verweist, zeigt der zweite Strang stolz auf die Bekehrungszahlen und das Wachstum der Gemeinden. Der Herrschaftsrealismus in beiden Strängen verbindet das Modell mit dem vierten Modell, sein Verzicht auf eine hierarchische Organisation von oben nach unten mit dem fünften Modell.

In dieser Kombination der Modelle sind die evangelikalen Gruppen heute attraktiver als eine hierarchische katholische Kirche, die scheinbar so mit sich beschäftigt ist, dass der Geist Gottes unsichtbar ist. In diesen Gemeinden zeigt man ihnen die Wirkung der Macht Gottes. Dieses letzte Modell kennt keine Unterscheidung mehr von der Welt in ihrer Eigenständigkeit und einer Vermittlung von Gottes Herrschaft, sondern man denkt Gottes Herrschaft in der Welt, ganz real und ganz konkret. Das ist seine Stärke, aber zugleich auch seine Schwäche. In der karphanaitischen Variante überlässt es die Welt sich selbst und erinnert ein wenig an den Deismus der Jugendlichen, nur dass hier lärmend von der Macht Jesu gesprochen wird, die aber doch nur das eigene Streben nach Luxus und Gesundheit stärkt. In der annihilistischen Variante lässt es durch die Abgrenzung von der Normalrealität wenig Luft für Übergänge, Zweifel, Kompromisse, es verlangt die Auslöschung der alten Identität – diese Gewalt allerdings tut den wenigsten Menschen auf lange Sicht gut. Dagegen hält die röm.-katholische Kirche an der Transsubstantiation fest: das Fleisch kann Leib werden: menschliche Herrschaft kann sich in Gottesrecht verwandeln und will dies eigentlich auch. Sie braucht dafür nur einen Rahmen und genau diesen liefert die geistliche Herrschaft im vierten Modell.[183]

---

[181] *Jörg Knoblauf/Jürg Opprecht*, Jesus auf der Chefetage. Von Unternehmern weltweit lernen, Holzgerlingen [2]2004.

[182] Vgl. zum Zusammenhang von eucharistischem Wandlungsverständnis und Weltverständnis *Ruster*, Wandlung, 2006, 88-106.

[183] Nach Ruster lässt sich ein Zusammenhang rekonstruieren zwischen der Vorstellung, wie sich das Reich Gottes jeweils zur faktischen Welt verhält, und welches präferierte Verständnis von Wandlung dies am besten ausdrückt. Die gegenwärtige Krise unseres Eucharistie-Verständnisses passt so zur Krise der Rede vom Reich Gottes (vgl. *Ruster*, Wandlung, 2006, Kap. 6 und 7).

## 6.3     Reflexionsprozess

### 6.3.1     Vorbereitung

Alle sechs Modelle sind auf den biblischen Grundimpuls bezogen und sind doch ganz unterschiedlich in ihrer Realisierung des Herrschaftsanspruchs. Je nach Zeit verändert sich die Gestalt erheblich und damit auch die Funktion der Rede von der Herrschaft Gottes. Die heutige Reflexionsübung soll Sie für diesen Zusammenhang sensibilisieren.

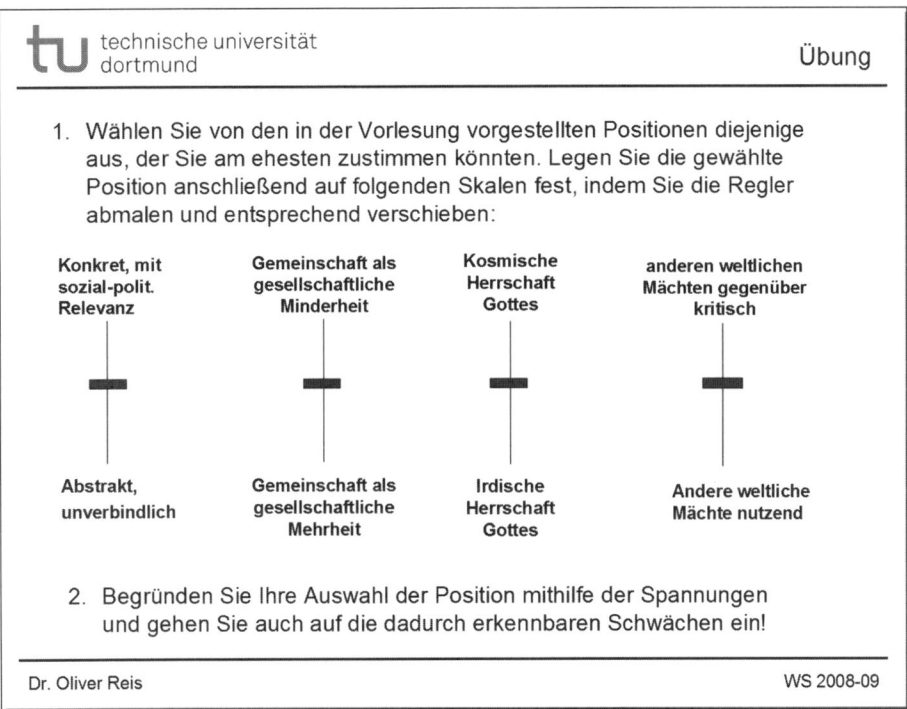

Die erste Aufgabe fordert Sie anhand von vier Kriterien auf, den Zusammenhang von geschichtlichem Kontext, Funktion und Auswirkung der Rede von der Herrschaft Gottes zu erschließen. Sie stellen für ein Modell die Regler in den Spannungen ein. Die Spannungen sind vielleicht nicht immer sauber, die zweite Spannung von links berücksichtig z.B. vielleicht nicht genug, dass die gesellschaftlichen Schichten sehr unterschiedlich von den Modellen betroffen sind. Sie sind aber hoffentlich hilfreich genug, um das Konstrukt des jeweiligen Modells besser nachvollziehen zu können. Wenn Sie diese erste Aufgabe für alle sechs Modelle durchführen würden, dann würden Sie sehen, wo die Modelle jeweils eine gemeinsame Linie bilden und wo sie sich scharf voneinander unterscheiden. Wenn Sie den inneren Bauplan des Modells so gut verstanden haben, dann können Sie mit der zweiten Frage, anhand der Regler-Einstellungen begründen, was Sie genau an diesem Konstrukt reizt, warum Sie dessen Lösung für heute am plausibelsten halten, auch wenn Sie die Grenzen des Modells und damit auch der eigenen Position einsehen können. Sie werden also auch ein paar Basisannahmen Ihres Glaubens kennen lernen und diese damit auch in Frage stellen können. Das macht Sie erst frei, die anderen Modelle in einer Meta-Perspektive wertzuschätzen – und genau diese Fähigkeit ist Voraussetzung für den didaktischen Umgang mit den Modellen. Sie sollen ja später in der Modellvielfalt anregende Lernwege anbieten können. Einfach nur das vierte Modell abzulehnen und ansonsten indifferent zu sein, ist für die Schulpraxis eindeutig zu wenig. Bei dieser Übung heute reicht es allerdings, wenn Sie das selbst gewählte Modell in seiner Nähe zu der eigenen Position erfassen und diese Positionierung kritisch durchleuchten können. Mit Blick auf unser Kompetenzmodell ist dies eine Gelegenheit für uns zu sehen, ob Sie die vierte Stufe einnehmen können.

### 6.3.2 Exemplarische studentische Reflexionen

**a) Meike:**

1.) Wo Gott herrscht, da ist die Macht!

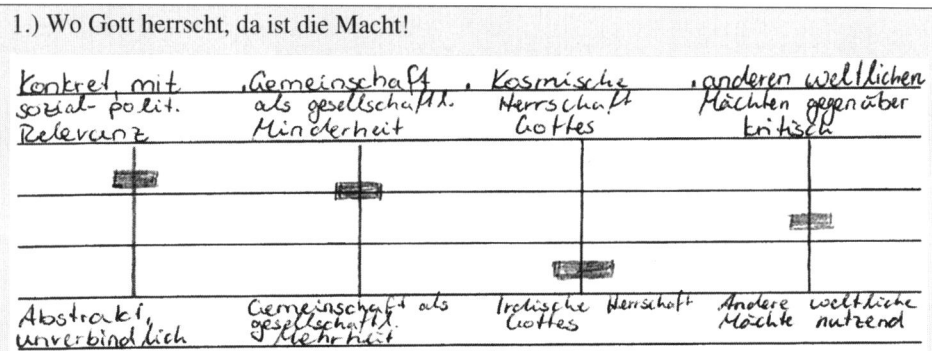

2.) In der Position "wo Gott herrscht, da ist die Macht" ist die Herrschaft Gottes ganz konkret, am eigenen Leib erfahrbar. Die Gemeinschaft der Gläubigen erlebt Gottes Herrschaft durch Jesus Christus, der die Menschen erwählt und mit dem Geist segnet. Die Vielfalt der unterschiedlichen Charismen der Gemeindemitglieder wird zusammen geführt, wird erweckt und dient dem Wohl der Gemeinschaft. Dadurch entsteht eine starke, mächtige Gläubigengemeinschaft. Nur durch die Herrschaft Gottes ist das Gemeinde-Sein und Gemeindeleben überhaupt möglich. Diese Position ist wie beschrieben konkret erfahrbar und hat große Relevanz in der Gemeinschaft der Gläubigen. Außenstehende erfahren Gottes Herrschaft nicht selbst, nur als intensiver Betrachter können sie die Motivation und den Quell der Stärke erfassen. Gottes Herrschaft bezieht sich dabei nur auf die Gemeinde. Diese Gemeinde stellt nur einen dritten Teil der gesamten Menschheit dar. Die gesellschaftliche Mehrheit erfährt Gottes Herrschaft nach der genannten Position also gar nicht. Wenn die Menschheit aber doch als Teil von Gottes Schöpfung verstanden wird, wieso können dann nicht alle Menschen Gottes Herrschaft so real erfahren?! Möglicherweise ist den Menschen, die nicht zur Glaubensgemeinschaft gehören nur der offene Blick versperrt. Auch sie sind von Jesus Christus erwählt und gesegnet, auch die tragen besonderes Charisma, doch bisher verstellen sie sich der Erfahrung der Gottesherrschaft.

In den Gemeinden wird durch die Stärke der Gemeinschaft Gottes Herrschaft irdisch erlebbar. Diese besondere Stärke wird auch nach außen getragen, so dass Außenstehende die Stärke erkennen können. So ist es möglich, auch als Nicht-Mitglied der Gemeinde die Herrschaft Gottes zu erfahren. Wenn wir die Herrschaft Gottes als eine irdische Herrschaft erfahren, stellt sich die Fragen nach dem Leben nach dem Tod. Wie ist es zu verstehen, wenn Gott uns in sein reich ruft, damit wir bei ihm wohnen? Bleibt das Leben nach dem Tod dann irdisch oder erleben wir auch eine kosmische Gottesherrschaft? Da wir die Gottesherrschaft besonders in den Gemeinden erleben, wäre sie als für den Menschen endliche Herrschaft zu verstehen. Ich glaube jedoch, dass es darüber hinaus auch die Herrschaft Gottes gibt. Diese Herrschaft ist aber nicht durch Machtverhältnisse, durch Stärke in Gemeinden zu betiteln. Dafür muss es noch eine weitere Position geben als die hier diskutierte.

Die Gottesherrschaft steht den weltlichen Mächten recht neutral gegenüber. Die verschiedenen Gemeinden leben in staatlich regierten Ländern. Die göttliche Herrschaft steht neben der staatlichen Macht. Zum einen leben die Menschen nach den weltlichen Gesetzmäßigkeiten, zum anderen erfahren sie im Leben der Gemeinde die Herrschaft Gottes. Beide Mächte sind (in den meisten Ländern der Welt) ohne Hindernisse vereinbar. In Ländern aber, wo die Menschen wegen ihres Glaubens verfolgt werden und die Herrschaft Gottes den kleinen Gemeinden keine enorme Stärke verleiht, kann man leicht in Zweifel fallen. Warum erleben diese Menschen die Herrschaft Gottes nicht so konkret?! Und doch halten besonders diese Menschen an ihrem Glauben stark fest. Ich glaube, dass sich die Herrschaft Gottes nicht nur in nach außen präsentierbarer Stärke und Macht zeigt. Durch einen genaueren Blick kann man Gottes Herrschaft und damit die Stärke in vielen Menschen erkennen. Den aufgrund ihres Glaubens verfolgten Menschen könnte man Stärke zusprechen, da sie eine enorme Kraft aufbringen, um für ihren Glauben einzustehen und sich damit zu behaupten. Auch wenn die Herrschaft Gottes nicht überall mit den weltlichen Mächten vereinbar ist, ohne in Konflikte zu geraten, so ist sie doch auch dort erfahrbar.

## b) Thomas:

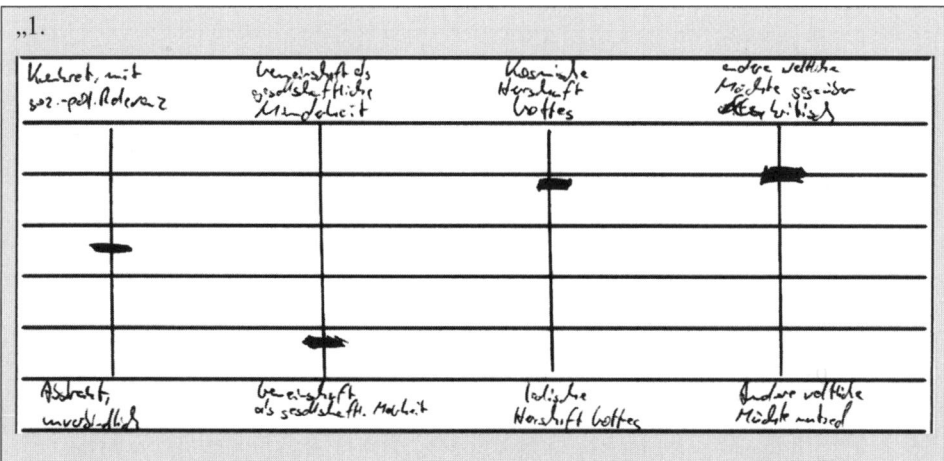

2. Meine Wahl fiel auf die letzte Position („Wo Gott herrscht, da ist die Macht"). Ich hätte mich ebenso für eine anderen entscheiden können, aber hier gab für mich den Ausschlag, dass ich es interessant finde, dass die Kirche auf die Menschen zugeht und ihnen sagt, dass sie gebraucht werden. Bezogen auf die sozial-politische Relevanz und die Konkretheit treten für mich jedoch erste Schwächen auf. Wenn man jeden Christen anspricht und einplant ist dies natürlich sehr konkret. Falls das Angebot der Kirche dann angenommen wird, kann auch sozial-politisch eine Menge bewirkt werden. Jedoch muss man ebenso damit rechnen, dass diese offene Haltung für manche abstoßend wirken kann und von daher ist hier der Aspekt der Verbindlichkeit nicht so hoch gegriffen.

Eine große Stärke dieses Modells ist die Gemeinschaft. Wenn es gelingt viele Leute zu mobilisieren, dann wächst die Gemeinschaft und kann auch als gesellschaftliche Mehrheit auftreten. In der Gemeinschaft fühlt sich jeder stark und das Gemeinschaftsgefühl wird ebenfalls positiv verstärkt. Eine Schwäche könnte hier sein, dass sich Menschen in der Gemeinschaft zurückziehen und sich nicht genug einbringen. So könnte das Gefüge erheblich leiden.

In diesem Modell wird von eher kosmischen Herkunft Gottes ausgegangen, jedoch tritt Jesus an die Menschen heran und Jesus selbst sagte von sich, er sei Gott. Von daher ist die kosmische Herrschaft Gottes ein wenig abgeschwächt.

Anderen weltlichen Mächten wird hier meiner Meinung nach eher kritisch gegenüber gestanden, da das Vertrauen in die eigene Stärke sehr groß ist. Das könnte ebenso als Schwäche ausgelegt werden, da man sich anderen verschließt und so eventuell die Möglichkeit verstreichen lässt, von anderen zu lernen und zu profitieren.

### c) Tanja:

**Frage:** 1. Wählen Sie von den in der Vorlesung vorgestellten Positionen diejenige aus, der Sie am ehesten zustimmen können. Legen Sie die gewählte Position anschließend auf folgenden Skalen fest, indem Sie die Regler abmalen und entsprechend verschieben. 2. Begründen Sie ihre Auswahl der Position mithilfe der Spannungen und gehen Sie auch auf die dadurch erkennbaren Schwächen ein!

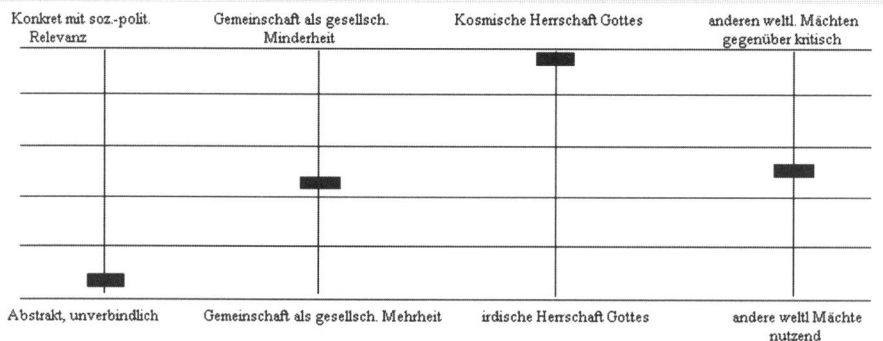

Ich habe die Position „ Wo Gott herrscht, ist Freiheit" gewählt, weil ich ihr am ehesten zustimmen kann. Ich denke heutzutage ist es schwer eine andere der 6 Positionen zu 100% zu vertreten, weil wie Beispielseise bei den Modellen „Wo Gott herrscht, geschieht Recht" und „Wo der Kirche gedient wird, herrscht Gott" ist die „Gottes Erwählung" kritisch ins Auge zu fassen. In beiden Modellen erwählt Gott einzelne Menschen zu Könige / Kaisern (indirekt) / Päpste. Ich sehe diesen Punkt als sehr kritisch an , weil man an dieser Stelle nicht erweisen kann, ob Gott diese Menschen wirklich dazu auserwählt hat oder ob diese Menschen dieses nur behaupten. Deswegen behaupte ich, dass dies in dem Punkt „Erwählung" nicht Gotteswerk, sondern Menschenwerk ist. Das Risiko Missbrauch von Macht und Vertrauen der Gesellschaft ist sehr hoch und ich denke, dass diese Positionen in der Vergangenheit auch zu Missbrauch geführt haben, zugunsten der eigenen Person oder zugunsten des Landes.

Das Modell „Wo Gott herrscht, da ist Freiheit" passt am Besten zur Gegenwart, in der Kirche/Religion und Politik nicht mehr <u>ganz</u> eins sind und man hier nicht von einer Erwählung Gottes, sondern der der Mehrheit durch Demokratie oder durch andere Systeme spricht. Ich kann die Position vertreten, dass Gottesherrschaft darin besteht, dass Gott das Land frei von (irdischen) Göttern und somit frei von Mächten macht und den Menschen die alleinige Macht über ihr Handeln und dem Geschehen in der Welt (unabhängig von der Natur) überträgt, indem er nicht mehr in das Weltgeschehen eingreift. Diese Machtübertragung kann man also als Gottes Ohnmacht interpretieren, ich tue es nicht. Dennoch dürfen keine anderen Dinge/Personen/Götzenbilder vergöttert werden, denn Gott macht die Welt auch frei von Vergötzung.

Den ersten Regler habe ich nach unten eingestellt, denn in dieser Position existiert keine Machtübertragung beispielsweise auf den König, somit hat diese Position keine sozialpolitische Relevanz. Gott lenkt hier nicht die Politik der Menschen, denn es besteht keine direkte Verbindung zwischen Gott und der von den Menschen erstellten Politik.

Der zweite Regler ist neutral, also mittig, eingestellt, weil (ich habe die Gemeinschaft als christlichgläubige Gemeinschaft verstanden) durch dieses freie, vor allem machtfreie Bild der Gottesherrschaft besteht die Gefahr das Weltgeschehen eben nicht mit Gott zu verbinden und somit auch nicht an Gott und seine freie, passive Herrschaft zu glauben.

Ich habe den dritten Regler oben eingestellt, weil die Position, der ich am ehesten zustimme, keine irdische Herrschaft Gottes ist, weil Gott der Menschheit die Freiheit gegeben hat, selbst und somit frei zu entscheiden, zu handeln, zu ermächtigen (z.B. Kaiser, Bundespräsident, Bundeskanzler, Bürgermeister, etc.) und zu entmächtigen. Er ist/herrscht ausserhalb der Welt, somit kosmisch.

Weil Gott den Menschen die Freiheit und sein freies unabhängiges Land geschenkt hat, habe ich den vierten Regler mittig eingestellt, denn er überlässt es der Menschen anderen weltlichen Mächten kritisch gegenüber zu sein oder sie zu nutzen.

Ich denke, dass diese Position die „modernste" Position ist, die in das heutige Weltbild passt. Die größte Schwäche entsteht bei dieser Position beim Glauben, denn man kann diese freie Gottesherrschaft auch als gottfreie Herrschaft bezeichnen. Diese Position macht es sich auch recht einfach (im Gegensatz zu den anderen Positionen), was die Verantwortung betrifft, denn der Mensch entscheidet alles selber.

# 7    Gottes Rechtfertigung

## 7.1    Reflexionsprozess I

### 7.1.1    Thematische Hinführung zum Reflexionsimpuls

Ich begrüße Sie zu der siebten Sitzung der Vorlesung 'Gott denken'. Mit der heutigen Sitzung haben wir die Hälfte überschritten. Die Vernetzung der Sitzungen und der damit möglichen Denkmodelle wird immer weiter zunehmen. Ich hoffe, Sie wurden durch die wöchentlichen Reflexionsaufgaben zu einem kontinuierlichen Lernprozess angeregt, der immer wieder die theoretischen Modelle mit dem eigenen Denken verknüpft.

In der heutigen Sitzung zu Gottes Rechtfertigung bekommen Sie am Anfang wieder Gelegenheit das eigene Denken zu erproben, bevor ich in meinem Input versuche mögliche Denkstrukturen zu ordnen. Die Frage, um die es geht, sehen Sie auf der Folie: „Gehört Gott für diese Welt nicht eher auf die Anklagebank?" In einem Tagespraktikum für die Sekundarstufe I haben die Studierenden die Frage von einer Schülerin gestellt bekommen, nachdem sie zum Thema Schöpfung über Franz von Assisi und andere Medien das Bild herauf beschworen haben, dass Gott diese wunderschöne Welt liebt und behütet, dass alles gut ist. Der Schülerin standen die Bilder von dem Tsunami 2004 in Asien vor Augen. Für sie waren Leid und Unglück so offensichtliche Anklagegründe, dass es ihr sehr schwer fiel, an einen guten Gott zu glauben, der die Welt mächtig zum

Guten führt. Die Vernichtung der Juden im Dritten Reich, die Völkermorde in Afrika, Naturkatastrophen, der Amoklauf in Erfurt – sind das nicht eindeutige Widerlegungen dafür, dass die Welt von einem guten Gott regiert wird? Gibt es nicht ein Maß an Leid und Unrecht, so dass diese Behauptung unverschämt wird? Der Aufklärer Voltaire interpretierte das Erdbeben, das am 1. November 1755 Lissabon zusammen mit einem Tsunami und einem Großbrand schwer traf und bis zu 100.000 Menschen das Leben kostete, als ein solches Ereignis. Gott auf die Anklagebank zu setzen, gewinnt in dieser Perspektive eine gewisse Plausibilität, die in regelmäßigen Abständen auch die BILD-Zeitung zu groß-formatigen Überschriften inspiriert: „Gott, wo bist du?"

Die Anklage löst aber auch Unbehagen und den Wunsch aus, die Ereignisse für Gott zu erklären, Gott an seiner Stelle zu verteidigen. Das ist der Ort der Rechtfertigung Gottes, die vorgenommen oder eben auch abgelehnt werden kann. Und, wie sehen Sie das? Halten Sie bitte in den folgenden 20 Minuten Ihre intuitive Perspektive fest.

### 7.1.2 Exemplarische studentische Reflexionen

#### a) Meike:

1.) Ich denke nicht, dass Gott für diese Welt auf die Anklagebank gehört. Gott hat dem Menschen die Erde als Lebensraum geschenkt und uns damit Verantwortung übertragen. Wir können den Willen Gottes erkennen und unser Leben daran orientieren. Würde jeder Mensch darauf achten, würde das Gute in der Welt siegen. Gäbe es nur Gutes in der Welt, würden wir das Gute vielleicht gar nicht mehr wahrnehmen. Der Willen Gottes und unser Dank und unser Gebet an Gott hätten keinen tiefen Ursprung, keine direkte Bedeutung mehr.

#### b) Thomas:

1. Diese Frage muss man sehr differenziert betrachten, denn es gibt für sie pro- und Contra-Argumente. Wenn man jeden Tag in den Nachrichten vom Leid in der Welt (Krieg, Armut, etc.) liest oder hört, könnte man zu diesem Schluss kommen. Dann kann man sich fragen, warum Gott so etwas zulässt und nicht dagegen vorgeht.
Wenn man jedoch davon ausgeht, dass Gott transzendental existiert und den Menschen die Möglichkeit gibt, nach seinem Willen zu leben, dann liegt die Verantwortung bei den Menschen selber und somit gehört Gott nicht auf die Anklagebank.

#### c) Tanja:

1. Ich würde Gott nicht anklagen, weil ich der Meinung bin, dass Gott den Menschen die Verantwortung für die Welt in die Hand gelegt hat. Die Menschheit müsste somit auf die Anklagebank, da sie verantwortlich ist für das Schlechte in der Welt. Es gibt aber auch Situationen, in denen man niemand beschuldigen kann, wenn z.B. jemand des natürlichen Todes stirbt. Will man da der Natur Rechenschaft abverlangen? Ich denke,

dass die Menschen Schuld an ihrer Welt und den Geschehnissen in ihr haben und sie niemand als eine Art „Sündenbock" missbrauchen können.

## 7.2 Modelle im Verständnis von Leid im Angesicht von Gottes Herrschaft

In dieser Sitzung werde ich so vorgehen, dass ich nicht versuchen werde Ihnen eine richtige theologische Lösung oder Deutung zu geben, sondern ich möchte Ihnen zeigen, wie verschiedene Philosophen/innen und Theologen/innen auf der strukturellen Ebene mit dem Problem umgehen. D.h. ich werde versuchen, zunächst die logische Herausforderung der Theodizee, (gr. *theós* 'Gott' und *díke* 'Gerechtigkeit') deutlich zu machen und dann verschiedene Positionen als Lösungen um diese Herausforderung zu gruppieren, so dass verschiedene Denkmodelle sichtbar werden. Vor dem Hintergrund dieser Vielfalt werde ich auf der Basis einer hermeneutischen Grundoption eine theologische Linie weiter entfalten, die wir in dieser Vorlesung immer wieder im Raum hatten. Das tue ich nicht, weil dieses Denkmodell *die* Lösung ist. Es ist aber ein kreativer und wichtiger Ansatz, der relativ weit trägt und Ihr Denken sinnvoll herausfordert.

### 7.2.1 *Das Theodizee-Problem*

Beginnen wir also mit dem Grundproblem der Theodizee-Frage. Zunächst einmal sind Begriff und Vorhaben ganz stark von dem Anliegen der Aufklärung geprägt. Es war der Theologe/Philosoph Gottfried Wilhelm Leibniz (1646-1716), der 1710 mit der Schrift „Essais de Théodicée sur la bonté de Dieu, la liberté de l'homme et l'origine du mal" versucht hat, Gott vor dem Forum der Vernunft zu rechtfertigen. Dieser Zusatz ist wichtig: Es geht darum eine Antwort zu finden, die allgemein plausibel ist. Nun müssten wir ja nicht Gott vor der Vernunft verteidigen wollen, aber sobald wir ernst nehmen, dass sich unser Glaube dem Denken einsichtig machen kann (→ **Einführung in die Theologie**), dann führen schon unsere Thesen, die wir bisher bedacht haben, zu der Spannung zwischen der Behauptung von Gottes Macht/Gottes Herrschaft und der Unvollkommenheit der Welt. Die Anklage Gottes und dementsprechend der Versuch einer Rechtfertigung setzt aber voraus, dass Gott vollständig universal und allgegenwärtig herrschend und mächtig gedacht wird. Denn erst dann gerät Gott als Gott mit sich selbst in Widerspruch.[184] Wie ich in **Gottes Herrschaft**

---

[184] Es ist kein Zufall, dass moderne Herrschaftsmodelle wie das sechste Modell aus **Gottes Herrschaft** wieder stärker die Dualität von Gottes Willen, sein Reich zu errichten, und den gottfeindlichen Mächten betonen, um gegenüber einer Wirklichkeit sprachfähig zu bleiben, die immer weniger von einer gottgewollten Ordnung hat. Ein wichtiger Vertreter dieser Richtung ist Klaus Berger, der dafür auch den veränderten Allmachtsbegriff des vierten Modells (→ **Gottes Macht**) übernimmt (vgl. *Klaus Berger*, Wie kann Gott Leid und Katastrophen zulassen? Gütersloh 1999).

deutlich gemacht habe, ist diese *Universalisierung* im Mittelalter vollzogen und in der Aufklärung wie bei Leibniz allgemeiner Denkhintergrund.

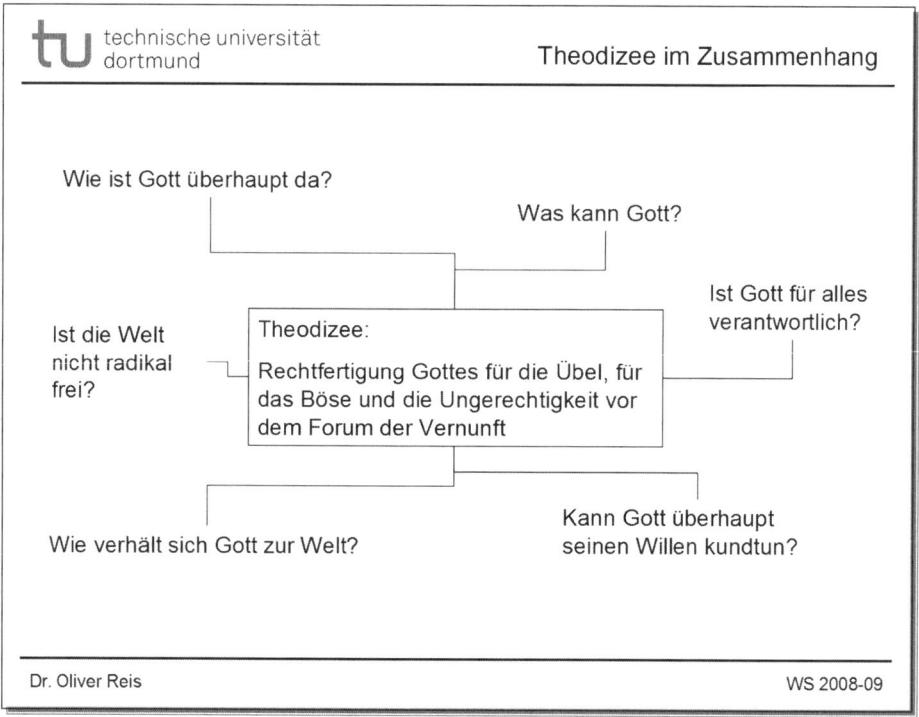

Auch wenn der Begriff und das Vorhaben der 'Theodizee' typischerweise in die Aufklärung gehören, also eigentlich relativ neu sind, ist eine wesentliche Erkenntnis über die Struktur dieser inneren Widersprüchlichkeit schon sehr alt. Der antike Philosoph Epikur hat eine Analyse des Zusammenhangs von Leid in der Welt und Gottes Verantwortung so formuliert:

> „Entweder will Gott die Übel beseitigen und er vermag es nicht, oder er kann es, will es aber nicht, oder er will es weder aufheben noch vermag er es. Falls er es will aber nicht kann, so ist er schwach, was auf Gott nicht zutrifft. Falls er es vermag aber nicht will, ist er missgünstig, was Gott ebenso fremd ist. Falles er es weder will noch vermag, so ist er sowohl missgünstig wie ohnmächtig und daher auch nicht Gott. Falls er es sowohl (aufheben) will und (dieses) auch vermag, wie sich allein für Gott ziemt, wieso gibt es (dann dennoch) die Übel?"[185]

Dieser Gedanke lässt sich mit den Mitteln der modernen Logik weiter formalisieren, ich übernehme die Darstellung von der Dortmunder Kollegin Renate Huber aus der Philosophie. Sie sehen auf der einen Seite die Prämisse PG: Gott ist allmächtig & allwissend & gütig. Intuitiv würden Sie alle wahrscheinlich zustimmen, dass Gott diese drei Prädikate, im Sinne von Eigenschaften, zukommen. Die zweite Prämisse ist PÜ: Die Welt ist voller Übel. Mit Leibniz

---

[185] *Epikur*, Fragment 374; zitiert nach *Hermanus Usener*, Epicurea, Stuttgart 1966, 525f.

lassen sich hier das *malum metaphysicum*, das metaphysische Übel – ergibt sich aus der Differenz von Gott und Mensch, das *malum physicum,* das physische Übel – ergibt sich aus der physischen Beschaffenheit der Schöpfung – und das *malum morale* – ergibt sich aus der Abwendung von Gott als Sünde – unterscheiden. Alle drei Formen prägen unser Leben und werden in der Regel so erlebt, dass sie unser Lebensglück und die Lebensqualität einschränken. Für Epikur ist die Aussage über das Leid vorausgesetzt, das ist für ihn eine empirische Beobachtung. Diese Beobachtung zu leugnen, ist nicht sinnvoll – aus christlicher Perspektive schon gar nicht. Die Sünde der Welt und die Folgen dieser Sünde sind präsent und sind geradezu ein Pol der christlichen Weltreflexion. Aber auch physische Übel wie Hungersnöte, Naturkatastrophen, der Tod, Krankheiten werden in der Bibel und in den christlichen Lebensgemeinschaften durch die Geschichte hinweg sensibel wahr- und aufgenommen.

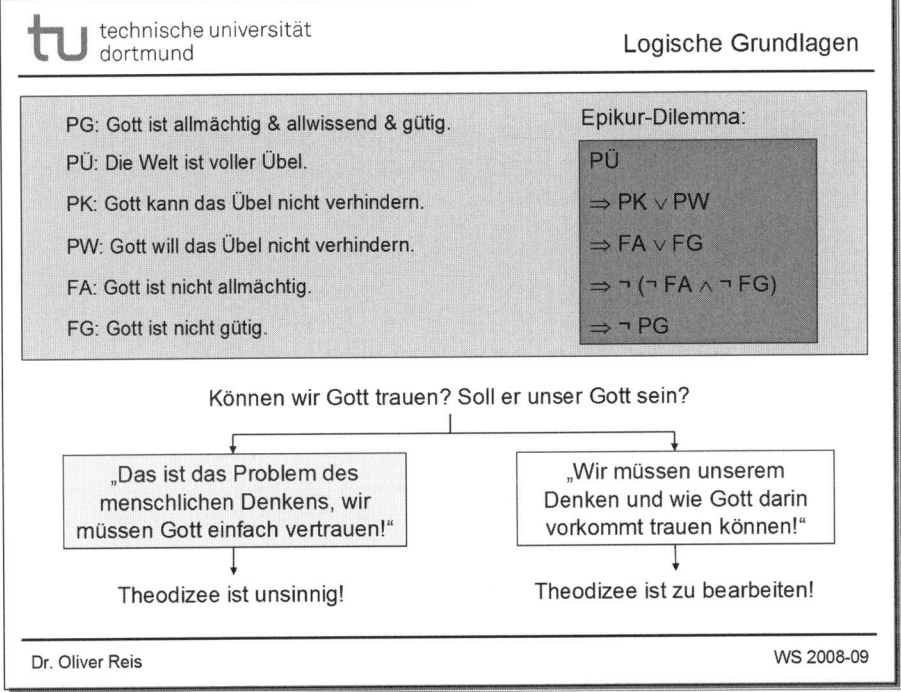

Über das logische Schlussschema des Dilemmas folgt aus PÜ, dass die Aussage PK (Gott kann das Übel in der Welt nicht verhindern.) oder die Aussage PW (Gott will das Übel der Welt nicht verhindern.) gelten muss, vielleicht auch beide. Daraus lässt sich schließen, dass mindestens die Folgerung A (Gott ist nicht allmächtig.) oder Folgerung G (Gott ist nicht gütig.) gelten muss. Das bedeutet, dass es nicht sein kann, dass Folgerungen A und G beide nicht stimmen. So wie Folgerungen A und G definiert sind, heißt das: Es kann nicht sein, dass Gott allmächtig und gütig ist. Das heißt, dass die Annahme von PÜ formallogisch zur Aussage ¬PG führt. Das Problem ist also, dass Sie PÜ und PG nicht gleichzeitig als wahr denken können. Entweder leugnen Sie das Übel oder die Eigenschaften Gottes können so nicht bestehen. Aber das Übel zu leugnen wäre genauso unchristlich wie zu leugnen, dass Gott als gütiger Vater der allmächtige Schöpfer von Himmel und Erde ist. Das macht das Ganze zu einem Dilemma, das im Rahmen der Logik nicht zu lösen ist.

Die theologische Frage, die sich aus diesem Dilemma ergibt, ist doch die, ob wir uns einem Gott, der nicht Güte und Macht in sich vereint, überhaupt anvertrauen wollen. In den bisherigen Sitzungen haben wir darüber nachgedacht, ob es Gott gibt, was er kann, was er sagen möchte, wie er herrschen möchte – das haben wir alles unhinterfragt auf einen gütigen Gott bezogen. Die Frage ist nun, ob wir Gott überhaupt als unseren Gott anerkennen sollen, wenn Macht und Güte so auseinanderfallen. Das ist eine ganz entscheidende Frage! Nur weil er Sie von Kindesbeinen an in Ihrem Inneren begleitet, ist das noch lange keine Antwort auf die Frage, ob wir ihm trauen sollen, ob Sie ihm wirklich Ihr Leben ausliefern können. Das hängt offenbar gerade davon ab, dass Güte und Macht zusammengehalten bleiben. Gott ohne die Güte, ohne seine liebevolle Zuwendung zu den Menschen, die wir auch in unseren Begriffen von Fürsorge und Zuwendung verstehen können, wäre immer noch ein mächtiges Wesen, dem wir vielleicht aus Selbsterhaltung dienen, aber bestimmt nicht eines, das wir mit ganzer Kraft lieben und dessen Nähe wir von uns aus suchen, in dessen Hand wir uns fallen lassen.

### 7.2.2 *Theologische Zugänge zum Theodizee-Problem*

In der Theologiegeschichte gibt es zunächst zwei sich radikal unterscheidende Ansätze.[186] Der erste Ansatz konstatiert vielleicht sogar genüsslich gegenüber der Vernunft: „Das ist das Problem des menschlichen Denkens!" Aber darüber setzen wir uns im Glauben gerade hinweg: „Wir müssen Gott einfach vertrauen!" Der Glaube fängt mit den Fragen am besten gar nicht an, weil sie vielleicht sogar den Glauben schwächen. Dieser Gegensatz von Glauben und Denken ist uns schon vertraut. Hier wird das Problem gelöst, indem ich aufhöre mit der Vernunft ordnend auf das Gehörte zuzugehen (→ **Einführung in die Theologie**). Wir treffen hier den Fideismus wieder, für den die Theodizee-Frage als Dilemma von PÜ und PG schlicht unsinnig ist: Sie ist eine Geburt einer sich

---

[186] Die folgende Unterscheidung setzt einen Theismus Gottes voraus. D.h., Gott ist ein personales Wesen, das von der Welt verschieden ist, aber an ihr handelt. Alle nicht-theistischen Grundoptionen haben kein Problem mit der Leidfrage. Insbesondere gilt das für den Monismus als Grundoption, für den Gott und Welt eins sind (→ **Gottes Dasein**). Vielleicht ist die Neutralisierung der Leidfrage ein Aspekt, der die Akzeptanz des Monismus in Europa befördert. Wie Hans-Günter Stobbe richtig anmerkt, verbietet sich dieser Ausgang für das jüdisch-christliche Denken aus der Leidfrage, eben weil der Theismus nicht verhandelbar ist (*Hans-Günter Stobbe*, Gibt es eine vernünftige Lösung des Theodizee-Problems?, in: *I. Broer* (Hg.), Hiob, oder die Frage nach dem Leiden. Beiträge aus alttestamentlicher, systematisch-theologischer, literarischer und religionspädagogischer Perspektive, Siegen 2007 (=Forum Siegen Beiträge. Bd. 6), 33-74, hier 58).

gegenüber Gott verselbstständigenden Vernunft, die auf ihr Eigenrecht pocht. Dabei steht doch Gott über dieser Logik, er ist gar nicht an sie gebunden. Mit diesem Antwortstrang hört dann hier auch die Theologie auf, das sollte Ihnen klar sein.

Der zweite Ansatz geht davon aus, dass wir unserem Denken – und wie Gott darin vorkommt – trauen können! D.h. nicht, dass wir Gott widerspruchsfrei denken können müssen, das heißt auch nicht, dass sich Gott mit seinen Möglichkeiten unseren Denkmöglichkeiten unterwerfen muss. Für die Theologie ist es eine Aufgabe nach einem ausdrückbaren Sinn zu suchen, der maximal verständlich ist. Das hängt damit zusammen, dass wir davon ausgehen, dass sich Gott dieser Welt innerhalb unserer Verstehensmöglichkeiten zeigt und dass der christliche Glaube über die Beziehung von Gott und Welt auf Verständlichkeit drängt (→ **Einführung in die Theologie**). Wir müssen uns trauen, in die Beziehung von Gott und Welt die Frage nach dem Leid hinzuzunehmen. Damit ist noch nicht gesagt, dass wir eine Lösung finden, auch nicht, dass wir das schätzen, was wir dabei erkennen. Es kann sein, dass wir dabei fremden Seiten an Gott oder auch an uns begegnen. Es kann schließlich auch sein, dass uns in der Suche nach dem Sinn Gott selbst entgleitet. Für die Theologie bleibt meines Erachtens keine andere Möglichkeit als den rechten Ansatz zu wählen und darauf zu vertrauen, dass sie hörend und ordnend Gottes Wort weiter trägt.

Wenn Sie sich auf die Theodizee einlassen, dann lassen sich mindestens vier Denkmodelle unterscheiden, die versuchen in der logischen Form sprachfähig zu bleiben.[187] Die Farben, die ich hier verwendet habe, sind analog zu den Farben der Tabellen aus den ersten Sitzungen zu verstehen. Zu den Positionen, die ich Ihnen als ein Beispiel für das Modell nenne, haben Sie auf *ews* jeweils Textausschnitte gefunden [**vgl. EWS Text 16-18, 20**]. An dieser Stelle geht es mir darum zu zeigen, wie die Denkmodelle jeweils mit der Dilemma-Struktur umgehen.

---

[187] Für einen ähnlichen multiperspektivischen Ansatz siehe *Von Stosch*, Gott – Macht – Geschichte, 2006, Kap. C.II. oder auch *Michael Böhnke*, Von scheinbaren Lösungen zu existentiellen Fragen. Zur verantworteten Rede von Gott angesichts des Leids, in: *Ders./G. Neuhaus/M. Schambeck/L. Schwienhorst-Schönberger/E. M. Stögbauer/Th. Söding*, Leid erfahren – Sinn suchen. Das Problem der Theodizee, Freiburg i.Br. 2007 (= Theologische Module. Bd. 1), 69-105. Als Beleg dafür, dass eine solche mehrperspektivische Systematisierung durchaus die Denkstrukturen von Kindern und Jugendlichen trifft, vgl. *Mirjam Schambeck/Eva Maria Stögbauer*, Leid und die Frage nach Gott bei Jugendlichen. Eine religionspädagogische Herausforderung, in: *Böhnke/Neuhaus/Dies./Schwienhordt-Schönberger/Dies./Söding*, Leid erfahren – Sinn suchen, 2007, 145-207 und noch differenzierter in einer empirischen Typologie, die theologische Modelle der Theodizee und konfigurierte Bearbeitungsstrategien von Jugendlichen aufeinander bezieht vgl. *Eva Maria Stögbauer*, Die Frage nach Gott und dem Leid bei Jugendlichen wahrnehmen. Eine qualitativ-empirische Spurensuche, Bad Heilbrunn 2011, Teil 1, Kap. 3 und Teil 3, Kap. 2.

| tu technische universität dortmund | Theodizee-Bearbeitungen |
|---|---|
| 1. Sie übernehmen das Verständnis der Begriffe und lehnen die Möglichkeit einer gelingenden Rechtfertigung mit der Vernunft ab. Das Anliegen dagegen lässt sich nicht abschaffen. | Kant |
| 2. Sie übernehmen das Verständnis der Begriffe und zeigen, es geht vernünftigerweise nicht anders. | Leibniz |
| 3. Sie übernehmen das Verständnis der Begriffe und lehnen vernünftigerweise eine Eigenschaft ab, die am wenigsten passt. | Jonas |
| 4. Sie verändern die Begriffe und zeigen mit Hilfe der theologischen Vernunft, dass kein Dilemma vorliegt, da die drei Eigenschaften zugleich bestehen und das Leid nicht geleugnet werden muss. | Ruster |

Dr. Oliver Reis · WS 2008-09

### 7.2.3    Rationale Unlösbarkeit des Problems

Das **erste Modell** nimmt das Dilemma sehr ernst und übernimmt darin die Definitionen der Begriffe 'Allmacht', 'Güte' und 'Allwissenheit', wie sie im Allgemeinen auch verstanden werden. 'Allmacht' heißt, dass Gott alles kann, was er will. Und in seiner heiligen 'Güte' will er für jeden ein gutes und erfülltes Leben in Frieden und Gerechtigkeit. 'Allwissenheit' heißt, dass er die Welt und ihre Prozesse so gut kennt, dass er weiß, wie er mithilfe der Macht seine Güte und seine Gerechtigkeit durchsetzen kann. Und genau das macht ja das Gottsein aus – wie schon Epikur behauptet hat. Ein Gott muss im Gegensatz zu den Geschöpfen in der Lage sein, durch sein Wissen seiner Güte Recht zu verschaffen – zur Not auch gegen den Willen der Welt. Gelingt dies nicht, entstehen drei Problemkreise: Gottes *Heiligkeit* lässt die Sünde zu, Gottes *Güte* lässt Leiden zu und Gottes *Gerechtigkeit* lässt die Bösen straflos. Unter diesen Bedingungen erscheinen alle Versuche der Vernunft Gott zu rechtfertigen falsch und widersprüchlich. Immanuel Kant hat dies in seiner kleinen Schrift „Über das Misslingen aller philosophischen Versuche in der Theodizee" (1791) plausibel gezeigt.

Ein typisches Argument zur Rettung der *Heiligkeit* ist z.B., dass die Sünde in der Freiheit des Menschen gründe und Gott nicht gegen die Freiheit des Menschen agieren könne. Hier wendet Kant ein, dass dann die Ursache für das Böse im Menschen gesucht werden muss und dass der Mensch, wenn er die Freiheit zum Bösen nutze, offenbar dieser Ursache in sich selbst ausgeliefert ist. Das hat zur Folge, dass Menschen, die sündigen, dies eigentlich gar nicht mehr zugerechnet werden kann, sie sind selbst Opfer. So bleibt Gott zwar außen vor, aber die moralische Verantwortung selbst wird in dieser Argumentation aufgehoben.[188] Das kann aber nicht das Ziel einer Religion sein, die Gottes Herrschaft an die Erfüllung seiner Gesetze koppelt. Ein anderes Argument zur *Güte* besagt, dass das Leiden zwar vielleicht im irdischen Diesseits so mächtig aussieht, das würde sich aber verändern, wenn man das jenseitige Himmelreich hinzunimmt. Das Leiden hier wird mit der Vollkommenheit dort spielend aufgewogen. Da stellt sich im Rahmen der Vernunft aber *erstens* sofort die Gegenfrage, was im Rahmen der guten Schöpfung alles Seienden der Sinn dieser pädagogischen Maßnahme ist. Wenn man wie Origenes (185-254 n.Chr.) von einer gefallenen Seele ausgeht, die durch die Materialisierung in mehreren Durchläufen zur göttlichen Fülle zurückfindet ('Apokatastasis') (→ **Einführung in die Systematische Theologie**), macht das Argument vielleicht Sinn. Aber genau diese Präexistenz der Seelen und die vollständige pädagogische Funktionalisierung der Schöpfung hat die Kirche auf dem II. Konzil von Konstantinopel 553 n.Chr. als Irrlehre verworfen.[189] *Zweitens* wirft dieses Argument die Frage auf, warum ich einem Gott im Jenseits vertrauen kann, dass er seinen Maßstab dort durchhalten kann. Für die Vernunft ist es nicht einsichtig, wenn ich ihm und seinem Maßstab im Diesseits nicht vertrauen kann, dass sich dies im Jenseits grundlegend ändert. Auf welcher Basis?[190] Für die Vernunft muss die irdische Welt als sein Werk und Ausdruck seines Heilswillens grundsätzlich auf Gottes Maßstab hinweisen – was ja ausdrücklich kirchliche Lehre im I. Vatikanum ist.[191] Und genauso müssen die beiden Welten in einem sinnvollen analogen Verhältnis zueinander stehen – was in den eschatologischen Aussagen des II. Konzils in Lyon zu den Orten der Seelen nach dem Tod vorausgesetzt wird.[192] Da liegt also ein innerer Widerspruch in der Kontinuität Gottes/im Gottesbegriff vor. Hält man dagegen an der Analogie-Behauptung fest, gerät unweigerlich die Mächtigkeit Gottes ins Zentrum der Frage und will man diese durch Autonomie der Welt retten, dann werden die Leiden selbst gerechtfertigt, aber nicht Gott.

Kant geht in seiner Schrift über diese Analyse hinaus, und das macht ihn erst für diese Position interessant. Kant beobachtet nämlich, dass sich trotz der Unmöglichkeit, diese Frage mit der Vernunft zu klären, der *Drang*, die Frage zu

---

[188] Vgl. *Immanuel Kant*, Über das Misslingen aller philosophischen Versuche in der Theodizee, 1791; zit.n. Immanuel Kant, Schriften zur Anthropologie, Geschichtsphilosophie, Politik und Pädagogik (= Immanuel Kants Werke in sechs Bänden, Bd. VI), Hg. *Wilhelm Weischedel*, 5. erneut überprüfter reprographischer Nachdruck der Ausgabe Darmstadt 1958, Darmstadt 1983, 103-124, hier 104.
[189] Vgl. DH 403, 433.
[190] Vgl. *Kant*, Über das Misslingen aller philosophischen Versuche in der Theodizee, 1791, 111.
[191] Vgl. DH 3004, 3005.
[192] Vgl. DH 856-859.

klären, nicht abschaffen lässt. Kants Analyse zur Theodizee ist, dass die Frage nicht beantwortbar, aber auch nicht zu beenden ist. Warum? Weil den Menschen immer wieder, wenn sie die Welt als etwas sinnvolles Ganzes annehmen wollen, die Frage kommen wird, wie das sinnvolle Ganze zu den realen Brüchen passt. Wir haben diese Seite von Kant schon in **Gottes Dasein** kennen gelernt. Die Vernunft drängt selbst dazu ihre eigenen Antinomien in Begriffen wie 'Gott", 'Welt' oder 'Seele' zu bilden, weil sie darin einerseits eine elementare Ganzheit ausdrücken kann, die für Kant andererseits nicht erfahrbar ist. Und so drängt sich der Vernunft die Theodizee-Frage auf. Wenn man so will, ist die Theodizee-Frage die Schattenseite des mithilfe des Verstandes gebildeten Sinnkonstruktes 'Gott". Wer die Gottesbeziehung als rational bejaht, setzt zwangsläufig Allmacht und Güte in eine Relation und bekommt damit genauso zwangsläufig auch die Theodizeefrage vor die Vernunft ,angespült'. Während Kant dies im Rahmen seiner Analyse der *theoretischen Vernunft* eigentlich für eine störende Antinomie der Vernunft selbst hält – daraus ergibt sich die farbliche Einordnung der Folie – spitzt sich das Problem bei der *Praktischen Vernunft* erheblich zu. Da für Kant die Gottesbeziehung für das moralische Handeln eine konstitutive praktische Bedeutung hat (→ **Gottes Dasein**), wird die ,praktische Theodizee-Frage' (Wenn es den unmoralischen Menschen nicht schlechter ergeht, warum soll ich dann moralisch handeln?) mit Blick auf die Gerechtigkeit zur Schattenseite des moralischen Handelns. Sie attackiert die Grundlage, die die Vernunft zu ihren eigenen Gesetzen treibt. Die praktische Theodizee-Frage gefährdet den Vollzug praktischer Vernunft im Kategorischen Imperativ (→ **Einführung in die Theologische Ethik**). Deshalb ist es für Kant Ausdruck moralischer Qualität auch in den Zweifeln der praktischen Theodizee an den inneren Gesetzen des Handelns festzuhalten.[193]

Nach Wolfgang Schoberth macht uns diese Analyse auf etwas Wichtiges aufmerksam: Die Theodizee ist nicht deshalb ein Kind der Neuzeit, weil dort besonders viele ,schlimme Dinge' passiert sind und nun der Druck auf Gott besonders groß geworden ist. In der Rechtfertigung Gottes geht es zugleich darum, das Denken zu retten. Die Theodizee rührt nicht nur die Plausibilität Gottes an, nein, sie hinterfragt mindestens genauso stark das neuzeitliche Projekt der Vernunft: Der Mensch kann das große Ganze, den Sinn denken, Gott darin eingeschlossen.[194] Im Grunde haben wir dies schon geahnt bei der Unterscheidung der beiden Ansätze eine Folie zuvor. Denn Leibniz z.B. hat seine Theodizee nicht in Abgrenzung zur Aufklärung geschrieben, sondern gegenüber neuzeitlichen Fideisten.[195]

---

[193] Vgl. *Kant*, Über das Misslingen aller philosophischen Versuche in der Theodizee, 1791, 119.
[194] Vgl. *Wolfgang Schoberth*, Gottes Allmacht und das Leiden, in: *W.H. Ritter/R. Feldmeier/Ders./G. Altner*, Der Allmächtige. Annäherungen an ein umstrittenes Gottesprädikat, Göttingen ²1997, 43-67, hier: 53-55.
[195] Vgl. *Schoberth*, Gottes Allmacht und das Leiden, 1997, 55.

In der heutigen Transzendentaltheologie (→ **Einführung in die Theologie**), die als Grundoption dieses Modell pflegt, wird an Kant angeschlossen. Und zwar insofern, als dass seine Analyse der Theodizee-Frage und seine Analyse der Antinomie übernommen wird. Aber nun wird die Gebrochenheit der Vernunft selbst zum theologischen Thema. Gerade die Antinomie zeigt doch, dass die Vernunft eines vorausgesetzten Grundes bedarf, in den hinein sie gestellt wird. Gerd Neuhaus z.B. zeigt, wie die Theodizee-Frage konstitutiv für die Gottesbeziehung ist, sie ist sozusagen die andere Seite der Beziehung, die nicht gelöst, sondern nur im Glauben ausgehalten werden kann. Sie taucht überall da auf, wo Menschen sich diesem Gott anvertrauen, und verschwindet, wenn die Gottesbeziehung aufgegeben wird. Dann ist aber auch die spezifische Form der Ganzheit der Welt und damit die Möglichkeit von Sinn verloren gegangen.[196] Insofern ist die Theodizee-Frage in Wirklichkeit nicht Abbruch der Gottesbeziehung, sondern ein sinnvoller Anstoß dafür, dass sich die Vernunft sinnvoll in die Gottesbeziehung hineingibt.[197]

Typisch für dieses Modell sind deshalb die Akzeptanz des Dilemmas und die gleichzeitige Akzentverschiebung von einer Lösung des Dilemmas hin zu einer Fokussierung der Frage selbst.[198] Die Theodizee-Frage wird nicht gelöst, sie bekommt in diesem Modell aber einen Sinn, weil in ihr die Vernunft in ihrer Widersprüchlichkeit zu sich selbst kommen kann, wenn sie den sie tragenden Grund − Gott selbst − gewahr wird. Der Witz des Modells ist folglich, dass gerade das Abarbeiten des Dilemmas und dessen Akzeptanz dazu führen kann, die Verwiesenheit auf Gott zu erfahren. Damit hat sich natürlich am Ende auch die Frage verändert: aus der objektiv beobachtenden und distanzierenden Frage „Warum lässt Gott das zu?" ist eine Frage geworden, die mich gerade in die Beziehung hinein führen kann, aber nicht muss. Deshalb ist dieses Modell auch keine *Lösung*, weil es ja nicht zeigen kann, dass der Mensch zwangsläufig bei Gott auskommt, so dass die Theodizee-Situation gesetzhaft so etwas wie ein ‚negatives Sakrament' der Gottesbegegnung wäre. Es ist auch möglich, die Frage nach der Ganzheit und dem Sinn aufzugeben, und dann verschwindet auch die Theodizee-Frage − und mit ihr die sich dann aufdrängende Ratiodizee (Rechtfertigung der menschlichen Vernunft angesichts des Leidens und des Bösen) und vielleicht auch die Anthropodizee (Rechtfertigung des Menschen angesichts des Leidens und des Bösen). Alle diese ‚Dizeen'/Rechtfertigungen müssen nicht versucht werden, aber sie sollten es um der Welt als sinnvolles

[196] Vgl. *Friedrich Hausen*, Zur Aktualität von Fragen des Theodizee-Typs, in: Rundbrief – Lehrstuhl für Religionsphilosophie und vergleichende Religionswissenschaft 31/32 (2008/09), 33-36.

[197] Vgl. *Gerd Neuhaus*, Nicht nur ein Problem des Glaubens – moralische Implikationen der offenen Theodizee-Frage, in: Rundbrief – Lehrstuhl für Religionsphilosophie und vergleichende Religionswissenschaft 31/32 (2008/09), 15-17; *Gerd Neuhaus*, Theodizee – Anstoß oder Abbruch des Glaubens? Freiburg 1993.

[198] Vgl. *Christine Kress*, Gottes Allmacht angesichts des Leidens. Zur Interpretation der Gotteslehre in den systematisch-theologischen Entwürfen von Paul Althaus, Paul Tillich und Karl Barth, Neukirchen-Vluyn 1999, 12f.

Ganzes willen. Denn offenbar ist die Theodizee-Frage und das Offenhalten der Frage in der Theodizee so etwas wie ein Schlussstein des Verständnisses des Menschen als vernünftiges und sich, anderen Menschen und dem Leben insgesamt verantwortetes Leben.[199] Dieses Modell kann auf diese Abhängigkeiten aufmerksam machen und in seiner Analyse der Frage eine Sinnhaftigkeit entdecken, die nicht zwangsläufig von Gott wegführt, sondern auch hinführen kann. Insofern ist sie eben nicht zwangsläufig der Abbruch des Glaubens, sondern kann auch Anstoß sein. Damit ist gegenüber dem Fideismus schon einiges erreicht. Gleichzeitig erreicht dieses Modell der offenzuhaltenden, sinnvollen Frage auf der Basis der Transzendentaltheologie auch hier seine Grenze. Es kann mit der Frage umgehen und eine interessante hintergründige Logik der Frage aufzeigen, aber es stiftet selbst wenig Sinn, es ist dafür schlicht zu analytisch, kognitiv zu voraussetzungsvoll und zu weit weg von der Leiderfahrung selbst – es bleibt vielleicht zu sehr in der verobjektivierenden Distanz zu Gott und Welt. In Ihren eigenen Reflexionen wird sich davon vielleicht die Spur finden, dass die Frage an sich wichtig und offenzuhalten ist, auch wenn man sie nicht beantworten kann. Da ist schon mehr gewonnen, als Gott leichtfertig abzuschreiben. Für mich ist aber darüber hinaus wichtig, dass dieses Modell nicht nur keine *Lösung* ist, es kann auch keine *Antwort* geben.[200] Das versuchen nun die folgenden drei Modelle.

### 7.2.4   Die Welt als bestmögliches System

Das **zweite Modell**, das ich Ihnen nun vorstellen möchte, hält gegen das logische Schema daran fest, dass die beiden Prämissen PÜ und PG gleichzeitig bestehen können (PÜ ∧ PG). Dann muss aber irgendwo in dem Übergang von PÜ zu PG ein Schlussfehler sein. Das zweite Modell akzeptiert durchaus die Folgerung PK und PW, dass Gott das Leid nicht beseitigen kann und will. Während aber das logische Dilemma diese Folgerung benutzt, um die Folgerungen FA und FG vorzubereiten, lehnt das Modell die Folgerungen FA und FG ab. Wie ist es denn möglich zu behaupten, dass Gott einerseits das Leid nicht beseitigen kann und will und dass andererseits dies kein Argument dafür ist, dass Gott nicht allmächtig oder gütig ist? Nun, weil die Welt ein geschlossenes System ist, in der alle Elemente so aufeinander abgestimmt sind, dass das System seine optimale Form gefunden hat. Für diese Idee steht Gottfried Wilhelm Leibniz, der in seiner Theodizee versucht Gottes Weisheit, die menschliche

---

[199] Vgl. *Gerd Neuhaus*, Der Fels des Atheismus. Die neuzeitliche Radikalisierung der Theodizee-Frage im Spiegel der Literatur, in: *Böhnke/Schambeck/Schwienhordt-Schönberger/Stögbauer/ Söding*. Leid erfahren – Sinn suchen, 2007, 106-144, hier: 112f; *Kress*, Gottes Allmacht angesichts des Leidens, 1999, Fußn. 51; *Hausen*, Zur Aktualität von Fragen des Theodizee-Typs, 2008/2009,34,36.
[200] Zu der Unterscheidung vgl. *Stobbe*, Gibt es eine vernünftige Lösung des Theodizeeproblems? 2007, 66.

Freiheit und das Leid in einem Zusammenhang zu denken. Der Religionsphilosoph Kurt Appel bringt dies folgendermaßen auf den Punkt:

> „Gott ist aufgrund seiner Allmacht in der Lage, aus einer unendlichen Anzahl möglicher Welten, die er gemäß seiner Allwissenheit überblickt, eine auszuwählen, wobei er aus seiner Güte heraus die beste aller möglichen Welten schafft, die als einzige zureichend begründet ist: Lediglich für die beste aller Welten kann angegeben werden, warum sie so und nicht anders eingerichtet ist."[201]

Von Gottes Perspektive aus ist die Welt nicht anders einzurichten, wenn sie Ausdruck seiner Güte sein soll. Das metaphysische Übel betont die grundsätzliche Unterscheidung von Geschöpf und Gott, die für Leibniz unbedingt gilt. Das physische Übel ist schlicht eine Begleiterscheinung einer kontingenten und darin auch besten Welt. Das moralische Übel ist das Fehlen eines Guten, das entsteht, weil Elemente der Schöpfung ihre Freiheit missbrauchen. Aber selbst am Leid als Grenzfall kann immer noch die prästabilierte – die voraus schon gedachte – Harmonie der Güte in der Schöpfung erkannt werden[202]: „Gottes nachfolgender Wille lässt das Übel zu – um der besten aller Welten Willen, welche Gottes antizipierender Wille eingerichtet hat."[203] In objektiver Perspektive hält die Gegenwart auch im Leid die Möglichkeiten für die Zukunft bereit: Aber nur Gott erkennt in dem, was ist, auch das, was sein wird. D.h., er nutzt die Wirkungen aus den Ursachen ohne einen Bruch in der Kette, um wieder den besten Weltzustand hervorzubringen.[204] Im Grunde ist das System also vollständig determiniert in der Realisierung der Güte Gottes, der für jede Bewegung der Subjekte einen guten zureichenden Grund hat. Das klingt nach einem riesigen deistischen Mechanismus, der gegenüber dem Deismus der Jugendlichen aus **Gottes Herrschaft** eben nicht die radikale Freiheit, sondern die systemische Determiniertheit betont. Und tatsächlich wird Leibniz vielfach so wahrgenommen.[205] Kurt Appel dagegen betont, dass Leibniz bei seinem Ansatz gerade zeigen möchte, dass Gottes Weisheit und menschliche Vernunft, Gottes Allmacht und menschliche Freiheit in seinem System integriert. Denn jeder, der sich im Ganzen denkt, d.h. bei Leibniz das Ganze im Zusammenhang denkt – wozu wie später bei Kant die Vernunft uns treibt –, wird der Unendlichkeit der Wirkungen aufeinander angesichtig – ohne die Unendlichkeit der Wirkungen gleichzeitig wie Gott zu sehen. In diesem Blick auf das Ganze überschreitet sich die Vernunft selbst und erkennt ihre letzte Bestimmung, in Liebe und Freiheit „Ja!" zur Welt als Gottes Werk zu sagen. Wenn auch Gott letztlich die Subjekte in ihren Wirkungen zur Harmonie zusammenfügt, so sind die Subjekte doch in

---

[201] *Kurt Appel*, Perspektiven der Theodizee nach Leibniz, in: Rundbrief – Lehrstuhl für Religionsphilosophie und vergleichende Religionswissenschaft 31/32 (2008/09), 25-28, hier: 26.
[202] Vgl. *Kress*, Gottes Allmacht angesichts des Leiden, 1999, 8.
[203] *Kurt Appel*, Perspektiven der Theodizee nach Leibniz, 2008/2009, 26.
[204] Vgl. *Gottfried Wilhelm Leibniz*, Monadologie, Stuttgart 1989, §49,51,53f; *Gottfried Wilhelm Leibniz*, Theodizee, Hamburg 1976, §360.
[205] Vgl. beispielhaft *Wolfgang Röd*, Der Weg der Philosophie. Von den Anfängen bis ins 20. Jahrhundert, Bd.1: Altertum, Mittelalter, Renaissance, München 2000, 77-79.

ihren Wirkungen frei. Nur werden die Wirkungen eben jeweils wieder von Gott sinnvoll zusammengefügt. Und genau diese Paradoxie erkennt die Vernunft an sich selbst als transzendenten Zug.[206] Das ist also die *Antwort* von Leibniz: Gott tut alles in seiner Allmacht stehende, dass wir in einer Welt leben, die seine Güte zeigt: uns nämlich in der besten aller möglichen Welten leben zu lassen. Wir sind so geschaffen, dass wir – wenn wir uns selbst als vernünftige Subjekte begreifen –, in seine allmächtige Güte einstimmen. Die Theodizeefrage führt geradezu in diese Erkenntnis, nicht von ihr weg!

Damit wird noch einmal deutlich, was ich schon beim ersten Modell angemerkt habe: die neuzeitliche Theodizee kann dadurch, dass sie Gott in das System integriert, vor allem die Vernunft in ihrem Erkenntnisanspruch objektiver Wahrheiten rechtfertigen. Das System von Leibniz kann damit die Vernunft in der Einheit mit dem Glauben, Gott gemeinsam mit dem Menschen retten. Wenn nun reale Menschen in ihrem Denken und Fühlen Leibniz nicht folgen können, dann verfehlen diese Menschen ihr Menschsein als vor allem vernünftige Geistwesen. Im Grunde müssen sich dann die Zweifler und Klagenden dafür rechtfertigen, dass sie die prästabilierte Harmonie in dem Vertrauen auf Gott als zureichenden Grund nicht glauben. Hier kommen die universalen Verursachungsmechanismen zum Tragen, die dieses Modell zwangsläufig annehmen muss. Und damit haben wir auch den Punkt erreicht, der dieses Antwortmodell bewertbar macht. Wir sehen, dass dieses Modell durch den geschlossenen Rahmen nicht nur die Frage – wie das erste Modell – als sinnvoll rekonstruieren kann, sondern eine Antwort liefert, die ein stimmiges Sinnkonstrukt eröffnet. Ähnlich wie das erste Modell aus **Gottes Macht** kann ich mich hinordnen auf die universale Harmonie und kann das Leid kommentieren „Gott wird schon wissen, wozu das gut ist!". Ich habe dieses Modell auf der Folie gelb hinterlegt, weil ich so Lösungsansätze charakterisieren möchte, die stark im vernünftigen Ordnen und schwach im Hören sind. In dem Modell geht etwas verloren, was wir als biblisches Grundmerkmal in **Gottes Dasein**, **Gottes Macht** und **Gottes Herrschaft** herausgestellt haben: dass Gott sich immer wieder gegen die herrschenden Systeme stellt, auch wenn er selbst zum Sinnträger dieser Systeme erhoben wurde. Es ist gerade die Freiheit gegenüber der Notwendigkeit, die das biblische Denken ausmacht. Es ist also nicht richtig, dass jeder Zustand, genauso, wie er gerade ist, die beste Realisierung der Güte ist oder ermöglichen wird. Wenn das die Wirklichkeit wäre, hätte Jahwe Israel nie aus Ägypten herausführen brauchen oder dürfen. Die Urszene Israels ist ja, dass sich Israel über das, was gerade ist, beklagt und dass Jahwe es erhört. Er erhört das Klagen. Der jüdisch-christliche Glaube ermöglicht immer die Haltung gegen das Faktische. Deshalb wehren sich genau die theologischen Denkwege gegen die Vorstellung eines *Zulassens* von Leid für einen höheren Zweck, die z.B. Gottes Macht in seiner Selbstverohnmächtigung gegenüber der Welt (drittes Modell) oder in

---

[206] Vgl. *Appel*, Perspektiven der Theodizeefrage nach Leibniz, 2008/2009, 27.

seinem Beistand gegenüber den Mächten und Welten (viertes Modell) sehen (→ **Gottes Macht**).[207]

Aber schimmert nicht genau dann ein Dualismus von gottfeindlicher Welt und Gott durch, den der universale Herrschaftsanspruch z.B. in den Schöpfungsgeschichten bestreitet? Das stimmt auf den ersten Blick. Ich habe aber versucht deutlich zu machen, dass diese Universalisierung a) biblisch ihren spezifischen Sitz im Leben hat (→ **Gottes Macht**) und b) sie sich über einen langen Zeitraum theologisch entwickelt hat (→ **Gottes Herrschaft**), dass die Universalisierung aber offenbar dann eine wichtige theologische Grenze überschreitet, wenn sie ungebrochen als ontologisches Faktum behauptet wird. Ob Leibniz selbst nun in Wahrheit angesichts realer Brüche die zukünftige Vollendung betont oder doch einen radikalen Rationalismus entwickelt, der das christliche Denken instrumentalisiert und das Leiden der Wahrheit unterordnet,[208] ist an dieser Stelle nicht zu klären. Sie sehen auf jeden Fall, wie das zweite Modell bei der Sinnsuche im Leid einer gefährlichen Versuchung ausgesetzt ist:

*S: Aber wenn Gott keine andere Möglichkeit hat als Schadensbegrenzung zu betreiben, dann kann er da ja eigentlich auch nicht allmächtig sein, weil er es sonst ja abwenden könnte.*

Aus Sicht von Leibniz muss der Widerspruch zwischen der objektiven Ordnung und deren Fehler aus subjektiver Sicht immer in Richtung objektiver Perspektive aufgelöst werden. Denn: Gott ist objektiv für Leibniz allmächtig, da er den zureichenden Grund liefert, dass jede Wirkung die beste aller Welten konstituiert. Gleichzeitig möchte Leibniz die Freiheit des Menschen betonen und muss deshalb zulassen, dass Menschen eine echte eigene Perspektive auf ihr Leben in der Welt haben. In dieser subjektiven Perspektive kann es Weltzustände geben, die der besten aller Welten zu widersprechen scheinen. Wenn Gott diese Zustände aber dadurch verhindern würde, dass die Geschöpfe in Freiheit anders aufeinander einwirken – anders kann Gott bei Leibniz sowieso nicht handeln –, dann wäre das aus subjektiver Perspektive zwar ein Zeichen für seine Allmacht, aber aus objektiver Perspektive ist Gott nur frei in der Erschaffung der Welt und ist danach daran gebunden, als zureichender Grund die beste aller Welten fortzuschreiben.[209] Ein spontanes Eingreifen hier, eine machtvolle Veränderung da – das ist nicht Leibniz Vorstellung von Allmacht, weil so aus objektiver Perspektive nicht zwangsläufig die beste aller Welten fortgeschrieben

---

[207] Vgl. zu der Kritik an der verobjektivierten Reflexion des Zulassens exemplarisch *Johann Baptist Metz*: Memoria passionis. Ein provozierendes Gedächtnis in pluralistischer Gesellschaft, Freiburg ²2006.

[208] Vgl. für die erste Position *Appel*, Perspektiven der Theodizee nach Leibniz, 27; *Röd*, Der Weg der Philosophie, 2008/2009, 79.

[209] Vgl. Röd zur Verschiebung der Allmacht auf die Ebene der Vorentscheidung der besten aller Welten (vgl. *Röd*, Der Weg der Philosophie. Von den Anfängen bis ins 20. Jahrhundert, Bd. 2: 17. bis 20. Jahrhundert, München 2000, 78).

wird. Wäre es so, würde es ja sowieso so geschehen, wie aus subjektiver Perspektive gewünscht.

Leibniz hat insofern Recht, dass wir in der Vorstellung „Gott könnte doch das Leid verhindern!" aus unserer Perspektive entscheiden wollen, wann Gott wie zu handeln hätte, damit wir ihn als allmächtig anerkennen. Wäre ein Gott, der diese Bedingung erfüllt, wirklich allmächtig, wenn er einfach nur unseren subjektiven Wünschen folgt und dabei das Beste für die Welt aus den Augen verliert? Gottes Allmacht lässt sich nicht einfach mit unseren Änderungswünschen verrechnen. Gleichzeitig übersieht Leibniz jedoch, dass in der biblischen Perspektive genau diese Zuwendung in die subjektive Perspektive des Lebens hinein das überraschende Moment der Macht Gottes ist. Die objektive Perspektive ist vom Exodus her gerade nicht der große Horizont, in den wir alles hineinstellen, was wir erleben. Es gibt nicht nur eine teleologische Bewegung, in die wir uns gläubig einordnen. Aus dem Horizont tritt Gottes Macht immer wieder hervor und berührt uns überraschend. Hier kommt die Denk-Folie des Deismus einfach an ihre Grenze.

### 7.2.5 Aufgabe der göttlichen Allmacht

Das **dritte Modell** entsteht in der Moderne nicht zuletzt als Kritik an dem zweiten Modell.[210] Das logische Schema des Dilemmas wird grundlegend akzeptiert und es wird an der Verstehbarkeit der Beziehung von Gott und Welt festgehalten. Aber gerade weil es so ist, kann der biblische Gott darin nicht aufgehen. Und da PG zur biblischen Grunderfahrung gehört, wird PK ebenso wie FA bejaht: Gott kann das Übel nicht verhindern und er ist nicht allmächtig. Entgegen Epikur kann Gott aber nun Gott bleiben, auch wenn eine wesentliche Eigenschaft aufgegeben wurde, nämlich die der Allmacht. Der bekannteste Vertreter dieser Position ist der jüdische Philosoph Hans Jonas (1903-1993), dessen Mutter im KZ von Auschwitz ums Leben kam:

> „Nach Auschwitz können wir mit größerer Entschiedenheit als je zuvor behaupten, daß eine allmächtige Gottheit entweder nicht allgütig oder (in ihrem Weltregiment, worin allein wir sie erfassen können) total unverständlich wäre. Wenn aber Gott auf gewisse Weise und in gewissem Grade verstehbar sein soll (und hieran müssen wir festhalten), dann muß sein Gutsein vertretbar sein mit der Existenz des Übels, und das ist es nur, wenn er nicht all-mächtig ist. Nur dann können wir aufrechterhalten, daß er verstehbar und gut ist und es dennoch Übel in der Welt gibt."[211]

Es gibt auch andere Vertreter wie Harold Kushner (*1935) oder Elie Wiesel (*1928), denen allen gemeinsam ist, dass sie wie Leibniz Gottes gute Schöpfungstat betonen und ebenso die menschliche Freiheit sich in der Schöpfung zu bewegen. Sie geben aber den universalistischen Ursache-

---

[210] Vgl. *Kress*, Gottes Allmacht angesichts des Leiden, 1999, 10.
[211] *Hans Jonas*, Der Gottesbegriff nach Auschwitz. Eine jüdische Stimme, in: *Ders.*, Philosophische Untersuchungen und metaphysischen Vermutungen, Frankfurt a.M. 1994, 190-208,203f.

Wirkungszusammenhang auf, dass in allem Gottes Güte zum Durchscheinen komme. Für diese Denker ist nach Auschwitz diese Finalisierung nicht mehr denkbar und zwar nicht einfach, weil sie Gott weniger zutrauen. Im Gegenteil für sie liegt in der Freiheit der Welt, in dem freien Spiel der Kräfte erst die wahre Größe Gottes. Sie lösen sich von der Frage, ob Gott das Leid bewirkt oder nur zulassen muss und versuchen neu in die Beziehung von Gott und Welt einzudringen. Nun geht es um die existentielle Frage, ob ich mich Gott anvertrauen kann, auch wenn er offenbar nicht über die Möglichkeiten verfügt, für ein gutes Leben zu sorgen. Hans Jonas vertraut sich Gott an, gerade weil er nicht mehr allmächtig ist, im Sinne: er kann alles, was er will. Denn Gott hat in dem Moment, als er die Welt in Freiheit wollte, seine Allmacht zugunsten dem Dasein der Welt zurückgelassen: „Verzichtend auf seine eigene Unverletzlichkeit erlaubte der ewige Grund der Welt zu sein."[212] Die Welt entsteht in der Selbstentäußerung Gottes, die auch ihn verändert. Die Schöpfung als Gegenüber bindet Gott so, dass er aus Liebe zur Welt nur noch in Freiheit ihr gegenüber reagieren kann. In den Worten von Jonas:

> „Nachdem er sich ganz in die werdende Welt hineingab, hat Gott nichts mehr zu geben: Jetzt ist es am Menschen, ihm zu geben. Und er kann dies tun, indem er in den Wegen seines Lebens darauf sieht, daß es nicht geschehe, oder nicht zu oft geschehe, und nicht seinetwegen, daß es Gott um das Werdenlassen der Welt gereuen muß."[213]

Deshalb liebt Jonas auch diesen ohnmächtigen Gott, weil er der Welt radikal eine Freiheit zugesteht, in der er den Gott seiner Väter wieder erkennt. Und dieser Gott hat dann nach Eli Wiesel in dem Roman „Die Nacht" (1958) keine anderen Hände als uns, seine Geschöpfe, die sich zu seiner Liebe bekennen.

Damit ist dieses Modell zum einen immer noch einer deistischen Grundstruktur verhaftet, wenn diese hier auch nicht objektiv determiniert ist, sondern in einer radikalen Autonomie der Welt mündet. Insofern ist dieses Modell ganz eng auf den Deismus der Jugendlichen bezogen, wenn diese auch nur noch wenig von dem Einsatz Gottes in seiner frei gewählten Ohnmacht zugunsten seiner Geschöpfe wissen. Zum anderen sollte dieses Modell Ihnen vertraut vorkommen. Es steht nämlich in direktem Zusammenhang mit dem dritten, dem *radikalen Umkehrmodell* aus **Gottes Macht**. Die dortige Protagonistin, Dorothee Sölle, beruft sich auch ausdrücklich auf Jonas und Wiesel.[214] Schon dort habe ich auf das Problem dieses Modells aufmerksam gemacht, dass die Verohnmächtigung Gottes zu einer radikalen Herausforderung an den Menschen wird. Hans-Günter Stobbe analysiert dies folgendermaßen:

> „Eine wahrlich überraschende Wendung, eine erschreckende zudem. Die Theodizee wandelt sich zur Anthropodizee. Der Mensch, schwächlich und zerbrechlich, hinfällig und anfällig, wie er nun einmal ist, soll wie vormals der Riese Atlas die Welt mitsamt ihren Leiden auf seinen Schultern tragen – und das Schicksal Gottes obendrein. Das kann nicht gut gehen. (...) Es überfordert den Menschen – und zwar hoffnungslos. (...) Der ‚selbster-

[212] *Hans Jonas*, Der Gottesbegriff nach Auschwitz. Eine jüdische Stimme, Baden Baden 1987, 47.
[213] Ebd.
[214] Vgl. *Dorothee Sölle*, Leiden, Stuttgart, 1973, 178-183.

dachte Mythos' vom leidenden und werdenden Gott, von einer Gottheit, die sich selbst restlos dem Leiden überliefert, um sich selbst neu zu gewinnen, verheißt also nichts Gutes."[215]

Vielleicht macht es sich dieses Modell auch etwas zu leicht mit der Aufgabe der Allmacht. Eigentlich wird sie Gott zwar *in* der Welt abgesprochen, aber genau in der klassischen Definition dem Geschehen *vor* der Welt zugesprochen. Mit Stobbe: „Auch Gott kann nur auf eine Eigenschaft verzichten, die er hat (…) Daraus würde jedoch zwingend die Notwendigkeit folgen, einen sinnvollen Allmachtsbegriff zu bilden."[216] Das zu tun, hat sich das vierte Modell vorgenommen, auf das ich gleich noch zu sprechen kommen möchte. Zuvor möchte ich aber noch das dritte Modell einschätzen.

Mit Sicherheit nimmt das Modell eine deutliche Hör- und Denkspur in der christlichen Theologie auf, deutlicher als bei Leibniz. Und mit Sicherheit ist es wichtig, dem latenten fatalistischen Determinismus des zweiten Modells ein biblisches Gewicht von der Güte Gottes entgegenzusetzen. Aber dieses Modell ist in seinen beiden Wirkungen der Anthropodizee oder des moralisch-therapeutischen Deismus (→ **Gottes Herrschaft**), wenn der Anspruch Gottes, seine Hand zu sein, achselzuckend stehen bleibt, problematisch. Das Modell gewinnt zwar in einer Zeit, in der Gott selbst nicht zu sein scheint, die Relevanz der Gottes Rede zurück. Es akzeptiert dafür zugleich ein Freiheitskonzept, das nicht vor sich selbst geschützt werden kann. Und vielleicht unterschätzt es auch einfach die Macht Gottes jenseits der Selbstverohnmächtigung. Vielleicht unterschätzt es Gottes Handlungsmöglichkeiten, wenn es ihn so radikal bindet. In den Kategorien der ersten Sitzung würde ich sagen, dass Jonas noch zu wenig ‚hört', wenn er Gott so radikal an die Ohnmacht bindet, und zuviel vernünftig ‚ordnet'. Denn womöglich ist Gottes radikale Bindung auch mehr der unsrigen Zeit geschuldet und vielleicht überinterpretiert das Modell auch die Anforderung der Verstehbarkeit? Wenn auch dieses Modell keine simple Einheit mehr von Glaube und Vernunft behauptet, so kann es zum einen das Dilemma der Vernunft entschärfen, weil es antwortet: Gott ist doch gar nicht allmächtig, er leidet selbst unter dem Leiden und hofft darauf, dass seine Geschöpfe das vermeidbare Leid vermeiden. Zum anderen kommt es der aufgeklärten Weltbeobachtung doch sehr entgegen, denn die Welt ist einfach, was sie ist. Das ist auch der Grund, warum ich das Modell gelb hinterlegt habe.

Mir ist zum Abschluss dieses Modells noch der religionspädagogische Hinweis wichtig, dass gerade Schüler und Schülerinnen, die von einem moralisch-

---

[215] *Stobbe*, Gibt es eine vernünftige Lösung des Theodizeeproblems? 2007, 57f. ‚Anthrodizee' heißt hier: Warum lässt der Mensch das Leiden zu? Genauso wie beim Begriff ‚Theodizee' oft die engere Bedeutung des Wortes – die Rechtfertigung Gottes – verschwimmt und er schon die Anklage Gottes angesichts des Leids meint, so geschieht dies auch bei den Begriffen wie ‚Anthrodizee' oder ‚Ratiodizee'. Stobbe meint hier die Verschiebung der Anklagefrage, die so die Entlastung Gottes und damit Theodizee bewirken soll. Welche Bedeutungsebene jeweils gemeint ist, erschließt sich nur aus dem Kontext.

[216] *Stobbe*, Gibt es eine vernünftige Lösung des Theodizeeproblems? 2007, 47.

therapeutischen Deismus aus die Allmacht Gottes aufgeben, gar nicht mehr zwingend zur Theodizee-Frage durchdringen. Was bei Jonas u.a. als Problemlösung gedacht war, sorgt bei den Jugendlichen gerade dafür, dass die Frage gar nicht mehr gestellt wird. Der evangelische Religionspädagoge Werner Ritter kommt in seiner Befragung von deutschen Jugendlichen zu dem Schluss, dass heutige Jugendliche in der Auseinandersetzung mit dem Leid die Theodizee-Frage nur sehr marginal beschäftigt. Für ihn hängt das wesentlich damit zusammen, dass das theistische Gotteskonzept insgesamt an Plausibilität verliert.[217] Da ist dann der empirisch erhobene moralisch-therapeutische Deismus noch die höchste Form des Theismus, wenn auch hier schon das biblische Zeugnis von einem Gott, der an seinem Volk geschichtlich handelt, aufgegeben ist. Wurde klassischerweise – wie noch im obigen ersten Modell erkennbar – die Theodizee-Frage als nicht zu vermeidende Schattenseite der Gottesbeziehung gesehen, die über das Offenhalten der Frage aber auch wiedergewonnen werden kann, so sind heute beide Seiten – Gottesbeziehung und Theodizee-Frage – nicht mehr voraussetzbar. Gerhard Büttner ergänzt dies noch um die Perspektive, dass dies auch endgültig der Siegeszug des 'lieben Gottes' ist, der alle Fremdheit wie die **Gewalt Gottes** abgestreift hat.[218] Machen Sie sich bitte klar, dass Sie, wenn Sie später diese Strukturen im Religionsunterricht bestätigen, vielleicht ohne großen Widerstand unterrichten können, aber Gott damit aller Erwartungen an uns, aller Sorge um uns und unsere Zukunft beraubt haben. Das ist nicht das Ende Gottes und auch nicht das Ende jeder Gottesbeziehung, aber sicher ein Ende des biblischen ‚Hörens'![219]

### 7.2.6 *Transformation des Allmachtsverständnisses*

Das **vierte Modell** nimmt die Forderung von Stobbe auf, einen sinnvollen Allmachtsbegriff zu bilden. Es kritisiert an dem Dilemma von Epikur, dass die

---

[217] Vgl. *Ritter*, Leid und Gott aus der Sicht von Kindern und Jugendlichen, 2008; *Ritter/Hanisch/Nestler/Gramzow*, Leid und Gott, 2006, 168f und außerdem für einen aktuellen empirischen Überblick *Stögbauer*, Die Frage nach Gott und nach dem Leid bei Jugendlichen wahrnehmen, 2011, Teil 1, Kap. 1.2 und Teil 3, Kap. 1.1; *Mette*, ‚Gottesverdunstung' – eine religionspädagogische Zeitdiagnose, 2009, 15f.
[218] Vgl. *Gerhard Büttner*, In der Deismusfalle!, in: KatBl 133 (2008), 369-373. Stögbauer interpretiert die Entpersonifizierung, die Entmächtigung und die Enttraditionalisierung Gottes dagegen ausdrücklich als *theologische Strategien* zugunsten seiner Unverfügbarkeit Wirklichkeit und Glaubwürdigkeit. Auf dem Hintergrund des Anspruchs der Jugendlichen auf eine ‚konkrete' Gottesrede „ohne fromme Überhöhung, ohne metaphorische Versteckspiele und ohne blumige Umschreibungen" (*Stögbauer*, Die Frage nach Gott und dem Leid bei Jugendlichen wahrnehmen, 2011, 293), wird aber auch klar, dass die Abkopplungsstrategien nur bei einem propositionalen Wirklichkeitsverständnis plausibel sind. Die strategischen Ziele gehören zum Kernbestand der theologischen Gottesrede, aber in den Denkstrategien beugt sich die Gottesrede dem Wirklichkeitsverständnis, damit die theologische Komplexität sinkt. Dieser antitheologische Zug begleitet den Glauben und die Theologie immer, wie wir in **Gottes Rede** gesehen haben.
[219] Vgl. *Mette*, ‚Gottesverdunstung', 2009, 18-23.

dort vorausgesetzten Begriffe der Güte und der Allmacht nicht zutreffen. Anders als beim dritten Modell werden die Begriffe als Prädikate Gottes bejaht, aber das Verständnis von z.B. Allmacht als „Kann alles, was er will" wird zurückgewiesen. Meist beschränkt sich dieses Konzept nicht nur auf einen Begriff, vielmehr werden 'Allmacht', 'Allgüte' und 'Allwissenheit' im Zusammenhang verändert. PÜ und PG bleiben beide wahr, aber die Ableitungen, die von PÜ zwingend auf ¬PG schließen lassen, werden durch die Umdefinition hinfällig. Die zwei gängigsten theologischen Varianten – unter vielen anderen[220] – wie vor allem der Begriff der 'Allmacht' neu gefasst werden kann, haben wir schon in **Gottes Macht** besprochen. Die dortigen Modelle der *Liebesmacht*[221] und der *Gegenmacht* möchte ich nun explizit auf die Theodizee-Frage beziehen.

Das Modell der Liebesmacht betont, dass Gottes Allmacht – die hier im Unterschied zu Jonas nicht abgelehnt wird – darin besteht, der Welt radikale Freiheit zu schenken. Gott geht mit der Schöpfung der Welt und seiner Liebe zur Welt ein echtes Risiko ein, das aber seine Göttlichkeit nicht aufhebt. Im Gegenteil zeigen seine ‚Interventionen', wie die Inkarnation in Jesus Christus, einerseits immer wieder seine Handlungsmöglichkeiten, andererseits aber diese eigenartige Form der Selbstbindung, dass Gott nur in Freiheit und Liebe von den Menschen als Gott anerkannt werden möchte. Denn dem Menschen angemessene Macht äußert sich eben nicht in Durchsetzung gegenüber Schwächeren, sondern in der Ermächtigung der Schwachen und der Fähigkeit des Machtteilens. Mit Werbick haben wir sogar die verändernde Mächtigkeit dieser Liebe Gottes zu den Menschen zeigen können, ohne dass es notwendig wird, diese Macht objektiv anzuerkennen. Die Pointe dieser Variante mit Blick auf die Theodizee besteht dann darin, dass erstens Gott gerade als allmächtiger Vater, der im geliebten Sohn das Leiden kennt, auf Seiten der geliebten Leidenden ist. Zweitens ist das Leid selbst nicht die Wirkung Gottes, es ergibt sich aus der menschlichen Freiheit wie die Sünde als Missbrauch der Liebe oder ist einfach Folge einer endlichen Welt wie der Tod. Gerade die Zuspitzung, dass Gott auf Seiten der Menschen ist und dass er in seiner Mächtigkeit z.B. auch den Tod überwinden kann, hält Gottes weiter bestehende Göttlichkeit und seine eigene Bindung an die Freiheit des Menschen gut zusammen. Das ist alles überzeugend.

Auf eine Konsequenz dieses Modells möchte ich aber noch kurz hinweisen: Dieses Modell denkt Gottes Gegenwart zweifach: Gott begleitet seine geliebte Welt und kann durch seine Schöpfung so agieren, dass das schöpferische Beziehungsangebot immer wieder präsent ist. Das macht ihn auch den Leidenden selbst gegenwärtig, die sich in Freiheit auf seine Macht in Liebe werfen können. Das ist eine nahe Gegenwart überall dort, wo auf das Liebesangebot eingegangen wird. Da ist aber auch Gott der Schöpfer, der eine andere Wahl gehabt hät-

---

[220] Vgl. hierzu die Ausdifferenzierung im Theodizee-Artikel in Wikipedia, der sehr genau die Variationsmöglichkeiten durchspielt (vgl. http://de.wikipedia.org/wiki/Theodizee).
[221] Ich meine hier das Liebesmacht-Modell in der Kombination des dritten und vierten Modells. Das Liebesmacht-Modell in der radikalen Form der Umkehrung bildete ja schon den Hintergrund des obigen zweiten Modells zu Jonas.

te, der die Welt gar nicht erst hätte erschaffen müssen, der das Leiden so ernst nimmt, dass es ihm das ganze Projekt der freien Liebesantwort gar nicht wert ist. Diese Frage muss sich das Modell gefallen lassen – oder es müsste sich von dem universalistischen Schöpfungsgedanken lösen und dann die Verohnmächtigung in der Schöpfung aufgeben. Und nimmt man diese Frage in den jeweiligen Zustand der Welt mit, dann wird Gott im Leid als zulassender Hintergrund des Leides präsent.[222] Beide Gegenwarten sind im jeweiligen Weltzustand nicht einfach deckungsgleich. Einige Theologen – wie z.B. Karl Rahner – sprechen an genau dieser Stelle von Gott als undurchdringlichem Geheimnis.[223] Dieses Problem lässt sich nur teleologisch lösen, indem in die biblischen Spuren eingestimmt wird, dass sich am Ende der Zeiten diese scheinbare Dualität aufheben wird, wenn die Welt von Gott zur Vollendung geführt wird und alle Tränen abgewischt sein werden (vgl. Offb 21,4). Aber ist das wirklich theologisch befriedigend? Liegt hier nicht noch immer die Leibniz'sche Verobjektivierung gefährlich nahe? Und selbst wenn das Modell dagegen setzt, dass Täter und Opfer im Gericht unterschieden werden, bleibt die Frage, warum dies den Opfern angetan wurde. Mit Blick auf die Hölle ist auch genauso die Frage erlaubt, warum diese Freiheit den Tätern angetan wurde. Es ist von hier aus nur kaum zu glauben, dass sich die Dualität der Perspektiven in der Ewigkeit stimmig auflöst. Selbst wenn dies zu glauben wäre – bleibt noch die Frage, ob diese Konsequenz nicht einfach nur dem Schöpfungsuniversalismus geschuldet ist, der zwanghaft die Welt uniform als potenziellen Herrschaftsraum Gottes betrachtet. Vielleicht ist gar nicht Gott in zwei Perspektiven zu erfassen, sondern die Welt selbst?

Das Wandlungsmodell als Alternative aus **Gottes Macht** setzt hier an, indem es Mächte und Gewalten voraussetzt, die zu Gott widerständig sind. Die geglaubte Allmacht Gottes richtet sich gegen die faktische Allmächtigkeit bestimmter irdischer Kräfte. Wir bekennen zu Recht Gottes Allmacht, weil Menschen hier im Leben erfahren haben, dass sie im Vertrauen auf das Wort Jesu diesen Mächten und Gewalten und ihrem Herrschaftsbereich entkommen. Sie haben erfahren, dass es einen anderen Herrschaftsbereich gibt, in dem die Mächte und Gewalten nicht über das Leben bestimmen. In diesem Sinne habe ich den Kollegen Thomas Ruster in das Modell hineingeschrieben. Hier könnten aber noch viele andere Namen stehen, die durch einen so veränderten Allmachtsbegriff auch eine andere Perspektive auf die Theodizee-Frage ermöglichen.[224] Denn durch die Anerkennung der faktischen Kräfte als allmächtig ist das Problem primär nicht mehr „Warum tut Gott nichts?". Es ist ja nun klar, dass die Welt ihren eigenen Gesetzen folgt und dass Gottes Allmächtigkeit in seiner Wirkung auf ein hörendes Gegenüber angewiesen ist. Diese innere Rela-

---

[222] Vgl. z.B. bei *Stobbe*, Gibt es eine vernünftige Lösung des Theodizeeproblems? 2007, 65f,70f-73.

[223] Vgl. z.B. *Karl Rahner*, Warum lässt Gott uns leiden?, in: *Ders.*, Schriften zur Theologie Bd. XIV, Einsiedeln/Köln 1980, 450-466, 462.

[224] Siehe die Literaturangaben zu dem Modell in Kap. 3.2.4.2.

tionierung von Allmacht hat übrigens schon Thomas von Aquin betont, wenn er Gottes Allmächtigkeit daran bindet, dass Gott nur auf etwas wirken könne, dass seine Wirkung aufnehmen kann.[225] Es geht nicht mehr um ein systemisches gottgewolltes Ganzes, das offensichtlich nicht richtig funktioniert und dessen Nicht-Funktionieren nun mit dem systemischen Ganzen zusammengedacht werden muss – wie es die bisherigen Modelle tun. Wird dieser Teilstrang des vierten Modells ganz radikal entfaltet, dann ginge es von einer dualen Welt aus, aber in der Figur des Pantokrator wird durchaus eine universale Perspektive geglaubt, nicht vorausgesetzt, sondern (vom Himmel her) geglaubt. Von daher wird die Theodizee-Frage nicht unsinnig, da die Gläubigen unter der Prämisse des Pantokrators auch fragen können, warum Gott in seiner Gerechtigkeit und Güte die Menschen, die ihn lieben, leiden lässt. Hier geht das Modell von einem *Lernprozess* des Menschen aus, der lernt, dass die Allmacht Gottes keine ‚Eintrittsmarke‘ in ein sorgenfreies Leben ist, sondern vor allem eine Beziehung zur Tora, die durch das Leben angesichts der allmächtigen Mächte trägt.

### 7.2.7 Reflexion der Modelle

Ich möchte im Folgenden diesen Lernprozess näher entfalten und die Gegenüberstellung der vier Modelle zur Theodizee abschließen.

*S: Warum verändert man die Begriffe und denkt sich nicht mal neue Begriffe aus? Die passen ja anscheinend so, wie sie geläufig sind, nicht.*

Wir nutzen bei unserem Verstehen Begriffe so, wie sie eben gerade in einer Zeit verstanden werden. Das deutsche Wort 'allmächtig' ist sehr stark von dem ersten Modell des ‚Deus omnipotentis‘ geprägt. Selbst die obige Differenzierung von Thomas von Aquin kommt darin in der Regel nicht vor. Wenn orthodoxe Christen dagegen das Wort 'allmächtig' benutzen, kann es sehr viel stärker vom Pantokrator her geprägt sein und eine andere Bedeutungsstruktur ermöglichen. Begriffe stehen immer in der Zeit und deshalb können wir nicht das theologische Problem mit einer Neuwahl der Begriffe lösen. Wie Sie gesehen haben, entsteht die ‚Lösung‘ vielmehr so, dass wir die verschiedenen Verständnisse gegeneinander ausdifferenzieren. Das ist auch der Grund dafür, warum wir die Begriffe tradieren: Sie speichern in Wirklichkeit ‚hörendes‘ Problemlösepotenzial. Mit neuen Begriffen könnten wir neu ansetzen und kämen trotzdem bei den alten Fragen wieder an – wir wüssten es nur nicht und könnten auch nicht davon profitieren, was die Modelle übereinander wissen. Worauf es also ankommt, ist nicht den Begriff der Allmacht zu ersetzen, sondern daran mitzuarbeiten, dass wieder um die Bedeutung des Begriffs gestritten wird.

---

[225] Vgl. *Von Aquin*, Summa theologica, Bd. 1, Quaestio 25, Artikel 3, 1934.

### 7.2.8 Vertiefung des Transformationsmodells: Perspektivwechsel von Gott her

Wie ich eben ausgeführt habe, gehört zur zweiten Variante des vierten Modells ein Lernprozess Gott im Leid als auf spezifische Weise allmächtigen Gott kennen zu lernen. Biblisch vollziehe ich diesen Lernprozess an Ps 73 nach:

---

**Ps 73**

**1** [Ein Psalm Asafs.] Lauter Güte ist Gott für Israel, / für alle Menschen mit reinem Herzen. **2** Ich aber - fast wären meine Füße gestrauchelt, / beinahe wäre ich gefallen. **3** Denn ich habe mich über die Prahler ereifert, / als ich sah, dass es diesen Frevlern so gut ging. **4** Sie leiden ja keine Qualen, / ihr Leib ist gesund und wohlgenährt. **5** Sie kennen nicht die Mühsal der Sterblichen, / sind nicht geplagt wie andere Menschen. **6** Darum ist Hochmut ihr Halsschmuck, / wie ein Gewand umhüllt sie Gewalttat. **7** Sie sehen kaum aus den Augen vor Fett, / ihr Herz läuft über von bösen Plänen. **8** Sie höhnen, und was sie sagen, ist schlecht; / sie sind falsch und reden von oben herab. **9** Sie reißen ihr Maul bis zum Himmel auf / und lassen auf Erden ihrer Zunge freien Lauf. **10** Darum wendet sich das Volk ihnen zu /und schlürft ihre Worte in vollen Zügen. **11** Sie sagen: «Wie sollte Gott das merken? / Wie kann der Höchste das wissen?» **12** Wahrhaftig, so sind die Frevler: / Immer im Glück, häufen sie Reichtum auf Reichtum. **13** Also hielt ich umsonst mein Herz rein / und wusch meine Hände in Unschuld. **14** Und doch war ich alle Tage geplagt / und wurde jeden Morgen gezüchtigt. **15** Hätte ich gesagt: «Ich will reden wie sie», / dann hätte ich an deinen Kindern Verrat geübt. **16** Da sann ich nach, um das zu begreifen; / es war eine Qual für mich, **17** bis ich dann eintrat ins Heiligtum Gottes / und begriff, wie sie enden. **18** Ja, du stellst sie auf schlüpfrigen Grund, / du stürzt sie in Täuschung und Trug. **19**

> Sie werden plötzlich zunichte, / werden dahingerafft und nehmen ein schreckliches Ende,
> **20** wie ein Traum, der beim Erwachen verblasst, / dessen Bild man vergisst, wenn man
> aufsteht. **21** Mein Herz war verbittert, / mir bohrte der Schmerz in den Nieren; **22** ich war
> töricht und ohne Verstand, / war wie ein Stück Vieh vor dir. **23** Ich aber bleibe immer bei
> dir, / du hältst mich an meiner Rechten. **24** Du leitest mich nach deinem Ratschluss / und
> nimmst mich am Ende auf in Herrlichkeit. **25** Was habe ich im Himmel außer dir? / Ne-
> ben dir erfreut mich nichts auf der Erde. **26** Auch wenn mein Leib und mein Herz ver-
> schmachten, / Gott ist der Fels meines Herzens / und mein Anteil auf ewig. **27** Ja, wer dir
> fern ist, geht zugrunde; / du vernichtest alle, die dich treulos verlassen. **28** Ich aber - Gott
> nahe zu sein ist mein Glück. / Ich setze auf Gott, den Herrn, mein Vertrauen. / Ich will all
> deine Taten verkünden.

Wenn man den Text strukturiert[226], dann fällt zunächst die folgende Vier-
bzw. Fünfteilung auf, wenn man Vers 16 von 13-15 abkoppelt. Im *ersten* Abschnitt entfalten die Verse 2-12 die Beobachtung, dass es den Frevlern gut geht
und denen, die die Tora tun, schlecht. Die Verse 13-15 als *zweiter* Abschnitt
fassen diese Beobachtung im Urteil zusammen, dass offenbar Jahwe nicht
(mehr) der gerechte Richter ist und die Tora nicht mehr Maßstab des Lebens.
Was im Folgenden im Psalm entfaltet wird, ist aber keine Theodizee, also keine
Rechtfertigung Gottes durch die Vernunft. Es geht um die Krise der Gottesbeziehung des Gerechten, um die Möglichkeit Gottes zu seinem Wort zu stehen.
Z.B. zu Dtn 30,16:

> „Wenn du auf die Gebote des Herrn, deines Gottes, auf die ich dich heute verpflichte,
> hörst, indem du den Herrn, deinen Gott, liebst, auf seinen Wegen gehst und auf seine Ge-
> bote, Gesetze und Rechtsvorschriften achtest, dann wirst du leben und zahlreich werden,
> und der Herr, dein Gott, wird dich in dem Land, in das du hineinziehst, um es in Besitz zu
> nehmen, segnen.“

Vers 16 bildet im Psalm den *dritten* Abschnitt. Das Urteil fordert zum Denken heraus, aber der Beter kommt nicht zu einem sinnvollen Ergebnis – und das
quält und lässt keine Ruhe. Das verstehen wir mit Blick auf das unentrinnbare
Dilemma sehr gut. Vers 17 als *vierter* Abschnitt wendet das Blatt. Wichtig ist
hier zu sehen, dass der Gang ins Heiligtum nicht die Variante des Fideismus
eröffnet, denn es geht weiter um das Verstehen des Beobachteten. Gleichzeitig
ist der Gang ins Heiligtum der Tora und damit Gott geschuldet. Der Schritt aus
der Krise ist deshalb nicht die Reflexion über die Vernunft selbst (Modell 1),
das Einstimmen in die Notwendigkeit des großen Ganzen (Modell 2) und auch
nicht die Veränderung des Gottesbildes (Modell 3). **Denn alle diese Modelle
erhalten den objektivierenden Blick von außen auf die Beziehung von Gott
und Welt.** Der Beter zeigt für das vierte Modell, dass zunächst die Rückkehr in
die subjektive Perspektive als Gegenüber Gottes, das in der Tora auf ein Leben
bringendes Handeln verpflichtet, entscheidend ist. In dem Gang in das Heiligtum wird diese Verpflichtung nachvollzogen und damit auch eine Leben brin-
gende Reflexion ermöglicht. Zunächst wird also nicht das Problem der gestörten

---

[226] Für die exegetische Aufarbeitung empfehle ich *Thomas Pola*, Theodizee im Alten und Neuen
Testament. Unter besonderer Berücksichtigung von Psalm 73, in: *ders.*: Gott fürchten und lieben.
Studien zur Gotteserfahrung im Alten Testament, Neukirchen-Vluyn 2007, 79–133 [=BTS 59].

Gottesbeziehung aufgehoben, damit wieder geglaubt wird. Es wird geglaubt und dann wird sich eine Form finden, in der Gott als Gegenüber verstehbar wird. In den Versen 17-20 wird ein Perspektivwechsel vollzogen: von dem eigenen Glück auf die Herrlichkeit Gottes, von sich selbst auf Gottes Recht als Maßstab, von der unter Bewährung stehenden zu der alles begründenden Gottesbeziehung. Letztlich geht es nach Pola darum, was trägt: "'Bei Gott' als angeredetem 'Du' zu 'sein' wiegt alles auf, was das eigene Leben bis zum Tode und über diesen hinaus beeinträchtigen könnte."[227] In Vers 21-28 kommt er aus dieser neu gewonnenen Perspektive heraus zu dem Entschluss Gottes Wort zu folgen, das Gesetz zu lieben und sich als Perspektive vorzunehmen, nach dem Wort für die Zukunft zu handeln.

Zwei Linien möchte ich an diesem Psalm hervorheben: Das ist zunächst die Beobachtung, dass der Beter aus der verobjektivierenden Perspektive aussteigt und seinen Platz in der Gottesbeziehung einnimmt. Damit gestehen wir ein, dass wir als Geschöpfe als Teil des Systems nicht das Ganze überblicken können. Als neuzeitliche Menschen haben wir es uns angewöhnt, dass wir uns über alles ein Urteil bilden können und auch müssen. Das gilt insbesondere in moralischen Dingen. Der Sündenfall erzählt für Michael Welker und Christof Gestrich davon, dass die Menschen fortan über Gut und Böse entscheiden müssen; aber auch genau deswegen muss der Baum des Lebens geschützt werden. Nichts ist für das Leben bedrohlicher als ein Mensch, der von sich aus mit seinen kontingenten Möglichkeiten Gut und Böse beurteilen will. Denn für die Bibel ist die Urteilsunterscheidung im Letzten an Gott gebunden[228] – und da ändert sich immer wieder mal einiges, wie Israel in seiner Geschichte erfährt. Der Maßstab zur Unterscheidung liegt in Gott. Die Theodizee ist deshalb aus Sicht von Psalm 73 die Fortschreibung des Problems: die Anmaßung des (moralischen) Urteils hier sogar über Gott und Welt. Selbst Leibniz, der ja gerade Gott dem menschlichen Zugriff in der subjektiven Perspektive entzieht, vollzieht diesen Gedanken auf dem Boden der Denkbarkeit des Ganzen – Sie erinnern sich: die Theodizee rechtfertigt vor allem die neuzeitliche Vernunft. Wir lesen die Hiob-Erzählung oder auch die Verse ab Vers 17 von unserem Psalm gerne so, als würde sich der Beter auf die Erkenntnis von Leibniz einstimmen: jeder Weltzustand realisiert die Beste aller Welten. Aber diese Perspektive liegt dem Beter fern. Hier wird eine kategoriale biblische Unterscheidung erneuert: Gott bleibt Gott und Mensch bleibt Mensch! Dadurch wird die Beobachtung in den Versen 2-12 nicht verurteilt, sie wird aber neu eingeordnet: als gefährliche Aneignung der Unterscheidung.

Wenn wir nur diese beiden rechten Einfügungen ernst nehmen würden, dann könnte man darauf schließen, dass dieser Lernprozess einfach dazu führt, das Schicksal brav zu ertragen. Aber der Psalm hat noch eine zweite Linie. Die

---

[227] *Pola*, Theodizee im Alten und Neuen Testament, 2007, 109.

[228] Vgl. *Welker*, Schöpfung und Wirklichkeit, 1995, Kap. 6; *Christof Gestrich*, Die Wiederkehr des Glanzes in der Welt. Die christliche Lehre von der Sünde und ihrer Vergebung in gegenwärtiger Verantwortung, Tübingen ²1996, §5a).

Theodizee würde normalerweise nach den Gründen für die Ungerechtigkeit fragen – das könnte der Beter in Analogie zu den Freunden Hiobs auch tun. Er könnte versuchen die Ursachen-Wirkungszusammenhänge zu ergründen. Die ganze Frage nach dem Zulassen und Bewirken Gottes hängt daran. Man fragt sich, warum sich die Dinge so entwickelt haben, dass es zu Recht so sein kann, wie es heute ist. Das nenne ich eine *archäologische Perspektive*.[229] Wir graben tief in den Schichten, um mit dem Widerspruch klar zu kommen. Dieses Denken ist immer noch die Folge eines universalistischen Ansatzes Schöpfung zu denken. Das ist aber nicht die Perspektive dieses Psalms und auch nicht die Perspektive von Hiob oder Jeremia: die fragt von der Vergangenheit her, was heute zu tun ist. Die Leiderfahrung bleibt die Leiderfahrung, das Wohlergehen der Frevler bleibt das Wohlergehen der Frevler, aber die entscheidende Frage, die in diesem Text untersucht wird, ist sich nicht damit aufzuhalten zu verstehen, warum das heute so ist, obwohl doch diejenigen und diejenigen so und so gehandelt haben, sondern die entscheidende Frage ist: Was ist zu tun? Was ist das Gebot Gottes? Es gibt in der katholischen Liturgie den Antwort-Vers „Das ist würdig und recht." Dieses „Das ist würdig und recht." ist es, worum es geht. Sie hören nicht auf zu fragen, aber die entscheidende Frage ist: „Was ist zu tun?". Das nenne ich eine *finalisierende Perspektive*. Und genau wo das geschieht, ist auch angemessen Gottes Gegenwart bei den Leidenden zu behaupten, weil die Tora zu tun immer Gottes Gegenwart verbürgt.[230]

Im Fall des Tsunami z.B. geht es nicht darum Gott zu fragen, warum das Leid sein muss – sei es gewirkt oder zugelassen, sondern was jetzt zu tun ist. Fragen Sie sich, was in dieser Situation im Vertrauen auf einen Gott, der das Gute will, zu tun ist. Gerade weil Sie glauben, dass Gott Ihnen mit seinen Geboten beisteht, trotzen Sie den irdischen Mächten der Zerstörung, Verarmung, Krankheit, Tod, die traumatisieren. Sie können den Blick auf die Frage „Was ist mir und dem Nächsten zu tun?" lenken. Das ist für mich eine gewaltige Transformation des Denkens!

Den in diesen beiden Linien liegenden Perspektivwechsel möchte ich zum Abschluss noch einmal genauer als eine Antwort auf die Theodizee-Frage beschreiben. Dabei übernehme ich die Perspektive des vierten Modells (Wandlungsmodell) aus **Gottes Macht**. Zunächst einmal möchte ich die Ergebnisse der kategorialen Unterscheidung von Mensch und Gott sowie der finalisierenden Perspektive noch um ein drittes Element anreichern: nämlich die Erkenntnis aus **Gottes Rede**, dass Gottes Wort der Grund aller lebendigen Wirklichkeit ist.

---

[229] Vgl. zur Unterscheidung dieser beiden Linien auch *Ritter*, Leid und Gott aus der Sicht von Kindern und Jugendlichen, 2008, 368 auf der Basis von *Oswald Bayer*, ‚Erhörte Klage', in: NZSTh 25 (1983), 259-272.

[230] Vgl. zu diesem Ansatz, der Gottes Gegenwart nicht von hinten in den Ordnungsstrukturen der Welt, sondern nach vorne in der Ermöglichung des Tora-Tuns denkt denkt *Steven Schwarzschild*, Schekhinah und jüdische Eschatologie, in: *Falaturi, A./Petuchowski, J./Strolz, W.* (Hg.), Universale Vaterschaft Gottes. Begegnung der Religionen, Freiburg i. Br./Basel/Wien 1987, 88-114.

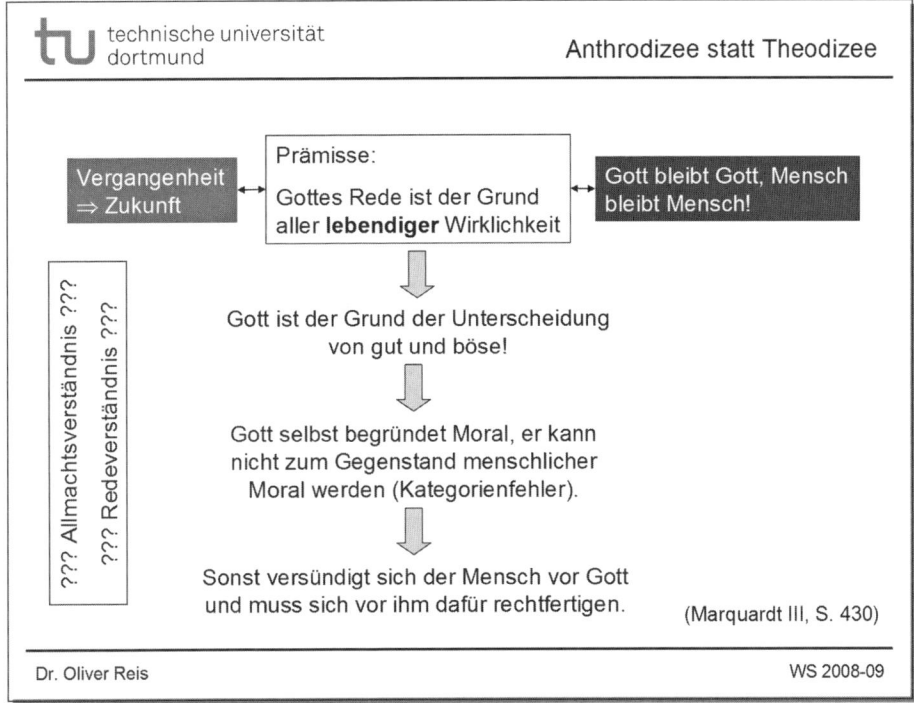

Prämisse:

Gottes Rede ist der Grund aller **lebendiger** Wirklichkeit

Vergangenheit ⇒ Zukunft

Gott bleibt Gott, Mensch bleibt Mensch!

??? Allmachtsverständnis ??? ??? Redeverständnis ???

Gott ist der Grund der Unterscheidung von gut und böse!

Gott selbst begründet Moral, er kann nicht zum Gegenstand menschlicher Moral werden (Kategorienfehler).

Sonst versündigt sich der Mensch vor Gott und muss sich vor ihm dafür rechtfertigen.

(Marquardt III, S. 430)

Dr. Oliver Reis — WS 2008-09

Diese drei Bedingungen zusammen machen deutlich, dass es theologisch wenig sinnvoll ist Gottes Handeln unter moralischen Gesichtspunkten zu bewerten, also der Unterscheidung von Gut und Böse zu unterwerfen. Denn diese Unterwerfung setzt einen gesicherten Standpunkt des Urteils voraus. Doch dieser Standpunkt ist selbst davon abhängig, dass Gott die Unterscheidung als Gott überhaupt begründet. Wenn also nach einer moralischen Rechtfertigung des Menschen oder Gottes gesucht wird, dann wird der Riss in der Beziehung von Gott und Mensch nicht geheilt. Er wird gerade dadurch aufrechterhalten. Das Gegenmachtmodell verurteilt nicht die Frage als solche, sie ist aber nur dann sinnvoll zu bearbeiten, wenn Gott aufgefordert wird Gott zu sein und damit erst die Unterscheidung zu setzen. In diese Unterscheidung, die dann die Tora begründet, ist der Mensch mit seinem Handeln hineingenommen. Das Leiden wird nicht rückwärts legitimiert, es ist aber auch kein sinnloser Ort. Es ist ein besonderer Ort für das Tora-Tun, da im Leid irdische Mächte in ihrer zerstörerischen Kraft besonders zu beobachten sind. Und in dieser Konfrontation mit faktischer Allmacht ist die Allmacht Gottes besonders unerkennbar. Wer sich da trotzdem auf Gott als Grund der lebendigen Wirklichkeit beruft und mit der Tora handelt, denkt insofern PÜ und PG zusammen.

Der entscheidende Schritt in dieser Variante des vierten Modells ist deshalb der Perspektivwechsel in dem tora-gebundenen Gang in das Heiligtum, die Aufgabe des Standorts Gott und Welt nach einem eigenen Maßstab zu beurteilen, wie wir dies für die ersten drei Modelle beobachten konnten. Und dieser

Punkt ist zugleich die verletzlichste Stelle, weil er verlangt, schon die Frage loszulassen und von einem anderen Grund her zu denken. Es gibt keinen natürlichen Durchgang durch die Frage hin zu dem Grund. Warum gehe ich dann ins Heiligtum, wenn das genau der Ort ist, wo ich Gerechtigkeit nicht vermuten kann? Damit Gottes Wille geschehe, nicht meiner – wie wir durch das Vater-Unser lernen. Das Heilsame ist genau das Entzogene: die Gottesnähe. Insofern ist der Gang das Notwendige und zugleich höchst unvernünftig. Wenn ich den Gang als ‚würdig und recht' begründe, wird das zu Begründende durch das Begründende ersetzt und es entsteht ein Kreislauf. Theodizee im Sinne der Neuzeit ist das nicht, aber eine mutige Antwort des Glaubens. Der Beter riskiert, dass er im Heiligtum nicht erkennt. Gott ist dort nicht gesichert und der Beter zieht sich nicht zu einem gesicherten Ort zurück. Er hofft, dass Gottes Tora durch das Leid durchträgt und damit auch Gott selbst als Gegenmacht lebendig ist. Diese Lücke, die diese Variante vom Gegenmodell zulassen kann und die nur Gott selbst schließen kann, ist für mich unglaublich wichtig für eine aktuelle Theologie, die die Plausibilität ihrer Beobachtungen zu Gott und Welt nicht mehr voraussetzen kann. Unsere Aussagen brauchen einen Status, in dem wir deutlich machen, dass wir die Einlösung der Verheißungen eben nicht selbst zur Verfügung haben (→ **Menschen denken Gott**). Das gilt auch und gerade im Umgang mit dem Leid. Dass aus der Leiderfahrung im Tora-Tun (nach Gottes Weisung fragen) etwas Positives und Sinnvolles erwachsen kann, ist möglich, aber nicht weil dies so in universalen Wirkungsgesetz der Welt eingelassen ist, sondern weil im Tora-Tun Gottes Leben auch im Leid erhalten bleibt. „Jesus Christus ist der Erlöser – auch im Leid!" ist eine Verheißung, dass in ihm die Welt als Ganzes und die Macht Gottes letztlich zusammenfallen werden und dass deshalb auch wir in der Jesus-Nachfolge mit ihm in der Lücke des Todes nicht fallengelassen werden, sondern im Leben bleiben. Auch das ist keine Struktur, über die wir verfügen, sondern eine höchst risikoreiche, da unwahrscheinliche Glaubens-Aussage.

Die Leid-Frage wirft so nicht nur die Frage nach dem Handeln Gottes auf, sondern auch die nach dem Glauben des Menschen, dass Gott in seinem Wort trotz aller Unplausibilität die Wirklichkeit bestimmt. Friedrich-Wilhelm Marquardt, der in dieser Vorlesung schon häufiger zu Gehör kam, bringt dies folgendermaßen auf den Punkt: „Gehört eher Gott vor das Forum der Welt oder gehört nicht eher die Weltwirklichkeit vor das Forum Gottes? Bedarf es nur einer Rechtfertigung Gottes, nicht viel eher einer Rechtfertigung der Welt und des Menschen?"[231] Theodizee wird hier Anthropodizee in dem Sinne, dass sich die Rechtfertigungs*notwendigkeit* verschiebt, nicht die Rechtfertigungs*möglichkeit*. Letztere bleibt mit Stobbe Gott überlassen, sonst ist die Welt verloren. Aber erstere wieder durch den Perspektivwechsel auf den Tisch zu bringen und damit im Leid vor der Frage zu stehen, „Bist du mein Gott, bist du der Herr des Lebens?", das ist eine wichtige Erkenntnis dieser Variante des vierten Modells,

---

[231] *Marquardt*, Was dürfen wir hoffen, wenn wir hoffen dürften?, Bd. 3, 1996, 430.

die sich aus dem Gegenmacht-Modell ergibt. Und hier liegt auch die Antwort auf die Leidfrage: Sie führt uns tiefer in die wirkliche Wirklichkeit, an den Punkt, an dem der christliche Glaube erst zu sich selbst kommt.[232]

So ungewöhnlich und wichtig dieser Perspektivwechsel und dieser Zielpunkt für unser Gottdenken angesichts des Leids sind, so ist dies dennoch nur eine Option, die auch ihre Grenze hat. Wo liegt hier die Grenze? Nun, das Denken ist offen theologisch zirkulär. D.h. es ist nicht anschlussfähig an die Vernunft der Normalrealität. Vielmehr prüft der Glaube sich selbst mit den Mitteln der Glaubensrationalität. Das Modell setzt deshalb eine Glaubensbeziehung voraus und ist insofern keine Theodizee, wie sie Leibniz vorgelegt hat. Die anderen (theologischen) Modelle verhalten sich hier anders, wie hoffentlich deutlich wurde.

## 7.3 Reflexionsprozess II

### 7.3.1 *Vorbereitung*

technische universität dortmund        Übung_2

1. Überprüfen Sie, ob die Textausschnitte meine Zuordnung zu den Positionen rechtfertigt! Zitieren Sie die Textstellen, die die Zuordnung belegen!
2. Ordnen Sie Ihre Antworten ( Übung_1) in die vier Alternativen ein und begründen Sie Ihre Entscheidung! (Achten Sie auf die begründungsstrategischen Schlüsselstellen in Ihrer Position!)
3. Welche der vier Positionen finden Sie völlig unhaltbar? Warum?

Dr. Oliver Reis        WS 2008-09

Wir haben in *ews* Textauszüge zu den vier Positionen eingestellt [**vgl. EWS-Text 16-18,20**], die ich auf der Folie als Protagonisten für die vier

---

[232] Auch das *Liebesmodell* kann als andere Variante des vierten Modells – im Gegensatz zum radikalen Umkehrmodell – diesen Punkt erreichen, nämlich dann, wenn nicht der Universalismus und die Verdopplung der Gegenwart Gottes durchschlagen.

Denkmodelle eingeführt habe. Die erste Aufgabe besteht darin, diese Zuordnung noch einmal zu überprüfen. Die Aufgabe regt Sie dazu an, die entsprechenden Passagen der Vorlesung noch einmal mit Blick auf die Textstellen zu organisieren. Das ist die Voraussetzung, damit Sie überhaupt die eigene Position im Rahmen der Modelle sinnvoll rekonstruieren können. Sonst fehlen Ihnen dafür die Kategorien auf Seiten der Denkmodelle. Die Zuordnung verlangt insofern einen analogen Vorgang wie bei Aufgabe 1, nur wussten Sie dort schon, wo die Position hingehörte. Die dritte Aufgabe gibt uns noch einmal Gelegenheit zu testen, wie gut Sie inzwischen in der Lage sind, die eigene Position und die der anderen Autoren von den Modellen her zu bewerten. Das geht allerdings nur, wenn die theoretische Rekonstruktion die Qualität von Stufe 3 erreicht hat.

## 7.3.2   Exemplarische studentische Reflexionen

### a) Meike:

2.) Kant: Die Vernunft erlegt dem Menschen auf, Behauptungen, die ihm Achtung auferlegen, zu prüfen, ehe er sich unterwirft. Im Prozess dieser Prüfung kommt Kant zu dem Urteil, dass das Böse, das Übel und das Missverhältnis von Verbrechen und Strafe der Weisheit des Welturhebers entgegen gesetzt werden kann. Da die moralische Weisheit sich nicht gegen diese Zweifel rechtfertigen kann, so meint Kant, hält die Theodizee nicht, was sie verspricht. Die Menschen haben keinen Begriff für den Einklang von Vernunft und moralischer Weisheit. Nur, wer bis zur Kenntnis der übersinnlichen Welt vordringt, kann die Vereinbarung erkennen. Dazu ist laut Kant kein Sterblicher im Stande. Auch wenn Kant die Erläuterung mit der Vernunft nicht geben kann, ist die Idee der Vereinbarung als das höchste Gut zu halten. Dieses Anliegen lässt sich nicht abschaffen.

Leibniz: Gott hat „bei der Einrichtung des Ganzen" jedes Detail bedacht. Schon bei der Schöpfung hat Gott bedacht, dass Sündern ihre Strafen mit sich führen und gute Handlungen belohnt werden. Es kann gar nicht anders sein, denn sonst würden die Dinge so nicht laufen. Würden wir die Ordnung des Universums hinreichend verstehen, dass es unmöglich ist, die Welt besser zu machen als sie ist. Gott ist Urheber, aber auch unser Herr und Ziel unseres Willens. Dieser Glaube bezeugt, dass es, so wie es ist, anzunehmen ist und gar nicht besser geht.

Jonas: Jonas spricht Gott die Allmacht ab, da er sich sonst so grausame Geschehnisse wie z.B. in Auschwitz nicht erklären und begreifen kann. Gott hat sich nach der Schöpfung zurückgezogen, damit der Mensch in Freiheit leben kann. Auch wenn Gott uns fern geworden ist, ist er immer noch verständlich .Da die Allmacht Gottes nicht in das Verständnis von Jonas hinein passt, lehnt er diesen Begriff ab.

Ruster: Gottes Allmacht zeigt sich in seinem Handeln in der Welt, indem er seinen Willen kundtut und uns Gebote gibt. Seine Macht liegt in seinem Gesetz, darin erfahren wir seine Einzigkeit und Andersartigkeit gegenüber der Welt. Es ist unsere Aufgabe, den Willen Gottes zu hören und danach moralisch zu handeln. Durch diese Ansichten der Begriffe von Allmacht und heute kommt es nicht zu einem Bruch zwischen den Eigenschaften und dem Leid in der Welt.

3.) In meiner Begründung sehe ich Gottes Allmacht und Güte darin, dass wir Gottes Willen und seine Gesetze erkennen können und damit auch in freier Verantwortung handeln können. Damit komme ich den Bearbeitungen von Ruster und annähernd auch von Leibniz nahe. Den Begriff der Allmacht verstehe ich nicht wie im Dogma beschrieben, sondern besonders in seinem uns offenbartem Gesetz. Dadurch, dass ich sage, dass wir in eigener Verantwortung handeln können, denke ich, dass Gott nicht unbedingt in das Weltgeschehen eingreift und dieses beeinflusst. Dadurch, dass wir sein Gesetz erkennen und danach handeln, ist Gott unter uns in der Welt mit seiner Allmacht und Güte erfahrbar.

4.) Die Position Leibniz', die sehr „krass" und abstrakt darstellt, dass Gott nur in der Schöpfung allmächtig war [...] ist nicht gut nachvollziehbar. Die Vorstellung „allein" und „von Gott getrennt" zu sein, ist für mich eine trostlose und mit wenig Hoffnung verbundene Position. Der Aspekt, dass Gott zu Beginn alles bedacht hat, lässt nur ein wenig Licht aufhellen. Für mich gehört Gott direkter zu unserer Welt, als nur im Ursprung.
Der Glaube, dass wir in Gottes Gesetzen seine Allmacht erkennen können ist für mich viel lebendiger. Wenn wir Gottes Gesetze leben, ist seine Allmacht und Güte doch viel präsenter und erfahrbarer, als wenn wir uns ausschließlich auf seine festgelegte Bestimmung berufen.

### b) Thomas:

2. Zu dem Textabschnitt von Kant passt in seinem Text die Stelle, dass die „Weisheit Gottes" nicht zu beweisen ist, da „Allwissenheit dazu erforderlich ist", die der Mensch nicht erreichen kann (S. 106) Ebenso geht er auf das Misslingen der Rechtfertigung auf Seite 115 ein, dass „aber nur der einsehen kann, welcher bis zur Kenntnis der übersinnlichen Welt durchdringt und die Art sieht, wie sie der Sinnenwelt zur Grunde liegt". Er beschreibt dies als „Einsicht, zu der kein Sterblicher gelangen kann".
Diese Zuordnung zu Leibniz ist, dass es vernünftigerweise nicht anders geht. In Abschnitt 60 sagt er, dass „die Dinge nicht anders verlaufen können", der Gott auf alle „Rücksicht" genommen hat. Er beschreibt Gott als Architekten der „Gott als Gesetzgeber zufriedenstellt" (Ab 89) und dass die Menschen einsehen müssen, dass wir die Ordnung des Universums" nicht besser machen können als Gott.
Jonas wollte an Gott glauben, dem er aber „die Allmacht absprach". Sonst könnte er Auschwitz nicht erklären. Zudem verbot er die These, dass Gott „menschenfern, verborgen und unverstehbar" gedacht werden muss, da die Juden so leiden mussten. So lehnt er die Eigenschaften von Gott ab, um weiter an ihn glauben zu können und die Welt zu verstehen.
Ruster sagt, dass das Leid existiert, aber nicht im Widerspruch zu Gottes Allmacht und Güte. Gottes „Macht liegt in seinem Gesetz, dass er Menschen gegenüber allen Tatsachen nach etwas zu tun gibt." Gott will, dass die Welt etwas wird, was sie noch nicht ist. Er ist allmächtig, weil er Gebote geben kann und wirklich gegeben hat."
3. Ich würde meine Antwort von der ersten Aufgabe zwischen Jonas und Ruster einordnen. Die Pro-Argumente decken sich mit dem, was Jonas damals empfunden hat. Er wollte an einen Gott glauben, aber um ihn herum wurde vielen Menschen Böses angetan, so dass er Gott unter anderem als „menschenfern" beschrieb. Das Leid in der Welt

wird so verständlicher, Gottes Existenz nicht ausgeschlossen, jedoch ohne verfügbare Allmacht.

Die Contra-Argumente sind denen von Thomas Ruster sehr ähnlich. Er spricht auch von der Transzendenz Gottes, aus der er den Menschen Gebote gibt und gab. Wenn die Menschen sich nicht an diese Gebote halten, entstehen Dinge, die von Gott nicht so gewollt waren.

4. Ich stimme am wenigsten mit der Meinung von Kant überein. Er beschreibt die Welt als zweckwidrig, da er die Heiligkeit Gottes, seine Gültigkeit und Gerechtigkeit in Frage stellt mit dem Argument des Leidens in der Welt. Kant sagt, dass es für einen Sterblichen unmöglich sei, dem Willen Gottes zu folgen und gleichzeitig als freihandelndes Wesen zu leben nicht möglich ist. Diese Ansicht teile ich überhaupt nicht, da sich dies meiner Meinung nach nicht ausschließt. So kann ich z. B. in der Gemeinde tätig sein in Kinder- und Jugendgruppen, das mir sehr viel Freude bereitet und nicht gegen Gottes Gebote spricht.

### c) Tanja:

2. Kant sagt, dass man die Theodizee-Frage nicht mit der Vernunft beantworten, denn beim Angehen der Theodizee-Frage treten innere Widersprüche auf.

Er betont den Widerspruch, der zwischen der Güte und er Allmacht Gottes herrscht; das heißt, der Mensch kann nach Kant auch diesen Zusammenhang nicht erschließen. Trotzdem liegt es in der Natur des Menschen und vor allem in der Natur seiner Vernunft die Theodizee-Frage immer wieder zu aktualisieren, somit ist sie immer allgegenwärtig „(…) ist eine Vereinbarung von Begriffen, die wir zwar in der Idee einer Welt, als des höchsten Guts, zusammen denken müssen; die aber nur der einsehen kann, welcher bis zur Kenntnis der übersinnlichen (intelligiblen) Welt durchdringt,(…)- eine Einsicht, zu der kein Sterblicher gelangen kann." Kann man nicht mit der Vernunft erklären (Theodizee)

„(…), was uns zu hoch ist, für uns unerreichbar sei(…)"

Leibniz vertritt die Position, dass das Übel auf der notwendig ist und im Rahmen des „Ganzen", der Welt, am Besten ist; beispielsweise ist der Krieg oder Seuche in dem Sinne „gut", weil durch „natürliche" Selektion genug Platz für zukünftige Generation vorhanden ist. Deswegen ist Leibniz Position systemrational; er sieht das Gute im ganzen System, nicht am Individuum „(…), dass wir, wenn wir die Ordnung des Universums hinreichend verstehen könnten, einsehen würden, dass sie alle Wünsche der Weisesten übersteigt und dass es unmöglich ist, sie besser zu machen, als sie ist, nicht nur hinsichtlich des Ganzen im allgemeinen, sondern auch für uns selbst im besonderen, wenn wir nur, wie es sein muss, dem Urheber vor allem nicht nur als Architekt und als Wrikursache unseres Seins verbunden sind, sondern auch als unserem Herrn und als Finalursache, der das ganze Ziel unseres Willens ausmachen muss und allein unser Glück bewirken kann."

Jonas behauptet, dass Gott nicht mehr allmächtig ist und nur noch eine Gabe hat, nämlich zu Lieben. Gott weiß zwar alles und will das Beste für die Welt und die Menschen, ist aber ohnmächtig in der Einschreitung und Verhinderung allen Übels in der Welt.

„(…) dem Jonas die Allmacht absprach. Auschwitz wäre sonst aus der Perspektive von Hans Jonas unerklärlich."

„(…), dass sich Gott vom Anbeginn aus der Schöpfung zurückgezogen habe, um die Freiheit des im Urbeginn mit angelegten Geistes zu garantieren." „So begriff Jonas Ausschwitz als eine unerhörte Herausforderung an die herkömmliche Religiosität(…)." „(…) wandte er sich konsequent gegen den Glauben der Moderne an das Alles-Machbare."

Ruster verändert den Begriff der Allmacht. Er sieht es als anmaßend, wenn der Mensch sich an Gottes Maßstab richtet und Urteilt, denn „Gott bleibt Gott, Mensch bleibt Mensch". Wenn der Mensch aus seiner Beziehung mit Gott geht und die Welt aus Gottes Sicht sieht, erkennt er, das für das Schlechte und das Übel in der Welt das Handeln der Menschen verantwortlich ist und nicht Gott.

„Gott wird wie ein Mensch gesehen, nur dass er allmächtig ist und sich am Maßstab der Güte messen lassen muss." „(…), dass Gott allmächtig ist im Sinne von Omnipotentia,(…), ist nicht genug."

„Sie macht Gott verwechselbar - mit dem „Allmächtigen", mit menschlichen Allmachtsvorstellungen im Sinne unbeschränkter Handlungsmacht und Absolutheit, mit der menschlichen Gottesvorstellung, die nichts ist als die Hypostasierung menschlicher Erfahrungen von Macht." „Gott will dass die Welt etwas wird, was sie noch nicht ist. Er ist allmächtig, weil Gebote geben kann und wirklich gegeben hat.- Aber nichts in der Bibel deutet daraufhin, dass Gottomnipotent im philosophischen Sinne ist. An diesem Allmachtsbegriff darf man ihn deshalb auch nicht messen."

„Gott steht ausserhalb jeder moralischen Unterscheidung! Sie ist an ihm zu messen, nicht er an ihr. Gott wäre auch dann noch Gott, wenn er unmoralisch wäre."

„Die moralische Unterscheidung gilt für uns, nicht für Gott."

Abschließend kann man sagen, dass die Zitate aus den Textausschnitten die Zuordnungen zu den einzelnen Positionen von Kant, Leibniz, Jonas und Ruster rechtfertigen und auch bestärken.

3. Meine Antwort aus der Übung 1 ordne ich in die 3. Alternative ein, weil ich auch Jonas Meinung vertrete, dass Gott gütig ist, alles weiß und die Menschen liebt. Jonas Ansicht nach greift Gott nicht in das Weltgeschehen ein, was meiner Ansicht nach auch so ist, jedoch stimmen unsere Meinungen bezüglich des „warum" nicht überein. Jonas meint, Gott greife nicht in das Weltgeschehen ein, weil er seit der Schöpfung nicht mehr allmächtig ist, da er sich uns entmächtigt hat. Jonas setzt das Eingreifen in das Weltgeschehen für die Allmacht voraus.

Meiner Meinung nach zieht sich Gott zwar zurück, aber man kann dies nicht als Ohnmacht deuten. Das ist der einzige Punkt, an dem ich Jonas Theorie nicht zustimme. Die Schlüsseltheorie hierbei ist, dass Gott sich seit der Schöpfung zurückgezogen hat, was somit auch bedeutet, dass Gott nicht verantwortlich ist für das übel in der Welt, somit gehört er auch nicht auf die Anklagebank.

4. Als völlig unhaltbar kann ich keine der vier Positionen bezeichnen – auch nach langem Nachdenken nicht. Ich denke, dass jede der vier Theorien ihre kaum abstreitbaren Argumente haben und sie haben alle in einigen Punkten Recht es so zu glauben. Kant vertritt die Meinung, dass man die Theodizee nicht mit dem Verstand beantworten kann, da sie über die Vernunft hinaus gehjt, dennoch sei die Theodizee-Frage immer aktuell. Ich denke, das seine Ansicht vernünftig und logisch klingt, weil man eben nicht wissen sondern nur vermuten kann, warum Gott was geschehen lässt und was nicht.

Ruster sieht dies sogar als anmaßend an. Er meint, dass wir uns nicht nach Gottes Maßstab richten und nach diesem Urteilen können. Seine Position ist auch verständlich*, Leibniz versteht Gott als systemrational handelnd, der das einzelne Individuum nicht

berücksichtigen kann im Rahmen der gesamten Menschheit und ihrem Besten. Jonas Ansicht nach sind die Begriffe Allmacht und Güte aufgesplittet und Gott nicht mehr allmächtig, sondern nur noch gütig. Auch diese Position kann ich nachvollziehen, weil Jonas in seinem Leben viel Unmenschliches erlebt hat und die Welt auch heute noch ungerecht und schlecht ist. So kann man sich erklären, warum Gott in solchen Situationen nicht einschreitet.
*weil die natürliche sowie die „unnatürliche" (z.B. durch Krieg, Mord, etc.) Selektion unverzichtbar sind, da spätestens im letzten Jahrhundert etliche Menschen aus Platz- und Versorgungsmangel ums Leben gekommen wären.

# 8    Gottes Gewalt

## 8.1    Thematische Hinführung

Ich begrüße Sie zur achten Sitzung in der Vorlesung 'Gott denken'. Unser Thema ist heute die zornige, die gewalttätige Seite Gottes und die passt gut in den Advent. Können Sie sich vorstellen, warum?

*S1: Ich würde sagen, dass es etwas damit zu tun hat, dass Gott uns seinen Sohn schickt, weil Gott sieht, dass wir die Welt nicht hinbekommen, die Welt ist in keinem guten Zustand.*

Und was hat das mit dem zornigen Gott zu tun?

*S1: Weihnachten direkt vielleicht weniger als die Adventszeit, oder? Die Adventszeit ist ja eigentlich die Vorbereitungszeit auf die Geburt Jesu, und wenn ich das richtig weiß, war das früher auch eine Fastenzeit. Vielleicht brauchen wir die Fastenzeit dafür, damit wir überhaupt aushalten, dass Gott zu uns kommt. Weil er zu Recht zornig ist? Eben weil wir nicht das Richtige getan haben?*

Es ist schon interessant, wie sich unsere Wahrnehmung von Weihnachten verändert hat. Ich denke, die meisten von Ihnen wünschen sich eine ruhige, gemütliche, vielleicht noch besinnliche Advents- und Weihnachtszeit. Aber wie der Kommilitone gesagt hat, steht im Hintergrund des Kommen Gottes in die Welt, neben der Verheißung von Fülle und Heil, auch die Ankündigung des Gerichts. Und Weihnachten ist nur für die ein Fest der Fülle und des Heils, die sich auf Jesus Christus und seine Herrschaft freuen können, denn sie haben von dem Gericht nichts zu befürchten. Das Kommen Jesu schenkt der Welt einen sichtbaren und anfassbaren Maßstab für den Willen Gottes, der mit seiner Schöpfung nicht zufrieden ist. Paulus drückt dies im Römerbrief so aus: „Der Zorn Gottes wird vom Himmel herab offenbart wider alle Gottlosigkeit und Ungerechtigkeit der Menschen, die die Wahrheit durch Ungerechtigkeit niederhalten" (Röm 1,18). In der Adventszeit sollten wir uns auf das Kommen des Herrn vorbereiten, damit uns sein Zorn nicht trifft. Gestern hieß es im Evangeliumstext nach Mk 13,35f. „Seid also wachsam! Denn ihr wisst nicht, wann der Hausherr kommt, ob am Abend oder um Mitternacht, ob beim Hahnenschrei oder erst am Morgen. Er soll euch, wenn er plötzlich kommt, nicht schlafend antreffen." So kommt in der Weihnachtszeit eine Seite Gottes zum Vorschein, die wir in der Regel getrost verdrängen. Ist diese Verdrängung richtig? Ist sie vielleicht sogar angesagt?

*S2: Also, ich brauche keinen Gott, vor dem ich Angst habe! Das war für meine Großeltern noch so und ich bin froh, dass es heute nicht mehr heißt, dass Gott auf uns böse ist, wenn wir etwas falsch machen.*

*S3: Und oft wurde Gott ja auch missbraucht, weil er angeblich dieses oder jenes nicht will. Und dann mussten andere unter seinem angeblichen Zorn leiden.*

Mit beiden Beobachtungen sprechen Sie etwas Wichtiges an. Und mir geht es auch nicht darum, diese Seite einfach wieder zu behaupten. Ich möchte zunächst mit Ihnen dem Vorwurf des gewalttätigen Gottes nachgehen und dann wieder verschiedene Umgangsmöglichkeiten mit diesem Vorwurf zeigen. Dabei werde ich eine Position vorstellen, die deutlich macht, dass ein Gottdenken, das diese Seite nicht integriert, genauso theologisch fragwürdig ist, wie eines, das damit leichtfertig umgeht. Denn eines sollten Sie nicht vergessen: Wenn Sie sich im Internet umschauen, dann wird weiterhin von den verschiedensten Kreisen massiv mit dieser Vorstellung gearbeitet. Und Sie brauchen dazu eine sinnvolle Position, die um die Stärken und Schwächen der eigenen und die der anderen weiß.

## 8.2    Modelle im Verständnis der Gewalt Gottes

### 8.2.1    *Die Anstößigkeit des zornigen Gottes*[233]

 technische universität
dortmund

**Zum Problem**

1. Die Bibel als Wort Gottes beschreibt sehr viel Gewalt (Jos 6,20f)

2. In der Bibel verübt Gott selbst Gewalttaten (Ex 15,3-13).

3. Gott fordert die Menschen zu Gewalttaten auf (1 Sam 15,2f).

4. Christen und Christinnen verüben im Namen dieses Gottes Gewalttaten.

Dr. Oliver Reis                                        WS 2008-09

---

[233] Vgl. hierzu ausführlich *Oliver Reis*, Erzeugen Religionen Gewalt? Eine Lesehilfe für religiöse Konflikte in modernen Gesellschaften, in: *R. Hinz/R. Walthes* (Hg.), Verschiedenheit als Diskurs, Tübingen 2011, 235-246, hier 235-237.

Zum Einstieg beschäftigen wir uns mit verschiedenen Problemschichten: Die **erste** besteht darin, dass die Bibel als Wort Gottes – Sie denken an ‚Gottes Rede‘ – sehr viel Gewalt beschreibt. Wenn man den biblischen Text liest, dann kann man sagen, dass die Bibel tatsächlich ein Text voller Gewaltdarstellungen ist. Ich habe Ihnen z.B. die Stelle **Jos 6,20f** herausgesucht, in der die Eroberung Jerichos beschrieben wird [**vgl. EWS-Text 22**]:

---

**Jos 6,20f**

**20** Darauf erhob das Volk das Kriegsgeschrei und die Widderhörner wurden geblasen. Als das Volk den Hörnerschall hörte, brach es in lautes Kriegsgeschrei aus. Die Stadtmauer stürzte in sich zusammen, und das Volk stieg in die Stadt hinein, jeder an der nächstbesten Stelle. So eroberten sie die Stadt. **21** Mit scharfem Schwert weihten sie alles, was in der Stadt war, dem Untergang, Männer und Frauen, Kinder und Greise, Rinder, Schafe und Esel.

---

Das ist also die erste Problemschicht: Wir haben mit der Bibel einen Text, den wir einen Heiligen Text nennen und der offen Gewalt darstellt. Und dies gilt nicht nur für das Alte Testament. Körperliche und verbale Gewalt kennzeichnen auch Texte des Neuen Testaments. Denken Sie an die Tempelreinigung Jesu, seine Ankündigung der Ereignisse um das Jüngste Gericht, die Apostelgeschichte mit der Christenverfolgung oder überhaupt die Offenbarung des Johannes. Die Bibel ist auf der Erzählebene kein Buch des Friedens. Nun werden Sie sagen, dass es immer noch einen Unterschied macht, wer wem Gewalt zufügt und dass Gewaltdarstellungen nicht als solche ein Problem darstellen. Recht haben Sie, und deswegen gehen wir zur zweiten Schicht über.

Die **zweite** Problemschicht ist, dass in der Bibel Gott selbst Gewalttaten verübt. Wir haben also nicht nur einen gewalttätigen Text, sondern wir haben auch einen Gott vor uns, der Urheber von Gewalt ist. Dafür exemplarisch die Stelle **Ex 15,3-13** [**vgl. EWS-Text 24**]:

---

**Ex 15,3-13**

**3** Der Herr ist ein Krieger, Jahwe ist sein Name. **4** Pharaos Wagen und seine Streitmacht warf er ins Meer. Seine besten Kämpfer versanken im Schilfmeer. **5** Fluten deckten sie zu, sie sanken in die Tiefe wie Steine. **6** Deine Rechte, Herr, ist herrlich an Stärke; deine Rechte, Herr, zerschmettert den Feind. **7** In deiner erhabenen Größe wirfst du die Gegner zu Boden. Du sendest deinen Zorn; er frisst sie wie Stoppeln. **8** Du schnaubtest vor Zorn, da türmte sich Wasser, da standen Wogen als Wall, Fluten erstarrten im Herzen des Meeres. **9** Da sagte der Feind: Ich jage nach, hole ein. Ich teile die Beute, ich stille die Gier. Ich zücke mein Schwert, meine Hand jagt sie davon. **10** Da schnaubtest du Sturm. Das Meer deckte sie zu. Sie sanken wie Blei ins tosende Wasser. **11** Wer ist wie du unter den Göttern, o Herr? Wer ist wie du gewaltig und heilig, gepriesen als furchtbar, Wunder vollbringend? **12** Du strecktest deine Rechte aus, da verschlang sie die Erde. **13** Du lenktest in deiner Güte das Volk, das du erlöst hast, du führtest sie machtvoll zu deiner heiligen Wohnung.

---

Wenn Sie bedenken, dass Gott Einer ist und Jesus uns zusagt, dass wir Jahwe Vater nennen dürfen, dann bekommen wir hier eine befremdliche Seite Gott-Vaters gezeigt, der für Israel offen Gewalt gegen andere Völker einsetzt.

Aber es wird noch irritierender. Denn in der **dritten** Schicht fordert Gott die Menschen selbst zu Gewalttaten auf. Also: nicht nur ein Text voller Gewalttaten, nicht nur ein Gott, der Gewalttaten verübt, sondern es ist sogar so, dass dieser Gott von seinem Volk Gewalttaten verlangt. Dafür **1 Sam 15,2f [vgl. EWS-Text 23]**:

---

**1 Sam 15,2f.**

2 So spricht der Herr der Heere: Ich habe beobachtet, was Amalek Israel angetan hat: Es hat sich ihm in den Weg gestellt, als Israel aus Ägypten heraufzog. 3 Darum zieh jetzt in den Kampf, und schlag Amalek! Weihe alles, was ihm gehört, dem Untergang! Schone es nicht, sondern töte Männer und Frauen, Kinder und Säuglinge, Rinder und Schafe, Kamele und Esel!"

---

Ist diese Aufforderung noch aktuell? Ist das ein Gebot, das auch wir zu erfüllen haben? Das sind keine einfachen Fragen und auch keine leichten Texte, aber Sie müssen sich zu diesen Texten verhalten können, weil das unter anderem auch Passagen sind, mit denen Sie Ihre Schüler konfrontieren werden. Und die werden Sie fragen: „An so einen Gott glaubst du? Der von Menschen verlangt so etwas zu tun?"

Und schließlich noch die **vierte** Schicht: Christinnen und Christen verüben im Namen dieses Gottes Gewalttaten: gegen Juden als die angeblichen Peiniger Jesu, gegen fremdgläubige Christen wie die Katherer oder auch gegen Muslime in den Kreuzzügen. Man kann diese Reihe auch heute noch fortsetzen: Man könnte nach Irland gehen, nach Nigeria oder andere afrikanische Länder, in denen sich Muslime und (evangelikale) Christen bekriegen.

Ich halte also fest: Die Bibel ist ein Text voller Gewalt, Gott verübt in den Texten selbst Gewalttaten, er fordert von Christen Gewalt und schließlich verüben Christen im Namen dieses Gottes Gewalt. Der Berliner Philosoph Hans Schnädelbach hat im Jahr 2000 in Anlehnung an das große ‚Mea culpa' von Papst Johannes Paul II. eine Kampfschrift mit dem Titel „Der Fluch des Christentums" in DIE ZEIT veröffentlicht, die das Christentum als hochproblematische friedensstörende und gesellschaftliche Entwicklung behindernde Religion entlarven soll. Das ‚Mea culpa' greife zu kurz, da sich der Papst nur für die Schuld einzelner Christen entschuldige, aber nicht für die Gräueltaten der Kirche, die bei der Durchsetzung ihrer eigenen Prinzipien systematisch entstehen würden. Das macht das Fluchartige aus. Um seinen eigenen Prinzipien gerecht zu werden, bleibt dem Christentum in Wirklichkeit nur die Selbstauflösung. Ich stelle Ihnen hier die These 2 vor, die in unseren Kontext passt.

---

„Bei der Auferstehung hätte man es bewenden lassen können, aber Paulus will auch der Kreuzigung noch einen Sinn verleihen und findet ihn im jüdischen Sühneritual. Das unschuldige Lamm muss zur Schlachtbank geführt werden – und dieses Lamm ist Gottes Sohn selbst. Gott versöhnt sich mit den Menschen erst durch das blutige Opfer seines Sohnes. Dieses Szenario, das sich die Christen durch den gekreuzigten Christus ständig präsent halten, sorgt für eine blutig-brutale mentale Stimmung. Die Brutalität des Sühneopfers wird zur Blutspur der christlichen Täter in der Folter, der Inquisition, der Unterdrückung und Auslöschung der Heiden und Ketzer, die vielleicht bis zur Gewaltat-

mosphäre unserer Zeit reichen könnte. Das Christentum hat deshalb nichts zur Humanisierung der Menschheit geleistet, im Gegenteil: die Geschichte der Märtyrer des Christentums ist wohl noch zu schreiben."[234]

Ich gehe davon aus, dass Sie diese These im Prinzip kennen, nicht in dieser
Form, vielleicht nicht in dieser sprachlichen Dichte, aber das Grundanliegen,
die Grundanfrage dahinter, die ist Ihnen bekannt. Man könnte Schnädelbachs
These so zusammenfassen: Frieden und eine humane Welt sind nur dann möglich, wenn der grausame, blutrünstige Gott und seine Anhänger ‚zum Teufel
gejagt' werden. Wenn die Welt zur Ruhe kommen und ohne Gewalt auskom-
men will, dann muss sie Religion und speziell das Christentum unterbinden.

---

 technische universität
dortmund                                                    **These-Antithese**

**These:**

Frieden und eine humane Welt sind nur dann möglich, wenn Gott und seine
Anhänger „zum Teufel gejagt" werden.

**Christliche Reaktion:**

Die Gewaltseite Gottes, des christlichen Gottesbildes, des Christentums
werden aus der Mitte der christlichen Gottesbeziehung und des christlichen
Selbstverständnisses zugunsten eines hellen und freundlichen Bildes an
den Rand verschoben.

**Antithese:**

„Wer aber vom Heil Gottes spricht, ohne den Zorn Gottes wahrgenommen
zu haben, der steht in der Gefahr, einem Gott das Wort zu reden, der nicht
der christliche ist" (Miggelbrink, 124) .

---

Dr. Oliver Reis                                                    WS 2008-09

---

Das Christentum hat auf diese Anfrage seit den 1970er Jahren reagiert, indem es selbst die Gewaltseite Gottes, seinen Zorn, seinen Bestrafungswillen
von den biblischen Texten her, aber auch in der theologischen Reflexion mehr
oder weniger an den Rand drängte. Die dazu gehörende Haltung der Gottesfurcht, die frühere Generationen selbstverständlich als Gott gegenüber angemessene Haltung kennen lernten, ist auch weitgehend durch eine Sprache der
wechselseitigen Liebe, der Zuwendung und Annahme gewichen. In den religi-
onspädagogischen Vermittlungsprozessen ist Gottes Drohpotential nicht mehr
der Grund der Ordnung, die fremden Seiten des ansonsten lieben und gerechten

---

[234] *Hans Schnädelbach*, Der Fluch des Christentums, in: DIE ZEIT v. 11.05.2000, Quelle:
www.zeit.de/2000/20/200020.christentum_.xml/komplettansicht [01.03.2012].

Gottes werden zwar wahrgenommen, aber eher unsicher hinterfragend. Sie hören in der Öffentlichkeit von katholischer Seite nur noch ganz selten, dass diese
Seite Gottes ins Spiel gebracht wird – so wie z.B. der von Rom zum Weihbi-
schof in Linz berufene Gerhard Wagner den Wirbelsturm Katrina als gerechten
Zorn Gottes beurteilt hat. Und wenn, dann brandet sofort erheblicher Widerspruch gegen eine solche Redeweise auf.

Das ist also die christliche Reaktion. Das Problem an dieser Ausblendung
ist, dass uns dann ein ganzer Teil des jüdisch-christlichen Gottesbildes fehlt.
Ohne diese Rede des Zorns, ohne seine gewaltförmige Präsenz, müssen wir
vielleicht ein Drittel der biblischen Texte komplett ausblenden. Was dann übrig
bleibt ist ein Torso. Wenn Sie sich an **Gottes Rede** oder auch an **Gottes Macht**
erinnern, würde das bedeuten, dass damit die Einheit Gottes in den vielfältigen
Texten und damit verbundenen Erfahrungen aufgegeben wird. Das ist nicht nur
für die fundamentalistische Grundoption, sondern auch für die hermeneutische
nicht befriedigend. Ralf Miggelbrink stellt in seinem Buch „Gottes Zorn" die
folgende These auf [**vgl. EWS-Text 24**]:

> „Wer aber vom Heil Gottes spricht, ohne den Zorn Gottes (und damit auch seine Gewalt-
> ausbrüche) wahrgenommen zu haben, der steht in der Gefahr, einem Gott das Wort zu re-
> den, der nicht der christliche ist."[235]

Diese These markiert eine Option im Feld der theologischen Annäherungs-
versuche an das Thema. Aber bevor ich mich mit dieser These ausführlicher
beschäftige, möchte ich vier verschiedene, wichtig gewordene Denkmodelle
vorstellen, wie der Anfrage von Schnädelbach begegnet werden könnte.

### 8.2.2    Die gnostische Option

Das **erste Denkmodell** ist die **gnostische Option**. Sie sind ihr schon in der
Einführung in die Systematische Theologie begegnet. Sie haben dort den kosmologischen Dualismus kennen gelernt. Für unseren Zusammenhang ist wichtig, dass die Gnosis mithilfe dieses Dualismus auch die Gottseiten getrennt hat.
Das Gewalttätige, Zornige, Böse wird dem Demiurgen, dem Schöpfer der materiellen Welt zugeschrieben. Der Vater Jesu, das ist die wahre, die heilige, die
gute Kraft. In den gnostischen Texten wird diese oft ‚principalitas' genannt. Der
Dualismus kann dann sogar auf das Alte und Neue Testament übertragen werden. Marcion (~100-160 n. Chr.)[236], ein reicher und gnostisch beeinflusster
Christ, treibt dies in Rom so weit, dass er das Alte Testament ablehnt und den
christlichen Glauben nur an ausgewählte Schriften des Neuen Testamentes bin-

---

[235] *Miggelbrink*, Der zornige Gott, 2002, 124.
[236] Zur Einführung vgl. *Barbara Aland*, Art. ‚Markion', in: ³LThK, Bd. 6, Sp. 2392f. Während in
der katholischen Tradition Marcion als Erzketzer gilt, hat sich die liberale protestantische Theologie Marcion als einem frühen christlichen Reformer wieder positiv genähert; so z.B. bei *Adolf von
Harnack*, Marcion: Das Evangelium vom fremden Gott. Eine Monographie zur Geschichte der
Grundlegung der katholischen Kirche. Nachdruck der 2. Auflage von 1924, Darmstadt 1996.

det. Er lehnt die Identität des Vaters Jesu mit Jahwe ab. Der Vater Jesu ist vor seiner Offenbarung in Jesus der Schöpfung unbekannt (*ignotus*). Seine radikale Zuwendung zum liebenden und befreienden Gott Jesu gegenüber den in Materie knechtenden kosmischen Mächten des Demiurgen fand viele Anhänger. Durch die konsequente Trennung von Schöpfung/ Materie/ Gewalt/ Zorn/ Gericht (=Jahwe/Demiurg) und Erlösung/ Geist/ Liebe/ Zuwendung/ Rettung (=Vater Jesu/Gott der Liebe und Fülle) kann das Problem des in seinem Zorn gewalttätigen Gottes (in den ersten drei Problemschichten) sauber gelöst werden, genauer gesagt, es entsteht erst gar nicht. Aber eben um den teuren Preis der Dualität z.B. in den Göttern, aber auch in Geist und Körper. Marcion selbst ist 144 n. Chr. exkommuniziert worden und seine weit verbreitete Lehre lange als wirkmächtige Häresie bekämpft worden. Noch heute lösen im Grunde viele Christen das Problem mit den gewalttätigen Texten so, dass sie pauschal dem AT als Buch eines fremden Gottes reserviert gegenüberstehen. Sie übersehen dabei, dass das Alte Testament in vielen Zügen des liebenden Gottes das Neue Testament an Wärme und Herzlichkeit übertrifft und dass auch Texte im Neuen Testament, gerade die apokalyptischen Gerichtstexte an gewaltvoller Härte eine deutliche Sprache sprechen. Wie Marcion müsste man dann die dualistische Perspektive auch auf das NT selbst übertragen. Die Kirche hat in den antignostischen Auseinandersetzungen in der Figur des Logos nicht nur Schöpfung und Erlösung, sondern auch die beiden biblischen Zeugnisse zusammengehalten. Gottes Wort ist auf Gott als den Einen bezogen und das schließt mit ein, dass dieser Vater Jesu, der Jahwe ist, eben auch der ist, der zum Zorn fähig ist, der sich in den Texten als Gewalt niederschlägt. Dieses erste Denkmodell – so klar es auch ist und so hilfreich, um auf der vierten Problemschicht Gewalt im Namen Gottes zurückzuweisen – ist kein theologisches, das auf dem Boden der katholischen Kirche steht.

### 8.2.3    Die teleologische Option

Das **zweite Denkmodell** habe ich die **teleologische Option** genannt. Ich mache es an der Position von Georg Baudler fest.[237] Dieser nimmt an, dass es eine religionsgeschichtliche Weiterentwicklung der menschlichen Gottes*bilder* gibt. Vorausgesetzt wird von ihm eine dreistufige allgemeine religiöse Entwicklung: Da ist zunächst die ursprüngliche Faszination an der Tötungs- und Lebenspotenz der Natur, die z.B. in den Fruchtbarkeitssymbolen vergöttlicht wird, dann die Verehrung der am Symbol der Sonne festgemachten Ordnung der Welt als Quelle des Lebens und schließlich der Kult der militärischen Überlegenheit als Durchsetzungsmacht, die im Symbol des Stieres vergöttlicht wird. Die biblischen Gottes*bilder* transportieren diese drei Stufen archaischer und gewaltvoller Religiosität im Dienste der „Raubtiergottheit", wie Baudler sie nennt, vor allem

---

[237] Ich beziehe mich auf *Georg Baudler*, Erlösung vom Stiergott, Düsseldorf 1989 und *Georg Baudler*, El – Jahwe – Abba. Wie die Bibel Gott versteht, Düsseldorf 1996.

im Gottesname El oder El-Shaddai. In der Bibel ist dieser Gottesnamen tatsächlich auch mit der zerstörerischen Naturgewalt sowie der gewalttätigen Kriegsführung und Herrschaft Gottes verbunden. Für Baudler sind also die von mir eingangs zitierten Texttextstellen des im Zorn gewalttätigen Gottes aus dem Alten Testament Stellen aus der El-Shaddai-Schicht. Die Bibel markiere aber in der Mose-Offenbarung Jahwes, wie überhaupt im Exodus-Thema im Namen ‚Ich-bin-(für-euch)-da' selbst die Abgrenzung von dieser „Raubtiergottheit". In der Jahwe-Schicht zeigt sich deshalb der Gott „der Entgrenzung, der Gott der Ermächtigung, der das Schreien seines Volkes erhört, der Gott, der sich auf die Seite der Unterdrückten, der Armen, der Witwen und Waisen stellt. Als solches schafft Jahwe als ‚Ich bin da' Recht und gewährt schützenden Raum."[238] Die Tora ist Ausdruck für die wahre Lebensordnung, die Menschen auch noch in der augenscheinlichen Bedrohung durch die archaischen Mächte bewahrt. Der Jahwe-Name überwindet vor allem die ersten beiden Stufen der allgemeinen religiösen Entwicklung. Die dritte Stufe, das Vertrauen auf die (militärische) Durchsetzungsmacht in den Hochkulturen wird vollends erst in der dritten biblischen Schicht überwunden: in der Abba-/der Papa-Offenbarung in Jesus Christus. Hier zeigt sich die liebevolle Zuwendung zum Individuum als Schutzmacht, der vollständige Verzicht auf Gewalt und Opfer für die Durchsetzung des göttlichen Willens. Der Kreuzestod Jesu steht für Baudler deshalb vor allem für die endgültige „Befreiung von einem Gott der Gewalt"[239].

Für Baudler zeigt die Offenbarung des Gottes der Liebe und Zuwendung sowie der Ermächtigung des Menschen das wahre Antlitz Gottes. Aber selbst im Neuen Testament zeigen die Texte immer wieder Rückfälle in die früheren Gottesbilder, und im Alten Testament zeigen sich umgekehrt schon Abba-Texte. Die drei Schichten El, Jahwe und Abba stehen deshalb immer wieder direkt nebeneinander und müssen erst exegetisch voneinander getrennt werden. So liest Baudler die ganze Bibel zum einen polarisiert als Offenbarungs- und Rückfallstext und zum anderen *teleologisch*, zielgerichtet im Sinne einer Fortschrittserkenntnis einer immer klarer, greifbar werdenden Gottheit der Liebe und Vergebung, die dann rückwirkend die Unterscheidung von legitimen und nicht legitimen Texten liefert. Legitime Texte zeigen den sich offenbarenden wahren Gott der Liebe, illegitime Texte sind davon abfallende archaische menschliche Gottesbilder als Gewaltprojektionen. Hans Georg Lederleitner, der sich intensiv mit Baudlers Perspektive auf den im Zorn gewalttätigen Gott be-

---

[238] *Baudler*, El-Jahwe-Abba, 1996, 50ff.

[239] *Georg Baudler*, Befreiung von einem Gott der Gewalt - Erlösung in der Religionsgeschichte von Judentum, Christentum und Islam, Düsseldorf 1999. In diesem Buch ordnet Baudler die drei Schichten im Gottesbild den drei abrahamitischen Religionen zu: El – Islam, Jahwe – Judentum und Abba – Christentum. Dabei wird noch deutlicher, dass zum einen Abba als Liebesgott für Baudler so etwas wie den Fluchtpunkt der Befreiung aus der Gewaltspirale darstellt, dass aber alle drei Religionen auf die anderen Anteile angewiesen sind. So ist das Christentum auf die Gottesfurcht des Islam und die Tora-Ordnung des Judentums angewiesen, sonst endet es in Schwärmerei und Liebesduselei.

fasst hat, bringt dies folgendermaßen auf den Punkt „Dass sich im Lauf der fortschreitenden Offenbarung Gott aller menschlichen Gewaltprojektionen entkleidet, um abschließend und bleibend das Vermächtnis seiner Gewaltlosigkeit zu hinterlassen, ist die christlich-biblische Sicht Gottes."[240]

Dieses Denkmodell hebt die Probleme auf den ersten Schichten mit der Gewalt Gottes auf, indem es zum einen zwischen Gott und Gottes*bildern* unterscheidet und dann das gereinigte unproblematische Gottesbild der Liebe mit Gott selbst identifiziert (Bearbeitung der ersten drei Problemschichten). Wäre diese Theorie zutreffend, dann können wir vom biblischen Text aus auch sauber das christliche Fehlverhalten bis heute als Gott unangemessene menschliche Gewaltprojektion begreifen (Bearbeitung der vierten Problemschicht). Der christliche Gott bleibt davon unberührt. Dadurch begeht das zweite Modell auch nicht den Fehler wie das erste, dass es in eine Dualität der Götter verfällt und diese Dualität auf die Testamente überträgt. Dieses Modell kann mit der ganzen Bibel arbeiten und die ‚echte' Gotteserfahrung über alle Texte hinweg herausarbeiten. Ich denke, dass sehr viele deutsche Katholiken dieses Modell in einer Hinsicht praktisch vollziehen: indem sie höchst selektiv mit der Bibel umgehen und sich auf die Stellen konzentrieren, die von dem liebenden Gott sprechen. Sie verfügen vielleicht nicht über eine Theorie, wie die zu vernachlässigenden Stellen entstanden sind, aber sie sind sich bei der Identität Gottes im Gott der Liebe ganz sicher. Die fremde Seite Gottes ist ‚peinlich', insofern sie zu einer dunklen unaufgeklärten Seite der Kirchen*geschichte* gehört, die man offen und *kirchen*kritisch anspricht, die aber nichts mit dem eigenen nun *hochentwickelten* Gottesglauben zu tun hat. Das ist die Teleologie, die Baudler benutzt und die auch viele Katholiken intuitiv verwenden: die Gotteserkenntnis hat sich gottlob so weiterentwickelt, dass die frühen gewaltvollen Anteile *im Gottesbild und Kirchhandeln* überwunden werden können. Gott als die Liebe ist nun der allgemein *religiöse Maßstab, dem sich wahrhaftig Gottgläubige unterwerfen müssen*. Insofern lässt sich das Modell auch entlastend für interreligiöse Diskurse nutzen, wenn die Entwicklungslogik akzeptiert wird.

Das Modell hat aber auch seine Schwächen, zwei möchte ich darlegen: Zunächst ist die Unterscheidung von Gottesbildern als Gewaltprojektionen und dem sich offenbarenden Gott schwierig. Denn diese Unterscheidung funktioniert nur, wenn die Abba-Schicht zum Maßstab genommen wird. Wo liegt aber der Maßstab für diese Entscheidung? In der Bibel als norma normans selber nicht, sie wird ihr von außen angetragen, eben weil es der Gott der Liebe, der der Gewalt entsagende Gott sein *soll*, eben weil Kirche und Glaube eine Wende vollzogen haben. Man könnte gegen Baudler als Gegenthese sagen: die El-Schicht ist das wahre Fundament der Gotteswirklichkeit, und die Abba-Schicht ist dagegen eine ‚friedensduselige' Projektion von Menschen, die ihren Glauben als Erfahrungskategorie ins Innere und Private verlegt haben, die nur noch über

---

[240] *Heinz Georg Lederleitner*, Erlösung erschließen – Wahrnehmungen gewaltloser Gottesmacht nach Georg Baudler, Münster 2000, 225.

sich selbst beunruhigt sind und von Gott nicht viel mehr erwarten, als dass sie sich in sich geborgen fühlen.

Damit spreche ich schon das zweite Problem an: Das Modell geht weiter selektiv mit der Bibel um und ordnet die Texte einer Meta-Theorie zu. Was heißt das für Gott selbst? Entweder werden die Zornestexte der El-Schicht nicht ihm zugeschrieben – sondern den menschlichen Gewalt*projektionen* – und müssen von daher nicht in der Einheit mit den Liebestexten gelesen werden. Das ist die Haupttendenz bei Baudler, die Raymond Schwager in einem Briefwechsel mit Baudler nach dessen biblischen Konzept fragen lässt.[241] Nicht nur, dass große Teile des Textkörpers damit als Gottes Wort ausfallen, die Strategie verhindert das, was wir in **Gottes Rede** festgehalten haben: dass die Widersprüchlichkeit und Vielfalt der Texte gerade die theologische Herausforderung markiert, in den Texten Gottes Wort als Einheit zu erschließen, ohne die Form selbst für Gottes Wort zu halten. Oder aber das Modell selbst muss Gott in der Beziehung zu den Menschen und ihren Projektionen selbst mitwandeln. Dann wäre Gott El, weil er als El die Beziehung zu den konkreten Menschen finden kann, die ihn als solchen authentisch erfahren haben. Damit würden aber Worte und Taten von Gott-El als Gottes Worte und Taten fixiert und aus der Einheit mit dem liebenden Gott gelöst. Das führt zu dem Rechtfertigungsdruck, warum Gott als El denn so und so auftritt – genau zu dem Druck, den Baudler mit seiner Theorie vermeiden wollte. Diese Probleme führen auf der Grundlage von **Gottes Rede** dazu, dass auch dieses Modell im Letzten kein theologisches Modell sein kann.

### 8.2.4    Die rechtfertigende Option

Das **dritte Denkmodell** geht im Gegensatz zu den bisherigen beiden Modellen von der Einheit Gottes in den biblischen Texten aus und wählt dann eine **rechtfertigende Option**. Gott handelt in diesen Texte genauso, wie dort beschrieben, aber die Opfer seines Zorns und seiner Gewalt sind gerechtfertigt, weil es die Menschen in ihrem Hochmut und Abfall nicht anders verdient haben. Für Herbert H. Klement ist biblisch klar, dass die Störung der gerechten Ordnung Gottes bestraft werden muss:

> „Damit Schalom sein kann, muss der Zerstörer des Schalom gestellt und außer Einflussmöglichkeit gestellt werden. Er darf mit seinem Tun nicht davonkommen. Diese schließt gegebenenfalls Gegengewalt bis zur Tötung (…) mit ein."[242]

Die Störung des Schalom kann von außen eintreten und führt zum Jahwe-Krieg:

> „Um Jhwh-Krieg handelt es sich auch bei der Eroberung Kanaans und der Vollstreckung des ‚Bannes' an den kanaanäischen Völkern (Dtn 7,1-11). ‚Bann' heißt, dass die gesamte Bevölkerung getötet und die Beute ausschließlich dem Kriegsherrn Jhwh überlassen bzw.

---

[241] Vgl. den Abdruck des Briefes in: *Lederleitner*, Erlösung erschließen, 2000, 238f.
[242] *Herbert H. Klement*, Krieg und Frieden im Alten Testament. Ein Thesenpapier, in: *Ders.* (Hg.): Themenbuch zur Theologie des Alten Testaments. Düsseldorf 2007, 199-210, hier: 201.

geheiligt wird. Die hinter Jhwh kämpfenden Krieger Israels gehen leer aus. Die Vernichtung der kanaanäischen Völker in ihrem Land ist u.a. auch begründet mit den ‚Greueln', die sie verüben. Ähnlich wie an der Generation der Sintflut und den Städten Sodom und Gomorra wird auch an den kanaanäischen Völkern von Gott Gericht vollzogen (Dtn 18,9-13, Gen 15,16b;18,20)."[243]

Die Störung kann auch von Israel ausgehen und führt zum Gerichtshandeln an Israel selbst:

„Wo Israel seiner Berufung (Bundesverpflichtungen) nicht gerecht wird, sprechen die Propheten von einem Kämpfen Jhwh-Zebaoths gegen sein eigenes Volk. Das Erleiden von Krieg und Plünderung wird als Jhwhs richtendes und zurückrufendes Handeln verstanden. (...) Das Ziel dieser von Jhwh gegen Israel geführten Kriege ist die praktizierte Gottlosigkeit (Schalom-Losigkeit) in Israel zu brechen."[244]

Auf dem Boden der fundamentalistischen Grundoption wird hier deutlich, dass der gewalttätige Zorn Jahwes als legitimes Mittel seiner Macht interpretiert wird. Aber gerade durch die starke Orientierung an der Form des Textes wird diese so ernst genommen, dass eine einfache Übertragung auf heute zurückgewiesen wird. Die Berufung auf die biblischen Landeroberungskriege ist für Klement nicht statthaft:

„Die Landeinnahme und Landgabe an Israel und die damit verbundenen Kriege sind in ihrer Art als Überlebenskriege und in der theologischen Bewertung im AT singulär und abgeschlossen. Sie sind keinem anderen Kriegsgeschehen in biblischen oder heutigen Zeiten vergleichbar."[245]

Das ist wichtig, da nur die Gewalt der ersten drei Problemschichten gerechtfertigt ist, allerdings wirkt sich die im Fundamentalismus erreichte Kontinuität zur Normalrealität (→ **Gottes Rede**) so aus, dass Situationen wieder als der rechtmäßige Zorn Gottes *interpretiert* werden, wenn auch in den klaren Grenzen der Jahwe-Initiative:

„Der Schutz Jhwhs für sein Volk kann von Israel nicht eingefordert werden. Gott lässt sich nicht zwingen. Der Jhwh-Krieg wird nicht von Israel organisiert, die Initiative geht von Gott aus. (...) Dabei entscheidet nicht Israel, ob Jhwh Krieg führt, sondern Jhwh gewährt Israel, es zu *erleben [sic!]*, dass es zu seinen Gunsten auch kriegerisch rettend eingreift (Ps 136). Eigenmächtige Kriegsführung ohne Jhwhs Beistand wird als vermessen und verwerflich gewertet (Num 14,44-45; 1 Sam 14,18-19; Jes7, 4-9).[246]

Diese *Interpretation* von Ereignissen, die als Jahwes Kriegsführung *erlebt* werden, wird im fundamentalistischen Denken eben auch vollzogen. Das ist nicht auf den protestantischen Bereich beschränkt. Der eingangs erwähnte Gerhard Wagner ist ja auch passendes katholisches Beispiel dafür. Wenn er beim Wirbelsturm Katrina Gottes Zorn am Werke sieht, der das neue Sodom und Gomorra vernichtet. Wagner würde selbst keinen Krieg initiieren und deshalb sind auch von Menschen angefangene Kriege im Namen Jahwes nicht

---

[243] *Klement*, Krieg und Frieden im Alten Testament, 2007, 205.
[244] *Klement*, Krieg und Frieden im Alten Testament, 2007, 208.
[245] *Klement*, Krieg und Frieden im Alten Testament, 2007, 205.
[246] *Klement*, Krieg und Frieden im Alten Testament, 2007, 207.

statthaft (Antwort auf die vierte Problemschicht), aber ‚offensichtliche Gräuel' kann Jahwe diesem Modell nach natürlich immer noch beseitigen. Dass er das heute noch tut, ist eher umgekehrt der Beleg dafür, dass die Bibel so zu verstehen ist.

*S4: Aber das ist doch nun wirklich eine kleine Minderheit von Spinnern! Das ist doch nicht ernst zu nehmen!*

Sie glauben, dass eine solche Interpretation nur eine Randnotiz des christlichen Glaubens darstellt? Dann sollten Sie eine Reise in das WorldWideWeb unter dem Stichwort 'Zorn Gottes' unternehmen. Im Übrigen: Das Urteil darüber, ob ein Modell sinnvoll ist oder nicht, hängt von der theologischen Grundoption ab. Haben Sie die Vorlesung aus der fundamentalistischen Perspektive heraus verfolgt, dann ist dieses Modell für diesen Aspekt der Gottesrede absolut sinnvoll und einsichtig. Gott kann real in die Schöpfung selbst und/oder mittels seiner Geschöpfe in die Geschichte eingreifen und seine Herrschaft erwirken, d.h. seine Gerechtigkeit durchsetzen. Und dass Gott nach der Bibel bestimmte Dinge ein ‚Greuel' sind, können Sie ‚nachlesen'. Von daher: Was liegt näher als bestimmte Ereignisse auf dieser Folie zu interpretieren? Und genau darin liegt auch die Stärke: Hier wird nicht an Gott ‚herumgebastelt', bis er passt. Es wird scheinbar von seinem Wort her auf die Wahrheit vertraut und dann muss es innerbiblisch auch einen Grund für die Taten Gottes und die Taten der Menschen in seinem Namen geben. Der Orientierungswert ist damit sehr hoch! Das Problem ist nicht mehr Gott mit seiner dunklen Seite, sondern der Mensch, der in seiner Sünde diesen Zorn zu Recht auf sich zieht!

Aber dieses Modell hat auch seine Schwächen: Diese liegen nicht in der Betonung der Einheit in Gott, sondern in dem historisierenden Zugang zu den biblischen Texten. Denn dadurch wird die Einheit sehr stark belastet, Gottes liebende Seite erscheint fast als das andere Gesicht einer tief gespaltenen Figur und erinnert an Luthers Unterscheidung der unzugänglichen strafenden Majestät und dem zugänglichen barmherzigen Vater Jesu. Auch Klement kann nicht unterscheiden, wann sich Gott in seinem Zorn Gewalt bedient und wann der Liebe und Barmherzigkeit.[247] Die Maßstäbe selbst ändern sich ja innerbiblisch. Wie bei einer cholerischen Persönlichkeit kann der Zorn immer wieder durchbrechen, Kriterien können nicht weiter benannt werden. (Damit wird auch die Rede vom Zorn Gottes und der drohenden Gewalt der Willkür in der Nutzung ausgesetzt.) Diese Spaltung in Zorn und Liebe liegt daran, dass beide Seiten von den im Text beschriebenen ‚Ereignissen', in denen sie sich zeigen, her einfach abgeleitet werden. Was aber ist, wenn diese ‚Ereignisse' gar nicht stattgefunden haben? Was ist, wenn es überhaupt keinen Eroberungsfeldzug der Landnahme im historischen Sinne gegeben hat?

Zu diesem Ergebnis kommt zumindest die historisch-kritische Exegese. Frank Crüsemann interpretiert die Kriegsdarstellung und die Gebote zur Ver-

---

[247] Vgl. *Klement*, Krieg und Frieden im Alten Testament, 2007, 209.

nichtung feindlichen Lebens als bewusste Historisierung Israels, da zu der Zeit, als die Texte abgefasst wurden, die genannten Völker gar nicht mehr existierten. Die Texte haben in einer Zeit, in der Israel selbst unterdrückt wurde, die klare Botschaft der Jahwe-Treue, da er seinen Bund aufrechterhalten wird, was Israel selbst nicht gelungen ist, weil es auf der *Textebene* den Götzen der militärischen Durchsetzungsmacht erlegen ist – könnte man mit Baudler sagen – und eben die Erfolge für sich verbuchte. Die andere Seite der Botschaft ist, dass der Bann Israel selber treffen wird, wenn es dem Bund weiter untreu ist. Die Texte legen erstaunlicherweise nicht den Fokus auf die Gewalthandlungen selber, sondern auf die Reaktion des Volkes in der Situation des Erfolgs und stellen die theologisch wichtige Frage: Erkennt es Jahwe, seinen Herrn, als Kriegsführer an oder nicht? Für die Zeit der Fremdbedrohung und des Exils ist dies eine existenzielle Frage für Israel. Damit spiegeln die radikalisierenden und historisierenden Texte der Vernichtung fremden Lebens sehr genau die Bedrohung und den Anspruch in der Zeit der Abfassung an Israel selbst wieder: Bundestreue zu Jahwe und Hoffnung auf seine Errettung gegenüber den vertrauenserweckenden Götzen der militärischen Durchsetzung.[248]

### 8.2.5   Die theologische Option

Mit Blick auf das dritte Modell lässt sich festhalten, dass durch die Historisierung eine Seite Gottes auf ungute Weise psychologisch fixiert wird und damit eine echte Einheit Gottes kaum zu denken ist. Es ist keine wirkliche theologische Option, weil sie das ‚Ordnen' vernachlässigt, das notwendig wäre, um Gott als Einen zu denken.

Die Kritik an der ‚unnötigen' Historisierung setzt voraus, dass die historisch-kritische Exegese überhaupt akzeptiert wird. Das ist von der Grundoption des Fundamentalismus her natürlich nicht denkbar. Die damit vorgenommene Relativierung ist allerdings für das **vierte Denkmodell** umso wichtiger, denn von der hermeneutischen Grundoption her kann nun unbefangener mit den Texten umgegangen werden. Vor allem rücken bei dieser Option die *Gewaltdarstellungen* auf der Formebene zurück hinter die Frage, welchen Sinn die Redeweise vom *Zorn Gottes* hat, der in den Gewaltdarstellungen sichtbar wird. Was erfasst die biblische Rede von Gottes Zorn Wesentliches über die Beziehung von Gott und Welt? Damit wird eine echte theologische Option geschaffen, die einerseits in die Tradition dieser Texte einsteigt und sich vornimmt in diesen Texten Gottes Einheit zu gewinnen (gegen das erste und zweite Denkmodell) und die andererseits die Bedeutung der Texte von ihrer Form trennt (gegen das dritte Modell). So vorzugehen entlastet nicht an der falschen Stelle und überfordert nicht unnötig. Das ist immer noch eine komplexe Operation, die von beiden Seiten als falsch beurteilt werden kann. Das vorauszuschicken ist mir wichtig, wenn

---

[248] Vgl. *Frank Crüsemann*, Die Tora. Theologie- und Sozialgeschichte des alttestamentlichen Gesetzes, München 1992, 153-156.

ich Ihnen im Folgenden entlang des Ansatzes von Ralf Miggelbrink dieses Modell weiter entfalte.

### 8.2.5.1 Analyse der Metapher ‚Gott ist zornig'

technische universität dortmund                                           **Tradition**

---

**Metaphern-Theorie von Thomas von Aquin:**

Wir können nur metaphorisch vom Zorn Gottes sprechen!

„Metapher" als Sprachbild, das eine Sache bezeichnet und das zu dem eigentlich Gemeinten in einem Ähnlichkeitsverhältnis steht.

Metaphorische Rede setzt Deutungsleistung des Hörers voraus: Welche Dimensionen des Verständnisses sind übertragbar, welche nicht?

→ Es ist nicht übertragbar, was auf eine psychologische Wirklichkeit Gottes schließen lässt.

→ Übertragbar ist dagegen die Wirkung des Zornes in der Relation zu der Welt.

⇒ **Moderne Metaphern-Theorie:** Die Zornesreden der Bibel sind als metaphorische Rede eine produktive Provokation des (gläubigen) Lesers, sich und die Welt mit vollem Engagement als wandelbar zu verstehen.

---

Dr. Oliver Reis                                                          WS 2008-09

Den ersten Zugriff auf die Erschließung der Rede vom Zorn Gottes im Rahmen des vierten Modells möchte ich mithilfe der scholastischen Metaphern-Theorie von Thomas von Aquin machen. Denn wir sollten nicht glauben, dass der Ansatz ganz neu ist, die Rede bildlich zu verstehen. Das hat schon Thomas von Aquin im 13. Jahrhundert vorgemacht. Er geht davon aus, dass wir den Zorn Gottes nur metaphorisch verstehen können. Die Metapher ist ein Sprachbild, das eine Sache bezeichnet und zu dem eigentlich Gemeinten in einem Ähnlichkeitsverhältnis steht.[249]

Wenn ich z.B. sage, „Sie sind eine Löwin.", dann macht das nur Sinn, wenn ich über Sie ein Bild lege, das etwas über Sie ausdrücken kann, weil es in einem Ähnlichkeitsverhältnis zu Ihnen steht. Das meint die Metapher. Die Löwin drückt über Sie z.B. aus, dass Sie kämpfen können, dass Sie wild sein können, dass Sie sich ganz für eine Sache einsetzen usw. Das Anspruchsvolle der Metapher ist, dass Sie die Metapher „Sie sind eine Löwin" nur verstehen können, wenn Sie selber diese Ähnlichkeitsbeziehung mit herstellen, wenn Sie sie also

---

[249] Vgl. *Miggelbrink*, Der zornige Gott, 2002, 113f.

mit vollziehen. Denn zum einen müssen Sie die Merkmale der Löwin bereitstellen können, dann müssen Sie die Person kennen und nun die entscheidenden Merkmale der Löwin heranziehen, um die Aussage zu verstehen.

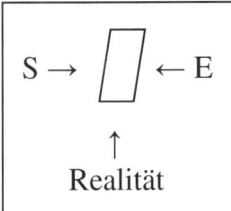

*Tafelbild*: Wir haben hier also das Sprachbild. Dieses Bild setzt voraus, dass Sie es für sich entschlüsseln müssen. Wenn ich als Sender sage, dass Sie eine Löwin sind, dann werden Sie als Empfänger die Bedeutung entschlüsseln, indem Sie in dem Bild einen Aspekt fokussieren, der für Sie und Ihre Zeit in der Fülle der Übertragungsmöglichkeiten am meisten Sinn macht. Genau deshalb benutzen wir ja Metaphern, nicht wegen einer klaren 1:1-Zuordnung des Bildes und seiner Bedeutung für die Redesituation. Es ist der Überschuss an Bedeutung, die im Verstehen verdichtet werden muss und erst die Mitteilung bedeutsam werden lässt. Diese Öffnung kann in der Metapher etwas Wahres erfassen, was in einer unbildlichen Sprache nicht gelingt. Aber das Verstehen ist auch verletzlich, denn es kann das Sprachbild anders aufgelöst werden als vielleicht gedacht. Die Realität, die in der Metapher aufscheint, entsteht erst in dem gemeinsamen Verstehen.[250]

Was bedeutet das für den Zorn Gottes? Nehmen wir z.B. die biblische Aussage in Ex 22,21-23 „Ihr sollt keine Witwe oder Waise ausnützen. Wenn du sie ausnützt und sie zu mir schreit, werde ich auf ihren Klageschrei hören. Mein *Zorn* wird entbrennen, und ich werde euch mit dem Schwert umbringen, so dass eure Frauen zu Witwen und eure Söhne zu Waisen werden." Der Text erschafft das Bild des zornigen Gottes über Israel, das Witwen und Waisen ausnutzt. Welche Elemente des Bildes sind nun für das Verstehen der Aussage zentral? Für Thomas von Aquin ist nicht das übertragbar, was auf eine psychologische Wirklichkeit eines emotionsgeladenen Gottes schließen lässt.[251] Dann hätten Sie etwas Zentrales bei dem Sprachbild „Gott ist zornig." übersehen. Um Ihnen das zu erklären, möchte ich das dreistellige Prädikat ‚zornig sein' erschließen (*Tafelbild*).

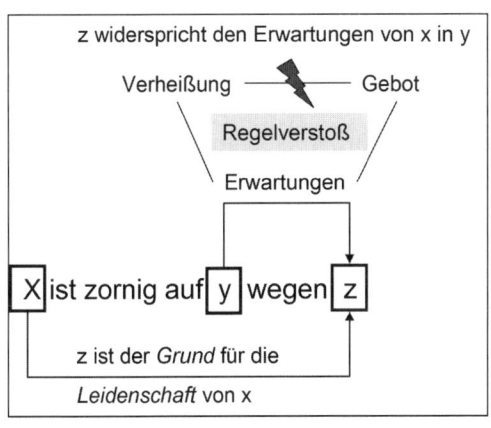

„x ist zornig auf y wegen z" kann auf zwei Weisen verstanden werden: erstens als Aussage über den Gefühlszustand von x, der durch z ausgelöst wird. z kann eine Handlung von y sein, aber auch ein eigenständiges Ereignis oder ein Zustand, der eindeutig auf y und sein Verhalten bezogen werden können. Bei diesem ersten Zugang

---

[250] Vgl. *Miggelbrink*, Der zornige Gott, 2002, 114f.
[251] Vgl. *Miggelbrink*, Der zornige Gott, 2002, 114.

interessiert uns der Zusammenhang von x und z. In Elternratgebern z.B. wird der Frage nachgegangen, ob Eltern richtig handeln, wenn sie zornig sind auf das einjährige Kind, das CDs auf dem Boden ausgebreitet hat. Antwort: Der Zorn ist unangemessen, die Eltern hätten die CDs vielmehr besser vor dem Kind schützen müssen. Einjährige Kinder können nicht verstehen, dass sie Dinge nicht in die Hand nehmen dürfen, weil sie kaputt gehen könnten.

Zweitens kann der Zorn von x als Indikator dafür gesehen werden, dass y in z etwas getan hat, was die Beziehung von x und y schwer belastet. Nicht das Gefühl von x interessiert, sondern der Bruch der Erwartungen, die x in y gesetzt hat. Der Zorn zeigt aber nicht nur den Bruch an, sondern auch die bleibende Beziehung. Zorn ist dann angesagt, wenn durch die bleibende Beziehung der Bruch nicht einfach als ‚Kündigungsgrund' verstanden wird. Eltern sind z.B. zornig, wenn die jugendlichen Kinder später als vereinbart nach Hause kommen. Mit dem Bruch der Vereinbarung werden die Erwartungen enttäuscht, aber vor allem auch das Vertrauen und die Zusage, dass die Eltern das Kind erwachsen werden lassen wollen. Diese Zusage können die Eltern nicht ohne einen hohen Preis zurückziehen, denn das ist ihr Auftrag. Die Sorge, was den Kindern passiert, und die Angst um das Scheitern der Beziehung machen den Zorn aus.

Übertragen wir dies auf den Zorn Gottes, dann wird das Bild unsachgemäß ausgelegt, wenn wir den ersten Ansatz wählen und Gott psychologisieren. Wie wir schon bei **Gottes Herrschaft** und **Gottes Rechtfertigung** gesehen haben, neigen wir dazu, Gott deistisch aus allem herauszuhalten. Wenn wir Gott keine Erwartungen an uns haben lassen, wird auch sein Zorn zu seinem Problem, dass er eben mit den Menschen nicht gut umgeht. Biblische Texte von seinem Zorn werden zur Problemaussage eben über diesen Gott: Ist das eine angemessene Reaktion auf das menschliche Verhalten? An dem biblischen Beispiel: Weiß Gott denn nicht, dass die Menschen immer auf ihren Vorteil bedacht sind und dass Menschen ohne Lobby wie Witwen und Waisen eben deshalb optimale Opfer sind? Gott müsste Gebote parat haben, die Menschen dafür belohnen, dass diese Randgruppen beachtet werden – wie z.B. die steuerliche Absetzbarkeit von Spenden in Deutschland. Auf diese Weise werden die biblischen Sprachbilder zwar übertragen, aber nicht die Wahrheit erschlossen, die in diesen Bildern liegt.

Übertragbar ist der zweite Ansatz, wenn wir den Zorn als Indikator für einen Bruch in der Erwartung sehen. Der biblische Text klärt in dem Bild über den wahren Zustand der Bundesbeziehung auf, also die vermögenden Landbesitzer, die gar nicht einsehen, dass z (also zum Beispiel das Feld ganz abzuernten, statt einen Streifen Getreide stehen zu lassen) etwas mit x (also Gott) zu tun hat. Das Sprachbild „Gott ist zornig auf die Menschen, die den Witwen und Waisen das vorenthält, was sie zum Leben brauchen." *verknüpft erst z mit der Beziehung zwischen x und y.* Das macht die Rede vom zornigen Gott für die Bibel so wichtig. Die Verheißung des Lebens ist an die Erwartung geknüpft, dass Israel Tora tut. D.h., wenn Gott nicht zornig wäre, wenn also die Rede vom

Zorn Gottes nicht mehr gebraucht würde – hermeneutische Grundoption! –, dann würde die Erwartung und damit auch nicht mehr die Verheißung weitergetragen. Dann aber ist Jahwe auch nicht mehr der Gott Israels. *Deshalb wird in der Verwendung der Zornesrede die gesellschaftliche Wirklichkeit als Bundesbruch provokativ theologisch interpretiert.*[252] Diese Interpretation war auch schon damals anstößig, weil sie schon damals die Frage nach der Angemessenheit aufwirft: Wer darf überhaupt angemessen Gottes Zorn ins Spiel bringen? Die Landbesitzer als Adressaten des Exodus-Textes fanden ihren Umgang mit den Witwen und Waisen theologisch unproblematisch und waren von der Androhung des Zorns nicht ‚begeistert‘. Die Bibel tradiert trotzdem deren Gebrauch als angemessen und sagt damit weniger über eine Eigenschaft Gottes als über seine Erwartungen an die Welt aus: Gott gibt sich nicht einfach damit zufrieden, wie die Welt ist. Vielmehr lebt sie von seinen Erwartungen und muss sich nach seinem Maß messen lassen.[253]

### 8.2.5.2 Theologische Funktion der Rede vom zornigen Gott

Für mich ist das eine theologisch angemessene Antwort auf die *ersten drei Problemschichten*, die nicht verharmlost werden, die aber ihre Schärfe gegen den Frager selbst richten. Denn die Texte stellen die historischen Adressaten, aber auch uns, vor die sinnvolle Frage: Wer ist Gott für uns? Glauben wir an seine lebendigmachende Kraft oder spielen wir mit im gewaltvollen Spiel der Welt, um uns und unser Leben zu retten? Wir begegnen hier dem *Perspektivwechsel* des vierten Denkmodells aus **Gottes Rechtfertigung** wieder. Dass die biblische Sprache in der Gottesperspektive den Fokus gar nicht auf den ‚Sprecher‘, Gott, gerichtet haben möchte, sondern auf uns, ist uns schon vertraut. Auch bei **Gottes Dasein** haben wir im ersten Denkmodell gelernt, dass wir als Gottes Geschöpfe nicht permanent dankbar und schuldbewusst in die Transzendenz starren sollen – die ja gerade, um das zu verhindern, transzendent ist –, sondern die gottfreie Welt vor uns frei nutzen können. Auch hier ist es wichtig, die Metapher angemessen zu übertragen.

Machen Sie sich klar: Wer Gott den Zorn, wer sich die Nutzung der Zornesrede verbittet, der wehrt sich augenscheinlich zu Recht gegen die Deutungshoheit anderer über sein Leben vor Gott – und mit Sicherheit ist die Zornesrede auch missbräuchlich zu benutzen. Aber wenn sie im biblischen Sinne gesprochen wird,
- über Israel als Bundespartner selbst und nicht über fremde Feinde,
- zum Schutz der Schwachen,
- in stellvertretender Deutung, die Beziehung zu Tätern und Opfern voraussetzt,

---

[252] Vgl. *Miggelbrink*, Der zornige Gott, 2002, 114.
[253] Vgl. *Miggelbrink*, Der zornige Gott, 2002, 34,38,40. In diesem Sinne zeigen die (historisierenden) Gewalttexte vor allem, dass das Unheil der Bundesuntreue auch tatsächlich eintritt. Es ist biblisch die Folge des menschlichen Handelns, die theologisch Gott zu Recht zugeschrieben wird.

> – sich auf Erwartungen beziehend, die erfüllt werden können, weil sie durch Gottes Ver-
> heißung gedeckt sind,

dann ist ihre Ablehnung letztlich auch eine Ablehnung seiner Verheißungen. Solange die Verheißungen noch nicht abgegolten sind – und ich hoffe, dass Sie Ihren Frieden mit der Welt noch nicht gemacht haben – solange ist es notwendig die biblische Redeweise vom Zorn Gottes mit Miggelbrink als produktive Provokation des (gläubigen) Lesers aktuell zu halten. Es geht also zunächst darum, sich wie die biblischen Adressaten unter die Redeweise zu stellen, in diesen Worten unsere Welt zu verstehen.

Sich in die biblische Weltperspektive hineinzustellen bedeutet, die produktive Provokation in den obigen Regeln anzunehmen. Es bedeutet auf keinen Fall, wie in der vierten Problemschicht angesprochen, sich in der Gegenwart als legitimes Gewaltinstrument Gottes zu begreifen; aber auch nicht wie im dritten Modell offen für neue historische Gewaltzüge Gottes zu sein. Wagners Katrina-Interpretation ist deshalb kein gutes Beispiel dafür: Sie ist zu selbstgefällig gegenüber dem Fremden, sie rechnet sich selbst nicht mit ein und geht leicht über das Leiden Unbeteiligter hinweg. Sie redet über Fremde „Die Schwulen in New Orleans" und weiß nichts von der eigenen Gefährdung der Bundesbeziehung. Sie weiß schon längst, dass y wegen z zu bestrafen ist und freut sich, dass x die *eigenen Erwartungen* bestätigt. Und vor allem: Sie macht nicht deutlich, dass der Zorn Gottes gerade Ausdruck seiner (Bundes-)Liebe ist, die y auf z als Störung der Bundesbeziehung aufmerksam macht. Bei Wagner erscheint der Zorn als unkontrollierbarer Persönlichkeitszug, der mal wieder zuschlägt, wenn das Maß voll ist – wie das beim dritten Modell angelegt ist. Bei diesem vierten Modell dagegen darf die Bedeutung der Rede vom Zorn Gottes nicht gegen die Liebesseite ausgespielt werden. Sie muss vielmehr in das Handeln Gottes in Jesus Christus integrierbar sein, da nur so eine wirkliche Einheit Gottes denkbar ist. Wie das geht, möchte ich kurz andeuten.

### 8.2.5.3 Gottes Zorn und Liebe im Zusammenhang

Miggelbrink lernt an Jesus Christus zum Zorn Gottes, dass die Gottesliebe den Zorn nicht als überholtes ‚Vorgängermodell' verdrängt – wie bei Baudler. Mit Blick auf Jesus bleibt die Bedeutung des Zorns erhalten, aber er wird in ein anderes Gefüge eingespannt. Damit meine ich Folgendes: Jesus schafft den Zorn Gottes nicht einfach ab, vielmehr ist er in Teilen seines Handelns selbst davon getragen – denken Sie z.B. an Jesu Zorn im Tempel als er die Händler vertreibt (vgl. Mt 21,12). Das in ihm beginnende Gottesreich trägt auch die Züge des apokalyptischen Gerichts, wenn die Umkehr ausbleibt und die Welt sich um sich selbst drehen will.[254] Aber es lässt sich insbesondere am Leiden

---

[254] Vgl. *Miggelbrink*, Der zornige Gott, 2002, 79ff. Zu der Transformation des apokalyptischen Gerichts und damit auch des Zorns Gottes in dem weltlichen Gericht an Jesus Christus und seiner anschließenden Passion, vgl. *Taxacher*, Apokalyptische Vernunft, 2010, 137-141.

und Sterben Jesu doch eine Veränderung nachzeichnen. Jesus nimmt die Gewalt der Welt in dem ungerechten Urteil des Prozesses an und durchbricht in dem Moment der Annahme den Kreislauf der Gewalt. Die Ungerechtigkeit wird nicht wie bisher durch den Zorn Gottes an der Welt aufgedeckt und in das zukünftige Strafgericht Gottes hineingestellt. Vielmehr wird das Annehmen der Gewalt durch Jesus zum Machterweis Jesu und Gottes als Herr des Lebens.[255] Das ist theologisch eine wichtige Variante, weil die Redeweise vom Zorn Gottes keine Selbstaufhebung kennt außer in den Strafsanktionen und sie damit eben den Kreislauf der Gewalt nicht aufheben kann. Wie kommen Sie nach einem Streit mit Ihren zornigen Eltern wieder in den normalen Beziehungsmodus, um den es ja nach unserer Analyse gerade gehen soll? Wie können die Erwartungen wieder zu einem sinnvollen Beziehungsziel werden, wenn die Beziehung gerade wegen den Erwartungen gescheitert ist? Das ist ein heikler Moment der Beziehung.

Für Miggelbrink sieht das Neue Testament hier die Erlösungsperspektive in der jesuanischen Annahme der ungerechtfertigten Gewalt und zwar nicht im Modus des Märtyrers, der davon ausgeht, dass das öffentliche Strafgericht Gottes über das zu Unrecht erlittene Leid aufklären wird.[256] Die Annahme der Gewalt lebt vielmehr von der alttestamentarischen Vorstellung des unschuldigen Sühneopfers, das den Bruch des Bundes mit Gott in seiner Hingabe heilt und damit ein Zeichen für die Lebensmacht Jahwes ist. Das Sühneopfer wandelt den lebendig toten Menschen und genau dieser Wandel wird der Lebensmacht Jahwes zugeschrieben. Dabei darf nicht vergessen werden, dass die Rettung eben vor dem Hintergrund des aktuellen Scheiterns der Bundesbeziehung geschieht, *die Gottes Zorn legitimieren würde*.

Wenn Jesu Tod als solches Sühneopfer gelesen wird, wird damit analog seine liebevolle und vertrauensvolle Hingabe an die Welt als Zeichen für die Lebensmacht Gottes behauptet. Dass also die Lebens*verheißung* durchbricht, die die Welt verwandelt, und dafür auf die öffentliche Strafandrohung Gottes über die Sünde der Menschen verzichtet wird, darf nicht damit verwechselt werden, dass der Tod Jesu als Opfer den Zorn befriedet. Der Liebes- und Sühnetod Jesu macht nichts einfach gut, ohne dass wir uns als Beschenkte sehen, die unverdientermaßen am Leben teilhaben dürfen. Aber durch die Sanktions-Lücke entsteht eine individuelle Freiheit – kein öffentlicher Machterweis! – auf sich und sein Verhältnis zur Welt zu schauen, die Verkehrung des Rechts zu erkennen und auf dessen Rechtfertigung zu verzichten. Das ist dann Umkehr im Namen Jesu. Dass diese Umkehr in der Kirche öffentlich wird, macht das Sühneopfer schließlich zu der machtvollen Realität der lebendigen neuen Gottesbeziehung, auf die ja der eigentlich angebrachte Zorn abgezielt hat (y tut in der Beziehung zu x z nicht mehr).[257]

---

[255] Vgl. *Miggelbrink*, Der zornige Gott, 2002, 140f.
[256] Vgl. *Miggelbrink*, Der zornige Gott, 2002, 84.
[257] Vgl. *Miggelbrink*, Der zornige Gott, 2002, 86-88.

Mir kommt es also darauf an, dass die Liebe Gottes und sein Zorn in einer komplexen Beziehung zueinander stehen und auf keinen Fall gegeneinander ausgespielt werden dürfen. Das ist gut an den Passionstexten (vgl. Mt 27,45-54; Mk 15,33-39) abzulesen: zwar fehlt ein öffentliches Strafgericht des Zorns, aber zugleich reagieren die Beobachter der Kreuzigung auf die Finsternis am Tag, das Erdbeben und den Riss im Tempel mit Gottesfurcht, weil sie in diesen Phänomene mit Blick auf den Kreuzestod Jesu Gottes Zorn am Werke sehen. Gleichzeitig sehen sie aber auch, dass das Kreuzesgeschehen selbst der Erweis für die Lebensmacht Gottes ist. Jesus bricht in seiner Hingabe dem Leben Bahn, hierfür steht die Öffnung der Gräber! Ohne die Markierung des Zorns, die allerdings nur von denen überhaupt verstanden wird, die wirklich ‚sehen' können, wäre nicht zu verstehen, was in Jesus geschehen ist. Schauen wir auf unsere Analyse des Prädikats, dann könnte man sagen: der verdeckte, aber im Glauben durchsichtige Zorn Gottes (x) lässt im Lichte Jesu y erkennen, was z wirklich ist. Der Zorn deckt also weiterhin die Beziehung von y und z auf, aber im Tod Jesu fängt für den Gläubigen die Lebensmacht Gottes schon an zu wirken, so dass wir uns in der Umkehr rückwärts zu z als ein Vergehen an Jesus gegenüber Gott (x) bekennen können. Dieses z haben wir getan und haben dafür den Zorn verdient, was für ein Wunder, dass wir leben! Auch der Zorn von x macht dann stolz, diesen Einsatz wert zu sein.

8.2.5.4   Bedeutung der Rede heute

In dieser sensiblen Balance ist der Zorn Gottes bei einer angemessen Rede von der Liebe Gottes immer mit gemeint und insofern sind der Glaube und die Theologie schlecht beraten, nur schlicht die Liebe zu tradieren, dadurch geht die Spannung in der Liebe verloren und wir kommen dahin, dass wir einfach jeden Zustand der Welt tolerieren und bestenfalls noch über uns selbst beunruhigt sind. Das Denkmodell kann deshalb auch gar nicht die Befriedung statisch festschreiben, da sonst unsere Bundesverstöße aus dem Zusammenhang der Erwartung und Verheißung gelöst werden. Miggelbrink selbst sieht zwei Punkte, bei denen eine aktuelle unbedingt *metaphorische Nutzung* der Zornesrede in den oben beschriebenen Grenzen sinnvoll ist: „(1) in der politischen Theologie der christlichen Stellungnahme zu gesellschaftlichen und politischen Entscheidungen und (2) in der theologischen Anthropologie als einer Phänomenologie des Menschseins im Angesichts Gottes".[258] Es wird deutlich, dass die Rede vom zornigen Gott Leben im Widerspruch zur Welt denkt. Der niederländische Theologe Schillebeeckx hat dies so auf den Punkt gebracht: „Die Welt liegt dem Christen zwar sehr am Herzen, aber das Herz des Christen hängt nicht an der Welt!"[259]

---

[258] Vgl. *Miggelbrink*, Der zornige Gott, 2002, 161.
[259] *Edward Schillebeeckx*, Weil Politik nicht alles ist. Von Gott reden in einer gefährdeten Welt. Freiburg/Basel/Wien 1987, 108.

technische universität
dortmund

**Sinndimensionen der Zornesrede**

⇒ Leben im Widerspruch zur Welt

⇒ Ermutigung zum prophetischen Sehen

⇒ katastrophisches Handeln Gottes für eine katastrophale Gegenwart

⇒ Leben im Angesicht des Gerichts

⇒ Bewahrt die Ungleichzeitigkeit von Verheißung und Erfüllung

Dr. Oliver Reis                                                                                     WS 2008-09

Diese Differenz ermöglicht in der Rede ein prophetisches Sehen, wie es um die Welt in ihrem z-Tun wirklich bestellt ist. Und je offener wir auf unsere Welt schauen, umso schärfer wird auch der katastrophische Zustand. Der gegenwärtige Zustand ist nicht der verheißende, die Erfüllung steht noch aus! Nur weil wir nicht wissen, wie es anders gehen kann, ohne dass wir uns verändern müssen, blenden wir dieses Wissen aus. Immer aber, so kann aus den bisherigen Überlegungen zum vierten Modell gelernt werden, muss die Selbstaufhebung des Zorns in der Liebe mitgedacht werden. Wir sollten z.B. bei der in den Zorn Gottes gestellten Gesellschaftskritik die zugesagte und erfahrbare Wandelbarkeit der sozialen Strukturen betonen und den Durchbruch der Lebensmacht als Ausdruck des Versöhnungswillens in und an unserem Handeln mitzeigen können. Sonst bleibt eine katastrophische Perspektive, die nicht mehr in der Liebe Jesu aufgefangen werden kann. Dann haben wir vielleicht Angst nur verstärkt, aber nicht deutlich gemacht, dass vom Ende her das Leben gewinnen wird und im Gericht Gottes der Widerstand an sein Ende kommt. Wer nicht an der Welt und seinen Verhältnissen festhalten will, der kann sich auf das Kommen Gottes zum Gericht freuen. Damit wären wir wieder am Anfang der Vorlesung…

### 8.2.6    Anstößiger Zorn Gottes?!

Was lässt sich mit diesem Modell im Hintergrund nun zum Vorwurf der Dehumanisierung von Schnädelbach sagen? Im Rahmen des vollzogenen Perspektivwechsels geht das Modell in die Offensive: Entgegen Schnädelbachs These ist Humanisierung nur im Angesicht des zornigen Gottes möglich. Wieso?

**technische universität dortmund**      Humanisierung im Angesicht des zornigen Gottes

**Perspektivwechsel (siehe Rechtfertigung):**

1. Nicht unsere Welt ist gut so, wie sie ist und dann platzt dieser gewalttätige Gott ungebeten hinein! Nicht wir müssen uns für Gottes Gewalt schämen und sie rechtfertigen. Angenendt: Gewalt ist der Normalfall und die Normalität der Gewalt ist das Ergebnis einer sozialen Verschleierung, die viel mit Opfern für den gesellschaftlichen Erhalt zu tun hat!

2. Deshalb: Die Rede von dem Zorn und der Gewalt Gottes geschieht in dem von Gott gewollten Auftrag Gewalt aufzudecken! Gewalt wird nur vor und von Gott letztlich überwindbar!

3. Und: Vor Gottes Angesicht müssen wir uns für unseren Gewaltzustand rechtfertigen.

Dr. Oliver Reis          WS 2008-09

Dieses Modell macht darauf aufmerksam, dass Schnädelbach die Welt und das Christentum in ein verkehrtes Verhältnis setzt: Nicht unsere Welt ist gut so, wie sie ist, und dann platzt dieser gewalttätige Gott ungebeten hinein! Nicht wir müssen uns als Christen für Gottes Zorn schämen oder rechtfertigen. Der Kirchenhistoriker Arnold Angenendt[260] dreht die Perspektive um: Gewalt ist der Normalfall der Welt und die Normalität der Gewalt ist das Ergebnis einer sozialen Verschleierung, die z als notwendige, nicht vermeidbare Konsequenz versteht und die eben auch ein Opfer verlangt. Auf diese Gewalt sind die biblischen Texte bezogen, sie zeigen den Menschen in seiner Rationalisierung von Gewalt, die immer einen Zweck hat, der einsichtig ist. Deshalb dienen die Texte zur „Gewaltanschauung", wie Norbert Mette in Anlehnung an den Freiburger Bischof Franz Kamphaus sagt.[261] Sie heben in der Relation zu Gott die Verschleierung der Gewalt auf und sagen, was sie ist. Selbst noch die gewaltverheißende Rede vom Zorn Gottes ist darauf bezogen, diesem eigenmächtigen

---

[260] Vgl. *Arnold Angenendt*, Toleranz und Gewalt. Das Christentum zwischen Bibel und Schwert, Münster 2008, 1. Teil.

[261] Vgl. *Norbert Mette*, Praktisch-theologische Erkundungen, Berlin 2007 (=Theologie und Praxis. Bd.32), Kap. 26.2.

und immer irgendwie nachvollziehbaren Handeln der Menschen Einhalt zu gebieten. So lässt sich die Bibel als ein Buch verstehen, das – bis hin zur Deutung von Jesu Tod – einen Ausweg aus der Gewaltspirale als Folge der Gottlosigkeit sucht. Angenendt zeigt, dass das Christentum in seiner historischen Linie diesen Ausweg gesucht hat und erhebliche Potenz aufgeboten hat, um Toleranz und wirkliche Menschenliebe zu zeigen. Dass die Kirchengeschichte auch davon zeugt, wie mächtig der Trieb der Gewaltanwendung und -vertuschung in der Kirche selbst arbeitet, wird im Übrigen nirgendwo so kritisch aufgearbeitet wie im Christentum und seinen verschiedenen Konfessionen selbst. Wer die Kirche verurteilt und abschaffen will, weil sie die Reinheitsmaßstäbe selbst nicht erfüllt, nimmt der Welt damit überhaupt den Maßstab, über die Gewalt aufzuklären. Und vielleicht ist genau diese Aufklärung über die eigene allgemeine kulturelle Komplizenschaft mit der Gewalt und dem Mächtigen der Grund für die Kritik? Vielleicht ist auch die christliche Abkehr von der Redeweise des zornigen Gottes gar kein humanistischer Impuls, sondern gerade die Verdeckung unserer Integration in eine Gesellschaft, die Gewaltanwendung für die Überlebenssicherung legitim hält?

Deshalb: Die Rede von dem Zorn und der Gewalt Gottes geschieht in dem von Gott gewollten Auftrag Gewalt aufzudecken und den gegenwärtigen Zustand als veränderbar zu beschreiben! Die Gewalt ist biblisch nicht nur ein individuelles Problem, sondern auch ein strukturelles, das seine Ursache in den sich zusammenballenden und globalisierenden herrenlosen Mächten und Gewalten besitzt (→ **Gottes Herrschaft**). Deren verheerendes Wirken für die Welt und damit auch die Gewalt ist nur vor und von Gott letztlich überwindbar![262] Wenn Menschen versuchen unsere Gewalt-, Sicherheits-, Umweltprobleme zu lösen, dann wird das noch mehr Opfer geben, weil wir auf unsere Sicherheit und unsere Selbstbehauptung bestehen.[263] Und weil Gott tatsächlich das Leben, die Welt und in ihr den lebendigen Menschen liebt, ist der Zorn ein notwendiger Hintergrund, um von ihm aus zu verstehen, welches Wunder es ist, dass sich das Leben immer wieder durch die Normalität der Gewalt hindurch Bahn bricht. Sie kennen diese Momente, in denen sich Dinge voller Macht grundlegend zum Guten verändern. Wir spüren die Lebensmacht Gottes, die seinen Zorn überformt. Der Zorns mit der Folge der Strafsanktion zeigt sich überraschend in der Liebe mit der Folge der ausbrechenden Lebensmacht – das ist für mich eine zentrale biblische Struktur der Gotteserfahrung.

Von dem Denkmodell ausgehend kommt der Mensch erst in dieser Auseinandersetzung mit dem Willen Gottes, seines Zorns und seiner Liebe zu sich. Erst wenn er sich in der Beziehung zu diesem unsichtbaren, unseienden, immer außen bleibenden Gott in Beziehung setzt, wird er Mensch, kann er sich selbst

---

[262] Vgl. *Miggelbrink*, Der zornige Gott, 2002, 36,40,70,125ff.
[263] Dieses Scheitern zu verstehen ist das Thema meiner Dissertation *Reis*, Nachhaltigkeit – Ethik – Theologie, 2003, Kap. 4.3.

und sein Handeln in der Welt richtig verstehen. Weil die anderen Modelle diese beiden Seiten nicht zusammenhalten, übersehen sie Wesentliches.

 technische universität
dortmund

**Hermeneutisches Vermächtnis**

**Humanisierung durch die Bibel?**

„Will man die Bibel als (…) wirkendes Wort Gottes, des Schöpfers, verstehen, dann muss man Fragen, inwiefern die Bibel als das Buch des zornigen und gewalttätigen, des rächenden, befreienden und ohne Grenzen liebenden und den Menschen bejahenden Gottes ihrem Leser ermöglicht, an ihr ein Mensch zu werden, der zu diesem Gott, der sich in ihr offenbart, so passt, dass dieser Mensch diesen Gott innerlich verstehen kann" (Miggelbrink, 132).

**Widersprüchlichkeit in der Beziehung erleben und in ihr leben!**

„Die Widersprüchlichkeit der Bibel in der Frage von Gewalt und Liebe darf also nicht aufgelöst werden. Ein Liebesbegriff, der die Gewaltdimension einfach nur ausblenden oder literarkritisch wegoperieren würde, würde nicht aus der existentiellen und gläubigen Überwindung von Gewalt und Zorn leben, sondern bliebe eine blasse, erfahrungslose Chiffre" (Miggelbrink, 133).

Dr. Oliver Reis

WS 2008-09

Miggelbrink spricht sich deshalb dafür aus, die katholische Reaktion in den 1970er Jahren zu überdenken und die Widersprüchlichkeit der Bibel mit vollem Vertrauen anzugehen. Weder darf die Gewaltseite aus ihrem biblischen Kontext herausgelöst werden, aber genauso wenig die Liebesseite. Denn: „Ein Liebesbegriff, der die Gewaltdimensionen einfach nur ausblendet und literarkritisch [wie Baudler] wegoperieren würde, würde nicht aus der existenziellen und gläubigen Überwindung von Gewalt und Zorn leben, sondern bliebe eine blasse und erfahrungslose Chiffre."[264] Das ist auch das, was ich Ihnen mit auf den Weg geben möchte, dass wir die Rede vom Zorn Gottes wieder behutsam und in ihren eigenen Regeln an uns nehmen. Wir können diese Rede auch als Adressaten aushalten, wenn sie angemessen geführt wurde, weil wir im Glauben an Jesus Christus das Recht Gottes auf seinen Zorn akzeptieren können und auf unser Recht verzichten. Wir erkennen im Zorn die Liebe, die uns gilt, die uns glücklich machen kann und die uns hilft das falsche Leben abzulegen und unser Handeln (z) wieder in die Beziehung zu Gott (x) zu stellen.

Zum Schluss: Ich habe nicht verhehlt, dass ich dieses Modell von den Vieren bevorzuge, weil es tatsächlich den Zorn Gottes als theologischen Inhalt

---

[264] *Miggelbrink*, Der zornige Gott, 2002, 133.

ernst nehmen kann, aber nicht in Bahnen verfällt, die wir mit dem Thema sonst verbinden, wie z.B. ein Klima der Angst, der Manipulation Gottes für bestimmte Interessen usw. Es kann die biblischen Botschaften aktualisieren und trotzdem eine aktuelle Instrumentalisierung abwehren. Worin liegen denn zugleich die Grenzen dieses Modells? Zunächst gelten die Vorbehalte gegen die Grundoption der hermeneutischen Theologie: sie ist kognitiv sehr anspruchs- und voraussetzungsvoll. Sie muss ständig Fehlinterpretationen abwehren und sie arbeitet gegen die intuitiven Logiken, die z.B. die Rede nicht metaphorisch und auf jeden Fall psychologisch lesen werden. Wenn wir nicht auf x, sondern auf y schauen, das z tut, dann wird eine Denkoperation angeleitet, die Gott (für x) wie eine formale Chiffre der Beobachtung benutzt. Das ist eine mächtige Operation, aber wie verhält sie sich zu unserer realen Gottesbeziehung? „Bist du zornig auf mich, Gott?" können wir ja nicht damit bearbeiten, dass ich eigentlich mein Verhalten meine und dass dieses nicht gut ist – dann entgleitet mir ja mein Gegenüber, nämlich Gott, und ich reflektiere mein Selbstgespräch. Das Modell zeigt nur eine Bedeutungsstruktur, die erst noch in der Glaubenssprache ausgeformt werden muss. „Ich weiß, dass du zornig auf mich sein könntest, wie ich gestern mit meinen Studierenden umgesprungen bin, wie ich sie gezwungen habe, etwas zu tun, was ich selbst nicht tun wollte. Ich habe einfach meine hierarchische Position genutzt. Ich bin dir dankbar, dass heute ein Student trotzdem wieder gekommen ist und sich getraut hat, sich darüber zu beschweren. Ich bin dankbar dafür, dass ich mich entschuldigen konnte und unsere Lernbeziehung unbeschadet geblieben ist." Vielleicht so? Das vierte Modell ist hilfreich, um uns über unser Denken aufzuklären. Es schlägt eine produktive Alternative vor, aber ohne die Aneignung im Glauben ist es ein gefährlicher Formalismus.

## 8.3    Reflexionsprozess

### 8.3.1    Vorbereitung

Nach der Darstellung der verschiedenen Modelle nun zu Ihrem Reflexionsprozess. Die erste Aufgabe soll dazu anleiten, dass Sie sich vergewissern, ob ich mit meiner Einschätzung Recht vertritt, dass Miggelbrink eine theologische Position ist. In der ersten Sitzung haben Sie dazu ein Instrument kennen gelernt, das Sie hier an dem Miggelbrink-Auszug bitte anwenden. Durch die Anwendung der Kriterien für die theologische Logik auf die Miggelbrink-Argumentation können Sie außerdem noch einmal Ihre Reflexion schulen. Sie müssen zum einen die Kriterien wiederholen und den Miggelbrink analytisch auf die Kriterien hin lesen. Diese Relationierung ist nicht einfach, aber ein wichtiger Schritt für Stufe 3 in unserem Kompetenzmodell. Von den anderen beiden Aufgaben können Sie sich eine aussuchen. Ich möchte Ihnen einen Eindruck davon vermitteln, was im Netz alles zum Zorn Gottes veröffentlicht wird. Durch die theoretische Rekonstruktion einer Position und der Bewertung aus dieser Position trainieren Sie die bekannte Struktur, nur dass Sie sich dieses Mal nicht auf die eigene Position beziehen, sondern auf eine fremde, die Ihnen aber so oder so ähnlich in den Lernprozessen auch begegnen könnte. Ich hoffe, die Aufgaben sind anregend und wir sehen uns nächste Woche wieder, wenn wir uns mit dem Namen Gottes beschäftigen werden.

---

tU  technische universität
dortmund                                                    **Übung**

---

zu Miggelbrink-Textauszug 33-37

1. Was ist bei Miggelbrink der zentrale Sinn der deuteronomistischen Zornesreden? Zeigen Sie, wie er durch „Zuhören" des biblischen Textes und der Tradition und durch „systematisches Ordnen" einen Glaubensstandpunkt gewinnt, so dass diese Rede für ihn Sinn macht! (Achtung: Eine bloße Wiederholung der wichtigsten Aussagen reicht also nicht aus!)

2. Unter http://www.nikodemus.net/864?page=-2 finden Sie eine Erklärung zum Zorn Gottes. Ordnen Sie diese Position unter die vier Optionen ein und erklären Sie von dieser Einordnung her die Stärken und Schwächen der Position.

3. Unter http://www.spiegel.de/panorama/0,1518,373425,00.html finden Sie einen Artikel, der kritisch damit umgeht, wie die Rede vom Zorn Gottes auf die Zerstörung von New Orleans angewandt wird. Haben die Zornesprediger recht oder hat der Autor mehr vom Zorn Gottes verstanden als die Zornesprediger? Bilden Sie sich ein begründetes Urteil!

---

Dr. Oliver Reis                                            WS 2008-09

---

## 8.3.2  Exemplarische studentische Reflexionen

### a) Meike:

**Gottes Gewalt**
1.) Die deuteronomischen Zornesreden legen der Gesellschaft offen, welche unterdrückenden Verhältnisse unter den Menschen real existieren. JHWHs Gewalt lässt alle menschliche Gewalt unnütz erscheinen. Die Erkenntnis bewegt die Menschen zu gewaltfreiem, mitmenschlichem Handeln. Zu dieser Position gelangt Miggelbrink, in dem er auf die Entstehung der deuteronomischen Texte schaut. Hier wird für Brüderlichkeit plädiert, die zur Zeit der Verfassung nicht gegeben war. Die Texte stehen also nicht im Einklang mit der Gegenwart, sondern dazu im Widerspruch. Beim Lesen wird bewusst, wo die aktuellen Schwachpunkte in der Gesellschaft liegen. Die Annahme der Pflichten, die uns vom einen Gott gegeben sind, ermöglicht es, die gesellschaftlichen Verhältnisse positiv zu verändern. Dabei lässt sich der Glaube an den einen Gott ebenso wenig ablegen wie die Gewalt die von ihm ausgeht. Auf dem Weg zu einer gemeinschaftlichen Gesellschaft, ist die Gewalt nicht auszuschließen. JHWH tritt gegen die menschlichen Herrschaftssysteme auf und lässt die menschliche Gewalt durch seine Gewalten unnütz

erscheinen. Davon lesen wir in den deuteronomischen Texten und Miggelbrink stützt seine Argumentation damit, dass er diese geschichtlichen Erfahrungen auch heute noch sichtbar macht. Die Sichtweise von E. Peterson dreht Miggelbrink um. Es geht nicht um die wünschenswerte Realität, was in der Bibel angedeutet wird, sondern um den Weg dorthin. Miggelbrink „hört" also die Erfahrungen der Menschen in der Bibel und „ordnet" diese mit den aktuellen Strukturen unserer Gesellschaft.

2.) Die Erklärung zum Zorn Gottes, die man unter www.nicodemus.de findet, ordne ich der fideistisch gedachten, rechtfertigenden Option zu. Es wird beschrieben, dass Gottes Zorn in unserer Mißachtung seiner uns auferlegten Pflichten begründet ist. Derjenige, der Sünde begeht und sich trotz Gottes Zornesrede ihm nicht (wieder) zuwendet, wird seinen Zorn erfahren. Darin ist der Zorn Gottes gerechtfertigt. Besonders durch seinen Zorn möchte Gott uns Menschen zum Heil verhelfen; er weist uns auf Missstände hin und möchte uns zur Änderung führen. Der konkrete Bezug Gottes Zornes auf das Schicksal der Menschen ist also begründet im Sündenbegehen. Das allgemeine Leid in der Welt ist generell die Folge des Sündenfalls. Damit kamen Schuld, Schmerz, Leid und Tod in die Welt. Die Frage nach den Einzelschicksalen kann daher mit zwei Möglichkeiten beantwortet werden. Zum einen ist es möglicherweise eine Folge einer ganz konkreten Sünde, zum anderen Bestandteile unserer kaputten Welt und damit im Sündenfall begründet.

Bei dieser Denkoption ergibt sich dann aber, dass sich kein Mensch vom möglichen Betreffen vom Zorn Gottes ausschließen kann. Auch derjenige, der sein ganzes Leben nach den Pflichten Gottes ausrichtet, kann die Auswirkungen der Erbsünde erfahren. Somit können wir Menschen uns nie vor dem Zorn Gottes schützen, diesen nie ausschließen. Damit wäre dann das Leben ohne Furcht vor Gottes Zorn nicht möglich. Denkt man an dieser Stelle weiter, so nimmt die Wichtigkeit des Bundes mit Gott ab, da wir uns eh nicht vom Zorn Gottes freisprechen können. Doch in diese Richtung darf nicht gedacht werden, da sich unser Glaube dann selbst zerstören würde!

## b) Thomas:

1) Miggelbrink interpretiert die Gewalt und den Zorn Gottes als Versuch der Gesellschaft ein Ideal der Brüderlichkeit und Gewaltfreiheit zu erschaffen. Er stellt die These auf, dass es in einer polytheistischen Welt auch nicht weniger Gewalt geben würde. Er vergleicht die Aussagen von einigen Philosophen mit der Bibel, genauer gesagt mit dem Deuteronomium. Er beschreibt dass das Gottesbild falsch gedeutet wird nämlich als Wirklichkeit, die der politischen Realität nachgeformt ist. […] Für Miggelbrink ist die Monokratie sehr wichtig, da er der Meinung ist, dass Religion gesellschaftliche Veränderung ermöglichen und tragen kann, was bei einem Gott, der andere Götter neben sich toleriert nicht möglich wäre. Miggelbrink beschreibt Gewalt als Entlarvung gesellschaftlicher Verhältnisse, die Gewalt Jahwes ist übermächtig.

3) In diesem Text ist eindeutig die rechtfolgende, also die Fideistische Position wiederzufinden. Der Autor schreibt, dass Gott zornig wird, weil er von den Sünden der Menschen gekränkt wird und darauf reagiert. Bei vielen Schicksalsschlägen wurde „Gott und sein Recht offensichtlich mit Füßen getreten". Einzelschicksale können auf Grund von Gottes Eingreifen geschehen oder aber als Folge von Sünde. Hier liegen für mich seine Stärken sowie Schwächen vor. Denn woran erkennt man, ob es nun das Eingreifen Gottes war oder nicht? Eine Stärke des Fideismus ist, dass so Leid teilweise erklärbar

scheintund vor allem vermeidbar scheint. Denn wenn man nicht sündigt, hat Gott auch keinen Grund „strafend" einzugreifen. Als Schwäche würde ich den letzten Punkt sehen, weil zwar darauf hingewiesen wird, dass nicht jedes Unglück eine Strafe Gottes ist aber Bestandteil der Welt. Es wird zwar gesagt, dass die Welt diese Rettung von Gott braucht, jedoch fehlt hier die Rechtfertigung, warum dazu Unschuldige sterben oder verletzt werden müssen, um dies zu zeigen.

Meiner Meinung nach hat der Autor dieses Artikels mehr recht als die Zornespredigers. Die Zornesprediger legen das Unwetter als Strafe für die Schwulen und Lesbenparties in der Stadt aus. Das mag auf der einen Seite plausibel klingen, da es nach streng katholischem Glauben eine Sünde ist und sie daher die Strafe verdient haben. Jedoch erklärt dies überhaupt nicht, warum do große Teile der Region in den USA zerstört wurden in denen sicherlich auch sehr fromme Menschen ihr Zuhause hatten und/oder ums Leben kamen. Ich denke auch, dass durch diesen Hurrikan in New Orleans weiter solche Feiern stattfinden werden und weiter Abtreibungen vorgenommen werden. Ein weiterer Grund, warum meiner Meinung nach die Zornesprediger mit ihren Aussagen falsch liegen ist der Verweis auf Michael Brown, der zum Mord anderer Menschen aufruft. Solche Leute verstehen meiner Meinung nach das Wort Gottes falsch.

### c) Tanja:

**Frage: Was ist bei Miggelbrink der Zentrale Sinn der deuteronomistischen Zornesreden? Zeigen Sie, wie er durch „zuhören" des bibl. Textes und der Tradition und durch „system. Ordnen" einen Glaubensstandpunkt gewinnt, so dass diese Rede für ihn Sinn macht!**

Miggelbrink setzt sich in dem Textauszug „a) JHWH ein gewalttätiger Gott, der in ein Leben ohne Gewalt führt" aus dem Kapitel 4 „Zur Hermeneutik der prophetischen und deuteronomistischen Gotteszornes" mit Monotheismus und Polytheismus auseinander und erfasst nach einem Vergleich der beiden Konzepte den Sinn der deuteronomistischen Zornesreden.
Er beginnt nach der theologischen Logik „hörend" und sammelt wichtige Elemente aus er deuteronomistischen Theologie sowie aus der Literatur von Peterson, Assmann und anderen Autoren.
Der Monotheismus konzentriert sich auf einen Führer, der sich wiederrum auf Gott konzentriert (Z.12-14). Der Polytheismus wird „(a)ls der menschlichen Freiheit viel gemäßer (…)"(Z.15) beschrieben, „der anders als das Christentum und der Islam keinen intoleranten, gewalt-bereiten Durchsetzungswillen gezeigt habe" (Z.17-18). Ziel des Polytheismus ist eine harmonische heimische gewaltlose Welt in Brüderlichkeit.
Miggelbrink sieht die neue Dimension der Religion als eine Möglichkeit der gesellschaftlichen Veränderung, die aber eine Glaubenszustimmung der Gemeinschaft voraussetzt („Das Religiöse tritt heraus aus der Funktion der nachläufigen Bestätigung bestehender Verhältnisse und soll stattdessen die Veränderung gesellschaftlicher, politischer und ökonomischer Verhältnisse inaugurieren. Das setzt allerdings die Glaubenszustimmung jedes Einzelnen voraus. Das religiöse Ideal kann nur durch seine gesamtgesellschaftliche Verbreitung gesellschaftliche Wirklichkeit verändern.", Z41-47 und „(…) die Verinnerlichung der ethischen Verpflichtung auf den einen Gott gehen Hand in Hand und bilden die Möglichkeit dafür, dass Religion gesellschaftliche Veränderung

ermöglichen und tragen kann.".Z.55-58). Miggelbrink kritisiert den Polytheismus allerdings in seinen Grundzügen, in dem er die Gottesvorstellung der Polytheisten als Spiegel einer Wunschwelt bezeichnet. Mit diesen Interpretationsschritten beginnt auch das „Ordnen"; er ordnet die Wertigkeit und Richtigkeit seiner gesammelten Fakten und kommt von der Unterscheidung von Monotheismus und Polytheismus zur Bewertung der Konzepte.

Weiter kritisiert er, dass die polytheistische Gesellschaft nicht gewaltfreier sei als die monotheistische Gesellschaft („Der Verzicht auf eine sinngebende, die Gesellschaft zur Gemeinschaft zusammenfügende gemeinsame religiös-politische Vision ist nicht gelichbedeutend mit der Gewaltlosigkeit," Z.62-64).

Das Problem dabei liegt in der Form, wie sich Gewalt ausdrückt. Miggelbrink betont, dass z.B. „(d)ie naturwüchsigen Konsequenzen des Eigentumrechts in der Königszeit" auch „(a)ls Form der Gewalt gegen die Armen"(Z.64-66) seien. Miggelbrink stellt Jahwe in seinem Textauszug als den übermächtigen Kriegsherr dar, der der Gegenpol zur herrschenden gesellschaftlichen Gruppe ist. Durch seine Gewalttätigkeit und Macht scheint die Gewalt der aggressiven, gewaltbereiten Menschen, dessen sie sich nicht bewusst sind, sinn- und chancenlos.

Jahwes Gewalt spiegelt nicht die gesellschaftliche Gewalt wieder, sondern zielt auf das Bewusstsein dieser Machtverhältnisse der Menschen.

Wie die Überschrift „JHWH-gewalttätiger Gott, der in ein Leben ohne Gewalt führt schon verrät, interpretiert Miggelbrink Jahwes Gewalt nicht als Aufforderung zur Gewalt oder als Vorbildcharakter, dass die Menschen es ihm gleich tun sollen(„Die deuteronomistische Verkündigung des Gewaltgottes des Zorns und der Rache geht also nicht einher mit einer Vernehmung der gesellschaftlichen erlittenen Gewalt. Die Verkündigung des gewalttätigen Gottes ist nicht die Aufforderung zur Gewalt",Z.88-91), sondern als Sinn der deuteronomischen Zornesrede „(d)er Versuch, einer Gesellschaft, die selbst latent gewalttätig ist, ein Ideal der Brüderlichkeit und der Gewaltfreiheit entgegenzustellen"(Z.92-94).

Miggelbrink meint, dass Jahwes Gewalt und stärke zeigt und zeigen muss, um gegen die Gewalt, vor allem der Gewalt in Form von Ungerechtigkeit/Ungleichheit, der Menschen vorzugehen und den Menschen damit zu zeigen, wie falsch Gewalt ist und dass Brüderlichkeit, also das Gleichgestelltsein sowie die Nächstenliebe unbedingte Priorität hat um in einer gewaltfreie Welt zu leben.

(Ich hatte wirklich große Schwierigkeiten mit dem Textauszug von Miggelbrink. ☹)

**2. Ordnen Sie diese Position (Erklärung zum Zorn Gotteszorn) unter die vier Optionen ein und erklären Sie von dieser Einordnung her die Stärken und Schwächen der Position.**

Die Erklärung zum Zorn Gottes von Ralph Müller kann man nicht in die gnostische Option einordnen, da die Gnosis von zwei Göttern ausgeht, dem Demiurg, als der schlechte Gott und der Schöpfer der Welt und dem obersten allhabenden Gott, der gute Gott. Ralf Müller trennt hier nicht, sondern benennt nur den einen Gott, der gleichzeitig der strafend, zornig und gütig, verzeihend ist.

Die Gnostiker bezeichnen den Menschen Jesus (getrennt von Christus, dem Heiligen Geist) Nicht als Gottessohn; Müller dagegen betont immer wieder, dass der Mensch durch Jesus Christus- deren Wichtigkeit eine gnostische Ansicht ausschließt – wieder zu

Gott zurückkehren kann, denn „(K)reuz und Auferstehung Jesu sind das Siegel seines Rettungs- und Versöhnungswerkes"(„Gott mochte uns aber vor Verlorenheit und Verdammnis retten, deshalb lädt er zur Umkehr ein, zum Glauben an Jesus Christus, damit ein Mensch mit Gott versöhnt werden kann").

Müllers „Aufklärung" kann auch nicht in die teleologische Option eingeordnet werden, weil Müller nicht konkret von menschlichen Gottesbildern in der Vergangenheit bezogen auf die Gegenwart spricht.

Müllers „Aufklärung" zum Zorn Gottes kann in die rechtfertigende und in die theologische Option eingeordnet werden. Zum einen beschreibt Müller, wie es zum Zorn Gottes und seine darauffolgende Bestrafung kommt, nämlich durch Sünde („Gott lehnt den Gegenstand ab, der seinen Zorn erregte, was in aller Regel katastrophale Auswirkungen hat.").

Die rechtfertigende Option beschreibt den Verstoß gegen das Gesetz Gottes als Sünde, die bestraft werden muss. Seine Folge kann auch der Tod sein. Müller spricht auch von der Bestrafung beim Sündenfall durch Gesetzesbruch. Jedoch kann der Mensch in die erfüllende Beziehung mit Gott zurückkehren, wenn er Jesus annimmt, denn der Gott ist nicht nur zornig, sondern auch gleichzeitig enttäuscht und traurig („(…), dass dieser Zorn eng verbunden ist mit Traurigkeit und Betrübtsein über Schuld und Ungehorsam"). Dieser Aspekt unterscheidet die rechtfertigende Option von Müllers Position, denn die dritte Option von Müllers Position, denn die dritte Option ist fideistisch und somit nur auf den „hörenden" Anteil nach der theologischen Logik konzentriert und lässt das „Ordnen" und somit auch den weiteren Gedankenschritt ausser Acht. Dies kann in diesem Kontext als Schwäche bewertet werden. Müllers Position dagegen hat „hörende" und „ordnende" Anteile, denn Müller meint zwar auch, dass die sündebehafteten Menschen, die die Chance nicht ergreifen zu Gott zurückzukehren , die Strafe Gottes verdient haben , aber diese Option, dass der Mensch zur Umkehr aufgerufen wird, taucht bei der rechtfertigenden Option nicht auf. Dieses „Ordnen" ist in der theologischen Option auch zu finden, denn Müller beschreibt auch das Verhältnis zwischen Gott und Welt. Dieser Zorn, der von Gott ausgeht, besteht auch zu Anteilen aus Enttäuschung und Trauer, die bestimmte Erwartungen voraussetzt. Gott hat eben diese Erwartungen, weil er den Menschen die Erfüllung der Verheißung verspricht und zum Gegenzug die Beziehung mit den Menschen sucht, die gewisse Gesetze und Regeln erfordert. Werden diese Gesetze gebrochen, entsteht Zorn aus der Enttäuschung heraus und zur Besinnung und Züchtigung warnt Gott den Menschen vor der Strafe. Erkennt dieser Mensch die Warnung nicht oder ignoriert sie, kehrt er Gott den Rücken und Gott liefert ihn seinen eigenen Leidenschaften aus und er erfährt nie Befriedigung und Erfüllung. „Vor allem anhand der Geschichte Israels wird deutlich, wie dies aussieht. Wer den Heiligen Gott mit Füssen tritt darf sich nicht über dessen gerechte Reaktion wundern." Dieses Zitat von Müller verdeutlicht, dass Gottes Zorn nur zur Züchtigung dient und die Rückkehr zur Beziehung mit Gott in Liebe, Gnade und Barmherzigkeit anstrebt. Als Fazit kann man sagen, dass Müllers Text „Gottes Zorn" am ehesten in die vierte Option eingeordnet werden kann, jedoch auch Aspekte der dritten Option aufweist.

# 9 Gottes Name

## 9.1 Reflexionsprozess I

### 9.1.1 Thematische Hinführung zum Reflexionsimpuls

Ich begrüße Sie zu unserer achten Sitzung der Vorlesung 'Gott denken'. Wenn Sie auf die Übersicht zu dieser Vorlesung geschaut haben, dann haben Sie sich vielleicht gefragt, was denn das Brisante an dem heutigen Thema ist. Bei Gottes Macht, Gottes Gewalt oder Gottes Rechtfertigung liegt die Spannung jeweils auf der Hand. Aber hier? Wahrscheinlich würden SchülerInnen von sich aus nicht danach fragen, was es mit dem Namen Gottes auf sich hat. Tatsächlich ist es so, dass die Personalität Gottes zunehmend in den Hintergrund tritt (→ **Gottes Rechtfertigung**) und damit auch die Bedeutung eines Namens. Wenn Gott eine höhere Macht ist, eine Kraft oder ein Prinzip, dann schwindet das Bedürfnis, Gott mit einem Namen anzureden. Jemanden mit seinem Namen anzusprechen ist uns ja vor allem dann wichtig, wenn wir eine Beziehung aufbauen wollen. Namen, genauer Eigennamen, werden aber auch wichtig, um ein Individuum von anderen Vertretern seiner Art abzuheben, bestimmte Fähigkeiten oder Handlungen zu vereindeutigen. Auch dieses Bedürfnis lässt in Bezug auf Gott deutlich nach. Die genaue Identifizierung Gottes ist nicht so wichtig, zum einen weil manche wie selbstverständlich glauben, dass dies gar nicht nötig ist – Gott ist eben der eine Gott –, und zum anderen ist für manche klar, dass z.B. die Bibel nur ein menschlicher Zugangsversuch zum Göttlichen selbst ist. Wir geben unseren Bildern von Gott einen Namen, aber haben wir damit überhaupt Gott als den im Namen Bezeichneten erfasst? Ist die traditionelle Rede von Gott, der an die biblische Geschichte gebunden ist, nicht viel zu begrenzend und menschlich für Gott? Die gegenwärtigen Trends – Entpersonalisierung Gottes (1), genauso aber auch seine selbstverständliche Eindeutigkeit (2) sowie die Dechiffrierung unseres Zugangs als Bild (3) – stellen für das traditionelle Gottdenken eine große Herausforderung dar, die sich gut am Umgang mit seinem Namen festmacht.[265]

In der heutigen Sitzung möchte ich einerseits auf Strukturen unserer Gottesrede im Umgang mit seinem Namen hinweisen, die wir meistens intuitiv nutzen, und anderseits möchte ich Gottes eigenes Verhältnis zu seinem Namen aus Sicht der Bibel ins Spiel bringen. Dieses Input soll Ihnen dabei helfen, zu den drei Phänomenen Stellung zu beziehen. Für die Reflexionsaufgabe zu Beginn der heutigen Sitzung habe ich die Unterscheidung zwischen dem christlichen Gottesbild und dem Göttlichen selbst gewählt, die Ihnen in der Form der folgenden Frage durchaus ab der Sekundarstufe I im Religionsununterricht gestellt werden könnte: „Ist es eigentlich von Bedeutung, ob wir Gott als Allah,

---

[265] Vgl. insbesondere hierzu Rudolf Englert, der eine Abnahme des persönlichen Gesprächs mit Gott in Form des Gebets beobachtet, weil das ‚Du' fehlt (vgl. *Englert*, Gottesglaube hier und heute, 2007, 180) und darüber hinaus die Referenzen der Fußn. 213 und 214.

228

Jahwe, Gott-Vater anrufen? Das sind doch eh nur verschiedene Formen des Göttlichen, die wir als gleich-gültig akzeptieren müssen.‟

### 9.1.2    Exemplarische studentische Reflexionen

**a) Meike:**

1.) Der christliche Glaube entspringt im Volk Israel. Das Judentum und der Islam lassen sich auf diesen gleichen Ursprung zurückführen. Ich glaube, dass es nur das eine Göttliche gibt. Die Beschreibung, dass dieses Göttliche ganz praktisch verschiedene Formen annehmen kann, ist jedoch zu einfach gedacht. Eher kann man annehmen, dass Gott von den verschiedenen Völkern auf unterschiedliche Weise als Gott erkannt wurde. Gott selbst verändert seine „Gestalt und sein Wesen" dabei nicht. Die Idee des Einen Göttlichen, dass die Völker umfasst, liegt auf dem Weg zu Gemeinsamkeit und Frieden unter den Religionen.

**b) Thomas:**

Ich denke, in erster Linie ist es zweitrangig wie wir Gott nennen, ob nun Vater oder Gott oder aber eben z. B. Allah. Denn auch dies ist nur ein Name Gottes, der sich in bestimmten Kulturen durchgesetzt hat. Wichtig ist, meiner Meinung nach, dass wir ihm mit Ehrfurcht und Respekt entgegentreten. In mehreren Fällen wird Gottes Name leider missbraucht und es werden in seinem Namen Morde begangen. Das hat dann aber auch nichts damit zu tun, wie er von diesen Menschen genannt wird, sondern wie sein Wort ausgelegt wird.

### c) Tanja:

**Frage: Was halten Sie von der Äusserung?: „Es ist doch egal, ob wir Gott als Allah, Jahwe, Gott-Vater anrufen. In den Religionen werden eh nur verschiedenen Formen für das göttliche Angerufen."**
Ich denke, dass der Unterschied zwischen den verschiedenen Religionen liegt, darin, dass sie unterschiedliche Regeln, Vorangehensweisen und „Kulturen" im Bezug auf das Religiöse haben. Da es unterschiedliche Religionen gibt, gibt es auch Unterschiedliche Namen/Bezeichnungen, für den einen Herrn, genau wie z.B. „Mensch" in verschiedenen Sprachen anders heißt bzw. ausgesprochen wird. Der Unterschied liegt meiner Meinung nach einfach darin, wie die Religion praktiziert wird. Wie Gott dann genannt wird, ist dann wohl egal. Die verschiednen Namen, z.B. Allah beim Islam, kann man zu ihren religionen zuordnen. Auch in der Bibel gibt es mehrere Bezeichnungen für den Gott, z.B. „Herr", „Gott", „Jahwe", etc. Deswegen stimme ich der Äusserung zu, denn die Sprache und die Art der Sprache ist irrelevant für den Glauben und das Anrufen des Herrn.

## 9.2    Gottes Name als theologisches Problem

### 9.2.1    *Gattungsbegriff, Eigennamen und Gottesprädikate*

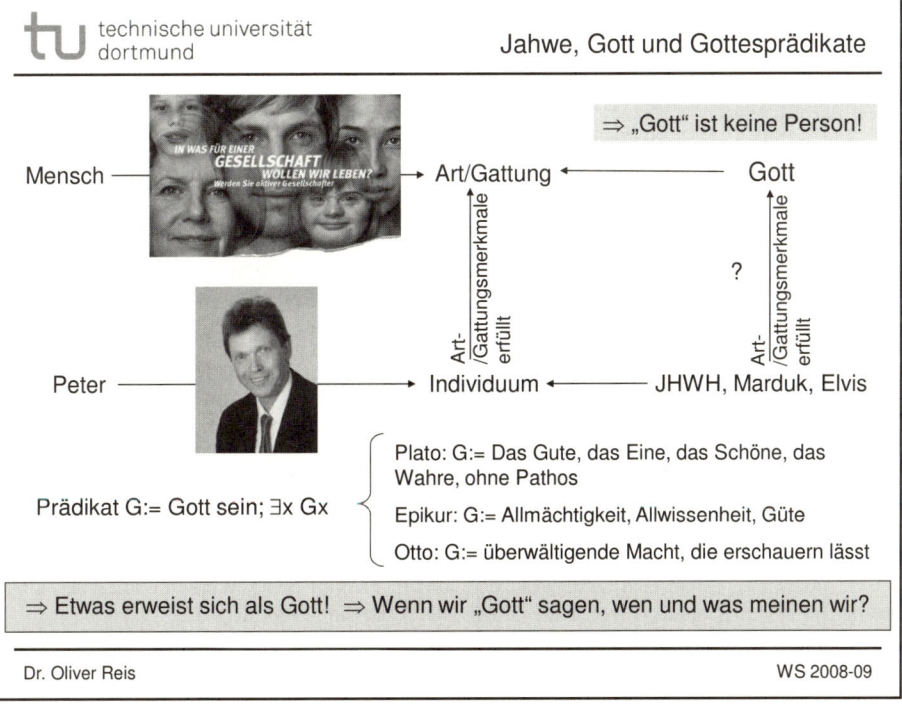

Ich möchte zunächst mit der Unterscheidung von Eigennamen und Art-
bzw. Gattungsnamen beginnen. Im engeren Sinne verstehen wir Namen als
individualisierende Eigennamen. So kennzeichnet der Name ‚Peter' das abgebildete Individuum. ‚Mensch' ist dagegen der Name unserer Art innerhalb der
Gattung der Säugetiere. Mit Aristoteles lassen sich alle Individuen als Träger
von Eigenschaften/Prädikaten beschreiben. Eine bestimmte Auswahl solcher
Eigenschaften verbindet die Individuen mit anderen, die über diese Eigenschaften eine Art bilden. Individuen, die Träger solcher Eigenschaften sind und die
nicht ihrerseits tragende Eigenschaften sind, nennt Aristoteles ‚Subjekte'.[266]
Gattungen fassen dann Arten über bestimmte gemeinsame Eigenschaften zusammen. Auch die Arten bekommen einen Namen, die sie von anderen Arten —
Wale von Menschen — genauso wie Gattungsnamen Gattungen voneinander
unterscheiden. Wir können auch Individuen anderer Arten als der des Menschen
Eigennamen geben wie unserem ‚Bello' von der Art der Hunde von der Gattung
der Säugetiere. Eigennamen tragen oder geben wir in der Regel nur solchen
Objekten, die uns als intentionale, d.h. absichtsvoll handelnde Akteure gegen-
übertreten. Ausnahmen wie ‚Herbie', der Käfer, oder ‚Spongebob', der Bade-
schwamm, bestätigen diese Regel eher noch, sie zeigen, dass wir bei unserer
Interpretation, welches Objekt als intentionaler Akteur gelten kann, sehr weit zu
gehen bereit sind.[267] Eigennamen machen aus Objekten eben unverwechselbare
Individuen.

Diese Unterscheidung zwischen Namen als Eigennamen und Namen als
Allgemeinbegriffen ist für unser Thema sehr wichtig, denn JHWH oder Marduk
– das ist der babylonische Hauptgott – oder auch Elvis Presley sind Eigennamen, die Individuen kennzeichnen. Der Begriff ‚Gott' bezeichnet eine Gattung,
ist also ein Allgemeinbegriff. Wenn wir sagen, dass ‚Gott' die Welt geschaffen
hat, dann haben wir strenggenommen einen sogenannten Kategorienfehler begangen, der immer dann auftritt, wenn in einer Aussage ein Ausdruck durch
einen Ausdruck einer anderen Kategorie (hier: Kategorie Individuum durch
Kategorie Gattung) ersetzt wird, der von seiner Verwendung her nicht in diese
Aussage gehört.[268] Z.B. wenn wir sagen, dass unser Gehirn denkt oder die Universität zwischen Bibliothek und Hauptgebäude liegt. Nicht Gott hat die Welt
geschaffen, sondern Jahwe oder Marduk, da nicht die Gattung „Gott" die Welt
geschaffen hat sowie auch nicht die Menschheit über die Straße geht. Kategorienfehler dieser Art können aus Unwissenheit über die korrekte Verwendung der
Ausdrücke entstehen, sie können aber auch beabsichtigt sein, um Kategorien-
grenzen zu überwinden. Und so ist das auch in diesem Fall: Wir verwenden den
Begriff ‚Gott' wie einen Eigennamen einer Person (Lieber Gott, steh mir bei!)

---

[266] Vgl. *Aristoteles*, Kategorien, in der Ausgabe von: *H. Flashar* (Hg.), Werke in deutscher Übersetzung, Bd. I.1, Aristoteles, übers. u. erl. v. *Kl. Oehler*, Berlin ²1986, Kap. 2-5.
[267] Diesen Aspekt untersucht sehr spannend der Philosoph Daniel C. Dennett (vgl. *Daniel C.
Dennett*, Mechanism and Responsibility, in*: G. Watson* (Hg.): Free Will, Oxford UP ¹1982, 150-
173.
[268] Vgl. hierzu *Gilbert Ryle*: Der Begriff des Geistes. Stuttgart 1969.

und schleifen dabei eine wichtige Differenz. Denn wenn wir uns klar machen, dass 'Gott' zunächst eine Art meint, dann heißt das zweierlei: Erstens gibt es eine Menge von Individuen, die zu dieser Art gehören. Formal: $\exists X := \{x | Sx \wedge Gx$; mit $S :=$ „ist seiend" und $G :=$ 'ist Gott'$\}$. Das betrifft den *Begriffsumfang*. Zweitens ist nach den Eigenschaften zu fragen, die das Gottsein ausmachen. Das betrifft den *Begriffsinhalt* ($\to$ **Gottes Dasein**). Und der Begriffsinhalt ist in der Religionsgeschichte ganz unterschiedlich gefasst worden. Ich habe Ihnen drei verschiedene Prädikate G herausgesucht:

Der griechische Philosoph *Platon* (428/7-348/7) sagt in seinem berühmten Buch „Politeia/der Staat": Götter sind die, die absolut gut, wahrhaftig, unteilbar, unveränderbar und leidensunfähig sind.[269] Wenn wir G so verstehen, dann kann für keinen Menschen Gx gelten, weil er/sie leidet und sterblich ist. Für *Epikur* dagegen, den wir schon bei **Gottes Rechtfertigung** kennen gelernt haben, besteht das Gottsein darin, dass dieses Individuum allmächtig sein muss, allwissend und gütig. Sie sehen bestimmte Eigenschaften, die die hellenistische Philosophie prägen, haben die beiden Prädikate im Begriffsinhalt gemeinsam, aber der Begriffsinhalt ist nicht insgesamt identisch. Der evangelische Theologe und Religionswissenschaftler *Rudolf Otto* (1869-1937) würde sagen: Götter sind Divinationen, d.h. erfahrbare Erscheinungen des Numinosen, das uns fasziniert und erschreckt, und die eine solche überwältigende Macht haben, dass sie uns erschüttert und zugleich bindet.[270] Elvis Presley, oder besser Bill von „Tokio Hotel" wäre dann für manche Jugendliche – offenbar selbst für Amerikaner – nach Rudolf Otto ein Gott; nach Epikur und nach Platon dagegen nicht.

Woher kommen diese verschiedenen Gottesprädikate? Das Gottesprädikat wird in seinem Begriffsinhalt aufgeladen mit dem, was Gott für uns sein soll. Die griechischen Philosophen verstanden Gott als absolute Steigerung der menschlichen Möglichkeiten, der als Schlussstein die Perfektion des Kosmos sichert. Wenn Sie in Ihren allerersten Text in der Vorlesung zur Bedeutung Gottes schauen, dann werden Sie ein eigenes 'Anforderungsprofil' erstellt haben. Und wenn ich heute in der Vorlesung ein Cluster mit den Eigenschaften erstellen würde, dann würde ich wieder so viele Bündel an Eigenschaften erhalten, wie Personen im Raum sind. Der Begriffsinhalt ist darauf bezogen, was wir – meist in Nähe und gesteigerter Analogie zu dem, was wir als Macht erleben[271] – von Gott erwarten. Und wenn uns Individuen begegnen, dann ist die normale, hellenistisch-geprägte Reaktion, dass wir prüfen, ob das Individuum die Eigenschaften erfüllt oder nicht, indem es die Erwartung erfüllt. Wir prüfen also, ob x unter G fällt.

---

[269] Vgl. *Platon*, Der Staat (Politeia), übers. u. hg. v. *K. Vretska*, Stuttgart 2004, 2. Buch (379-385).

[270] Vgl. *Rudolf Otto*, Das Heilige. Über das Irrationale in der Idee des Göttlichen und sein Verhältnis zum Rationalen; Nachdruck d. ungekürzten Sonderausgabe, München 1997, Kap. 4,6 und 20. Das Buch lässt sich gut lesen und ist immer noch ein interessanter Versuch, die Gotteserfahrung im 'Hauptgebäude' zu denken ($\to$**Gottes Dasein**).

[271] Vgl. *Werbick*, Gott verbindlich, 2007, 31f., 38.

Damit ist aber auch klar, dass sich mit dem jeweiligen Begriffsinhalt auch der Begriffsumfang verändert. Je nachdem, wie wir also das Prädikat des Gottseins fassen, fallen andere Individuen darunter. JHWH, Marduk und Elvis können zu Recht „Gott" genannt werden, wenn wir das Gottsein entsprechend definieren. Die Unterscheidung von Individuum und Gattung von Eigenname und Gattungsname macht deutlich, dass die Gottesrede immer offen lässt, erstens was für ein Gottsein wir meinen und zweitens welche Individuen damit gemeint sind. Korrekterweise muss dies immer mit benannt werden, damit die Aussage wahr oder falsch sein kann und Verständigung möglich ist. Wir sollten das Individuum benennen und die Erwartungen, die damit verbunden sind. Es ist eben ein Unterschied, ob ein Fußballspieler von Gott Kraft erwartet, das entscheidende Tor zu schießen und im Kreuzzeichen bei Betreten des Rasens dieser Kraft Ehre darbringt. Oder ob ein Fußballspieler Gott um ein friedliches Spiel bittet, das die Menschen erfreut und Zeugnis von der schöpferischen Kraft Gott ablegt.

Wenn wir dagegen in unserer Tradition die Differenz schleifen und ‚Gott' wie einen Eigennamen benutzen, dann ist dieser Unterschied eingeebnet. Die Verschmelzung ist die Folge theologischer und religionspolitischer Durchsetzung des theoretischen Monotheismus des jüdisch-christlichen Gottes. D.h., dass es für uns nicht nur einen Gott gibt, sondern dass es überhaupt auch nur einen Gott gibt.[272] Damit legen wir fest, dass nur ein Individuum, nämlich Jahwe, als der Vater Jesu, unter das Gottesprädikat fällt. Wir tun damit so, also könnte diese Reduktion des Begriffsumfangs auch den Begriffsinhalt vereindeutigen. Die religionspolitische Bedeutung dieses Prozesses ist, dass dadurch die Vielfalt an Gottesprädikaten und damit auch der vielfältige Verehrungsanspruch von Individuen als Götter minimiert werden. Da mit diesem Anspruch immer auch soziale Herrschaft oder zumindest Machtkonkurrenz verbunden ist (→ **Gottes Dasein, Gottes Macht**) ist der Erfolg dieser Reduktion nicht unwichtig.

---

[272] Ob der Begriff eines „theoretischen Monotheismus" überhaupt zum Alten Testament passt, ist umstritten (vgl. *Brevard S. Childs*, Die Theologie der Einen Bibel, Bd. 2, Hauptthemen, Freiburg 1996, 19; *Walter Zimmerli*, Grundriß der alttestamentlichen Theologie, Stuttgart/Berlin/Köln. ³1978, 34). Deutlich ist aber, dass die ursprüngliche Alleinverehrung (Monolatrie) insbesondere von Deutero-Jesaja weiter radikalisiert wurde, wenn in Jes 44,24 Jahwe selbst seine Einzigkeit verkündet. Und genau an diese Einzigkeit knüpft auch das christliche Verständnis des Monotheismus an, wenn das 1. Vatikanische Konzil in *Dei filius* festhält: „Dieser alleinige wahre Gott hat in seiner Güte (…) aus völlig freiem Entschluss vom Anfang der Zeit an aus nichts zugleich beide Schöpfung geschaffen, die geistige und die körperliche, (…)" (DH 3002). Dieses durchgehaltene monotheistische Bekenntnis muss aber nicht zwingend als Existenzaussage Gottes, bzw. Nichtexistenzaussage anderer Götter verstanden werden, sondern kann auch als Ausdruck für den alleinigen Willen Jahwes/Gott-Vaters gelesen werden, das von ihm gesetzte Gottsein G auch zu erfüllen und der Welt Gerechtigkeit zu bringen. Dann bleibt das Ringen um die Monolatrie auf diese Zusage hin aktuell – und damit auch die Aufgabe, andere Bestimmung von G und die damit verbundene Suche nach anderen Individuen aufzugeben, die unter ein anderes G fallen können (vgl. hierzu *Georg Braulik*, Art. ‚Monotheismus, biblisch-theologisch', in: ³LThK, Bd. 7, Sp. 424-426; *Georg Essen*, Art. ‚Monotheismus, systematisch-theologisch', in: ³LThK, Bd. 7, Sp. 428-430; *Childs*, Die Theologie der Einen Bibel, 1996, 15,19.

Hat sich die Vorstellung eines theoretischen Monotheismus' erst einmal durchgesetzt, kann der Gattungsname auf dieses Individuum als Eigenname übergehen. Wenn es nur noch eine Katze gibt, dann macht es Sinn, das eine Tier ‚Katze' zu nennen. Doch hat es kritische Folgen, wenn die Differenz Eigenname/Gattungsname geschleift wird. Zwei möchte ich herausgreifen: 1. Was ist mit den individuellen oder mit kulturell dominanten Gottesprädikaten, die dann zwangsläufig auf dieses Individuum bezogen werden? Wenn Sie Erwartungen an (einen) Gott haben, die das Individuum selbst gar nicht tragen möchte? Wir sind bei dem Thema **Gottes Macht** und **Gottes Rechtfertigung** schon darauf gestoßen: Wir definieren u.a. Gottsein so, dass wir sagen: Alle Individuen, die sich Gott nennen, müssen allmächtig und allgütig sein in dem Sinne, dass sie unser Leid verhindern können. In der christlichen Gottesgeschichte wurde der Begriffsinhalt von ‚Gott' so vollgeladen mit Eigenschaften, damit ‚Gott' für alle möglichen Erwartungen stehen kann.[273] Auch die obigen Eigenschaften der antiken-hellenistischen Gottesprädikate sind ja auf ihn gelegt worden, wie wir an dem Problem der Allmacht gesehen haben. Hier ist das Problem, dass wir das Wort ‚Gott' weiterbenutzen, ohne zu prüfen, ob wir überhaupt noch ein bestimmtes Individuum damit meinen können. 2. Wenn der Begriff ‚Gott' so personal an das eine Individuum gebunden ist, übersehen wir leicht, dass wir andere Individuen schon längst als Gott behandeln. Vielleicht sind es dann doch zwei oder drei Individuen, die unter unser wirkliches Prädikat Gottsein fallen, aber das wird gar nicht mehr thematisierbar. Die Konkurrenz, die mit der Identifizierung von Eigenname und Gattung überwunden werden soll, bleibt ja faktisch bestehen, ihre Überwindung ist ein Glaubensauftrag. Nur wird die Konkurrenz selbst nicht mehr beobachtbar, weil der Gottesbegriff zu stark auf ein Individuum als Eigenname vereindeutigt wurde, so dass der Begriff als Beobachtungsbegriff für irdische Phänomene ausfällt. Vielleicht beten wir längst das Falsche unter dem scheinbar eindeutigen Namen ‚Gott' an? Und das geht eben, wie Jürgen Werbick feststellt:

> „Das Falsche als Gott anzurufen, das bedeutete: sich blenden zu lassen von der Größe dieser Welt und auf die Großen seine Hoffnung zu setzen. Es bedeutete nicht wahrzunehmen, was von ihnen ausgeht, woher sie ihre Macht nehmen und wozu sie sie gebrauchen; was für sie Gerechtigkeit meint und was ihnen deshalb als erstrebenswert erscheint."[274]

Beide Aspekte sind in der jüdisch-christlichen Denktradition immer sehr kritisch beobachtet worden. Neben dem Trend den Eigennamen mit den verschiedenen Eigenschaften vollzuladen und damit immer vielfältigere und in sich widersprüchliche Verehrung auf sich zu ziehen, gibt es in der Bibel und auch in der Kirchengeschichte den Gegentrend, den Begriffsinhalt zu klären, damit mit ‚Gott' auch wirklich das Individuum Jahwe/Abba Jesu bezeichnet wird. Durch die Ausscheidung bestimmter Eigenschaften aus G treten dann andere Götter

---

[273] Vgl. hierzu die Seite des selbstverständlichen Gottes in *Ruster*, Der verwechselbare Gott, 2000a.
[274] *Werbick*, Gott verbindlich, 2007, 32.

eben wieder als Götter auf und müssten als scheinbare Götter entlarvt werden.[275] In diesem Prozess richtet sich der Fokus wieder auf den Eigennamen, weil der Name eben der Zugang zum Individuum ist und damit auch zu seiner Beziehung zu den Menschen. Der Name steht dafür, was wir von diesem Individuum als Gott erwarten können.

*S1: Ich weiß nicht, ob der Name essentiell ist, denn wenn ich nur den Namen kenne, weiß ich, dass es Jahwe ist, aber wenn ich mir dann Marduk darunter vorstelle, dann bringt mir ja der Name nicht viel!?!*

Das ist aus unserer Perspektive auf den ersten Blick richtig, weil uns unsere Name doch eher wie zufällige Etiketten vorkommen, die mit verschiedenen Bedeutungen aufladbar sind, die aber überhaupt keinen Anhaltspunkt in unserer Person haben. Das ist für das antike, aber auch für das biblische Denken unvorstellbar.[276] Aber stimmt das auch für uns wirklich? Auch bei uns hat ein Namen doch eine Bedeutung. Wenn Eltern ihrem Kind einen Namen geben, dann haben die Eltern eine Ahnung, einen Wunsch, was für eine Geschichte die des Kindes sein wird. Der Name kennzeichnet auch heute noch immer eine Verheißung für das zukünftige Leben. Die Heiligen, die früher die Namenspatrone waren, gingen mit der Person auch eine Verbindung ein. Sie waren ein Bezugsbild, das man annehmen oder ablehnen kann, aber immer prägt es damit das Leben. Die Namensgebung ist im Grunde bis heute ein machtvoller Akt, wenn wir darüber die Zukunft mitbestimmen. So ist im jahwistischen Schöpfungsbericht die Namensgebung der Tiere durch den Menschen konzipiert (Gen 2,19f.), so stehen aber auch die mit ‚Kevin‘ benannten Kinder dieses Landes unter bestimmten Erwartungen, was zum Beispiel die Leistungserwartung in der Schule angeht. Aber auch rückwärts betrachtet, verbinden wir mit einem Namen eine Geschichte, die die Gegenwart bestimmen wird. Die Namen ‚Gerhard Schröder‘ oder ‚Daniel Küblböck‘ sind mit einer Geschichte aufgeladen, der sich die Personen, die diesen Namen tragen und durch diese Namen gekennzeichnet sind, kaum entziehen können. Bei den Göttern ist diese Verbindung noch viel wichtiger! Die Völker oder auch heute die religiösen Individuen, die sich einem Gott unterstellen, verbinden mit diesem Namen eine verbindliche Geschichte. Wird der Name gerufen, wird der Kontakt zu diesem Individuum in seiner Geschichte mit dem Anrufer hergestellt.

*S2: Angenommen, ich werde jetzt in das christliche Gottesbild eingeführt und das geschieht unter dem Namen ‚Allah‘, dann ist es ja für mich egal, ob ich den Allah oder Jahwe nenne. Ist der Name nicht doch unwichtig?*

Begriffe sind solange Schall und Rauch, solange sie nicht sozial gebraucht werden. Natürlich können Sie das Wort ‚Allah‘ mit der christlichen Geschichte

---

[275] Vgl. hierzu die Seite des fremden Gottes in *Ruster*, Der verwechselbare Gott, 2000a.
[276] Vgl. *Gerhard von Rad*, Theologie des Alten Testaments. Bd. 1, Die Theologie der geschichtlichen Überlieferungen Israels, München [4]1962, 195f.

aufladen, solange Sie erstens keinen Kontakt zu einer christlichen Gemeinde haben – kann das dann noch eine christliche Erziehung sein? – und zweitens keinen Kontakt zu außerchristlichen religiösen Diskursen haben und dort von einer anderen Geschichte mit diesem Namen erfahren. Die magische Seite der Namensbedeutung, dass nämlich wirklich jenseits der sozialen Konstruktion eine wesenhafte Beziehung zwischen Namen und Individuum besteht, deute ich nur an: Vielleicht wird ein ‚Vater unser' an Allah gerichtet nicht erhört? Es ist vielleicht ein mächtiges Individuum (in Wahrheit eine Gattung!), aber entsteht durch das Gebet eine Kommunikation, die zu ihm und seine Erwartungen an uns gehören? Vielleicht gelingt ein Leben gar nicht, wenn zum falschen Individuum die richtigen Worte gesprochen werden? Wie gesagt, das ist für uns heute spekulativ, aber diese starke Namensbeziehung zur Person wird in der Bibel durchaus vorausgesetzt, wie wir gleich hören werden. Aber auch so ist sicher: Wenn Sie in der heutigen Zeit z.B. davon reden würden, dass Allah sich dreifaltig in seiner Einheit zeigt, dann würden Sie entweder keine Reaktion erhalten oder die Rückfrage: „Meinst du jetzt wirklich Allah oder wen meinst du?"

Ich halte fest: 1. Mit dem Eigennamen konkretisiert ein Individuum x die Möglichkeiten seiner Beziehung. 2. Damit ein Individuum x als Gott verehrt werden kann, müssen seine Möglichkeiten, die im Namen bestimmt sind, zu den Erwartungen von Menschen an einen Gott passen. 3. Eine Gruppe verehrt x als Gott, weil die kommunizierten Erwartungen zu den Möglichkeiten passen. x ist dann Gott auf eine bestimmte Weise für diese Gruppe. 4. Der Name von x ist der Zugang zu den Möglichkeiten. Wird er gerufen, steht das Gottsein von x auf der Probe. Misslingt die Probe, ist dann entweder das Gottsein/der Begriffsinhalt zu prüfen oder ob x es noch erfüllt/der Begriffsumfang bei einem beibehaltenen G. 5. Dieses Moment der Krise ist uns vertraut. Wir haben es bei **Gottes Macht** in den Momenten der Machtkrise und des Machtvertrauen kennen gelernt, es liegt aber auch der Theodizee-Anfrage aus **Gottes Rechtfertigung** zugrunde: „Gott warum hast du das Leid zugelassen?" Wir fragen hier, wie Jahwe eigentlich sein müsste, wenn er wirklich *unser* Gott ist. Wir haben ein G, zu dem das Verursachen von Leid aufgrund seiner Güte nicht gehören darf und aufgrund seiner Allmacht nicht gehören muss. ‚Leid verursachen' ist in der katholischen Theologie seit den 60er Jahren als Eigenschaft aus G gestrichen – wie wir in **Gottes Gewalt** gesehen haben, gilt dies auch für die Eigenschaft ‚Gewalt antun'. In allen drei Fällen war es nötig, einen Perspektivwechsel zu vollziehen und von Gott aus als sein Geschöpf auf die Anfragen zu schauen.[277]

Mit der heutigen Sitzung können wir sagen, dass diese Probleme im Kern daraus resultieren, dass unsere Erwartungen an das Gottesprädikat nicht erfüllt sind, und wir unser Prädikat, gefüllt mit unseren Erwartungen, mit dem Indivi-

---

[277] Die Aufgabe besteht darin, in die Beziehung zu Gott zurückzukehren und damit überhaupt erst sensibel zu werden für Gottes Selbst- und Dasein. Wie können wir aus der Sackgasse herauskommen, dass seit der Neuzeit „Menschengedanken und Menschenprobleme (…) zunehmend darüber [bestimmen; O.R.], was Gott den Menschen noch bedeuten kann" (*Werbick*, Gott verbindlich, 2007, 46; vgl. zu diesem Perspektivwechsel insgesamt 41-47).

duum „Vater Jesu" verwechselt haben. *Deshalb haben wir keine Krise des Gottesprädikats – wie wir genau sagen müssten –, sondern eben eine vermeintliche Gotteskrise!* Das ist als Folge der Identifizierung von Eigenname und Gattungsname verständlich, fällt aber letztlich auf uns zurück.

Wie Sie mit dieser Situation umgehen, bleibt Ihnen überlassen und wird vermutlich sehr stark von der *Grundoption* her bestimmt. Sie können sich a) auf die Suche nach einem anderen Individuum begeben, das Ihre Ansprüche erfüllt. Sie können b) dies so verstehen, dass es eben nur Ihre menschlichen Erwartungen waren, die unrealistisch sind. Kein Individuum kann überhaupt solche Erwartungen erfüllen. Vielleicht behält man das Gottesprädikat, muss es ja nicht gleich entsorgen, aber es wird nie mehr als eine Utopie sein. Sie können c) auch in diesem Fall einen Perspektivwechsel vollziehen und *zuhörend ordnend* der Frage nachgehen, wie Gott-Vater selbst seine Beziehung zu G bestimmt. Das möchte ich im Folgenden tun.

### 9.2.2 Kein Individuum erfüllt das Gottesprädikat außer Jahwe – Jahwe legt seinen Namen in die Waagschale

Wenn wir die biblischen Texte auf diese Frage hin befragen, dann fällt auf, dass z.B. in Psalm 82 Jahwe selbst das Prädikat G definiert. Das ist eine der zentralen biblischen Botschaften, die ich zu dem Thema für mich gelernt habe, die uns aber im Grunde genommen auch schon vertraut ist. Wenn Sie an **Gottes Rede** denken, dann haben wir dort auch schon gelernt, dass das Wort Gottes bestimmt, was wirklich ist und nicht die Normalrealität, was am Wort Gottes wirklich ist. So ist das auch hier: Nicht wir bestimmen G und schauen dann, welches Individuum x unter G fällt, sondern zunächst einmal setzt Jahwe einen Anker, indem er selbst G definiert. Lesen wir Ps 82[278], Sie haben den Text in *ews* gefunden [**vgl. EWS Text 26**].

---

**Psalm 82**

**1** Gott steht auf in der Versammlung der Götter, / im Kreis der Götter hält er Gericht. **2** «Wie lange noch wollt ihr ungerecht richten / und die Frevler begünstigen? **3** Verschafft Recht den Unterdrückten und Waisen, / verhelft den Gebeugten und Bedürftigen zum Recht! **4** Befreit die Geringen und Armen, / entreißt sie der Hand der Frevler!» **5** Sie aber haben weder Einsicht noch Verstand, / sie tappen dahin im Finstern. / Alle Grundfesten der Erde wanken. **6** «Wohl habe ich gesagt: Ihr seid Götter, / ihr alle seid Söhne des Höchsten. **7** Doch nun sollt ihr sterben wie Menschen, / sollt stürzen wie jeder der Fürsten.» **8** Erheb dich, Gott, und richte die Erde! / Denn alle Völker werden dein Erbteil sein.

---

Sie sehen, dass dieser Psalm noch keinen theoretischen Monotheismus voraussetzt, sondern um diesen ringt. Jahwe tritt als Richter im Kreis der Götter auf und hat damit schon eine besondere Stellung zugeschrieben bekommen. Die Verse 2 bis 4 beschreiben dann, was ein Individuum, das zu Recht Gott genannt werden will, zu tun hat: gerecht richten, zum Recht denen verhelfen, die es aus

---

[278] Zum exegetischen Hintergrund vgl. *Alfons Deissler*, Die Psalmen, Düsseldorf ²1979, 318-321.

eigenen Stücken nicht können, die Geringsten und Armen aus Notsituationen befreien, sie aus ihrem Schicksal als Spielball der Mächtigen befreien. Vers 5 ist die Anklage, dass die Götter in ihrem Amt versagt haben – sie sind keine rechtmäßigen Träger des Prädikats, würden wir sagen. Die Verse 6 und 7 ziehen deshalb die einzig notwendige Konsequenz: Die Individuen verlieren ihren Status und werden sterblich. In diesem Urteilsspruch – in der Unterscheidung von Recht und Unrecht – erweist sich Jahwe vor dem Hintergrund des vorgestellten G als Gott, was in Vers 8 durch die Proklamation der irdischen Beobachter bestätigt wird. Damit kommt zusammmen, was ich eben festgehalten habe: Jahwe zeigt seine Möglichkeit des Richtens — und diese Möglichkeit trifft die Erwartungen der Menschen an G — und wird deshalb als Gott verehrt. Dass Israel selbst nicht immer an diesem G festhält und den Begriffsinhalt anders versteht und sich deshalb andere Individuen sucht, die dem G besser entsprechen, davon erzählt die Bibel auch. Aber hier haben wir einem Moment, in dem die Welt – natürlich aus israelitischer Perspektive – und Jahwe als Gott sich finden, weil es würdig und recht ist, wie Jahwe G bestimmt. Für den biblischen Text ist klar, dass alles Leben und alle Zukunft daran hängen, dass dieses von Jahwe bestimmte G in Kraft bleibt. Damit gehört zu Jahwes Möglichkeiten nicht nur die Fähigkeit wahrhaftig Recht von Unrecht zu unterscheiden und sein Recht durchzusetzen, sondern auch die Fähigkeit das Gottsein zu bestimmen.

Aber, so kann man zu Recht fragen, ist das nicht ein Kreisschluss? Wenn Jahwe selbst das legitime Gottsein G bestimmt, dann ist doch klar, dass nur noch er darunter fällt! Müsste er nicht, um das zu können, selbst Gott sein? Aber genau das müsste sich doch erst noch erweisen? Und genau auf diesen Punkt steuert der Text zu: Jahwe ist Gott, er ist der Maßstab und wenn er sich als Gott erweist, dann gibt es kein Kriterium mehr, sein Gottsein als gerecht oder ungerecht zu unterscheiden. Akzeptieren wir das, wählen wir nicht mehr das Individuum für uns als Gott, sondern wir stimmen einem Individuum zu, das uns erwählt hat, für uns Gott zu sein. Lassen wir das zu? Können wir so unsere Kontrolle über unsere Erwartungen, wie ein Gott zu sein hat, aufgeben? Vertrauen Sie darauf, dass Jahwe in der biblischen Offenbarung derjenige ist, der bestimmt, was Gott ist oder wer Gott nicht ist oder wollen Sie selbst bestimmen, wie Ihr Gott zu sein hat: Leid verursachen darf nicht vorkommen! Keine Gewalt! Tolerant muss er sein und nachsichtig! Zum Anlehnen, keine großen Forderungen! Immer positiv bestärkend, nicht zu kritisch! Neutral, auf jeden Fall unparteiisch, aber natürlich Ihre Interessen wahrend! Sind Sie bereit, sich an einen Text zu hängen, der — wie wir ja gelernt haben — von Menschen kommt und der von einem Jahwe erzählt, dass dieser Jahwe definieren kann, wie das Gottsein geht? Es geht nicht darum, den Autoren zu glauben, sondern der Perspektive, die dieser Text annimmt, der eine Erzählgemeinschaft bindet. Und nur in dieser Erzählgemeinschaft funktioniert der Perspektivwechsel (→ **Menschen denken Gott**), macht es Sinn zu beten: Die einzige Bitte, die ich habe ist: Jahwe, Vater-Jesu, erweise dich als Gott.

technische universität dortmund

Jahwe und sein Gottsein

I. Perspektivwechsel: JHWH selbst definiert G für alle Geschöpfe x und richtet über x, ob x das Prädikat G verdient:

Psalm 82:

G:= Recht sprechen, parteiisch mit denen sein, die ihr Recht nicht durchsetzen können, befreien aus (legalen) Unrechtsstrukturen.

⇒ Kein x verdient das Prädikat G und darf sich über die anderen Geschöpfe erheben!

II. Im Namen JHWH vollzieht das bezeichnete Individuum das selbst definierte G-sein (‚Elohim') - und gibt seine Transzendenz auf:

Psalm 75:

Im Namen JHWH wird der Rechtsanspruch vom Himmel aus über die Schöpfung ausgegossen und wird er anrufbar für alle x.

⇒ Der Name bewirkt, was er bezeichnet! (Problem des Missbrauchs!)

Dr. Oliver Reis                                                                      WS 2008-09

Denn dann nimmt unser Glaube uns hinein in den Kreisschluss und ermöglicht es uns, dass wir mit Gott sehen, was unrecht ist und was recht.[279] Wir sollen ja nicht auf Gott starren, sondern auf seine Unterscheidungen – das kennen Sie schon von **Gottes Gewalt**. Und eine Konsequenz ist, sie liegt schon in Psalm 82 begründet: Kein Geschöpf kann noch den Anspruch erheben Gott zu sein, denn die Urteile der Geschöpfe haben immer die eigenen Interessen im Blick, Recht und Unrecht sind bei Geschöpfen an die eigenen Interessen gebunden. Deshalb können sie nicht sehen, wer außerhalb des Rechts gerade sie am meisten braucht. Das hat Auswirkungen für das irdische Leben, da sich damit kein Geschöpf erheben darf, da sonst die Grundfesten wanken (Vers 5) – sowie im Schöpfungsbericht der Baum des Lebens geschützt werden muss (→ **Gottes Rechtfertigung**). Sichtbar wird das aber nur für denjenigen, der Jahwes Gottsein als Perspektive akzeptiert, die selbst nicht perspektivisch ist (→ **Menschen denken Gott**).

*S3: „Aber in Vers 6 steht, dass Jahwe gesagt hat, dass das ja schon Götter sind. Ist es so, dass die Geschöpfe x irgendwann mal den Status G hatten und Jahwe ihnen den Status G weggenommen hat? Aber kann das sein, er ist doch der Schöpfer, dann ist doch klar, dass die anderen nur Geschöpfe sein können!"*

---

[279] Vgl. zur Bedeutung des Namens mit Blick auf die Einfügung in die Gebetsstruktur *Werbick*, Gott verbindlich, 2007, Kap. 1.5.

Während andere Texte sehr schnell dabei sind, das, was andere für Gott halten, als selbstgemachten Götzen zu entlarven (vgl. z.B. Jes 44,9-20), ist dieser Text da offener: er geht von anderen Göttern aus. Wir müssen hier nicht an übernatürliche Himmelwesen denken. In unserer Logik können ja auch Geschöpfe bei einem bestimmten vorausgesetzten G als Gott verehrt werden. Und in Anlehnung an die prophetische Verkündigung können hier die Richter, die Mächtigen Israels gemeint sein, die als Gott verehrt werden.[280] Auf jeden Fall beansprucht Jahwe in der Perspektive Israels, dass Jahwe die Macht hat, ihnen ihr Gottsein G abzusprechen, weil sie ihm nicht gerecht geworden sind. Wir haben genau diese Macht übrigens schon als die Allmacht des *Pantokrators* kennen gelernt, der mächtig gegenüber allem ist, was beansprucht Gott zu sein (→ **Gottes Macht**). Wir sind dieser Macht, Anderem das Gottsein abzusprechen, schon als *Schöpfungs*macht begegnet, die darin besteht, eine gottfreie Welt zu schaffen (→ **Gottes Dasein**). Gerade Ihr Hinweis auf die Schöpfung macht aber noch einmal klar: Die Unterscheidung ‚Gott als Schöpfer/Geschöpf als Nicht-Gott' hängt natürlich daran, dass Jahwe wirklich die Macht hat, G zu bestimmen. Gott als Schöpfer zu verehren bestimmt also nicht, dass in Psalm 82 die Götter keine wirklichen Götter sein können — das ist vermutlich schon von der historischen Textentstehungsreihenfolge her gar nicht möglich! —, sondern umgekehrt: Nur wenn Sie Jahwe als Gott verehren, der G bestimmen kann, werden Sie ihn als Schöpfer verehren. Es gibt keinen Begründungsanfang, auch wenn die Endfassung der Bibel dies mit der Schöpfung am Anfang nahelegt (→ **Gottes Macht**). Sie steigen in diese Struktur ein oder nicht. Aber — und das ist jetzt ganz wichtig — außerhalb dieser Kreisstruktur ist völlig unklar, ob Sie Jahwe meinen und ansprechen, wenn Sie „Gott" sagen. Und dann ist sowohl Ihre Erwartung an G unklar als auch, was Sie von Gott erwarten können.

*S4: Auf der Basis welcher Grundoption arbeiten Sie hier? Sie meinen ja nicht, dass Gott tatsächlich im Himmel aufsteht und die anderen Götter aus dem Himmel stürzt!*

Ich arbeite hier auf der Basis einer hermeneutischen Grundoption. Mich interessiert an dem Psalm vor allem die logische Struktur, wie hier Gott/Himmel/andere Götter mit dem irdischen Geschehen verknüpft wird. Wir können hier sehen, wie der Name „Jahwe" damit verbunden wird, das Gottsein als Prädikat für den Anspruch auf Recht zugeformt wird. Damit wird zunächst einmal die Vielfalt in den möglichen Versionen des Begriffsinhalts reduziert. Psalm 82 macht weiter deutlich, dass „Jahwe" unter diesen Begriff fällt, weil er gerade der Richter über die versagenden Götter ist. Dass Jahwe sich selbst unter das Gottesprädikat stellt, ist zwar tröstlich für diejenigen, die auf ihn hoffen. Gleichzeitig ist dies nicht unkritisch, denn wie wir bei **Gottes Dasein** und **Gottes Herrschaft** gesehen haben und wie sich auch bei Psalm 82 zeigt, führt dieses Auftreten als Gott zu einer undynamisch gedachten Gegenwart im Himmel,

---

[280] Vgl. *Deissler*, Die Psalmen, [2]1979, 320.

die Gott zu einem Objekt im Himmel und damit zu einem Geschöpf macht. In der Bibel kommt diese Gegenwart nur selten und in Ambivalenz zu der Beobachtung vor, dass Gott jenseits des Himmels ist. Der Name wird zum verbindenden Element, um einerseits die Transzendenz Jahwes als Gott zu wahren und um andererseits seinen Anspruch erkennbar zu machen, die anderen Götter in ihrem Gottsein zu beurteilen und selbst Recht setzen zu können. Dies wird an Psalm 75[281] **[vgl. EWS Text 27]** deutlich:

---

**Psalm 75**

**1** Gott, der gerechte Richter. **2** Wir preisen dich, Gott, wir preisen dich; dein Name ist denen nahe, die deine Wunder erzählen. **3** „Ja, zu der Zeit, die ich selbst bestimme, halte ich Gericht nach meinem Recht. **4** Die Erde mit allen, die auf ihr wohnen, mag wanken; doch ich selbst habe ihre Säulen auf festen Grund gestellt." **5** Ich sage zu den Stolzen: Seid nicht so vermessen! und zu den Frevlern: Brüstet euch nicht mit eurer Macht! **6** Brüstet euch nicht stolz mit eurer Macht, redet nicht so überheblich daher! **7** Denn weder vom Osten noch vom Westen noch aus der Wüste kommt die Erhöhung. **8** Nein, der Richter ist Gott; den einen erniedrigt er, den andern erhöht er. **9** Ja, in der Hand des Herrn ist ein Becher, herben, gärenden Wein reicht er dar; ihn müssen alle Frevler der Erde trinken, müssen ihn samt der Hefe schlürfen. **10** Ich aber werde jubeln für immer; dem Gott Jakobs will ich singen und spielen. **11** „Ich schlage die ganze Macht der Frevler nieder; doch das Haupt des Gerechten wird hoch erhoben."

---

Jahwe erweist sich als Gott — ‚Elohim' ist der entsprechende Allgemeinbegriff des Alten Testaments[282] —, weil er Recht spricht. Die immanente Seite dieser Gegenwart seines Rechts geschieht aber über den Namen. Er gibt seinen Namen preis, setzt seinen Namen der Welt aus, die ihn in seinem Namen anrufen kann und damit sein Wirken erkennen kann. Im biblischen Denken ist Gott der Welt in seinem Namen nahe.[283] Er zeigt sich der Welt in seinem Namen. Jürgen Werbick sagt dazu, dass sich Jahwe/Gott-Vater im Gebet über seinen Namen in Haftung nehmen lässt.[284]

Wenn nun der Name selbst für die Gegenwart seiner Richtermacht steht, genauer: wenn der Name Gottes wirksame Richtermacht bezeichnet, dann muss dieser Name auch geschützt werden. Denn so wie sich die Schwachen und Rechtlosen auf den Namen berufen und unter seinen Schutz stellen können, so kann der Name natürlich auch missbraucht werden. An dem Verbot den Namen beim Falschschwören zu missbrauchen (vgl. Ex 20,7) können Sie ablesen, wie Israel den Namen als die immanente Seite der Transzendenz Gottes schützt. Denn es wäre fatal, würde der Name zur Beugung des Rechts benutzt. Zunehmend wird deshalb der Name ‚Jahwe' dem Gebrauch entzogen.[285] Doch auf

---

[281] Vgl. zum exegetischen Hintergrund *Deissler*, Die Psalmen, [2]1979, 288-291.

[282] Vgl. *Childs*, Die Theologie der Einen Bibel, 1996, 18. Für die Auseinandersetzung mit den Namen siehe *Walter Beltz*, Gott und die Götter. Biblische Mythologie, Berlin/Weimar 1990.

[283] Vgl. *Von Rad*, Theologie des Alten Testaments, [4]1964, 196; *Günter Stemberger*: Art. ‚Gottesnamen', II. Altes Testament u. Judentum, in: [3]LThK, Bd. 4, Sp. 936-938.

[284] Vgl. *Werbick*, Gott verbindlich, 2007, 68.

[285] Vgl. *Von Rad*, Theologie des Alten Testaments, [4]1964, 197. *Stemberger*, Art. Gottesnamen, Sp. 937; *Zimmerli*, Grundriß der alttestamentlichen Theologie, [3]1978, 107f.

zweierlei Weisen bleibt die Bedeutung des Namens präsent: Im Judentum wurde der Name durch den Titel ‚adonai'/Herr ersetzt, der als anrufbarer ‚Funktionsname' den oben bestimmten Begriffsinhalt aufgenommen hat, den Jahwe als Gott definiert. Wer sich an adonai wendet, der unterstellt sich Jahwes Recht.[286] Noch eine zweite Spur ist wichtig, denn schon Psalm 75 zeigt, dass auch wenn der Name selbst nicht genannt wird, doch das *theologische Konzept* erhalten bleibt. Dass ‚im Namen' die Richtermacht verbürgt ist. Etwas ‚im Namen' des Herrn zu tun oder dass der Herr ‚für seinen Namen' einsteht, dass der Herr ‚seinen Namen' heiligt, das sind Vorstellungen, die über das NT bis in unsere Gegenwart präsent sind — wenn wir auch heute nur noch wenig von der Komplexität verstehen, die es damit auf sich hat. Es geht letztlich um den Zugang zu den Verheißungen, den Möglichkeiten Jahwes (wie seinen Rechtsschutz), für die er selbst in seinem Namen einsteht und die uns in der Berufung auf seinen Namen offenstehen. Den richtigen Namen zu kennen und damit sich auf ein bestimmtes Gottsein zu berufen, ist aus dieser Perspektive der Schlüssel zum Heil. Dass der Name ‚Jahwe' für diesen Rechtsanspruch stehen kann und deshalb in den beiden Psalmen mit diesem Begriffsinhalt als Gott verehrt wird, hängt entscheidend mit seiner Geschichte mit seinem Volk zusammen.

### 9.2.3 Verheißung in Geschichte: ‚Geheiligt werde dein Name'

Die Stelle Ex 3,13-15 **[vgl. EWS Text 28]** haben wir schon in **Gottes Rede** im Zusammenhang mit der Offenbarung Gottes als Selbstmitteilung genutzt, nun richten wir den Fokus auf den Namen:

---

**Ex 3,13-15**

**13** Da sagte Mose zu Gott: Gut, ich werde also zu den Israeliten kommen und ihnen sagen: Der Gott eurer Väter hat mich zu euch gesandt. Da werden sie mich fragen: Wie heißt er? Was soll ich ihnen darauf sagen? **14** Da antwortete Gott dem Mose: Ich bin der «Ich-bin-da». Und er fuhr fort: So sollst du zu den Israeliten sagen: Der «Ich-bin-da» hat mich zu euch gesandt. **15** Weiter sprach Gott (Elohim) zu Mose: So sag zu den Israeliten: Jahwe, der Gott (Elohim) eurer Väter, der Gott Abrahams, der Gott Isaaks und der Gott Jakobs, hat mich zu euch gesandt. Das ist mein Name für immer, und so wird man mich nennen in allen Generationen.

---

Die Perikope wird so erzählt, wie es sein muss: Mose muss den Namen wissen, damit für das Volk klar ist, was von diesem Individuum zu erwarten ist: Ich bin für euch da, ich werde mich euch als hilfreich erweisen.[287] Schon die Bedeutung des Namens ‚Jahwe' selbst ist der Begriffsinhalt: Jahwes Name steht für ein heilvolles Dasein.[288] Und diese Bedeutung des Namens wird durch die

---

[286] Vgl. *Werbick*, Gott verbindlich, 2007, 23.
[287] Vgl. *Werbick*, Gott verbindlich, 2007, 33f.; *Renate Brandscheid*: Jahwe, Art. ‚Jahwe/JHWH', in: ³LThK, Bd. 5, Sp. 712f.
[288] Hier lohnt sich einfach noch einmal der Hinweis auf **Gottes Dasein**, 2. Modell: Die Bibel legt das Dasein nicht im Sinne der Existenz aus, sondern der fürsorglichen Beziehung. Diese Bezug-

Struktur, die ich Ihnen vorhin erklärt habe, zur Grundbestimmung des Begriffs-inhalts ‚Gott'. Und die Verifizierung der Bedeutung seines Namens und damit eben auch seines Gottseins geschieht über die Tat der Befreiung.[289]

---

 technische universität dortmund                              **Die Bedeutung des Namens**

I. Ex 3,13f: Das früher so und so benannte Individuum offenbart selbst seinen Namen: „JHWH", der bedeutet:

      ¬ Ich bin da!

      ¬ Ich werde mich für euch als hilfreich erweisen!

      ¬ Ich rufe ins Dasein!

II. Im Kontext von Ex 6,2-8 und Ex 15,21 steht JHWH für:

      ¬ Machterweis in der Geschichte

      ¬ parteiisch für sein Volk

      ¬ Zukunft eröffnend

III. Da Gott seinen Namen und damit die Wirklichkeit schenkt (s.o.), ist der Name heilig und darf nicht für menschliche Interessen missbraucht werden (Ex 20,7).

⇒ **Die an JHWH glauben, werden ihn nur bitten, seinen Namen zu heiligen, d.h. sich als Gott zu erweisen.**

Dr. Oliver Reis                                                          WS 2008-09

---

Diese *Bedeutung* von Ex 3,14ff. ist umso wichtiger, wenn Sie sich verge-genwärtigen, dass die historisch-kritische Exegese davon ausgeht, dass der Text in der elohistischen Schicht des Pentateuch zwischen 800 und 760 v. Chr. ent-standen ist. Damit treten Erzählzeit (800-760 v. Chr.) und erzählte Zeit (Exo-dus) auseinander. Für den Elohisten zeigt sich hier, dass der *unverfügbare Gott zugleich ganz nah* sein kann. In der weiteren Einbettung des Textes in die jah-wistische und die priesterschriftliche Theologie wird Jahwe in dieser Spannung einerseits geschichtsmächtig personalisiert und zugleich transzendiert, um die vermeintlichen Götter zu depontenzieren. Die Namensoffenbarung in Ex 3,14 steht deshalb selbst für diese Spannung: Gottes Dasein im Namen ist auch den späteren Generationen – in den Krisen des Nordreiches, des Exils und letztlich bis heute – verbürgt, aber nicht so, dass sich Jahwe an die Vorstellung Israels von seinem Gottsein unterwirft. Er bleibt eine freie Person.[290]

---

nahme setzt eine Raum-Zeit-Verortung Gottes voraus, die aber selbst nicht verdinglicht, sondern, einem dinglichen Zugriff entzogen ist.

[289] Vgl. *Childs*, Die Theologie der Einen Bibel, 1996, 18; *Von Rad*, Theologie des Alten Testa-ments, [4]1964, 194.

[290] Vgl. *Hans-Christoph Schmitt*, Arbeitsbuch zum Alten Testament. Grundzüge der Geschichte Israels und der alttestamentlichen Schriften, Göttingen 2005, 195f,208-217,223-232; auch *Childs*,

Konkret wird die Zusage des Da-Seins für Israel an die Herausführung aus Ägypten geknüpft. In einer hermeneutischen Perspektive werden hier vermutlich die Taten der drei Sippengottheiten in eine Linie mit den *Taten* des Jahwe, dem Gott der Exodusgruppe, gestellt und zu einer Geschichte verschmolzen.[291] Die Exodus-Tat wird zu einer Erkennungstat Jahwes, sein Name wird mit dieser Befreiungstat identifiziert, bzw. auf der Text-Ebene identifiziert er sich selbst damit. Ex 6,2-8 **[vgl. EWS Text 29]** ist ein Beispiel für diese starke Theologisierung: Der Name ‚Jahwe' steht für eine machtvolle Wendung der Geschichte (Machtzeichen in der Herausführung gegen die Übermacht Ägyptens), für Parteilichkeit gegenüber den Rechtlosen (gegen das Unrecht Ägyptens) und für eine hoffnungsvolle Zukunft (Landverheißung). *Diese Taten bestimmen folglich den Begriffsinhalt*, den wir oben bei Psalm 82 und 75 vorausgesetzt haben. Die Kreisstruktur, von der ich oben gesprochen habe, wird im Text so scheinbar durch die Taten aufgebrochen und zu einer linearen Abfolge mit der rückbezogenen und fortschreibenden Offenbarung, was Gott gewirkt *hat* und wirken *wird* – und in dieser Kopplung liegt vermutlich auch die historische Bedeutung des Textes. Der Exodus ist von daher der plausiblere Einstieg in den Jahwe-Glauben als die Schöpfung. Die Anfrage an den Glauben lässt sich dann so formulieren: Hat Israel zu Recht in dem Exodus Jahwes Tat erkannt, die den Begriffsinhalt rechtfertigt, mit dem Jahwe dann in Psalm 82 und 75 auftritt? Und auch hier geht es von der hermeneutischen Grundoption aus nicht darum, ein biblisches Geschehen als historisch zu glauben, sondern der Erzählperspektive, dass Gott Israels Freiheit und Leben will und dass er dafür das erlebte Unrecht aufheben kann. Jahwe erweist sich als Gott in Taten – er wird seinem Namen gerecht, weil er geschichtlich dem von ihm gesetzten Begriffsinhalt entsprechend frei *handelt*. Er steht auf und will Gott sein. Er ergreift das G und sucht die Menschen, die erkennen, dass er Gott ist. Es geht um den Perspektivwechsel, Theologie von Gott her zu betreiben. Das ist hier zu lernen.

Diejenigen, die jetzt Jahwe glauben, dass er das Gott-Sein angemessen definiert und dass Jahwe wirklich Gott ist und zwar der einzige, der in Wirklichkeit dieses Gott-sein erfüllt, die werden Jahwe eigentlich nur um eines bitten, nämlich dass er seinem Namen gerecht wird. Jahwe muss als Gott nur eines wirklich tun, er muss seinem Namen gerecht werden. Dieses ‚seinem Namen gerecht werden' drückt die Bibel mit ‚seinen Namen heiligen' aus. Jahwe soll seinen

---

Die Theologie der Einen Bibel, 1996, 18; *Zimmerli*, Grundriß der alttestamentlichen Theologie, [3]1978, 14f; *Von Rad*, Theologie des Alten Testaments, [4]1964,193. Diese Unverfügbarkeit im Namen wird von manchen Exegeten so stark betont, dass sie in der Formulierung „Ich bin, der ich eben bin" ganz eine Weigerung Gottes erkennen, eine theistische-personale Beziehung zur Welt als Gegenüber einzugehen (vgl. *Werbick*, Gott verbindlich, 2007, 33, Fußn. 24). Diese monistisch angeregte Lesart zeigt noch einmal die Schwierigkeit, bestimmte Grundoptionen als falsch auszuschließen. Sie liegt aber deutlich nicht in der Mitte der jüdisch-christlichen Glaubenstradition.

[291] Vgl. *Brevard S. Childs*, Die Theologie der einen Bibel. Bd. 1, Grundstrukturen, Freiburg 1994, 153f., *Childs*, Die Theologie der einen Bibel, 1996, 14; *Zimmerli*, Grundriß der alttestamentlichen Theologie, [3]1978, S. 16f.; *Von Rad*, Theologie des Alten Testaments, München [4]1964, 199.

Namen heiligen. Denn wenn Jahwe Elohim ist, dann ist er der einzige, der für mein Recht sorgt, der für mich Partei ergreift und mir die Zukunft geben wird. Das ist ein klarer Maßstab, um rechtschaffene Gebete und anmaßende Gebete zu unterscheiden, wie wir auch noch für auf das Neue Testament sehen werden.

### 9.2.4    Israel heiligt den Namen

Bisher ging es mir darum, Ihnen zu zeigen, dass es wichtig ist, den Namen Gottes zu kennen, um überhaupt die angemessene Heilsperspektive zu haben. Damit ist aber nicht nur die Erwartung an denjenigen, den wir als Gott verehren, gemeint. Das betrifft auch unser Handeln, das die Verehrung ausdrückt. Denn die Möglichkeiten des Gottseins sind eben an eine wechselseitige Beziehung geknüpft. Bei Jahwe tritt Israel in einen Bund, der von ihm verlangt, den Namen selbst zu heiligen. Die Wirklichkeit Gottes, dass er sich als Gott erweist, ist einerseits an seine Taten gekoppelt, aber noch viel intensiver an die Taten Israels, die für die Heiligkeit und Lebendigkeit Jahwes einstehen. Über die Bundesbeziehung wird Israel daran beteiligt seinen Namen zu heiligen. Das geschieht im rechten Kult, im Tora-Tun, in der Rechtsprechung nach seinem Willen und in der rechten Gebetspraxis.[292] In allen vier Bereichen ist die Heiligung des Namens daran zu erkennen, dass nicht Israel den Dienst für sich tut, um das Heil für sich zu erwirken, sondern Dienst vor dem Herrn tut, um seinetwillen. Ein Aspekt ist mir dabei besonders wichtig: das Tora-Tun. Wir schauen als Christen öfter von oben herunter auf diese Tora-Befolgung im Judentum und dann ist schnell von Werkgerechtigkeit die Rede. Das ist aber unangemessen. Denn das Tora-Tun ist keine Strategie, um sich gegenwärtiges Heil zu erkaufen. Tora zu tun ist der Auftrag an ein Volk, das dazu befreit wurde Gottes Gerechtigkeit zu tun. Und in dem Tora-Tun wird diese Gerechtigkeit im Namen Jahwes als Herr sichtbar.[293]

In der **Einführung in die Theologische Ethik** werden Sie bei der Tora-Theologie noch einmal mehr dazu hören, aber vergessen Sie bitte nicht mehr, dass Tora-Tun die Heiligung des Namens ist und damit Gottes Gerechtigkeit selbst wirksam wird. Und diese Tora darf deshalb auch nur tun, wer von Jahwe, dem Herrn, durch die Aufnahme in den Bund dazu geheiligt wurde. D.h., wer dazu befreit wurde, Jahwe, den Herrn, als den einen wahrhaft gerechten und befreienden Gott zu erfahren. Ohne diese Heiligung kein Tora-Tun und ohne das Tora-Tun keine Heiligung seines Namens. Damit fehlt eine entscheidende Form des Gottes-Dienstes und des Bekenntnisses zu Jahwe als Gott. Damit haben wir ein zentrales Ergebnis dieser Vorlesung: *Ohne den richtigen Namen*

---

[292] Vgl. *Childs*, Die Theologie der Einen Bibel, 1996, 17,19; *Von Rad*, Theologie des Alten Testaments, München ⁴1964, 197f.

[293] *Thomas Ruster*, Die neue Engelreligion. Lichtgestalten – Dunkle Mächte, Kevelaer 2010, Kap. V.1.

*wissen Sie nicht, was Sie tun sollen, und ohne zu wissen, was Sie tun sollen, kein Anteil an der Verheißung seines Namens.*

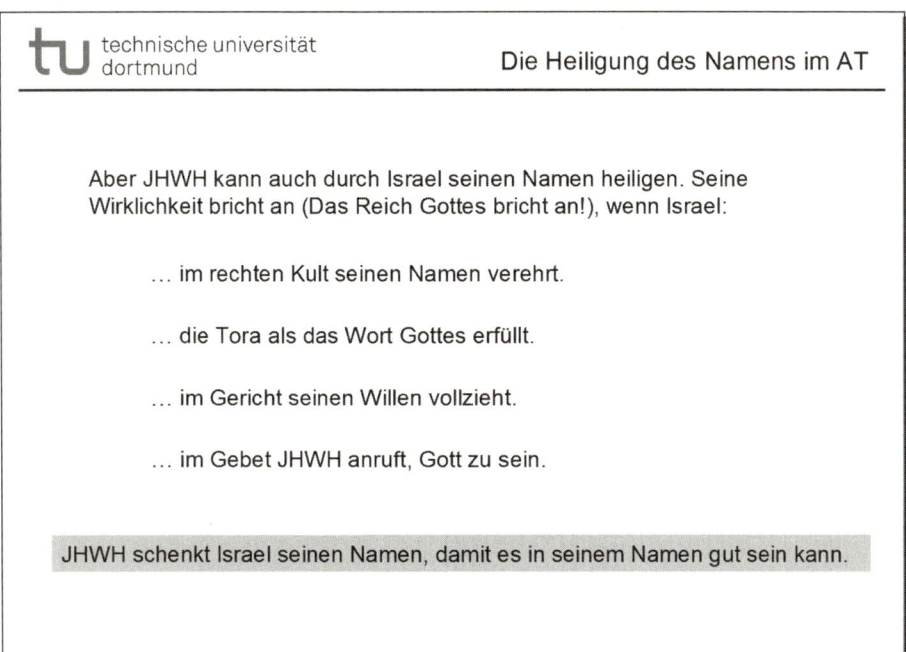

Diesen Aspekt sollten Sie für die zweite Reflexionsübung im Hinterkopf behalten. Unsere heutige Gleichgültigkeit gegenüber dem rechten Gottesdienst zeigt von daher an, dass wir der Verheißung seines Namens und damit ihm selbst nur noch in Randbereichen unseres Lebens etwas zutrauen. Dies war in der frühen Kirche noch anders. Da spielte der Name ‚Jesus Christus' als bevollmächtigter Name des Herrn für seine Gerechtigkeit einzutreten eine entscheidende Rolle.

### 9.2.5 Auch die Christen heiligen den Namen

Zunächst einmal fällt auf, wie oft im Neuen Testament etwas ‚im Namen Jesu' geschieht. Das ist keine bloße leere Formel, sondern eine Struktur, die den Anschluss an den Jahwe-Glauben ermöglicht. Denn im Namen Jesu Christi werden nun auch die Heiden geheiligt. Sie werden gerechtfertigt, mit Gott ins Recht gesetzt, in seinem Namen in einen Bund – wie wir in den Abendmahlsberichten lesen (vgl. z.B. Mk 14,24).[294] Im 1. Brief an die Korinther heißt es bei Paulus z.B.:

---

[294] Vgl. zu der Bedeutung, dass wir durch das Bekenntnis zu Jesus als Christen ins Recht gesetzt werden: *Reis*, Nachhaltigkeit – Ethik – Theologie, 2003, Kap. 4.3.4.5.

---

**1 Kor 1,1f.**

1 Paulus, durch Gottes Willen berufener Apostel Christi Jesu, und der Bruder Sosthenes 2 an die Kirche Gottes, die in Korinth ist, - an die Geheiligten in Christus Jesus, berufen als Heilige mit allen, die den Namen Jesu Christi, unseres Herrn, überall anrufen, bei ihnen und bei uns.

---

 technische universität dortmund

**Die Heiligung des Namens im NT**

---

I. Im Namen Jesu werden die Heiden geheiligt, werden in das Reich seines Namens „JHWH" aufgenommen.

1 Kor 1:1 Paulus, durch Gottes Willen berufener Apostel Christi Jesu, und der Bruder Sosthenes 1:2 an die Kirche Gottes, die in Korinth ist, - an die Geheiligten in Christus Jesus, berufen als Heilige mit allen, die den Namen Jesu Christi, unseres Herrn, überall anrufen, bei ihnen und bei uns.

II. Im Namen Jesu dürfen wir, die Heiden, JHWHs Namen heiligen, z.B. wenn wir beten.

Mt 6:9 So sollt ihr beten: Unser Vater im Himmel, dein Name werde Geheiligt, 6:10 dein Reich komme, dein Wille geschehe wie im Himmel, so auf der Erde.

III. Im Namen „Jesus" begegnet uns Gott – in der Definition JHWHs.

Phil 2:6 Er war Gott gleich, hielt aber nicht daran fest, wie Gott zu sein, 2:8 er erniedrigte sich und war gehorsam bis zum Tod, bis zum Tod am Kreuz. 2:9 Darum hat ihn Gott über alle erhöht und ihm den Namen verliehen, der größer ist als alle Namen, 2:10 damit alle im Himmel, auf der Erde und unter der Erde ihre Knie beugen vor dem Namen Jesu.

---

Dr. Oliver Reis                                                                                     WS 2008-09

---

Wenn sie Jesus als den Christus Jahwes nicht kennen würden, so ist die These, dann hätten sie keine Chance Jahwe zu meinen, dann wären sie bei dem, was sie mit Gott meinen, ihren eigenen Interessen und Bedürfnissen ausgeliefert. So nun dürfen wir als Heiden, die ja Jesus selbst nicht kennen, im Namen Jesu Jahwes Namen heiligen, z.B. wenn wir beten. Ausdrückliches Gebot Jesu ist es, auf eine bestimmte Weise zu beten, damit wir darin auch wirklich Gottes Namen heiligen und nicht einfach unsere Wünsche auf etwas projiziert werden. „So sollt ihr beten: Unser Vater im Himmel, dein Name werde geheiligt. Dein Reich komme, dein Wille geschehe wie im Himmel so auf der Erde." (Mt. 6,9f) Wenn Sie das Passiv in V. 9 als theologisches Passiv auffassen, dann werden wir angeleitet zu beten: „Heilige deinen Namen!" Deine Gerechtigkeit setze sich durch! Wenn Sie das beten können — und im Kopf behalten, dass Jahwe selbst das Gottsein bestimmt —, dann legen Sie tatsächlich Ihr Leben in seine Hände. Und dann ist völlig richtig, dass unsere Bitten und Gebete erhört werden (vgl. Mk 11,24), denn der Vater weiß, was wir brauchen, noch bevor wir bitten (vgl. Mt 6,8). Wer durch diese Bet-Schule gegangen ist, die oder der kann in seinen Gebeten nicht enttäuscht werden und er kommt nicht auf die Idee in kaum erträglichen Fürbitten, Gott für diesen und jenen menschlichen Wunsch einzuspannen. Sie oder Er kann sich darauf verlassen, dass Jahwe als Elohim seine Gerechtigkeit walten lässt. Die darauf folgenden Bitten des ‚Vater-Unser‘ zeigen, was es bedeutet, dass Jahwe Elohim ist (gib uns unser tägliches Brot/vergib unsere Schuld/führe uns nicht in Versuchung/erlöse uns vom Bösen) und wie auch wir seinen Namen heiligen können (wir vergeben unseren Schuldnern).

Im Namen ‚Jesus‘ begegnet uns allen eben Gott, wir sollten genauer sagen: Gott-Vater. ‚Gott-Vater‘ ist unser Eigenname für die Person, die als Jahwe das Gottsein definiert hat und die selbst als Gott den Menschen beisteht. Im Namen Jesu zu beten stellt sicher, dass unsere Gebete diese Person meinen. Aber er leistet noch mehr: Der Namen Jesu trägt auch selbst die Verheißungen Gott-Vaters, Jahwes. Dazu wurde uns der Name Jesu geschenkt. Wir können den Namen anrufen und in Jesus ist uns Gott so nah, wie das AT dies vom Namen Jahwes denkt.[295] Der Brief an die Philipper drückt dies folgendermaßen aus:

---

**Phil 2,6-8**

**6** Er war Gott gleich, hielt aber nicht daran fest, wie Gott zu sein, **7** sondern er entäußerte sich und wurde wie ein Sklave und den Menschen gleich. Sein Leben war das eines Menschen; **8** er erniedrigte sich und war gehorsam bis zum Tod, bis zum Tod am Kreuz. **9** Darum hat ihn Gott über alle erhöht und ihm den Namen verliehen, der größer ist als alle Namen, **10** damit alle im Himmel, auf der Erde und unter der Erde ihre Knie beugen vor dem Namen Jesu.

---

Es geht also darum, den richtigen Namen zu heiligen. Das ist das Problem! Wie können Heiden den richtigen Namen heiligen, damit sie an den Verheißungen Jahwes teilhaben können? Wenn Sie nicht an diesen Verheißungen teilhaben wollen, weil Sie z.B. einen Gott suchen, der die Starken in ihrer Macht stützt, oder einen Gott, der den Krieg jeden gegen jeden liebt, dann stellt sich diese Frage nicht. Aber die Verheißung im Namen Jahwes können eben nur die gewinnen, die sich von ihren Erwartungen lösen und die in den Perspektivwechsel mit hinein genommen werden, dass das Gottsein nur von Jahwe bestimmt werden kann. Diese Transformation der menschlichen Erwartungen an die Person, das wir Gott nennen, ist selbst Thema des Neuen Testaments und zugleich Gestaltprinzip der Evangelien. Damit meine ich, dass die biblischen Erzählungen z.B. im Markus-Evangelium zeigen, wie die Familie, die Jünger, die Beobachter, die Umwelt erst langsam lernen, wer Jesus für die Welt ist, nämlich Gottes Sohn. Und in diesem Lernprozess wird zugleich die Gottes

---

[295] Daraus ergibt sich als Faustregel: In ein behauptetes Gottsein G, das von Jahwe aus Bestand haben soll, muss Jesus mit seiner Geschichte hineinpassen. Das ist auch ein Zugang zur Trinität Gottes und der göttlichen Person Jesus Christus: In Jesus Christus begegnet uns Heiden das wahre und eine Gottsein. Jesus steht selbst unter dem Gottesprädikat des Vaters. Der Heilige Geist macht diese Beziehung seit Pfingsten auch denen möglich, die Jesus nicht persönlich bekannt sind, er legitimiert dazu weiterhin im Namen Jesu Gott-Vater so anzurufen, dass sein Bund auch uns heute gilt. Deshalb: Ohne eine trinitarische Ausformung der Gottesbeziehung wäre für uns Heiden die Gerechtigkeit Jahwes als Elohim verschlossen.

Sohnschaft neu ausgeformt wie z.B. im stellvertretenden Leiden. Dirk Wördemann hat gezeigt, dass dieser Lernprozess in den Evangelien passend in der
Form der Biographie erzählt werden kann, die zu deren Entstehungszeit vor
allem als Form der Held-Werdung funktioniert. So lesen sich die Evangelien
strukturell als eine Held-Werdung. Zugleich werden unsere Erwartungen an
einen Held heftig irritiert — wie z.B. durch den Tod in der Form des Kreuzes.
Sie werden also durch die neutestamentlichen Texte in Form und Inhalt einge-
laden, Ihre Erwartungen an Jesus als Christus, als Sohn Gottes in den Text hin-
einzulesen, und dann werden diese Erwartungen gewandelt und in ein Bekenntnis zu Gott-Vater und seinem Sohn geführt.[296] So ist es dem Hauptmann im
Markusevangelium ergangen, der als Zeuge des Sterbens(!) Christi am Ende
sagt: „Wahrhaftig, dieser Mensch war Gottes Sohn" (Mk 15,39). Natürlich kann
diese Wandlung auch misslingen und der Vater Jesu als Gott abgelehnt werden
— so wie auch Jahwe abgesprochen werden kann, das Gottsein zu definieren
und selbst unter dieses Gottsein zu fallen. Das ist klar; aber wer sich auf diesen
Lernprozess einlässt, kann auch erkennen, dass Gott-Vater im Namen Jesu
Christi die Völker einlädt seinen Namen zu heiligen und damit Anteil an seiner
Gerechtigkeit zu erhalten.

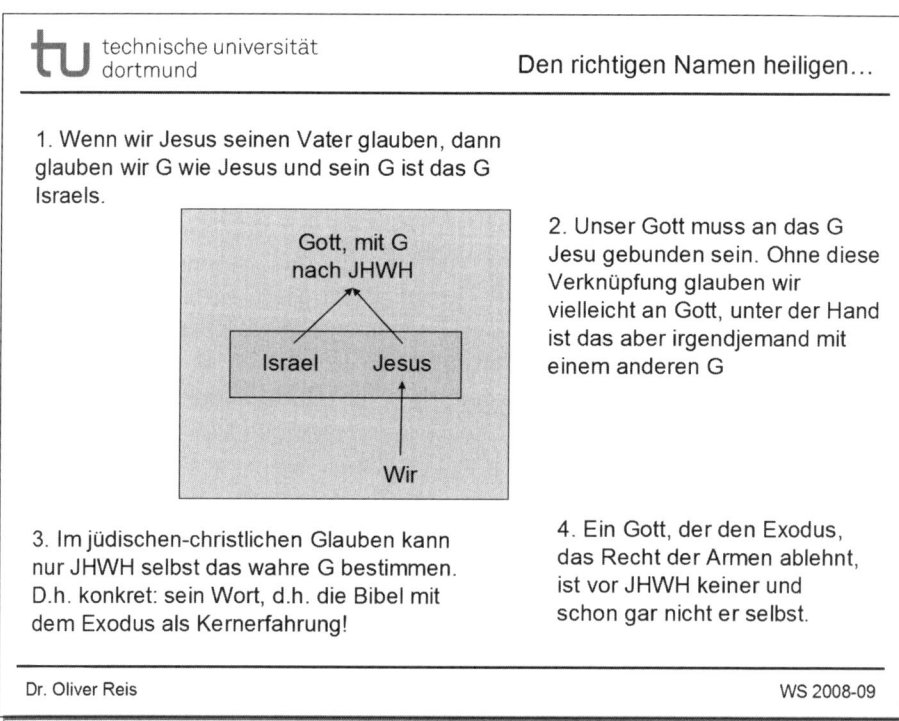

---

[296] *Dirk Wördemann*, Das Charakterbild im *bíos* nach Plutarch und das Christusbild im Evangelium nach Markus, Paderborn 2002.

‚Den Namen Jesu heiligen', geschieht christlich vor allem auch über das Motiv der Nachfolge. Wie diese Nachfolge auszusehen hat, hängt natürlich stark von Ihrem Christus-Bild ab. In der **Einführung in die Systematische Theologie** werden Sie sehen, dass sich einerseits jede Zeit neu die Frage beantwort hat, wer dieser Jesus ist. Und jedes Christus-Bild betont andere Aspekte im Gottsein G. Und diese Dynamik ist wichtig, sie ist aber eben nicht völlig beliebig, weil es nicht darum gehen kann, dass Jesus zur allgemeinen Heilsfigur für Gottesprädikate mit allen denkbaren Begriffsinhalten wird. Die Verheißungen des Heils im Namen Jesu sind an den biblischen Transformationsprozess gebunden, und auch in der Lehrtradition wird beobachtet, ob die Bindung erhalten bleibt. Das ist gar nicht so einfach, zu erkennen, ob ein Christus-Bild noch in der Tradition des Gottesnamens steht. Trotzdem ist es unser Auftrag das gewissenhaft zu prüfen, da im Bund Jahwes zu stehen lebendig und gerecht macht.

## 9.2.6   Reflexion der Bedeutung des Namens

Diese Vorlesung sollte deutlich machen, wie anfällig unsere Gottesbeziehung dafür ist, dass wir ein Gottesprädikat gewählt haben, unter das sich Jahwe der Vater Jesu nicht stellt und das vielleicht sogar von Jahwe aus mit seinen Möglichkeiten nicht würdig ist, als Gott verehrt zu werden.[297] Wenn wir angemessen von Jahwe als Gott sprechen, dann sind wir auf den Namen Jesu angewiesen und die Geschichte, die mit diesem Namen verbunden ist. Wir können nicht ohne diese Bindung von ‚Gott' sprechen, ohne Gefahr zu laufen, ein anderes Gottsein oder auch ein anderes Individuum zu meinen. Wir sollten sorgfältig unsere Rede von Gott präzisieren, indem wir von dem Individuum mit seinem Eigennamen sprechen und die Möglichkeiten des Gottesprädikates kenntlich machen, das zu diesem Individuum gehört. Wir sollten den Gattungsnamen ‚Gott' nur dann verwenden, wenn durch den Kontext jede missverständliche Redeweise ausgeschlossen ist.[298] Das ist dann möglich, wenn wir selbst den Gattungsnamen für uns als Glaubensgemeinschaft an die Geschichte Israels und Jesu binden. Dass wir Christen das bisher nicht getan haben, sondern den Gattungsnamen bewusst aufladbar mit allem gehalten haben, was Menschen ‚Gott'

---

[297] Die Bibel lässt – wie wir bei Psalm 82 gesehen haben – durchaus zu, dass ein Individuum P unter G fällt, wie es Jahwe definiert, ohne dass P Jahwe ist. Wichtig ist aber, dass G vom Begriffsinhalt her von Jahwe her bestimmt wird. Das ist für den interreligiösen Dialog ein wichtiger Zugang.

[298] Das ist m.E. nicht gegeben, wenn man wie Werbick in Anlehnung an Karl Rahner das Wort ‚Gott' auf das namenlose Geheimnis bezieht und das Gott-Sagen die Offenheit allen menschlichen Strebens und Erkennens markiert, die als Gott-Offenheit des Geistes auf dieses Geheimnis hin identifiziert wird (vgl. *Werbick*, Gott verbindlich, 2007, 58). Genau hier wird das Gottesprädikat zum Maßstab für das Individuum. Es ist deshalb auch kein Zufall, dass Werbick von Gottes Jahwe-Sein spricht (vgl. *Werbick*, Gott verbindlich, 2007, 34) und damit die hier vorgelegte Struktur genau umkehrt. Dann würde Gott unter das Jahwe-Sein fallen und die Gattung unter das Individuum, ein folgenschwerer Kategorienfehler, der genau zu dem führt, was Marquardt im obigen Zitat kritisiert!

nennen, ist eine Problemanzeige, die Friedrich Wilhelm Marquardt folgendermaßen auf den Punkt bringt [**vgl. EWS Text 30**]:

> „Vor allem aber, weil es bisher auch der christlichen Kirche und Theologie nicht gelungen ist, das Wörtlein Gott mit dem Namen Abrahams, Isaaks, Jakob/Israel und mit dem Namen Jesu von Nazareth so unverwechselbar zu machen, dass es als Projektionsbegriff und -medium nicht mehr frei zur Verfügung und zu beliebiger Verwendung steht. Diese Schwäche des christlichen Zeugnisses, das Wort ‚Gott' nicht strikt genug zu besetzen mit der Geschichte Israels und Jesu, ist ein Indiz für die wahre Selbsterniedrigung Gottes in seine Verwechselbarkeit, Unbestimmtheit und Austauschbarkeit hinein, zugleich damit aber auch für die übermäßigen Erniedrigungen, der wir ihn dadurch ausliefern, und die jene Vergötzung Gottes bewirkt, die ihn zu einer Funktion unseres Willens, selbst und allein Gott sein zu wollen, macht."[299]

Die von mir ab der zweiten Folie vorgenommene theologische Entfaltung ist hiermit zu Ende. Mit Blick auf die zu Beginn genannten Phänomene ist ganz besonders die scheinbare *Selbstverständlichkeit* der Rede von ‚Gott' als hochproblematisch deutlich geworden. Diese Selbstverständlichkeit blockiert gegenwärtig eher den Glauben an Gott-Vater und verstellt dessen besondere Möglichkeit in dieser unserer Welt. Sonst bleiben die Krise des Gottesprädikats und die Krise des Daseins Gott-Vaters unentwirrbar.

Das zweite Phänomen der *Entpersonalisierung* Gottes hin zu einer unspezifischen, aber durchaus präsentischen Kraft hängt vermutlich mit dem Trend zum Deismus und dem Monismus zusammen, um wegzukommen von der kaum zu vermittelnden Anthropomorphisierung Gottes und um trotzdem noch sinnvoll von einer heilvollen Präsenz dieser Kraft sprechen zu können. Dieser Trend kann auf zwei Weisen interpretiert werden: a) auf der Ebene des Gottesprädikat. Wenn diese unpersönliche Kraft unspezifisch im Begriffsinhalt wird, dann ist die Entpersonalisierung abzulehnen, weil sie dann eine Strategie ist, um über Jahwes Bestimmung des Gottseins – die voller personaler Kategorien wie dem Richtersein ist – hinaus zu kommen. In unserem Glauben kommen wir dabei aber nur bei unserem Willen und unserer Selbstüberschätzung an. Wir hätten also den skizzierten Perspektivwechsel rückgängig gemacht und haben bei dieser Theologie vergessen, dass sie hörend und betend ein Versuch ist, dass Gottes Wort uns erreicht (→ **Einführung in die theologische Logik**). b) Auf der Ebene des Individuums ist die Entpersonalisierung auf den ersten Blick genauso problematisch, hat doch Jahwe gerade in den geschichtlichen Taten gezeigt und diese Taten setzen eine Personalität voraus.[300] Andererseits zeigt die Personalität des Hl. Geistes, der unter das Gottsein fallen kann, dass wir bei der Zuschreibung von Personalität nicht auf anthropomorphe Kategorien angewiesen sind und Gott-Vater ja auch Metaphern an sich gezogen hat wie die des Lichts oder der Quelle, die durchaus ähnlich funktionieren wie die der Kraft. Entscheidend ist, dass die ‚Kraft' sich so in Raum und Zeit verdichten kann, um in dieser Verdichtung das Handeln Gottes anzuzeigen. Diese Verdichtung in Raum

---

[299] *Marquardt*, Was dürfen wir hoffen, wenn wir hoffen dürften?, Bd. 1, 1993, 257.
[300] Vgl. *Von Stosch*, Gott – Macht – Geschichte, 2006, B.I.1.

und Zeit muss nicht gleich wieder wörtlich verstanden werden, sondern kann dynamisch und vor allem relational gedacht werden, wie in **Gottes Dasein** von mir entfaltet. Auf dieser Ebene könnte die Entpersonalisierung also eine sinnvolle Anzeige dafür sein, dass das Dasein Gott-Vaters von einem wörtlich-berichthaften Wirklichkeitsverständnis gelöst wurde.

Für das dritte Phänomen möchte ich auf die Reflexionsaufgabe verweisen. Lässt sich noch sinnvoll von dem einen Göttlichen sprechen, dem sich die Menschen auf ihre Weise nähern? Lässt sich das biblisch begründen? Und wenn man die Bibel dieser Struktur unterordnet, was ist mit der biblischen Struktur passiert und was würde die Bibel zu diesem Vorgehen sagen? Auf diese Fragen gehen Sie ein, wenn Sie die zweite heutige Reflexionsaufgabe bearbeiten.

## 9.3 Reflexionsprozess II

### 9.3.1 *Vorbereitung*

---

tu technische universität dortmund                          Übung_2

---

1. Stellen Sie eine Verbindung zum Basiswissen Dogmatik-Text her!

Was hat das Apostelkonzil mit der Heiligung des Namens zu tun? Welche theologische Bedeutung geht für das Heidenchristentum von ihm aus? (Achtung: beim Thema der Heiligung des Namens bleiben!)

2. Reflektieren Sie Ihre Haltung mithilfe der Vorlesung!

Wenn Sie der These aus Übung_1 zugestimmt haben: Wo liegt die theologische Grenze dieser These? Welche Einsicht aus der Vorlesung lehnen Sie dann ab?

Wenn Sie die These aus Übung_1 abgelehnt haben: Was ist das zentrale Argument? Können Sie es mithilfe der Vorlesung reformulieren? Haben Sie ein anderes Argument? Dann vernetzen Sie es mit den Vorlesungsinhalten.

---

Dr. Oliver Reis                                             WS 2008-09

---

Die heutigen Reflexionsaufgaben folgen dem bekannten Schema. Die erste Aufgabe dient dazu, die theologische Entfaltung besser zu verarbeiten, indem ich Sie auffordere eine Verknüpfung zu einem Text aus der Basiswissen Dogmatik-Veranstaltung herzustellen, den Sie auf *ews* gefunden haben. Dort wird die Bedeutung des Apostelkonzils für die angemessene Gottesbeziehung erörtert. Ihre Aufgabe ist zu erklären, warum das Apostelkonzil mit Blick auf den Namen Gottes so bedeutsam für die Gottesbeziehung ist. Was leistet das Konzil für das Heidenchristentum? Die zweite Aufgabe verlangt, dass Sie Ihre eigene Position mithilfe der vorgestellten Theorie untersuchen. Da ich heute mit der ersten Folie das Problem vorgestellt habe und danach nur noch das biblisch-fundierte Konzept zur Bedeutung des Namens vorgestellt habe, können Sie sich nicht in vielfältige Modelle einordnen. Deshalb sollen Sie Ihre eigene Position, die sich bejahend oder ablehnend zur These verhalten hat, daraufhin analysieren, ob Sie Argumente benutzt haben, die ich auch entfaltet habe, oder ob Sie Argumente benutzt haben, die meine Position ausdrücklich ablehnen. Was macht dann Ihr Argument stark und was spricht gegen meine Begründungslinie? Auch hier geht es ja nicht darum, Sie zu einer bestimmten Position zu nötigen. Sie sollen Ihre Position in Ihren Stärken und Schwächen einschätzen und Gegenpositionen antizipieren können. Darum diese Aufgabe.

### 9.3.2    *Exemplarische studentische Reflexionen*

**a) Meike:**

1.) Das Apostelkonzil berät darüber, ob und wie die Heiden die Gesetze der Tora einzuhalten haben, um Gott gerecht zu werden. Der Standpunkt, dass nur die strikte Einhaltung der Gesetze die Menschen zum Heil bringt, wird von Paulus und Petrus deutlich abgelehnt. Für sie steht das gerechte Leben im Mittelpunkt. Die Einhaltung der Gesetze ist dafür nicht die erste Instanz. Paulus erklärt den Glauben an Jesus Christus als erste Bedingung. Denn wer an Christus glaubt, hält Gottes Gebote ein und wird gerecht. Die also, die tatsächlich an Jesus glauben und durch ihren Glauben handeln, handeln nach den Gesetzen Gottes. Das Leben im Namen Jesu führt die Heiden dazu, in das Reich JHWHs aufgenommen zu werden. In Jesu Namen dürfen sie JHWHs Namen heiligen, in dem sie z. B. beten. Der tiefe Glaube also an Jesus Christus bringt die Heiden zum gerechten Leben nach Gottes Gesetzen. Sie erkennen den Namen JHWHs und heiligen diesen durch die Befolgung der Gesetze JHWHs. Dem Namen JHWHs kann also nicht geheiligt werden, wenn nur die Gesetze beachtet werden. Grundlegend ist die ganzheitliche Nachfolge Jesu, darin erkennt man den Namen JHWHs.

2.) Christen erkennen das gerechte Leben und damit den Namen JHWHs durch den festen Glauben an Jesus Christus. Versucht man, die verschiedenen Religionen auf einen Gott zurückzuführen, kann dieser entscheidende Punkt nicht mehr gehalten werden. Das gerechte Leben durch den Glauben Jesus Christus ist auf das Christentum beschränkt. Auch die verschiedenen Namen weisen auf unterschiedliche Gottheiten hin. Bei meiner Aussage, dass JHWH auf verschiedene Weisen erkannt wurde, stellt sich die Frage, warum JHWH offenbart hat. Diese These ist demnach also sehr wagemutig und versucht, die Schwierigkeit durch die Vielzahl der „Götternamen" zu reduzieren. Wenn JHWH damit ausschließlich der Gott der Christen ist, betrachtet die Kirche dann die anderen Religionen als „nicht erkennend" oder sogar als häretisch? Der Respekt der Kirche den anderen Religionen gegenüber wäre dann nur ein Trugbild, da die Christen den einzig wahren Gott JHWH als Gott erkennen. Alle anderen Religionen wären uns untergeordnet, da JHWH selbst das Göttliche definiert und über alle Geschöpfe richtet.

Die Frage nach Gottes Namen lässt sich für Christen logisch erschließen, doch kann man so nur einzig auf das Christentum beschränkt denken.

## b) Thomas:

1. Das Apostelkonzil besagt, dass allen Menschen untersagt ist, Gotteslästerung zu betreiben und andren Göttern zu dienen.
Diese und die fünf anderen noachidischen Gebote stellen das „heidnische Minimum" für die Beziehung mit Gott dar.
Paulus sagte, dass der Mensch durch den Glauben gerecht wird und das heißt, dass wenn wir an diesen einen wahren Gott glauben und nach seinem Wort handeln, dies sogar über dem Gesetz steht. Den Namen heiligen zu dürfen, bedeutet also für die Juden, dass Gott sie als sein Volk wählt und so gerecht macht und für die Christen an Christus zu glauben.

2. Die theologische Grenze dieser These liegt meiner Meinung nach darin, dass der Name Gottes verschieden interpretiert werden kann und so unterschiedliche Ansichten als richtig empfunden werden können und die Gefahr des Missbrauchs besteht.
Ich kann keine These auf den Folien finden, die meiner widerspricht oder welche ich ablehne, durch meine Ausführungen in Aufgabe 1. Ich kann mir jedoch vorstellen, dass Punkt 2 auf der vorletzten Folie von anderen Religionen nicht so gesehen wird, da ich glaube, da im Islam, nicht Gott an Jesus gebunden ist, sondern bei den Propheten Mohammed."

## c) Tanja:

1. Der Text „Das Apostelkonzil" aus dem Skript zu Basiswissen Dogmatik von Ruster handelt von der Tora und ihr Befolgen bezüglich der Juden- und Heidenchristen. Jesus Aufgabe war es, alle Menschen zur Tora und somit zu Gott zu führen, also auch die heidnischen Menschen(„Jesus wusste sich gesandt zu den „verlorenen Schafen des Hauses Israel", Z.1) „seine Jünger verstanden die Auferstehung als Aufforderung zur Heidenmission" Z.5-6). Paulus und Barnabas leiteten zu einem Apostelkonzil ein („(…)reisten Paulus und Barnabas nach Jerusalem um die Frage der Gesetzesverpflichtung der Heidechristen zu klären. Es kommt zum sog. Apostelkonzil(…)", Z.18-20), in dem entschieden wird, das Heidenchristen nur nach sieben noachidischen Geboten leben müssen, was bei den Juden als „(d)as heidnische Minimum für die Gemeinschaft mit Gott" gilt(Z.49-50). Die Heiligung des Namens spielt hierbei eine große Rolle, denn im Vordergrund steht bei dem Apostelkonzil die Gemeinschaft mit Gott.
Um mit diesem Gott in eine Gemeinschaft treten zu können, muss man ihn und seinen Namen ehren und seine Gesetze, die noachidischen Gebote, befolgen, denn dieser Gott erwartet ein gerechtes Volk, das durch sein Gesetz gerecht wird(„Die Gabe des Gesetzes macht gerecht. Indem Gott Israel sein Gesetz gibt, erwählt er es als sein Volk und macht es gerecht", Z.59-61).
Die Heiligung des Namens bedeutet auch gleichzeitig sich als Gott zu erweisen; Gott muss (Dieser Gott ist…) mächtig, rechtsprechend, parteiisch für sein Volk sein. (Dieses Gott sein (=G) ist das einzige G, was beim Tora tun bestimmt wird und was das Apostelkonzil auch voraussetzt. Wer dem G bestimmte Eigenschaften zuspricht und sich somit ein Wunsch- G schafft, der glaubt nicht an den einen richtigen Gott sondern nur

an ein fernes Gottesbild, denn Gott wird nicht von den Menschen bestimmt. Das Apostelkonzil bedeutet für die Heidenchristen die Möglichkeit in der Gemeinschaft des Volkes Israel zu leben und Tora zu tun um mit Gott eine enge Beziehung zu führen. [Vor dem Konzil wurden Heidenchristen als Aussenseiter betrachtet, die unwissend gegenüber der Tora sind und sie auch nicht tun (können)].

2. Wenn man der These aus Übung_1 zugestimmt hat, dann wird die Heiligung des Namens abgelehnt, denn man darf nur den einen Gott JHWH verehren, sonst tritt hier das Problem auf, dass der Mensch das Gottsein selbst bestimmt und diesem G Eigenschaften und „Absichten" zuspricht oder sogar unterstellt.
Die verschiedenen Namen stehen für verschiedene Individuen, also auch für verschiedene Personen. In der hellenistischen Perspektive ist „Gott" aber keine Person, sondern eine Art Oberbegriff, der für die Gattung steht.
 Hier kommt die Frage auf, ob diese verschiedenen Individuen auch wirklich diese Gattungsmerkmale erfüllen. Nach der jüdischen Perspektive, die unter streicht, dass kein Individuum  x das Prädikat G verdient und sich über die anderen Geschöpfe erheben darf, ist die Antwort definitiv ein „Nein", denn nur JHWH erfüllt diese Gattungsmerkmale.
 Jeder Mensch ist geprägt von der Erfahrung und der Vorstellung mit/von Gott und dementsprechend identifiziert er das G auch individuell. Wenn es aber nach der These aus Übung_1 gleich ist, wie man Gott nennt, Allah, JHWH oder sonst wie, dann gibt es nicht nur ein Individuum, das unter den Gottes Namen fällt, sondern soviele, wie es Bezeichnungen ihn gibt. Das wiederum entspricht nicht der Bedeutung des Namens, denn dann ist dieser Gott beliebig mit beliebigen Eigenschaften und genau dort ist die theologische Grenze, denn die einzige Forderung, die man Gott stellen darf, ist, dass er bei einem bleibt und ihn nicht verlässt. Alle anderen Bitten entsprechen dann wieder einem „Wunschgott".
Marquardt bezeichnet diese Freiheit der Namensgebung als „(I)ndiz für die wahre Selbsterniedrigung Gottes in seine Verwechselbarkeit, Unbestimmtheit und Austauschbarkeit" (Z. 7-8). Marquardt meint auch, dass dies zur Folge, dass wir Gott erniedrigen und ihn „(i)hn zu einer Funktion unseres Willens, selbst und allein Gott sein zu wollen, mach[en]"(Z. 10-11). Somit behauptet Marquardt nicht nur, dass der Mensch Gottes Namen missbraucht und somit selbst Gott bestimmen will, sondern, dass der Mensch sogar selbst Gott sein will, um mächtig zu sein und über allen Dingen zu stehen. Nach Marquardt wäre diese These nicht nur eine Überschreitung der theologischen Grenze, sondern auch Verachtung Gottes, denn nur einer bestimmt das G, und das ist Jahwe.
Schlussfolgernd wird also bereits bei der Verwendung anderer „Götzen"-Namen für einen Gott der die Heiligung und somit auch die Bedeutung des Namens übergangen und die Einsicht, dass nur Jahwe das Gottsein bestimmen kann und das Bestimmen der Menschen anmaßend ist, wird mit dieser These abgelehnt.
Ich denke aber, dass den meisten diese Tatsache gar nicht bewusst ist; mir war sie bisher auch nicht bewusst. Deswegen finde ich es ziemlich schwierig, alten Menschen die Erniedrigung Gottes und den Willen selbst Gott sein zu wollen zu unterstellen.

# 10 Gottes Wille

## 10.1 Thematische Hinführung

Ich begrüße Sie zu der zehnten Sitzung unserer Vorlesung – zur letzten inhaltlichen Sitzung, die einen Aspekt der Gottesfrage wie Gottes Namen, Gottes Rechtfertigung, Gottes Zorn thematisiert. In der nächsten Woche wird sich eine zweite Sitzung zum Reflexiven Lernen anschließen, in die eine kleine Kompetenzmessung eingebunden ist. Danach kommen noch zwei Sitzungen, in denen wir über das Gottdenken aus einer Meta-Perspektive nachdenken, bevor eine Abschlussreflexion die Vorlesung beendet. In der heutigen Sitzung geht es also um Gottes Willen. Dieser Aspekt ist für uns zunächst etwas fremd. Wenn ich heute zu Ihnen sagen würde, „Gott will, dass Sie dieses oder jenes tun", dann würden Sie vermutlich zunächst skeptisch zurückfragen: „Woran mache ich denn fest, dass es Gottes Wille ist und nicht Ihrer?" Ist heute nicht jede Rede von Gottes Willen entlarvt als ein getarnter menschlicher Wille? In einem Tagespraktikum in der Mittelstufe ging es einmal um das Thema ‚Kreuzzüge‘ und dieses berühmte „Deus vult!/Gott will es!". Ein Schüler fragte die Studierende, die in der Sitzung unterrichtete, sofort an: „Das ist doch nur das, was die Kirche will. Das ist doch nicht Gottes Wille, oder? Sie wollen doch nicht erzählen, dass Gott wirklich etwas will!" Das ist die eine Seite. Auf der anderen Seite liefert schon das ‚Vater-Unser‘ einen Anker, um sich klar zu machen, dass Gott-Vater in der Bibel als einer erzählt, besungen oder angeklagt wird, der etwas will, den wir gerade deshalb als Gott verehren, weil er seinen (Heils-)Willen an unserem Wohlergehen ausrichtet (→ **Gottes Name**).[301] Wenn Sie der Vorlesung gefolgt sind, dann ahnen Sie vielleicht schon, dass die Fremdheit mit der Rede von Gottes Willen selbst Ergebnis einer Entwicklung ist. Zentrale Faktoren dieser Entwicklung sind der im Hintergrund wirksame Grundsatz die biblische Realität an der Normalrealität zu messen (→ **Gottes Rede**), der Deismus als Grundkonzept für das Verhältnis von Gott und Welt (→ **Gottes Dasein**) und bedeutsam ist auch die Entpersonalisierung Gott-Vaters (→ **Gottes Name**). So lässt sich eine Position zu Gottes Willen als die Synthese verschiedener Grundannahmen rekonstruieren. Und deshalb möchte ich heute auch in der ersten Hälfte der Sitzung zeigen, wie sich auf der Basis einer Grundoption über die Aspekte Gottes Rede, Gottes Macht, Gottes Dasein und Gottes Herrschaft hinweg eine Position zu Gottes Wille verdichten lässt. In der zweiten Hälfte möchte ich dann das theologische Denkmodell um den Willen Gottes ergänzen, das ich auch schon in Gottes Rechtfertigung, Gottes Zorn und Gottes Name in den Mittelpunkt meiner eigenen systematischen Reflexion gestellt habe.

---

[301] Vgl. ergänzend zu dieser Spannung von Menschenwille und Gottes Wille *Werbick*, Gott verbindlich, 2007, Kap. 6.1 und 6.2.

## 10.2 Modelle im Verständnis des Willen Gottes

*10.2.1 Inhaltliche Rede im Glauben und formale Rede über den Glauben*

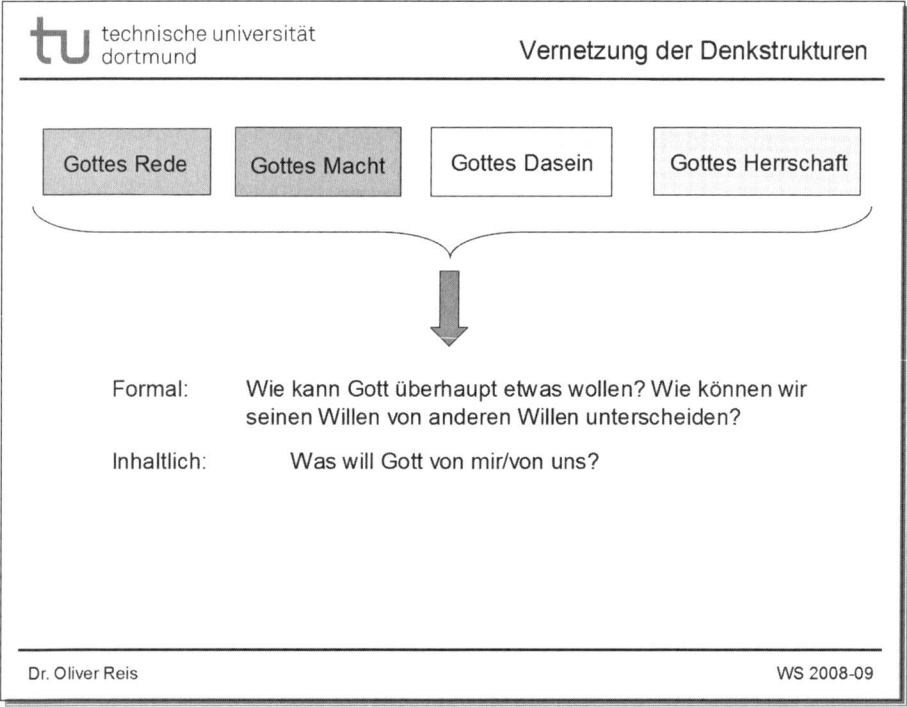

Wir haben spätestens jetzt eine Vorlesungsphase erreicht, in der Sie merken müssen, wie sich verschiedene Denkstrukturen wie Bausteine aufeinander beziehen und neue Problemlösungen ermöglichen. Das Thema ‚Gottes Wille' bietet sich dafür an, um deutlich zu machen, wie sich Denkmodelle, die von einer bestimmten Grundoption getragen sind, zu einem Denkmodell bezüglich eines neuen Aspekts des Gottdenkens formieren. Wenn Sie verstanden haben, wie jemand zu Gottes Dasein, Gottes Macht, Gottes Rede und Gottes Herrschaft denkt, dann sind wichtige Entscheidungen für das Wirklichkeitsverständnis und für die Zuordnung von Gott und Welt gefallen, die – innere Stimmigkeit vorausgesetzt – vorhersagen lassen, wie jemand mit der Rede von Gottes Willen umgeht. Genau dieser Zusammenhang ist didaktisch relevant, da Sie Schüleräußerungen zu bestimmten Themen so verstehen können, dass dieser Äußerung ein komplexes ‚theologisches Konstrukt' zugrunde liegt. Dieses Konstrukt bildet sich biographisch aus und steuert zugleich den Zugriff auf ein Thema, weil das grundlegende Wirklichkeitsverständnis und die bevorzugte Bedeutungsstruktur sich fortschreiben werden. Sie können sicher sein, dass Sie mit den in der Vorlesung behandelten Aspekten der Gottesfrage und darin verhandelten Denkmodellen über genügend Kriterien verfügen, um das Gottesbild von Schülerinnen und Schülern zu verstehen, so dass Sie das ‚theo-logische Konstrukt'

durch didaktische Interventionen gezielt irritieren, stabilisieren oder auch erweitern können.

Ich möchte heute an unserem Thema Gottes Wille noch eine weitere Unterscheidung einführen, die ich für hochrelevant halte, wenn wir eine sinnvolle Glaubenskommunikation stiften wollen. Die Unterscheidung zwischen einer *inhaltlichen Rede im Glauben* und einer *formalen Rede über den Glauben*. Wir haben in der ersten Sitzung gesehen, dass die theologische Logik ein eigenes Denksystem ist, das durch das *Hören* auf die Rede Gottes und deren *ordnende Aneignung* entsteht (→ **Einführung in die theologische Logik**). Wir haben festgehalten, dass dieser Prozess des Hörens und Ordnens immer wieder zu leisten ist und die Angemessenheit einer theologischen Lösung sich nicht von vorneherein erschließt. Welche ordnende Rede angemessen ist, hängt letztlich daran, ob unsere Glaubensgemeinschaft darin eine angemessene Aktualisierung der Rede Gottes erkennen kann (→ **Gottes Rede**). Wenn aber andere Quellen des Hörens als Maßstab für das ordnende Denken eingefügt werden, dann verändert sich der Charakter der Rede. Freuds Text über Religion versucht gar nicht, Gottes Wirklichkeit für uns heute zu erschließen, sondern befragt von außen *die Möglichkeit* der Gottes Rede oder deren Aktualisierung. Und hier wird die Unterscheidung von inhaltlich und formal relevant. *Inhaltliche Aussagen* und auch Fragen stehen in der theologischen Logik und versuchen das Denksystem weiterzuentwickeln. *Formale Aussagen* oder Anfragen zielen nicht auf die inhaltliche Bedeutung ab, sondern nehmen die Aussage in ihrer Form und damit in ihrer Konstrukthaftigkeit wahr. In der formalen Perspektive wird nicht der inhaltliche Maßstab fortgeschrieben, sondern die Perspektivität der Aussage wird entdeckt und dann mit anderen Perspektiven verglichen. Es wird entdeckt, dass Glaubensaussagen/theologische Aussagen zu einem ‚Bild' in einem ‚Rahmen' gehören. Der ‚Rahmen' begrenzt die Logik in dem Bild und ich kann mich auf das Geschehen im Bild konzentrieren (inhaltlich) oder auf die Differenz zur Umwelt, die durch den Bilderrahmen entsteht (formal). Damit gibt es ein Innen, in dem problemlos Glaubensfragen gestellt und beantwortet werden können, und ein Außen, von dem aus problemlos Glaubenssätze als Sätze enttarnt werden, die ihre eigenen Erkenntnis- und Realitätsvoraussetzungen nicht wirklich einholen können. Das müssen sie natürlich auch nicht. Spannend ist nun, dass wir einerseits von außen auf das Bild schauen und einen formalen Standpunkt einnehmen können. Wir können uns aber andererseits in ein Bild verstricken lassen und seinen inneren Standpunkt einnehmen. Es kann dann sogar passieren, dass die Wahrheit eines Bildes unser Leben verändert.

Die meisten Fragen, die Ihnen Schüler heute stellen, sind formale Fragen. So zielt die Frage: „Wie können Sie behaupten, dass Gottes etwas will?" darauf ab, dass die Erkenntnismöglichkeit des Willens Gottes in der Relation zur Normalrealität offengelegt wird. Die Frage wird notwendig, weil der Schüler auf der Basis eines bestimmten Wirklichkeitsverständnisses bei Ihnen ein damit widerstreitendes Wirklichkeitsverständnis voraussetzt. Er steigt gar nicht in die inhaltliche Bedeutung ein, sondern befragt die Äußerung von außen, weil sein eigenes Wirklichkeitsverständnis und seine Bedeutungsstrukturen von Gottes Dasein und Gottes Macht die personale Vorstellung Gottes mit einem personalen Willen als absurd beurteilen lassen. So kann man sagen, dass durch die heute faktische Vielfalt an Positionen mit verschiedenen Grundoptionen und Bedeutungsstrukturen die Wahrscheinlichkeit für einen ungebrochenen Einstieg in eine inhaltliche Debatte sehr gering ist. Wenn aber eine solche zustande kommt, dann führt jede inhaltliche Aussage immer ihr Wirklichkeitsverständnis und eine geprägte Bedeutungsstruktur zunächst scheinbar unsichtbar mit sich. Und wir können besonders dann gut inhaltlichen Debatten folgen, wenn das verwendete Wirklichkeitsverständnis und die Bedeutungsstrukturen zu unseren kompatibel sind. Werden die Brüche im zugrundeliegenden Konstrukt zu stark, kommt es zu formalen Anfragen.

Eines der Grundprobleme der gegenwärtigen Theologie ist aus meiner Sicht, dass sich der Fokus weitgehend auf den Inhalt richtet. Und gleichzeitig sind dann wie bei Jürgen Werbick und seinem Buch „Gott verbindlich" hinter der inhaltlichen Oberfläche die hermeneutische Grundoption sowie das hermeneutischen Inspirationsmodell für Gottes Rede und das Liebesmodell für Gottes Macht theologiebildend. Natürlich reagiert er damit unausgesprochen auf formale Anfragen, ohne selbst sein Theologietreiben zu thematisieren. Schon der Titel „Gott verbindlich" macht ja das Anliegen deutlich, die verbindliche Mitte der Gottesrede zu erschließen. Da passt es sicher nicht, dass zu deutlich wird: diese Theologie hat selbst einen perspektivischen Rahmen – damit wird der Autor mit seinen redestrategischen Entscheidungen kenntlich. Das würde ja auch die Rede von Gott partikularisieren und so kann doch keine verbindliche Gottesrede geführt werden, oder? Aber eine Gottesrede, die so ihre eigenen Bedingungen verschleiert, provoziert heute vermehrt formale Anfragen, die nicht durch inhaltliche Antworten bearbeitet werden können. Mit Bernhard Fresacher ist festzuhalten, dass jede theologische Rede, wenn sie heute überhaupt noch inhaltlich anschlussfähig sein will, die eigene Form der Rede mitbedenken muss. Die Form verändert den Gegenstand und damit wird die formale Anfrage an die Form eine legitime Frage an die Erkenntnismöglichkeiten der inhaltlichen Rede.[302]

Auf mindestens drei strategische Formen des Umgangs mit diesem Problem stoßen Sie heute in der theologischen Literatur: 1. Die Autoren wissen um diese Grenze, thematisieren sie nicht, sondern bieten ein rein inhaltliches Programm

---

[302] Fresacher macht in seiner Habilitation deutlich, dass sich die Kirche in den Texten des II. Vatikanischen Konzils selbst der Form ihrer Rede als historisches und partikulares soziales System innerhalb einer Diversität an Wirklichkeitszugängen bewusst wird und diese Situation nun selbst theologisch versteht. Dass es der Kirche nicht mehr gelingt, diese Diversität der Zugänge auf eine Einheit der Gottesposition zu reduzieren, die die Kirche als Akteur dieser Rede scheinbar selbst ausklammert, verändert den Standort des kirchlichen Redens, aber auch den der Theologie erheblich. Vom II. Vatikanischen Konzil lernt Fresacher diesen neuen Standort der Rede von Gott aus- und offenzuhalten (vgl. grundlegend *Fresacher*, Kommunikation, 2006, Kap. 1).

an, das *implizit* auf formale Anfrage ausgerichtet ist.[303] 2. Sie wissen zwar um die Grenze, leugnen sie aber. Das macht der Fundamentalismus, der eine Form wählt, die mit dem bildlich-wörtlichen Wirklichkeitsverständnis und u.a. der Verbalinspiration als Modell für Gottes Rede und der rechtfertigenden Begründung gegenüber Leid und Gewalt, gegenüber einer sich autonom empfindenden Welt schlicht objektive Rede behauptet und die eigene Form-Entscheidung *verschleiert*. 3. Sie nehmen die Grenze *explizit* wahr und gewinnen einen inhaltlichen Zugang zu der Grenze selbst. Die formalen Anfragen prägen explizit die inhaltliche Theologiebildung. Das kann gut gelingen, wenn die inhaltliche Rede an Aktualität für das Hören gewinnt, ohne ihre eigene Mitte zu verlieren.[304] Das kann aber auch misslingen, wenn die formale Anfrage das *Hören* erheblich unterdrückt und das *Ordnen* überbetont.[305]

Jede dieser strategischen Formen hat ihre Stärken und ihre Grenzen: Die erste Lösung kann auch in den heutigen Zeiten inhaltlich Theologie treiben und von Gott her eine Wahrnehmung der Welt zeigen. Allerdings löst die implizite Bindung an einen Kontext sofort Widerstand aus, wenn die Rezipienten mit dem Wirklichkeitsverständnis und den zentralen Bedeutungsstrukturen nicht übereinstimmen. Dadurch kann diese Rede oft nicht inhaltlich weitergeführt werden, sondern provoziert formale Anfragen, die die inhaltliche Geschlossenheit aufheben. Gut ist, dass dann dieser Streit die eigene Theologie befruchten kann. Bei der zweiten Lösung ist die scheinbare Zeitlosigkeit die große Stärke, eine geschlossene Gemeinschaft durch die Zeit entsteht. Polarisierung ist nicht erwünscht, tritt sie doch einmal auf, dann kann sie innerhalb der Verstehensgemeinschaft nicht bearbeitet werden, sondern wird sofort zur Bedrohung. Formale Fragen sind deshalb tabu. Die dritte Lösung ist scheinbar am stärksten den Fragen der Gegenwart zugewandt und offen für die formalen Fragen. Die daraus entstehende Verletzlichkeit des Glaubens und der Theologie werden ausgehalten und genau das ist ein überzeugendes Modell für die Wirklichkeit des Glaubens.[306] Andererseits kann sie nicht mehr so ungebrochen von Gott her denken, da die eigene Perspektivität sichtbar ist. Das muss der Wahrheit der

---

[303] Hierzu zählt z.B. die oben erwähnte Gotteslehre von *Werbick* (Gott verbindlich, 2007) oder auch der sehr spannende Versuch von *Ruster*, den Himmel wieder zu erschließen (Von Menschen, Mächten und Gewalten, 2005).

[304] Dies zeichnet z.B. die Arbeit von *Fresacher* (Kommunikation, 2006) oder die von *Sander* (Einführung in die Gotteslehre, 2006) aus. Eine etwas ältere Position bietet z.B. *Küng* (Existiert Gott?, ⁵2008).

[305] Ob eine Theologie unter diese Kategorie fällt, ist im Vorhinein nicht zu entscheiden und obliegt letztlich der Glaubensgemeinschaft. Im Rückblick ist dann klarer, dass eine Position wie die von Leibniz zur Bearbeitung der Theodizee zwar durchaus in den scholastisch geprägten Rahmen (→ **Gottes Macht, 1. Modell**) passt, aber der daraus resultierende Deismus trotz seiner Fähigkeit die neuzeitliche Krise des wörtlich-berichthaften Wirklichkeitsverständnisses und der theistischen Bedeutungsstruktur zu bearbeiten, zentrale Aspekte des Gottdenkens wie sein Dasein für die Rechtlosen nicht mehr verarbeiten kann (→ **Gottes Rechtfertigung**).

[306] Das ist für mich die Leistung der Arbeit von Bernhard Fresacher, der der Theologie diese neue Form zur Kommunikation in seiner Habilitation selbst vormacht (vgl. *Fresacher*, Kommunikation, 2006, 44,167,212).

Gottesrede kein Abbruch tun, setzt aber eine hohe Reflexivität des Glaubens voraus, die in der normalen Glaubensfrömmigkeit gegenwärtig nicht einfach vorausgesetzt werden kann.

Wenn formale Anfragen Sie heute vor allem blockieren – und das können Sie gut an Ihren Reaktionen auf meine Impulsfragen testen, die meist formale Anfragen sind – dann liegt das daran, dass Sie noch keinen Pfad angelegt haben, wie Sie die formale Perspektive und das inhaltliche Reden zueinander in Beziehung setzen. Wie können Sie das ändern? Wenn Sie auf Ihr Studium schauen, dann lernen Sie hier vor allem eine hermeneutische Theologie kennen, die Sie leider viel zu wenig als strategische Option wahrnehmen, sondern als eine besondere ‚Maschine‘, deren Output Sie lernen müssen. Die große Stärke dieser Theologie ist aber, dass sie die Formgebundenheit der Theologie aufdeckt und damit Perspektivität eröffnet. Wenn Sie nun diese Erkenntnis auf die hermeneutische Theologie selbst anwenden, dann ist ja klar, dass unser hermeneutisches Theologietreiben selbst eine Form unter vielen möglichen ist. Insofern ist die hermeneutische Theologie zumindest in der Lage, die Unterscheidung zwischen der formalen Perspektive und der inhaltlichen Rede aufzumachen. Alle Lehrenden haben nun ihre Entscheidung getroffen, wie sie selbst die formale Perspektive auf den Inhalt beziehen. Solange sie Lehrende der Theologie sind, müssen sie das tun und können den leichtesten Ausweg - die formale, mit externen Maßstäben versehene Perspektive einzunehmen - nicht wählen. Wenn Sie z.B. die Naturwissenschaften, die Psychologie und die Soziologie als Maßstab nehmen und dann theologisch dasjenige gelten lassen, was sich diesen fügt oder als fügend interpretieren lässt, dann ist der Glaube zwar anschlussfähig, er hat aber eben auch seine hörende Mitte verloren. Von der **Einführung in die theologische Logik** her, dürften sich diese Lehrenden aber auch nicht mehr ‚Theologinnen‘ und ‚Theologen‘ nennen. Und deshalb lernen Sie in jeder Lehrveranstaltung nicht nur die Ergebnisse des hermeneutischen Theologietreibens kennen, sondern immer auch einen strategischen Umgang damit, wie die eigenen Erkenntnisvoraussetzungen bezogen auf ein bestimmtes Wirklichkeitsverständnis das inhaltliche Arbeiten prägen. Und Sie müssen hier Ihre eigene Form finden und dürfen nicht länger glauben, dass die formale Anfrage zu Recht die inhaltliche Arbeit unmöglich macht. Denn so können Sie weder Theologie treiben, noch könnte i.ü. Freud so psychoanalytisch oder James philosophisch arbeiten. Auch denen lassen sich formale Fragen stellen, deren inhaltliche Antworten zirkulär werden.

Das soll für die Erstbegegnung mit der Unterscheidung ‚inhaltlich/formal‘ genügen – sie wird uns in den nächsten Sitzungen noch weiter beschäftigen. In dieser Sitzung soll aber deutlich werden, dass Sie eben auch auf diese zwei Arten nach Gottes Willen fragen können. Gerade an dem Thema Gottes Wille wird schön deutlich, wie ein bestimmtes Konstrukt den inhaltlichen Zugang versperrt und erst wieder, z.B. mit der Bemerkung zum ‚Vater-Unser‘, erschlossen werden muss.

## 10.2.2 Fundamentalistische Grundoption

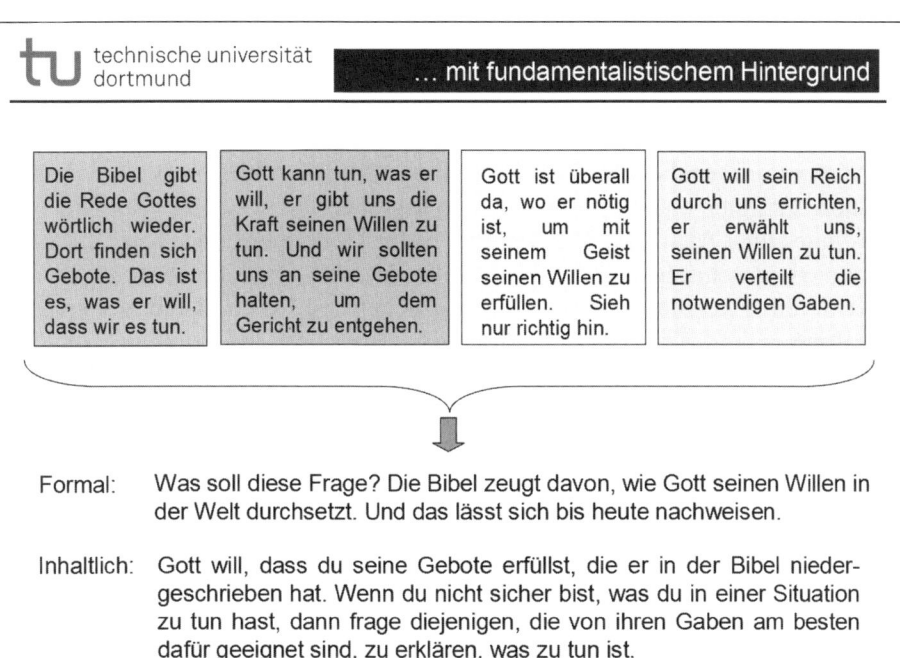

Nehmen wir uns als erstes die **fundamentalistische Grundoption** vor und verknüpfen auf diesem Hintergrund die Aspekte zu Gottes Rede, Macht, Dasein und Herrschaft. Zur Rede: Da die Bibel im Sinne einer Verbalinspiration Gottes Rede wörtlich wiedergibt (→ **Gottes Rede, 1. Modell**), findet sich dann in den Gebote das, was er will, dass es geschieht! Das Verständnis von Gottes Rede lenkt den Blick mehr auf seine Gebote als auf seinen Willen. Gott kann natürlich in der Welt (durch die Geschöpfe) handeln. Das ergibt sich aber weniger aus der Anleihe des scholastischen Modells als vielmehr aus der Perspektive, dass Gott gegen die Kräfte der Welt agiert (→ **Gottes Macht, 2. Modell**). Hinzu tritt die starke Unterscheidung zwischen dem liebend-zugewandten und majestätisch-herrschenden Gott, die für die Kopplung von Erlösung und Gericht sorgt. Erlösung lockt, wenn jemand sich dem Ruf Gottes in sein Reich durch den Heiligen Geist fügt und Gottes Willen in seinen Taten zeigt (→ **Gottes Herrschaft, 6. Modell**). Gericht droht, wenn sich jemand dem Ruf widersetzt. Dabei ist es ein leichtes, sich rufen zu lassen. Denn Gott ist einfach da, und er ist überall da, wo er nötig ist, damit Menschen mit Hilfe seines Geistes seinen Willen erfüllen können. Deshalb kann man an den realen Gemeinschaften, die wirklich seinen Willen leben, auch erkennen, dass er da und mächtig da ist.

Fundamentalisten, die *formal* nach der Erkennbarkeit des Willen Gottes gefragt würden, würden die Frage auf die Gemeindepraxis hin wenden: „Ich verstehe überhaupt nicht, was diese Frage soll! Denn die Bibel beschreibt ja ganz einfach, was Gott will. Und wenn Sie bisher nicht den Geist in sich haben wirken lassen, die Wirklichkeit der Bibel zu erkennen und zu sehen, dass auch heute dieser Geist den Willen zeigt, dann kommen Sie mit. Kommen Sie mal zu meiner Gemeinde und ich zeige Ihnen, wie der Geist Menschen verändert und ihr wahres Potenzial zeigt. Auch Sie können so nach seinem Willen leben und die Welt besser machen. Sie müssen sich nur ganz Gott hingeben."[307] *Inhaltlich* könnten Vertreter und Vertreterinnen so argumentieren: „Also, was will Gott, dass Sie es tun? Also Gott will, dass Sie seine Gebote erfüllen. Jene, die in der Bibel niedergeschrieben sind. Dazu gehört, dass Sie sexuell rein leben, Ihr Hab und Gut teilen, regelmäßig an der Gemeinschaft teil haben, demütig gegenüber den Brüdern und Schwestern bleiben, die Botschaft weitertragen usw. Und wenn Sie nicht sicher sind, was in einer Situation zu tun ist, dann fragen Sie am besten diejenigen in unserer Gemeinde, die Ihnen mit ihren Geistesgaben helfen können." Bei diesem Konstrukt ermöglicht die Ausblendung der formalen Perspektive die starke Orientierung der inhaltlichen. Auf fundamentalistische Weise Christ zu sein bedeutet, auf diesen Willen Gottes ausgerichtet zu sein, man kommt hinein durch einen Sprung ins Bild und lebt dann bewusst in einem Bild, das sich deutlich von der Umwelt unterscheidet. Allerdings ‚saugt' das Leben in dem Bild durch seine starke Unterscheidung und Polarisierung, durch die Tabuisierung des individuellen Deutens auch andere positive Lebenskräfte auf, es lässt viele Menschen ausgezehrt in der Realität zurück. Das ist der hohe Preis der zweiten Strategie, die formale Perspektive zugunsten einer strikten Inhaltlichkeit zu unterbinden.

### 10.2.3 *Agnostische Grundoption*

Wechseln wir in das andere Extrem und entwickeln wir ein Denkmodell zu Gottes Willen auf der Grundlage einer **agnostischen Grundoption**. Die agnostische Grundoption betont, dass wir Gottes Existenz nicht ausschließen können, aber dass es auch keine vernünftigen Indizien für die Gegenwart gibt, die gute Gründe für den Glauben an Gott gibt. Mit Blick auf **Gottes Dasein** fehlen dem Agnostiker bzw. der Agnostikerin die Erfahrungskanäle, die unabhängig vom schon vorausgesetzten Glauben funktionieren. Alle unsere Erfahrungen verweisen zum einen auf die Welt selbst. Darüber noch Gottes Dasein zu setzen, ist eine mögliche Konstruktion, aber keine notwendige. Zum anderen sind es unsere Erfahrungen, wir können nicht die Geschlossenheit der menschlichen Erfahrungsmöglichkeiten überwinden. Das hat zur Folge, dass jedes Wort, das wir verstehen können, ein menschliches Wort ist und dass die biblische Rede vom Willen Gottes erst einmal fiktionale Literatur ist (→ **Gottes Rede, 3. Modell**).

---

[307] Diese Antwort bekam ich von einer evangelikalen Gruppe in der Dortmunder Fußgängerzone, die mich davon überzeugen wollte, dass Gott für mich ein anderes Leben will und die ich fragte, woher sie wüssten, dass Gott für mich ein anderes Leben will.

| tu technische universität dortmund | ... mit agnostischem Hintergrund |

| Wir treffen immer nur auf menschliche Rede. Menschen drücken nur aus, was sie wollen. | Wir treffen auf Menschen, die ihren Willen mit Gott begründen. Wenn Gott etwas wollte, wie kann er es mitteilen? | Gott ist nicht erfahrbar. Menschen können gar nicht ihren Willen von Gottes Willen unterscheiden. | Gottes Herrschaft ist wenn überhaupt nicht erfahrbar, sein Wille ist wenn überhaupt eine Sache im Verborgenen. |

Formal:   Das ist das große Problem: Sollte Gott überhaupt einen Willen haben, dann ist er nicht zugänglich. Jeder Bezug auf einen solchen Willen entlarvt, dass Menschen ihre eigenen Interessen verdecken wollen.

Inhaltlich:   Hierzu schweigen vernünftige Menschen. Vielleicht zeigt sich so ein Wille noch, aber wie sollte das gehen?

Dr. Oliver Reis                                                                                                    WS 2008-09

Wenn wir in dieser menschlichen Rede vom Willen eines anderen sprechen, dann kann dies nur dann sinnvoll geschehen, wenn es ein menschlicher Wille ist oder der von einem Subjekt der Welt, dessen Wille unserem analog interpretierbar ist. Entweder wäre Gott so ein weltliches Subjekt, dann hätte er sich noch nicht gezeigt oder er ist kein solches Subjekt, dann ist es unsinnig von seinem Willen zu sprechen (→ **Gottes Macht, Option B**). Vielleicht arbeitet er daran, seinen Willen durchzusetzen und seine Herrschaft zu errichten, aber davon haben dann die religiösen Menschen genauso wenig Ahnung wie die nichtreligiösen. Insofern kann man sagen, dass die Rede davon, dass Gott dieses oder jenes will oder gerade nicht will, meist menschliche Rede ist, die Gott für die eigenen Interessen benutzt. Und so führt auch die Idee vom Reich Gottes dazu, dass eine Gruppe von Menschen über ein bestimmtes Gottesbild ihre Interessen durchsetzt (→ **Gottes Herrschaft, Kritik an der Idee eines Gottesreiches**).

Haben wir nicht alle eine agnostische Seite in uns, die es so schwer macht, die Strategien der Vermittlung zwischen der formalen und der inhaltlichen Perspektive zu entfalten? Machen wir ein Gedankenexperiment: Sie gehen durch die Dortmunder Fußgängerpassage und da kommt Ihnen eine Frau entgegen, die ein riesiges Plakat mit der Aufschrift trägt: „Gott will, dass du 10% deines Einkommens abgibst! *(Lachen)* Was wäre Ihr erster Gedanke? Was wäre das erste, was Ihnen durch den Kopf schießen würde?

*S1: Ja, wo steht denn das?*

*S2: Wieso will Gott das?*

*S3: Woher willst du das wissen?*

*S4: Warum ausgerechnet 10%?*

*S5: Das ist doch eine absurde Forderung, das ist doch niemals Gottes Wille!*

Was sind das für Gedanken? Beobachten Sie den Inhalt: Sind Sie an einer inhaltlichen Weiterführung interessiert oder fokussieren Sie die Aussage in ihrer perspektivischen Form?

*S4: Ich würde sagen, dass es bis auf von dir (S2) eher formale Fragen oder Kommentare sind. Es geht darum, die Geltung des Satzes zu bestreiten, vielleicht auch, weil wir gar keine Lust haben, über die Forderung nachzudenken. Bei dir, (S2), könnte es auch anders weitergehen, denke ich mal. Man bleibt im Spiel, dass es diesen Willen gibt und wir fragen danach, was nun zu tun ist. So verstehe ich das zumindest.*

Sie sehen: Wenn wir über Gottes Willen nachdenken, dann ist die formale Reaktion der Normalfall. Und diese formale Reaktion verläuft in den Bahnen des agnostischen Denkmodells, das eben ganz von der formalen Perspektive her diesen Aspekt des Gottdenkens befragt: Wie kann überhaupt sinnvoll von einem Willen Gottes gesprochen werden? Darin ist das Modell sehr klar. Wir haben schon gesehen, dass Sie dieses Denkmodell nur inhaltlich zurückweisen können – bloß ist die inhaltliche Antwort gerade keine, sie ist eben schon stark voraussetzungsvoll. Das macht zunächst so ratlos und ist vielleicht der Grund, warum wir spontan in diesen Denkwegen reagieren. Bezüge auf eigene Erfahrungen, ‚Wunder‘ oder auch die Bibel funktionieren nicht. Eine solche Reaktion macht den Anfragenden nur klar, dass die religiösen Vertreter und Vertreterinnen die eigene Zirkularität nicht durchschauen und sich damit selbst disqualifizieren. So weit so gut. Die häufige Unterstellung aber, dass die Menschen mit der Rede vom Willen Gottes nur ihre eigenen Interessen sichern, geht noch einen Schritt weiter. Wie schon bei Freud und seiner Projektionsthese entwickelt das Denkmodell seine eigene Perspektive auf die Welt, die die formale Anfrage formt und zugleich eine eigene Inhaltlichkeit besitzt. Und diese Inhaltlichkeit ist eben kurzgeschlossen mit einer anderen Quelle des Hörens. Die Überzeugung, dass alle wahre Erfahrung auf unserer Anschauung von weltlichen Subjekten beruht, dass deshalb vermeintliche Gotteserfahrungen immer nur Gottesbilder sind und dass Gruppen versuchen über Gottesbilder Herrschaft auszuüben, erzeugt eine eigene Perspektive, die *genauso geschlossen* ist, wie die religiöse Perspektive selbst. Hier beginnt der positivistische Agnostizismus (→ **Gottes Herrschaft**). Das ist ganz wichtig: Während die fundamentalistische Perspektive die formale Seite der Glaubensaussage von der inhaltlichen her begreift, so begreift die agnostische Perspektive die inhaltliche von der formalen her. Hier nun wird ausgeblendet, dass der formale Blick eine Inhaltlichkeit transportiert, die ihrerseits auf ihre formalen Erkenntnismöglichkeiten befragt werden kann: Woher will denn die agnostische Position wissen, dass die Gottesbilder nicht doch sehr präzise Gottes Willen erfassen? Hier könnte das agnostische Denkmodell von sich selbst lernen, dass es an seinen Erkenntnisgrenzen vernünftigerweise zu schweigen hat. Tut es das nicht, ist es religiösen Systemen in keiner Weise überlegen.

### 10.2.4 Hermeneutische Grundoption

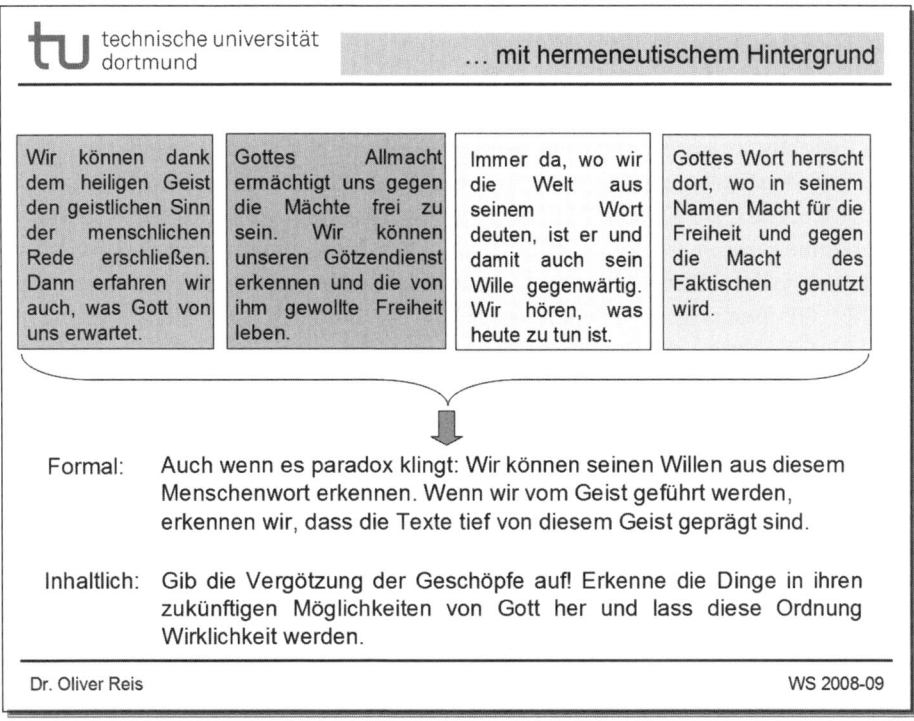

Im dritten Ansatz wähle ich die **hermeneutische Grundoption** als Basis. Gottes Rede wird hier zum interpretativen Akt der Gläubigen, die mithilfe der Gottesrede eine spezifische Perspektive auf die Welt erhalten. Es ist zwar unsere Sprache und wir führen auch diese Rede, gehen aber zugleich davon aus, dass in dieser Sprache Gott-Vater als das bleibende Außen zur Sprache kommt. Wenn wir den geistlichen Sinn ‚seiner' Rede erfassen, dann erhalten wir eine spezifische, unterscheidende Sicht auf die Dinge, die wir sinnvoll als seinen ‚Willen' verstehen (→ **Gottes Rede, 3. Modell**). Klar ist natürlich, dass dies eine metaphorische Rede ist, die, wie bei Gottes Zorn, nur sinnvoll ist, wenn der Bezugspunkt der Metapher nicht die Psychologisierung des Willens ist. Der angemessene Bezugspunkt ist die Aussage, dass Gott-Vater die Welt nicht gleichgültig ist, sondern er Erwartungen an sie, an uns hat, die mit seinem Namen verbunden sind. Damit ist auch gegenüber dem Agnostizismus klar, dass dort ein quasi-materialistisches Dasein Gottes vorausgesetzt wird. Gott ist relational da, wo wir mit seiner Hilfe einen unterscheidenden Blick auf die Welt als Ganzes gewinnen. Wird diese Struktur nun mit der Bedeutungsstruktur des Wandlungsmodells (→ **Gottes Macht, 4. Modell**) gefüllt, dann können wir in dem unterscheidenden Blick auf die Welt unsere Vergötzung von Geschöpfen erkennen und die Macht seines Wortes in dem Widerstand gegen das Allmächtige erfahren. Wir können sehen, dass sich diese Macht in der Kirche und außerhalb zu einem Reich der Freiheit verdichtet, das seine gewollte Herrschaft in den Anfängen auf Erden sichtbar macht (→ **Gottes Herrschaft, 3. Modell**).

Dieses Denkmodell drängt wieder zu der einfachen Aussage: Gott will etwas. Es ist sich in *formaler Hinsicht* bewusst, dass diese Einfachheit dadurch gewonnen wird, dass grundlegende Paradoxien ausgehalten werden. Wir gehen darauf noch genauer ein (→ **Tiefenstrukturen der Theologie**), es ist aber jetzt schon wichtig zu sehen, dass die formale Anfrage in diesem Modell zwar bearbeitet werden kann, aber nur so, dass die Paradoxie erhalten bleibt. Wenn Sie z.B. sagen, dass wir seinen Willen in dem ‚geistlichen Sinn' des Menschenwortes erkennen, dann ist der geistliche Sinn des Menschwortes ähnlich paradox. Sie können diese Paradoxie erneut bearbeiten, indem Sie den geistlichen Sinn an die ‚Glaubens-'gemeinschaft der Christen binden. Aber auch hier macht diese Verschiebung nur dann Sinn, wenn die Glaubensgemeinschaft mehr ist als bloßer Verein, wenn sie der vom Geist gewirkte ‚Leib Christi' ist, da nur so diese Rede Gottesrede bleiben kann. Ziehen wir unsere drei Strategieformen im Umgang mit der formalen und der inhaltlichen Perspektive heran, so sind die erste und die dritte Strategie für dieses Denkmodell möglich. Die beiden bearbeiten nur die Paradoxie auf andere Weise: Die erste hält sie in der inhaltlichen Rede verdeckt, die dritte macht sie selbst zum Gegenstand. Denken Sie z.B. an Sanders Formulierung vom ‚Außen-bleibenden-Innen' oder Leidholds ‚verborgene Präsenz' (→ **Gottes Dasein**). Dies bietet zwar auf die agnostische Anfrage keine befriedigende Antwort, aber sie ist sich ihrer eigenen Zirkularität bewusst und erreicht deshalb eine Redlichkeit, die die meisten formalen Anfragen mit ihren unterschiedlichen Maßstäben nicht erreichen (s.o.).

*Inhaltlich* kommt dieses Denkmodell je nach eingespeister Begründungsstruktur bei Gottes Macht oder bei Gottes Herrschaft woanders an. In meiner eigenen theologischen Perspektive ist mir aufgrund des Wandlungsmodells klar: Gott will, dass wir die Vergötzung der Geschöpfe erkennen, dass wir die Dinge in ihren zukünftigen Möglichkeiten von Gott her sehen und dass wir diese Ordnung Wirklichkeit werden lassen. Diese durch die Vernetzung neu gewonnene Bedeutungsstruktur möchte ich im Folgenden weiter entfalten.

### 10.2.5   *Vertiefung der hermeneutischen Position zum Willen Gottes*

10.2.5.1 Wenn Jahwe Gott sein will – eine Perspektive für die Welt

In Analogie zum **Zorn Gottes** bin ich der festen Überzeugung, dass es sich der Glaube/die Theologie nicht leisten kann, auf die Rede vom Willen Gottes zu verzichten. Warum? Denn in den biblischen Stellen, die davon sprechen, dass Gott etwas will, erweist sich Jahwe als schöpferisch für die Welt. Bei ‚schöpferisch' denke ich weniger an den Weltanfang – das ist die Seite der Form –, sondern daran, dass Jahwe als Gott Verheißungen in die Welt einträgt, die diese Welt, um am Leben zu bleiben, dringend braucht. Schöpfung führt in die faktische Welt die Unterscheidung des Lebens ein.[308]

|  technische universität dortmund | **Der schöpferische Wille Gottes** |

„Jahwe will unser Gott sein!" – wenn wir Jahwe G bestimmen lassen…

⇒ Nichts kann uns zwingen! ≠ Es geht halt nicht anders!

⇒ Was willst du für uns? ≠ Wolltest du das so….?

⇒ Welche Verheißungen stehen für uns aus? ≠ Warum wolltest du es so?

⇒ Schicke uns Zeichen deiner Zukunft! ≠ Das haben die (nicht) verdient!

⇒ Lass uns wollen, was du willst! ≠ Erfülle uns, was wir uns wünschen!

Sie können Gott und seinen Willen in jeder Wirklichkeit, zu jeder Zeit und an jedem Ort an den machtvollen Zeichen seiner Zukunft entdecken oder Sie übersehen sie an jedem Ort und zu jeder Zeit, weil sie gar nicht vorkommen können.

→ Marquardt I, 256,350

| Dr. Oliver Reis | WS 2008-09 |

Ein Beispiel für dieses Schöpfungsverständnis zeigt sich eindrücklich bei Deuterojesaja, der das Ende des Exils als Neuschöpfung ankündigt:

**Jes 41,17-20**

**17** Die Elenden und Armen suchen Wasser, doch es ist keines da; ihre Zunge vertrocknet vor Durst. Ich, der Herr, will sie erhören, ich, der Gott Israels, verlasse sie nicht. **18** Auf den kahlen Hügeln lasse ich Ströme hervorbrechen und Quellen inmitten der Täler. Ich mache die Wüste zum Teich und das ausgetrocknete Land zur Oase. **19** In der Wüste pflanze ich Zedern, Akazien, Ölbäume und Myrten. In der Steppe setze ich Zypressen, Platanen und auch Eschen. **20** Dann werden alle sehen und erkennen, begreifen und verstehen, dass die Hand des Herrn das alles gemacht hat, dass der Heilige Israels es erschaffen hat.

Ich habe schon in **Gottes Namen** darauf hingewiesen, dass nicht das Schöpfersein Jahwe als Gott begründet, sondern umgekehrt, dass Jahwes Wille, seinen

---

[308] Vgl. *Welker*, Schöpfung und Wirklichkeit, 1995, 19-25; *Fresacher*, Kommunikation, 2006, 326f.; *Ruster*, Von Menschen, Mächten und Gewalten, 2005, 64-66.

Namen zu heiligen, ihn schöpferisch tätig sein lässt. Es ist natürlich möglich, die schöpferische Unterscheidung von Gott-Vater abzulehnen. Man muss seinen Begriff von Leben nicht teilen, dann erkennt man aber auch nicht den Begriffsinhalt von G so an, wie ihn Jahwe/Gott-Vater definiert und hat auch kein Interesse daran, dass Jahwe seinen Namen als Pfand für seine Verheißungen hinterlässt. Wenn wir aber Jahwe/Gott-Vater als unseren Gott anerkennen, dann sind wir unweigerlich daran gebunden, dass wir seine schöpferischen Unterscheidungen als seinen Willen verstehen, das Leben zu bewahren. Biblisch finden wir diese Struktur in den Bundesschlüssen, so wie z.B. in Gen 17,7f, wenn Jahwe mit Abraham einen Bund schließt:

**Gen 17,7f**

7 Ich schließe meinen Bund zwischen mir und dir samt deinen Nachkommen, Generation um Generation, einen ewigen Bund: Dir und deinen Nachkommen werde ich Gott sein. 8 Dir und deinen Nachkommen gebe ich ganz Kanaan, das Land, in dem du als Fremder weilst, für immer zu eigen, und ich will ihnen Gott sein.[309]

‚Etwas zu wollen' ist im Grunde ein dreistelliges Prädikat: x will y für z. Und wie schon bei Gottes Zorn sollten wir nicht auf die Möglichkeiten von x starren, ob Jahwe das überhaupt kann, sondern darauf, dass y für z eine Bestimmung wird, die er sich nicht selbst gibt und geben kann. Die Land- und Nachkommensverheißung (y) für Israel (z) folgt daraus, dass Jahwe (x) Gott sein will. Ob die Bestimmung für Israel Wirklichkeit wird, hängt davon ab, ob Israel den Willen tut. So sind ‚Wille' und ‚Zorn' aneinander gekoppelt. Der Wille trägt in die Welt eine Möglichkeit ein, deren Ausbleiben im Zorn beobachtet wird. Ohne den Willen wäre der Zorn nicht sinnvoll. Daran wird aber schon deutlich, dass dieser Wille nicht tyrannisch und willkürlich ist, sondern er steht in der Relation, dem Bund von x und z, von Jahwe und Israel/Gott-Vater und uns. Und erst wenn z (Israel/Christen) sich zu dem Bund bekennt, dann kann auch y (Verheißungen) wirksam werden. Genau dieses Moment der Freiheit macht ja auch den Zorn notwendig, da der Zorn zeigt, dass Gott nicht einfach gegenüber z den Verstoß mit Vernichtung ahndet, da dann zugleich die Beziehung von Gott aus aufgegeben wird.

Wenn wir uns also aus formalen Gründen nicht mehr trauen vom Willen Gottes zu reden, dann haben wir seine unterscheidende Perspektive auf die Welt aufgegeben, die er uns in seinem Bund anbietet. Gleichzeitig können nur die im Willen Gottes angesprochen sein, die schon zuvor im Bund stehen. Gerade die fundamentalistische Redeweise nutzt die irritierende verobjektivierende Rede vom Willen Gottes einladend gegenüber solchen, die noch gar nicht im Bund stehen oder drohend gegenüber Menschen mit anderen Lebenskonzepten. Das

---

[309] Andere Stellen des Alten Testaments, in denen Gott etwas will, beziehen sich auffälligerweise im Buch Genesis auf die verschiedenen Bundesschlüsse der Stammväter, im Buch Deuteronomium auf den Willen im Land sein Reich für Israel zu errichten und in den Prophetenbüchern auf die Gottesrede zur Markierung des Bundesabfalls. Es geht immer um den Zusammenhang von Verheißung und Gebot, der im Bund gestiftet wird.

würde aus der Sicht dieses Denkmodells aber deutlich der (biblischen) Grundstruktur widersprechen. Die unsensible Ausweitung der Rede ist aus meiner Sicht ein Beispiel für ein Grundproblem im Umgang mit dem Willen Gottes: die Versuchung für Israel, die Anhänger Jesu und auch für uns, den Begriffsinhalt von G mit eigenen Erwartungen aufzuladen, in der Sprache unseres Themas: unseren Willen Gott-Vater in den Mund zu legen, statt den Willen Gott-Vaters zu tun. Im Neuen Testament findet sich in Mt 16,21-23 diese Struktur exemplarisch:

**Mt 16,21-23**

**21** Von da an begann Jesus, seinen Jüngern zu erklären, er müsse nach Jerusalem gehen und von den Ältesten, den Hohenpriestern und den Schriftgelehrten vieles erleiden; er werde getötet werden, aber am dritten Tag werde er auferstehen. **22** Da nahm ihn Petrus beiseite und machte ihm Vorwürfe; er sagte: Das soll Gott verhüten, Herr! Das darf nicht mit dir geschehen! **23** Jesus aber wandte sich um und sagte zu Petrus: Weg mit dir, Satan, geh mir aus den Augen! Du willst mich zu Fall bringen; denn du hast nicht das im Sinn, was Gott will, sondern was die Menschen wollen.

Für Friedrich Wilhelm Marquardt drückt sich darin der vergötzende Versuch aus, Gott-Vater als stabilisierende Ressource unserer unsicheren Lebensvorstellungen zu nutzen.[310] Dabei geht uns aber die entscheidende Perspektive verloren [**vgl. EWS-Text 32**]:

> „Was Gottes Verheißung in Aussicht stellt, will nach biblischem Verstand von Menschen bewährt, also getan sein: ‚vor Gott', d.h. einerseits allein um seinetwillen ohne jede weitere Nebenabsicht, – andererseits: unter seinem ständig begleitenden Urteil mit der Frage, ob es ihm so recht ist, wie wir als Menschen es bewähren und tun."[311]

So lassen sich also zwei unterschiedliche Bedeutungsstrukturen gewinnen, wie mit dem Willen Gottes umgegangen werden kann. Beide kommen in unserer Kirche vor. Auf der Folie habe ich versucht schlaglichtartig die beiden Strukturen zu erfassen. Die linke Seite von den Ungleichheitszeichen entfaltet die von mir bisher skizzierte Linie weiter, was es bedeutet, wenn wir uns dem Willen von Gott-Vater unterstellen. Dann kann uns im Sinne des Wandlungsmodells aus Gottes Macht nichts zwingen, weil jeder noch so scheinbar allmächtige Wille an dem Willen Gott-Vaters für das Leben zerbricht. Unsere Sätze „Es geht halt nicht anders!" zeugen von einer hilflosen Einsicht in die Falschheit des Falschen, die systematisch folgenlos bleibt.[312] Die Orientierung an dem Willen Gottes zeigt hier, dass seine Macht uns stützt das Falsche nicht zu tun und stattdessen zu fragen: Was willst du für uns, Vater? Wir wollen tun, was du willst! So wie wir es im Vater-Unser beten: „Dein Wille geschehe" (Mt 6,10). Aber selbst Jesus fällt das nicht leicht. Es ist eben so viel naheliegender, dass unser Wille eben auch Gottes Wille sein soll. Jedoch macht das Hineinstellen in seinen Willen gerade die Beziehung zum Vater aus, bei Jesus und letzt-

---

[310] Vgl. *Marquardt*, Was dürften wir hoffen, wenn wir hoffen dürften?, Bd. 1, 1993, 256.
[311] *Marquardt*, Was dürften wir hoffen, wenn wir hoffen dürften?, Bd. 2, 1994, 208f.
[312] Vgl. *Werbick*, Gott verbindlich, 2007, 444.

lich auch bei uns: „Mein Vater, wenn es möglich ist, gehe dieser Kelch an mir vorüber. Aber nicht wie ich will, sondern wie du willst" (Mt 26,39). Erfüllt sich der Wille, erfüllen sich die Verheißungen – im Alten wie im Neuen Testament. So heißt es im 2. Korintherbrief:

**2 Kor 6,16-7,1**

**6,16** Wie verträgt sich der Tempel Gottes mit Götzenbildern? Wir sind doch der Tempel des lebendigen Gottes; denn Gott hat gesprochen: Ich will unter ihnen wohnen und mit ihnen gehen. Ich werde ihr Gott sein, und sie werden mein Volk sein. **17** Zieht darum weg aus ihrer Mitte, und sondert euch ab, spricht der Herr, und fasst nichts Unreines an. Dann will ich euch aufnehmen **18** und euer Vater sein, und ihr sollt meine Söhne und Töchter sein, spricht der Herr, der Herrscher über die ganze Schöpfung. **7,1** Das sind die Verheißungen, die wir haben, liebe Brüder. Reinigen wir uns also von aller Unreinheit des Leibes und des Geistes, und streben wir in Gottesfurcht nach vollkommener Heiligung.

Der Wille Gottes wird durch die Heiligung erfüllt, und der 1. Tessalonicherbrief macht noch einmal deutlich, wie die Christen Gott-Vater im Namen Jesu heiligen:

**1 Tess 4,1-8**

**1** Im übrigen, Brüder, bitten und ermahnen wir euch im Namen Jesu, des Herrn: Ihr habt von uns gelernt, wie ihr leben müsst, um Gott zu gefallen, und ihr lebt auch so; werdet darin noch vollkommener! **2** Ihr wisst ja, welche Ermahnungen wir euch im Auftrag Jesu, des Herrn, gegeben haben. **3** Das ist es, was Gott will: eure Heiligung. Das bedeutet, dass ihr die Unzucht meidet, **4** dass jeder von euch lernt, mit seiner Frau in heiliger und achtungsvoller Weise zu verkehren, **5** nicht in leidenschaftlicher Begierde wie die Heiden, die Gott nicht kennen, **6** und dass keiner seine Rechte überschreitet und seinen Bruder bei Geschäften betrügt, denn all das rächt der Herr, wie wir euch schon früher gesagt und bezeugt haben. **7** Denn Gott hat uns nicht dazu berufen, unrein zu leben, sondern heilig zu sein. **8** Wer das verwirft, der verwirft also nicht Menschen, sondern Gott, der euch seinen Heiligen Geist schenkt.

Sie erkennen hier Anklänge an die noachidischen Gebote, bzw. die Auflagen des sog. Apostelkonzils wieder, die – wie wir in der Übung zu **Gottes Namen** gesehen haben – ein jüdisches bzw. judenchristliches Angebot sind, damit auch wir Heidenchristen im Namen Jesu Jahwe als Gott-Vater heiligen *können*. Bedenken Sie bitte, dass das nicht selbstverständlich ist. Aber im Namen Jesu sind wir von Gott-Vater angesprochen seinen Willen zu tun. Insofern ist auch für uns Tora-Tun der Weg Gottes Willen zu erfüllen, wobei hier mit ‚Tora-Tun' ein dynamischer Prozess der Rechtspraxis gemeint ist, mit deren Hilfe Gottes Wille erfüllt wird.[313] Es ist wichtig zu erkennen, dass dieses Tora-Tun die Verheißungen der Zukunft eröffnet und gerade nicht rückwärts ein bestimmtes gesellschaftliches Verhalten legitimiert: Mit Marquardt **[vgl. EWS-Text 32]** kann man sagen, dass uns die Verbindung von Tora-Tun und Verheißungen darauf hinweist, das Dasein von Gott-Vater und sein Willen als verheißungsvolle Zukunftswirklichkeiten zu denken.

---

[313] Vgl. *Werbick*, Gott verbindlich, 2007, 458ff.; *Welker*, Gottes Geist, ²1993, Kap. 2.1,4.3; *Frank Crüsemann*, Maßstab Tora. Israels Weisung für christliche Ethik, Gütersloh 2003, Kap. 2,3.

> „Während auch christliche Theologen – wie heidnische – Gott bis heute lieber mit dem Grund dessen, was schon ist, zusammendenken: mit der Welt, – unserem Dasein, das wir leben und erleiden, wie wir es leben und erleiden, – dem Sein, das *ist* und aus dem wir uns *haben*, will Luther uns lehren, dass wir Jesus und Gott lieber nur als Quell von Zukünftigem denken sollen."[314]

Dadurch gewinnen wir erneut die *teleologische Perspektive aus* **Gottes Rechtfertigung**, die sich nicht nur zeitlich davon löst, die Vergangenheit von Gott bestimmt zu sehen, sondern auch räumlich. Was Marquardt hier im Blick hat, kann nur sinnvoll sein für jemanden, der oder die den Universalismus des scholastischen Modells bei Gottes Dasein und Gottes Macht aufgibt.[315] Gott ‚steckt' eben nicht mehr hinter jedem faktischen Weltzustand, den Gott ohne Selbstwiderspruch nicht radikal in der Zukunft aufheben kann. Selbst wenn es einen Grund des Daseins gibt, aus dem sich Zukunft ergibt, so ist dieser Grund nicht einfach Gott, der dann die Zukunft bindet. Die Bedeutungsstruktur zu Gottes Willen links der Ungleichheitszeichen ist also zutiefst punktuell-teleologisch geprägt in dem Sinne, dass wir die Gegenwart als Moment verstehen können, der sich gerade jetzt in Raum und Zeit ergibt und der von Gott her in dem Tora-Gebot und der damit verbundenen Verheißung zielgerichtet ist. Und jetzt kommt es: Wir können diese Zielgerichtetheit erfassen und in ihr tatsächlich leben *wollen*. Warum? Wenn wir uns von dem in dieser Bedeutungsstruktur erfassten Willen Gottes ergreifen lassen und diesen Willen bejahen, dann zeigt mir dieser Wille einen Zukunftsentwurf meines Lebens, mit dem ich mich in Freiheit *identifizieren* kann, wie Werbick sagen würde. Die Bindung an den so bestimmten Willen Gottes eröffnet paradoxerweise gerade wirkliche Freiheit: eine Freiheit meine Zukunft *zu* bejahen und die Freiheit *aus* der Bindung an die Mächte und Gewalten, die mein Wollen binden.[316] Die Folge ist: Es gibt in jedem Moment unseres Lebens etwas zu tun, mit dem ein Stück mehr

---

[314] *Marquardt*, Was dürften wir hoffen, wenn wir hoffen dürften?, Bd. 1, 1993, 350.

[315] Bei Jürgen Werbick ist zu beobachten, dass er einerseits die linke Bedeutungsstruktur entfalten will, ihn aber die unhinterfragte universalistische-archäologische Perspektive vor große theologische Probleme stellt. Denn wenn er Gott einerseits als unterscheidende Perspektive gegen den faktischen Trend der Welt einführt, dann macht es für ihn andererseits wenig Sinn von einer creatio continua auszugehen, durch die „uns in unserer Welt Gott als das Wirkende und Überwältigende der Welt widerfährt" (*Werbick*, Gott verbindlich, 2007, 445f., Fußn. 26). Dieser Widerspruch entsteht aber nur, wenn ein Schöpfungsverständnis der Dependenz mit dem universalistisch-archäologischen Wirkungskonzept verbunden wird. Verknüpft man dagegen ein Schöpfungsverständnis der Interdependenz mit dem punktuell-teleologischen Handlungskonzept ist dieser Widerspruch nicht mehr so präsent (zur Unterscheidung der beiden Schöpfungsverständnisse auf der Grundlage von *Welker*, Schöpfung und Wirklichkeit, 1995, Kap. 1; *Reis*, Mit Glaubensaussagen Lernprozesse gestalten, 2009a. Dadurch gerät dann auch Gottes befreiender Wille nicht mehr so stark in Widerspruch zu seinem bisherigen schöpferischen Handeln.

[316] Vgl. zu dieser Freiheitsbestimmung *Werbick*, Gott verbindlich, 2007, 6.5-6.7. Insgesamt bieten diese Kapitel eine differenzierte Entfaltung, wie die menschliche Freiheit und der göttliche Wille so aufeinanderbezogen werden können, dass Freiheit und Notwendigkeit nicht in eins fallen. Für unser Thema ist daran wichtig, dass wir tatsächlich Gottes Willen tun *können* und *wollen*, ohne dass unsere Freiheit Tora zu verweigern oder zu tun aufgehoben ist.

gottgewollte Zukunft Wirklichkeit wird. Wir können dann einfach sagen: „Dein Wille geschehe!"

Die Bedeutungsstruktur auf der Folie rechts von den Ungleichheitszeichen interpretiert die Gegenwart *universalistisch-archäologisch*. Jeder Zustand ist die Folge von Gottes Handeln in Raum und Zeit, und deshalb muss, wenn sinnvoll mit Gott gerechnet werden soll, jeder Zustand rekonstruierbar sein als von Gott gewollt. Und der neue Zustand, der sich aus der Gegenwart als neu ergibt, ist eingeholt in diese Rationalität. Die Zukunft ist damit eine Verlängerung der Gegenwart, mit den ihr wirksamen Potenzialen. Auch dann ist es möglich zu sagen: „Dein Wille geschehe." Das heißt dann aber, dass der nächste Übergang in eine neue Gegenwart legitim ist, weil schon die Vergangenheit legitim ist. Die Rede vom Willen Gottes trägt so keine unterscheidende Perspektive in die faktische Welt ein, sondern trägt formal die Übergänge zwischen zwei Zuständen. Sie widerspricht damit unseren biblisch eingefädelten Überlegungen auf der Basis der hermeneutischen Grundoption deutlich. Trotzdem ist sie sehr wirksam in den Spuren des scholastischen Universalismus zum **Dasein** und zur **Macht Gottes,** gekoppelt an ein eher wörtlich-berichthaftes Wirklichkeitsverständnis. Zwei Ausgänge hat dieses Denken: 1. Gerade für privilegierte Christen und Christinnen, die sehr gut in den faktischen Zuständen leben können, bedeutet die Unterwerfung unter den Willen Gottes, dass die eigenen Zukunftswünsche legitimiert werden und Alternativen für die Ausgegrenzten als nicht machbar ausgeschlossen werden – sonst hätte Gott ja schon längst diese Alternativen eingeführt. Aber auch die Nicht-Privilegierten können in diesem Denken darauf vertrauen, dass ihr Leben in der großen Bewegung des Lebens mitbedacht ist. Insofern ist dieses Modell für eine Gesamtgemeinschaft orientierend. 2. Seit der Neuzeit wird dieses Denken angefragt. Denn zum einen wird die Diskrepanz zwischen den Verheißungen und der Realität als sehr groß erlebt, als dass jeder neue Zustand automatisch als gerecht und gut abgelegt werden kann. Anlässe hierfür sind Naturkatastrophen oder auch soziale Entwicklungen wie die zunehmende Schere zwischen reich und arm, die nun naturwissenschaftlich beobachtet werden und als natürliches Geschehen einer eigengesetzlichen Wirklichkeit interpretiert werden. Die Evolutionsvorstellung hat sich auch deshalb durchsetzen können, weil die Vorstellung einer sich eigengesetzlich entwickelnden Welt z.B. in der Ökonomie schon längst vollzogen war.[317] Aber mit der Evolutionstheorie wird es nun möglich zu sagen, dass nicht mehr der jeweils gegenwärtige Zustand der Welt einfach nur deshalb bejaht werden muss, weil er sich rückwärts von der ‚Schöpfung' durch Gott ableiten lässt. Die

---

[317] Christoph Fleischmann arbeitet heraus, dass der Kapitalismus seit seiner frühen Form als Handelskapitalismus im 13. Jahrhundert erheblich die Zeitvorstellung verändert hat. Die Zeit gehört nicht mehr Gott, der sie den Menschen gibt, sondern sie gehört den Menschen und vor allem der ewigen, eigengesetzlichen Vermehrung des Geldes. Die Zeit wird zu einer linearen, gestaltbaren Größe, in der sich kulturelle Prozesse selbstreferentiell entfalten. Dieses Empfinden wird in der Evolutionstheorie biologisch ausgedeutet (vgl. *Christoph Fleischmann*, Gewinn in alle Ewigkeit. Kapitalismus als Religion, Zürich, 2010, Kap. 3,6).

Welt wird als beobachtbar und gestaltbar erlebt. Wenn auf diese Entwicklungen so reagiert wird, dass wir sie beharrlich in die universalistisch-archäologische Perspektive integrieren – Gott hat alle diese Entwicklung als zum Besten für die Welt vorausgesehen und alles hat seinen Sinn –, um die Orientierungsleistung zu retten, dann wird ganz starr jeder faktische Zustand und jede Entwicklung bejaht und von Gott her legitimiert. Wir landen beim Deismus und bei Leibniz. Ich denke, dass wir dann deutlich den Begriffsinhalt von G verändert haben und sich biblisch die Frage stellt, ob Gott-Vater sich unter dieses G stellen würde. Das haben die bisherigen biblisch-orientierten Überlegungen deutlich gemacht.

Ich halte es auch nicht für einen Beweis an Glaubensstärke an der rechten Bedeutungsstruktur festzuhalten. Gläubige können das tun, aber als normatives Modell hat es ausgedient. Alleine schon deshalb, weil es eben nur ein Modell unter anderen mit hohen Kosten ist und sich auch ein anderes Modell denken lässt – siehe linke Seite. Auch dieses linke Modell erhebt seinen Anspruch an den Glauben. Es stellt uns vor die Frage, wie wir Zukunft erleben: als Zeit, die die Potenziale der Gegenwart realisiert und die alle belohnt, die die Potenziale ausreizen können? Oder als Zeit, die etwas mit uns vorhat, die uns und unsere Maßstäbe verändert. Vertrauen wir dem Willen Gottes und seinen Perspektiven für unser Leben? Oder vertrauen wir nur dem Willen Gottes, der sich unserem Willen fügt? Wenn Sie das hier entfaltete Denkmodell auf der Basis einer hermeneutischen Grundoption als für sich relevant erkennen können, dann können Sie – das meine ich ganz ernst – zu jeder Zeit, an jedem Ort die Welt als Herausforderung lesen, sie in sein zukünftiges Reich zu wandeln. Die Welt kann sich in Jesu Christi Namen wandeln! Das ist die Botschaft der Rede vom Willen Gottes für uns.

### 10.2.5.2 Gott will Zukunft

Wenn wir die Rede vom Willen Gottes so verstehen, dass es der Wille Gott-Vaters ist, dass wir durch das Tora-Tun ein Leben in seinen Verheißungen führen, dann ist die Funktion dieser Rede vor allem eine permanente Dezentrierung unserer selbst. Eine Dezentrierung, die sich in verschiedenen Dimensionen vollzieht: der individuelle Standpunkt wird für die Belange des Ganzen geöffnet, die Fixierung auf unsere Grenzen der Leistungsfähigkeit und Belastbarkeit wird zugunsten der freien Möglichkeiten aufgebrochen und das Beharren auf die Potenziale der Gegenwart wird durch den Blick auf die Anfänge der Zukunft gelockert. Ist das nicht ungeheuer unmodern? Wo wir doch ständig hören: „Bleib bei dir! Finde deine Mitte! Achte auf deine Grenzen! Lass dich nicht ausnutzen!" Theologisch sind solche Sätze hoch problematisch und zwar deswegen, weil sie voraussetzen, dass Sie als Person überhaupt eine Mitte haben, dass es statische Grenzen gibt und dass wir klar zwischen realistisch und unrealistisch unterscheiden können.

| tu technische universität dortmund | Leben in der Gegenwart aus der Zukunft |
|---|---|

Die Funktion der metaphorischen Rede vom Willen Gottes besteht in der **Dezentrierung**: a) von uns weg zum Ganzen, b) von der Grenze in den freien Raum, c) von der Gegenwart in die Zukunft.

| Futur (gemachte Zukunft) | Advent (kommende Zukunft) |
|---|---|
| Zukunft, die von unseren Möglichkeiten heute bestimmt ist. | Gegenwart, die von den zukünftigen Möglichkeiten Gottes bestimmt ist. |
| Wir bestimmen durch unser Tun heute, was morgen möglich ist. | Wir werden überrascht, was heute möglich ist. |
| „Nur wer heute für morgen vorsorgt, hat eine Zukunft" | „Was sorgt ihr euch um morgen? Der Vater im Himmel sorgt für euch." |
| Kann ich es mir leisten, ihn als meinen Nächsten zu behandeln? | „Wer ist ihm zum Nächsten geworden?" |
| Unser Wille wird zum Maßstab | Gottes Wille für uns wird zum Maßstab |

→ Marquardt II, 208,253

| Dr. Oliver Reis | WS 2008-09 |
|---|---|

Wir dürfen nicht übersehen, dass solche Anweisungen vielmehr ökonomische Prinzipien wie Ressourcen-Kontrolle, Effizienz oder Atomisierung des Individuums, die uns schon in der Arbeitswelt krank machen, die unser Wohlbefinden stören oder zerstören, auch noch auf unsere Selbststeuerung übertragen. Um einen realistischen Blick auf unsere Situation zu bekommen, brauchen wir Angebote, um uns von außen zu betrachten. Wir müssen raus aus den geschlossenen Räumen, in denen durch die situativen Anreize klar ist, was zu tun ist. Wir müssen mit den Konstrukten aufräumen, die wir um uns errichtet haben und deshalb so mächtig geworden sind, weil wir glauben, dass wir ohne sie nicht mehr leben können. Vom christlichen Glauben geht es deshalb eher um Dezentrierung. Die Formel ist hier: Tue den Willen Gottes und du wirst deinen Möglichkeiten gerecht! Löse dich von dir und deinen Bedürfnissen. Löse dich davon, dass du weißt, was am besten für dich ist. Löse dich davon zu wissen, was gerade noch geht oder was gut wäre, wenn es so wird. Die Rede vom Willen Gottes ist eine Rede, die eine neue unterscheidende Perspektive einführt und dadurch den Raum weit macht und neue Möglichkeiten ins Spiel kommen lässt.

Ich mache das an zwei verschiedenen Zukunftsbegriffen fest. ,Futur' und ,Advent'. Der *Advent* ist die Zeit, in der unsere Zeit aufhört. Es ist die Zeit, wo eine andere Zeit Wirklichkeit werden soll. Es ist kein Zufall, dass der Advent früher Fastenzeit war, also eine Zeit, in der ich mich zurücknehme, meine Bedürfnisse in den Hintergrund treten und andere Bedürfnisse auf mich zukommen können. Advent – *lat.* advenit – meint, Gott kommt auf mich zu. Gottes

Zeit, die mit seinen Möglichkeiten gefüllt ist, ragt in unsere Gegenwart hinein. Der Advent reißt Zeitfenster des göttlichen Willens in unsere Gegenwart. Wenn wir uns in ein solches Zeitfenster stellen, dann können wir uns überraschen lassen, was heute schon möglich ist. Dann ist es auch ganz ernst gemeint, dass wir die Sorge um unser Dasein, um unser Überleben und um unsere Entwicklung fallen lassen können (vgl. Mt 6,19-34). In der Sorge um unser Überleben, um Anerkennung und zukünftige Optionen verlieren wir aus dem Blick, was uns schon immer zugekommen ist, damit wir leben und wo wir gebraucht werden, um Leben zu erhalten. Das Leben im Wissen um den Advent ist zutiefst von der Suche nach Gottes Willen als Maßstab geprägt.

Das *Futur – lat.* futurum – ist eine Zeitform des Zukünftigen, wobei das Zukünftige 'wird'. Unsere normale Vorstellung der Zukunft ist die eines Werdens aus den Möglichkeiten der Gegenwart heraus. Die Zukunft ist eine gestaltbare Landschaft voller Verheißungen und dementsprechend hoch ist die individuelle Verantwortung für das Futur, das Zukünftige. Welches Futur jemanden blüht, entscheidet sich heute schon. Denn wer sich heute nicht die Möglichkeiten, die Optionen für morgen erarbeitet, der hat dann auch keine Zukunft. Das Geld ist der Speicher von Zukunft, weil es die unterschiedlichen Optionen öffnet. Wer Zukunft haben will, braucht deshalb jetzt Geld und muss sicherstellen, auch in der Zukunft noch Geld zu haben. Man kann sein Geld nicht einfach hergeben, kostenlos verleihen oder auch nur die eigene Zeit herschenken, mit der potenziell Geld-Optionen produziert werden könnten. Deshalb ist Geld teuer, da über den Zinsabschlag immer auch die eigenen entgangenen Zukunftsoptionen mitbezahlt werden müssen. So wird Geld und damit Zukunft für einen Teil der Gesellschaft unerschwinglich. Die Knappheit des Geldes sorgt dafür, dass wir uns unsere Investitionen in unserer Gegenwart gut überlegen.[318] Überlegen Sie, wann Sie es sich geleistet haben, Zeit zu investieren, die sie eigentlich dafür brauchen, um z.B. durch die Qualifizierung Ihren Anteil am knappen Geld zu sichern. Wie groß ist der Anteil von Handlungen an Ihrem Tagewerk, die nicht funktional darauf bezogen sind, Optionen für morgen zu generieren? Sie sitzen hier, weil die Veranstaltung in Ihren Stundenplan gepasst hat und Sie diesen Typ an Lehrveranstaltung brauchen, um später Lehrerin oder Lehrer zu werden. Sie können sich vorstellen, dass Sie das Zeug zur Lehrerin haben und damit ihr Geld verdienen können. Insofern bestimmt einerseits die Gegenwart mit den von Ihnen projizierten Möglichkeiten die Zukunft und andererseits bestimmt der Zwang, dann aber bitte auch alles für diese Zukunft tun zu müssen, die Gegenwart. Wann aber leben Sie? Wenn Sie erst einmal im Beruf sind und sich über ihn die Zukunft mit dem Einkommen sichern, dann sind Sie auf ihn

---

[318] Vgl. zu dieser Funktion des Geldes *Ruster*, Der verwechselbare Gott, 2000, Teil IV. Vgl. zu der ,Mediatisierungsfunktion' des Geldes, d.h. zu der Fähigkeit alles, aber auch wirklich alles in seinen Zukunftsoptionen als Preis zu bewerten (*Reis*, Nachhaltigkeit – Ethik – Religion, 2003, Kap. 2.2.3.3, 2.3.2.3, 3.4, 4.2.3. Vgl. zu der Frage, wie es im Kapitalismus dazu kommt, dass die Teilhabe am System zur zwanghaften Aufgabe aller wird, *Fleischmann*, Gewinn in alle Ewigkeit, 2010, Kap. 7).

festgelegt. Womit wollen Sie auch sonst die Zukunft sichern? Ist das wirklich ein freies Denken – obwohl sich alles um unser Wohl dreht? Da ist Dezentrierung dringend notwendig. Lebensphasen wie ein Sabbatjahr, ein dysfunktionales Auslandsjahr im Studium, eine Missionsreise, von der z.B. gerade zwei Kommilitoninnen zurückgekehrt sind, zeigen zweierlei an: Leben für das Futur alleine reicht nicht und außerdem: ein Leben im Advent mit all seinen Überraschungen liegt manchmal so nahe! Schauen Sie sich im Raum um: Es könnte sein, dass hier im Raum ein Mensch sitzt, der oder die zu einem bestimmten Zeitpunkt der Mensch sein wird, der Ihnen im Leben eine Tür öffnet. Bei einem Leben aus dem Advent heraus wissen wir, dass die schönsten Augenblicke in unserem Leben die sind, in denen Erwartungen aufbrechen, Menschen plötzlich in Ihr Leben treten, sich etwas grundlegend verändert hat, in denen sich so etwas wie ein Schleier hebt und wir uns und andere klarer sehen. Wir sehen das Leben in seinen komplexen Beziehungen, wir sehen den Dienst, den die Geschöpfe füreinander leisten und wir sehen deutlich die Gefahr, dass wir als Gattung ‚Mensch‘ und als Individuen dieses Beziehungsgefüge systematisch für unseren Willen nutzen wollen. Das wieder zu sehen, davon spricht der Advent.

## 10.2.6 Reflexion der Modelle

technische universität dortmund                    Der Kreis schließt sich...

**Hermeneutische Position:**

Gottes Wille und der menschliche Wille unterscheiden sich in **formaler Hinsicht** letztlich nicht. Gottes Wille dringt nicht von außen in die Welt oder sogar das Bewusstsein ein und erzeugt andere Ereignisse oder Gedanken. Wenn wir Ereignisse deuten und sagen „Das will Gott!", dann sind das von uns erzeugte Deutungen und Gedanken.

Die **inhaltlichen Regeln**, wie der Wille Gottes eingeführt wird, unterscheiden diese Rede eindeutig von anderen Reden. Von Jahwes Willen zu sprechen geht nur auf eine bestimmte Weise. Wo dies angemessen geschieht, „da wirkt der Hl. Geist". Das ist eine Auszeichnung der inhaltlichen Struktur, nicht der formalen Erzeugung!

Achtung: Zuviel Deutung! Wie stellt ihr sicher, dass ihr so Gottes Willen erfüllt?

Achtung: Was ist nun schon wieder der Heilige Geist? Was soll dieser Umweg über „Gott"? Wir haben keine andere Wahl, wir müssen tun, was wir für das Beste halten.

Dr. Oliver Reis                                    WS 2008-09

An diesem Punkt möchte ich die Entfaltung des Denkmodells zu Gottes Willen abschließen. Ich hoffe, Sie konnten an diesem Versuch sehen, wie ein Wirklichkeitsverständnis sowie die Bedeutungsstrukturen zu anderen Aspekten der Gotteslehre zusammengekommen sind und schließlich dieses Denkmodell ausgeformt haben. Damit übernimmt das Denkmodell auch die Stärken und Schwächen der Elemente, die es prägen. Es kann die Rede von Gottes Willen inhaltlich füllen, es lebt vom Perspektivwechsel die Theologie zur Herrlichkeit Gottes zu betreiben, es erhebt einen interessanten Glaubensanspruch, der sich aus der Analyse der Gegenwart ergibt. Es kann insgesamt anregen, sich wieder mit der Frage zu beschäftigen, ob und was Gott von der Welt, von uns will. Es ist aber zugleich hoch voraussetzungsvoll: Es erhält die grundlegende Paradoxie, dass wir Gottes Willen erkennen können, auch wenn dieser Wille formal nicht von unserem Willen unterschieden werden kann. Es löst sich von der universalistisch-archäologischen Grundstruktur des Willen Gottes, was für viele eine nicht zu verarbeitende Irritation bedeutet. Es analysiert durch das Wandlungsmodell die Gegenwart auf der Folie mächtiger wirksamer Mächte, die uns in den Dienst nehmen. Wenn Sie diese Voraussetzungen nicht teilen, dann wird Ihnen das Denkmodell nicht viel sagen. Anders aber geht Theologie nicht. Jede Antwort auf die Frage, ob und was Gott will, lässt sich in begrenzten Modellen rekonstruieren. Es gibt nicht *die* Lösung. Doch diese Erkenntnis hebt erstens nicht den Wert der Modelle auf und zweitens entlässt sie auch nicht aus der Aufgabe nach Modellen zu suchen. Wir brauchen die Modelle, um von Gott-Vaters Herrlichkeit zu sprechen. Das ist, was Lehrende in den Hörsaal und Sie in den Klassenraum treiben sollte. Die Modelle sind dann die notwendige Form, um überhaupt sprachfähig zu sein.[319] Wir brauchen auch die Vielfalt, um mit Jürgen Werbick immer kritisch prüfen zu können: Haben wir es uns auch nicht zu leicht gemacht? Denn die alternativen Modelle zeigen uns ja an, was das favorisierte Modell übersehen hat. Diese Aufgabe sollte uns alle Kraft abverlangen dürfen.

Bevor ich die Sitzung insgesamt schließe, schauen wir noch einmal kurz auf die zu Beginn eingeführte Unterscheidung formal/inhaltlich. Was können wir hier festhalten? Mir ist es ganz wichtig, dass Sie sehen, dass das entfaltete Denkmodell in *formaler* Hinsicht Gottes Wille und den menschlichen Willen nicht unterscheiden kann. Es ist eben nicht so, dass Gott-Vater uns seinen Willen als Subjekt der Welt in direkter Kommunikation mitteilt. Wir interpretieren die biblischen Texte, wir hören dort zu und versuchen eine Systematisierung für unsere Situation. Aber diese Überlegungen sind geschlossen unsere menschlichen Überlegungen. Ob diese Überlegungen Gott-Vaters Willen klären, ist eine inhaltliche Frage. Wir können inhaltlich die Rede Gott-Vaters von anderen Reden unterscheiden und sie durch Regeln ausgestalten, die sie identifizierbar machen. So haben wir eine Bedeutungsstruktur entwickelt, mit deren Hilfe Sie

---

[319] Fresacher macht sehr deutlich, dass das Wort Gottes immer nun in diesen kontingenten Formen beschrieben werden kann und das eben kein Problem ist, sondern die Stärke dieses Wortes, das in verschiedenen Zeiten von unterschiedlichen sozialen Formen trotzdem einheitsstiftend gewirkt hat, auch wenn keine Form grundsätzlich als Einheitsform funktionieren kann (vgl. *Fresacher*, Kommunikation, 2006, 91).

durchaus inhaltlich klären könnten, ob es Gottes Wille ist, dass wir in den Krieg nach Afghanistan ziehen, dass wir die Harz IV-Sätze senken oder dass wir die Sicherheitsverwahrung für Sexualstraftäter einführen. Wenn die Glaubensgemeinschaft dieses Denkmodell auszeichnet als angemessene Rede, was Gott will, und die Regeln zum Maßstab der gott-rechten Lebenspraxis macht, dann könnte man gleichzeitig in formaler Hinsicht sagen, dass die menschlichen Überlegungen vom Heiligen Geist getragen sind und Gottes Willen in der Welt sichtbar gemacht hat (→ **Gottes Rede, 2. Modell**). Die Überlegungen werden als vom Heiligen Geist getragen ausgezeichnet, also aufgrund ihrer Inhaltlichkeit, aber dieser paradoxieerhaltende Ansatz (Menschenwille und zugleich geistgewirkter Wille Gottes) bezieht sich auch auf die formale Ebene. Natürlich nicht in dem Sinne, dass die Frage nach der Erkenntnismöglichkeit des Willens von Gott-Vater geklärt wäre. Das ist nur dann der Fall, wenn jemand theologisch mit der hermeneutischen Grundoption arbeitet. Die Überlegungen wirken auf der formalen Ebene, weil der hermeneutische Ansatz, die Paradoxie der Redeweise transparent zu machen, genau hierauf zielt. Auch wenn die Folge ist, dass die eigene Zirkularität transparent wird, so bietet das Modell doch Erkenntnisbedingungen an, die vielleicht nicht jedem passen, aber trotzdem welche sind.

Für *AgnostikerInnen* sind es nicht die passenden. Sie würden sich wünschen, dass Sie aufhören, Ihren Willen durch Gottes Willen zu verdoppeln. „Wenn Sie gegen den Afghanistan-Einsatz sind, dann soll man das sagen. Dafür gibt es gute Gründe und mit Ihren Regeln kann ich auch etwas anfangen. Das hat aber mit Gott gar nichts zu tun." Hier kommen Sie nicht weiter, solange jemand nicht mit Ihnen in das ‚Bild' springt und merkt, dass die Paradoxie-Erhaltung kein Widerspruch ist, sondern den sinnvollen religiösen Zugang zur Welt erhält. Denn mit Fresacher gilt zweierlei: „Außerhalb des Glaubens kommt man nicht zum Glauben"[320] und gleichzeitig gilt: „der Glaube sieht, was man sonst nicht sieht; er bietet alternative Möglichkeiten der Realität."[321] Wer also in der Realität die alternativen Möglichkeiten – und damit Gottes Willen erkennen will – braucht schon den Glauben, denn das Handeln Gottes verbergt sich regelrecht in dem Menschenhandeln und Menschenwillen und wird „nur denen als Gottes Handeln offenbar, die sich selbst von ihm ergreifen lassen, den Willen Gottes in der Welt geschehen zu lassen."[322] Aber klar ist, dass genau das für Agnostiker und Agnostikerinnen keine sinnvolle Weltbeschreibung ist und der Einstieg in diesen Zugang eben nicht rational ist. Weil Sie aber nun sehen können, dass eben verschiedene, in sich geschlossene Weltzugänge vorliegen, können Sie von dieser Vorlesung mitnehmen, dass die Geschlossenheit des Glaubens und die damit einhergehende Zirkularität entlastend wirken. Fresacher bringt dies so auf den Punkt: „Auf diese Weise gewinnt der christliche Glaube

[320] *Fresacher*, Kommunikation, 2006, 282.
[321] *Fresacher*, Kommunikation, 2006, 292.
[322] *Werbick*, Gott verbindlich, 2007, 328.

in der Gesellschaft die Freiheit, nichts anderes als der Glaube sein zu müssen"[323], nicht Psychologie, Soziologie, Politik oder auch Moral. Er hat seine eigene Relevanz, gebunden an die je konkrete historisch-punktuelle soziale Form der Kommunikation,[324] oder er hat sie sowieso nicht. Ich möchte Ihnen noch einen Gedanken mit auf den Weg geben, der für mich sehr wichtig geworden ist: Wer sich auf diese verletzliche Position in der Diversität *formal* einlässt, der kann *inhaltlich* trotzdem universal denken und sich gestaltend in die Welt einmischen – und zwar mithilfe der unterscheidenden Perspektive des Glaubens. Fresacher:

> „Der Glaube ist darauf angewiesen [, dass die Alltagsorientierung modifizierbar ist; O.R.], wenn er sich nicht mit dem begnügen will, was ist, sondern dies wahrnimmt, um es anders sehen und gestalten zu können: *sub specie Dei*; wenn er den Tod nicht als Letztes akzeptiert, die Hinrichtung Jesu nicht als legitim oder die soziale Exklusion nicht als gerechtes Schicksal oder verdiente Strafe; kurzum: wenn er in die Notwendigkeit Kontingenz einführt, dadurch dass er das Selbstverständliche in Frage stellt."[325]

Für *Fundamentalisten* dagegen wird durch das Denkmodell zu sehr der formalen Anfrage Rechnung getragen, indem die eigene Interpretationsperspektive sichtbar wird. Entscheidend ist hier vielmehr, auch formal strikt universalverobjektivierend vom Willen Gottes zu sprechen. Insofern ist der Fundamentalismus der Versuch, die Einheit der Gottesposition wieder zu gewinnen – mit dem Haken, dass in der Moderne dies eben als Entscheidung von Menschen rekonstruiert werden kann. Hier liegt auch der Moment mit dem größten Irritationspotenzial. Bei diesem Zugang ändert sich dann nicht nur das Verhältnis zwischen formaler und inhaltlicher Perspektive, sondern es werden auch besonders die inhaltlichen Bedeutungsstrukturen interessant, die viel Orientierung bieten. Je nachdem, ob sie eher ein universalistisch-archäologisches Grundkonzept besitzen oder eher ein punktuell-teleologisches, ob sie Gott als zusammenhaltenden Grund der Welt oder als Gegenüber einer sich selbst verfehlenden Welt verstehen, je nachdem bieten sich für Fundamentalisten zwei Möglichkeiten an: Sie können entweder die in der Abgrenzung zum entfalteten Denkmodell sichtbar gewordene Bedeutungsstruktur annehmen, die mit dem Vertrauen auf Gottes Willen jede Wirklichkeit erträgt, oder sie beziehen sich vor allem auf das sechste Modell zur **Gottes Macht** und laden bei dem oben eingangs beschrie-

---

[323] *Fresacher*, Kommunikation, 2006, 326.
[324] Fresacher zeigt mit Verweis auf Lindbeck, dass ein Kommunikationsgebilde, wie der Glaube, an eine ‚soziale Form' gebunden ist, die die Grenzen des Verstehens definiert. Die soziale Form ist nicht einfach identisch mit einer realen Glaubensgemeinschaft, aber die Glaubensgemeinschaft bietet die Möglichkeit, um durch eine bestimmte Lebenspraxis die spezifische Perspektive des Glaubens in die Realität einzutragen und damit die Resonanz auf diesen Zugang zu erhöhen. Damit ist nicht *inhaltlich* behauptet, dass Gott ein Konstrukt der sozialen Form ist, die bestimmt, wer Gott ist. *Formal* bedeutet dies nur, dass ohne eine spezifische soziale Form die Praxis nicht erklärbar ist, die sich auf den inhaltlichen Satz beruft: Gott bestimmt, was wir sind (vgl. *Fresacher*, Kommunikation, 2006, 190,201).
[325] *Fesacher*, Kommunikation, 2006, 326f.

benen Denkmodell, Gottes Willen in konkreten Handlungen in Gemeinschaft mit Gleichgesinnten zu realisieren.

Gut, damit bin ich am Ende des heutigen Vorlesungsteils angelangt. Wir werden uns in der nächsten Sitzung noch einmal dem Reflexiven Lernen zuwenden und dann in zwei weiteren Sitzungen die Tiefenstrukturen systematisch heben, die bisher schon sichtbar geworden sind, wenn Menschen Gott denken. Vielen Dank für Ihr Mitdenken!

## 10.3 Reflexionsprozess

### 10.3.1 Vorbereitung

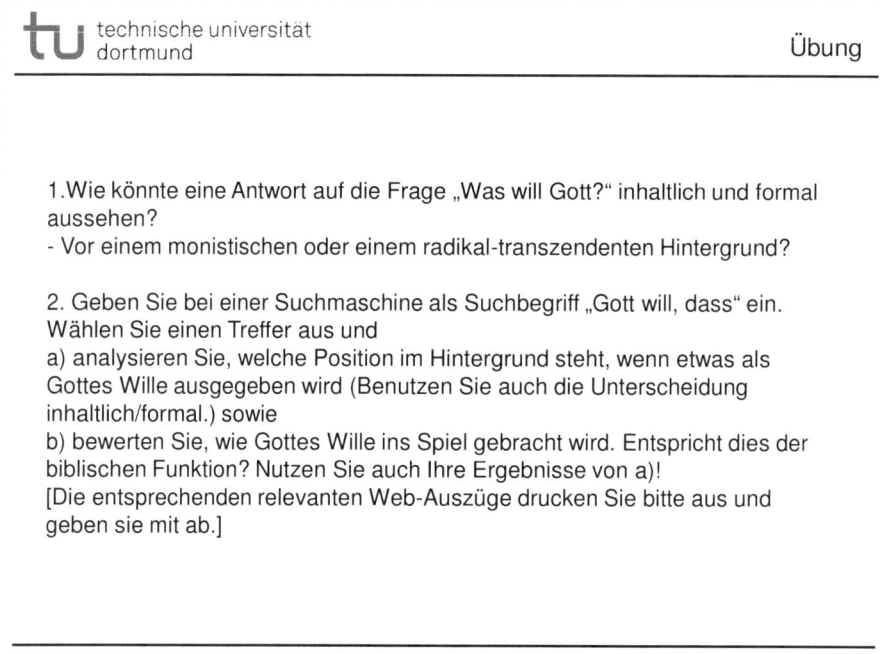

tu technische universität dortmund — Übung

1. Wie könnte eine Antwort auf die Frage „Was will Gott?" inhaltlich und formal aussehen?
- Vor einem monistischen oder einem radikal-transzendenten Hintergrund?

2. Geben Sie bei einer Suchmaschine als Suchbegriff „Gott will, dass" ein. Wählen Sie einen Treffer aus und
a) analysieren Sie, welche Position im Hintergrund steht, wenn etwas als Gottes Wille ausgegeben wird (Benutzen Sie auch die Unterscheidung inhaltlich/formal.) sowie
b) bewerten Sie, wie Gottes Wille ins Spiel gebracht wird. Entspricht dies der biblischen Funktion? Nutzen Sie auch Ihre Ergebnisse von a)!
[Die entsprechenden relevanten Web-Auszüge drucken Sie bitte aus und geben sie mit ab.]

Dr. Oliver Reis — WS 2008-09

Kommen wir jetzt zum Übungsteil. Auch heute gibt es zwei Aufgaben: Die erste fordert Sie auf, sich die zentralen Inhalte der Vorlesung unter einer bestimmten Perspektive zu erarbeiten. Ich möchte Sie bitten, dass Sie ein Denkmodell entfalten, das entweder von der Grundoption des Monismus oder des Deismus getragen ist. In Analogie zu den ersten Folien suchen Sie sich von der gewählten Grundoption die entsprechenden Bedeutungsstrukturen zu Gottes Rede, Gottes Dasein, Gottes Macht und Gottes Herrschaft zusammen und entwickeln Sie dann eine Antwort auf die formale und die inhaltliche Frage zu Gottes Willen.

Die zweite Aufgabe soll Ihnen helfen, das bisher Erlernte anzuwenden und zu sehen, was im Internet alles zu Gottes Willen publiziert wird. Wählen Sie sich eine Seite aus und rekonstruieren Sie darin verwendete Position so, dass ein Denkmodell erkennbar wird, das wir in der Vorlesung behandelt haben. Sie können hierfür an der Strategie ansetzen, wie die inhaltliche und die formale Perspektive aufeinander bezogen wird, Sie können aber auch bei der Bedeutungsstruktur und dem Wirklichkeitsverständnis anfangen. Versuchen Sie anschließend eine Bewertung der Position, aber bitte über die theoretische Rekonstruktion; d.h. über die Stärken und Schwächen des Denkmodells und nicht über persönliche Vorlieben. Diese können Sie natürlich auch als Maßstab nutzen, wenn Sie zuvor die persönliche Vorliebe selbst theoretisch rekonstruieren und die Zustimmung oder Ablehnung von daher erklären.

### 10.3.2  Exemplarische studentische Reflexionen

**a) Meike:**

1. Antwort mit transzendentalem Hintergrund:
Gottes Rede: In der Bibel finden wir von Menschen geschriebene Texte, in denen wir das Wort Gottes erkennen können. Das Transzendente kommt durch das Menschliche in das Diesseits.
Gottes Macht: Gott kann alles, was er will; da er nichts schlechtes will, kann er auch nichts schlechtes. Gott ist von der Welt losgelöst und kann frei entscheiden.
Gottes Dasein: Durch unser Sein, erfahren wir die Existenz Gottes. Gott ist da, weil wir da sein.
Gottes Herrschaft: Gott hat eine Welt ohne andere Götter geschaffen. Gott herrscht, wenn wir ihn als den einen und einzigen Gott erkennen.
--Wie kann Gott überhaupt etwas wollen?
--Was will Gott von uns/von mir?
Formal: Gott als Transzendentes Wesen kann nicht direkt in die Welt eingreifen. Er beweist sich durch unsere Existenz. In unserem Sein können wird seinen Willen erkennen.
Inhaltlich: Erkenne den einen Gott und sei offen für seine Existenz in unserem sein!

2a) Gloria von Thurn und Taxis erkennt den Willen Gottes aus einer deutlichen fundamentalen Position. Ihre Argumentation bezüglich Abtreibung und Verhütung stärkt sie durch ihre Orientierung an den Geboten der Kirche. Ihr Verständnis vergleicht Gloria von Thurn und Taxis mit einer mathematischen Formel. Nur, wer diese Formel kennt und versteht, kann damit rechnen. Übertragen meint das, dass ihre Sicht der Dinge durch die Gesetze der Kirche die einzig wahre Sicht ist. Wer das nicht erkennt, hat den wahren Glauben (noch) nicht gefunden. Bei inhaltlichen Fragen, die Gloria von Thurn und Taxis selbst nicht beantworten kann, wendet sie sich an (in diesem Fall) Kardinal Meisner. Kardinal Meisner scheint ihr in seiner Position am geeignetsten, ihre Fragen im Glauben gerecht zu erläutern. Die Überlegung, wie Gott überhaupt etwas als seinen Willen bestimmen kann, kommt bei Gloria von Thurn und Taxis garnicht auf. Es scheint, als wäre die Existenz eines göttlichen Willens selbstverständlich. Diese formale und die zuvor beschriebene inhaltliche Ebene der Argumentation zum Willen Gottes zeugen von einem fundamentalen Gottesbild.

b) Gloria von Thurn und Taxis bringt den Willen Gottes ins Spiel, um die Diskussion um Verhütung und Abtreibung zu einem für sie deutlichen und schlüssigen Ende zu führen. Sie nutzt die Aussagen zum Willen Gottes, um das Kontra zu Verhütung und Abtreibung zu stärken. Da Gottes Wille mit ihrem fundamentalen Hintergrund beschrieben wird, ist die Argumentation eng mit den biblischen Worten verbunden. Gloria von Thurn und Taxis zitiert die Bibel nicht, gibt aber ihren Sinn mit ihren Worten wieder: „ Gott möchte mit jedem einzelnen eine Beziehung haben…". Auf diese Art versucht Gloria von Thurn und Taxis, den Willen Gottes, so wie er in der Bibel steht, für alle Menschen verständlich zu machen. Wer versteht, hat den Glauben erkannt und kann damit sinngemäß leben."

*Eingefügt: Interview mit Gloria von Thurn und Taxis und WELT ONLINE*

## b) Thomas:

1.) monotheistisch:
Inhaltlich: Gott will, dass wir nur auf sein Wort hören und keinen anderen Göttern verfallen.
Formal: Da er der einzige Gott ist, gibt es keine Unterscheidungen. Alle anderen Willen sind Häresien.

Radikal transzendent:
Inhaltlich: Gott will, dass wir auf seine Allmacht vertrauen, um seine Macht richtig zu nutzen.
Formal: Gottes Willen und seine Allmacht sind auf den Anfang beschränkt, aber noch zu spüren.

transzendent:
Inhaltlich: Gottes Willen kann der Mensch vollbringen, wenn er liebt.
Formal: Ohne Gott wären wir nicht, was wir sind.

2.) In dem Interview mit Gloria v. Thurn und Taxis steht eindeutig der Fundamentalismus im Hintergrund. Sie verweist, bezogen auf den inhaltlichen Aspekt, nach dem man bei Unsicherheiten Personen fragen soll, die am besten geeignet sind zu klären, was zu tun ist, auf Kardinal Meisner. Er kann die Fragen unserer Religion auf einfache Art beantworten.
Bezogen auf Gottes Herrschaft sagt sie, dass Gott uns das Leben schenkt und dass es uns dann nicht mehr gehört. Sie sagt ebenfalls, dass Gottes Wille gut für die Menschheit ist, da Treue das beste Verhütungsmittel sei oder aber das Gott mit allen Menschen eine Beziehung haben will. Daher ist sie strikt gegen Abtreibung. Hier kann man den Bezug zum Formalen sehen, da diese Gebote in der Bibel niedergeschrieben sind.

Gottes Wille entspricht hier ganz klar der biblischen Funktion, wenn in der Bibel steht: „Seid fruchtbar und mehret euch". Dies ist die Hauptaussage von v. Thurn und Taxis. Sie stellt das Leben eines Menschen über alles und sagt dass Gott möchte, dass wir leben und daher darf Leben nicht manipuliert werden.

## c) Tanja:

**Frage:** 1.Wie konnte eine Antwort auf die Frage. „Was will Gott?" inhaltlich und formal aussehen vor <u>monotheistischem</u> Hintergrund?
2. Geben Sie bei Suchmaschine „Gott will, dass." ein „wählen Sie einen Treffer aus und a) analysieren Sie, welche Position im Hintergrund steht, wenn etwas als Gottes Wille ausgegeben wird sowie b) bewerten Sie, wie Gottes Wille ins Spiel gebracht wird. Entspricht dies der bibl. Fkt? Nutzen sie die Ergebnisse von a)!

1.
<u>Gottes Rede:</u> (Vermutung)
Die Bibel ist die Rede Gottes von Menschenhand als Zeugenbericht geschrieben. Gott lässt dort zu Worte kommen was er will und was er von denMenschen erwartet.
<u>Gottes Macht:</u>
Gott ist allmächtig und gibt uns freien Willen zu entscheiden, greift aber ein, wenn der Wille der Menschen ungerecht (in Form von Gewalt) ist.
<u>Gottes Dasein:</u>
Gott ist überall da, wo die Menschen sind. Er ist allgegenwärtig.
<u>Gottes Herrschaft:</u>
Gott überträgt seine Macht einem Führer (z.B. König) der in Gottes Namen herrscht.
<u>Formal:</u> Wir erkennen Gotte willen durch seine Taten, die Gerechtigkeit und Brüderlichkeit zeugen, sowie sie in der Bibel zu deuten sind und der radikalen Welt gegenwärtig sind.
<u>Inhalt:</u> Es gibt nur diesen einen Gott und der ist JHWH. Er will, dass Gerechtigkeit, Brüderlichkeit bund Gewaltfreiheit in der Welt herrschen.

2.)a) Der Verfasser des Appells „Gott will, daß wir den christlichen Glauben verteidigen" tritt hier eindeutig mit Fundamentalistischen hintergrund auf. Er betont in seinem Text, der als Anrede an alle Christen dient, dass sie ihren Glauben verteidigen und sich gegen den Islam stellen sollen, den er als „Religion Satans"(Z.7) bezeichnet(„(…) GOTT, will, daß wir den Christlichen Glauben gegen den Glauben der Schlange, den Glauben des Teufels, gegen den Islam verteidigen," Z.1-3; „Gott will, daß wir uns wehren, wir müssen die Religion des Teufels zerstören und den Islam ausrotten" (Z. 11-12). Der Verfasser „hört" (nach der theologischen Logik) nur und iost wahrscheinlich auf das alte Testament fixiert, in dem Gott als strafender Gott auftritt. Da er nicht weiter „ordnet", nimmt er alles wörtlich und nimmt auch Gottes Macht wörtlich. In der Vorlesung wird beim fundamentalistischen Hintergrund Gottes Macht wie folgt beschrieben: „Gott kann tun, was er will, er gibt uns Kraft seinen Willen zu tun(…)" Der Verfasser hat seinen Willen dem Willen Gottes gleichgesetzt, denn er kann nicht wissen, was Gott gegenwärtig will, nur was er generell will und das ist die Erfüllung der Gebote, die er in der Bibel zusammengefasst hat. Genau das versteht der Verfasser als Gottes Wille, das Leben und Handeln nach der Bibel und in der Bibel handelt Gott strafend gegenüber denen, die sich ihm abgewandt haben oder andere Götzen haben.
Man kann also sagen, dasss der Verfasser diesen Text mit radikal fundamentalistischem Hintergrund geschrieben hat.
b) Der Verfasser hat den Willen Gottes völlig anmaßend ins Spiel gebracht. Er maßt sich an, seinen Willen, „(d)en Islam ausrotten"(Z.12), dem Willen Gottes gleichzustellen, denn Gott würde weder so etwas wollen noch würde Gott seine

Geschöpfe dermaßen zu Hilfe rufen. Doch genauso klingt dieser Appell, wie ein Notruf von Gott an die Christen, was völlig absurd ist, denn, vor allem mit fundamentalistischem Hintergrund, ist Gott allmächtig. Gott erwählt zwar den Menschen, seinen Willen zu tun, doch wie es schon in der Bibel geschrieben steht, ist Gott das Gericht und nicht die Menschen, also auch nicht der Verfasser.

Somit entspricht dies auch nicht der biblischen Funktion, denn Gott ist der Richter und nur er bestimt das Gottsein und nicht ein radikaler Fundamentalist.

Die Gebote drücken den Willen Gottes aus und in den Geboten steht unter anderem, dass man nicht morden soll und dass man seinen Nächsten lieben soll. Wie kann der Verfasser seinen Appell mit den Geboten in Einklang bringen?

Meiner Meinung nach kann er das nicht.

[Der gewählte Link: http://newsgroups.derkeiler.com/Archive/De/de.sci.theologie/2008-02/msg00022.html]

# 11   Reflexives Lernen II

## 11.1   Reflexion der theoretischen Rekonstruktionen

### 11.1.1   Implementierung des Handlungszyklus vom reflexiven Lernen

Ich begrüße Sie heute zu unserer elften Sitzung. Wir haben in der letzten Woche den eigentlichen inhaltlichen Teil der Vorlesung abgeschlossen und werden in den kommenden zwei Wochen die formalen Bedingungen des Gottdenkens untersuchen. Dazwischen liegt diese Sitzung, in der es in der ersten Hälfte noch einmal um das reflexive Lernen gehen soll. Ich möchte Ihnen zunächst einen kleinen Überblick über Ihren Lernstand geben, damit Sie Ihre individuelle Leistung, zu der Sie wöchentlich eine Rückmeldung bekommen, in den Lernstand der Lerngruppe einordnen können. Anschließend möchte ich eine Ihrer Bearbeitungen der ersten Reflexionsaufgabe zu Gottes Name für den zweiten Schritt des Handlungszyklus' (→ **Reflexives Lernen I**) als visuelle Struktur aufarbeiten, damit Sie in der Übung gezielt eine andere Bearbeitungsstruktur wählen können. In der anderen Hälfte biete ich Ihnen die Möglichkeit, die entwickelten Fähigkeiten auszuprobieren und eine Doppelseite aus einem Schulbuch auf das zugrundeliegende Gotteskonstrukt zu untersuchen. Diese zweite Hälfte stellt insofern eine Kompetenzmessung dar. Soviel zum Überblick. Beginnen wir mit dem Überblick zum Lernstand.

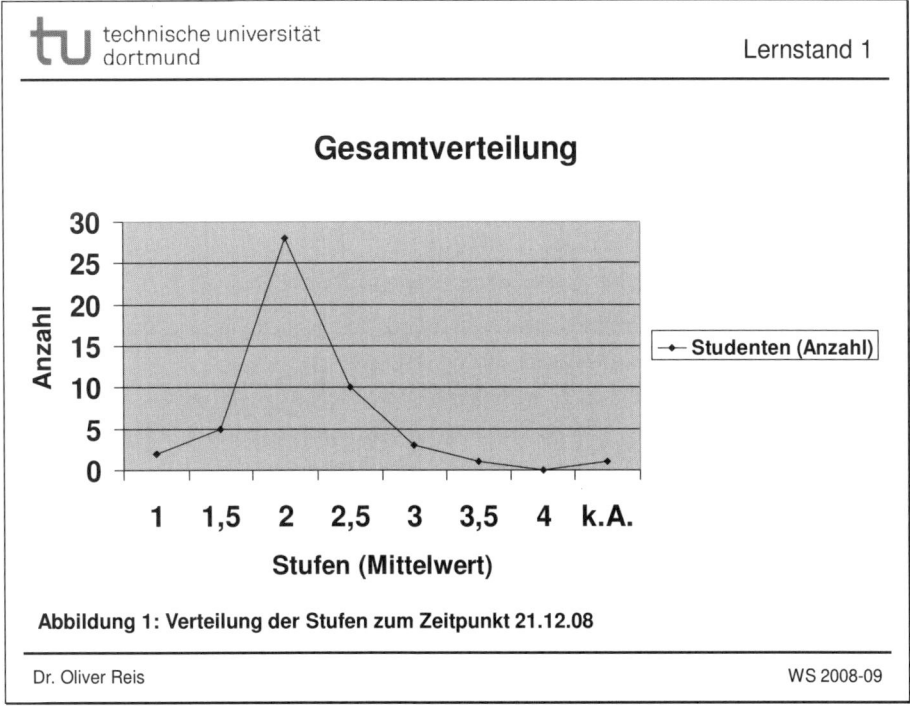

Die erste Abbildung zeigt die Verteilung der Mittelwerte Ihrer Lernleistungen über das bisherige Semester. Es zeigt sich, dass auf der einen Seite die Zahl derer, die mit Ihren Stufen unterhalb des Minimalstandards liegen, relativ klein ist – und mit Blick auf die erste Sitzung zum reflexiven Lernen im Laufe der Veranstaltung kleiner geworden ist. Das ist sehr erfreulich. Außerdem erfüllt die große Zahl von Ihnen den Minimalstandard (Stufe 2) und wird damit die ‚Aktive Teilnahme' erreichen. Auf der anderen Seite bewegt sich nur eine kleine Gruppe, die aber im Verlauf des Semesters größer wurde, in Richtung Zielstandard (Stufe >3) für die Modulprüfung. Die Aufgabe besteht also nicht darin, dass Sie Theorien rezipieren und als isolierte Gegenstände abspeichern können. Die Aufgabe ist vielmehr, dass Sie trainieren die Theorien so aufzubereiten, dass Sie mit ihnen strategisch arbeiten können.

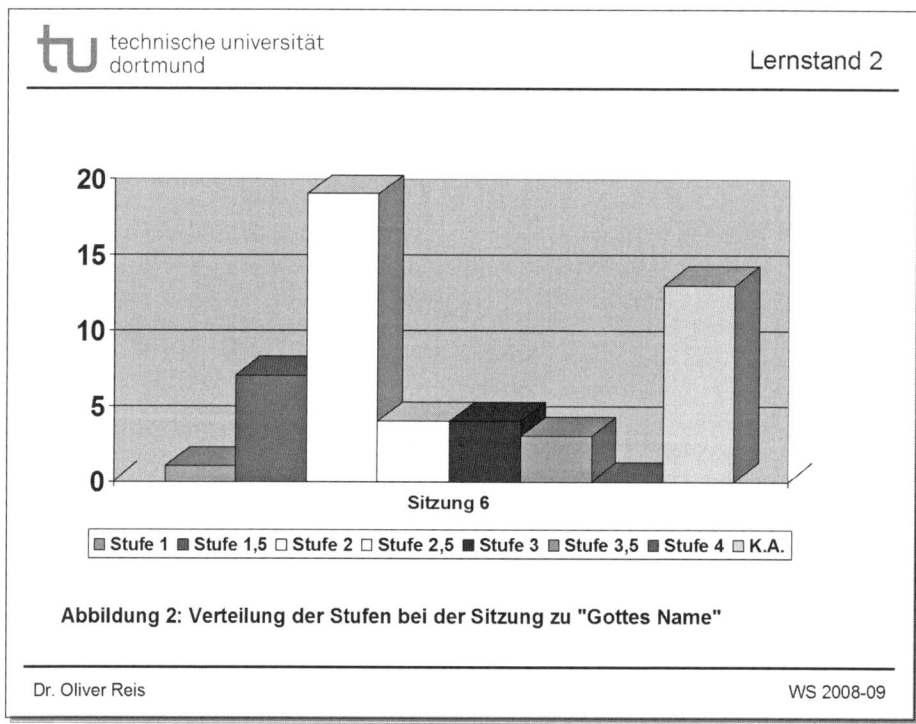

Abbildung 2: Verteilung der Stufen bei der Sitzung zu "Gottes Name"

Um das zu trainieren, scheint die erste Reflexionsaufgabe aus Gottes Name besonders gut geeignet zu sein. Denn die Auswertung dieser einen Sitzung zeigt deutlich unterdurchschnittliche Werte in den Stufen und vor allem einen sprunghaften Anstieg an Nicht-Abgaben. Das Letzte hängt natürlich auch damit zusammen, dass die meisten von Ihnen bisher alle Aufgaben abgegeben haben und wir uns dem Semesterende nähern, so dass nun einige von Ihrem Recht Gebrauch machen, Sitzungen nicht zu bearbeiten. Trotzdem wissen wir aus den Rückmeldungen an Frau Buballa und Frau Stolz, dass Ihnen die Bearbeitung der Aufgaben sehr schwer gefallen ist, und die Verschiebung in den Stufen spricht auch für sich.

 technische universität dortmund

Übung_2

1. Stellen Sie eine Verbindung zum Basiswissen Dogmatik-Text her!

Was hat das Apostelkonzil mit der Heiligung des Namens zu tun? Welche theologische Bedeutung geht für das Heidenchristentum von ihm aus? (Achtung: Es reicht nicht, die wichtigsten Aussagen aus dem Text wiederzugeben. Rekapitulieren Sie: Was bedeutet es, den Namen heiligen zu dürfen? Wie ist das möglich?)

2. Reflektieren Sie Ihre Haltung mithilfe der Vorlesung!

Wenn Sie der These aus Übung_1 zugestimmt haben: Wo liegt die theologische Grenze dieser These? Welche Einsicht aus der Vorlesung lehnen Sie dann ab?

Wenn Sie die These aus Übung_1 abgelehnt haben: Was ist das zentrale Argument? Können Sie es mithilfe der Vorlesung reformulieren? Haben Sie ein anderes Argument? Dann vernetzen Sie es mit den Vorlesungsinhalten.

Dr. Oliver Reis

WS 2008-09

Die erste Aufgabe fordert Sie dazu auf, mithilfe des Theorie-Wissens der Vorlesungssitzung eine andere vertiefte Perspektive auf die Sitzung zum Apostel-Konzil der Vorlesung "Basiswissen Dogmatik" zu gewinnen. In dem Auszug aus dem Vorlesungsskript finden Sie keinen direkten Hinweis zu unserem Thema der Heiligung des Namens. Außerdem macht schon die Aufgabenstellung deutlich, dass Sie offenbar eine Verbindung aktiv herstellen müssen und dass es auf diese Aktivität ankommt. Lerntheoretisch nennt man diesen Aufgabentyp eine 'Relationierung' zweier Konstrukte ohne einen gemeinsamen Bezugspunkt auf der Oberfläche. Damit Sie diese Relationierung vornehmen können, müssen Sie sich deshalb zunächst einmal die beiden Konstrukte analytisch zurechtlegen, bevor Sie synthetisierend zu einer eigenen relationierenden Perspektive kommen können. Sowohl der analytische als auch der synthetisierende Akt können auf ganz verschiedene Weise erfolgen. Da bei dieser Aufgabe das Ergebnis feststeht, aber nicht die Methode, trainieren wir heute das methodische Vorgehen. Einerseits ist das Vorgehen individuell geprägt, andererseits gibt es doch Kriterien, ob das Vorgehen sinnvoll ist. Das Hauptkriterium ist natürlich, ob das Ergebnis erreicht wurde, sekundäre Kriterien sind aber auch die Nachvollziehbarkeit, die Zielgerichtetheit und die Effizienz. Wir wollen versuchen, ein Vorgehen strukturell so gut zu beschreiben, dass ich Ihnen nachher an einem Vorgehen von mir die Stellen zeigen kann, an denen alternative methodische Vorgehensweisen sichtbar werden. Erst wenn Sie die Bearbeitung einer solchen Aufgabe methodisch geleitet bearbeiten, ist der Lernerfolg kein Zufallsprodukt mehr, weil Sie selbst die Qualität Ihrer Handlungen beobachten können.

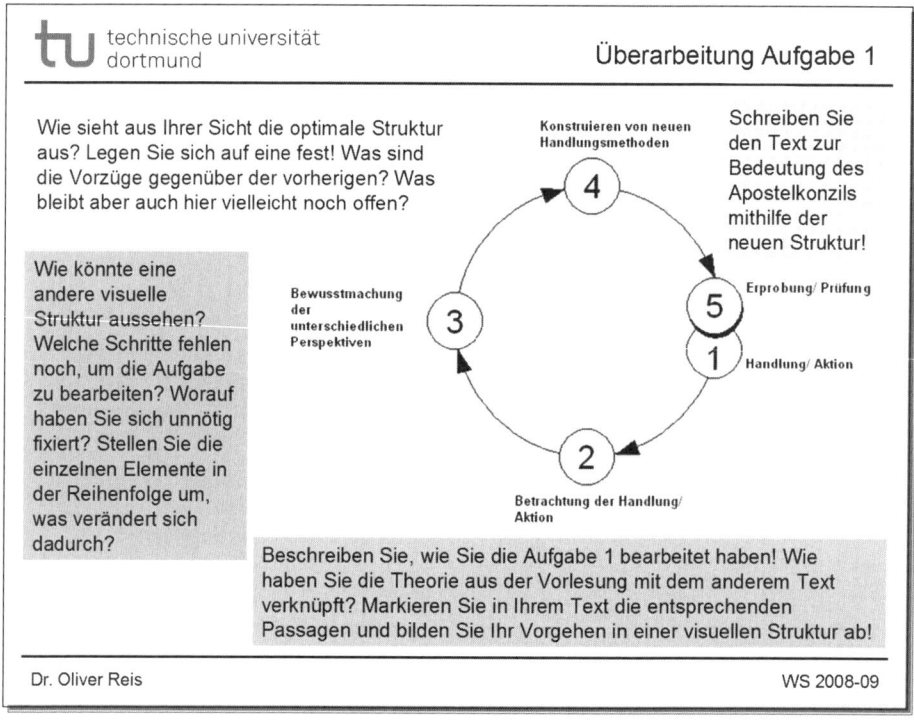

Ich habe den Handlungszyklus für das reflexive Lernen aus der vierten Sitzung mit konkreten Aufgaben versehen. Die Schritte 4 und 5 erfolgen später über die Übung außerhalb der Vorlesung. Ich möchte die gemeinsame Lernzeit für die Schritte 2 und 3 nutzen, die am schwierigsten sind. Die Herausforderung besteht überhaupt erst einmal darin, eine solche strukturierte Distanz zu dem eigenen Handeln zu gewinnen. Um die eigene Handlung – die Bearbeitung der 1. Aufgabe – reflexiv zugänglich zu machen, ist es hilfreich, die Bearbeitung zu visualisieren. Die Visualisierung hat den Vorteil, dass wir unser Verstehen ‚organisieren'. D.h., wir bringen die Bearbeitung in eine Struktur, die wir verstanden haben. Wir haben uns die Bearbeitung in einem für uns sinnvollen Repräsentationscode angeeignet.[326] In der Visualisierung legen wir uns fest, welche Elemente wie zueinander in Beziehung setzen. Diese Festlegung ist wichtig, weil wir dann überlegen können, ob wir Elemente und Relationen zwischen ihnen verschieben, streichen oder neu einfügen. Visualisierungen sind deshalb

---

[326] Zur lernstrategischen Bedeutung der Visualisierung vgl. *Oliver Reis*, Zur Förderung von effizienten Lernstrategien im Theologiestudium, in: *Scheidler/Ders.* (Hg.): Vom Lehren zum Lernen, 2008, 39-64, hier 55-58.

ein geeignetes Instrument, um unser Handeln oder das von anderen für weitere Reflexionen zugänglich zu machen.

### 11.1.2 Visuelle Rekonstruktion einer studentischen Lösung

Wer von Ihnen wäre denn bereit, seine Bearbeitung einzubringen? Vielen Dank!

S (Tanja): *Der Text „Das Apostelkonzil" aus dem Skript zu Basiswissen Dogmatik von Ruster handelt von der Tora und ihr Befolgen bezüglich der Juden- und Heidenchristen. Jesu Aufgabe war es, alle Menschen zur Tora und somit zu Gott zu führen, also auch die heidnischen Menschen (Jesus wusste sich gesandt zu den „verlorenen Schafen des Hauses Israel", Z.1) „seine Jünger verstanden die Auferstehung als Aufforderung zur Heidenmission" Z.5-6). Paulus und Barnabas leiteten ein Apostelkonzil ein („(…) reisten Paulus und Barnabas nach Jerusalem, um die Frage der Gesetzesverpflichtung der Heidechristen zu klären. Es kommt zum sog. Apostelkonzil (…)", Z.18-20), in dem entschieden wird, dass Heidenchristen nur nach sieben noachidischen Geboten leben müssen, was bei den Juden als „(d)as heidnische Minimum für die Gemeinschaft mit Gott" gilt (Z.49-50). Die Heiligung des Namens spielt hierbei eine große Rolle, denn im Vordergrund steht bei dem Apostelkonzil die Gemeinschaft mit Gott.*

Machen wir einen ersten Schnitt, danke. Sie erinnern sich daran, dass die Relationierungsaufgabe zwei Konstrukte aufeinander bezieht, deren verbindendes Element nicht direkt auf der Konstruktebene erkennbar ist. Welchen Zugriff wählen Sie, wählt die Kommilitonin?

S1: *Sie beginnt mit einer Zusammenfassung der Basiswissen Vorlesung.*

S2: *Sie hält fest, dass es um das Tora-Tun der Heidenchristen geht, was Jesu Aufgabe ist und was das Apostelkonzil entschieden hat.*

S3: *Nur müssen wir gar nicht nach den noachidischen Geboten leben. Genauer müsste man sagen, dass uns Gebote auferlegt worden sind, die zu dem passen, was in der damaligen Zeit als noachidische Gebote für die Heiden diskutiert wurde.*

Das ist eine wichtige Korrektur, weil so deutlich wird, dass die Judenchristen auf dem ‚Konzil' eine Form für den Konsens wählen, die auch innerjüdisch verstehbar und akzeptierbar ist. Die Judenchristen bieten also eine jüdisch akzeptierte Form des Tora-Tuns für die Heidenchristen an. Auf diesen Punkt läuft dieser erste Abschnitt zu. Ich umfasse ihn grün, weil es sich hier um das Konstrukt aus Basiswissen handelt.

Zusammenfassung
Basiswissen-Text:

- Es geht um Tora-Tun der
Heidenchristen

- Jesu Aufgabe

- Das Apostelkonzil +
Entscheidungen

Noachidische Gebote

Welche theologische Bedeutung besitzt das
Apostelkonzil für die Heiligung des Namens?

Doch damit ist der erste Abschnitt noch nicht zu Ende. Können Sie den letzten Satz bitte noch einmal vorlesen?

S (Tanja): *Die Heiligung des Namens spielt hierbei eine große Rolle, denn im Vordergrund steht bei dem Apostelkonzil die Gemeinschaft mit Gott.*

S4: *Jetzt geht es um unsere Vorlesung, um die Heiligung des Namens.... Eigentlich geht es um beides, denn du willst ja die Heiligung des Namens und die Entscheidung des Apostelkonzils in dem Punkt ‚Gemeinschaft mit Gott' verbinden.*

S3: *Über das 'denn' wird klar, dass die Heiligung des Namens darin besteht, in Gemeinschaft mit Gott zu leben.*

S5: *Das setzt aber voraus, dass das Heidenchristen nicht sowieso schon tun! Oder dass das vielleicht nicht so einfach ist. Die Gemeinschaft mit Gott, oder von der Vorlesung her, mit Jahwe ist also an etwas gebunden. Das bleibt im Hintergrund, ist aber für die Verbindung ganz wichtig.*

Ich umfahre die Aspekte der Vorlesung blau und die Verbindungen mache ich rot. Die Gemeinschaft mit Gott ist also nun etwas, was zum Bezugspunkt der beiden Vorlesungen wird. In unserer Vorlesung ist diese Beziehung differenziert worden. Jahwe geht diese Beziehung wesentlich über seinen Namen ein und die Erfahrungen mit diesem Namen bestimmen dann die Form der Beziehung. Der Text zum Apostelkonzil bekommt jetzt plötzlich einen Rahmen, in dem die Entscheidungen als Lösung für ein Problem erscheinen. Das Problem/die Frage bleibt bei Ihrer Bearbeitung im Hintergrund. Dass die Verbindung bisher nur grob gefasst wurde, wird auch sprachlich deutlich: "spielt eine große Rolle". Der eigentliche Link zwischen der Gemeinschaft mit Gott, die für das Apostelkonzil wichtig ist, und der Heiligung des Namens ist noch nicht entfaltet. Das wird aber vermutlich nun kommen. Lesen Sie bitte weiter.

S (Tanja): *Um mit diesem Gott in eine Gemeinschaft treten zu können, muss man ihn und seinen Namen ehren und seine Gesetze, die noachidischen Gebote, befolgen, denn dieser Gott erwartet ein gerechtes Volk, das durch sein Gesetz gerecht wird („Die Gabe des Gesetzes macht gerecht. Indem Gott Israel sein Gesetz gibt, erwählt er es als sein Volk und macht es gerecht", Z.59-61).*

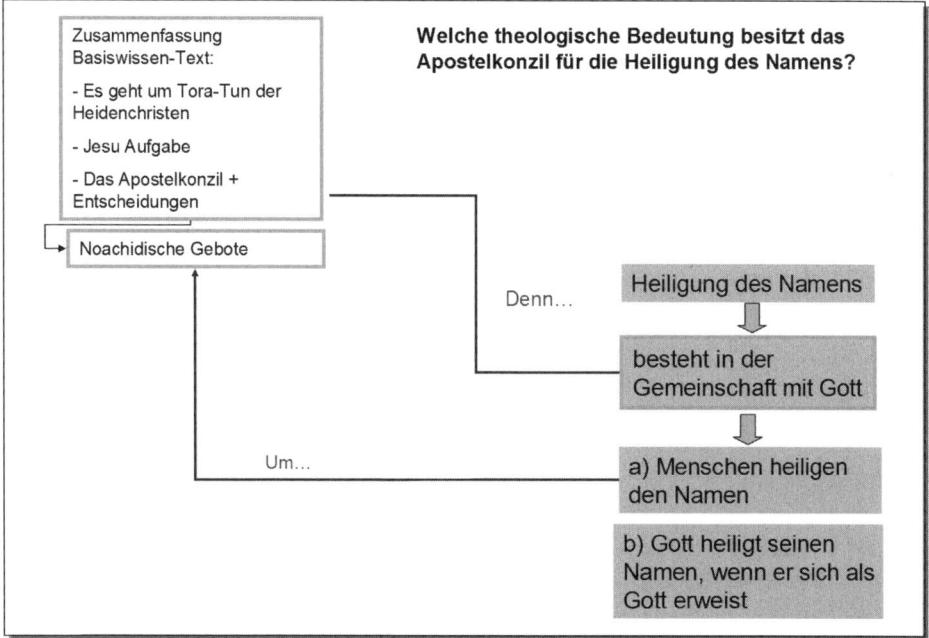

Machen wir auch hier wieder einen Stopp. Wie geht es in der Argumentation weiter?

*S6: Jetzt wird mit dem "Um..." erklärt, wie man in die Gemeinschaft eintreten kann. Durch die Heiligung des Namens, also das Ehren des Namens.*

*S7: Und durch die noachidischen Gebote.*

*S8: Wenn das weiter unsere Vorlesung ist, müsste das eigentlich 'Tora tun' heißen und das 'und' ist da auch ungenau, weil das Tora-Tun eine Form ist, wie wir den Namen heiligen können.*

*S3: Ich würde aber sagen, dass du erst einmal von der Vorlesung mitgenommen hast, dass die Menschen dann eine Gemeinschaft mit Gott haben können, wenn sie seinen Namen heiligen und dass du dann eine Verbindung zu Basiswissen ziehst mit den noachidischen Geboten. Dieser 'Um-Satz' ist also ein roter Satz.*

*S8: Dann bleibt aber wieder die Frage, auf die sie im Hintergrund reagiert. Warum nämlich nicht einfach wir Christen Tora tun können und das besondere Angebot der noachidischen Gebote brauchen. Weißt du, was ich meine?*

Beiden Vorlesungen ist gemeinsam, dass die Gemeinschaft mit Gott zu einer Frage wird, ob man die Gerechtigkeit Gottes lebt und darin den Namen Jahwes/Gott-Vaters heiligt. Ich halte es aber auch für wichtig, dass Sie an dieser Stelle nicht genau zwischen dem Tora-Angebot für die Völker in den noachidischen Geboten und dem Tora-Angebot an Israel als Heiligung des Namens Jahwes unterscheiden. Diese Unterscheidung könnte die Aufgabenbearbeitung strukturieren, dann wäre die Aufgabe schon fast beantwortet. Aber Sie sind sich noch nicht sicher und drehen eine nächste Runde. Lesen Sie bitte weiter.

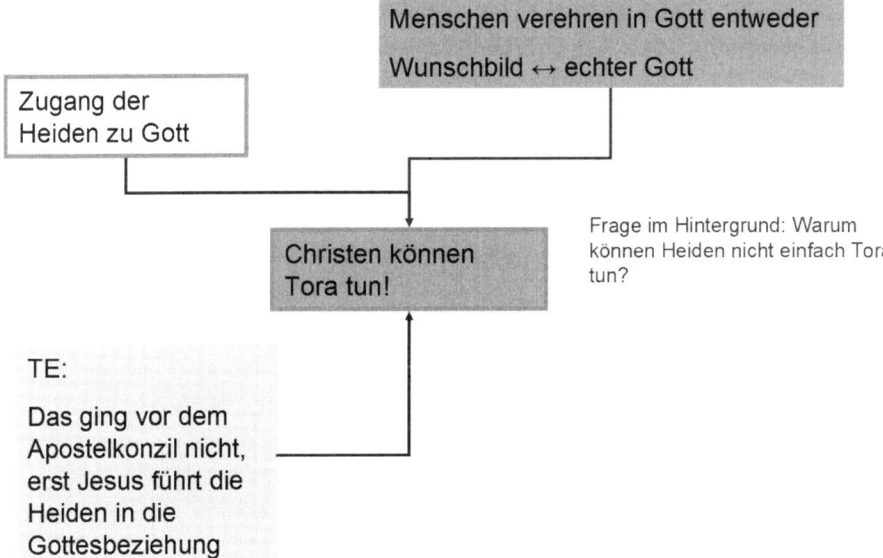

S (Tanja): *Die Heiligung des Namens bedeutet auch gleichzeitig sich als Gott zu erweisen; Gott muss (Dieser Gott ist...) mächtig, rechtsprechend, parteiisch für sein Volk sein. Dieses Gottsein (=G) ist das einzige G, was beim Tora-Tun bestimmt wird und was das Apostelkonzil auch voraussetzt. Wer dem G bestimmte Eigenschaften zuspricht und sich somit ein Wunsch-G schafft, der glaubt nicht an den einen richtigen Gott, sondern nur an ein fernes Gottesbild, denn Gott wird nicht von den Menschen bestimmt.*

S7: *Im Grunde gehst du jetzt in unserer Vorlesung einen Schritt zurück und sagst, dass das Angebot, dass wir seinen Namen heiligen, daran hängt, dass Jahwe das von ihm bestimmte Gottsein auch selbst ergreift, indem er seinen Namen heiligt. Diese ganze komplexe Struktur wird überhaupt erst nötig, wenn man das ‚richtige‘ G von Jahwe her versteht und deutlich von anderen Wunsch-Projektionen abgrenzen möchte.*

S8: *So richtig klar finde ich die Formulierungen von ihr nicht. Aber so viel ist schon klar, dass sie zeigen möchte, dass das Apostelkonzil mit den noachidischen Geboten ein Angebot macht, diesen bestimmten Gott zu verehren und damit auch ein bestimmtes Heil zu erleben.*

S3: *Braucht man das alles denn überhaupt, um die Aufgabe zu bearbeiten?*

S8: *Ich finde die Herleitung etwas kompliziert und ich weiß auch nicht, ob ihr das richtig klar ist. Aber nur so wird ja verständlich, warum die Heidenchristen überhaupt sicherstellen müssen, dass es der richtige Gott ist. Es geht ja um was! Vielleicht müsste das aber weiter nach vorne. Da wo wir die Frage im Hintergrund festgehalten haben.*

Indirekt bearbeiten Sie die Frage, warum Heidenchristen nicht Tora tun können und das ist eine wichtige Konkretisierung der Frage, warum Heidenchristen nicht so einfach sicher sein können, dass sie auch wirklich mit Jahwe eine Gottesbeziehung haben. Den Zug der Heiden, G mit Wunsch-Eigenschaften aufzuladen, deuten Sie an. Sie merken sicher schon, dass von den Fragen im Hintergrund her die Aufgabe zielstrebiger bearbeitet werden könnte, weil wir erst immer aus Ihren Argumenten die Fragen herleiten müssen. Jetzt kommt der letzte Abschnitt.

*S (Tanja): Das Apostelkonzil bedeutet für die Heidenchristen die Möglichkeit in der Gemeinschaft des Volkes Israel zu leben und Tora zu tun, um mit Gott eine enge Beziehung zu führen. Vor dem Konzil wurden Heidenchristen als Außenseiter betrachtet, die unwissend gegenüber der Tora sind und sie auch nicht tun (können).*

*S10: Das Apostelkonzil gibt also den Heidenchristen einen von Israel legitimierten Zugang zu Gott.*

*S11: Das ist aber eigentlich eine Sache nur für Basiswissen, unsere Vorlesung steckt zwar in dem ‚Tora-tun-können‘ mit drin, du sagst es aber nicht deutlich. Für mich ist dann am Ende die Verbindung sogar wieder etwas verloren gegangen. Welche Bedeutung hat denn nun die Heiligung des Namens für das Apostelkonzil?*

*S3: Auf jeden Fall hast du aber ein vertieftes Verständnis des Apostelkonzils gewonnen. Dir ist – glaube ich – klar geworden, was auf dem Spiel steht, nämlich die Gottesbeziehung selbst, die sich in der Heiligung des Namens ausdrückt und die nun in den abgewandelten noachidischen Geboten auch die Heidenchristen tun dürfen.*

*S11: Genau das wird aber nicht gesagt. Ich finde, dass unsere Struktur deutlich macht, dass die Aufgabe nicht auf den Punkt bearbeitet wird, sondern in den verschiedenen Teilschritten versteckt ist. Ich fände es gut, wenn das, was du gesagt hast (zu S3), am Ende als Fazit auch da steht.*

*S6: Klar ist aber jetzt am Ende, wo eigentlich das Problem liegt. Du fügst das so ein. Das hätte direkt am Anfang gesagt werden müssen.*

*S5: Wo kommt das denn plötzlich her?*

*S (Tanja): Das habe ich aus der Theologischen Ethik, aber eigentlich hätte ich es auch aus unserer Vorlesung her ableiten können. Das ist ja eigentlich das Ziel der Sitzung gewesen, dass deutlich wird: So einfach ist das gar nicht mit Gott und unserer Gottesbeziehung. Sie hängt daran, den Namen heiligen zu können. Und darauf reagiert eben das Apostelkonzil.*

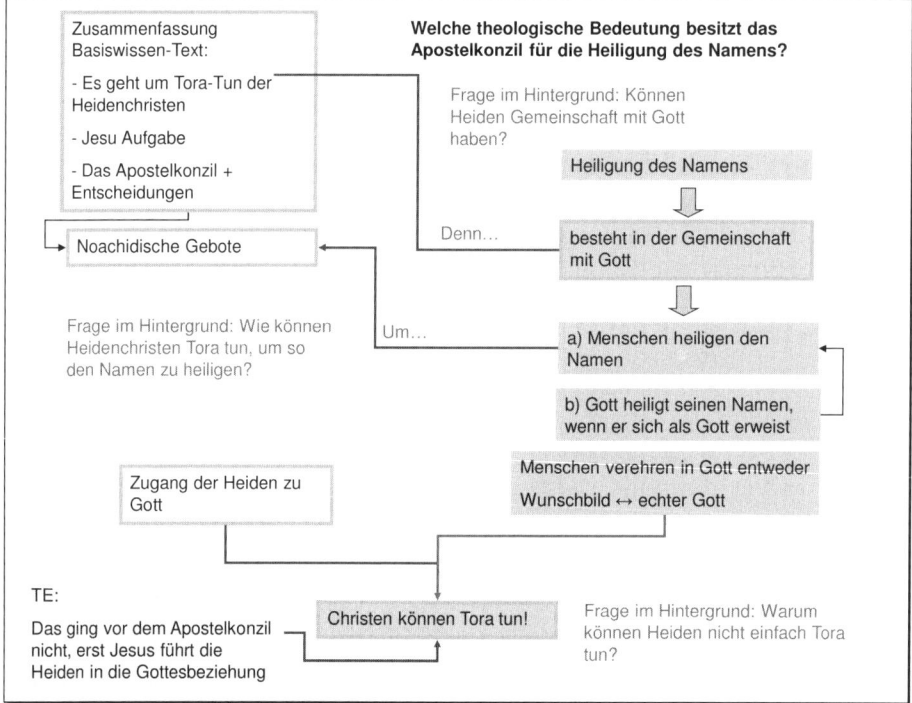

Unsere visuelle Gesamtstruktur [**vgl. Folien in Farbe am Ende des Anhangs**] zeigt, dass Sie die wesentlichen Elemente beisammen haben, um die Frage zu beantworten. Sie haben aus der Vorlesung 'Gott denken' verstanden, dass zum einen Jahwes Heiligung seines Namens und seine Aufforderung seinen Namen zu heiligen erst die Gemeinschaft konstituiert und zum anderen aus der Sicht Israels diese Gemeinschaft daran hängt, Tora zu tun. Die Gottesbeziehung ist deshalb wesentlich Rechtsgemeinschaft. Sie haben außerdem den Basiswissen-Dogmatik-Text soweit auf die Vorlesung hin gelesen, dass der Text Ihnen sagt, dass im Apostelkonzil die Frage verhandelt wird, ob die Heidenchristen noch an die Tora gebunden sind und welche Auflagen diese Bindung ausdrücken, ohne die besondere Beziehung zu Jesus Christus aus dem Blick zu verlieren. Außerdem haben Sie verstanden, dass Israel den Heiden in den noachidischen Geboten ein Angebot gemacht hat, Tora zu tun. Allerdings hat sich eine kleine Ungenauigkeit eingeschlichen, da Sie davon ausgehen, dass die Entscheidungen des Apostelkonzils die noachidischen Gebote sind. Das stimmt so nicht. Die Entscheidungen des Apostelkonzils, die eine Auswahl der noachidischen Gebote sind, zeigen vielmehr, dass dort tatsächlich die Frage verhandelt wurde: Wie können die Heiden Anteil an der Gottesgemeinschaft Israels bekommen? Der Maßstab Israels, Tora zu tun, wird nicht aus dem Blick gelassen. Die Anlehnung an die noachididschen Gebote ist deshalb ein Code, der das Tora-Tun der Christen für Gott-Vater mit dem Tora-Tun der Juden für Jahwe parallelisiert und es deshalb legitimiert. Das jüdische Angebot an die Völker wird zum judenchristlichen an die Heidenchristen. Im Grunde wird die eine Unterscheidung in das Christentum ‚hineinkopiert' und kann dort die Frage nach dem würdigen und rechten Tun der Christen in der Rechtsgemeinschaft mit Gott-Vater auslösen.[327] Aus der „Einführung in die Theologische Ethik" haben Sie mitgenommen, dass der befreiende Glaube an Jesus, die Heiden überhaupt erst einmal in die Situation bringt, Tora tun zu *können*. Ein Detail, das in den noachidischen Geboten und in dem Text zum Apostelkonzil nicht direkt mittransportiert wird.

Auf dieser Grundlage müssen Sie jetzt nur noch eine Relation herstellen: Die Entscheidungen des Apostelkonzils stellen Auflagen der Judenchristen für die Heidenchristen dar, damit diese stellvertretend für Israel den Heidenchristen zuerkennen, dass sie tatsächlich Jahwes Namen heiligen und damit mit ihm in Gemeinschaft leben, sein Volk sind, er für sie da ist, die Verheißungen seiner Geschichte auch für die Heidenchristen gelten. Sie sehen an den von uns rekonstruierten Fragen im Hintergrund, dass Sie die richtigen Fragen bearbeitet und eben auch das richtige Material zur Verfügung haben. Die Relationierungen setzen an der richtigen Stelle an. Im Grunde haben Sie mit dem zweiten Link zwischen den Noachidischen Geboten und der Heiligung des Namens die Aufgabe schon fast bearbeitet. Die Schlussfolgerung am Ende findet dagegen den Bogen nicht mehr zur Heiligung des Namens, sondern landet bei einer richtigen Feststellung knapp unterhalb der Lösung. Der Exkurs aus der TE ist streng genommen überflüssig zur Beantwortung der Frage und ist – wenn er denn kommt –, an der Stelle nicht gut platziert. Die Notwendigkeit der Anerkennung von Israel, die sich im Konflikt zwischen Judenchristen und Heidenchristen widerspiegelt, bleibt im Hintergrund. Sie sehen aber deren Bedeutung für das Tora-Tun und machen sie an der Orientierung an den noachidischen Geboten fest.

Der etwas unvermittelte Wiedereinstieg mit dem Problem, dass die Heiden dazu neigen ein anderes G zu erwarten, als Jahwe es bietet, ist ein wichtiges Hintergrundelement, weil es erklärt, warum sich die Christen überhaupt auf die Tora-Suche machen, um vor Israel sicherzustellen, dass es wirklich Jahwe ist, den Jesus Abba nennt und dass sie in eine geschwisterliche Beziehung zu Israel treten. Aber an der Stelle ist es zu spät, der zweite Link setzt diese Einsicht schon voraus. Auch die Relationierungen in der zweiten Hälfte unseres Tafelbildes sind nicht mehr effizient. Die Folgerung, Christen können Tora tun, wäre auch in den beiden Konstrukten selbst möglich und liegt unterhalb der relationierenden Lösung. So zeigt unsere Rekonstruktion der Bearbeitung zusätzliche Elemente, einige Relationierungsschleifen und eine verdeckt bleibende Lösung. Das deutet daraufhin, dass Sie selbst bei dieser hochwertigen Lösung noch um die allerletzte Klarheit bei der Beantwortung ringen.

Ich möchte Ihnen eine Folie zeigen, die ich benutze, um Kompetenzentwicklung verständlich zu machen.

---

[327] Vgl. ausführlich zur Transformation dieser wichtigen Unterscheidung *Reis*, Nachhaltigkeit – Ethik - Theologie, 2003, 482-486.

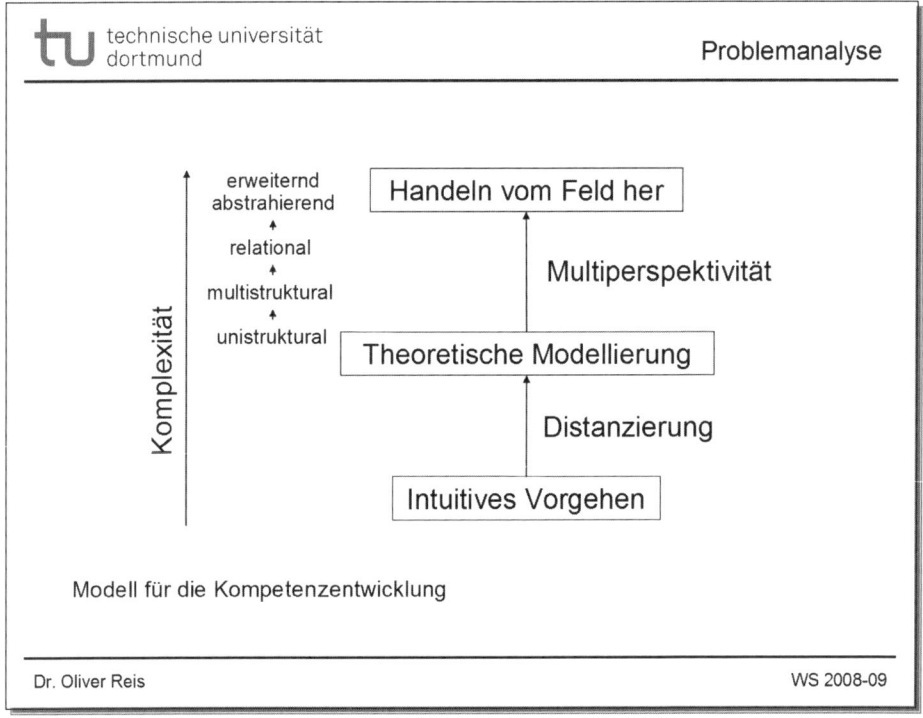

Mit Blick auf die Folie zu der Kompetenzentwicklung[328] würde ich sagen, dass die theoretische Modellierung der Vorlesung sehr gut sowie die des BWD-Textes gut gelungen ist und dass Sie sich über die Konfrontation mit den Theorien stark von ihrer intuitiven Herangehensweise entfernt haben. Das wird in der Bearbeitung der zweiten Reflexionsaufgabe sehr deutlich. Die Reflexion in der Nutzung der Modelle ist aber hier vor allem *multistruktural*. Das heißt, dass Sie die beiden Stränge strukturiert auf die Aufgabenstellung hin nebeneinander führen und unterscheiden können. Die Relationierung selbst ist dagegen noch nicht gezielt geführt, sondern erfolgt intuitiv.

### 11.1.3   Eine alternative visuelle Struktur

Ich möchte Ihnen nun eine alternative Struktur anbieten, die versucht aus den analysierten Problemen zu lernen. Als erstes verzichte ich darauf den Basiswissen-Dogmatik-Text zusammenzufassen. Ich beginne direkt mit den beiden zentralen Ergebnissen unserer Vorlesung, dass Israel Jahwes Namen im Tora-Tun heiligen kann und dass Jesus den Heiden seinen Namen hinterlässt,

---

[328] Vgl. für eine vertiefende Beschäftigung mit diesem Modell der Kompetenzentwicklung *Oliver Reis*, Durch Reflexion zur Kompetenz. Eine Studie zum Verhältnis von Kompetenzentwicklung und reflexivem Lernen an der Hochschule, in: *R. Schneider/B. Szczyrba/U. Welbers/J. Wildt* (Hg.), Wandel der Lehr- und Lernkulturen, Bielefeld 2009b, 100-120, hier 107-110.

damit auch sie Gottes Namen heiligen können. Die Frage ist dann, was die Heiden im Namen Jesu tun müssen und können, um auch aus der Sicht Israels wirklich Jahwe zu heiligen. Hier greift dann der Text von Basiswissen Dogmatik, der die Auflagen des Apostelkonzils im Kontext der noachidischen Gebote als judenchristliches Angebot an die Heidenchristen verstehen lässt auch Tora zu tun. Damit können Christen den Namen Jahwes heiligen, wenn sie ihren Auftrag der Nachfolge Jesu in dem Rahmen der Auflagen interpretieren und damit in der Rechtsgemeinschaft bleiben. Insofern bietet das Apostelkonzil eine theologische Problemlösung, die das Tun der Christen in der Nachfolge Jesu als Tora-Tun und damit als Tun des Willen Gottes qualifiziert. Diese Qualifizierung geschieht in einer damals sinnvollen Form: der Kurzformel der noachidischen Gebote. Wenn nun also auch die Christen im Namen Jesu den Namen Jahwes heiligen können, dann stehen sie auch unter der Verheißung des Namens Jahwes. Die Legitimierung und das Eintreten in die Verheißung sind die Funktionen der theologischen Lösung. Wir gewinnen beides durch das Eintreten in die Rechtsgemeinschaft. Das sollten wir nicht vergessen, wenn wir oft sehr schnell von einer Gottesbeziehung sprechen, die ohne Form der Beziehung des Tora-Tuns formuliert wird. Dann unterlaufen wir die herausgearbeitete Komplexität. Was für uns Tora-Tun heißen kann, ist eine Frage, die in der Theologischen Ethik behandelt wird. Dass sich aber Nachfolge in dieser Struktur bewegt, ist das Erbe des Apostelkonzils.

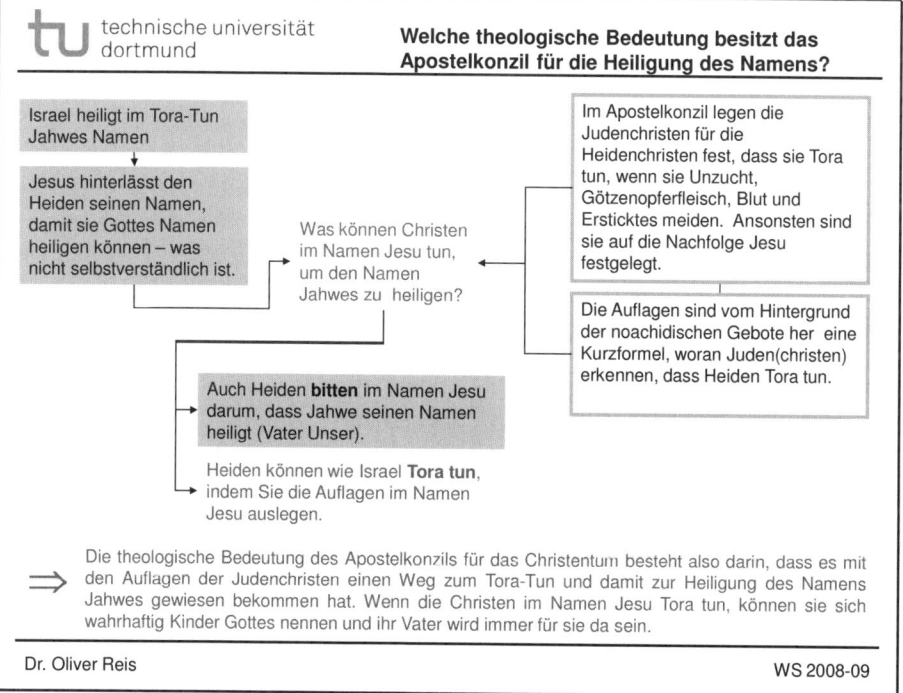

tu technische universität dortmund

**Welche theologische Bedeutung besitzt das Apostelkonzil für die Heiligung des Namens?**

Israel heiligt im Tora-Tun Jahwes Namen

Jesus hinterlässt den Heiden seinen Namen, damit sie Gottes Namen heiligen können – was nicht selbstverständlich ist.

Was können Christen im Namen Jesu tun, um den Namen Jahwes zu heiligen?

Im Apostelkonzil legen die Judenchristen für die Heidenchristen fest, dass sie Tora tun, wenn sie Unzucht, Götzenopferfleisch, Blut und Ersticktes meiden. Ansonsten sind sie auf die Nachfolge Jesu festgelegt.

Die Auflagen sind vom Hintergrund der noachidischen Gebote her eine Kurzformel, woran Juden(christen) erkennen, dass Heiden Tora tun.

Auch Heiden **bitten** im Namen Jesu darum, dass Jahwe seinen Namen heiligt (Vater Unser).

Heiden können wie Israel **Tora tun**, indem Sie die Auflagen im Namen Jesu auslegen.

⟹ Die theologische Bedeutung des Apostelkonzils für das Christentum besteht also darin, dass es mit den Auflagen der Judenchristen einen Weg zum Tora-Tun und damit zur Heiligung des Namens Jahwes gewiesen bekommen hat. Wenn die Christen im Namen Jesu Tora tun, können sie sich wahrhaftig Kinder Gottes nennen und ihr Vater wird immer für sie da sein.

Dr. Oliver Reis

WS 2008-09

Meine Lösung ist keine Musterlösung. Sie ergibt sich vielmehr daraus, wenn man die Stärken Ihrer Lösung erhalten und die verbleibenden Schwächen verhindern will. Es sind aber noch ganz andere Lösungen möglich.

---

 technische universität dortmund — Reflexionsaufgaben

Die Reflexionsaufgabe besteht aus zwei Teilen:

Der **erste Teil** bezieht sich auf die Reflexionsaufgabe zu Gottes Name : Sie bearbeiten die Aufgabe noch einmal unter besonderer Berücksichtigung des reflexiven Lernens. D.h. Sie bilden den ganzen Weg im Handlungszyklus ab. Stellen Sie in Phase 3 auch tatsächlich alternative Strukturen vor.

Im Anschluss an die Sitzung werde ich die Strukturen aus der Sitzung ins Netz stellen, damit auch diejenigen, die nicht dabei waren, eine Chance haben, die Aufgabe angemessen zu bearbeiten. Haben Sie die Aufgabe beim ersten Mal nicht bearbeitet, bearbeiten Sie die Übung eben nun zum ersten Mal. Das mindert nicht den Lerneffekt.

Dr. Oliver Reis                                                                                    WS 2008-09

---

Die Reflexionsaufgabe zu dieser Sitzung besteht aus zwei Teilen. Damit Sie von der heutigen Sitzung profitieren, fordern wir Sie auf, dass Sie den Zyklus des reflexiven Lernens noch einmal für die Aufgabe zu Gottes Name eigenständig durchlaufen. Sie brauchen den ersten Schritt nicht noch einmal machen, sondern beginnen mit der visuellen Rekonstruktion des Vorgehens, suchen nach einer (visuellen) Alternative und schreiben dann noch einmal eine kurze prägnante Antwort auf, die den Erkenntnisfortschritt aufnimmt. Ich bin gespannt, welche Visualisierungen und Bearbeitungen Sie in der Übung wählen. Wenn Sie sich an meiner Lösung für den neuen Text orientieren, dann erwarten wir, dass Sie genau begründen, worin der Vorteil zwischen Ihrer eigenen und meiner Lösung liegt und warum Sie sich für diese Struktur entschieden haben.

## 11.2  Anwendungsübung

Damit kommen wir zur zweiten Hälfte der heutigen Sitzung: der Anwendungsübung. Wir kommen jetzt zur zweiten Hälfte der heutigen Sitzung. Sie sehen auf der Folie eine Doppelseite aus dem Schulbuch [**vgl. EWS Abb. 1**]

„Das neue Kursbuch" für die Jahrgangsstufen 9/10.[329] Die Doppelseite gehört zu der Unterrichtsreihe „Gott lässt sich finden", die damit deutlich die Gotteslehre zum fachlichen Hintergrund hat. Damit Sie parallel zu der Seite auch die Aufgabe sehen, haben wir sie auf Folie gezogen. Bei jedem Schulbuch steht hinter der Textoberfläche, die im Schulbuch präsentiert wird, eine theologische Konzeption, die als wertvoll für die Jugendlichen dieses Alters betrachtet wird. Diese Konzeption findet sich meist in einem eigenen Lehrerband.

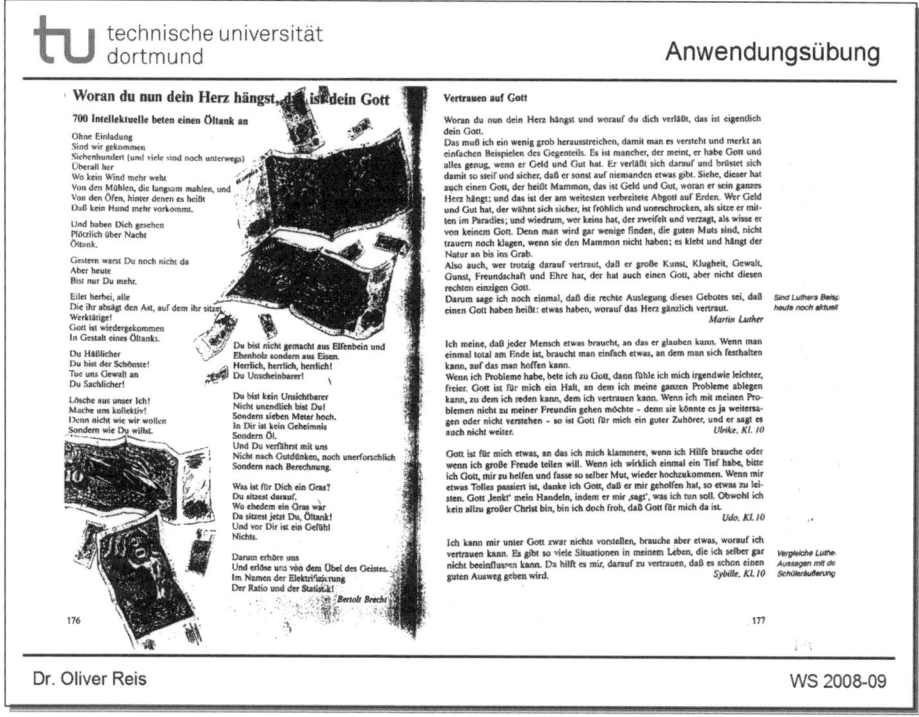

Stellen Sie sich vor, dass Sie dieses Schulbuch konzipiert hätten und sich nun an den Lehrerkommentar machen wollen. Formulieren Sie bitte erstens die zentralen Aussagen zu der theologischen Konzeption, indem Sie mit Blick auf Gottes Dasein, Gottes Macht und Gottes Wille die zentrale Bedeutungsstruktur und das Wirklichkeitsverständnis rekonstruieren. Überlegen Sie sich zweitens, warum die Reihe bei der Schülergruppe diesen Zugang wählt. Was für Voraussetzungen über das Schülerdenken haben Sie getroffen, wenn Sie diese Konzeption gewählt haben? Welche Lernziele soll die Gruppe drittens auf dem Hintergrund der Voraussetzungen in diesem Lernprozess erreichen? Worauf müssen die künftigen Lehrerinnen und Lehrer achten, wenn sie mit der Doppelseite arbeiten? Wo sind die Schlüsselstellen und wie müssen sie von der Lerngruppe bewältigt werden, damit die Lernziele erreicht werden?

---

[329] *Heinz Schmidt/Jörg Thierfelder/Gerhard Kraft/Dieter Petri* (Hg.), Das neue Kursbuch Religion 9/10, Stuttgart/Frankfurt 1988, 176f.

*300*

| technische universität dortmund | Bearbeitungsaufgaben |
|---|---|

Die Doppelseite aus dem Schulbuch „Das neue Kursbuch Religion 9/10" transportiert ein bestimmtes Verständnis von Gottes Dasein, Gottes Wille, Gottes Macht. Stellen Sie sich vor, dass Sie für die Erstellung dieser Doppelseite verantwortlich waren.

Schreiben Sie einen (fiktiven) Lehrerkommentar und stellen Sie in diesem Lehrerkommentar dar,

- welche Theologie im Hintergrund der Seite steht. D.h. welches Verständnis zu den obigen Aspekten wird transportiert? (Achtung: Auch wenn auf der Doppelseite kein biblischer Text steht, so ist dies gerade die Konsequenz eines bestimmten Verständnisses von Gottes Rede!).

- welche Annahmen Sie über die Schüler in der 9 und 10 machen und warum deshalb diese Reihe so wichtig ist.

- welche Lernziele Sie mit dieser Reihe erreichen wollen.

- was typische Fallen im Lernen der Schüler sein können, worauf also Lehrkräfte, die mit der Reihe arbeiten werden, besonders achten müssen.

Dr. Oliver Reis                                                                                    WS 2008-09

Der Fokus bei der Aufgabenbearbeitung liegt bei der ersten Aufgabe, die theologische Konzeption innerhalb unseres Theorien-Pools zu rekonstruieren. Die anderen Aufgaben machen Sie aber auf den gesamten Reflexionsprozess aufmerksam, der später in der Fachdidaktik wichtig wird. Von daher sollten Sie sich auch ruhig an die anderen Aufgaben herantrauen. Sie werden mit dieser Analyse in dieser Sitzung nicht mehr fertig. Wir stellen deshalb die Doppelseite und die Fragen nach der Sitzung in *ews* ein, so dass Sie zu dieser Sitzung also erstens die Reflexionsaufgabe zu Gottes Name entlang des Handlungszyklus' bearbeiten und zweitens die Erstellung des Lehrerkommentars abschließen. Vielen Dank für die Aufmerksamkeit und Ihnen eine gute Woche!

## 11.3    Exemplarische studentische Reflexionen

### a) Thomas

1.) Da ich mich bei der Bearbeitung sehr knapp gefasst habe, ist es schwer eine sinnvolle Struktur zu erstellen. Ich hab mich fast ausschließlich auf den BWD-Text [Basiswissen-Dogmatik]bezogen, ohne auf den Vorlesungsinhalt einzugehen. Die optimale Struktur sieht meiner Meinung nach so aus, dass man zuerst den Standpunkt der Vorlesung wiedergibt, dann den des BWD [Basiswissen-Dogmatik] Textes, diese dann miteinander verknüpft um zur Beantwortung der Fragen zu gelangen.

In der Vorlesung wurde gesagt, dass Israel Jahwes Namen heiligen kann, in dem sie Tora tun.

Den Heiden wird der Name Jesu hinterlassen, damit sie seinen Namen heiligen können.

Das Apostelkonzil besagt, dass allen Menschen untersagt ist, Gotteslästerung zu betreiben und anderen Göttern zu dienen. Die Heidenchristen tun Tora, wenn sie das „heidnische Minimum" erfüllen. Das besagt, dass man Unzucht, Götzenopferfleisch, Blut und Ersticktes meiden soll.

Dieses heidnische Minimum für die Gemeinschaft mit Gott sind den noahchidischen Geboten sehr ähnlich. Wenn die Heiden diese Aufgaben erfüllen, erkennen die Juden, dass sie Tora tun.

Jetzt ist die Frage offen, was Christen im Namen Jesu tun können um den Namen Jahwes zu heiligen.

Im Vater Unser bitten auch Heiden darum, dass Jahwe seinen Namen heiligt (…geheiligt werde dein Name….). Und wenn die Heiden die Auflagen im Namen Jesu auslegen, dann können sie wie Israel Tora tun.

Die Judenchristen haben dem Christentum Auflagen gegeben, mit deren Einhaltung sie Tora tun und somit den Namen Jahwes heiligen können. Dies führt dann dazu dass sie sich Gottes Kinder nennen können und ihr Vater für immer da sein wird. Das ist die theologische Bedeutung des Apostelkonzils.

2.) Zuerst habe ich die Frage der theologischen Grenzen bearbeitet. Bei der Verknüpfung meiner Meinung mit einer aus der Vorlesung hatte ich Probleme, da ich nichts gefunden habe, was meiner Aussage komplett widerspricht oder was ich ablehne. Die theologische Grenze dieser These liegt meiner Meinung nach darin, dass der Name Gottes verschieden interpretiert werden kann und so unterschiedliche Ansichten als richtig empfunden werden können und die Gefahr des Missbrauchs besteht. Eine Art des Missbrauchs ist, dass in Gottes Namen Morde begangen wurden. Dies bezieht sich dann aber eher auf die Auslegung von Gottes Wort als auf seinen Namen.

Ich kann auf den Folien keine These finden, die mir total widersagt oder die ich ablehne. Der Punkt jedoch, wo gesagt wird, dass Gott an das G Jesus gebunden sein muss, sehe ich als kritisch. Denn nicht in allen Religionen wird Jesus als Sohn Gottes anerkannt, im Islam z. B. ist er „nur" ein Prophet. Jesus kann nach dem Islam ein Sohn Gottes sein, da dieser nicht geheiratet hat.

Hier ist ein Widerspruch zwischen zwei Weltreligionen, nicht jedoch zwischen meiner These und denen aus der Vorlesung.

**Lehrerkommentar**

In diesem Text wird Gottes Dasein in einem Ölfass beschrieben. Brecht personifiziert Gott auf diesem Wege um zu sagen, dass Gott in allen Formen existieren kann. Die Macht Gottes ist in diesem Text von Brecht relativ groß, […] da er ihn auffordert, dass er sie z. B. erhört und erlöst. Jedoch beschreibt er Gott nicht als unendlich und als berechnend. Im Gegensatz dazu stehen die Kommentare von Luther und drei Schülerinnen, die sich Gott nicht bildlich vorstellen, glauben dass er (oder die andere Macht) existiert. Schüler und Schülerinnen in der 9. und 10. Klasse sind zum Großteil in ihrer pubertären Phase und möchten vieles ausprobieren, provozieren, aber sie sind auch auf der Suche nach festem Halt in der Gesellschaft. In diesem Alter wenden sich viele Jugendliche von der Kirche ab, da Kirche und Glaube nicht mehr zeitgemäß erscheint.

Ziel ist es, dass die Jugendlichen sich darüber Gedanken machen, wo sie in der Gesellschaft stehen und auf was sie vertrauen. Sie sollen herausfinden, ob sie an eine höhere Macht im Leben vertrauen, oder nicht. Wenn dem nicht so ist, dann sollen sie lernen, den Glauben anderer Menschen zu akzeptieren und zu respektieren.

Mögliche Fallen im Lernen der Schülerinnen und Schüler sind, dass sie schnell die Lust am Thema verlieren könnten oder aber den Inhalt der Texte fehlinterpretieren.

## b) Meike

**Reflexives Lernen II**

Ich habe die Standpunkte im Text erkannt. Mit Hilfe der Vorlesungsinhalte habe ich die Positionen vom Apostelkonzil sowie die von Petrus und Paulus eingeordnet und verdeutlicht. Dabei habe ich mich an die Struktur des Textes gehalten.

Statt von Beginn an gegliedert vorzugehen, hätte ich die beiden Positionen direkt miteinander verknüpfen können. Dabei wären die Abweichungen der Positionen deutlicher geworden. Bei der Formulierung der Entscheidung des Apostelkonzils hätte ich die noachidischen Gesetze deutlicher einbinden sollen, um bei der schließlichen Zusammenführung darauf noch einmal eingehen zu können.

Die nachösterliche Heidenmission stellte die Apostel schon bald vor die Frage, in welcher Weise die Christen an die Gesetze der Tora gebunden sind. Das Apostelkonzil vertritt zwei Positionen, zum einen die Haltung einiger Leute von Judäa, zum anderen die Meinung von Petrus und Paulus. Petrus und Paulus stellen sich dem Standpunkt, dass nur die Einhaltung der Gesetze zum Heil führt. Wer die Gesetze beachtet, heiligt den Namen JHWHs. Dagegen sprechen Petrus und Paulus mit ihrer Ansicht, dass Gott keinen Unterschied macht zwischen Juden und Heiden. Durch den Glauben sind die Heiden gereinigt und zählen mit den Juden zu einer Gemeinschaft. Das Apostelkonzil kommt letztlich zu einer Entscheidung, die beide Seiten vereint. Die Heiden sollen sich an die noachidischen Gebote halten, die nach Überlieferung für alle gelten. Dies ist das „heidnische Minimum" für die Gemeinschaft mit Gott. Auf Seiten der Paulinischen Anhängerschaft fand die Kirche dennoch Zuspruch durch das „gesetzesfreie Evangelium". Rechtfertigung vor Gott und damit die Heiligung des Namens konnte laut Paulus durch Werke des Gesetzes oder durch den Glauben passieren. Nach jüdischer Ansicht macht Gott sein Volk Israel durch die Gabe des Gesetzes gerecht. Mit diesem Glauben fällt es den Juden nicht schwer, gerecht zu leben und den Namen JHWHs zu heiligen. Dafür notwendig ist nur die Einhaltung der Gesetze.

Die Anhänger des Paulus erkennen die Gerechtigkeit jedoch in der (aktiven) Nachfolge und im Glauben an Jesus Christus. Über den Glauben an Jesus Christus halten sie die Gebote ein.

Wer aktiv seinen Glauben lebt, heiligt den Namen JHWHs viel eindringlicher und authentischer als jemand, der ohne große Reflexion die Gesetze einhält. Im Glauben an Jesus Christus konzentrieren wir unseren Glauben auf das Göttliche, das von JHWHs ausgeht und von JHWH bestimmt ist. Durch Jesus Christus können wir mit unserem Glauben das Göttliche Israels glauben.

2.) Die Doppelseite des „neuen Kursbuchs Religion 9/10" steht unter dem Thema „Gott lässt sich finden". In den Jahren der Pubertät kommt es bei den Jugendlichen oft zu Glaubensfragen, sowie Glaubenszweifeln und –kritik. Daher ist es besonders wichtig, die Jugendlichen zur Reflexion des eigenen Glaubensstandpunktes zu motivieren.

Die Schüler finden auf der Doppelseite die Vorstellung, dass Gottes Dasein in der Welt allgegenwärtig ist, wenn man sich genau danach umsieht. Besonders die angegebenen Schülerdokumente zeugen davon. Ebenso kann der Wille Gottes in der Welt erfahren werden, wenn man sich dafür öffnet. Es finden sich keine Zweifel an der Macht Gottes, eher lässt sich auf ein Machtvertrauen schließen. Die Schulbuchseite vertritt demnach keine extrem ausgeprägte theologische Haltung wie z. B. den Fideismus, sondern bewegt sich im „Mittelfeld" der theologischen Positionen. Den Schülern wird dadurch ein großer Zugang ermöglicht. Sie können ihre Frage nach Gott erkennen und bedenken. Ziel ist es, die Schüler zu guten Antworten zu begleiten und ihnen die Möglichkeit zu zeigen, ihren Glauben mit der Lebensrealität vereinen zu können.

Schüler der 9./10. Klasse sind noch auf der Suche nach einem für sie guten Standpunkt in „Glaubensangelegenheiten". Die offene Diskussion kann durch die Einflüsse der Umwelt schnell gedämpft werden, da die Jugendlichen Antworten auf ihre Fragen viel häufiger aus ihrem Umfeld nehmen, statt den Glauben einzubeziehen.

Auf der einen Seite muss ein für die Schüler ansprechender Zugang zur Religion, zu ihren Glaubensfragen geschaffen werden. Auf der anderen Seite ist es unabdinglich, die Jugendlichen auf ihrem Weg zum Glaubensstandpunkt zu begleiten, aber nicht zu drängen. Der eigene Orientierungsprozess der Schüler steht hier besonders im Vordergrund. Der Lehrer nimmt eine begleitende, betreuende Rolle ein.

## c) Tanja

**Frage:** Überarbeitung Aufgabe 1: Stellen Sie eine Verbindung zum Basiswissen Dogmatik-Text her! Was hat das Apostelkonzil mit der Heiligung des Namens zu tun? Welche theologische Bedeutung geht für das Heidenchristentum von ihm aus?[330]
**1. Schritt:** Schreiben Sie den Text zur Bedeutung des Apostelkonzils mit Hilfe der neuen Struktur!

> Der Text „das Apostelkonzil" aus dem Skript zu Basiswissen Dogmatik von Ruster handelt von der Tora und ihre Bedeutung für die Juden- und die Heidenchristen. Jesus Aufgabe war es alle Menschen zur Tora und somit auch zu Gott zu führen, also auch die heidnischen Menschen („Jesus wusste sich gesandt zu den verlorenen Schafen des Hauses Israel." Z.1; „seine Jünger verstanden die Auferstehung als Aufforderung zur Heidenmission",Z.5-6). Paulus und Barnabas nach Jerusalem, um die Frage der Gesetzesverpflichtung der Heidenchristen zu klären. Es kommt zum sog. Apostelkonzil (...)", Z.18-20), in dem entschieden wird, dass den Heidenchristen drei Auflagen auferlegt wurden, die dem entsprechen,was in den sieben Noachidischen Geboten enthalten ist.
>
> Die Heiligung des Namens spielt hierbei eine große Rolle, denn im Vordergrund steht bei dem Apostelkonzil die Gemeinschaft mit Gott. Um mit diesem einen Gott JHWH in eine Gemeinschaft treten zu können,muss man ihn und seinen Namen ehren und seine Gesetze, die noachidischen Gebote, befolgen,denn dieser mächtige, rechtsprechende, parteiische Gott,will ein gerechtes Volk,das durch ein Gesetz gerecht wird („Die Gabe des Gesetzes macht gerecht. Indem

---

[330] Hier wird auf die originalen Reflexionsbögen zurückgegriffen, da sonst die farbliche Gestaltung nicht abbildbar wäre. Dadurch, dass sowohl die ursprüngliche Aufgabenbearbeitung im Haupttext, als auch die Rekonstruktion während der Vorlesung im Anhang und nun hier die Überarbeitung nach der Sitzung in Farbe erhalten geblieben sind, ist die Entwicklung des sachlichen Verständnisses über das reflexive Lernen deutlich nachvollziehbar.

Gott Israel sein Gesetz gibt, erwählt er es als sein Volk und macht es gerecht" (S.59-61). Dieses Volk erkennt durch die Entscheidungen des Apostelkonzils an, dass Heidenchristen den Namen Jahwes heiligen dürfen, indem sie Tora tun, sowie es die Juden auch tun. Das Volk Israel gibt den heidnischen Christen mit den Auflagen des Apostelkonzils aus den sieben noachidischen Geboten die Möglichkeit, in der Gemeinschaft des Volkes Israel zu leben und Tora zu tun, um

2.Schritt: Beschreiben Sie, wie Sie die Aufgabe 1 bearbeitet haben! Wie haben Sie die Theorie aus der Vorlesung mit dem anderen Text verknüpft? Markieren Sie in Ihrem Text die entsprechenden Passagen und bilden Sie Ihr Vorgehen in einer visuellen Struktur ab!

Die blau markierten Stellen sind zunächst die Stellen, die ich bearbeitet habe; der Rest ist nahezu identisch mit dem zuvor geschriebenen Text, da dort Struktur und innere Logik in Ordnung sind. Die grün markierten Passagen haben ihren Ursprung aus Rusters Dogmatik-Text; die orange markierten Passagen stammen aus dem Vorlesungsmaterial.

Rusters Text
- Juden - Heiden
- Gemeinschaft mit Gott
- Jesu Namen heiligen → Gottes Namen heiligen
                                    Tora Tun

- Apostelkonzil
- Heiden können auch Tora tun
- noachidische Gebote
- Israel erkennt Auflagen für
  Heidenchristen an

Einleitung / Struktur (Ruster)
(Apostelkonzil, noach. Gebote)
→ Heiligung d. Namens (Vorlesung)
→ Gemeinschaft mit Gott
→ Israel erkennt Auflagen an
↳ Heiden können Tora Tun (Ruster)
✓

**3. Schritt**: Wie könnte eine andere visuelle Struktur aussehen? Welche Schritte fehlen noch, um die Aufgabe zu bearbeiten? Worauf haben Sie sich unnötig fixiert? Stellen Sie die einzelnen Elemente in der Reihenfolge um, was verändert sich dadurch?

Ich habe in meiner Überarbeitung Rusters Text als Grundlage genutzt und habe dann nötige Verknüpfungen und Informationen aus der Vorlesung entnommen. Man könnte die Analyse auch genau andersherum gestalten, so dass die Analyse auf der Vorlesung basiert und nur wichtige Punkte aus Rusters Dogmatik-Text entnommen werden.

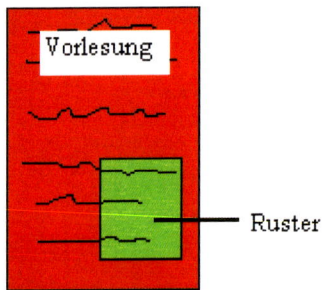

Bei meiner ersten Vorgehensweise zur Analyse zweier Texte (Vorlesung und Reflexionstext) fehlt der entscheidende Schritt des Relationalen (und weiter aufwärts), bei dem der „fließende" Text von Wichtigkeit ist. Mit „fließend" meine ich, dass diese innere Logik im ganzen Text bestehen bleibt und alles miteinander zusammenhängt, und keine Aussagen auftreten, die aus dem Kontext gerissen sind. Ich habe mich unnötig auf die Noachidischen Gebote fixiert, die hier nur sekundär eine Rolle spielen. Primär ist hier die Heiligung des Namens JHWH, um in die Gemeinschaft mit JHWH zu gelangen.

**4. Schritt**: Wie sieht aus ihrer Sicht die optimale Struktur aus? Legen sie sich auf eine fest! Was sind die Vorzüge gegenüber der vorherigen? Was bleibt aber auch hier vielleicht noch offen?

Die optimale Struktur ist die, die keine Widersprüche aufweist, von Anfang bis Ende systematisch ist, d.h. man beginnt mit einer kurzen Einleitung, wo bereits das Thema festgesetzt wird. Anschließend werden Argumente zur Beantwortung der Aufgabe benannt, möglichst aus allen Texten, die zur Reflexionsaufgabe gestellt werden, um metaperspektivisch an die Fragestellung heran zu gehen, denn argumentiert man mit nur einem Text(unter der Bedingung, dass auch mehr als ein Text bearbeitet werden soll) oder nur mit der Vorlesung, so kann die andere Perspektive fehlen mit ihren entscheidenden wichtigen Punkten. Zum Schluss wird ein Fazit gezogen, indem die Hauptfrage der Aufgabe beantwortet wird und das Hauptthema in seinen wichtigen Punkten bezüglich der Aufgabe benannt wird. Ein Vorzug ist, gegenüber meiner vorherigen Struktur, dass die innere Logik und der Kontext bestehen bleiben und das Thema auf den Punkt gebracht wird.

**Lehrerkommentar:**

1. Im Hintergrund der Seite steht die „beliebige" Theologie. Der Mensch ist frei zu wählen, ob und an wen er glaubt, so wie die Überschrift „Woran du nun dein Herz hängst, da ist dein Gott" verdeutlicht. Natürlich wird den Kindern der Klasse 9 und 10 ein Machtvertrauen mit einer hermeneutisch- pantheistischen Glaubensweise nahegelegt, aber es wird ihnen nicht aufgezwungen. In dieser Doppelseite geht es um die pantheistische Position des Gottes Daseins, in der Gott da ist, wen man sich nur

umschaut. In dem Gedicht „700 Intellektuelle beten einen Öltank an" von Bertolt Brecht tritt Gott in der Gestalt eines Öltanks und im Text „Vertrauen auf Gott" von Martin Luther in Gestalt von Geld und materiellem Gut (Mammon) auf. Die Schuläußerungen von Sybille aus der 10. Klasse geht in die Richtung des Agnostizismus da sie sagt, dass sie sich keinen Gott vorstellen kann, weil sie ihn ausserhalb der Vernunft in der materiellen Welt sucht und nicht finden kann. Machtvertrauen, das Gottes Macht voraussetzt, bedeutet, dass Gott seine Macht mit einem teilt, damit man gegenüber der Macht bestehen kann, dass er neben eine steht und nicht von der Seite weicht und dass man in allem, was passiert, die Macht hat Gottes Willen zu tun. Darum geht es auch auf der Doppelseite. „lösche aus unser Ich! Mache uns kollektiv! Denn nicht wie wir wollen, sondern wie du willst!" (700 Intellektuelle beten einen Öltank an," Bertolt Brecht) „Es gibt so viele Situationen in meinem Leben, die ich selber gar nicht beeinflussen kann. Da hilft es mir, darauf zu vertrauen, da es schon einen guten Ausweg geben wird (Sybille, Kl. 10, Schüleräußerung). Gott „lenkt" mein Leben mein Handeln indem er mir „sagt", was ich tun soll" (Udo, Klasse 10, Schüleräußerung) Diese Textstellen unterstreichen das völlige Vertrauen auf Gott. Gottes Wille ist, dass die Menschen in dieser Geschichte Platz haben und leben. Er will, dass wir unseren Blick fürs ganze öffnen und uns von aussen betrachten, um unser Handeln objektiv beurteilen zu können. JHWH will das Gott sein (G) bestimmen. In dem Gedicht von Brecht wird folgendes hervorgehoben: „Denn nicht wie wir wollen, sondern wie du willst" Gott will die Freiheit für die Menschen- das spiegelt sich auf der ganzen Doppelseite wieder.

2. Ich denke, dass die Schüler der Klassen 9 und 10 eine zwiespältige Meinung von Religion und Glaube haben, da besonders in dem Alter alles hinterfragt wird. Die suchen Beweise und erwarten diese auch in der Schule geklärt zu bekommen. Da dies nicht der Fall ist Fall ist, weil Religion/Glaube eben „nur" aus Glauben besteht und keine beweisbare logische Wissenschaft ist. Die Kinder werden skeptisch und vertrauen nicht mehr nur auf einen Glauben. Ich denke, dass die Kinder Schwierigkeiten mit der Tatsache, dass man sich den Glauben nur mit der Vernunft erklären kann, haben, denn dies ist nichts „Handfestes", nur eine weitere Theorie. Außerdem erfahren die Kinder in dem Alter die reale Wirklichkeit immer öfter, in der radikale Ungerechtigkeit herrscht. In dem Moment zweifeln sie an die Existenz eines gerechten Gottes, so wie er ihnen von klein an vermittelt wurde; Gott als der Allmächtige, der unendliche Gütige und Gerechte, der alle Menschen liebt und immer für einen da ist. Dieses Bild passt bei den Kindern dann nicht mehr in die Realität und der Glaube schwindet. Das ist der Fall (Option B), in dem der Mensch, der nur Macht erlebt und nicht vertraut, eine Krise erlebt und Gottes Macht anzweifelt und Gott entweder für eine Illusion halten oder glauben, dass Gottes Macht ein Ende hat.

3. Ich möchte mit dieser Lernreihe erreichen, dass das die Kinder verschiedene Perspektiven sehen und auch selbst erkennen. Sie sollen angeregt werden, über ihren eigenen Glauben nachzudenken, auf was er beruht und was ihrer Meinung nach Gottes Macht ist und wo Gott ist. In dem Text „Vertrauen auf Gott" von Martin Luther möchte ich den Kindern den weitverbreitetstens Abgott zeigen, damit sie verstehen, dass man sich nicht zu sehr materielle Güter wie Geld und Gut fixieren sollte, denn dort werden sie nicht den wahren Gott und auch keine wahre Lebensfreude entdecken. Ich möchte den Kindern klar machen, dass Gottes Dasein und das Gott sein unabhängig von Eigenschaften und materiellen Gütern ist („Also auch wer trotzig darauf vertraut, dass der er große Kunst, Klugheit, Gewalt, Gunst, Freundschaft und Ehre hat, der hat auch einen Gott, aber nicht diesen einen rechten einzigen Gott", Luther). In dem Gedicht von

Bertolt Brecht wird deutlich, dass Gott überall sein kann, aber auch, dass Gott mit einem Götzen verwechselt werden kann, so wie mit dem Abgott Mammon im „Vertrauen auf Gott". Die Statements von den Schülern einer 10. Klasse dienen zur Gedankenanregung über den eigenen Glauben und stellen verschiedene Meinungen dar. Sie zeigen auch, dass Vertrauen auf Gott ein besseres Lebensgefühl schafft, Halt gibt und Gott wie eine Hand ist, die einen führt, wenn man nicht weiter weiß.

4. Typische Fallen sind hier das Missverständnis von Gottes Dasein, da die Gefahr besteht, dass die Kinder im Herz an materiellen Dingen hängen und somit einem Götzen vertrauen und nicht Gott. Deswegen sollten Lehrkräfte darauf achten, den Kindern wirklich klar zu machen, dass diese Beispiele verschiedene Positionen darstellen, mit der Vorsicht, den Kindern nicht zwanghaft einen Glauben aufzudrücken. Im Mittelpunkt steht hier das Vertrauen auf Gott und das soll den Kindern vermittelt werden.

# 12 Menschen denken Gott

## 12.1 Rückkopplung Kompetenzmessung

Ich begrüße Sie zu unserer zwölften Sitzung in der Vorlesung 'Gott denken'. Bevor wir zu dem eigentlichen Thema unserer heutigen Sitzung kommen – zu Erkenntnissen über menschliches Gott denken – möchte ich mit Ihnen zunächst einen Blick auf die kleine Kompetenzmessung in der letzten Sitzung werfen. Ich habe Ihnen noch einmal die Doppelseite auf Folie gezogen.

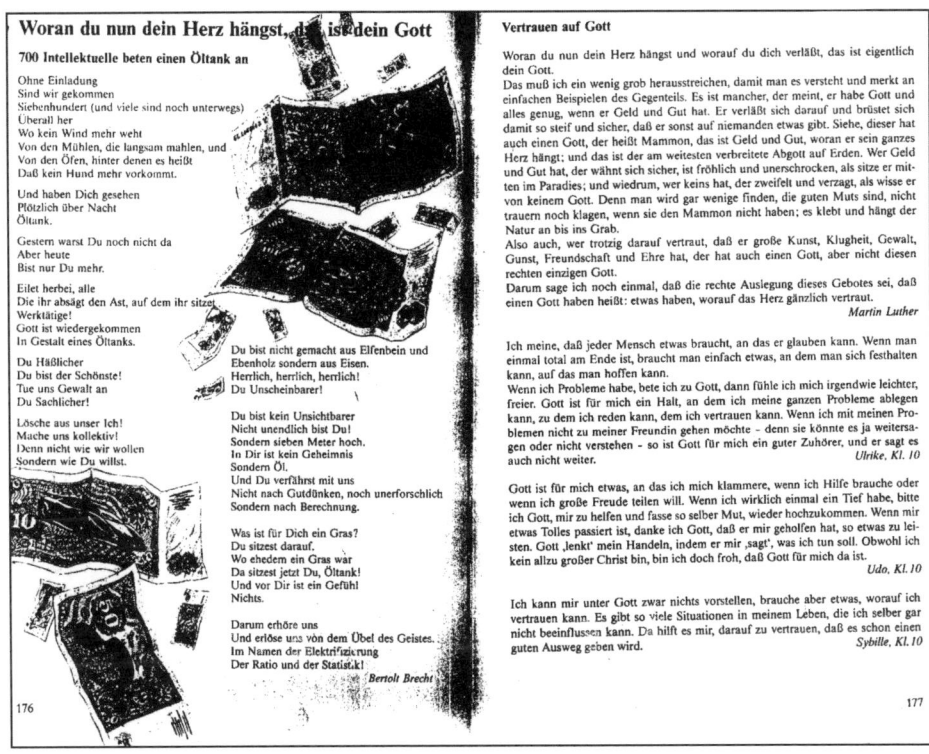

Ich möchte zunächst ein paar Lernziele sammeln, die Sie in der Reihe ausgemacht haben.

*S1: Gott ist immer da, du kannst ihm vertrauen!*

*S2: Mach dir deine eigenen Vorstellungen von Gott!*

*S3: Probiere es einfach aus zu vertrauen!*

*S4: Gott ist überall, sogar im Öltank, du musst ihn nur entdecken!*

*S5: Misstraue dem, was andere "Gott" nennen. Es sind meist unsere Wünsche (Projektionen), wie ein Gott zu sein hat, nicht Jahwe.*

Ihre Statements zeigen eine ähnliche Bandbreite wie auch die Bearbeitungen. Thema der Statements 1-4 ist das Vertrauen. Wo kommt das her?

*S1: Es steht ja schon in der Überschrift: Vertrauen auf Gott.*

Und trotzdem haben Sie (S5) ein anderes Thema gewählt. Warum?

*S5: Die Überschrift der Doppelseite 'Woran du dein Herz hängst, ist dein Gott' und auch der Luther-Text auf der rechten Seite haben mich stutzig gemacht. Luther sagt ja, dass das mein Gott ist, woran ich mein Herz hänge. Es können also ganz verschiedene Dinge mein Gott sein. Das hat mich an Gottes Name erinnert. Wir machen uns unsere Vorstellung von Gott, von einem Gottsein. Da ist mir klar geworden, dass die Seite einen eher dazu auffordern möchte, genauer hinzuschauen, nicht so naiv von Gott zu reden.*

Das klingt plausibel, jetzt müssen Sie aber auch die anderen beiden Teile der Doppelseite einordnen können: den Text von Bertolt Brecht und die Statements der Jugendlichen.

*S5: Der Brecht-Text beschreibt ja, wie die geistige Elite den Öltank wie einen sichtbaren Gott anbetet. Öl verspricht Wohlstand und Zukunft und dafür ist die Elite bereit alles zu opfern. Mich hat der Text an einen Psalm erinnert oder an einen Hymnus. Nur dass hier eben nicht Gott – also doch Gott, nämlich der Öltank – angebetet wird.*

Warum wählt Brecht denn eine solche Form und was will er damit erreichen?

*S5: Er schreibt einen Hymnus, um deutlich zu machen, dass sich die Elite diesem Gott des Öltanks, des Öls, des Wohlstands und der Zerstörung ausliefert. Wenn die Elite das tut, ist sie für Brecht keine Elite mehr, sondern eine dumme Herde. Und das passt gut zu dem, was ich bei Luther gesagt habe. Brecht sagt: Das Öl, der Wohlstand ist unser Gott und deshalb tolerieren wir auch die Zerstörung. Aber dieser Gott ist eben nicht Gott, also Jahwe oder Gott-Vater.*

Dann schauen Sie jetzt noch einmal auf die Statements der Jugendlichen. Können Sie die in Ihre Interpretation einordnen?

*S5: Schwierig. Die Jugendlichen beschreiben, dass Sie Gott als Halt brauchen. Man könnte also sagen, dass diese Jugendlichen ihr Herz an Gott hängen. Manche Sachen passen ja auch zu den Eigenschaften von Jahwe, andere Sachen kommen mir aber auch wie eine Projektion vor. Vielleicht möchte die Doppelseite mit Statements aus dem Leben zeigen, dass wir oft uneindeutig denken. Wir sollen klären, ob wir Gott-Vater meinen oder den Gott unserer Wünsche.*

*S1: Ich kann das gut nachvollziehen, aber warum steht denn darüber: 'auf Gott vertrauen', wenn es gar nicht darum geht? Woher soll man das wissen?*

Das hat etwas mit den Zugangsvoraussetzungen zu tun, von denen die Seite ausgeht. Was denken Sie, wie sieht die Reihe die Jugendlichen in dieser Stufe?

*S6: Ich denke, die Jugendlichen sind kritisch Kirche und Gott gegenüber. Sie wollen ein gutes Leben und denken vielleicht manchmal noch an Gott, aber sie leben vor allem ihr Leben.*

Wie reagiert diese Seite darauf?

*S7: Hier wird ja nicht direkt darüber gesprochen, wie Gott ist, was er tut und so weiter. Die Seite ist ja erst einmal selbst kritisch dagegen, einfach von Gott zu reden. Von daher nimmt sie die Bedenken der Jugendlichen ernst.*

Welche Funktion hat dann der Brecht-Text? Warum kein Bibel-Text?

*S7: Brecht ist ein Linker, ein Kirchenkritiker. Damit wird klar, dass die Reihe selbst erst einmal neu ansetzen will, um zu zeigen, wo und wer Gott ist.*

Von dieser Analyse her, schauen Sie noch einmal auf die Statements von Ihnen an der Tafel.

*S1: Ich hätte was ganz anderes mit der Doppelseite gemacht, als wir jetzt erarbeitet haben. Ich hätte immer von den Statements der Jugendlichen her dafür geworben, so zu vertrauen wie sie.*

*S2: Das ist ja vielleicht nicht schlecht, aber erst einmal muss man klären, woran man sein Herz hängt, diesen Punkt habe ich einfach nicht scharf genug wahrgenommen. Ich habe Gottes Name nicht dabei gehabt.*

*S4: Ich konnte mir nicht vorstellen, dass der Brecht-Text genommen wird, wenn er gottkritisch ist, weil ich auch nicht gesehen habe, dass bei Luther 'Gott' zweierlei heißen kann: Gott-Vater und Götze.*

Von diesen Ergebnissen her, lässt sich auch die theologische Konzeption gut bestimmen. Wenn Sie an Gottes Dasein, Gottes Macht, Gottes Willen denken und versuchen eine Bedeutungsstruktur zu erfassen, was erkennen Sie da?

*S8: Ich erkenne hier wieder, dass Gott nicht einfach als etwas Seiendes gedacht wird. Das würden die Jugendlichen nicht mitmachen. Sie können sich Gott anhängen und wenn die nächsten Seiten dann beschreiben, was es heißt sich Gott-Vater anzuhängen, dann passt das am ehesten bei Gottes Dasein zur hermeneutischen Position.*

*S9: Dazu passt vor allem der Einstieg mit dem Brecht-Text. Denn die Schüler sollen vermutlich über Gott götzenkritisch sein. Die Schüler sollen die Realität anders sehen. Das passt zu Gottes Macht, wo Gottes Allmacht darin bestand, dass aus dem Allmächtigen wieder Geschöpfe werden. So ist der Öltank kein Gott, sondern ein Öltank.*

*S5: Gottes Wille wäre dann, dass wir uns machtkritisch in der Welt verhalten und sein Reich ist überall dort, wo wir nicht den Wohlstand auf Kosten von anderen anbeten.*

Können Sie die hermeneutische Grundoption auch am Wirklichkeitsverständnis festmachen? Welche Realität hat Gott, hat die biblische Botschaft?

*S5: Die Schüler werden aufgefordert zu beobachten, was andere über Gott denken. Hier wird nicht einfach Gott als real verkündet, er wird ... vielleicht entdeckt, weil mit ihm die Wirklichkeit eine andere ist. Man kann die Wirklichkeit wie mit einer Brille lesen.*

*S10: Es geht also nicht darum irgendwie metaphysisch über Gott zu rätseln, sondern mit seinem Wort die Welt anders zu verstehen. Und dabei weiß ich, dass sein Wort unser Wort ist und dass diese Worte die Wirklichkeit in Bildern erfassen. Das macht für mich das hermeneutische Wirklichkeitsverständnis aus. Und das passt ja auch für die Jugendlichen. Was anderes glauben die eh nicht mehr. Und trotzdem wollen auch sie von Gott hören.*

Mir würde das an dieser Stelle genügen. Ich hoffe, Ihnen ist deutlich geworden, dass die Arbeit mit solchem Material doch einiges an theologischem Sachverstand voraussetzt. Sonst unterrichten Sie gegen das Material und – wenn Sie dessen Analyse teilen – auch gegen die Jugendlichen. Manchmal liegt das Problem auch andersherum. Da brauchen Sie den ganzen Sachverstand, um die Probleme einer Reihe zu entdecken und die Reihe für die Lerngruppe brauchbar zu machen. Kommen wir jetzt zum Schwerpunktthema der heutigen Sitzung.

## 12.2    Thematische Hinführung zur Meta-Reflexion des Gottdenkens

In dieser Sitzung geht es nicht mehr darum, in der Gottesbeziehung über das Verhältnis von Gott und Welt nachzudenken, sondern wir denken über unser Denken von Gott nach. Damit wechseln der Gegenstand und auch die Methode. Der Gegenstand unseres Nachdenkens ist nun ausdrücklich unser Denken und methodisch werden wir den bisher gewählten Rahmen der Theologie öffnen und andere Erkenntnisse zu religiösen Denkprozessen zulassen. Auch wenn das religiöse Denken natürlich höchst individuell ist, lassen sich durchaus so etwas wie Grundprobleme und wichtige Weichenstellungen in den religiösen Denkprozessen unterscheiden, damit wir sie überhaupt als solche erkennen. Religiöses Denken lässt sich als bestimmte Denkform mit einer bestimmten Logik beschreiben. Das Wissen über diese Logik ist deshalb wichtig, weil wir in realen Situationen religiöser Kommunikation bestimmte Denkbahnen nutzen. Und wir sollten darum wissen, dass dies Folgen hat. Nach meiner Beobachtung sind unsere Intuitionen in schwierigen Kommunikationssituationen nur bedingt hilfreich, so dass wir uns ein Stück weit diese Denkbahnen neu vertraut machen müssen. Mir ist bewusst, dass die Arbeit über die Meta-Perspektive ungewohnt und anstrengend ist, aber es ist eine Möglichkeit Unsicherheiten und Ungenauigkeiten in der religiösen Kommunikation zu bearbeiten.

## 12.3 Religion als sinnvoller Taschenspielertrick

### 12.3.1 Was ist Religion?

 technische universität
dortmund                                    Struktur von Religion

---

**Religion - eine Arbeitsdefinition (H. Luther):**

> „Nicht-religiöse Fragen beziehen sich auf etwas in der Welt [...]
> Religiöse Fragen beziehen sich nicht auf etwas in der Welt, sondern
> auf die Welt selbst. [...] Bei nicht- religiösen Fragen wird die fraglose
> Selbstverständlichkeit der Welt (und der Lebenswelt) vorausgesetzt.
> Religiöse Fragen dagegen gehen auf Distanz zur Welt insgesamt. Sie
> artikulieren Differenz zur Welt, um einen (neuen) Bezug zur Welt zu
> gewinnen"

→ **Religionen** organisieren Antworten für den Fragetyp der **Religiosität**.

Fragen:

1. Wie können Religionen diese Distanz zur Welt gewinnen?

2. Wie können Religionen sicher sein, in der Distanz einen neuen Bezug
   zur Welt zu gewinnen?

---

Dr. Oliver Reis                                              WS 2008-09

Ich möchte mit einer Definition von Religion, bzw. Religiosität einsteigen, die ich von Henning Luther übernehme. Es gibt natürlich unzählige Definitionen, die auch jeweils anderes erfassen, aber diese passt gut zu den Beobachtungen dieser Vorlesung, die ich nun etwas systematischer angehen möchte. Henning Luther unterscheidet folgendermaßen zwischen religiösen und nicht-religiösen Fragen:

> „Nicht-religiöse Fragen beziehen sich auf etwas in der Welt [...] Religiöse Fragen beziehen sich nicht auf etwas in der Welt, sondern auf die Welt selbst. [...] Bei nicht- religiösen Fragen wird die fraglose Selbstverständlichkeit der Welt (und der Lebenswelt) vorausgesetzt. Religiöse Fragen dagegen gehen auf Distanz zur Welt insgesamt. Sie artikulieren Differenz zur Welt, um einen (neuen) Bezug zur Welt zu gewinnen."[331]

In *religiösen* Fragen gewinnen wir Distanz zur Welt und können sie wie von außen beobachten. Wenn wir sie so als Ganze in den Blick bekommen, können

---

[331] *Henning Luther*, Religion und Alltag. Bausteine zu einer praktischen Theologie des Subjekts, Stuttgart 1992, 24f.

wir einen neuen Bezug zur Welt gewinnen. Religionen organisieren das Wissen, das in einer solchen Bezugnahme *sub specie dei* zusammen kommt. Dabei gewinnen die jeweiligen Religionen unterschiedliches Wissen über die Welt, weil sie auch unterschiedliche Beobachtungsstandpunkte wählen. Es macht einen erheblichen Unterschied, ob Sie die Welt mit den Augen Jahwes/Gott-Vaters oder Marduks oder Elvis' betrachten. Diese Drei stehen jeweils für ein unterschiedliches Gottsein G und deshalb haben sie auch unterschiedliche Erwartungen an diejenigen, die sie Gott nennen. Und diese Erwartungen sind es ja – wie wir in Gottes Gewalt und Wille gelernt haben –, die die Religionen ausformen.

Nicht-religiöse Fragen wählen einen weltinternen Beobachtungsstandpunkt und beziehen sich auf einen Teil der Welt. Die Entwicklung der modernen Wissenschaften lässt sich als Projekt beschreiben, auf religiöse Frage- und Antwortschemata zu verzichten und eine Weltbeschreibung zu versuchen, die sich aus bewusst partikulären Beobachtungen ergibt. Noch am Ende des 19. Jahrhunderts lagen in den verschiedenen Disziplinen wie der Philosophie, Psychologie, Biologie, Physik und Mathematik religiöse Ganzheitskonstrukte zur Weltbeschreibung vor, die in langen innerdisziplinären Auseinandersetzungen abgestreift wurden. Aus religiöser Sicht ist der Sinn dieses Projekts durchaus fraglich, weil die Ergebnisse dieser Disziplinen nicht mehr außerhalb der starken Disziplin-Perspektive aussagefähig sind und die Fragen nach der Welt, dem Menschen, dem Leben gerade nicht beantworten.

Andererseits wirft dieses Projekt zu Recht die Frage nach den Grenzen der religiösen Weltbeobachtung auf. Die erste Frage betrifft den Beobachterstandpunkt selbst: Wie gewinnen Religionen überhaupt diese Distanz? Wie können vermutlich alle theistischen Religionen behaupten, dass Gott der Schöpfer der Welt ist? Die Beobachter dieser Aussage sind doch selbst Geschöpf, sie waren folglich nicht dabei. Für diese Aussage müssen wir aus unseren Raum- und Zeitbedingungen aussteigen können und die Welt als Ganze anschauen. Wie aber können das die Menschen als räumlich und zeitlich begrenzte Wesen? Wenn Ihnen jemand sagt, dass Gott bei Ihnen ist, wie kann diese Person aus ihren Gefühlen, Gedanken und Interessen aussteigen und sagen, dass sie sieht, wie Gott bei Ihnen ist? Wie kann sie sich so überschreiten? Die zweite Frage zielt auf die Antworten ab, die durch diesen Beobachtungsstandpunkt in der neuen Bezugnahme gewonnen werden. Wenn ich aus der Welt heraustrete, woher weiß ich dann, dass die Aussage, dass Jahwe der Schöpfer der Welt ist, richtig ist? Warum ist nicht die Aussage richtig, dass Marduk den Menschen geschaffen hat, damit er den Göttern diene? Woher weiß ich, dass ich von außen tatsächlich das Richtige beobachte? Das ist zunächst einmal ein komplexer Gedanke, der aber alles durchzieht. Wenn Sie z.B. zu Ihrem Kind sagen: „Gott segne dich! Gott behüte dich!" Dann setzen Sie voraus, dass Sie dem Kind diese Wirklichkeit auch in den Nöten, die kommen werden, zusagen können. Wie kommen Sie darauf? Woher wissen Sie, dass das die richtige Handlung ist? Warum ist es nicht besser andere Sätze zu sagen? Segenshandlungen setzen voraus, dass Sie von außen darauf schauen und damit sagen, dass jemand einen

Platz in dieser Welt und einen guten Weg vor sich hat. Warum sind solche Aussagen wahr und richtig?

Das sind zwei Fragen, die ich für sehr wichtig halte. Sind diese Fragen für Sie als Lehrerinnen und Lehrer für die Kommunikation relevant? Können Sie sich eine Situation in der Schule oder auch im Freundeskreis vorstellen, wo diese Frage als Frage eines Freundes/einer Freundin im Hintergrund steht?

*S1: Ich denke, dass die Frage natürlich auftritt, wenn jemand, der z.B. einen atheistischen Hintergrund hat, danach fragt, woher Religion z.B. weiß, dass die zehn Gebote ein sinnvoller Maßstab für das Zusammenleben sind.*

Und was sagen Sie dann?

*S1: Hmm! Ich kann sagen: aus der Bibel und dann sagt er: Aber die haben doch nur Menschen geschrieben. Und da hat er dann ja Recht. Manchmal denke ich, die ganze Religion ist nur eine Erfindung meiner Vorfahren, der ich hinterher renne. Und dann frage ich mich, ob ich diesen Weg nicht besser wie fast alle meine Freundinnen verlassen soll.*

Zwischen Erfindung und Wahrheit liegen noch verschiedene Optionen, die wir ergründen müssen. Sonst haben wir keinen Standpunkt, von dem aus wir anderen Menschen helfen können, diesen Weg zu gehen. Es geht ja nicht nur um uns, sondern um unsere Aufgabe, diesen Weg als wertvoll und lebenswert weiterzugeben. Sie müssen sich Ihren Zweifeln stellen und vielleicht kann eine Ausdifferenzierung unseres Denkens uns dabei helfen, einen neuen Standpunkt zu gewinnen. Analysieren wir zunächst einmal das Problem genauer.

## 12.3.2   Selbstreferentialität von Religion

Gehen wir die erste Frage nach dem Beobachterstandpunkt an: Hier entsteht das Problem der Selbstreferentialität von Religion und religiöser Weltbeobachtung. ‚Selbstreferentialität‘ meint Selbstbezüglichkeit. Religiöse Beobachtung ist immer eine selbstbezügliche Beobachtung. Religiöse Weltbeobachtung ist immer menschliche Weltbeobachtung und damit auch kontingente, begrenzte Weltbeobachtung. Die Referenzen für unser Gott-Denken können deshalb auch nur unsere Erfahrungen sein. Ein Indiz dafür ist der Pluralismus der religiösen Weltdeutungen. Die Dortmunder Kollegin Renate Huber aus der Philosophie wirft den Religionen einen Taschenspielertrick vor. Sie kennen Taschenspielertricks? Das sind diese Tricks, bei denen man irgendetwas rausholt und plötzlich ist es dann da an einem anderen Ort. Und man tut so, als hätte es dazwischen gar keine Bewegung gegeben, die man selbst zu verantworten hat; als gäbe es eine Lücke: Ich hab doch hier am Ort A die Münze und stecke sie in die Tasche und plötzlich ist die Münze hier bei B. Da bewegt sich die Münze von A nach B, der Weg ist völlig schleierhaft und ich tue so, als könnte ich das machen, ohne selbst dafür gesorgt zu haben. Das heißt, Taschenspielertricks verschleiern bestimmte Operationen und tun so, als wäre das ein natürlicher Prozess, der geheimen Regeln folgt. Da aber alle wissen, dass es das nicht gibt, wollen alle herausbekommen, was der Zauberer tut und konzentrieren sich auf ihn. Das weiß auch der Zauberer und inszeniert deshalb eine scheinbare Bewegung, die von der wahren ablenkt.

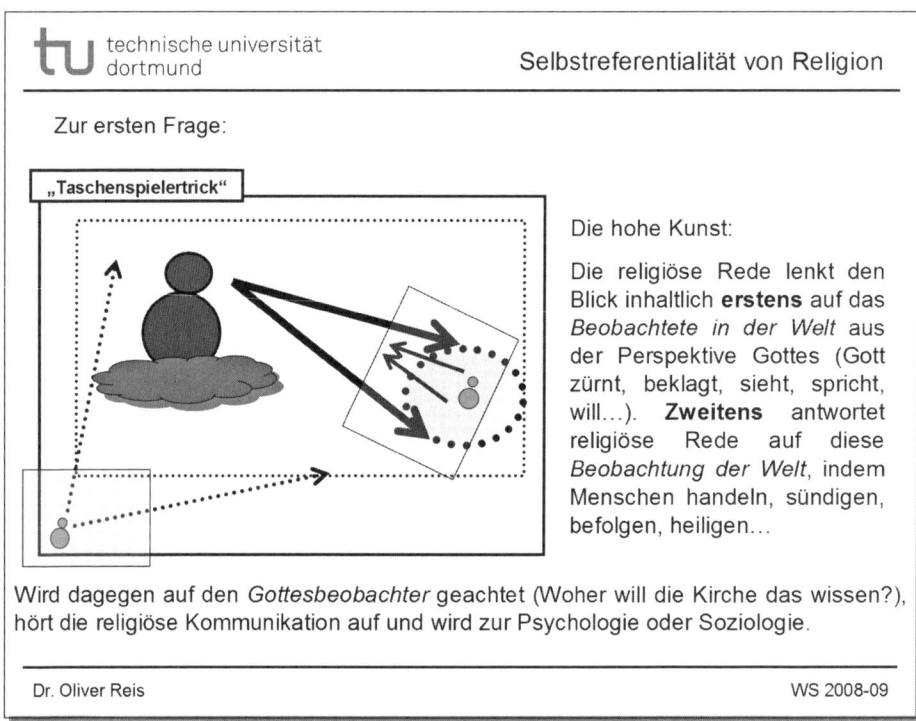

tu technische universität dortmund — Selbstreferentialität von Religion

Zur ersten Frage:

„Taschenspielertrick"

Die hohe Kunst:

Die religiöse Rede lenkt den Blick inhaltlich **erstens** auf das *Beobachtete in der Welt* aus der Perspektive Gottes (Gott zürnt, beklagt, sieht, spricht, will...). **Zweitens** antwortet religiöse Rede auf diese *Beobachtung der Welt*, indem Menschen handeln, sündigen, befolgen, heiligen...

Wird dagegen auf den *Gottesbeobachter* geachtet (Woher will die Kirche das wissen?), hört die religiöse Kommunikation auf und wird zur Psychologie oder Soziologie.

Dr. Oliver Reis — WS 2008-09

So verschieben sich auch die Religionen, bzw. die Sprecher religiöser Sätze von innerhalb der Welt nach außerhalb der Welt und beobachten Gottes Beobachtung der Welt. Damit diese Verschiebung aber nicht zu sehr auffällt und alle schreien, "Das geht doch gar nicht!", lenken sie den Blick auf die Beobachtung selbst und reden dann von Gottes Forderungen, seinem Zorn, der die Menschen so gefangen nimmt, dass sie zu diskutieren anfangen, ob diese Beobachtungen stimmen und was nun zu tun sei. Dabei übernimmt der Nächste die fragliche Beobachterposition und verändert die Beobachtung. Dabei bleibt die eigentliche Operation, den Beobachtungsstandpunkt zu verschieben, verschleiert und das Ergebnis ist eine Kette von Beobachtungen, die aneinander anschließen können. Finden sich solche Beobachtungen, dann entsteht ein dichtes Netz an Weltbeobachtung, Religion eben.

Ich gebe Renate Huber Recht: Religiöse Kommunikation basiert auf diesem Taschenspielertrick. Religiöse Kommunikation basiert darauf, dass wir die Wahrheit des Taschenspielertricks glauben und auf die Beobachtungen achten. Die Beobachtungen selbst sind kontingent und dynamisch, daran ändern selbst Dogmen nichts – oder genauer: dafür sind sie gerade da, weil sie die Dynamik auslösen und steuern (→ **Tiefenstrukturen des (christlichen) Gottdenkens**).

Wenn wir auf den Beobachtungsstandpunkt achten, gerät die religiöse Kommunikation in eine Krise und wird oft zu Psychologie, Politik und Soziologie: "Kondome zu verbieten in Afrika ist unverantwortlich. Wie kann der Papst nur so etwas machen? Das ist aber wieder typisch, wie soll auch ein zölibatär lebender alter Mann wissen, worum es geht?" Das ist keine religiöse Kommunikation mehr, vielleicht Kommunikation über eine Religion. Religiöse Kommunikation selbst ist dagegen selbstreferentiell. Sie schließt sich immer wieder an das zuvor Beobachtete an, ohne eben die Frage nach dem Beobachter selbst zu stellen. In dieser selbstreferentiellen Struktur verknüpft sie Gottes Beobachtungen mit Zuständen in der Welt und liefert Handlungsmöglichkeiten, wie auf Gottes Beobachtungen zu reagieren ist. Religionen erzeugen damit eine zweite Beschreibungsschicht von der Welt und bieten eine Orientierung – selbst dann, wenn die intuitive Weltorientierung hinterfragt wird.

Erinnern Sie sich z.B. an Gottes Zorn? Da lag der Fokus nicht darauf, darüber nachzudenken, warum Gott zornig ist und was er will usw., sondern es ging darum, in der Welt etwas zu erkennen – wie beispielsweise bestimmte Unrechtszustände, die man damit beobachten kann. Wichtig ist hier: Es geht um das Beobachtete. Gottes Zorn ist aber auch ein gutes Beispiel dafür, dass die deutsche Katholische Kirche und die dazu gehörige Theologie dazu tendieren diese Selbstreferentialität aufzuheben und die Beobachtungen selbst plausibilisieren zu wollen. Das ist ein berechtigtes Anliegen, weil wir nicht wollen, dass unser normales Denken und das religiöse Denken auseinander treten. Wenn aber die modernen Wissenschaften wie oben beschrieben die Deutungshoheit über die Welt haben, dann tritt das religiöse Denken und die Normalrealität zwangsläufig auseinander. Dieses Herauslösen der Religion aus der Normalrealität ist ein Merkmal gegenwärtiger Religion. Lebendige Religionen nutzen diese Autonomiegewinne und verlegen sich ganz auf die Selbstreferentialität. Diese Strategie zu radikalisieren, ist gegenwärtig sehr erfolgreich[332], aber ob sie zur katholischen Kirche passt – denken Sie an das *fides quaerens intellectum* (→ **Theologische Logik**) –, ist eine andere Frage. An Ihrer eigenen Unsicherheit können Sie aber auch ablesen, dass es genauso eine Sackgasse ist, dabei stehen zu bleiben, den Beobachterstandpunkt außerreligiös zu rechtfertigen.

Für mich sind zwei Dinge wichtig: 1. Gelingende religiöse Kommunikation ist an die Selbstreferentialität gebunden. D.h., jede weitere religiöse Beobachtung der Welt schließt sich an die vorhergegangen Beobachtungen an. Damit vertrete ich keinen Fundamentalismus. Denn auch wenn Sie z.B. sagen, dass die Amtskirche die Hierarchie aufgeben muss, weil sie so Jesu Forderung der Nächstenliebe höchst verwechselbar ausdrückt, dann haben Sie sich an Beobachtungen angeschlossen, die zu dem einen Beobachtungsstandpunkt gehören. Umgekehrt bleiben Äußerungen, die nicht von den vorherigen Beobachtun-

---

[332] Diese Prozesse der Dekulturation von Religion auf dem globalen Markt der Sinndeutung beschreibt sehr eindrücklich *Olivier Roy*, Heilige Einfalt. Über die politischen Gefahren entwurzelter Religionen, München 2010.

gen her verstanden werden können, unverstanden. 2. Wenn wir auf den Taschenspielertrick hingewiesen werden, dann brauchen wir keine Angst zu haben. Wir können zwar letztlich nur auf die selbstreferentielle Struktur unserer Religion verweisen, aber letztlich ist jede dieser Anfragen von einer anderen selbstreferentiellen Struktur geprägt (→ **Theologische Logik**). Es gibt keinen Meta-Standpunkt auf der Welt. Wenn andere sich das anmaßen, dann ist durchaus religiöse Kritik angebracht. Dass wir diese Kritik wiederum in unserer selbstreferentiellen Struktur als Götzendienstkritik gewinnen, gibt dem Ganzen eine ironische Note.

Was unterscheidet denn dann unsere selbstreferentielle Struktur von anderen? Dass wir in einer langen Kette von Generationen glauben, dass die vorangegangen Beobachtungen wahr sind. Ein Anfang ist dabei in *formaler* Hinsicht nicht auszumachen, auch wenn wir *inhaltlich* von der 'Offenbarung Gottes' sprechen. Die 'Offenbarung' ist selbst schon wieder eingebunden in die selbstreferentielle Struktur, weil wir genau in diesen Aussagen Jahwes/Gott-Vaters Aussagen erkennen. Und dass in den biblischen Texten *inhaltlich* eben Jahwe selbst das Gottsein setzt, ändert daran gar nichts, weil diese Texte in der Form von Offenbarungstexten vorangegangene Beobachtungen festhalten (→ **Gottes Rede**). Sie können sich in diese Kette der Beobachtungen hineinstellen und dann werden Sie *inhaltlich* diesen Akt als Ruf verstehen.[333] Was aber heißt das für die Beobachtungen selbst? Damit komme ich zur zweiten Frage.

### 12.3.3   Projektionalität von Religion

Wenn wir diese selbstreferentielle Konstruktion annehmen, ist dann dieser Gott nicht schlicht eine Projektion? Wir sind es doch, die da beobachten! Ist es nicht so, dass das, was wir da beobachten, schlicht das ist, was wir sehen möchten? Ist es wirklich ein objektives Geschehen von Gott, was Gott sieht? Ist es nicht so, dass der Prophet Amos zürnt und um wirksamer sein zu können, seinen Zorn in eine Rede verkleidet, in der er Gott zornig sein lässt? Sind es nicht in Wirklichkeit Amos, Jesaja oder Hosea, die da zornig sind? Ist es nicht einfach nur eine Verschiebung unserer unerfüllten Wünsche und Sehnsüchte? Sie sehen, wir sind bei der Projektionsthese von Feuerbach gelandet. Wir sind kontingente Wesen und wenn wir so einen Taschenspielertrick vollziehen, was soll denn dabei anderes rauskommen, als das, was wir sowieso denken. Ist nicht das, was wir über Gott beobachten, im Grunde das, was wir uns einfach selbst den-

---

[333] Hier ist eine ganz zentrale religionspädagogische Frage berührt, die bei der üblichen Fokussierung der subjektiven Religiosität unterbelichtet bleibt: Wie kommt überhaupt jemand in ein bestimmtes religiöses Denken hinein, wenn er oder sie die *inhaltlichen* Interpretationsmöglichkeiten nicht zur Verfügung hat? In der Konversionsforschung wird dieser wichtigen Frage nachgegangen (vgl. *Ulrike Popp-Baier*, Bekehrung als Gegenstand der Religionspsychologie, in: *Chr. Henning/S. Murken/E. Nestler* (Hg.), Einführung in die Religionspsychologie. Paderborn/München/Wien/Zürich 2003, 94-117).

ken? In der Transformation des Beobachterstandpunktes verschieben wir also unser Denken über Gott und Welt und inszenieren es als Geschehen zwischen Gott und Welt.

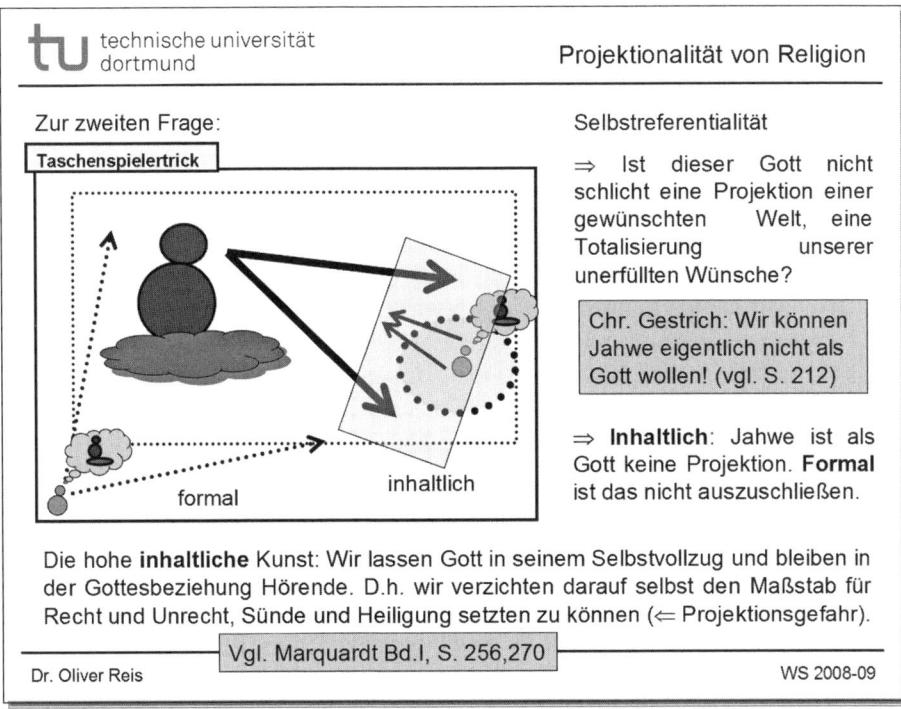

Der evangelische Theologe Christof Gestrich hält mit Luther dem Projektionsvorwurf von Feuerbach entgegen, „es *könne* uns Menschen am wirklichen Existieren Gottes gar nicht gelegen sein; ehrlicherweise könnten wir diesen Wunsch nicht haben"[334]. Von Natur aus kann der Mensch nicht wollen, dass Gott Gott ist. Können Sie sich erklären, wie Gestrich darauf kommt? Ist es nicht so, dass wir Kindern und Jugendlichen immer wieder nahe bringen, dass sie diesen Gott als ihren Gott wollen sollen?

*S11: Wir haben in der Vorlesung herausgestellt, dass Gott etwas für uns will, dass er Erwartungen hat. Wir haben gesagt, dass Gott mit uns in Rechtsgemeinschaft leben will. Gott hat also Forderungen an uns. Das ist ja eigentlich etwas, was man als Projektion wahrscheinlich ablehnen würde, oder?*

*S12: Gott fordert aber nur von den Freien, nur die können sein Recht erfüllen. Ich glaube, es geht noch ein bisschen tiefer darum, dass, wenn wir zustimmen, dass Jahwe wirklich bestimmt, was ein Gott ist, und wir uns dann an sein Gottsein halten, wir uns dann seinen Vorstellungen vom Heil unterwerfen.*

---

[334] Vgl. *Gestrich*, Die Wiederkehr des Glanzes in der Welt, 1995, 212.

Wissen Sie noch, wie wir das in Gottes Name auf den Punkt gebracht haben?

*S12: Wir bitten Gott darum, dass er sich als Gott erweise. Das war ja genau seinen Namen zu heiligen. Und das meine ich auch: Wenn wir das tun, dann geben wir die eigenen Möglichkeiten auf, zu bestimmen, was Gott tun muss, um für uns Gott zu sein. Wir haben gesagt, dass wir Heiden aber genau dazu tendieren, selbst bestimmen zu wollen, wie Gott zu sein hat. Das heißt, wir wollen eigentlich selbst Gott sein und dann können wir Jahwe nicht als Gott gebrauchen.*

So sieht das auch Gestrich. Gott konkurriert mit unserem Streben nach Selbstverwirklichung. Es kostet alles, Jahwe zu vertrauen, dass in seinem schöpferischen Handeln unsere Selbstverwirklichung an ihr Ziel gelangt.

Das ist *innerhalb* unserer selbstreferentiellen Beobachtungskette eine wahre Aussage, aber eben nur innerhalb. Damit meine ich, dass das *formal* natürlich keine Antwort auf die Anfrage ist, was die Antworten von dem religiösen Beobachtungsstandpunkt aus wert sind. Wir könnten ein wenig masochistisch veranlagt sein und uns einen Gott wünschen, der auf diese Weise mit uns umgeht. Formal gesehen ist deshalb nicht auszuschließen, dass die Möglichkeiten, die wir Gott zuschreiben, unsere Projektionen von Möglichkeiten sind. *Inhaltlich* ist das aber nicht sinnvoll. Unter den Bedingungen, wie unsere Beobachtungskette Gott-Vater und Welt versteht, ist Gott-Vater nicht unsere Projektion. Gott-Vater *erleben* wir als eine Person, die uns mit Ihrem Willen ergreift und befähigt seinen Willen zu tun. Wir werden inhaltlich sogar aufgefordert uns kritisch zu erforschen, ob wir Gott-Vater als Gott verehren. Die Projektionsgefahr inhaltlich gewendet, besteht darin, dass wir Götzendienst betreiben oder den Namen missbrauchen. Dies geschieht mit Marquardt immer dann, wenn wir Gott so erhöhen oder erniedrigen, so stark oder so schwach machen, so nah oder so fern denken, wie wir uns das wünschen.

> „Das ist es, was wir mit einer ‚übermäßigen‘, also einer maßlosen Erniedrigung Gottes durch uns meinen. Es genügt uns nicht, ihn bei uns und mit uns leben zu lassen, wir stellen uns dann über ihn, verweisen ihn noch unter uns und beginnen dann, ihn, statt aus seiner Lebensbewegung, in der er herabfährt aus seiner Höhe, aus jener Tiefe zu denken, von der unsere Lebensbewegungen bewegt, ‚motiviert‘: getrieben sind.“[335]

Es kommt darauf an, dass wir eine Sprache finden, die Raum lässt für den Selbstvollzug Gottes, so dass von ihm aus Gut und Böse, Recht und Unrecht erkennbar werden. Denn nur dann kann die religiöse Beobachtung der Welt etwas für ihr Selbstverständnis schenken. Das setzt voraus, dass sich Kirche und Theologie in ein anderes Verhältnis zu der inhaltlichen Gewissheit setzen [**vgl. EWS Text 34**]:

> "Kirche und Theologie haben diesen alleinigen Erweis- und Beweismitteln nicht trauen mögen, haben sich über die Ohnmacht des Ereignis-Vorbehalts hinweggetäuscht, ja oft

---

[335] *Marquardt*, Was dürfen wir hoffen, wenn wir hoffen dürften?, Bd. 1, 1993, 256.

auch willentlich hinweggelogen. Dabei können und sollen sie aber wissen, daß sie sich nur da vor dem Geruch des Götzendienstes schützen können, wo sie die menschliche Ohnmacht ihrer Erkenntnisse, statt sie zu vertuschen, ausdrücklich bejahen und bezeugen: als 'Konstitutionsbedingung' für das, was für sie Wahrheit heißt. Nur wo wir freimütig die Konstitutionsschwäche unserer Wahrheitsbehauptungen zugeben, können wir sie als Gotteswahrheit vertreten, die niemand als Er allein bewahrheiten kann. Allein ein solches Verweisen auf Gott selbst kann uns schützen vor avoda zara [d.i. Götzendienst; O.R.]. Götzendienst aber waren unsere Dogmen immer dann, wenn wir sie statt in Ohnmacht: als Macht bezeugten, d.h. keiner Anfechtung mehr fähig, jeder Infragestellung schon von zu Hause aus überhoben."[336]

Wenn wir transparent machen, dass die Wahrheit unserer Glaubensrede oder unserer theologischen Rede von Gott abhängen, wenn wir deshalb objektivistische Vereinnahmungen vermeiden, dann leisten wir damit einen Beitrag zur inhaltlichen Projektionsabwehr. Nehmen wir z.B. die Aussage "Gott-Vater ist der allmächtiger Schöpfer!" Typischerweise wird das als Satz über die Entstehung der Welt verstanden, die gerade Gottes Macht zeigt zu tun, was er will. Viele würden sagen, dass sich ein starker Glaube nun darin ausdrückt, diese Aussage für wahr zu halten. Dieses Verständnis erzeugt unweigerlich den Eindruck, dass die Sprecher über einen Zugang zu objektivem Extra-Wissen über die Welt verfügen. Wir können dann z.B. sagen, dass ein Zustand zu Recht so und so ist, weil Gott als der Schöpfer es gewiss so gewollt hat. Das ist ein anmaßender Schluss, der Gott-Vater zu einer Funktion unsere Weltdeutung macht. Erinnern Sie sich noch daran, dass die Pantokrator-Vorstellung als eine Aussage formuliert wurde, damit sich Israel auch im Exil unter einen gemeinsamen Himmel stellen kann und hier ein Universalismus formuliert wurde, der es Israel in der eigenen Schwäche ermöglicht, die Erfahrung vom starken Gott nun für alle zu bewahren? Wenn Sie dann an den Pantokrator glauben, dann setzen Sie sich Gott aus und hoffen darauf, dass er ihr Gott bleibt. Israel hängt eben keiner Allmachtsphantasie an, die die eigene Ohnmacht auf Jahwe projiziert, der dann in seiner Macht die Verhältnisse umkehren wird. Die Theologie, die ich in Gottes Rechtfertigung, Gottes Gewalt, Gottes Wille nach der Vorstellung der verschiedenen Denkmodelle formuliert habe, ist für diese Frage sensibel. Sie versucht eine Theologie von Gott her zu sein, die unsere Projektionen in Frage stellt, wie es nach unserem Maßstab mit Gott eigentlich zu sein hätte, damit er rechtmäßig Gott sein kann.

Nehmen Sie bitte wahr, dass auch diese projektionssensible Theologie Gott-Vater und sein Wirken auf die Welt als Ganze denkt und sich anmaßt für alle Menschen Aussagen zu treffen. Die Welt als Geschöpf zu begreifen und von da aus die Bestimmung des Menschen zu erfassen ist eben das Merkmal religiöser Kommunikation. Gleichzeitig aber weiß ich, dass diese religiöse Kommunikation von außen beobachtet und abgelehnt werden kann. Die religiöse Perspektive ist nur eine partikulare Perspektive auf die Welt. Wenn ich sie aber einnehme, dann muss ich mich auch trauen, über die Welt als Ganzes und damit für alle

---

[336] *Marquardt*, Was dürfen wir hoffen, wenn wir hoffen dürften?, Bd. 1, 1993, 270.

Menschen zu sprechen. Das ergibt ein eigenartiges Nebeneinander von universellem Anspruch auf das Verstehen der Welt und einer bescheidenen Begrenzung. Halten Sie das bitte aus und lösen Sie die Spannung nicht auf. Wenn Sie die Begrenzung aufgeben, dann schreiben Sie entweder der Religion eine objektivistische und fundamentalistische Bedeutung zu und identifizieren die formale und inhaltliche Perspektive. Oder Sie geben den universellen Anspruch auf, dann tendieren Sie zu einer relativistischen Perspektive, die sich der formalen Anfrage ausliefert. Halten Sie beides zusammen, können Sie den inhaltlichen Wert der religiösen Weltbeobachtung erhalten und trotzdem sensibel für die formale Perspektive sein.

Und in dieser Hinsicht ist es wichtig, dass man zum einen – wie von Marquardt und Gestrich gefordert – *inhaltlich* sensibel mit der Projektionsgefahr umgeht und sich deutlich als Hörende positioniert, dass damit aber zum anderen noch nicht die *formale* Anfrage von außen beantwortet wird. Marquardt kümmert sich nicht darum, ob die Offenlegung der Konstitutionsbedingungen die Wahrscheinlichkeit erhöht, die Beobachtungen als wahr ernst zu nehmen. Vielmehr ist ja die objektivistische Glaubensrede oder Theologie die Folge des Versuchs, dem Glaubensstandpunkt mehr Gewicht zu verleihen. Die Offenlegung der Konstitutionsbedingung ist für Marquardt in der Erkenntnis begründet, dass die religiöse Kommunikation ihre eigene Logik hat, der sie nur dann gerecht wird, wenn nicht offensichtlich ist, dass Kirche und Theologie einen Taschenspielertrick zur eigenen Ehre vollführen. Den braucht die Welt nicht. Aber bei einem Taschenspielertrick zur Ehre Gottes kann die Welt tatsächlich etwas über sich selbst erfahren. Und deshalb konzentriert er sich ganz darauf, den Taschenspielertrick zu vollziehen und *zu Ehren Gottes* seine Beziehung zur Welt zu verstehen. Wer seinen Beobachtungsstandpunkt nicht teilt, bleibt außen vor. Von daher ist es noch einmal ganz wichtig festzuhalten: Die Differenz zwischen der formalen offenen Frage und inhaltlichen Gewissheit lässt sich nicht überspringen.

Das lässt sich als Schwäche empfinden, aber auch als Stärke. Sich trotzdem den Schülerinnen und Schülern und ihren Fragen auszusetzen, nichts zu verbergen oder zu überspielen, einladend zu sein und neugierig auf andere selbstreferentielle Strukturen. Das ist eine starke Position für den Religionsunterricht. Mit der Warnung vor der Projektion und dem Wissen um die Selbstreferentialität, dem Kompass 'Hören und ordnend Denken' können Sie sich unbefangen dem Beobachtungsreichtum unserer Kirche zuwenden. Sie können mit einem erweiterten Wirklichkeitsverständnis arbeiten, das Engel, Dämonen, den Heiligen Geist, Maria, die Jungfrau usw. zulässt, weil Sie nicht alles ausschließen müssen, was hypothetischen ungläubigen Beobachtern des religiösen Standpunktes nicht behagt. Sie können sich ganz auf diesen Reichtum einlassen und für die Welt herausholen, was herauszuholen ist. Das empfinde ich als Stärke! Diese Haltung setzt aber voraus, dass Sie die Selbstreferentialität religiöser Kommunikation als Zirkularität in der Argumentation akzeptieren und aushalten.

## 12.3.4 Das Problem der Zirkularität

| technische universität dortmund | Problem der Zirkularität |

⇒hermeneutischer Zirkel (Gottes Rede)

**Formale Frage:**

Kann ich wirklich Hörender sein? Das ist doch ein menschlicher Text!

**Inhaltliche Lösung:**

Der Heilige Geist befähigt dazu! Durch ihn lesen wir die Schrift als Wort Gottes, d.h. wird die geistliche Verbindung zwischen Text und Leser erzeugt.

**Formale Frage:**

Aber woher kommt die Wirklichkeit des Hl. Geistes?

**Inhaltliche Lösung:**

Jesus hinterlässt uns seinen Hl. Geist, damit wir ihm zum Vater nachfolgen können.

**Formale Frage:**

Woher wissen wir, dass der Text die Wahrheit sagt? Das ist doch ein menschlicher Text.

**Inhaltliche Lösung:**

Weil er von Gott offenbart ist! Inspirierte Menschen haben....

| Dr. Oliver Reis | WS 2008-09 |

Wenn wir die Selbstreferentialität religiöser Kommunikation akzeptieren, dann ist unsere Argumentation notwendig zirkulär. D.h., wir gebrauchen in unseren Argumenten Begriffe und Wahrheitsbehauptungen, die wir nur wieder innerhalb des Systems begründen können. Jedes Argument ist selbst hoch voraussetzungsvoll, so dass Sie nie, aber auch wirklich nie an einen selbst nicht mehr voraussetzungsvollen Punkt gelangen werden. Für die religiöse Kommunikation heißt das insbesondere: Sie werden an keinen Punkt gelangen, an dem nicht der Glaube notwendig ist, um ein Argument überhaupt als Argument zu werten. Wenn die Fundamentaltheologie glaubt solche Punkte zu finden, in der sich die außergläubige Struktur der Welt mit der Glaubensstruktur trifft, dann ist entweder die Welt oder der Glaube auf diesen Punkt zugerichtet worden (→ **Einführung in die theologische Logik, Gottes Dasein**).

Schauen wir uns das an einem Beispiel an. Nehmen wir die Frage: Kann ich wirklich Hörender sein? Das ist doch ein menschlicher Text! oder einfacher: Warum soll ich die biblischen Texte für wahr halten und an ihnen mein Leben ausrichten? Wenn diese Frage gestellt wird, ist sie meistens eine formale Frage, die die Legitimität des christlichen Beobachtungsstandpunkts selbst befragt und damit auf die Erkennbarkeit der religiösen Behauptung abzielt. Sie können nun eine Antwort versuchen, die zu der guten Tradition der Katholischen Kirche gehört, dass nämlich der Heilige Geist derjenige ist, der den geistlichen Sinn der

Buchstaben aufschließen hilft, so dass die Wahrheit des Textes für mein Leben in der Gemeinschaft der Christen deutlich wird.[337] Das ist eine inhaltliche Lösung, die eine neue starke Voraussetzung eingeführt hat: die Wirklichkeit des Heiligen Geistes. Ich kenne einige Leute, die vielen Bibeltexten als guter Literatur durchaus etwas abgewinnen können, für die der Heilige Geist aber keine Realität ist. Mit dieser Antwort wäre das formale Problem also nur verschoben. Wir können die Wirklichkeit des Heiligen Geistes natürlich wieder inhaltlich beantworten, indem wir auf Jesu Ankündigung, uns seinen Geist zu hinterlassen, und auf das Pfingstfest als Erfüllung dieser Ankündigung verweisen (vgl. Apg 1,8 und Apg 2,1-22). Dass der Geist seit Pfingsten in den christlichen Kirchen wirkt, wird nur dann durch diesen Satz begründet, wenn wir den biblischen Text als Argument zulassen. Die Lösung braucht insgesamt die erst zu untersuchende Frage, nämlich, dass die Texte eine Wahrheit erzählen, die bis heute wirksam ist. Und damit hat sich der Kreis geschlossen.

Dieses Problem macht Sie in der Regel sprachlos, weil Zirkularität als Schwäche eines Denksystems gilt, weil man nicht auf den tragenden Grund vorgedrungen ist, der alles hält. Und vielleicht ist da überhaupt kein tragender Grund, was vielleicht sogar die Angst noch verstärkt. Deshalb ist es ganz wichtig, dass wir uns klar machen: Diese Zirkularität ist nicht zu lösen. Wir können sie höchstens besser kaschieren, wenn wir die Voraussetzungen verbergen, aber lösen können wir sie nicht. Sie ist einfach die Folge der Selbstreferentialität religiöser Kommunikation, die wir auch nicht lösen, sondern nur bearbeiten können. Die 'falschen Freunde' dabei sind für mich, sie im Fundamentalismus zu überspielen oder für ein stimmiges Leben in der Normalrealität aufzugeben.

### 12.3.5  Zur Geschlossenheit des Glaubens

In der Konsequenz heißt das, dass jede theologische Problemlösung für formale Fragen – also für Fragen, die auf den Erkenntnisprozess von einem religiösen Beobachtungsstandort aus abzielen – der Zirkularität nicht entkommt. Formales Unverständnis kann nicht durch inhaltliche Aussagen gelöst werden und seien sie noch so sehr auf die formale Anfrage bezogen! Direkt daneben steht aber für mich die Erkenntnis, dass Gott zu denken nur dort angemessen

---

[337] Natürlich sind auch Lösungen denkbar, die sensibler auf die Anfrage der Erkennbarkeit eingehen: Letztlich steht die Glaubensgemeinschaft mit ihrer Glaubenspraxis für die Wahrheit der biblischen Texte ein. Die Glaubensgemeinschaft versteht sich gewissermaßen als Zeugengemeinschaft der Wahrheit der Texte, über die sie selbst nicht verfügt, aber einsteht (→ **Gottes Rede**). Aber auch diese Lösung benötigt die Voraussetzung einer echten externen Referenz, die nicht mit der Glaubenspraxis kompensiert werden kann. Dass Menschen in ihrer Gemeinschaft für eine Gottesidee eintreten, macht aus der Idee noch keinen lebendigen Gott (s.u.). Ohne die Annahme einer solchen echten externen Referenz ist zwar die Lösung ohne starke Voraussetzung, aber sie begründet auch nichts mehr. Dann ist die Vereinsmitgliedschaft daran gebunden, dass mir die Leute und das gemeinsame Tun gefallen, aber die Gemeinschaft ist keine Glaubensgemeinschaft mehr mit dem Auftrag des Gottesdienstes.

innerhalb des religiösen „Sprachspiels" funktioniert. Diesen Begriff des ‚Sprachspiels' wähle ich in Anlehnung an den Philosophen Ludwig Wittgenstein, der in seinen philosophischen Untersuchungen damit klarmacht, dass Begriffe und Aussagen keine eindeutige Beziehung zu Objekten der Welt haben. Verständigung und Verstehen sind ein sozialer Prozess, der zu einem gemeinsamen Tun, einer gemeinsamen Praxis – Wittgenstein spricht von Lebensform – gehört. Diese Sprachspiele dienen zur Verständigung in der Lebensform und deshalb ist der Erwerb der Bedeutungen und der Grammatik an den Gebrauch der Sprache in der Lebensform gebunden. Das Sprachspiel kann deshalb nicht außerhalb der Lebensform erworben werden und innerhalb können wir schon Wörter verstehen, die wir nicht kennen, weil wir in der Praxis der Lebensform wissen, worum es geht.[338]

---

 technische universität dortmund          Zur Geschlossenheit des Glaubens/der Theologie

**Problem:**

Jede theologische Problemlösung für formale Fragen, d.h. für Fragen, die auf den Erkenntnisprozess abzielen, kann der Zirkularität nicht entkommen! Das formale Problem kann nicht durch inhaltliche Aussagen gelöst werden!

**Erkenntnis:**

Gott denken geht nur innerhalb des „Sprachspiels" (Wittgenstein). Hier ist eine inhaltliche Logik erkennbar, die bestimmte Fragen intern bearbeiten kann. Das Gottdenken kann sich aber selbst nicht nach außen begründen. Jeder Versuch ist wieder inhaltlich Religion.

Dr. Oliver Reis                                                          WS 2008-09

---

So werden wir auch nicht gläubig, wenn wir alle Begriffe verstehen und dann prüfen, ob wir alle Aussagen für wahr halten. Wir leben in einer Interpretationsgemeinschaft und vollziehen damit die Wahrheit der Aussagen mit. Die Aussagen erklären sich gegenseitig, und irgendwann haben wir angefangen mithilfe der einen Aussage eine andere zu begründen, weil die Wahrheit jener Aussage *plausibel* erscheint. In den Sprachspielen ist Plausibilität innerhalb der Verständigungsgemeinschaft das entscheidende Kriterium und eben nicht der

---

[338] Vgl. *Ludwig Wittgenstein*, Philosophische Untersuchungen. Kritisch-genetische Edition, hg. v. *Joachim Schulte*, Frankfurt 2001.

Bezug auf eine externe Realität, die im Sprachspiel *abgebildet* wird. Das Sprachspiel versorgt sich im gemeinsamen Deutungshandeln mit seiner Realität.

Das hat zur Folge, dass man nicht einfach bruchlos das Sprachspiel nach außen fortsetzen oder begründen kann. Beim 'Fortsetzen' müssten die Lücken im Verstehen durch gewollte Verständigung gefüllt werden, die muss ja erst hergestellt werden. Beim 'Begründen' wird eine selbstverständliche Einheit in der Lebensform zerrissen, die das Sprachspiel erst sinnvoll macht. Diese Probleme prägen auch den Religionsunterricht, der bewusst keine Fortsetzung des kirchlichen Sprachspiels im Raum der Schule ist. Die Grenzen der Verständigung werden bewusst aufgebrochen, um ein Angebot auch für Schüler und Schülerinnen zu sein, die nicht Teil des kirchlichen Sprachspiels sein wollen. Mit Wittgenstein könnte man sagen, dass trotzdem das Sprachspiel des Religionsunterrichts und das kirchlich-religiöse Sprachspiel aufgrund vieler Ähnlichkeiten zu einer Familie gehören, so dass trotz der Unterschiede das Sprachspiel des Religionsunterrichts auch den Vollzug des kirchlich-religiösen Sprachspiels erleichtern kann – vorausgesetzt, die Lebensformen sind aufeinander beziehbar. Und hier liegt der Knackpunkt: Letztlich kann die Kirche nur von Ihnen erwarten, dass Sie diese Lebensform einbringen können und damit Zeugin und Zeuge für das lebendige kirchliche Sprachspiel sind. Die Ähnlichkeit der Sprachspiele wird erwartbar nur an Ihnen sichtbar. Wie aber kann die Lebendigkeit des Sprachspiels als Bezugsgröße erhalten bleiben, wenn der Unterricht analytisch den Glauben zergliedert oder den Willen zur Verständigung nicht voraussetzen kann? Wenn der Zugang zur Lebensform immer systematischer verschlossen ist? Wichtige Fragen, und ich empfehle Ihnen, sich religionsdidaktisch mit dem Konzept des performativen Religionsunterrichts zu beschäftigen, das diese Fragen aufnimmt.[339]

### 12.3.6    Gott in Wirklichkeit nur ein Gottesbild?

Wenn das ‚Sprachspiel' aber wie dargestellt nicht nach außen fortgesetzt oder begründet werden kann, dann stellt sich aber die gewichtige Frage, ob Religionen dann nicht einfach nur einem Gottesbild anhängen. Die Praxis der Religionen kann auf dieses Gottesbild bezogen sein und tatsächlich versuchen, diesem Gottesbild gerecht zu werden. Von Gott selbst – den es gibt oder nicht gibt – würde die Religion aber relativ wenig wissen. Wie steht es damit? Sehen Sie in Ihren Unterlagen auf die Folie mit dem Taschenspielertrick, dann gewinnt die Relation Gott-Welt erst an Realität durch unsere Beobachtung. Das heißt, 'Gott' ist immer von dem Prozess der Erkenntnis her eine Idee, die sich in der Beobachtung erst konstituiert. Die nächste sich anschließende Beobachtung geht ja in die gleiche Konstruktion des Taschenspielertricks hinein, so dass über

---

[339] Vgl. einführend zum Problem *Hans Mendl*, Religionsunterricht inszenieren und reflektieren. Plädoyer für einen Religionsunterricht, der mehr ist als „reden über Religion", in: Religionsunterricht*heute* 34 (3+4/2006), 6-21.

dieses Denken Menschen nicht hinaus gelangen können. Wenn es Gott außerhalb dieses Denkens gibt, dann können Menschen dorthin nicht gelangen. Schon gar nicht durch Nicht-Denken!

technische universität dortmund

Gott und Gottesbild

**Frage:**
Gibt es denn dann überhaupt Gott oder ist das nicht einfach eine Idee von Menschen? Dieser Idee verleihen sie Macht über sich?

⇒ **Formal** bleibt Gott immer eine Gottesidee. Sie können nicht auf Gott zugreifen. Menschen denken Gott und Welt in bestimmten Relationen. Über dieses Denken hinaus – und damit zu Gott selbst – können Menschen nicht gelangen; auch nicht durch Nicht-Denken.

⇒ **Inhaltlich** ist Gott keine Gottesidee. So wie in der Bibel beziehen wir im gläubigen Sprechen Gott, bzw. die göttlichen Personen in die Welt mit ein. Die Bibel überführt sogar die menschlichen Gottesbilder von Gott als Vergötzung, weil sie ihn nicht einfach Gott sein lassen.

Wenn wir Jahwe **inhaltlich** als eine Gottesidee verstehen – das heißt, würden die Texte als Ausmalung von Menschen lesen – dann wäre

a) nur noch ein religionswissenschaftliches Lesen und Sprechen möglich und

b) eine Unterscheidung von Gott und Göttern nicht mehr möglich.

Dr. Oliver Reis                                                                 WS 2008-09

Andererseits haben wir in Gottes Dasein mit Hans-Joachim Sander Gott als ‚zugewandtes bleibendes Außen' kennen gelernt. Darin drückt sich eine paradoxale Spannung aus: Einerseits wendet sich Gott zu, lässt sich in unseren bildlichen und sprachlichen Zugriffen begreifen. Er wird Bild, wie wir gelernt haben: in seinem Namen, im Land, in Jesus Christus, seinem Geist. Andererseits bleibt er diesen Bildern selbst entzogen.[340] Das Einfangen Gottes in einem Bild, um ihn kontrollieren zu können, ist das, was die Bibel als Götzenmachen kritisiert. Es sind nicht immer nur andere Geschöpfe, die als Gott verehrt werden und deshalb Götzen sind, auch von Jahwe kann Israel Bilder anfertigen und damit einen Götzen verehren. Das ist der Hintergrund der Anbetung des goldenen Kalbes (Ex 32,1-11). Die Bibel erzählt immer wieder diese Spannung, dass sich Gott der Welt aussetzt, damit auch verfügbar macht und dass Gott sich dieser Verfügung bewusst entzieht. Inhaltlich ist deshalb die Annäherung und die Unterscheidung Gottes von der menschlichen Gottesidee zentrales Thema.

---

[340] Die Spannung zwischen sprachlicher Zugänglichkeit und Entzogenheit zu wahren, lehrt das *IV. Laterankonzil*, von 1215: "Denn zwischen dem Schöpfer und dem Geschöpf kann man keine so große Ähnlichkeit feststellen, dass zwischen ihnen keine noch größere Unähnlichkeit festzustellen wäre" (DH 806). Das ist eine 'Beobachtung' in unserem Sprachspiel, die uns *inhaltlich* davor bewahren kann, Gottesbild und Gott selbst zu identifizieren.

Steigern wir die Komplexität noch etwas: Denn in *Bildersprache* gibt sich Gott unseren Bildern hin und in *Bildersprache* wird uns klar, dass sich Gott unseren Bildern entzieht. *Inhaltlich* können wir die reale Person Gott-Vater und unser Gottesbild unterscheiden und aufeinander beziehen. Auch wenn wir wissen, dass dieser Gedanke selbst bildhaft ist, denken wir auch in den Meta-Bildern Gott als Person und sein Bild als unterscheidbar und aufeinander beziehbar. *Inhaltlich* ist das ein unabschließbarer Prozess, weil wir immer wieder auf die Beobachtung von der gläubigen Beobachterposition aus schauen. *Formal* gesehen – wenn ich die ganze Figur auf der Folie sehe – ist es aber durchaus richtig zu sagen, dass Gott in unserer Rede immer ein Gottesbild ist und da Gott außerhalb unserer Rede nicht zur Sprache kommt, eben ein Gottesbild bleibt. Erst innerhalb des Sprachspiels kommt Gott-Vater als Person ins Spiel, der sich – durch unsere Beobachtung – von unseren Bild entzieht und auf seine Eigenmächtigkeit und Eigenwilligkeit besteht.

### 12.3.7 Was passiert, wenn Gott inhaltlich als Person aufgegeben wird?

technische universität dortmund

**Konsequenzen**

**Folge A:** Dann wäre die Religion zu Ende! Das kann passieren, wenn Menschen aufhören von Jahwe her die Welt zu verstehen und damit auch die eigenen Verstehensmöglichkeiten – wenn das paradoxale Hören aufhört.

**Folge B:** Dann wäre die Auslieferung an scheinbar allmächtige Geschöpfe, die ihren Tribut fordern nicht mehr beobachtbar. Die dynamische Unterscheidung von Gott her zwischen Geschöpf und Gott wird zugunsten einer Pluralität an Ideen aufgelöst. Aber gibt es die Vergötzung von Menschen und Natur nicht mehr???

Auch wenn es schwer fällt:

1. Inhaltliche Sätze, die formal klingen, sind trotzdem nur inhaltliche Sätze.

2. Inhaltliche Sätze sind ohne formale Begründung anschlussfähig, inhaltlich: Die formale Begründung wird letztlich Gott überlassen (Marquardt Bd. I, S. 256f).

3. Der Glaube, die Lehre, die Kirche in ihren Vollzügen muss sich von Gott verifizieren lassen (Marquardt Bd. I, S. 270).

4. Es gibt nichts, was dieser Geschlossenheit entzogen ist.

5. Die Hermeneutische Position dient als Schlüssel in die Geschlossenheit hinein.

Dr. Oliver Reis

WS 2008-09

Wenn ich nun durch die Beobachtung des gläubigen Beobachterstandpunktes die Zirkularität kritisch betone, dann ist das formal korrekt, aber inhaltlich ein Ausstieg aus der Beobachtung und damit aus dem Sprachspiel. Damit gewinne ich auf den ersten Blick Redlichkeit, ich verliere aber auch die internen Gewinne des Sprachspiels. Deshalb ist es uns nicht möglich innerhalb des

Sprachspiels Gott als Gottesidee zu verstehen. Dann haben wir oft unbemerkt das Sprachspiel gewechselt: aus dem gläubigem Gespräch von Gott und Welt zu einem religionswissenschaftlichen über das Denken der Menschen. Noch schlimmer finde ich, dass dadurch die Unterscheidung ‚Gott und Götter/Götzen/Mächte und Gewalten' verloren geht. Warum? Wenn ich die formale Perspektive akzeptiere, dass jedes gläubige und theologische Reden ein Sprachspiel ist, das auf eine Gottesidee bezogen ist, die ohne realen Bezug zu einem bleibenden Außen gedacht wird, dann gibt es keine Möglichkeit mehr, die Gottesideen von außen religiös zu beobachten. Das ist der Welt vielleicht recht, die unbeobachtet und nur wenig kritisiert einen vollen Götter-Himmel akzeptiert, ohne über Götter zu sprechen. Denken Sie an Luthers Definition: Gott ist das, woran du dein Herz hängst. Eine Welt ohne Jahwe, der die Gottesideen darauf prüft, ob sie Gott sein dürfen, ist keine menschlichere Welt (→ **Gottes Gewalt, Gottes Name**).[341] Das ist mir ganz wichtig!

Stimmt meine Analyse, dann glaube ich, dass der katholische Glaube als lebendige religiöse Kommunikation absehbar an ein Ende kommt. Zu oft wird der kirchliche Beobachtungsstandpunkt beobachtet und zu wenig das Sprachspiel mit seinen inhaltlichen Regeln, aber auch seiner Offenheit und Dynamik gepflegt, zu stark von den formalen Anfragen her und zu wenig von dem inhaltlichen Reichtum her gedacht, zu sehr werden paradoxale Spannungen als Problem denn als lustvolle Herausforderungen erlebt. Für mich ist nicht selbstverständlich, dass dieses Sprachspiel immer weiter funktioniert. Ich bin skeptisch, ob es in der Generation Ihrer Enkel noch so plausibel ist, dass sich eine gemeinsame Weltdeutung überhaupt noch ausbilden kann. Das wäre in meinen Augen nicht nur ein Verlust für unsere Religion – unser Glaube ist kein Selbstzweck –, es wäre vor allem ein Verlust für die Welt, die damit eine Form der Selbstaufklärung verliert. Ohne eine solche Religion kann sie diesen Verlust vielleicht nicht mehr artikulieren, aber es würde eine wichtige Perspektive verloren gehen, die den Menschen davor bewahrt Grenzen der Selbstüberschätzung, Selbstentgrenzung und Selbstzerstörung zu überschreiten. Dafür vollziehen wir so redlich wie möglich den Taschenspielertrick und setzen Gott und Welt in Beziehung. Sie tragen als zukünftige Religionslehrerinnen und -lehrer eine große Verantwortung.

Zum Schluss möchte ich Ihnen noch einmal gebündelt mit auf den Weg geben, was mir in der Vorbereitung der Sitzung wichtig geworden ist.
1. Inhaltliche Sätze, die formal klingen, sind trotzdem nur inhaltliche Sätze. Religiöse Sätze bleiben religiöse Sätze oder sie sind es eben nicht mehr.
2. Inhaltliche Sätze sind inhaltlich ohne formale Begründung anschlussfähig. Sie können einfach an einen Satz, den ich sage (z.B. Jesus hat die Dämonen ausgetrieben.) anschließen (Und wo das geschieht, erkennen wir bis heute, das Reich Gottes). Und daraus ergeben sich vielleicht neue Fragen (Brau-

---

[341] Vgl. *Mette*, ‚Gottesverdunstung', 2009, 16-19.

chen wir heute auch die Dämonenaustreibung, warum sind wir zu Recht skeptisch, wenn wir von exorzistischen Handlungen hören?). Wir können in diesen inhaltlichen Sätzen so weitersprechen und Dinge klären, die im Sprachspiel relevant sind.

3. Der Glaube, die Lehre, die Kirche in ihren Vollzügen müssen sich von Gott verifizieren lassen. Das gilt intern, aber auch im Kontakt außerhalb des Sprachspiels. Niemand sollte als Besser-Wisser auftreten, wir nutzen unser Sprachspiel, um eine andere Perspektive in die Welt einzutragen. Das geschieht aber für die Welt!

4. Es gibt nichts, was dieser Geschlossenheit entzogen ist. Der Glaube und die Theologie 'hängen' grundlos, es gibt kein unten und oben. Religiöse Kommunikation findet statt, eines kommt zum anderen und sorgt für Plausibilität, die wir immer wieder neu gewinnen müssen. Orientierung und Glaubensgewissheit sind kulturelle Güter, die die Religionen *besitzen*, sie entstehen vielmehr im Vollzug der Kommunikation.

5. Die hermeneutische Grundoption dient als Schlüssel in die Geschlossenheit hinein. Wenn ich Ihnen in der Vorlesung bevorzugt die hermeneutische Grundoption für meine eigene Theologie gewählt habe, dann deshalb, weil sie diese Erkenntnisse aufnehmen kann. Sie weiß um die Zirkularität, die Selbstreferentialität der Verständigung. Sie will durch ihre Sensibilität für die formalen Anfragen inhaltliche Deutungen erschließen. Das macht sie so wertvoll. Sie kann natürlich auch den kirchlich gebundenen Beobachtungsstandpunkt verlassen und damit auch ihre eigene Anschlussfähigkeit an das Sprachspiel verlieren, sie kann überhaupt sich selbst als Maßstab des Denkens setzen und damit ihre dienende Funktion verlieren.[342] Ich hoffe, Sie erleben in Ihrem Studium die Theologie der Lehrenden nicht auf diese Weise.

## 12.4    Reflexionsprozess

### 12.4.1    *Vorbereitung*

Sie werden sich heute mit der Projektionsthese Feuerbachs beschäftigen. Sie finden dazu einen Textauszug in *ews* [vgl. EWS Text 33]. Wir haben seine These schon in der Rezeption bei Freud und Marx zu Beginn der Vorlesung kennen gelernt. Jetzt kommen wir zur Theorie-Quelle selbst. Ihre Aufgabe ist es, einen Brief an Feuerbach zu schreiben und sich kritisch/wertschätzend mit seiner Projektionsthese auseinander zu setzen. Sie können dafür gerne auch Ansätze aus der Schule heranziehen – ich weiß, dass einige von Ihnen schon zu Feuerbach gearbeitet haben –, aber die Grundlinie sollte von der Perspektive der Vorlesung bestimmt sein. Die Aufgabe ist von mir aus als Relationierungsauf-

---

[342] Das ist auch die große Sorge der päpstlichen Bibelkommission bei aller Würdigung der hermeneutischen Bibelauslegung (vgl. *Die Interpretation der Bibel in der Kirche*, 1993, 67,80,89,91,94).

gabe gedacht. Die Form des Briefes soll ein Anreiz sein, dass Sie einen persönlich gefärbten Schreibstil nutzen, so dass Ihr eigener Denkprozess mithilfe der Vorlesung sichtbar wird. Die Aufgabe ist nicht einfach, aber sicherlich mit Blick auf den Religionsunterricht sehr hilfreich. Ich wünsche Ihnen dabei viel Vergnügen und insgesamt eine gute Woche!

---

 technische universität dortmund                                                  Übung

---

Schreiben Sie einen Brief an Ludwig Feuerbach!

Setzen Sie sich darin mit Feuerbachs These auseinander: „Was er [der Mensch] selbst nicht ist, aber zu sein wünscht, das stellt er sich in seinen Göttern als seiend vor; die Götter sind die als wirklich gedachten, die in wirkliche Wesen verwandelten Wünsche des Menschen; ein Gott ist der in der Phantasie befriedigte Glückseligkeitstrieb des Menschen."

(Weitere Textauszüge finden sich im EWS2.)

Nutzen Sie für Ihren Text die Inhalte der Vorlesung, insbesondere die Unterscheidung INHALTLICH und FORMAL!

---

Dr. Oliver Reis                                                                        WS 2008-09

## 12.4.2 Exemplarische studentische Reflexionen

### a) Meike

Sehr geehrter Herr Feuerbach,

ich beziehe mich auf ihre These, in der Sie Gott als eine Projektion der Wünsche des Menschen darstellen.

Ich möchte diese Angelegenheit gerne mit einem Blick von außen auf die Welt klären. Erst, wenn man einen distanzierten Blick auf die Beziehung von Gott und den Menschen wirft, kann man auf religiöser Ebene über Gott reden. Eine formale Antwort nach dem Bestehen Gottes fragen Sie auf der Ebene in der Welt. Bekommt man jedoch einen Blick von außen, sind die formalen Fragen nicht die entscheidenden. Die Ansicht, dass Gott aus den Wünschen der Menschen erschaffen ist, ist auf formaler Ebene gedacht. Sie blicken von Ihrem Standpunkt in der Welt auf andere Menschen in der Welt. Um aber über Gott religiös urteilen zu können, ist der Blick von außen auf die Sache notwendig. Erst mit gewissem Abstand zum Geschehen, kann man über diese Existenz urteilen. Von außen erkennt man die genaue Gegebenheit der Beziehung zwischen Gott und Mensch. Man erkennt, dass Gott den Menschen zürnt uns ermahnt. Kann das die Projektion der tiefsten Wünsche des Menschen sein?! Würde Gott nicht ganz anders sein, wenn die Menschen ihn aus ihren Wünschen erschaffen hätten?! Der Inhalt dieser Gottesbeziehung ist ungemein gefüllt mit hörenden, preisenden und sich unterwerfenden Menschen. Betrachten Sie bitt einmal den Inhalt der Gottesbeziehung. Die Menschen unterwerfe n sich ihrem Gott, dieser großen Macht. Das kann doch nicht ihr innerster Wunsch sein.

Formal lässt sich die Frage nach der Existenz Gottes nicht beantworten. Dabei stoßen Sie immer wieder an die Grenzen des Fassbaren. Materiell ist Gott aber nicht fassbar. Inhaltlich jedoch schon. Auch wenn die Menschen keinen sichtbaren Beweis für die Existenz ihres Gottes haben, gibt es eine intensive Beziehung zu ihm. Diese inhaltlich erkennbare Existenz ist formal nicht greifbar und sachlich nicht zu erkennen. Wer aber inhaltlich die Beziehung zu Gott lebt, der erkennt Gott in seiner Existenz. Rein formal, auf der Ebene Ihrer Erörterung ist Gott objektiv nicht greifbar. Um sich ein Bild zu machen, sollten sie versuchen, die Welt in ihren Gegebenheiten einmal als Ganzes zu betrachten, ohne dass sie sich selbst als Teil in der Welt dabei selbst erkennen. Versuchen Sie einmal, auf Distanz zu gehen und die Beziehung von Gott und Mensch nicht aus der Perspektive der Welt zu sehen.

Wenn man Gott nicht formal, sondern inhaltlich erkennen möchte, kann man dies auf religiöser Ebene von außen sehr gut tun. Die vielen Beziehungen zu Gott sind Zeugnisse der inhaltlichen Gottesexistenz. Die Menschen erkennen ihren Gott. In der Beziehung zu ihm stehen aber nicht die Wünsche des Menschen im Fokus, sondern Gottes Wille. Gottes Wille ist jedoch kein Gegenbild zum Menschen. Gottes Wille bindet die Menschen und gibt ihnen Regeln und Gesetze, denen sie sich fügen.

Ich bin gespannt, wie sie Gott und die Beziehung der Menschen zu ihm von äußerer Perspektive erkennen werden.

Mit freundlichen Grüßen

## b) Thomas

Sehr geehrter Herr Feuerbach,

Ich finde es anmaßend, dass die behaupten, Gott sei nur eine Projektion des Menschen. Formal dies natürlich nicht widerlegt werden, da Gott für uns alle nicht greifbar oder sichtbar ist. Inhaltlich jedoch ist dies für mich und für alle Glaubenden nicht tragbar. In der Bibel steht das Wort Gottes, dass seit über 2000 Jahren Bestand hat und für viele Christen einen Rückhalt im Leben gibt.

Dass Götter nur Wünsche des Menschen sind, ist meiner Meinung nach ebenfalls nicht korrekt. Für sie mag das formal gesehen zutreffen, inhaltlich jedoch muss ich dem widersprechen, da ja auch nicht alles was mit Gott zu tun hat, pure Glückseligkeit ist. Es gibt auch Phasen im Leben, in denen man Gott um Rat fragt oder ihm aber auch einfach nur dankt Und da Gott für uns in guten und schlechten Zeiten da ist, ist es meiner Meinung nach falsch nur von einem Glückseligkeitstrieb des Menschen zu sprechen.

Die These, dass die Menschen so sein wollen, wie sie nicht sind, und dafür Götter erfunden haben, kann ich auch nicht bestätigen. Glaubende Menschen sollen nicht wie Gott sein, sondern mit Gott. Wir glauben, dass Jesus uns seinen Heiligen Geist hinterlassen hat, damit wir zu Gott nachfolgen können. Damit wollen wir uns ihm aber nicht gleichstellen.

Zusammenfassend gesehen kann ich ihnen formal nicht widersprechen, inhaltlich jedoch gehen unsere Meinungen weit auseinander, da ich an den einen Gott glaube, der mir Kraft und Halt in meinem Leben gibt.

### c) Tanja

**Frage:** Schreiben Sie einen Brief an Ludwig Feuerbach! Nutzen Sie in Ihrem Text die Inhalte der Vorlesung, insbesondere die Begriffe INHALTLICH & FORMAL!

Lieber Herr Feuerbach,

Sie sagen, dass der Mensch seine Wünsche auf einen Gott / auf mehrere Götter projeziert und „ein Gott der in der Phantasie befriedigte Glückseligkeitstrieb des Menschen" ist.

Was hat Sie veranlasst so zu denken? Haben Sie sich selbst mal einen Wunsch-Gottesbild gemacht? Formal kann ich ihnen da nicht widersprechen, denn die Religion ist keine Wissenschaft an sich, in der die Gegenstände der Wissenschaft nachgewiesen werden können. Man kann Gott formal nicht beweisen. Ich kann Ihnen formal keinen Gegenbeweis liefern, wenn Sie behaupten, dass irgendein Mensch Gott erfunden hat aufgrund seines Glückseligkeitstriebes und seines Egoismus.

Folglich behaupten Sie, dass Religion nur ein Produkt menschlichen Egoismus sei. Halten Sie denn Kirchengemeinden und kirchliche Organisationen für z.B. Beratung und Jugendhilfe für egoistisch? Beweist das nicht die Nächstenliebe?

Sie schreiben auch (in Ihrem Text „Gott – eine Projektion des Menschen"), dass Gott nur ein menschliches Wesen ist. Wenn Sie sich in die Geschichte der Religion einlassen ohne den Rahmen dieser Geschichte zu hinterfragen und sich die Inhalte der Geschichte mal anschauen und versuchen die Welt von aussen, also von Gott her zu betrachten, dann erkennen Sie vielleicht mehr als nur ein Wunsch-Gottesbild, das von Egoisten gemacht wurde.

Wenn Sie also auf den Sinn, auf das Gesagte, schauen und nicht, wie sie es in Ihrem Text getan haben, auf den Beobachter schauen, dann können Sie fragen, woran sich dieser Sinn, dieses Gesagte, zeigt. Akzeptieren Sie die Religion mit ihren religiösen Reden als solche ohne zu hinterfragen, dann erkennen Sie, dass es einen Gott gibt ausserhalb von all den Gottesbildern. Sie müssen nur in die Bibel schauen, und sagen sie nicht, dass die Bibel auch nur eine Erfindung der Menschen sei.

Sicherlich haben Sie Recht, wenn sie sagen, dass die Liebe das wichtigste im Leben ist und dass Menschen Wunschbilder schaffen. Diese Liebe kommt jedoch von Gott her, von dem einen GOTT JHWH und nicht von den unzähligen Gottesbildern, die es immer geben wird.

Sie setzen den Menschen an erster Stelle und Gott an zweiter- das tut Gott im Prinzip auch, denn für Gott sind die Menschen das wichtigste und in dieser Beziehung ist Gott auch das Wichtigste für die Menschen, aber die Menschen stehen an erster Stelle, da sie frei sind in ihrer Entscheidung, ob sie diese Beziehung zu Gott wollen oder nicht. Aus Ihrem Text nehme ich heraus, dass es je nach dem Wünschen mehrere verschiedene Götter gibt. Das hätte aber zur Folge, dass die Menschen dem Götzendienst verfallen, da jeder seinem Wunsch- Gott nachstrebt und ihn verehrt und die Welt, wie wir sie kennen, wäre dem Chaos ausgeliefert. Jeder würde in seiner eigenen Welt mit seinen eigenen Regeln leben. Wenn dann aber ein Mensch schlechte Dinge anstrebt und sich seinen Wunschgott als das Abbild des Teufels vorstellt und „schlechte" Regeln, wie die Erlaubnis zu morden etc „aufstellt", was würde dann passieren? Die Ausmaße können Sie sich sicherlich vorstellen.

Viele und sogar die meisten Menschen denken atheistisch, sowie Sie, denn Gott gibt Ihnen nichts in Ihrer formalen Denkweise.

Wagen Sie den Schritt in das Bild der Religion und verlassen Sie Ihren formalen Rahmen um zu erkennen, dass Gott mehr als nur eine Projektion ist und dass die Religion nur ein Ziel hat, nämlich, dass wir Gott verstehen. Der Glaube lässt Ihnen aber dennoch Freiheit. Sie können also wieder in Ihr egoistisches Bild zurückkehren, in der Sie die Liebe heiligen.

Mit freundlichen Grüßen

# 13 Tiefenstrukturen (christlichen) Gottdenkens

## 13.1 Thematische Hinführung

Ich begrüße Sie zu unserer vorletzten Sitzung in der Vorlesung 'Gott denken'. Sie hat einen ungewöhnlichen Titel: Tiefenstrukturen (christlichen) Gottdenkens. Schon die letzte Sitzung hatte einen anderen Schwerpunkt als die Sitzungen davor: Es ging um die Phänomene der Selbstreferentialität, Projektionalität und Zirkularität religiösen Denkens. Der Gegenstand meiner Reflexion war unser Gottdenken. Das Besondere an dieser Reflexion war, dass sie sich an der Grenze zwischen der religiösen Rede selbst und ihrer Betrachtung von außen bewegte. Diese Gratwanderung möchte ich auch heute mit Ihnen vollziehen, wenn wir uns drei Tiefenstrukturen anschauen, die die Herausforderung gelingender religiöser Kommunikation heute markieren. Ich nenne diese Phänomene ‚Tiefenstrukturen', weil sie hinter der Kommunikation liegen und als ‚*reflection in action*' von den meisten nicht direkt beobachtbar sind. In einer ‚*reflection on action*'[343] sind sie dagegen gut beschreibbar. Mithilfe dieser Beschreibung möchte ich Ihnen ermöglichen, dass Sie Ihr eigenes Handeln besser verstehen und dann auch verändern können.

Die *erste Tiefenstruktur* der ‚Geschlossenheit' kennen Sie schon unter den Stichworten 'Selbstreferentialität', ‚Projektionalität' und ‚Zirkularität'. Hier wiederhole ich noch einmal wichtige Ergebnisse; für Sie die Möglichkeit zu prüfen, was Sie verstanden haben und wo sich noch Fragen ergeben. Die *zweite Tiefenstruktur* betrifft das Phänomen, dass die religiöse Kommunikation in der Erfassung der Welt als Ganzes, in der neuen Beschreibung der Welt Elemente wahrnimmt, die für andere Sprachspiele keine Rolle spielen, wie Engel, Heiliger Geist, Heilige, Dämonen, Teufel, Jungfrauen, Logos. Und natürlich können diese Elemente dann auch Dinge tun, die ebenfalls von anderen Sprachspielen nicht wahrgenommen werden: Sie können heilen, erschaffen, gebären, auferstehen, besetzen, verführen usw. Genau an diesen Elementen und ihren Handlungen in und an der Welt entzünden sich die formalen Fragen, die es so schwer machen, in der ersten Tiefenstruktur sicher zu sein. Dazu müssen wir uns ver-

---

[343] Die Unterscheidung stammt aus der Handlungsforschung und markiert dort das Problem, dass Theorie-Wissen ohne besondere Lernzyklen nur nachträglich, im rekonstruierenden Modus der "reflection on action" zum Zuge kommt. Das Ziel ist, dass durch meta-kognitive Lernprozesse, die Fähigkeit entwickelt wird, auch in der Handlung selbst "reflection in action" vollziehen zu können (vgl. zu dieser Unterscheidung *Donald A. Schön*, Educating the Reflective Practitioner, London 1988 und zu dem Problem von Wissen und Handeln insgesamt *Fritz U. Kolbe*, Verhältnis von Wissen und Handeln, in: *S. Blömeke/G. Tuloziecki/J. Wildt (Hg.)*, Handbuch Lehrerbildung, Bad Heilbrunn 2004, 206-231). Das ist für den Lehrberuf eine wichtige Fähigkeit, weil die Entscheidungen in den Lehr-/Lerninteraktionen live erfolgen muss und eine hohe reflexive Qualität der Entscheidungen auch die Qualität der Entscheidungen mitbestimmt. Die reflexive Qualität hängt weniger von der Kompliziertheit der Gedanken oder genauen Anlehnung an Theorien ab, sondern vielmehr von der Fähigkeit im reflexiven Handlungszyklus die Alternative auszuwählen, die für die Lernenden am fruchtbarsten ist.

halten. Und an diesen Elementen entsteht noch die *dritte Tiefenstruktur*, die paradoxale Struktur religiöser Rede. Die religiöse Rede ist zutiefst davon geprägt, dass ein scheinbarer Widerspruch zweier Aussagen erst die Wahrheit erfasst. Und es ist eben so, dass die Erfassung der außergewöhnlichen Elemente und ihrer Handlungen nicht nur einfach ein Problem der Normalrealität ist, die sich dadurch verändert. Nein, die Einführung der Elemente macht es möglich die paradoxale Struktur der Welt – in religiöser Hinsicht – überhaupt erst zu erfassen. Wie aber lässt sich damit umgehen, dass unser Sprachspiel offen mit Paradoxien umgeht, sie sogar als Dogmen zum Reflexionsanstoß macht, während die Umwelt die Paradoxie vereinfachend als unsinnige, in sich widersprüchliche Rede ablehnt? Damit Sie Ihren gegenwärtigen Stand in der Reflexion solcher Paradoxien festhalten und nach der Vorlesung reflektieren können, beginnen wir die Sitzung mit einer letzten Anfrage aus dem realen Leben des Religionsunterrichts.

In einer Unterrichtsreihe zur Christologie im Tagespraktikum schreibt die Studierende als Ergebnis einer Textarbeit zum Konzil von Chalcedon an die Tafel: "Jesus Christus ist wahrer Gott und wahrer Mensch." Darauf meldet sich ein Schüler, der in der Unterrichtsstunde selbst völlig unauffällig war, und fragt: "Wie soll ich das glauben, das ist ein Widerspruch? Jesus ist entweder Mensch oder Gott!" Was hätten Sie an der Stelle der Studierenden geantwortet?

## 13.2 Tiefenstrukturen religiöser Kommunikation

*13.2.1 Geschlossenheit religiöser Sprachspiele*

---

| tu technische universität dortmund | 1. Geschlossenheit |
| --- | --- |

### 1. Tiefenstruktur: Form eines geschlossenen Sprachspiels/Systems

Nur innerhalb des Sprachsspiels selbst ist **inhaltlich** verständlich, dass

... das menschliche Wort Gottes Wort sein kann.

... der Heilige Geist uns im Glauben stärkt.

... Gott uns ermächtigt in der Welt frei zu leben.

... Gottes Zorn über die Welt berechtigt ist.

Auch wenn **formal** klar ist, dass

... wir Gottes Willen, Gottes Wort nicht von unserem unterscheiden können
($\to$ Selbstreferentialität).

... wir auch einen Gott wollen könnten, den wir nicht wollen ($\to$ Projektionalität).

... wir für Gott keinen Grund in der Welt haben, und jede Verankerung sehr
voraussetzungsvoll ist ($\to$ Zirkularität).

---

Dr. Oliver Reis                  WS 2008-09

---

Die erste Tiefenstruktur bündelt die drei Elemente der Selbstreferentialität, der Projektionalität und Zirkularität unter dem Stichwort der ‚geschlossenen Form' des Sprachspiels. Nur innerhalb des Sprachspiels selbst ist verständlich, dass das menschliche Wort Gottes Wort sein kann, dass der Heilige Geist uns im Glauben stärkt, dass Gott uns ermächtigt in der Welt frei zu leben oder dass Gottes Zorn über die Welt berechtigt ist. In unserem Sprachspiel liegt eine eigne Rationalität, in der wir durchaus auch kritisch zu unseren Beobachtungen stehen. Wir können es ablehnen, dass jemand den Zorn Gottes in einer bestimmten Situation ins Spiel bringt – denken Sie an die Verknüpfung mit dem Hurrikane Katrina –, und sagen, dass Gott mit den Opfern leidet. Wir können auch in der theologischen Reflexion sagen, dass jeder, der Gottes Zorn ins Spiel bringt, klären muss, wie die Zuwendung und Vergebung in Jesus Christus mitgedacht ist. Aber diese kritischen Anfragen sind eben selbst Teil des Sprachspiels, sie sind vom gleichen Geist geprägt. Wenn Sie dagegen fragen: „Wer braucht schon einen zornigen Gott?" oder sagen „Da wird mit Gott Meinung gemacht!", dann wählen Sie einen Beobachtungsstandpunkt, der nicht mehr an christliche Sprachspiele anschlussfähig ist, und machen den gläubigen Beobachtungsstandpunkt in seiner Relativität sichtbar. Das ist in formaler Hinsicht durchaus legitim. Denn Sie wissen auch, dass wir in formaler Hinsicht, Gottes Willen und Gottes Wort nicht von unserem Willen und Wort unterscheiden können. Das ist die Folge der Selbstreferentialität. Sie wissen ebenfalls, dass auch ein Gott, der uns ergreift und den wir bitten, für uns Gott zu sein, formal gesehen eine Projektion sein kann. Unsere Gottesidee kann ohne eine entsprechende Realität einer Person wie Gott-Vater in der Luft hängen. Es gibt keinen Anker in der Welt, der in formaler Hinsicht eindeutig und ohne inhaltliche Interpretationen aus dem Sprachspiel heraus für die Realität Gott-Vaters spricht. Jede Argumentation für die Realität Gott-Vaters ist so voraussetzungsvoll, dass die Plausibilität nur innerhalb des Sprachspiels liegt.

---

 technische universität dortmund                    Konsequenzen

Sie können…

… bei religiöser Kommunikation erkennen, wie jemand versucht formale Probleme inhaltlich zu lösen, und durch die richtigen formalen Fragen erhebliche Irritationen auslösen.

…Projektionsthesen wie die von Feuerbach inhaltlich zurückweisen und deutlich machen, dass formal auch die Projektionsthese nicht begründet ist.

…gelassen mit formalen Anfragen an Ihren Glauben umgehen, die fehlende Begründung ändert nichts an der inhaltlichen Rationalität. Jede Anfrage ist selbst auf eine offene Begründung zurückgeworfen.

… den ganzen inhaltlichen Reichtum der biblischen und theologischen Rede erschließen, weil Sie nicht ständig nach wahr/unwahr aussortieren.

…SchülerInnen einen Ort von Glaubenswahrheit zeigen, der den modernen Denkvoraussetzungen angemessen ist, ohne untheologisch zu werden.

Dr. Oliver Reis                                                    WS 2008-09

---

Wenn Sie diese Analyse von der geschlossenen Form der religiösen Kommunikation akzeptieren, dann hat das durchaus praktische Konsequenzen. Die *erste* betrifft die Kommunikation mit fundamentalistischen Systemen oder theologischen Positionen, die angesichts formaler Fragen die eigene Relativität nicht einnehmen, sondern auch formal objektivistisch und universal antworten. Gegenüber solchen Positionen verfügen Sie selbst über das mächtige Instrument, konsequent die Voraussetzungen und damit die Verschiebung der formalen Frage aufzudecken. Wenn z.B. fundamentalistische Schüler/innen ihre aggressive Ablehnung von Homosexualität mit Lev 18,22 begründen und eine hermeneutische Lesart dieser Stelle mit 2 Tim 3,16 oder 2 Petr 1,20f ("Bedenkt vor allem dies: Keine Weissagung der Schrift darf eigenmächtig ausgelegt werden, denn niemals wurde eine Weissagung ausgesprochen, weil ein Mensch es wollte, sondern vom Heiligen Geist getrieben haben Menschen im Auftrag Gottes geredet") verweigern, Dann ist es wichtig zu wissen, dass die beiden letzten Stellen selbst eine *inhaltliche* Aussage sind, die je nach Grundoption anders *interpretiert* wird – in diesem Fall fundamentalistisch. Diese Interpretation darf im Unterricht geäußert werden, aber die Schülerinnen und Schüler sollten zugleich darüber aufgeklärt werden, dass das Argument nur innerhalb eines fundamentalistischen Sprachspiels überzeugt. Innerhalb unseres römisch-katholischen Sprachspiels wird mit den gleichen Bibelstellen einerseits daran festgehalten, dass die Bibel inspiriertes Gotteswort ist. Andererseits betonen die päpstliche Bibelkommission und auch *Dei verbum* gemeinsam, dass nach der katholischen Tradition genau diese Inspiration nicht die Literalität und die Unterscheidung zwischen dem Buchstaben-Sinn und dem Schriftsinn aufhebt (→ **Gottes Rede**).[344] Mit dem Hinweis "Das ist aber eine spannende Interpretation von 2 Petr 1,20f. Wie begründen Sie die denn?" können Sie durchaus sinnvolle Irritationen auslösen.

Die *zweite* Konsequenz ist, dass die kritischen Anfragen an unseren Glauben von einem anderen inhaltlichen Sprachspiel aus erfolgen. Feuerbach z.B. sagt ja nicht nur wie die Aufklärung, dass unsere Götter unsere Ideen sind (→ **Gottes Dasein**), er sagt auch, dass sie *nur* die Projektionen unser Kontingenz-Erfahrung – Sterblichkeit, begrenzte Erkenntnis, begrenzte Moral, begrenzte Liebesfähigkeit usw. – in die Vollkommenheit hinein sind, an der wir dann durch die Religion Anteil bekommen. Feuerbach lehnt dabei nicht das Streben nach Vollkommenheit ab. Wir können nach ihm mit unserem Bewusstsein die Unendlichkeit unseres Bewusstseins fassen und damit unsere Grenzen der Kontingenz auf uns selbst hin übersteigen. Wir dürfen nur nicht den Gegenstand dieser Entgrenzung ,Gott' nennen, denn dann verlieren wir die Menschheit als den wahren Gegenstand dieser Entgrenzung aus den Augen und denken uns ein nicht wirkliches Außen. Der Triebmechanismus der Entgrenzung ist insofern gut, solange wir uns nicht klein vor Gott machen, statt die eigene Gottheit anzustreben. Genau das geschieht aber in den Religionen, die unseren Wunsch nach Vollkommenheit auf etwas projizieren, das wir Gott nennen.[345] Abgesehen davon, dass die inhaltliche Seite seiner Gottesvorstellung nicht zu der unseren passt (→ **Menschen denken Gott**), so ist seine Analyse nur auf der Grundlage eines bestimmten Menschenbildes verständlich. Das Menschenbild geht von einer dominierenden Triebstruktur aus, die das Bedürfnis der Projektion als Problembearbeitung erzeugt. Erkennen Sie hier die Grundstruktur einer anderen Disziplin wieder, die es zurzeit von Feuerbach noch nicht gab, der aber genau mit dieser Perspektive die Gründungsväter inspiriert hat? Feuerbach legt eine *psychologische Analyse* des religiösen Denkens vor. Das religiöse Denken ist

---

[344] Vgl. *Dei verbum* 11f. (DH 4215-4218) und Die päpstliche Bibelkommission, Die Interpretation der Bibel in der Kirche, hg. v. Sekretariat der Deutschen Bischofskonferenz, Bonn 1993, 61f.
[345] Vgl. zur Einführung in und zur Kritik an den Thesen Feuerbachs *Küng*, Existiert Gott?, ⁵2008, 231-250.

die naturgesetzliche Folge der inneren Kräfte des Menschen. Wenn er auch seine Konstrukte noch nicht empirisch erhebt, sondern sein Konstrukt eher aus der theologisch-philosophischen Anthropologie ableitet, so ersetzt er vollständig die äußere Beziehung von Gott und Welt durch den inneren Akt der Projektion.[346] Sein Atheismus hat einen Kampf gegen die menschliche Psyche zur Folge, die lernen muss, die Triebstruktur für die Menschheit selbst einzusetzen. Wir haben uns so daran gewöhnt, dass die Psychologie eine seriöse Wissenschaft ist, dass wir übersehen, dass die Wahrheit der psychologischen Aussage – und damit auch die Wahrheit der Feuerbach'schen These – an ein bestimmtes Menschenbild gebunden ist. Selbst in Zeiten der Gehirnforschung werden Sie nie die Triebstruktur *finden*, die die Projektion auslöst. Es gibt durchaus Phänomene, die in einem psychologischen Sprachspiel so interpretiert werden können. Aber wissenschaftstheoretisch können die Voraussetzungen immer wieder hinterfragt werden, bis auch in der Psychologie oder der heutigen Bewusstseinsforschung die Zirkularität unübersehbar ist. Die Psychologie und auch Feuerbach können nicht die Frage beantworten, ob nicht hinter den Gottesbildern ein bleibendes Außen unsere Triebstruktur aufnimmt und zugleich so umformt, dass wir durch unseren Dienst an Gott-Vater als Gottesbild wirklich ‚Gott' verehren. Durch die Konstruktion der Projektionsstruktur wird Gott zu einem nichtigen Außen, das ist aber nur eine unbewiesene Hypothese innerhalb des Sprachspiels. Die wissenschaftstheoretische ‚Durhem-Quine'-Hypothese hält deswegen auch fest, dass jede Einzelerkenntnis an den Erkenntnisrahmen gebunden ist, die zu ihr geführt hat.[347] Es geht also auch im Sprachspiel der Psychologie um Plausibilität, die wir ihr aus pragmatischen Gründen von außen in einem höheren Maße zuschreiben, als wir dies bei Glaubensaussagen oder theologischen Aussagen tun. Das heißt: formale Anfragen sind hilfreich, damit sich ein Sprachspiel neu ausrichten kann, es erfährt etwas über die Fragen der Zeit. Aber man sollte nie vergessen, dass die formalen Anfragen selbst von anderen Sprachspielen herrühren, die auch nicht außerhalb ihrer selbst begründen sind.

Die *dritte* Konsequenz ist, dass uns kritische formale Anfragen nur dann wirklich aus der Fassung bringen, wenn wir die Wahrheit unserer inhaltlichen Aussagen daran binden, dass wir sie auch von einem ungläubigen Beobachtungsstandpunkt aus akzeptieren können. Das ist aber ein Anspruch, der sich nach diesen Analysen nicht einlösen lässt. Für mich heißt das nun nicht, dass Sie nur dann richtig glauben, wenn Sie durch und durch die ganze Welt vom Glaubensstandpunkt aus sehen. Das ist vielleicht für den Religionslehrerberuf

---

[346] Und hier setzt auch ein Strang der Kritik an Feuerbach an, die seine abstrakte Vorstellung vom Gottmenschen als Ziel der Entgrenzung hochproblematisch empfindet. Diese Anthropologie ist dann eben doch wieder individuumsfeindlich und übersieht die realen Bedürfnisse – genauso wie die theologische Anthropologie seiner Zeit. Feuerbach hat nur die christlich religiöse Transzendenz durch eine bewusstseinsphilosophisch religiöse Transzendenz ersetzt, die er psychologisch begründet (vgl. *Küng*, Existiert Gott, ⁵2008, 238-240, 242-244).

[347] Vgl. zu dieser Hypothese bei *Willard Van Orman Quine*, Von einem logischen Standpunkt, Frankfurt 1979, 45-47 und *Willard Van Orman Quine*, Wort und Gegenstand, Stuttgart 1980, §6.

sogar eine ungünstige Voraussetzung, wenn das Verständnis für die formalen Fragen der Schülerinnen und Schüler fehlt. Ich halte es aber für wichtig, dass Sie trotz Ihrer der Normalrealität zugewandten Seite gelassen am römisch-katholischen Sprachspiel teilnehmen. Nutzen Sie diese Seite dafür, dass Sie das Sprachspiel für die Fragen und Probleme der Zeit offen halten, ohne auszusteigen. Machen Sie die Relativität des gläubigen Standpunkts transparent und bringen Sie ihn trotzdem gewinnbringend für die Welt ein. Dann leisten Sie auch noch einen Beitrag dazu, dass insgesamt das Bewusstsein dafür steigt, dass jede begründete Meinung von der Perspektive des Beobachtungsstandpunkts abhängt. Totalisierungen sind nur dann legitim, wenn sie für die Welt und verbunden mit dem Wissen um die eigene Relativität vorgenommen werden.

Auf dem Hintergrund dieser drei Konsequenzen wiederhole ich noch einmal von der letzten Sitzung, dass wir *viertens* den inhaltlichen Reichtum an Beobachtungen, die wir in unserem Sprachspiel gewonnen haben, nutzen, um die Welt als Ganze zu verstehen. Und zu diesem Reichtum gehören eben gerade die Elemente und ihr Handeln, die uns die Wirklichkeit des Glaubens so schwer machen. Jungfrauen, Heilige, Gottessöhne, Schöpfung und Auferstehung. Machen Sie sich dann frei von der Frage „Wie kann das sein?" und gehen Sie über zu der Frage: „Was heißt das?" Dann können Sie die Welt in einer neuen Perspektive sehen.

Ich meine, dass sich so ein angemessener Ort des gläubigen Denkens einnehmen lässt, wenn Sie in der Spannung zwischen formaler Partikularität und inhaltlicher Universalität bleiben. Der erste Pol hebt den Wahrheitsanspruch des zweiten solange Sie die inhaltliche von der formalen Perspektive unterscheiden können. Zumindest in theologischer Hinsicht lässt sich mit Bernhard Fresacher zeigen, dass der Ort in der Spannung mit dem II. Vatikanum ein sinnvoller Ort ist (→ **Gottes Wille**). Wenn Sie auf Gesprächspartner treffen, die die beiden Perspektiven nicht trennen können, dann ist das schade. Die Unfähigkeit fällt dann aber auf diese selbst zurück. Eigentlich können – wie die Theologie – naturwissenschaftlich, psychologisch oder philosophisch orientierte Religionskritiker um die Selbstreferentialität des eigenen Standpunktes wissen. Von diesem Ort aus ist der Religionsunterricht ein wirklich offenes Angebot, eine Weltperspektive kennen zu lernen. Deshalb können Sie sich davon freimachen, dass die Schülerinnen und Schüler nach dem Unterricht bei Ihnen die Glaubensaussagen auch glauben sollten. Dieses Ziel überfordert Sie und die Schülerinnen und Schüler, und es unterläuft die Unterscheidung der formalen und inhaltlichen Perspektive. Es reicht andererseits sicher nicht, wenn die Schülerinnen und Schüler nachher religionskundlich wie aus der Vogelperspektive bestimmen könnten, was die Glaubensaussage in der Religion bedeutet. Es kommt darauf an, dass die Schülerinnen und Schüler darstellen können, was es bedeuten würde, wenn man die Glaubensaussage als Element des Sprachspiels einer dazugehörenden Lebensform teilt. Einerseits verlangt dies, dass sich die Schüler und Schülerinnen daran binden, den Beobachtungsstandpunkt zu übernehmen und inhaltliche Aussagen zu treffen. Andererseits bietet dieser Ort genügend Distanz durch die formale Unterscheidung der verschiedenen möglichen Standpunkte. Durch die grundsätzliche Möglichkeit zur Distanz und den Vorbehalt der Partikularität ist es erlaubt, dass der Religionsunterricht als Ziel für alle verfolgt, den Standpunkt einzunehmen.[348] Die Lehrautorität wird also nicht dafür gebraucht, den Wahrheitsanspruch auf die Schülerinnen und Schüler zu übertragen, sondern dafür, den Beobachtungsstandpunkt unter dem Vorbehalt der Partikularität einzunehmen. Das entlastet vielleicht von überzogenen Ansprüchen an die Rolle als Religionslehrerin und Religionslehrer.

### 13.2.2 *Transzendenz-Immanenz-Kreuzungen*

| tu technische universität dortmund | 2. Transzendenz/Immanenz-Kreuzung |
|---|---|

**Gott als Kontingenzformel**

Immer wenn wir etwas tun, denken, sagen, entscheiden, usw. sagen wir etwas nicht, tun wir etwas nicht, haben wir uns für etwas nicht entschieden. Alles könnte auch anders sein (Kontingenz). Religion gibt Sinnkrisen gegenüber der Welt eine Form, sie bearbeitet Kontingenz: In der Gottesperspektive wird die Welt eine. Wir können in der Gottesverehrung/Gotteskonstruktion eine richtige Perspektive auf die Welt **erleben**. Jahwe, als der Eine, hält die Welt zusammen.

**Transzendenz in Immanenz**

Religionen sehen die immanente Welt noch einmal mit der Transzendenz-Brille anders: Kreuzung von Immanenz und Transzendenz in der Transzendenz. Dadurch werden Handlungsoptionen geöffnet und als richtig vereindeutigt.

**Kreuzungsmedien**

„Kreuzungsmedien" vereindeutigen die Gottesperspektive in der Immanenz für uns verständlich – von oben: Engel, Heiliger Geist, Jesus Christus, Hl. Texte, Wandlung, Wunder und von unten: Heilige, Propheten-Visionen, Jesus Christus. Achtung: Die Vereindeutigung muss auch wieder aufgehoben werden.

| Dr. Oliver Reis | WS 2008-09 |
|---|---|

Die zweite und dritte Tiefenstruktur werden noch einmal die Komplexität steigern, das ist allerdings nötig, wenn wir sie fassen wollen. Ich werde versuchen die einzelnen Lernschritte deutlicher zu gliedern, als ich das sonst tue. Ich komme nun zur zweiten Tiefenstruktur, dass die christliche Religion in ihrer Weltbeschreibung Transzendenz-Immanenz-Kreuzungen nutzt. Für diese Per-

---

[348] Das folgende Buch hat diesen Ort für den Religionsunterricht mit breiter Wirkung religionsdidaktisch herausgearbeitet: *Michael Meyer-Blanck/Bernhard Dressler* (Hg.), Religion zeigen. Religionspädagogik und Semiotik, Münster 1998. Daran hat z.B. angeknüpft: *Thomas Ruster*, Die Welt verstehen ‚gemäß den Schriften'. Religionsunterricht als Einführung in das biblische Wirklichkeitsverständnis, in: rhs 43/2000b, 189-203.

spektive auf Religion nutze ich die systemtheoretischen Einsichten von Niklas Luhmann. Aus seinem Buch „Die Religion der Gesellschaft"[349] habe ich Ausschnitte in *ews* [**vgl. EWS-Texte 37**] eingestellt, die Sie als Hintergrund für die kommenden Folien nutzen können.[350]

## 13.2.2.1 Gott als Kontingenzformel

Für Luhmann ist jede menschliche Kommunikation eine bezeichnende Operation, die eine Unterscheidung einführt: zwischen dem Bezeichneten und dem zugleich Unbezeichneten. In jedem unserer Akte der Kommunikation (mit Sprache, dem Körper oder auch Medien) entsteht im Bezeichnen immer auch Unbezeichnetes. Dieses kann zwar in erneuter Kommunikation zum Gegenstand werden, das ändert aber nichts daran, dass auch diese Kommunikation erneut Unbezeichnetes 'im Rücken' der Beobachtung erzeugt. Wenn Sie sagen, "Das ist aber ein toller Pullover.", dann haben Sie zugleich nicht gesagt, ob Sie finden, dass der Pullover der Trägerin auch steht. Wenn Sie sich dieses Auto kaufen, dann haben Sie zugleich viele andere Optionen an Motorenleistung, Optik, Botschaft nicht realisiert. Wenn Sie sagen, "Ich liebe dich!", dann haben Sie die Unsicherheit über die Zukunft der Beziehung nicht mitgesagt. Trotzdem läuft das Unbezeichnete mit als Unsicherheit im Werturteil, in der Kaufentscheidung oder in der Beziehungsbeschreibung. Wenn Sinn durch unsere Kommunikation entsteht, dann erzeugt sie gleichzeitig Kontingenz, als das Bewusstsein von der endlichen Reichweite unserer Kommunikation. All unsere Kommunikation ist *eine* realisierte Möglichkeit, die zugleich auf unzählige andere Möglichkeiten verweist. Nach Luhmann entsteht Religion genau deshalb, um diese Kontingenz erneut beobachtbar zu machen. Wir lassen uns auf eine über-sinnige Kommunikationsform ein, um unsere Kommunikation als sinnvoll zu stabilisieren.

Wenn Sie aber das, was in Ihrem Rücken ist, sichtbar machen wollen, ohne einfach erneut neue Kontingenz zu erzeugen, dann brauchen Sie eine 'Spezialkonstruktion'. Sie können ahnen, um was für eine Spezialkonstruktion es sich handelt. Wir haben Sie schon beim Taschenspielertrick beschrieben. Sie brauchen einen Beobachtungspunkt der Einheit, der die Differenz von Bezeichnetem und Unbezeichnetem aufhebt. Während sonst jede Kommunikation die Einheit der Differenz von Bezeichnetem und Unbezeichnetem selbst nicht beobachten kann, braucht es nun eine Beobachtung, die selbst die Einheit ist und deren Beobachtungen der Differenz nicht mehr unterliegen. Diese Beobachtung muss dafür selbst der Realität entzogen sein und die Möglichkeit bieten, mit ihr die Realität zu beobachten. Theistische Religionen fügen an dieser Stelle 'Gott' ein,

---

[349] *Niklas Luhmann*, Die Religion der Gesellschaft, Frankfurt a.M. 2000.
[350] Ausführlicher zum Grundkonstrukt vgl. *Oliver Reis*, Luhmann und die Religion der Gesellschaft, in: *G. Büttner/A. Scheunpflug/V. Elsenbast* (Hg.), Zwischen Erziehung und Religion. Religionspädagogische Perspektiven nach Niklas Luhmann, Berlin 2007, 15-28. Dort sind auch die entsprechenden Textstellen bei Luhmann angegeben.

der als unverursachte Ursache, als unteilbare Einheit, als transzendenter Schöpfer eine Beobachtung der Welt bietet, die die Kette der Kontingenzvermehrung abschließen kann. Für Luhmann bietet die Gottesfigur die Möglichkeit die Welt unter dem Blick Gottes zu verdoppeln. Neben die Perspektive auf die Welt, wie sie den direkten Operationen zugänglich ist, entsteht eine Perspektive, die sich in den Operationen Gottes konstituiert.

Die menschlichen Beobachtungen Gottes sind kompliziert. Denn es muss verhindert werden, dass die Beobachtung Gottes vorwitzig wird und der menschliche Beobachtungsstandpunkt mit all seiner Kontingenz durchschlägt. Dann leistet die Bezugnahme auf Gott keine Kontingenzreduktion mehr. Andererseits sind die göttlichen Operationen darauf angewiesen, dass sie von Menschen entziffert werden, dass es also Beobachter der göttlichen Operationen gibt – diese müssen aber hinter ihre Beobachtungen zurücktreten können. Deshalb ist es so wichtig, dass die religiöse Kommunikation an die Beobachtung der Operationen Gottes anschließt – und damit an seine Beziehung zur Welt – und der Beobachter dahinter zurücktritt.[351] Sie sehen, dass sich die Anfrage von Frau Huber zum Taschenspielertrick der Religion mit Luhmann als das konstitutive Merkmal von Religion beschreiben lässt. Luhmann macht deutlich, wie unwahrscheinlich es eigentlich ist, dass in der Kommunikation auf diesen Gott so Bezug genommen wird, dass nicht der Beobachtungsstandpunkt selbst aufgedeckt, sondern an die Beobachtungen angeschlossen wird. Das macht nur Sinn,

---

[351] Für die Religionen verschärft sich hier ein Problem, das Luhmann in modernen Gesellschaften generell beobachtet. Wir gewöhnen uns daran, Sinn über die Beobachtung von Beobachtungen zu gewinnen. Wenn wir z.B. unsere Weltdeutung über die Deutung der Medien beziehen, können wir erheblich Komplexität reduzieren. Dabei entsteht aber auch das schon angesprochene Problem, dass wir in dieser Beobachtung zweiter Ordnung entweder auf den Beobachter Erster Ordnung schauen und seine genutzten Unterscheidungen oder eben auf das, was er mit diesen Unterscheidungen beobachtet hat (vgl. *Niklas Luhmann*, Die Gesellschaft der Gesellschaft, Bd. 1, Frankfurt a.M. 1997, 313f.). Kann der Anschluss an die Beobachtung selbst (2. Option) nicht sichergestellt werden, dann kommt religiöse Kommunikation nicht in Gang. In der christlichen Religion ist hierfür der *Teufel* bedeutsam. Dieser beobachtet Gott und prüft seine Unterscheidungen. Damit könnte er zur neuen Einheit der Differenz werden. Und der Teufel erscheint biblisch ja sogar öfter als der bessere Ratgeber. Genau deshalb braucht es die Verteufelung des Teufels, da sonst Gott nicht mehr die Sinnkrise der Bezeichnung bearbeiten kann. Jede seine Operationen könnte beliebig beobachtet und in ihrer Sinnhaftigkeit beurteilt werden. Über die Verteufelung des Teufels wird so nicht nur die Einheit Gottes gewahrt, sondern zugleich ein neuer Beobachtungsstandpunkt geschaffen, der zwischen rechtmäßiger und unrechtmäßiger Gottesbeobachtung unterscheidet. Damit wird nicht mehr die göttliche Notwendigkeit als Willkür entlarvt, sondern bestimmte menschliche Beobachtung als teuflisch. Mit dieser Unterscheidung nimmt die Theologie ihre Arbeit auf (vgl. *Johann Ev. Hafner*, Angelologie, Paderborn 2010, 146f, *Andrea Nickel-Schwäbisch*, ‚Ich bin ein Teil des Teils, der anfangs alles war'. Überlegungen zum Begriff des Teufels bei Niklas Luhmann, in: *G. Thomas/A. Schüle* (Hg.), Luhmann und die Theologie, Darmstadt 2006, 117-125). Dass heute keine teuflischen Beobachtungen Gottes mehr von der Katholischen Theologie identifiziert werden, könnte ein Indiz dafür sein, dass die Gottesbeobachtung selbst freigegeben ist. Die daraus resultierende Pluralität löst aber offenbar keine Bestürzung aus, was vielleicht ein Indiz dafür ist, dass die ehrfürchtige Schau Gottes zur Kontingenzbewältigung ausgedient hat.

wenn diese Kommunikation tatsächlich den Bedarf einer Gesellschaft nach Kontingenzbewältigung decken kann.

### 13.2.2.2 Religion als Transzendenz-Immanenz-Kreuzung

Ich habe gesagt, dass ‚Gott‘ in dieser ‚Konstruktion‘ der ‚Transzendenz‘ zugeordnet ist und damit der Welt als Immanenz gegenübersteht. Ich möchte nun genauer auf die Unterscheidung von ‚Transzendenz‘ und ‚Immanenz‘ eingehen, weil diese für die Religion entscheidend ist. ‚Transzendenz‘ meint den Bereich von Wirklichkeit, zu dem man erst "hinüberschreiten", also eine Grenze überwinden muss. ‚Immanenz‘ ist der innere Bereich, in dem man bleibt. Religionen errichten die Unterscheidung zwischen der Immanenz und der Transzendenz nicht nur einfach lokal: hier die Immanenz und dort im Jenseits die Transzendenz. Gerade die Hochreligionen haben die Unterscheidung von Immanenz und Transzendenz noch einmal in die Immanenz *hineinkopiert*. In der Immanenz sind Operationen des Transzendenten erkennbar. Und davon ist die ganze Immanenz dauernd erfasst, so dass Religion nicht mehr von besonderen, nicht erklärbaren Phänomenen abhängt, sondern als Dauerbeobachtung der Immanenz funktioniert. Diese Dauerbeobachtung geschieht im 'Glauben', der Anteil an der Unterscheidung zwischen Transzendenz und Immanenz gibt. Der Glaube beobachtet die Operationen der Transzendenz in den Wirkungen auf die Immanenz. Durch dieses *Re-entry* der Unterscheidung wird es möglich, dass sich Religion gerade nicht auf das Jenseits bezieht oder auf das Transzendente selbst, sondern auf die Transzendierung der Immanenz. 'Hinübergeschritten' werden muss nicht mehr in den unzugänglichen Bereich, sondern die zu überwindende Grenze liegt vielmehr in der Realitätsverdopplung. Und genau die macht es dann möglich von Gott her Handlungsoptionen zu gewinnen, die sich an die Operationen Gottes anschließen. Wir 'erleben' Gottes Handeln – damit deuten wir die Wirkungsursache außerhalb von uns zu – und beziehen unser 'Handeln' als Reaktion darauf.[352]

### 13.2.2.3 Kreuzungsmedien für den Übergang

Durch das Re-entry der Unterscheidung von Transzendenz und Immanenz in die Immanenz kann, wie gesagt, die Wirkung der Transzendenz in der Imma-

---

[352] Vgl. zur Unterscheidung von Transzendenz und Immanenz als 'Code' der Religionssysteme *Luhmann*, Die Religion der Gesellschaft, 2000, 62-92. Der ‚Himmel‘ ist ein gutes Beispiel dafür, wie komplex das Re-entry der Transzendenz in die Immanenz geschachtelt sein kann. Während der ‚Himmel‘ vielfach in den Religionen – auch in Teilen der jüdisch-christlichen Religion – als Ort der Transzendenz selbst gedacht wird, so wird der Himmel in der jüdisch-christlichen Religion zugleich als religiöse Immanenz gedacht, in die noch einmal die Unterscheidung hineinkopiert wird: Der Religionshimmel kann selbst noch unter Ort beobachtet werden, an dem Gottes Handeln für die Welt sichtbar wird (→ **Gottes Wille, 3. Modell**).

nenz beobachtet werden. Da aber die Transzendenz sich nicht einfach in der Immanenz zeigen kann – dann wäre die Transzendenz aufgehoben und die Immanenz zerstört – leben die Religionen von 'Kreuzungsmedien'. Das sind solche Medien, die beiden Seiten angehören, als beiden Seiten zugehörig 'gelesen' werden können. Sie verdichten die Unterscheidung auf den Moment der Einheit, der Gotteserfahrung. Damit die Immanenz aber nicht von der Transzendenz 'erschlagen' wird, sonst wird religiöse Deutung überflüssig, ist es sinnvoll, dass diese Medien die beiden Seiten der Unterscheidung kreuzen. So bleibt die Realitätsverdopplung erhalten und es ist einfach religiöse Kommunikation *nötig*, um die Immanenz von der Transzendenz her zu lesen. Für Luhmann schafft sich so die Religion – wie alle anderen Weltbeobachtungssysteme auch – erst durch ihre spezifische Form die Probleme, die sie löst.[353] Und deshalb brauchen Religionen Heilige, Jungfrauengeburten, Auferstehungen, Sakramente (kreuzen von der Immanenz her) und Heiligen Geist, Engel[354], Inkarnationen, Offenbarungen, Wunder (kreuzen von der Transzendenz her). Die Heiligen Texte wie die Bibel werden je nach Auslegungssituationen mal von unten (vom Menschenwort aus) und mal von oben (vom Gottes Wort aus) gekreuzt. Auch Jesus Christus ist ein Kreuzungsmedium, das sich von oben (alexandrinische Schule) und (antiochenische Schule) lesen lässt (→ **Einführung in die Systematische Theologie/Basiswissen Dogmatik**).

In der Sprache des Glaubens und der Theologie werden diese Kreuzungsmedien und ihre Handlungen in die Weltbeschreibung eingebettet. So unglaublich religiöse Weltbeschreibungen durch die Kreuzungsmedien im Verhältnis zur Normalrealität klingen, so normal wie möglich müssen sie innerhalb des Glaubens sein. Das heißt, dass auch die Kreuzungsmedien *Verwendungsregeln* unterworfen sind. Auch sie sind da oder nicht mehr da, sie können nur bestimmte Spielzüge machen. So bilden sich Erwartungen aus, die wichtig sind, weil Religion ja die Wirkungen der Transzendenz an der Immanenz verifizieren muss. Die Religionen entwickeln deshalb Regeln, die sicherstellen, dass das Reentry der Transzendenz in der jeweiligen Religion kontrolliert geschieht. Es ist kompliziert zu bestimmen, wer heilig ist, ob wirklich ein Wunder vorliegt, was mit Maria am Ende des irdischen Lebens geschehen ist, wie der Papst unfehlbare Entscheidungen treffen kann und wie die Kirche als Leib Christi welche Sünden vergeben kann. Solche Vereindeutigungen der Kreuzung sind wichtig, weil sie die Realität der Transzendenz zeigen und gleichzeitig die Notwendigkeit der religiösen Kommunikation. Zugleich sind sie problematisch, weil sie den Charakter der Realitätsverdopplung gefährden. Deshalb werden Vereindeutigungen auch wieder durch Gegenkreuzungen wieder aufgehoben. Gott ist Mensch geworden, aber es ist auch gut, dass dieser Mensch nun wieder zur Rechten des Vaters sitzt. Jesus Christus wurde von dem Heiligen Geist empfan-

---

[353] Vgl. *Luhmann*, Die Religion der Gesellschaft, 2000, 82f.,92f.
[354] Wie komplex in der christlichen Religionsgeschichte die Engel an dieser Transzendenz-/Immanenz-Grenze gehalten wurden, zeigt *Hafner*, Angelologie, 2010.

gen und der Jungfrau Maria geboren wurde, es ist aber auch gut, dass er wie jeder Mensch gestorben ist. Das Kirchenrecht kann göttliches Recht bestimmen und natürlich verbürgt nur Gott die Wahrheit seines Rechts. Der Priester wandelt kraft der Weihe in der Eucharistie durch den Vollzug des Ritus Brot und Wein, aber natürlich ist es Christus, der sich selbst opfert.

Die einzelnen *christlichen Konfessionen* bieten im Grunde verschiedene 'Programme' an, welche Kreuzungsmedien mit welcher Funktion genutzt werden. Jedes dieser Programme ist an soziale Organisationen gebunden, die in ihren Entscheidungen diese Entfaltung sichtbar machen und die in ihrer Entscheidungstradition sicherstellen, dass sich die religiöse Kommunikation innerhalb der Organisation auf die bisherige Kommunikation bezieht. Dadurch wird religiöse Kommunikation als eigenes System erst wahrscheinlich.[355] Sie sehen hier den Zusammenhang von Lebensform und Sprachspiel bei Wittgenstein wieder. Ohne solche Programme wäre das *Re-entry* der Transzendenz beliebig. Religiöse Kommunikation braucht einen eingegrenzten, erwartbaren Beobachtungsstandpunkt. Wir identifizieren den Beobachter – damit kann er unsichtbar werden und wir können uns auf seine religiöse Beobachtung konzentrieren. Deshalb gilt: Ohne programmatisch verwendete Kreuzungsmedien keine religiöse Kommunikation: Haben Sie keine Angst vor Kreuzungsmedien! Wenn ich noch einmal die Spielmetapher nutze: Die gehören zum Spiel. Das sind Spielfiguren, die Sie nicht aussortieren können, ohne das Spiel erheblich zu verändern. Es müssen nicht immer alle genutzt werden, in den Konfessionen bilden sich bevorzugte Strategien heraus, die an bestimmte Medien anknüpfen. Es ist unmöglich innerhalb der religiösen Kommunikation unseres Programms einen erlaubten Spielzug zu machen, der ganz auf Gott-Vater, Heilige, Engel, Heiligen Geist, Dämonen, Heilige Texte, die Heilige Katholische Kirche als Leib Christi, Jesus Christus als Hypostase des göttlichen Seins sowie Auferstehung, Schöpfung, Wunder und Jungfrauengeburten, Sündenvergebung, die Sakramente usw. verzichten kann. Eine Gruppe, die ohne diese Kreuzungsmedien interagiert, kann ganz viel sein, aber keine religiöse Gruppe. Die letzte Rückzugsmöglichkeit ist die nackte Gottesbeziehung, aber selbst die verwendet ihn dann als Kreuzungsmedium. Klaus Berger stellt deshalb zu Recht die Frage, ob es legitim ist, die biblische reiche Wirklichkeit für die Anschlussfähigkeit an die Alltagserfahrung zu säubern. Wenn man aus formalen Gründen die Kreuzungsmedien aufgrund der mit ihr betriebenen Realitätsverdopplung opfert, wird irgendwann auch "Gott" selbst der Alltagserfahrung der Normalrealität geopfert. Diesen Gedankengang von Berger können Sie in dem *ews*-Textauszug nachlesen **[vgl. EWS-Text 36]**.

Das heißt überhaupt nicht, dass ich plötzlich fundamentalistisch werde. Unsere verschiedenen Grundoptionen sind verschiedene Möglichkeiten wie die

---

[355] Vgl. *Luhmann*, Die Religion der Gesellschaft, 2000, 67,229-232. Zum Verhältnis von Organisation und Programm in der Kirche vgl. *Oliver Reis*, Systemtheoretische Überlegungen zum Verhältnis von Kirche und Geld, in: ThPQ 153 (2005), 386-394, hier 389-391.

Realitätsverdopplung zu bearbeiten ist. Die hermeneutische Theologie geht durchaus von der Normalrealität als Immanenz aus und bezieht die bildlich verstandene Glaubensrealität als Interpretationsfolie auf diese. Der Fundamentalismus löst die Realitätsverdopplung ontologisch auf und gibt Regeln, wie mit der scheinbaren Normalrealität vom echten Sein her umzugehen ist. Die Transzendentaltheologie verlegt die Transzendenz in die Erkenntnis- und Seinsbedingungen des Menschen, so dass das volle Menschsein erst dann zum Zuge kommt, wenn diese Möglichkeiten im Zugang zur Welt integriert sind.

### 13.2.2.4 Beispiel für die Funktion von Kreuzungsmedien

...ein Beispiel und die Konsequenzen

**Bsp.:** „Erscheinungen Jesu" nach seinem Tod (Frauen, Emmaus-Jüngern, Petrus)

**Merkmal:** Handlungsanweisungen durch eine Person, die aber auf den ersten Blick nicht Jesus ist, aber in seinem Geist handelt.

**Funktion:** Dialektik von Erkennen und Nicht-Erkennen: Erkennen im Geist der Berufenen und Öffnung der Perspektive für Wandlungen der Begegnung mit Jesus (Eucharistie, Kirche)

⇒ Wenn die Erscheinungen nicht wahr sind, gibt es diese Begegnungen mit Jesus nicht. So setzen sie die Transzendenz in anderen Formen fort.

**Konsequenzen:**

1. Jedes Gottdenken lebt von der kreativen Kreuzung und der Vereindeutigung von Gott her. Das macht theologische Erkenntnis aus.

2. Wo diese Kreuzung nicht mehr geschieht, wird die Theologie aufgegeben und wird die Rede zur Geschichtswissenschaft, Soziologie oder Psychologie.

3. Wo diese Kreuzungen nicht mehr auf ihre Logik und Form ansprechbar sind und wo die Botschaft nicht von der Form gelöst wird, wird die Rede fideistisch.

Dr. Oliver Reis                                                                                    WS 2008-09

Ich möchte Ihnen an einem Beispiel zeigen, wie wichtig die Kreuzungen von Transzendenz und Immanenz sind, welche Funktion sie übernehmen und warum Sie sich von den Kreuzungen nicht inhaltlich ablenken lassen dürfen. Das Lukas-Evangelium bietet in Lk 24 drei verschiedene Erscheinungsszenen.[356] In Lk 24,13-33 erscheint Jesus den zwei Jüngern auf ihrem Weg nach Emmaus, in Lk 24,34 wird berichtet, dass dem Simon Jesus in Jerusalem erschienen ist und in Lk 24,36-49 erscheint Jesus allen Jüngern vor seiner Himmelfahrt in Jerusalem. Auffällig ist bei diesen Erscheinungen, dass nicht einfach

---

[356] Für eine bibeldidaktisch gut gemachte Aufschlüsselung der Erscheinungsszenen im Gesamt des Osterglaubens vgl. *Willibald Bösen*, Auferweckt gemäß der Schrift. Das biblische Fundament des Osterglaubens, Freiburg i.Br. 2006, 107-124,133-156,190-202.

Jesus wieder da ist, sondern in seiner Gestalt gewandelt ist. Er ist ihnen zunächst fremd, öffnet ihre Augen durch die Schrift und wird ihnen im gemeinsamen Mahl vertraut. Der erschienenen Herr ist nicht mehr einfach Jesus, aber in den Augen der Schrift kann sich am erschienen Herr ein wichtige Ablösung vollziehen: die Nachfolger des Menschen Jesus werden zu Zeugen seiner gewandelten Gegenwart. Diese besondere Gegenwartsform tritt dann mit der Himmelfahrt sogar vollständig hinter den gestifteten Medien wie gemeinsames Brotbrechen und Schriftlesen zurück. Wenn man so will, erleben wir in den Texten einen Medienwandel, an den sich dann religiöse Kommunikation anschließen kann.

Haben Sie schon einmal darüber nachgedacht, wie einfach wir davon ausgehen, dass Jesus bei uns und unter uns ist, dass er in unseren liturgischen Vollzügen in seinem Geiste vorsitzt, dass er tatsächlich in seinem Wort sowie in Brot und Wein gegenwärtig sein kann? Diese gewandelte Gegenwart ist von den Evangelien her so nicht zwangsläufig. Der Auferstehungsglaube, der Gottes lebendigmachende Schöpfungsmacht verehrt, geht in eine andere Richtung. Aber wenn die Kirche in ihren Vollzügen mehr als eine Erinnerungsgemeinschaft an Leben, Sterben und Auferstehung Jesu sein soll, wenn sie tatsächlich der Leib Christi sein soll, dann braucht sie die Gegenwart Jesu Christi und seinen Geist. Damit Pfingsten kein abstraktes Erweckungserlebnis ist, sondern die Aussendung der Apostel im Geiste und der Gegenwart Jesu, muss das Handeln der Kirche selbst als etwas anderes gekennzeichnet werden. Und genau dieser Übergang geschieht in den Erscheinungen. Die Erscheinungen machen unsere Eucharistiefeier und unser Lesen der Schrift in der Gemeinschaft seiner Zeugen zur Feier in der Gegenwart Jesu und seines Namens. Damit eröffnen sie auch die Wirklichkeit des Reiches Gottes, die wir in **Gottes Herrschaft** in den verschiedenen Modellen vorausgesetzt haben. Machen Sie sich klar, dass ohne die Erscheinungen der Gedanke absurd wäre, dass kirchliche Gemeinschaft im Namen und Geiste Jesu das Reich Gottes zeigt. Andersherum: Wenn Sie natürlich nicht mehr daran glauben, dass Jesus Christus an der Wirklichkeit seines Reiches auf Erden arbeitet, dann brauchen Sie auch keine Erscheinungen. Aber ohne den gewandelten Jesus Christus ist die Wandlung dieser Welt nur schwer vorstellbar. Mit dem leeren Grab in Lk 24,1-12 bleibt dann die Hoffnung auf eine gewandelte Zukunft beim lebendigen Gott – das ist schon viel –, aber das ist nur Teil unseres Wandlungsglaubens.

Ich hoffe, ich konnte verständlich machen, dass das Kreuzungsmedium Jesus deshalb neben der Kreuzung 'irdischer Tod/Auferstehung' auch die Kreuzung 'irdischer Tod/Erscheinung' brauchte. Damit meine ich nicht, dass die Texte erfunden wurden, weil die Kirche eine Legitimation brauchte. Das kann natürlich in formaler Hinsicht so sein – auszuschließen ist das nicht, da die Texte selber diese Frage nicht objektiv beantworten können. Es gibt auch Exegeten, die sogar davon ausgehen, dass es einen historischen Kern der Erscheinungen gibt. Wir pathologisieren Halluzinationen sofort, aber es ist auch denkbar, dass tatsächlich Anhänger Jesu in anderen Menschen und Situationen Jesus und seine Art wieder erkannt haben.[357] Entscheidender ist für mich aber etwas anderes, die inhaltliche Seite: das kirchliche Sprachspiel braucht u.a. dieses Bindeglied für sein Selbstverständnis, der Leib Jesu zu sein, der in seinem Geist und Namen handeln kann. Es drängt auf diese Wandlung Jesu hin, weil – im Glauben – die Wandlung der Jünger und durch das Handeln der Jünger tatsächlich erlebt wurde. Die Auferstehung Jesu, seine Erscheinungen und Pfingsten interpretieren sich so gegenseitig. Die formal-kritische Frage, wie so etwas möglich ist, übersieht genauso wie die formale Rationalisierung der Erscheinung als reale Halluzination die einfache und unspektakuläre Immanenz-Transzendenz-Kreuzung, die eine christliche Wahrheit erst aufschließt.[358] Eines kann ich Ihnen versichern: Solange ich Teil dieser Kirche bin und mich selbst als Werkzeug für den lebendigen Geist Jesu verstehe, solange ist für mich der gewandelte Jesus den Jüngern erschienen.

Machen Sie sich klar, dass jedes Gottdenken von der kreativen Kreuzung von Transzendenz und Immanenz lebt. Ich weiß, dass die meisten von Ihnen sich damit schwer tun, dass Sie nicht wissen, wie Sie diese Kreuzungen selbst vollziehen können. In der Theologie – also auch in der theologischen Lehre hier – sollten Sie sehen und lernen können, welche Spielregeln unser Programm zur Entfaltung der Unterscheidung 'Transzendenz/Immanenz' prägen. Hier und heute kann es mir erst einmal darum gehen, dass Sie erkennen, wie wichtig es ist, dass wir im Glauben und der Theologie die Realitätsverdopplung *überhaupt* eingehen. Ich weiß, dass die meisten damit nicht vertraut sind. Aber wenn Sie diese Hürde nicht überwinden können, dann verändert sich der Code. Aus Religion wird Geschichtswissenschaft, Soziologie oder Psychologie. Das ist in privater Hinsicht Ihre Entscheidung, aber für den Religionsunterricht ein grundlegendes Problem, weil dann mit Luhmann nicht einmal an Ihnen beobachtet werden kann, was der christliche Weltbeobachtungsstandpunkt einbringt.[359] Noch einmal mit Wittgenstein: Vergessen Sie nicht, dass Sie für die Lebendigkeit der Lebensform und des Sprachspiels einstehen. Und umgekehrt gilt: Wenn die Kreuzungen der Beobachtung entzogen werden und sie damit nicht mehr auf ihre Logik und ihre Form ansprechbar sind, wenn so die Realitätsverdopplung zugunsten einer einfachen Welt aufgelöst wird, dann wird zugleich auch die Theologie wie beim Fideismus oder Fundamentalismus verabschiedet. Es

---

[357] Vgl. z.B. *Alois Stimpfle*: "Ich habe den Herrn gesehen" (Joh 20,11-18). Konstruktionsgeschichtliche Überlegungen zur neutestamentlichen Auferstehungserfahrung, in: *G. Büttner/H. Mendl/O. Reis/H. Roose* (Hg.): Religion lernen. Jahrbuch für konstruktivistische Religionsdidaktik. Bd. 1: Lernen mit der Bibel, Hannover 2010, 51-66.

[358] Hier kommt die Selbstreferentialität religiöser Kommunikation zum Tragen. Die Wahrheit der Erscheinungen ist an die Setzungen gebunden, die als Prämissen in den Schluss eingehen. Luhmann spricht von operativem Konstruktivismus, der die Identität der Aussage mit dem Bezeichneten nicht mehr als Referenz zu einer externen Größe verstehen kann. Die Identität liegt in dem Schluss selbst (vgl. *Luhmann*, Die Religion der Gesellschaft, 2000, 73).

[359] Vgl. *Thomas Ruster*, Beobachten lernen, wie Religion die Welt beobachtet. Warum ReligionslehrerInnen eine theologische Ausbildung brauchen, in: *N. Mette/M. Sellmann* (Hg.), Religionsunterricht als Ort der Theologie, Freiburg i.Br. 2012, Abschn. 5.

kommt also auch bei dieser komplexen Tiefenstruktur darauf an, die Spannung zwischen einer bloßen Behauptungsrede und der Preisgabe der Transzendenz zu halten. Sie können *inhaltlich* die Immanenz in der Perspektive Jahwes sehen, der für uns als Gott einsteht. Sie können gleichzeitig *formal* die Transzendenz-Immanenz-Kreuzungen und die Logik dieser Kreuzungen beschreiben und damit den eingenommenen Weltbeobachtungsstandpunkt offen legen. Aufgrund der ersten Tiefenstruktur ist mehr nicht möglich.

### 13.2.3   *Paradoxie-Bearbeitung als Grundform religiöser Rede*

Wir kommen zur dritten Tiefenstruktur, der wir im Zuge der Vorlesung auch schon begegnet sind: Die religiöse Kommunikation ist davon geprägt, Paradoxien zu bearbeiten, die durch die Transzendenz-Immanenz-Kreuzungen entstanden sind.

#### 13.2.3.1 Was ist überhaupt eine Paradoxie?

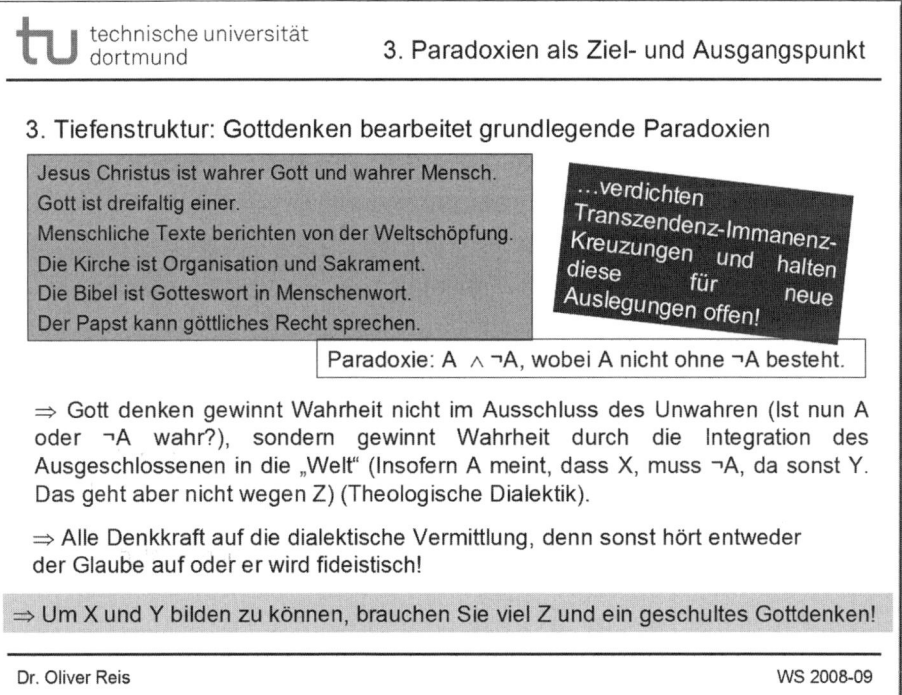

Eine Paradoxie liegt dann vor, wenn die Aussage „A ist wahr." und zugleich die Aussage gilt "nicht A ist wahr." – formalisiert durch ¬A. Die Aussage, dass A und zugleich ¬A gilt, widerspricht dem Satz vom Widerspruch, dass entweder A oder ¬A gilt, den Aristoteles zum Fundament der zweiwertigen Logik erklärt hat. Ich habe hier einige Beispiele typischer christlicher Paradoxien, von denen wir schon einige angesprochen haben: "Jesus Christus ist wahrer Gott und wahrer Mensch.", "Gott ist dreifaltig einer.", "Die Bibel ist Gotteswort in Menschenwort.", "Der Papst kann göttliches Recht sprechen.", "Maria ist vor, während und nach der Geburt Jungfrau." usw. Alle diese Aussagen lassen sich einfach in die Form bringen, dass gilt A ∧ ¬A. Am Beispiel "Jesus ist wahrer Gott und wahrer Mensch.": Aus "Jesus ist wahrer Mensch." lässt sich schließen, dass er ein Geschöpf ist. Dann kann er per Definition nicht Schöpfer sein und damit auch nicht Gott. Also gilt durch die Formel von Chalcedon in den christlichen Kirchen: A [Jesus ist Gott] und ¬A [¬(Jesus ist Gott)].

Ganz allgemein widersprechen Paradoxien immer einer Erwartung. Je nachdem, worauf sich diese Erwartungen beziehen, kann man noch weiter zwischen einer *Antinomie*, einer *Paradoxie* und einem *Paradoxon* unterscheiden. In der christlichen Tradition sind unsere Glaubenssätze als 'Paradoxon' bekannt. Damit wird vor allem gesagt, dass diese Glaubenssätze nicht der normalen Rationalität entsprechen. Der Widerspruch bezieht sich also weniger auf den Satz selber, als auf seine Wahrnehmung in der Umwelt. Das ist mir zu wenig. Ich möchte nicht nur sagen, dass im Glauben Sätze gelten, die für Außenstehende paradox (=wider der Normalität) sind. Mich interessiert, dass diese Sätze paradox sind, weil sie eine in sich widersprüchliche Struktur besitzen, die durch die Kreuzungen entsteht. Während *Antinomien* echte Widersprüche sind, die nur durch eine Veränderung der Theorie umgangen werden können,[360] sind *Paradoxien* scheinbare Widersprüche, die innerhalb des Systems bearbeitet werden können, wenn die Verstehensbedingungen verändert werden.[361]

## 13.2.3.2 Christliche Paradoxienbearbeitung

Unsere widersprüchlichen Glaubenssätze verstehe ich in diesem Sinne als Paradoxien, die bearbeitet werden können. Der Unterschied ist nur, dass ich das

---

[360] Ein berühmtes Beispiel ist die Antinomie von dem Barbier, der alle rasiert, die sich nicht selbst rasieren. Die Frage ist nun, wer den Barbier rasiert. Er selbst nicht, weil, wenn er sich selbst rasiert, sich gerade nicht selbst rasiert. Er kann es aber nur selbst sein, weil er derjenige ist, der alle rasiert, die sich nicht selbst rasieren. Der Philosoph Bertrand Russel erklärt solche imprädikativen Aussageformen für sinnlos, da in der Menge der Eigenschaften, die den Gegenstand kennzeichnen, der Gegenstand selbst vorkommt. Dies führt zu einem Teufelskreislauf der logisch nicht zu lösen ist. Auch wenn die Aussage zu bilden ist, ist der Wahrheitswert nicht bestimmbar und deshalb dürfen solche Sätze in logischen Systemen nicht verwendet werden, wenn sie widerspruchsfrei bleiben sollen (vgl. zur Einführung *Christian Thiel*, Art. 'Russel', in: Enzyklopädie Philosophie und Wissenschaftstheorie. Hg. v. *J. Mittelstraß*, Bd. 3, Stuttgart 2004a, 651-654; *Christian Thiel*, Art. 'imprädikativ', in: Enzyklopädie Philosophie und Wissenschaftstheorie, Bd. 2, 2004b, 216-218; *Christian Thiel*, Art. 'Zermelo-Russelsche Antinomie', in: Enzyklopädie Philosophie und Wissenschaftstheorie, Bd. 4, 2004c, 845-846).
[361] Vgl. zum Begriff der Paradoxie und den benachbarten Begriffen *Christian Thiel*, Art. 'Paradoxie', in: Enzyklopädie Philosophie und Wissenschaft., Bd. 3, 2004d, 40f.; *Christian Thiel*, Art. 'Paradoxon', in: Enzyklopädie Philosophie und Wissenschaft, Bd. 3, 2004e, 46f.

'scheinbar' anders interpretiere. Klassischerweise geschieht dies so, dass durch die Neuinterpretation der innere Widerspruch gelöst und damit die Rückkehr in die zweiwertige Logik möglich ist. Das gilt für diese religiösen Paradoxien in der Bearbeitung nicht. Die Widersprüchlichkeit bleibt grundsätzlich erhalten, da gerade die Aussage dadurch wahr ist, dass (A und ¬A) gilt. Trotzdem ist es möglich, die Paradoxie zu bearbeiten. Nach Luhmann ist die grundlegende Paradoxie von Religion die Einheit der Unterscheidung Transzendenz und Immanenz in Gott, der mit seiner Transzendenz Gegenstand unseres Denkens wird. Diese Paradoxie wird – wie oben beschreiben – im *Re-entry* der Transzendenz in die Immanenz bearbeitet und kann dadurch weitere Unterscheidungen, die erneut Transzendenz und Immanenz kreuzen, bestimmt werden. Dadurch wird die grundlegende Paradoxie in alle weitere Kreuzungen hineinkopiert. Geben wir die Kreuzungen auf, bearbeiten wir die Paradoxien nicht mehr, dann hört aber eben auch die religiöse Kommunikation auf. Deshalb kann die religiöse Bearbeitung der Paradoxien nur darin bestehen, die Paradoxie in neuen, kreuzenden Unterscheidungen zu plausibilisieren.[362]

Deshalb ist es uns verwehrt angesichts der obigen Paradoxien die Aussage auf den einen Pol hin aufzulösen, indem wir A oder ¬A ausschließen. Nein, wir müssen in der Spannung von (A und ¬A) bleiben. Während normale Gläubige z.B. die Dreifaltigkeit im Alltag darin auflösen, dass sie von Gott-Vater als Gott sprechen und Jesus sich vor allem als guten Menschen vorstellen (→ **Arianismus, Einführung in die Systematische Theologie**), ist die professionelle Theologie darauf verpflichtet, einen anderen Weg zu gehen. Auch Sie sind bei dem Problem gefordert, dass Gott dreifaltig ist und zugleich einer. Wir erhalten die Wahrheit, indem wir das augenfällig Auszuschließende hereinholen und deutlich machen, dass es ohne die andere Seite in unserem Sprachspiel nicht funktioniert. Wie geht dieser Einschluss des eigentlich logisch Auszuschließenden?[363] Ich muss zunächst A neu zu verstehen: Insofern A meint, dass in Wirklichkeit [Achtung: Realitätsverdopplung] X gilt. Dann muss auch ¬A gelten, da sonst Y gilt [Moment des indirekten Beweises]. Y kann aber nicht gelten wegen Z [Widerspruch zu den Prämissen]. Wir ersetzen also die Aussage A durch einen gültig gefolgerten Satz X. Dieser neue Satz X erlaubt zu sagen, dass dann auch ¬A gelten muss. X gibt also den Blick darauf frei, dass A und ¬A zugleich bestehen können. Das 'beweisen' wir, indem aus der Annahme ¬ (X ∧ ¬A) folgern würde, dass Y gilt. Y kann aber nicht gelten, da Z gilt. Formal-logisch kann man dies so ausdrücken:

[362] Vgl. *Luhmann*, Die Religion der Gesellschaft, 2000, 17f.,55f.
[363] Die Anregung für diese theologische Dialektik habe ich von Ralf Miggelbrink übernommen, der sie im Rahmen seiner Zornestheologie genutzt hat (vgl. *Miggelbrink*, Der zornige Gott, 2002, 41f.). Ich ziehe die Dialektik nur stärker in die Form eines indirekten Beweises, wobei der erzeugte Widerspruch zu den Prämissen unter der Annahme von A ∨ ¬A nur im Sinne des operativen Konstruktivismus plausibel ist.

---

**Vorausgesetzt**:
die Aussagen A, X, Z, (A → X), ¬(X ∧ ¬A) → Y), (Y → ¬Z) gelten,
**Beh.**: A ∧ ¬A
**Ann.:** ¬ (A ∧ ¬A)
→ ¬A ∨ ¬(¬A)
→ ¬X ∨ ¬(¬A)
→ ¬ (X ∧ ¬A)
→ Y
→ ¬Z
→ Ann. falsch
→ Beh.

---

Das ist natürlich furchtbar abstrakt. Deshalb führe ich dieses Schema auch gleich noch an einem Beispiel durch. Vorher möchte ich Sie aber auf etwas aufmerksam machen. Sie können nämlich verstehen, warum Ihnen der Umgang mit der Paradoxie zu Beginn der Sitzung so schwer gefallen ist. Schauen Sie sich die Voraussetzungen an. Mithilfe von X können Sie Y, den Widerspruch zu Z ansteuern. Das ist eine lange Denkkette, die Sie von beiden Seiten überschauen müssen. Sie bilden X, Y und Z in Beziehung zu einander und können nicht einfach irgendwo anfangen. Sie müssen schon Z kennen, um den Widerspruch zu den Glaubensgrundsätzen zu provozieren. Und Sie müssen sinnvolle Interpretationssätze für A kennen, damit Sie überhaupt eine Ahnung haben, auf welches gekannte Z Sie hinsteuern. Nach meiner Wahrnehmung sind Ihnen aber sowohl die Grenzsätze Z als auch mögliche Interpretationen X nicht geläufig genug, um den Denkprozess von beiden Seiten zu führen. Das macht es so schwierig.

*S1: Ist Z dann automatisch wieder ein paradoxer Satz? Und das geht dann immer so weiter?*

Sicher ist, dass Z als Glaubenswahrheit eine zentrale Transzendenz-Immanenz-Kreuzung nutzen wird. Und dadurch ist die nächste Paradoxie absehbar oder vielleicht auch direkt sichtbar. Sie zielen aber nicht auf die Paradoxie ab, sondern setzen (A ∧ ¬A) durch Z in einen gültigen Rahmen. Ihre Frage macht dann aber deutlich, dass Sie jetzt schon wissen, wie dieser Rahmen strukturiert sein wird – und dass darf Ihnen keine Angst machen. Vielleicht noch ein Satz in diesem Zusammenhang: Die Glaubenssätze, die ich Ihnen aufgeschrieben habe, sind ja zugleich Dogmen unseres Glaubens. Die Dogmen, die unsere Arbeit prägen, sind genau von dieser paradoxalen Struktur. Und ich habe gelernt, dass diese Dogmen vor allem verhindern, dass die theologische Reflexion die Paradoxie auf eine Seite hin auflöst. Wenn Sie so wollen, sind die Dogmen in dieser Hinsicht also die wichtigen 'Hüter' dafür, dass wir immer wieder neu, die Unterscheidung von Transzendenz und Immanenz in unserem Programm vollziehen. Sie unterbinden keine Debatte, sondern sie erzeugen religiöse

Kommunikation. Und dass diese Kommunikation geschieht, ist ja nach Luhmann die Funktion: Wir sehen die Welt als Ganze und bearbeiten damit die Kontingenz. Sie sollten deshalb nicht an Dogmen als 'Wahrheitsbehauptungen' denken, sondern als 'Unterscheidungspfleger', die verhindern, dass Religion durch irgendetwas ersetzt wird. Wenn ich die Dogmen so betrachte, sind sie für mich ganz wichtige Orientierungspunkte, an denen sich religiöse Kommunikation anschließen kann.[364]

### 13.2.3.3 Bearbeitung der Paradoxie von Trinität und Einheit Gottes

 technische universität dortmund                                    … ein Beispiel

---

„Gott ist dreifaltig einer!"

**Das Problem:** Wie kann Gott einer sein (A) und zugleich drei (¬A )?
**Lösung:** Gott ist einer, aber in den drei Personen zeigt sich diese Einheit.

**Lösungsstruktur:**
1. Unterscheidung zwischen einem göttlichen Wesen („Gott"), als eine machtvolle und heilvolle Art zu sein, und drei Personen, die dieses eine Sein in verschiedenen Personen als Gott-Vater, Logos-Sohn und Hl. Geist mit uns und bei uns leben (A heißt X)

2. Das Göttliche braucht diese Personen, die ihm erst eine für den Menschen erkennbare Form geben und die Personen werden erst in der Einheit des Göttlichen identifiziert (¬A muss gelten).

3. Wenn Gott nicht dreifaltig wäre, hätte er keinen Namen für uns Heiden, dann könnte er uns nicht in sein Reich rufen. Wenn die drei Personen nicht Gott sind, dann könnten wir nicht in sein Reich gelangen (da sonst Y).

4. Das aber hat uns Jesus in Namen des Vaters versprochen (Das widerspräche Z).

---

Dr. Oliver Reis                                                                      WS 2008-09

---

[364] Mit Luhmann sind die religiösen Beobachtungen von Gottes Wirken an der Welt als das Reentry der Transzendenz in die Immanenz die *Operationen* des religiösen Vollzugs. Die Theologie ist dagegen als die Beobachtung der religiösen Operationen schon eine *Beobachtung 2. Ordnung*, die intern darauf achtet, dass sowohl die religiösen Operationen als auch die theologischen Beobachtungen selbst im Rahmen des einen religiösen Programms gewonnen wurden (vgl. hierzu auch *Johann Ev. Hafner*, Selbstdefinition des Christentums. Ein systemtheoretischer Zugang zur frühchristlichen Ausgrenzung der Gnosis, Freiburg i.Br. 2003, 626-630). Die Dogmen gehören nicht zur Ebene der religiösen Operation, sondern zur theologischen Beobachtung. Denn die Dogmen werden erst bei Vergewisserung der religiösen Operation wichtig. Durch die programmatische Ausrichtung an den Dogmen wird aber die Theologie als 'Codepflege' funktional an die religiöse Operation zurückgebunden. Denn für die religiöse Operation betreibt die Theologie die Codepflege.

Kommen wir jetzt zu dem Beispiel der Dreifaltigkeit. Wenn Sie schon die **Einführung in die Systematische Theologie** besucht haben, dann wissen Sie, dass sich im frühen Christentum zwei Überzeugungen parallel entwickelt haben: Auf der einen Seite versteht sich das Christentum in seinen judenchristlichen Wurzeln der Verehrung Jahwes als einzigem wahren Gott verpflichtet (Dtn 6,4; Jes 48,12; Ps 82). Dass es durchaus z.B. in Marcion auch andere Optionen gab, habe ich Ihnen in **Gottes Gewalt** angedeutet. Aber mit der Anerkennung des Alten Testaments als lebendiges Zeugnis dieses einen Gottes, ist der eine Pol des Monotheismus unhintergehbar. Auf der anderen Seite steht die Erfahrung in Jesus Gott zu begegnen, die schon früh in das Bekenntnis gewandelt wurde, dass Jesus Christus Gott ist.[365] Wenn ich die möglichen Interpretationen dieses zweiten Pols im Sinne des Adoptianismus/Arianismus – Jesus ist nur Mensch – und des Modalismus – Jesus ist eine Erscheinungsform Gottes – ausschließe, dann liegt die Paradoxie vor, die in der Trinitätslehre zu bearbeiten ist. Es muss also nun zugleich gelten, dass Gott einer ist und dass Jesus Gott ist.

Die Dogmengeschichte hat dafür lange Zeit gebraucht, bis ein Verständnis von X gefunden wurde, das anschlussfähig ist. Noch das Konzil von Nicäa 325 hat nur den zweiten Pol festgehalten: Jesus Christus ist "Gott von Gott, Licht aus Licht, wahrer Gott aus wahrem Gott."[366] Durch diese Festlegung, die sehr leicht modalistisch verstanden wurde, wuchs der Druck, eine Interpretation zu schaffen, die die Paradoxie erhält. In diesem Prozess kommt vor allem den drei Kappadoziern Gregor von Nyssa, Basilius von Cäsarea und Gregor von Nazianz in der Vorbereitung des Konzils von Konstantinopel (381) große Bedeutung zu, die die Ebenen des Göttlichen (Usia) und der Personen (Hypostasen) unterscheiden, die sich wie die beiden Figuren in einem Kippbild zu einander verhalten. Gregor von Nyssa beschreibt dies so:

> "Wer die Tiefen des Geheimnisses mit aller Genauigkeit durchforscht, gewinnt in seiner Seele eine bescheidene der Unergründlichkeit desselben angemessene Einsicht in die Lehre von der Gotteserkenntnis, jedoch in Worten vermag er die unaussprechliche Tiefe des Geheimnisses nicht darzulegen, wie es zählbar ist und doch der Zählung sich entzieht, wie es getrennt zu betrachten und doch als Einheit zu erfassen ist, wie hinsichtlich der Person eine Unterscheidung gemacht werden muß und hinsichtlich der Substanz eine solche Trennung nicht vorgenommen werden darf. Denn hinsichtlich der Person ist der Geist ein anderer und ein anderer das Wort und wieder ein anderer der, von dem Wort und Geist ausgehen. Und wenn du in denselben die Unterscheidung erkannt hast, so gestattet die Einheit der Natur eine Trennung nicht."[367]

Es ist immer nur eines zu sehen, die Einheit in der Usia oder die Unterscheidung in den Hypostasen. Und wird die Ebene der Einheit markiert, dann kann dort nicht unterschieden werden (Polytheismus). Und wenn umgekehrt die

---

[365] Vgl. *Wolf-Dieter Hauschild*, Lehrbuch der Kirchen- und Dogmengeschichte, Bd1.: Alte Kirche und Mittelalter, Gütersloh 1995, 6ff., 20f.

[366] DH 125.

[367] *Gregor von Nyssa*, Große Katechese (Oratio catechetia magna), in: Des heiligen Bischofs Gregor von Nyssa Schriften, aus dem Griechischen übers., Bibliothek der Kirchenväter, 1. Reihe, Band 56, Kempten, München 1927, Kap. 3, Abschn. 1.

Ebene der Unterscheidungen markiert wird, dann darf dort nicht die Einheit behauptet werden (Modalismus). Für unseren Satz X heißt das: "Gott ist der eine." heißt in Wirklichkeit "Es gibt nur ein unteilbares göttliches Wesen." Wir würden mit Blick auf die Vorlesung sagen, dass es nur eine wahre Form des Gottseins G gibt.

Nun sind aber der Vater, Jesus und der Heilige Geist Hypostasen, Personen, die dieses Prädikat G tragen können. Das göttliche Wesen zeigt sich in diesen Personen, wird erst in diesen sichtbar, kann in diesen überhaupt eine Beziehung eingehen. D.h., es wird erst so seine wesentliche Eigenart sichtbar: sich ein anderes Gegenüber zu suchen, mit dem es in Gemeinschaft, in Rechtsgemeinschaft leben kann. Dieses Gottsein drückt sein Wesen erst aus, wenn es durch die drei Personen gelebt wird. In der so genannten 'heilsökonomischen Trinitätslehre' werden den Personen Funktionen für das Heilshandeln Gottes zugeordnet[368]: z.B. ist der Vater der Schöpfer, der Sohn der Erlöser und der Hl. Geister der Tröster. $(A \land \neg A)$ gilt aber nur, wenn die beiden Ebenen bewusst angesteuert werden. Unsere übliche Rede von 'Gott' ist da eigentlich sehr ungenau, da offen bleibt, ob wir von der Usia als Einheit sprechen oder von der Person Gott-Vaters (→ **Gottes Name**). Unterbestimmt sind dann so Redeweisen wie, dass Jesus Gott gehorcht. Das kann arianisch verstanden werden: Christus ist ein Geschöpf Gottes und damit nicht vom gleichen Wesen (→ **Einführung in die Systematische Theologie**). Dann wäre die Trinität und damit die Paradoxie aufgehoben. Das würde aber nicht die Wahrheit erhalten, wie schon Gregor von Nyssa feststellt:

> „Hast du die Unterscheidung in ihnen [den Hypostasen; O.R.] erkannt, so gestattet wieder die Einheit der Natur die Zerteilung nicht, so dass weder die Macht der Alleinherrschaft zerspalten wird durch Zerlegung in verschiedene Gottheiten, noch mit der jüdischen Auffassung unsere Lehre zusammentrifft, sondern mitten durch beide Ansichten die Wahrheit hindurchgeht. [...] Denn gleichsam ein Heilmittel ist für die bezüglich der Einheit Irrenden die Dreizahl, für die in die Vielzahl Zersplitterten aber die Lehre von der Einheit."[369]

Die Wahrheit geht mitten durch die beiden einseitigen Lösungen hindurch. Aber warum? In dem Klärungsprozess lag ja das Trinitätsdogma nicht schon vor. Es wird erst gewonnen, weil sonst ein Problem auftritt. Y kommt ins Spiel. Wenn nämlich in dem bisher entwickelten Verständnis von A in X nicht gelten würde $(X \land \neg A)$, dann könnte Jesus Christus die Heiden gar nicht in die Rechtsgemeinschaft mit seinem Vater führen. Da nun Vater und Sohn Hypostasen des Göttlichen sind und das Tora-Tun gegenüber dem Vater die Wirklichkeit seines Namens verheißt, so wird nun unsere Nachfolge Jesu zu unserem Tora-Tun. Und wir gewinnen so Anteil an der göttlichen Verheißung (→ **Gottes Name/Reflexives Lernen II**). Kurz: Wenn $\neg(X \land \neg A)$ gelten würde, dann könnte Jesus nicht der Erlöser der Heiden werden, er könnte uns nicht in das

---

[368] Vgl. *Jürgen Werbick*, Trinitätslehre, in: *Th. Schneider* (Hg.), Handbuch Dogmatik, Bd. 2, Düsseldorf ²1995, 481-578,522f.

[369] *Von Nyssa*, Große Katechese, 1927, Kap. 3, Abschn. 2.

Reich Gottes führen. Y ist also z.B.: Jesus Christus kann uns nicht in das Reich Gottes führen.

Das widerspricht aber zentralen Glaubenswahrheiten wie Z. Das Konzil von Nicäa hat im Streit mit Arius, der die Paradoxie zugunsten von A auflösen wollte, soteriologisch dagegen gehalten: Jesus Christus, "der um unser Heiles willen herabgestiegen und Fleisch und Mensch geworden ist."[370] Ein anderer Ansatz bezieht sich stärker auf das Reich Gottes: Jesus sagt in Mt 4,17 und Mk 1,15: "Das Gottesreich ist nahe." und er spricht es ausdrücklich in Mt 13,41 oder Joh 14,1f. denen zu, die Gottes Gerechtigkeit suchen. Oder ein dritter Ansatz für Z: Jesus sagt von sich selber im Johannes Evangelium: "Ich und der Vater sind eins." (Joh 10,30) und "Ich bin der Weg und die Wahrheit und das Leben, niemand kommt zum Vater außer durch mich." (Joh 14,6). Offenbar erhalten die biblischen Texte die Erfahrung, dass Jesus Christus mit göttlicher Vollmacht handelt, was in Nizäa soteriologisch gewendet wird. Z definiert den Rahmen und lässt Y zu einem direkten Widerspruch werden. Das heißt, wir halten dank X an $(A \land \neg A)$ fest, damit unser Glaube im Rahmen der zweiwertigen Logik nicht unlogisch wird.

Das ist eine eigenartige Aussage: Wir halten an der Paradoxie fest, damit unser Glaube nicht widersprüchlich wird. Das ist für Luhmann aber typisch für Religion. Die religiöse Kommunikation gibt die zweiwertige Logik mit der entsprechenden Ontologie auf, die definiert, was ist und was damit real sein kann. Religion lebt davon, eine eigene Ontologie zu entwerfen und Paradoxien zuzulassen, die der Normalrealität und ihrer zweiwertigen Logik widersprechen. Das gilt aber nur in formaler Hinsicht von außen.[371] *Inhaltlich* muss sie dafür

---

[370] DH 125.

[371] Vgl. *Luhmann*, Die Religion der Gesellschaft, 2000, 71-73. Diese Entscheidung auf der formalen Ebene trennt die Religion bzw. die Theologie deutlich von den nicht-religiösen Wissenschaften. Diese entfalten in ihren Beobachtungen 2. Ordnung die Unterscheidung zwischen erkannter und nicht erkannter Immanenz. In die nicht erkannte Immanenz vollzieht sich dann das Re-entry. Das ergibt Fortschritt. Theologie kann Wissenschaftlichkeit nur auf inhaltlicher Ebene im eigenen Vollzug beanspruchen. In einem säkularen Rahmen sind theologische Erkenntnisse weder formal noch inhaltlich an nicht-religiöse Erkenntnisse zu koppeln. Wir haben uns daran gewöhnt, dass die Normalrealität wissenschaftsorientiert und damit nicht-religiös beschrieben wird und dass dadurch die Theologie eine tolerierte Randstellung an den Universitäten und der Glaube im Privatleben genießt. Luhmann stellt aber interessanterweise die Frage, was verloren geht, wenn man Erkenntnis von Welt – wie im Wissenschaftssystem geschehen – mit der zweiwertigen Logik und die Unterscheidung von Sein und Nichtsein anfängt. Vor allem, weil das sich daraus ergebende System religiöse Realität nicht beobachten kann und noch nicht einmal formulieren kann, dass es diese Realität nicht sieht (vgl. *Luhmann*, Die Religion der Gesellschaft, 2000, 78f.). Die Gesellschaft verliert eine Möglichkeit Realität zu verstehen. Natürlich lässt sich einwenden, dass die Säkularisierung die Religion nicht vollständig verdrängen kann. Das stimmt, aber solange die Säkularisierung die dominierende Grundform bleibt, bleibt die religiöse Beobachtung losgelöst von den anderen Weltbeobachtungen des Rechts, der Wissenschaft, der Moral, der Ökonomie, der Erziehung. Sie wird immer mehr zur *reinen Religion*, die gar nicht mehr versucht, die erzeugte Realitätskopplung an die Normalrealität zurückzukoppeln (vgl. *Roy*, Die heilige Einfalt, 2010, 25-32). Das kann die Privatisierungstendenz noch verstärken oder zu einer Überformung der Grup-

sorgen, dass die unvertraulichen Transzendenz-Immanenz-Kreuzungen vertraut werden und dass die Aussagen nicht zu einander widersprüchlich sind. Ansonsten wird die Unterscheidung von Transzendenz und Immanenz unkontrolliert entfaltet, was religiöse Kommunikation nicht auszeichnet, sondern aufhören lässt. Vielleicht haben Sie das auch schon beobachtet: Wenn jeder und jede sagen kann, was er und sie will und wir jede, aber wirklich jede Äußerung einfach nur hinnehmen, dann kommt überhaupt kein Gespräch zustande. In der religiösen Kommunikation brauchen wir Beobachtungsregeln unseres Programms zur Entfaltung der Unterscheidung, damit wir unsere Beobachtungen überhaupt einfügen *können* und für die Kontingenzreduktion *wollen*.

Wenn Sie in trinitätstheologische Bücher schauen, werden Sie diese dialektische Struktur wieder finden oder vielleicht auch problematische Versuche die Paradoxie aufzulösen. Das sollten Sie nach heute erkennen können. Selber so ein Schema anwenden zu können, ist ein Ziel in der Systematischen Theologie, das braucht aber mehr als das heutige Nachvollziehen. In der heutigen Übung werden Sie sich schon daran machen, Ihre Antwort der Schülerfrage zu rekonstruieren. Das ist schon einmal ein wichtiger Schritt. Sie werden merken, dass die Kunst darin besteht, X mit Blick auf ein Z zu bilden. In unserem Beispiel brauchten Sie eine Vorstellung davon, dass Jesus Christus unser Erlöser ist und uns in sein Reich ruft. Können Sie das gar nicht glauben oder ist Ihnen nicht präsent, dann können Sie auch den Dogmatisierungsprozess nicht nutzen, den Sie in der **Einführung in die Systematische Theologie** und bei **Basiswissen Dogmatik** kennen gelernt haben oder noch kennen lernen werden. In ihm wird genau X gebildet, so dass (X ∧ ¬A) aus *soteriologischen* Gründen gelten.

Sie selbst werden sich später in der Regel nicht an der Dogmenbildung beteiligen und werden auch nur in Ausnahmefällen direkt auf die Paradoxien angesprochen. Häufiger müssen Sie aber zu aktuellen Fragen, theologische Aussagen bilden können. Hierfür bietet die Systematische Theologie Reflexionen an und lädt Sie zu Reflexionen ein, wie mit Hilfe der Dogmen und der Lehrtradition zu verschiedenen Fragen paradoxieerhaltende Aussagen gebildet werden können. Auch wenn Sie z.B. nach dem Priesteramt für Frauen oder den Sinn der Säuglingstaufe gefragt werden, dann liegt der Frage immer eine Problemwahrnehmung zugrunde, die auf eine Transzendenz und Immanenz kreuzende Paradoxie hinausläuft. Bei dem Priesteramt ist es die in unserer Kirche tradierte besondere Kennzeichnung der geweihten Männer als Werkzeuge für bestimmte göttliche Operationen an der Welt und bei der Säuglingstaufe die Heilbedürftigkeit der Säuglinge. Beides sind Beobachtungen unserer Konfession. Wenn Sie sich nicht unter Wert schlagen wollen, dann sollte eine aktuelle Antwort solcher Fragen die Paradoxie bearbeiten und darin erhalten. Und dafür spielt die Fähigkeit X in einem Rahmen von Glaubenssätzen Z zu bilden eine entscheidende Rolle. X ist darauf angewiesen, dass es heute verstanden wird, und die Orientie-

---

penrealität durch die alles bestimmende Religion führen. Beides sind keine Szenarien, die religiöse Kommunikation als differenzierten Realitätsgewinn erscheinen lassen.

rung an Z sichert die Anschlussfähigkeit an die bisherigen Beobachtungen. Das Priesteramt von der Weihe und dem Mann zu lösen, weil der Priester einfach nur ein Gemeindevorsteher ist und Frauen sowieso gleichberechtigt sind, erhält die Paradoxie nicht, sondern opfert ein Kreuzungsmedium für die Anschlussfähigkeit an die Alltagserfahrung. Wer sich für das Frauenpriesteramt einsetzt, müsste dagegen das Kreuzungsmedium neu bestimmen: Insofern mit der Männlichkeit der Weihekandidaten in Wirklichkeit gemeint ist, dass ... Diesen Satz zu Ende zu bringen ist die theologische Aufgabe.

### 13.2.3.4 Anwendung auf die christologische Paradoxie der Eingangsübung

*S2: Können Sie das Schema nochmal am Beispiel, Jesus ist wahrer Gott und wahrer Mensch erklären?*

Das ist Teil der zweiten Übung, da möchte ich ungern einfach eine Lösung skizzieren, die Sie dann wieder übernehmen. Was wir machen können, ist an Ihren Antworten zu Beginn der Sitzung die Strategie erkennen. Vielleicht haben wir ja auch eine Antwort, die schon das Schema nutzt. So können wir gemeinsam das Schema anwenden. Wer ist bereit, seine Antwort als Statement einzubringen? Ich halte sie an der Tafel fest.

*S3: Man kann das auch nicht immer erklären. Der Glaube ist eben etwas anderes als Wissen. Manche Sachen muss man einfach glauben.*

*S4: Entscheidend ist doch, was Jesus getan hat und da hat eben Gott gehandelt. Vielleicht kann man sagen, dass Jesus für Gott nur eine Hülle war, letztlich hat Gott gehandelt, dann ist der Widerspruch gar nicht mehr so groß.*

*S5: Warum ist das ein Widerspruch? Wenn Gott so mächtig ist, kann er sich uns doch als Mensch zuwenden! Und dann ist er als Gott eben Mensch geworden und dann ist dieser Mensch eben auch Gott, weil sich bei ihm Dinge zeigen, die sonst nur Gott zugeordnet werden.*

Vielen Dank! Gehen wir die Statements der Reihe nach durch. Was sehen Sie beim ersten Statement?

*S6: Ich würde sagen, du hast die Äußerung des Schülers als formale Frage aufgefasst und dann noch als eine, die eine kritische Anfrage formuliert.*

*S7: Das sehe ich auch so. Ich würde aber dann noch sagen, dass du die Frage fideistisch zurückweist. Du entziehst den Widerspruch der Logik.*

*S8: So von der Vorlesung her würde ich sagen, dass die Paradoxie zum Paradoxon gemacht wird.*

Ich denke, Sie haben die Antwortstrategie gut eingeordnet. Sie ist verständlich und vermutlich würden das auch viele Menschen für die typische religiöse Antwort halten, aber es hätte in der realen Kommunikationssituation erhebliche

Folgen gehabt. Für den Schüler wäre dann der ganze vorherige Lernprozess im Religionsunterricht abgewertet worden, der ja einer gewissen religiösen Rationalität gefolgt ist. Wie ordnen Sie nun das zweite Statement ein?

*S6: Ich würde sagen, das ist eine inhaltliche Bearbeitung. Aber auch du reagierst auf die kritische formale Frage.*

*S9: Das wollte ich auch sagen: Du versuchst jetzt wirklich auf die formale Frage inhaltlich zu antworten. Weil du aber die Widersprüchlichkeit selbst als Problem empfindest, verändert sich die inhaltliche Antwort. Das mit der Hülle, finde ich nicht passend.*

Erkennen Sie hier eine historische Option wieder?

*S10: Das ist der Modalismus. Jesus Christus ist eine andere Erscheinungsform Gottes.*

Stimmt. Was ist dann also hier passiert?

*S10: Der Modalismus hält die Paradoxie nicht aufrecht, oder? Damit arbeitet sie inhaltlich, aber dadurch, dass sie die Widersprüchlichkeit formal selbst so schwierig findet, rutscht ihre inhaltliche Antwort in den Modalismus. Dann ist auch keine Dialektik notwendig.*

Sie sehen, wie von bestimmten Vorentscheidungen her der Umgang mit der Schülerfrage geprägt ist. Beide Antworten sind denkbar und sind für bestimmte christliche Programme auch sinnvoll. In unserem Programm der römisch-katholischen Kirche sind sie nicht sinnvoll. Beim ersten Statement, weil sich der Glaube weigert, mit der Vernunft der Paradoxie zuzuwenden, und beim zweiten, weil die Paradoxie aufgegeben wurde. Schauen wir uns das dritte Statement an.

*S5: Ich würde sagen, dass ich versuche, die Paradoxie inhaltlich zu bearbeiten. Ich sage ja, dass Jesus Gott und Mensch sein kann.*

*S11: Ich würde sagen, dass auch bei dir die formale Anfrage im Hinterkopf ist, weil du eben die Paradoxie als denkbar zeigst. Du gehst die formale Anfrage aber nicht nur inhaltlich an, sondern packst dir auch direkt die Paradoxie. Das ist schon ein deutlicher Unterschied zu den beiden anderen Statements.*

*S8: Ich suche jetzt X und Z...*

X ist ein Satz, der den einen Pol erklärt. Sehen Sie einen solchen Satz?

*S8: Die beiden Pole sind "Jesus ist Gott." und "Jesus ist Mensch.", oder? Vielleicht wäre "weil sich bei ihm Dinge zeigen, die sonst nur Gott zugeordnet werden" ein X für "Jesus ist Gott"?*

Dann wäre also X: Jesus ist Gott, insofern wir mit ihm Erfahrungen machen, die wir sonst nur von Gott erwarten.

*S8: Jesus muss aber auch Mensch sein, weil uns Gott sonst gar nicht so nahe kommen kann. Weil er Mensch wird, kann er uns in unserer Schwäche, aber auch unserer Liebe ganz annehmen.*

Wofür ist das denn wichtig?

*S7: Sonst ist ihm die Welt egal. Dann hätte er schon bei der Sintflut mit dem Projekt Schluss machen können.*

Klären Sie bitte, ob Sie gerade von Gott als Usia oder von Gott als Hypostase sprechen. Wir wollen ja nicht auf den Punkt hinaus, dass Jesus Gott-Vater ist, oder?

*S7: Aber wenn ich die Hinwendung Gottes zeigen möchte, dann zeige ich ja nicht Hinwendung der Usia... Eigentlich ist Jesus Gott, weil er der Sohn des Vaters ist. Er ist also in der Beziehung zum Vater Gott. Dann muss ich auch nicht zeigen, dass die Usia Mensch wird, sondern der Sohn, oder? Der Logos wird ja Mensch und der ist der Sohn.*

Das ist richtig. Damit liegen Sie auf jeden Fall in der Linie des Nizänums. Und jetzt weiter: Was würde passieren, wenn wir mit unserem Verständnis von A aufhören zu glauben, dass (X ∧ ¬A) gilt?

*S6: Gerade weil Jesus Christus als Sohn des Vaters mit aller Schöpfermacht ausgestattet ist und weil er sich ganz der Freiheit der Menschen aussetzt, ein Gleicher wird, kann er den Willen des Vaters zeigen. Er zeigt ihn auf Menschenart, aber er ist doch erkennbar als der Wille des Vaters.*

*S7: Unser Y ist also, dass wir sonst in Jesus Christus kein uns vertrautes, verstehendes Gegenüber hätten, das wir für seine göttlichen Taten wie einen anderen Menschen frei lieben oder ablehnen könnten.*

Und warum geht das nicht? Jetzt brauchen wir noch den Widerspruch zu Z.

*S7: Mir fällt die Szene ein, wo Jesus Dämonen austreibt. Da tut er das, was wir Gott zuordnen würden. Einige der Beobachter unterstellen Jesus daraufhin, selbst mit den Dämonen unter einer Decke zu stecken. Jesus wird zornig und beschuldigt sie den Heiligen Geist in ihm zu leugnen, der ihm hilft den Willen des Vaters zu erfüllen.*

*S11: Jesus sagt dann auch, dass man an der Dämonenaustreibung erkennen kann, dass das Reich Gottes angebrochen ist. Damit vollzieht Jesus das, was zu Gott gehört. Und wer das leugnet, leugnet auch, dass Jesus der Sohn des Vaters ist. Aber selbst solche starken Zeichen, können so oder so gedeutet werden. Und Jesus selbst zwingt nicht eine solche oder solche Deutung auf.*

*S7: Wir glauben an die freie Bekenntnis zu sagen: Das ist der Sohn Gottes oder eben nicht.*

Damit ist es also klar: Wenn "Jesus ist Gott." heißt, dass wir mit ihm Erfahrungen machen können, die wir von Gott-Vater kennen, dann muss Jesus Mensch sein, damit er uns als Bruder ansprechen kann und uns – wie es sich unter Menschen gehört – die Freiheit lässt, in ihm den Vater zu erkennen. Einfacher: ohne das Gottsein nicht die Taten und ohne das Menschsein nicht die Beziehung, die die Taten erst qualifiziert. Wir haben die Paradoxie bearbeitet und uns verständigt und vergewissert. So wie wir es jetzt angegangen haben, haben wir uns einen neuen Sinn erarbeitet, der denen etwas geben kann, die sich beteiligt haben. Das ist die Leistung der dogmatischen Glaubensaussage.

Es ist eigentlich logisch, wenn Sie klar haben, wer Jesus für Sie ist. Wenn für Sie Jesus natürlich nur ein guter Mensch ist, weil Sie ihn als Kreuzungsmedium zur Entfaltung der Transzendenz-Immanenz-Unterscheidung ablehnen, dann leuchtet Ihnen der Gedanke überhaupt nicht ein. Er ist nur sinnvoll innerhalb unseres Sprachspiels unseres Programms, weil wir dadurch unsere Lebensform verstehen. Die Lösung setzt voraus, dass wir in bestimmten Handlungen in Jesus Gott-Vaters Macht erkennen und dass wir stolz sind an dieser besonderen Beziehung zwischen Vater und Sohn beteiligt zu werden. Wenn Sie wie die Zeugen Jehovas ein ganz anderes Macht- und Beziehungsverständnis haben, dann ist Ihnen die Vorstellung ein Greuel (→ **Einführung in die Systematische Theologie**) und Sie werden Gott und Jesus trennen und die Unterscheidung der Ebenen ablehnen. Für die Zeugen Jehovas ist die Aufgabe des einen Pols eine sinnvolle Vermeidung eines Widerspruchs, um die Wahrheit zu retten. Für uns ist die Erhaltung des Widerspruchs die Bedingung, um die Wahrheit zu retten. So unterschiedlich können Sprachspiele sein, sie funktionieren nur...

*S5: ...in sich.*

*S6: Sie sind selbstreferentiell.*

Sie sagen es. Und das ist – denke ich – ein gutes Schlusswort für die Vorlesung. Schauen wir noch auf die letzte Übung.

## 13.3    Reflexionsprozess II

### 13.3.1    Vorbereitung

In der Übung gehen Sie jetzt bitte Ihre Antwort zu Beginn der Sitzung so durch, wie wir das am Ende gemacht haben. Prüfen Sie zunächst, ob Sie auf die Schülerfrage inhaltlich oder formal geantwortet haben. Das hängt wesentlich davon ab, ob Sie es geschafft haben, mit Gregor von Nyssa die Wahrheit mitten durch die beiden möglichen einseitigen Lösungen hindurch zu suchen. Dafür müssten Sie formal die zweiwertige Logik aufgeben, bevor Sie sie im Rahmen der theologischen Dialektik inhaltlich neu gewinnen. Können Sie in Ihrer Antwort das Schema erkennen? Welches Element fehlt vielleicht, wäre aber hilfreich gewesen? Ist es Ihnen gelungen die Paradoxie zu bearbeiten, konnten Sie einen neuen

364

Sinn stiften? Welche erneuten Kreuzungen von Transzendenz und Immanenz haben Sie dafür vornehmen müssen? Sind Sie am Ende vielleicht wieder bei einer paradoxalen Form gelandet? Das sind bewusst komplexe Frage, die von Ihnen viel verlangen. Sie sollen Sie herausfordern, auch mit dieser Vorlesung als Material umzugehen. Nur so können Sie für sich wichtige Ergebnisse sichern. Ich wünsche Ihnen dabei Geduld und interessante Erkenntnisse!

 technische universität dortmund

Übung_2

Analysieren Sie Ihre Antwort mit Blick auf die drei Tiefenstrukturen!

- Auf welcher Ebene haben Sie geantwortet: inhaltlich oder formal?

- Welche Logik haben Sie vorausgesetzt: die zweiwertige oder die der theologischen Dialektik?

- Konnten Sie einen neuen Sinn durch die Paradoxie stiften? Wenn nicht, welches Element fehlte Ihnen mit Blick auf die Struktur der Vorlesung?

- Wenn Sie die Paradoxie bearbeitet haben, an welchen Stellen haben Sie Transzendenz und Immanenz gekreuzt? Was bewirkt die paradoxale Form?

Dr. Oliver Reis

WS 2008-09

## 13.3.2 Exemplarische studentische Reflexionen

### a) Meike

Meine Antwort:
„Gott ist sehr Vielfältig. In seinem Sohn ist Gott zu uns gekommen. Jesus war Gott in Menschengestalt. In ihm erkennen wir die Wirklichkeit Gottes, seine Nähe zu den Menschen. In unserem Glauben ist die Gegebenheit, dass Jesus wahrer Mensch und wahrer Gott war, von großer Bedeutung. Die Frage, wie so etwas möglich ist, kann man ohne den Glauben nicht beantworten. Wenn du an Gott glaubst, ist es für dich auch möglich, dass Jesus Gott und Mensch war. Dann erkennt man, dass Gott im Menschen Jesus auf die Welt gekommen ist. In Jesus kann man, wenn man glaubt, Gott begegnen. Und trotzdem war Jesus menschlich, dass zeigte sich letztlich in seinem Leiden und Sterben. Durch seine Auferstehung erkennt man dann wiederum das Göttliche. Ohne den Glauben, kannst du die Frage der Trinität nicht greifbar beantworten."

Ich habe dem Schüler auf inhaltlicher Ebene eine Antwort gegeben. Dabei habe ich versucht deutlich zu machen, dass die Tiefen des Glaubens nicht durch formale Überlegungen zu beantworten sind. Erst, wenn man die Gottesbeziehung lebt, kann man die Fragen inhaltlich beantworten. Formal ist es selbst dann nicht möglich. Ich habe davon geschrieben, dass Gott durch Jesus in unsere Welt gekommen ist. An dieser Stelle dringt Gott als transzendentes Wesen in die Welt ein, er wird zum Immanenten. Die Menschen können Gott in diesem Moment in der Welt, leiblich in Jesus begegnen. Jesus ist mit seinem Leben ein präziser Anhaltspunkt, um Gott in unserer Welt zu begreifen. Diese Paradoxie macht Gott für die Menschen sichtlich erkennbar, seine Struktur ist jedoch noch verwirrender. Wie kann denn etwas transzendentes zu etwas immanentem werden? Gott ist in der Welt erfahrbar, doch eigentlich ist er für die Menschen nicht zu verstehen. Die Paradoxie von Mensch und Gott in einer Person bleibt formal immer noch ungeklärt.

Um meine Antwort zu präzisieren fehlt mir leider das Verständnis der theologischen Dialektik.

## b) Tanja

**Frage:** Übung 1: Ein Schüler fragt sie wie soll ich glauben, dass Jesus wirklich Mensch und Gott war? Das ist doch ein Widerspruch, sowas geht nicht!" Was würden sie antworten?

Nein, es ist kein Widerspruch, da die katholische Theologie von einer Trinität ausgeht. Trinität, Dreifaltigkeit oder Dreieinigkeit, die aus den drei Hypostasen oder auch Seinswesen: der Vater (Gott), der Sohn(Jesus) und der Heilige Geist besteht. Bei der Trinität geht man davon aus, dass Gott auch gleichzeitig Gott und der Heilige Geist ist beim Heiligen Geist ist es genauso. Stell dir einmal Jesus vor. Jesus ist Gottes Sohn, er ist ein menschliches und ein göttliches Wesen zugleich. Man kann es so erklären, dass in Jesus Gott und der Heilige Geist steckt, sozusagen nur die Seele, also nicht körperlich, sondern geistig.
Ein Beispiel wäre ein Schauspieler, der Gott ist, und er spielt aber noch 2 andere Rollen mit anderen „Funktionen". Du musst im Hinterkopf haben, dass die katholische Theologie die Dreieinigkeit, diese drei Seinswesen Jesus, der Heilige Geist und Gott voraussetzt und in diesem Kontext kannst du erkennen, dass es kein Widerspruch ist, das Jesus gleichzeitig Mensch und Gott ist.

27.01.2009

**Frage:** Übung 2: Auf welcher Ebene haben sie geantwortet? Welche Logik haben sie vorausgesetzt: die zweiwertige oder die theologische Dialektik? Konnten sie einen neuen Sinn durch die Paradoxien stiften? (…) Wenn sie die Paradoxie bearbeitet haben, an welchen Stellen haben sie Transzendenz und Immanenz gekreuzt?(…)

Ich habe eindeutig auf der inhaltlichen Ebene geantwortet, da ich den Widerspruch mit Hilfe der Eigenschaften der Trinität erklärt habe. Ich habe erklärt wie aus theologischer Sicht mit diesem Widerspruch umgegangen wird. Somit habe ich das geschlossene System der Theologie vorausgesetzt. Eine formale Antwort auf die formale Frage hätte auch nur den Widerspruch unterstützen können, da man sich außerhalb dieses Systems nicht erklären kann wie Jesus Mensch und Gott zugleich sein kann.

Ich habe die theologische Dialektik vorausgesetzt, da die Trinität zwar an sich paradox, aber dadurch die Akzeptanz der Paradoxie und der Einheit der Unterscheidung verständlich ist. A und $\neg$ A müssen zusammen gelten, also Gott einer (A) und Gott dreifaltig($\neg$ A), und somit gilt x (Gott will uns als Vater, Sohn und Heiliger Geist = x nah sein), da sonst y gelten würde, was aber hieße, dass Gott uns durch die drei Hypostasen nicht in sein Reich rufen kann, was wiederum z widerspräche, denn z steht für das Versprechen, das Jesus, und somit auch Gott, uns gegeben hat. Diese theologische Dialektik habe ich eher unbewusst vorausgesetzt, daher fehlte mir ohne Vorlesungsmaterial eine Rechtfertigung für die Paradoxie.

Ich könnte diesen Widerspruch des Schülers inhaltlich erklären, aber nicht aufheben, doch dies habe ich in Übung 1 versucht. Da man die Paradoxie aber logisch nicht aufheben kann, sondern nur akzeptieren kann, funktioniert die Aufhebung nicht. Im Vorlesungsmaterial wird klar, dass man etwas Paradoxes nicht ausschließen muss, sondern es in das eigene System, in die eigene Welt, integrieren muss. Durch die theologische Dialektik wird deutlich, dass die Paradoxien einen systematischen Zusammenhang haben.

Ich denke ich habe die Paradoxie nicht ausreichend bearbeitet als das man auf den ersten Blick eine Transzendenz-Immanenz-Kreuzung entdecken könnte. Eine Kreuzung wäre in dem Beispiel mit dem Schauspieler und anderen Rollen mit anderen „Funktionen". Diese Funktionen unterstreichen, dass Gott drei Seinsweisen zugleich ist, die verschiedene Funktionen haben. Gott selbst ist transzendent und Jesus zum Beispiel ist immanent und vermittelt in der materiellen immanenten Welt. Die Menschen sollen aus der immanenten Welt in die transzendente Wirklichkeit kommen.

# 14 Abschlussreflexion

## 14.1 Vorbereitung und Durchführung der Abschlussreflexion

Liebe Studierende, heute begrüße ich Sie zum letzten Mal zu dieser Vorlesung 'Gott denken'. Ein Vierteljahr haben Sie sich mit verschiedenen Aspekten der Gotteslehre beschäftigt. Und das auf eine Weise, die hoffentlich diesem Ort der Lehrerbildung gerecht geworden ist. Sie haben heute die Aufgabe, für sich zu prüfen, ob dieser Lernprozess für Sie erfolgreich war. Erfolgreiches Lernen hat zwei Seiten: eine äußere Seite der Bewertung nach objektiven Leistungsanforderungen und eine innere Seite, wie Sie selbst den Arbeitsprozess erlebt haben. Die objektive Seite lief über das Semester durch die wöchentlichen Kompetenzmessungen kontinuierlich mit. Sie kennen durch die wöchentliche Rückgabe der Reflexionen auch Ihren Lernstand nach diesen Bewertungskriterien. Heute möchte ich Sie aber auffordern, dass Sie Ihre Sicht des Lernprozesses festhalten, wie Sie sich in den Anforderungen bewegt haben. Sie führen die heutige Abschlussreflexion also für sich selbst durch und nicht für mich. Sie erarbeiten sich selbst ein Feedback zu Ihrem Lernen. Beides zusammen: die erreichte Kompetenzstufe und diese Abschlussreflexion, gibt Ihnen ein gutes Bild Ihres Lernens. Wenn Sie später in meine Sprechstunde kommen und sich die Unterschrift für die ‚Aktive Teilnahme' abholen, bekommen Sie von mir eine Rückmeldung zum Lernstand, die sich auf diese beiden Seiten stützt. Ihr Lernerfolg ist dann auch die Rückmeldung an mich und meinen Lehrerfolg. Ich verzichte deshalb auf die klassischen Fragebögen, die Ihre Teilnahmezufriedenheit messen. Ich halte es für wichtiger, dass wir gemeinsam auf das Lernergebnis schauen.

Die heutige Abschlusssitzung besteht aus zwei Teilen. Sie sehen schon auf den beiden Leinwänden neun Reflexionsfragen. Ich möchte Sie ermuntern, die Fragen wirklich als Reflexionsanlass zu verstehen. Holen Sie ruhig Ihre Unterlagen heraus und rekapitulieren Sie, was Sie im letzten Vierteljahr in der Vorlesung gemacht haben. Lassen Sie sich bitte die nötige Zeit, um die Fragen sorgfältig zu beantworten. Darüber hinaus werde ich gleich herum gehen und einen lernstrategischen Fragebogen verteilen, der Ihr Lernverhalten erfasst. Dieser Bogen ist ein valides Instrument, das Aussagen darüber erlaubt, wo Sie Ihre Stärken und Schwächen beim Lernen sehen und wo Entwicklungsbedarf besteht. Ich möchte Sie bitten, dass Sie den Fragebogen nicht auf diese Lehrveranstaltung beziehen, sondern allgemein auf Ihr Studium. Zusammen mit der Kompetenzmessung und der Abschlussreflexionen wird schon deutlich genug, wo sich diese Lehrveranstaltung von anderen abhebt oder vergleichbar ist. Die Teilnahme an dem Fragebogen ist freiwillig. Nach meiner Erfahrung ist es aber zu Beginn des Studiums ein wichtiges Instrument, damit Sie Ihr Lernen besser einschätzen können. Wenn Sie ansonsten Fragen haben, melden Sie sich ruhig. Ich komme dann zu Ihnen. Wenn Sie fertig sind, geben Sie die Abschlussreflexion und den Fragebogen einfach nach vorne. Da diese Sitzung gleich keinen richtigen Schlusspunkt mehr hat, verabschiede ich mich offiziell jetzt schon von Ihnen als Lerngruppe. Ich hoffe, die Vorlesung war ein sinnvoller Lernanstoß. Ich freue mich auf die Rückmeldegespräche mit Ihnen und wünsche Ihnen bis dahin eine gute vorlesungsfreie Zeit!

---

 technische universität dortmund

Reflexion

1.Warum haben Sie an der Vorlesung (z.B. Pflichtveranstaltung laut Studienordnung, zeitliche Passung, Interesse etc.) und wie haben Sie teilgenommen (regelmäßig anwesend, ab und zu, komplett von zu Hause)?

2. Was wollten Sie in der Lehrveranstaltung erreichen? Haben Sie sich ein Ziel gesetzt, wenn ja, welches?

3. Auf einer Skala von 1-10: Haben Sie
      a) die Ziele der Lehrveranstaltung
      b) Ihre Ziele erreicht?
*(1. Ich bin nicht über meine Intuition hinausgekommen und konnte die Ziele nicht erreichen; 10. Ich kann Theorien wiedergeben, anwenden und nach Stärken und Schwächen kritisch bewerten, ich habe alle Ziele erreicht)*
Begründen Sie dabei, was Sie konkret können und was nicht.

4. An welchen Themen würden Sie gerne weiterarbeiten?

Dr. Oliver Reis             WS 08/09

---

 technische universität dortmund

Reflexion

5.    Was erwarten Sie von der Hochschulausbildung für die spätere LehrerIn-Tätigkeit? Erfüllt das Studium die Erwartung? Was leistet die Vorlesung und was nicht?

6.    War die Form des Lernprozesses (Vorlesung+Reflexionsteil) hilfreich um
    a) die Ziele der Lehrveranstaltung
    b) Ihre Ziele zu erreichen?

7.    War das Studientagebuch eine Hilfe für den Reflexionsprozess?

8.    Wie viel Zeit haben Sie für die Vorlesung außerhalb der Präsenzzeit gearbeitet (h/Woche)? Was haben Sie in der Zeit vor allem gemacht?

9.    Wie beurteilen Sie den Schwierigkeitsgrad der Reflexionsübungen? Hat die Vorlesung Sie genügend darauf vorbereitet, diese Reflexionen zu schreiben oder hätten Sie sich mehr Unterstützung gewünscht? Wenn ja, welcher Art?

Dr. Oliver Reis             WS 08/09

## 14.2 Exemplarische studentische Reflexionen

### a) Meike

1.) Pflichtveranstaltung mit regelmäßiger Teilnahme

2.) Ich wollte verschiedene Denkstrukturen kennenlernen, über das Thema „Gott" nachdenken und meine eigene Haltung einordnen können.

3.) a) 6—7  b) 7

Ich kenne die verschiedenen Theorien mit ihren Grundannahmen. Der konkrete Umgang damit fällt mir jedoch noch schwer, vor allem die kritische Bewertung und Gegenüberstellung.

Ich kann die verschiedenen Theorien wiedergeben und anwenden, jedoch nicht so leicht in Kontexten erkennen. Dazu muss ich oft genau nachschlagen.

4.) Die Sitzung zu „Gottes Name" fand ich sehr komplex und hätte gerne tiefgründiger dazu gelernt. Das Thema „Gottes Wille" war für mich in der Anwendung recht schwierig. Dazu hätte ich noch mehr Input benötigt. Die gesamte Auswahl der Themen hat mir sehr gut gefallen. Ich fand die Sitzungen immer interessant!

5.) Die Vorlesung „Gott Denken" ist für den späteren Lehrerberuf sehr wichtig und hilfreich. Als Religionslehrer muss ich die Fragen der Kinder einordnen und gut beantworten können. Ohne diese Vorlesung hätte ich nur wenige Ansatzpunkte dazu gehabt.

Insgesamt würde es mir besser gefallen, wenn die Didaktik religiösen Lernens mehr zum Tragen käme. Auch in der Hochschulausbildung sollte die Praxis nicht ganz in den Hintergrund rücken.

6.) Die Form von Vorlesung verbunden mit einem Reflexionsteil war sehr hilfreich, um die Ziele der Vorlesung und ebenso meine Ziele zu erreichen. Wenn ich nicht dazu angehalten wäre, mich weiter mit den Themen zu beschäftigen, wären diese sicherlich sofort wieder in Vergessenheit geraten.

7.) Das Studientagebuch war für mich eine Hilfe, da ich meine eigene Haltung selbst auch immer reflektiert habe. Die wichtigsten Inhalte habe ich dann festgehalten und konnte so bei Unsicherheiten auch immer wieder nachschlagen.

8.) Für diese Vorlesung habe ich 3 bis 4 Stunden in der Woche gearbeitet. In dieser Zeit habe ich den Inhalt der Vorlesung für mich noch einmal widerholt und versucht, noch fehlende Zusammenhänge herzustellen. Anschließend habe ich Notizen zu den Aufgaben aufgeschrieben und geordnet, um abschließend die Reflexionsaufgaben zu bearbeiten.

9.) Die Reflexionsaufgaben waren oft nicht einfach zu lösen. Ich musste für mich selbst den Bezug zur Vorlesung suchen, um die Aufgabe angemessen lösen zu können. Dadurch habe ich mich aber sehr intensiv mit den Themen auseinander gesetzt. Vielleicht ist es möglich, die einzelnen Themen in der Vorlesung eingehender zu bearbeiten, damit die Zusammenhänge nicht „alle" selbst hergestellt werden müssen.

## b) Thomas

1.) Pflichtveranstaltung laut Studienordnung, meistens war ich anwesend

2.) Ich bin eigentlich ohne Erwartungen in diese Lehrveranstaltung gekommen, dann war mein Ziel aber, mindestens Stufe 2 zu erreichen.

3a) 3. Ich denke nicht, dass ich alle Ziele der Lehrveranstaltung erreicht habe, da ich mehrmals den Anforderungen nicht gerecht geworden bin. Die Inhalte konnte ich schon wiedergeben , jedoch fiel es mir schwer, meine eigenen Texte zu analysieren.

3b) 5. Oft habe ich es nicht geschafft, meine eigenen Erwartungen zu erfüllen, aber dann doch gegen Ende der VL öfter mal Stufe 2 erreicht.

4.) Am besten gefallen haben mir, „Gottes Dasein" und „Gottes Rechtfertigung" da ich es spannend finde, in wie vielen verschiedenen Weisen der Mensch Gott und Glaube begegnet und wie sie ihren Glauben „verteidigen".

5.) Ich erwarte eine gute Ausbildung auf den Lehrerberuf, die mich auf viele Situationen vorbereitet. Das Studium erfüllt dies eher nicht. Die meisten Vorlesungen haben mit Schule nichts zu tun, sondern eher mit Wissenschaft. Es fehlt auch an mehr Praxis in der Schule. Diese Vorlesung geht schon mehr auf den späteren Berufswunsch ein, in dem wir mit Fragen konfrontiert werden, die später auf uns als Lehrer zukommen können. Damit leistet sie schon mehr als der Großteil der Vorlesungen.

6.) Ich denke schon, dass die Form hilfreich war, da man sich so automatisch nochmal mit dem Thema der Vorlesung auseinandersetzen musste, und so die Inhalte der Vorlesung vertieft wurden.

7.) Ich finde, dass das Studientagebuch schon eine Hilfe war, da man sich so intensiv mit einem Thema beschäftigt. s. 6)

8.) Ich habe pro Woche ca. 1-2 Stunden für diese Vorlesung gearbeitet, meistens  dann mit Lesen der Texte und Folien.

9.) Den Schwierigkeitsgrad der Reflexionsübungen war zum Großteil angemessen. Wenn man in der Vorlesung war, wurde man meiner Meinung nach auch gut vorbereitet. wenn man es von zu Hause bearbeitet hat, war es schwieriger. 4 oder 5 Aufgaben waren schon schwer und auch zeitintensiv.

## c) Tanja

1.

- Pflichtveranstaltung laut Studienordnung
- Interesse
- immer anwesend.

2. Ich wollte alle Reflexionsaufgaben nach meinem Vermögen bearbeiten, sodass ich an meine Grenzen komme. Ziel war es auch so gut wie möglich auf Schülerfragen vorbereitet zu sein.

3. a) 7-8                    b) 8

Ich denke ich habe die Aufgaben ganz gut gelöst, aber die Struktur sowie das Wiedergeben des eigenen Verständnisses war nicht ideal. Man kann sich halt immer bessern, da gibt es selten Grenzen.

4. Ich fand die Themenbereiche sehr gut, wo man mit Schülerfragen konfrontiert wurde. Man könnte vielleicht noch weitere Fragen bearbeiten. Anregungen dazu könnte man ja an Schulen holen, wo in einer Religionsunterrichtstunde Schüler Fragen aufschreiben sollen(also, nur als Vorschlag).

5. Ich erwarte, dass man ausreichend auf Schülerfrage, auf das Interesse/ Desinteresse der Schüler vorbereitet wird. Man sollte als zukünftige Lehrerin / zukünftiger Lehrer auch Grundlagen wissen, wie z.B. die unterschiedlichen Positionen (Atheismus, Agnostizismus…) und deren Grundgedanken. Ich denke das leistet die Vorlesung auf jeden Fall. Durch die Reflexionsaufgaben wird auch für einen selber klar, wie gut man die Vorlesungsinhalte/-aussage verstanden hat. Auch gut und. Vorlesung: Wiederholung der letzten Vorlesung / Reflexionsaufgabe am Anfang jeder Vorlesung (+Fragen).

6. a) Die Form des Lernprozesses war hilfreich, da erst in der Vorlesung die Basis geschaffen wurde, die man für den Reflexionsteil braucht. Der Reflexionsteil wiederum ist nötig für die Bestätigung des eigenen Verständnisses.

b) Ich fand diese Form optimal, da man jede Woche die Chance hat sich zu bessern (was in d. Klausur nicht der Fall ist) und man auch Feedback erhält.

7. Das Studientagebuch war hilfreich, da es das eigene Verständnis wiedergibt und man sich, wie gesagt, bessern und sich weiterentwickeln kann.

8. ca. 3 Stunden ( am Anfang bis zu 4 Stunden)

- Vorlesungsinhalte wiederholen
- Reflexionsaufgaben (Texte) bearbeiten (Stichworte, Schlüsselstellen markieren…)
- Stichworte zur Reflexionsaufgabe machen(Struktur, Zitate…)
- als flüssigen Text niederschreiben

9. Wenn man geistig aktiv an der Vorlesung teilnimmt, dann ist man genügend auf die Reflexionsaufgaben vorbereitet (ich wundere mich, wie die Studenten die Aufgaben ohne Teilnahme an der Vorlesung gemeistert haben…). Ich denke, wenn man mehr Unterstützung gebraucht hätte, hätte man per Mail Fragen an die Mitarbeiter schicken können, da wäre sicherlich eine ausreichende Antwort zurückgekommen. Der Schwierigkeitsgrad war hoch, aber man wächst ja bekanntlich mit seinen Aufgaben, von daher war es, denke ich, machbar.

# Literaturverzeichnis

*Aland Barbara*, Art. ‚Markion', in: [3]LThK, Bd. 6, Sp. 2392f.

*Angenendt, Arnold:* Toleranz und Gewalt. Das Christentum zwischen Bibel und Schwert, Münster 2008.

*Appel, Kurt:* Perspektiven der Theodizee nach Leibniz, in: Rundbrief – Lehrstuhl für Religionsphilosophie und vergleichende Religionswissenschaft 31/32 (2008/09), 25-28.

*Aristoteles*: Kategorien, in der Ausgabe von: *Flashar, H.* (Hg.): Werke in Deutscher Übersetzung, Bd. I.1, Aristoteles, übers. u. erl. v. *Kl. Oehler*, Berlin [2]1986.

*Assmann, Jan:* Herrschaft und Heil, Politische Theologie in Altägypten, Israel und Europa, München/Wien 2000.

*Barth, Karl*: Dogmatik im Grundriss im Anschluß an das Apostolische Glaubensbekenntnis, Zürich [3]1947.

*Baudler, Georg:* Erlösung vom Stiergott, Düsseldorf 1989.

*Baudler, Georg:* El – Jahwe – Abba. Wie die Bibel Gott versteht, Düsseldorf 1996.

*Baudler, Georg:* Befreiung von einem Gott der Gewalt - Erlösung in der Religionsgeschichte von Judentum, Christentum und Islam, Düsseldorf 1999.

*Bayer, Oswald:* ‚Erhörte Klage', in: NZSTh 25 (1983), 259-272.

*Beltz, Walter:* Gott und die Götter. Biblische Mythologie, Berlin/Weimar 1990.

*Berger, Klaus:* Wie kann Gott Leid und Katastrophen zulassen?, Gütersloh 1999.

*Berger, Klaus:* Jesus, München 2004.

*Bernfeld, Simon:* Staat und Gesellschaft, in: Soziale Ethik im Judentum. Hg. v. Verband der Deutschen Juden, Frankfurt a.M. 1914.

*Blasche, Siegfried:* Art. ‚Agnostizismus', in: Enzyklopädie Philosophie und Wissenschaftstheorie. Hg.v. *Mittelstraß, Jürgen*: Bd. 1, Stuttgart/Weimar 2004.

*Böhnke, Michael:* Von scheinbaren Lösungen zu existentiellen Fragen. Zur verantworteten Rede von Gott angesichts des Leids, in: *Ders./Neuhaus, G./Schambeck, M./Schwienhorst-Schönberger, L./ Stögbauer, E. M./Söding, Th.:* Leid erfahren – Sinn suchen. Das Problem der Theodizee, Freiburg i.Br. 2007 (= Theologische Module. Bd. 1), 69-105.

*Bösen, Willibald:* Auferweckt gemäß der Schrift. Das biblische Fundament des Osterglaubens, Freiburg i.Br. 2006.

*Brandscheid, Renate*: Jahwe, Art. ‚Jahwe/JHWH', in: [3]LThK, Bd. 5, Sp. 712f.

*Brantschen, Johannes B.:* Gott ist anders. Theologische Versuche und Besinnungen, Luzern 2005.

*Braulik, Georg:* Art. ,Monotheismus, biblisch-theologisch', in: [3]LThK, Bd. 7, Sp. 424-426.

*Braulik, Georg*: Deuteronomium II, Würzburg 1992 (=NEB.28).

*Büttner, Gerhard:* In der Deismusfalle!, in: KatBl 133 (2008), 369-373.

*Childs, Brevard S.:* Die Theologie der einen Bibel. Bd. 1, Grundstrukturen, Freiburg 1994.

*Childs, Brevard S.:* Die Theologie der Einen Bibel, Bd. 2, Hauptthemen, Freiburg 1996.

*Crüsemann, Frank:* Der Widerstand gegen das Königtum. Die antiköniglichen Texte des Alten Testaments und der Kampf um den frühen israelitischen Staat, Neukirchen 1986.

*Crüsemann, Frank*: Die Tora. Theologie- und Sozialgeschichte des alttestamentlichen Gesetzes, München 1992.

*Crüsemann, Frank:* Maßstab Tora. Israels Weisung für christliche Ethik, Gütersloh 2003.

*Dassmann, Ernst:* Kirchengeschichte I. Ausbreitung, Leben und Lehre der Kirche in den ersten drei Jahrhunderten, Stuttgart/Berlin/Köln 1991.

*Decker, Rainer:* Die Päpste und die Hexen. Aus den geheimen Akten der Inquisition, Darmstadt 2003.

*Deissler, Alfons:* Die Psalmen, Düsseldorf [2]1979.

*Deissler, Alfons:* Zwölf Propheten. Hosea – Joel – Amos. Würzburg [2]1985 (=NEB.4), 91,130-133.

*Dennett, Daniel C.:* Mechanism and Responsibility, in*: Watson, G.* (Hg.): Free Will, Oxford UP [1]1982, 150-173.

*Denzinger Heinrich:* Enchiridion symbolorum definionum et declarationum de rebus feidei et morum. Kompendium der Glaubensbekenntnisse und kirchlichen Lehrentscheidungen. Verb., erw., ins Deutsche übertragen und hg. v. *Peter Hünermann*, Freiburg i.Br./Basel/Rom/Wien '38'1999 (=DH).

*Der Religionsunterricht vor neuen Herausforderungen.* Die deutschen Bischöfe. Hg.v. Sekretariat der Deutschen Bischofskonferenz, Bonn 2005.

*Die Bibel.* Einheitsübersetzung, Freiburg i.Br. [14]1999.

*Die Interpretation der Bibel in der Kirche*, Die päpstliche Bibelkommission, hg. v. Sekretariat der Deutschen Bischofskonferenz, Bonn 1993.

*Elliger, Karl:* Leviticus, Handbuch zum Alten Testament, Tübingen 1966.

*Englert, Rudolf:* Der Religionsunterricht nach der Emigration des Glaubens-Lernens, in: KatBl 123 (1998), 4-12.

*Englert, Rudolf*: Gottesglaube hier und heute. Empirische Erkundungen und theologische Herausforderungen, in: Theologisch Revue 103 (3/2007), 177-186.

*Epikur:* Fragment 374; zitiert nach *Usener, Hermanus:* Epicureia, Stuttgart 1966.

*Ernste, Stefan:* ‚Vertilgen wird sie der Herr, unser Gott!' – Gewalt in der Bibel, Quelle: http://www.stefan-ernste.de/Gewalt.htm [12.3.2009].

*Essen, Georg:* Art. ‚Monotheismus, systematisch-theologisch', in: ³LThK, Bd. 7, Sp. 428-430.

*Feuerbach, Ludwig:* „Das Wesen der Religion", hg. von *A. Esser,* Köln 1967.

*Fides et Ratio.* Enzyklika v. Papst Johannes Paul II., hg. vom Sekretariat der Deutschen Bischofskonferenz, Bonn 1998, Nr. 65.

*Fleischmann, Christoph:* Gewinn in alle Ewigkeit. Kapitalismus als Religion, Zürich, 2010.

*Fößl, Thomas:* Freiheit als Paradigma der Theologie? Methodische und inhaltliche Anfragen an das Theoriekonzept von Thomas Pröpper aus theologischer Perspektive, in: Theologie und Philosophie 82 (2007), 205-239.

*Franz, Thomas:* Sehen – Urteilen – Handeln. Fundamentaltheologische Grundlagen für ein person- und prozesszentriertes Lehren der Kirche, in: *Scheidler, M./Reis, O.* (Hg.): Vom Lehren zum Lernen. Didaktische Wende in der Theologie?, Münster 2008, 109-116.

*Frenz, Thomas:* Art. ‚Kirchenstaat', in: TRE, Band 19, Sp. 92-101.

*Frenz, Thomas:* Das Papsttum als der lachende Dritte? Die Konsolidierung der weltlichen Herrschaft der Päpste unter Innozenz III. Referat, gehalten auf der Tagung der Katholischen Akademie in Bayern ‚Staufer und Welfen. Zwei rivalisierende Dynastien am Beginn der Geschichte Münchens', München, 6.-9.2.2008, Quelle: http://www.phil.uni-passau.de/histhw/diversa/Lachenderdritter.html [23.10.2009].

*Fresacher, Bernhard:* Kommunikation. Verheißungen und Grenzen eines theologischen Leitbegriffs, Freiburg i.Br. 2006.

*Freud, Sigmund:* Die Zukunft einer Illusion, 1921, in: *Freud, A. u.a (Hg.):*Gesammelte Werke 14. Bd., Frankfurt a.M. ³1963.

*Früchtel, Ursula:* Mit der Bibel Symbole entdecken, Göttingen 1991.

*Gabel, Helmut:* Inspiration III: Theologie- u. dogmengeschichtlich, in: ³LThK, Bd. 5, Sp. 535-538.

*Garz, Detlef:* Sozialpsychologische Entwicklungstheorien. Von Mead, Piaget und Kohlberg bis zur Gegenwart, Wiesbaden ³2006.

*Gatz, Erwin:* Art. ‚Kirchenstaat', in: ³LTHK Band 6, Sp. 58-62.

*Gestrich, Christof:* Die Wiederkehr des Glanzes in der Welt. Die christliche Lehre von der Sünde und ihrer Vergebung in gegenwärtiger Verantwortung, Tübingen ²1996. (183)

*Graf, Friedrich-Wilhelm:* Art. ‚Zwei-Reiche-Lehre', in: ³LThK Band 10, Sp. 1515-1519.

*Hafner, Johann Ev.:* Selbstdefinition des Christentums. Ein systemtheoretischer Zugang zur frühchristlichen Ausgrenzung der Gnosis, Freiburg i.Br. 2003.

*Hafner, Johann Ev.:* Angelologie, Paderborn 2010.

*Hailer, Martin:* Gott und die Götzen. Über Gottes Macht angesichts der lebensbestimmenden Mächte, Göttingen 2006.

*Häring, Hermann:* Das Böse in der Welt, Darmstadt 1999.

*Hauschild, Wolf-Dieter:* Lehrbuch der Kirchen- und Dogmengeschichte, Bd1.: Alte Kirche und Mittelalter, Gütersloh 1995.

*Hausen, Friedrich:* Zur Aktualität von Fragen des Theodizee-Typs, in: Rundbrief – Lehrstuhl für Religionsphilosophie und vergleichende Religionswissenschaft 31/32 (2008/09), 33-36.

*Hentschel, Georg:* 1 Könige, Würzburg [3]1993 (=NEB.16), 111f.

*Herr, Friedrich:* Das Wagnis der schöpferischen Vernunft, Wien/Köln/Weimar 2003.

*Holzbach, Mathis-Christian:* Plutarch, Galba-Otho und die Apostelgeschichte. Ein Gattungsvergleich, Münster 2006.

*Huber, Renate:* Bibelverständnis – aus Philo-Perspektive, Skript zur Veranstaltung"Bibelverständnis aus philosophischer und theologischer Perspektive(WS2007-08).

*James, William*: Ist das Leben wert, gelebt zu werden?, in *Fehige, Chr. /Meggle, G. /U. Wessels* (Hg.): Der Sinn des Lebens. München [4]2002, 276-289. Der Vortrag in seiner Originalfassung findet sich unter: http://www.clas.ufl.edu/users/jzeman/wjames/will_to_believe.htm [05.01.2012].

*Jonas, Hans*: Der Gottesbegriff nach Auschwitz. Eine jüdische Stimme, Baden Baden 1987.

*Jonas, Hans*: Der Gottesbegriff nach Auschwitz. Eine jüdische Stimme, in: *Ders.*: Philosophische Untersuchungen und metaphysischen Vermutungen, Frankfurt a.M. 1994.

*Kant ,Immanuel*: Über das Misslingen aller philosophischen Versuche in der Theodizee, 1791; zit.n. *Kant, Immanuel*: Schriften zur Anthropologie, Geschichtsphilosophie, Politik und Pädagogik (= Immanuel Kants Werke in sechs Bänden, Bd. VI), Hg. *Weischedel, W.:* 5. erneut überprüfter reprographischer Nachdruck der Ausgabe Darmstadt 1958, Darmstadt 1983, 103-124.

*Kant, Immanuel:* Kritik der reinen Vernunft (2. Aufl. 1787), in der Ausgabe: Kant's gesammelte Schriften, hg. von der *Königlich Preußischen Akademie der Wissenschaften, Abt. 1*: Werke, Band 3, Berlin (2)1911, hier Nachdruck Köln 1995.

*Klement, Herbert H.:* Krieg und Frieden im Alten Testament. Ein Thesenpapier, in: *Ders.* (Hg.): Themenbuch zur Theologie des Alten Testaments, Düsseldorf 2007, 199-210.

*Knoblauf, Jörg/Opprecht, Jürg:* Jesus auf der Chefetage. Von Unternehmern weltweit lernen, Holzgerlingen [2]2004.

*Kolbe, Fritz U.:* Verhältnis von Wissen und Handeln, in: *Blömeke, S./Tuloziecki, G./Wildt, J.* (Hg.): Handbuch Lehrerbildung, Bad Heilbrunn 2004, 206-231.

*Kress, Christine:* Gottes Allmacht angesichts des Leidens. Zur Interpretation der Gotteslehre in den systematisch-theologischen Entwürfen von Paul Althaus, Paul Tillich und Karl Barth, Neukirchen-Vluyn 1999.

*Küng, Hans:* Antwort auf die Gottesfrage der Neuzeit, München [5]2008.

*Ländergemeinsame inhaltliche Anforderungen für die Fachwissenschaften und Fachdidaktiken in der Lehrerbildung.* Beschluss der Kultusministerkonferenz vom 16.10.2008 i.d.F. vom 08.12.2008, hg. v. Sekretariat der ständigen Konferenz der Kultusminister der Länder in der Bundesrepublik Deutschland, 34f., Quelle: www.kmk.org/fileadmin/veroeffentlichungen_beschluesse/2008/2008_10_16-Fachprofile.pdf [02.06.2010].

*Lederleitner, Heinz G.:* Erlösung erschließen – Wahrnehmungen gewaltloser Gottesmacht nach Georg Baudler, Münster 2000.

*Leibniz, Gottfried W.:* Theodizee, Hamburg 1976.

*Leibniz, Gottfried W.:* Monadologie, Stuttgart 1989.

*Leidhold, Wolfgang:* Gottes Gegenwart. Zur Logik religiöser Erfahrung, Darmstadt 2008.

*Lorenz, Kuno:* Art. ‚Prädikat', in: Enzyklopädie Philosophie und Wissenschaftstheorie. Hg. v. *Mittelstraß:* Bd. 3, 2004a.

*Lorenz, Kuno:* Art ‚intensional/Intension', in: Enzyklopädie Philosophie und Wissenschaftstheorie, Bd. 2, 2004b.

*Luhmann, Niklas:* Die Gesellschaft der Gesellschaft, Bd. 1, Frankfurt a.M. 1997.

*Luhmann, Niklas:* Die Religion der Gesellschaft, Frankfurt a.M. 2000.

*Luther, Henning:* Religion und Alltag. Bausteine zu einer praktischen Theologie des Subjekts, Stuttgart 1992.

*Luther, Martin:* de Servo arbitrio, Daß der frei Wille nichts sei. Antwort D. Martin Luthers an Erasmus von Rotterdam (1525), in der Ausgabe: *Borcherdt, H. H./Merz, G.* (Hg.): Martin Luther. Ausgewählte Werke. Ergänzungsreihe Erster Band, München [3]1983.

*Luther, Martin:* Von dem Papsttum zu Rom, 1520; zitiert nach der WA Band VI .

*Luther, Martin:* De instituendis ecclesiae ministris, 1523; zit. n. WA Band XII.

*Luther, Martin:* Art und Recht des weltlichen Regiments, 1530; zit. n. WA Band XXX/II .

*Luther, Martin:* Die Verwerfung des Aufruhrs, 1522; zit. n. WA Band VII.

*Marquardt, Friedrich W.:* Was dürfen wir hoffen, wenn wir hoffen dürften? Eine Eschatologie, Bd. 1, Gütersloh 1993.

*Marquardt, Friedrich-W.:* Was dürften wir hoffen, wenn wir hoffen dürften? Eine Es-chatologie, Bd. 2, Gütersloh 1994.

*Marquardt,* Friedrich-W.: Was dürften wir hoffen, wenn wir hoffen dürften? Eine Es-chatologie, Bd. 3, Gütersloh 1996.

*Marx, Karl:* „Die Frühschriften", hg. von *S. Landshut (Hg.*), Stuttgart 1968.

*Mendl, Hans:* Religionsunterricht inszenieren und reflektieren. Plädoyer für einen Reli-gionsunterricht, der mehr ist als ‚reden über Religion', in: Religionsunterricht-*heute* 34 (3+4/2006), 6-21.

*Mette, Norbert:* Praktisch-theologische Erkundungen, Berlin 2007 (=Theologie und Praxis. Bd.32).

*Mette, Norbert:* ‚Gottesverdunstung' – eine religionspädagogische Zeitdiagnose, in: *Englert, R./ Kohler-Spiegel, H. /Ders./Rickers, F./Schweizer, Fr.* (Hg.): Jahrbuch der Religionspädagogik (JRP), Bd. 25: Gott im Religionsunterricht, Neukirchen-Vluyn 2009, 9-23.

*Metz, Johann B.:* Memoria passionis. Ein provozierendes Gedächtnis in pluralistischer Gesellschaft, Freiburg ²2006.

*Meyer-Blanck, Michael/Dressler, Bernhard* (Hg.): Religion zeigen. Religionspädagogik und Semiotik, Münster 1998.

*Miggelbrink, Ralf:* Der zornige Gott. Die Bedeutung einer anstößigen Tradition, Darm-stadt 2002.

*Mittelstraß, Jürgen/Carrier, Martin:* Art. ‚Physikotheologie', in: Enzyklopädie Philoso-phie und Wissenschaftstheorie. Hg. v. *Mittelstraß, J.:* Bd. 3, Stuttgart/Weimar 2004.

*Müller, Klaus:* Gottes Dasein denken, Regensburg 2001.

*Müller, Klaus:* Streit um Gott, Politik, Poetik und Philosophie im Ringen um das wahre Gottesbild, Regensburg 2006.

*Neuhaus, Gerd*: Theodizee – Anstoß oder Abbruch des Glaubens?, Freiburg 1993.

*Neuhaus, Gerd:* Der Fels des Atheismus. Die neuzeitliche Radikalisierung der Theo-dizee-Frage im Spiegel der Literatur, in: *Böhnke/Schambeck/Schwienhordt-Schönberger/Stögbauer/Söding:* Leid erfahren – Sinn suchen, 2007, 106-144.

*Neuhaus, Gerd*: Nicht nur ein Problem des Glaubens – moralische Implikationen der offenen Theodizee-Frage, in: Rundbrief – Lehrstuhl für Religionsphilosophie und vergleichende Religionswissenschaft 31/32 (2008/09), 15-17.

*Nickel-Schwäbisch, Andrea:* ‚Ich bin ein Teil des Teils, der anfangs alles war'. Überle-gungen zum Begriff des Teufels bei Niklas Luhmann, in: *Thomas, G./Schüle. A.* (Hg.): Luhmann und die Theologie, Darmstadt 2006, 117-125.

*Oberthür, Rainer:* Kinder und die großen Fragen. Ein Praxisbuch für den Religionsun-terricht, München 1995.

*Oser, Fritz/Gmünder, Paul:* Der Mensch – Stufen seiner religiösen Entwicklung, in: *Büttner, G./ Dieterich, V.-J.* (Hg.): Die religiöse Entwicklung des Menschen, Stuttgart 2000, 123-152.

*Otto, Rudolf:* Das Heilige. Über das Irrationale in der Idee des Göttlichen und sein Verhältnis zum Rationalen; Nachdruck d. ungekürzten Sonderausgabe, München 1997.

*Pemsel-Maier, Sabine:* Dreifaltig und allmächtig. Gottesverständnis und Gottesrede im Dialog von Religionspädagogik und Dogmatik, in: RpB 60/2008, 53-68.

*Platon:* Der Staat (Politeia), übers. u. hg. v. *K. Vretska,* Stuttgart 2004, 2. Buch (379-385).

*Pola, Thomas:* Theodizee im Alten und Neuen Testament. Unter besonderer Berücksichtigung von Psalm 73, in: *Ders.:* Gott fürchten und lieben. Studien zur Gotteserfahrung im Alten Testament, Neukirchen-Vluyn 2007, 79–133 [=BTS 59].

*Pollok, Konstantin* (Hg.): Immanuel Kant, Prolegomena zu einer jeden künftigen Metaphysik, Hamburg 2001 (=PhB.540).

*Popp-Baier, Ulrike:* Bekehrung als Gegenstand der Religionspsychologie, in: *Henning, Chr. /Murken, S. /Nestler, E.* (Hg.): Einführung in die Religionspsychologie, Paderborn/München/Wien/Zürich 2003, 94-117.

*Pröpper, Thomas:* Art. ‚Allmacht Gottes'. I. Biblisch. [2]LThK Bd. 2, Sp. 412-414.

*Radlbeck-Ossmann, Regina:* Schöpfung der neue Streit um die Evolutionstheorie, in: KatBl 133 (2008), 327-332.

*Rahner, Karl:* Über die Schriftinspiration, Freiburg/Basel/Wien [2]1962 (=Quaestiones disputatae. Bd. 1).

*Rahner, Karl:* Warum lässt Gott uns leiden?, in: *Ders.:* Schriften zur Theologie Bd. XIV, Einsiedeln/Köln 1980, 450-466

*Reis, Oliver:* Nachhaltigkeit – Ethik – Theologie. Eine theologische Beobachtung der Nachhaltigkeitsdebatte, Münster 2003.

*Reis, Oliver:* Systemtheoretische Überlegungen zum Verhältnis von Kirche und Geld, in: ThPQ 153 (2005), 386-394.

*Reis, Oliver:* Luhmann und die Religion der Gesellschaft, in: *Büttner, G./Scheunpflug, A./Elsenbast, V.* (Hg.): Zwischen Erziehung und Religion. Religionspädagogische Perspektiven nach Niklas Luhmann, Berlin 2007, 15-28.

*Reis, Oliver:* Zur Förderung von effizienten Lernstrategien im Theologiestudium, in: *Scheidler, M./Ders.* (Hg.): Vom Lehren zum Lernen, 2008, 39-64.

*Reis, Oliver:* Mit Glaubensaussagen Lernprozesse gestalten, in: KatBl 134 (2009a), H.2, 112-121.

*Reis, Oliver:* Durch Reflexion zur Kompetenz. Eine Studie zum Verhältnis von Kompetenzentwicklung und reflexivem Lernen an der Hochschule, in: *Schneider, R./Szczyrba, B. /Welbers, U. /Wildt, J.* (Hg.): Wandel der Lehr- und Lernkulturen, Bielefeld 2009b, 100-120.

*Reis, Oliver:* Erzeugen Religionen Gewalt? Eine Lesehilfe für religiöse Konflikte in modernen Gesellschaften, in: *Hinz, R. Walthes, R.* (Hg.): Verschiedenheit als Diskurs, Tübingen 2011, 235-246. (193)

*Reis, Oliver:* Systematische Theologie für eine kompetenzorientierte Religionslehrer/innenbildung. Ein Lehrmodell im Rahmen der Studienreform, Münster erscheint 2012.

*Ritter, Werner H./Hanisch, Helmut/Nestler, Erich/Gramzow, Christopf:* Leid und Gott. Aus der Perspektive von Kindern und Jugendlichen, Göttingen 2006.

*Ritter, Werner H.:* Leid und Gott aus der Sicht von Kindern und Jugendlichen, in: KatBl 133 (5/2008), 364-368.

*Röd, Wolfgang:* Der Weg der Philosophie. Von den Anfängen bis ins 20. Jahrhundert, Bd.1: Altertum, Mittelalter, Renaissance, München 2000.

*Roy, Olivier:* Heilige Einfalt. Über die Politischen Gefahren entwurzelter Religionen, München 2010.

*Ruster, Thomas*: Gotteslehre (Vorlesung SoSe 1999), Quelle: http://www.fk14.tu-dortmund.de/medien/uploads/Gotteslehre_WS1999-2000.pdf [14.02.2012])

*Ruster, Thomas*: Der verwechselbare Gott. Eine Apologetik des fremden Gottes, Freiburg i.Br. 2000a.

*Ruster, Thomas:* Die Welt verstehen ‚gemäß den Schriften'. Religionsunterricht als Einführung in das biblische Wirklichkeitsverständnis, in: rhs 43/2000b, 189-203.

*Ruster, Thomas:* Vater der katholischen Kirche? Der Streit um Augustinus Eschatologie, in: *Faber, R./Goodman-Thau, E./Macho, Th.* (Hg.):Abendländische Eschatologie. Ad Jacob Taubes, Würzburg 2001, 134-151.

*Ruster, Thomas:* Manuskript zum gehaltenen Vortrag beim Institut für Lehrerfortbildung Mülheim/Ruhr (Kommende Dortmund, 16. Mai 2002.

*Ruster, Thomas:* Von Menschen, Mächten und Gewalten. Eine Himmelslehre, Mainz 2005.

*Ruster, Thomas*: Wandlung. Ein Traktat über Eucharistie und Ökonomie, Mainz 2006.

*Ruster, Thomas:* Rez. zu 'Müller, Klaus: Streit um Gott. Politik, Poetik und Philosophie im Ringen um das wahre Gottesbild, Regensburg 2006', in: Theologische Revue (2007), Sp.82-84.

*Ruster, Thomas:* Die neue Engelreligion. Lichtgestalten – Dunkle Mächte, Kevelaer 2010.

*Ruster, Thomas:* Beobachten lernen, wie Religion die Welt beobachtet. Warum ReligionslehrerInnen eine theologische Ausbildung brauchen, in: *Mette, N./Sellmann, M.* (Hg.): Religionsunterricht als Ort der Theologie, Freiburg i.Br. 2012.

*Ruster, Thomas:* Skript zu Basiswissen Dogmatik, .5f., Quelle: http://www.fk14.tu-dortmund.de/medien/uploads/Basiswissen_Skript.pdf [14.02.2012].

*Ryle, Gilbert*: Der Begriff des Geistes. Stuttgart 1969.

*Sander, Hans-Joachim:* Einführung in die Gotteslehre, Darmstadt 2006.

*Schabert, Josef:* Exodus, Würzburg 1989, 20-23 (=NEB.24).

*Schabert, Josef:* Genesis 12-50, Würzburg ⁶2005 (=NEB.5), 16,185f.

*Schambeck, Mirjam/ Stögbauer Eva M.*: Leid und die Frage nach Gott bei Jugendlichen. Eine religionspädagogische Herausforderung, in: *Böhnke/Neuhaus/Dies./Schwienhordt-Schönberger/Dies./Söding*: Leid erfahren – Sinn suchen, 2007, 145-207.

*Schillebeeckx, Edward:* Weil Politik nicht alles ist. Von Gott reden in einer gefährdeten Welt. Freiburg/Basel/Wien 1987.

*Schmidt, Heinz/Thierfelder, Jörg/Kraft, Gerhard/Petri ,Dieter* (Hg.): Das neue Kursbuch Religion 9/10, Stuttgart/Frankfurt 1988.

*Schmitt, Hans-Christoph:* Arbeitsbuch zum Alten Testament. Grundzüge der Geschichte Israels und der alttestamentlichen Schriften, Göttingen 2005.

*Schnädelbach, Hans*: Der Fluch des Christentums, in: DIE ZEIT v. 11.05.2000, Quelle: http://www.zeit.de/2000/20/200020.christentum_.xml/komplettansicht [01.03.2012].

*Schneider, Sebastian:* Auferstehung – Grundvollzug des Glaubens. Ein Blick ins Neue Testament, in: INFO. Informationen für Religionslehrer und Religionslehrerinnen Bistum Limburg 31 (1/2002), 4-12.

*Schoberth, Wolfgang:* Gottes Allmacht und das Leiden, in: *Ritter, W.H./Feldmeier, R./Ders./Altner, G.*: Der Allmächtige. Annäherungen an ein umstrittenes Gottesprädikat, Göttingen ²1997, 43-67.

*Schön, Donald A.:* Educating the Reflective Practitioner, London 1988.

*Schwarzschild, Steven S.*: Schekhinah und jüdische Eschatologie, in: Falaturi, A./Petuchowski, J./Strolz, W. (Hg.): Universale Vaterschaft Gottes. Begegnung der Religionen, Freiburg i. Br./Basel/Wien 1987, 88-114.

*Schwemm, Oswald:* Art. ,Deismus', in: Enzyklopädie Philosophie und Wissenschaftstheorie, Bd. 1, 2004, 444f.

*Smith, Christian/ Denton, Melinda L.:* Soul Searching. The Religious and Spiritual Lives of American Teenagers, Oxford 2005.

*Sölle, Dorothee:* Leiden, Stuttgart, 1973.

*Sölle, Dorothee:* Stellvertretung. Ein Kapitel Theologie nach dem ,Tode Gottes', Stuttgart 1982.

*Sölle, Dorothee:* Gott Denken. Einführung in die Theologie, Stuttgart 1990.

*Stemberger, Günter*: Art. ,Gottesnamen, II. Altes Testament u. Judentum, in: ³LThK, Bd. 4, Sp. 936-938.

*Stimpfle, Alois*: ,Ich habe den Herrn gesehen' (Joh 20,11-18). Konstruktionsgeschichtliche Überlegungen zur neutestamentlichen Auferstehungserfahrung, in: *Büttner,*

*G. /Mendl, H./Reis, O./Roose, H.* (Hg.): Religion lernen. Jahrbuch für konstruktivistische Religionsdidaktik. Bd. 1: Lernen mit der Bibel, Hannover 2010.

*Stobbe, Günter:* Gibt es eine vernünftige Lösung des Theodizee-Problems?, in: *Broer, I.* (Hg.): Hiob, oder die Frage nach dem Leiden. Beiträge aus alttestamentlicher, systematisch-theologischer, literarischer und religionspädagogischer Perspektive, Siegen 2007 (=Forum Siegen Beiträge. Bd. 6), 33-74.

*Stögbauer, Eva M.:* Die Frage nach Gott und dem Leid bei Jugendlichen wahrnehmen. Eine qualitativ-empirische Spurensuche, Bad Heilbrunn 2011.

*Taxacher, Georg*: Apokalyptische Vernunft. Das biblische Geschichtsdenken und seine Konsequenzen, Darmstadt 2010.

*Theißen, Gerd:* Zur Bibel motivieren. Aufgaben, Inhalte und Methoden einer offenen Bibeldidaktik, Gütersloh 2003,

*Thiel, Christian:* Art. 'Russel', in: Enzyklopädie Philosophie und Wissenschaftstheorie, Bd. 3, 2004a, 651-654.

*Thiel, Christian:* Art. 'imprädikativ', in: Enzyklopädie Philosophie und Wissenschaftstheorie, Bd. 2, 2004b, 216-218.

*Thiel, Christian:* Art. 'Zermelo-Russelsche Antinomie', in: Enzyklopädie Philosophie und Wissenschaftstheorie, Bd. 4, 2004c, 845-846.

*Thiel, Christian:* Art. 'Paradoxie', in: Enzyklopädie Philosophie und Wissenschaft, Bd. 3, 2004d, 40f.

*Thiel, Christian:* Art. 'Paradoxon', in: Enzyklopädie Philosophie und Wissenschaft, Bd. 3, 2004e, 46f.

*Trutwin, Werner (Hg.):* An Gott glauben. Kurs Theologie. Forum Religion 5, Düsseldorf [2]1985.

*Van Orman Quine, Willard:* Von einem logischen Standpunkt, Frankfurt 1979.

*Van Orman Quine, Willard:* Wort und Gegenstand, Stuttgart 1980.

*Von Aquin, Thomas:* Summa theologica, Bd. 1, Quaestio 25, Artikel 3, in der Ausgabe: Deutsche Thomas-Ausgabe, Salzburg/Leipzig 1934.

*Von Harnack, Adolf:* Marcion: Das Evangelium vom fremden Gott. Eine Monographie zur Geschichte der Grundlegung der katholischen Kirche. Nachdruck der 2. Auflage von 1924, Darmstadt 1996.

Von Nyssa, Gregor: Große Katechese (Oratio catechetia magna), in: Des heiligen Bischofs Gregor von Nyssa Schriften, aus dem Griechischen übers., Bibliothek der Kirchenväter, 1. Reihe, Band 56, Kempten, München 1927.

*Von Rad, Gerhard:* Theologie des Alten Testaments. Bd. 1, Die Theologie der geschichtlichen Überlieferungen Israels, München [4]1962.

*Von Stosch, Klaus*: Gott – Macht – Geschichte. Versuch einer theodizeesensiblen Rede vom Handeln Gottes in der Welt, Freiburg i.Br. 2006.

*Vorgrimler, Herbert:* Sakramententheologie, Düsseldorf [3]1992.

*Walter, Peter:* Fideismus, in: ³LThk, Bd. 3, Sp. 1272f.

*Weissmahr Béla A.:* Zauber. Mirakel. Wunder. Auf der Suche nach einem ausgewogenen Wunderverständnis, in: BiKi29 (1974), 2-5.

*Welker, Michael:* Gottes Geist. Theologie des Heiligen Geistes, Neukirchen-Vluyn 1993.

*Welker, Michael:* Schöpfung und Wirklichkeit, Neukirchen-Vluyn 1995.

*Werbick Jürgen:* Trinitätslehre, in: *Schneider, Th.* (Hg.): Handbuch Dogmatik, Bd. 2, Düsseldorf ²1995, 481-578.

*Werbick, Jürgen:* Von Gott zu sprechen an der Grenze zum Verstummen, Münster 2004.

*Werbick, Jürgen:* Gott verbindlich. Eine theologische Gotteslehre, Freiburg/Basel/Wien 2007.

*Westermann, Claus*: Genesis-Kommentar, Bd. 1, Neukirchen-Vluyn 1974.

*Wittgenstein, Ludwig:* Philosophische Untersuchungen. Kritisch-genetische Edition. Hg. v. *Joachim Schulte*, Frankfurt 2001.

*Wittmann, Stefan:* Gottes Herrschaft ist da (Teil 1), 2008, Quelle: http://www.bibelundermutigung.de/gottesherrschaft1.htm [27.10.2009].

*Wördemann, Dirk:* Das Charakterbild im bíos nach Plutarch und das Christusbild im Evangelium nach Markus, Paderborn 2002.

*Ziebertz, Hans G./Kalbheim, Boris/Riegel, Ulrich:* Religiöse Signaturen heute. Ein religionspädagogischer Beitrag zur empirischen Jugendforschung, Gütersloh/Freiburg 2003.

*Zimmerli, Walter:* Grundriß der alttestamentlichen Theologie, Stuttgart/Berlin/Köln ³1978.


**Internetquellen:**


http://de.wikipedia.org/wiki/Theodizee [13.02.2012]

http://www.vatican.va/phome_ge.htm [14.02.2012]

http://www.heidelberger-lese-zeiten-verlag.de/archiv/online-archiv/jonas100.pdf [12.02.2012]

# Anhang/Übersicht

Text 1:      Ein psychoanalytischer Blick auf den Gottesglauben ...............................................387

Text 2:      Ein philosophischer Blick auf den Gottesglauben ................................................388

Text 3:      Das Dasein Gottes im Hause der Vernunft bei Kant...............................................389

Text 4:      Das Dasein Gottes bei Wolfgang Leidhold.............................................................390

Text 5:      Radikalisierte Aufklärung nach Kant.....................................................................391

Text 7:      Machterleben im gültigen Bund...............................................................................394

Text 8:      Zukünftige Machtverheißung auf der Basis von Machterleben ...............................394

Text 9:      Festhalten an Machtverheißung in der theologischen Krise des Machterlebens .......395

Text 10:     Festhalten an Machtverheißung in der soziopolitischen Krise des Machterlebens ...395

Text 11:     Allmachtsmodell der Umwandlung ........................................................................396

Text 12:     Allmachtsmodell des Pantokrators.........................................................................397

Text 13:     Das Verständnis von Gottes Rede aus Sicht der Kirche...........................................397

Text 14:     Perspektivwechsel in der Leidfrage ........................................................................399

Text 15:     Die bedrängende Leidfrage im Alten Testament .....................................................400

Text 16:     Die Eliminierung der Allmacht bei Hans Jonas ....................................................400

Text 17:     Die Sinnlosigkeit einer Theodizee im Rahmen der Vernunft...................................403

Text 18:     Theodizee als begründete Alternativlosigkeit .......................................................407

Text 19:     Perspektivwechsel als Voraussetzung zur Bearbeitung der Theodizee ....................408

Text 20:     Neubestimmung der Allmacht in der Theodizee-Bearbeitung ................................409

Text 21:     Gott ‚herrscht' im Land zur Wahrung des Rechts...................................................411

Text 22:     Bibel als Text voller Gewalt ...................................................................................412

Text 24:     Gott fordert zu Gewalt auf .....................................................................................413

Text 25:     Miggelbrink: Eine andere biblische Gewalthermeneutik ........................................413

Text 26:     Gott definiert wahres Gottsein ...............................................................................415

Text 27:     Gott ist seinem Volk in seinem Namen nahe ...........................................................415

Text 28:     Die Offenbarung des Namens..................................................................................416

Text 29:     Gottes Name verheißt Gerechtigkeit........................................................................416

Text 30:     Die Vergötzung des Namens....................................................................................417

Text 31:     Über das Tora-Tun zur Heiligung des Namens........................................................417

Text 32:     Perspektivwechsel im Willen Gottes .......................................................................420

Text 33:     Formale oder inhaltliche Anfrage?..........................................................................422

Text: 34:  Kirchliche Kommunikation kann sich nicht selbst verifizieren ...............................423

Text 35:  Zur Unterscheidung von Gottesidee und Gott selbst................................................424

Text 36:  Die Notwendigkeit Transzendenz und Immanenz zu kreuzen ...............................425

Text 37:  Eine systemtheoretische Rekonstruktion von Religion...........................................429

Abb. 1:  Schulbuchdoppelseite (Reflexives Lernen II) .........................................................432

Tab. 1:  Gottes Dasein..........................................................................................................434

Tab. 2  Gottes Macht............................................................................................................435

Farbfolien Gottes Herrschaft ..................................................................................................436

Visualisierungen Reflexives Lernen ........................................................................................439

# Text 1: ...............Ein psychoanalytischer Blick auf den Gottesglauben

## Die Religionskritik der Psychoanalyse

*Ihr Begründer der Psychoanalyse, Sigmund Freud (1856-1939), hat bei seinen Patienten in Wien auch Religion und Gottesglauben gefunden. Er hat die Religion in seinen Schriften ab krankhafte Neurose und Illusion gedeutet. Seine Religionskritik weist einige Parallelen zu Feuerbach auf.*

In vergangenen Zeiten haben die religiösen Vorstellungen trotz ihres unbestreitbaren Mangels an Beglaubigung den allerstärksten Einfluß auf die Menschheit geübt. Das ist ein neues psychologisches Problem. Man muß fragen, worin besteht die innere Kraft dieser Lehren, welchem Umstand verdanken sie ihre von der vernünftigen Anerkennung unabhängige Wirksamkeit?

Ich meine, wir haben die Antwort auf beide Fragen genügend vorbereitet. Sie ergibt sich, wenn wir die psychische Genese der religiösen Vorstellungen ins Auge fassen. Diese, die sich als Lehrsätze ausgeben, sind nicht Niederschläge der Erfahrung oder Endresultate des Denkens, es sind Illusionen, Erfüllungen der ältesten, stärksten, dringendsten Wünsche der Menschheit; das Geheimnis ihrer Stärke ist die Stärke dieser Wünsche. Wir wissen schon, der schreckende Eindruck der kindlichen Hilflosigkeit hat das Bedürfnis nach Schutz - Schutz durch Liebe - erweckt, dem der Vater abgeholfen hat , die Erkenntnis von der Fortdauer dieser Hilflosigkeit durchs ganze Leben hat das Festhalten an der Existenz eines - aber nun mächtigeren – Vaters verursacht. Durch das gütige Walten der göttlichen Vorsehung wird die Angst vor den Gefahren des Lebens beschwichtigt, die Einsetzung einer sittlichen Weltordnung versichert die Erfüllung der Gerechtigkeitsforderung, die innerhalb der menschlichen Kultur so oft unerfüllt geblieben ist, die Verlängerung der irdischen Existenz durch ein zukünftiges Leben stellt den örtlichen und zeitlichen Rahmen bei, in dem sich diese Wunscherfüllungen vollziehen selten. Antworten auf Rätselfragen der menschlichen Wißbegierde, wie nach der Entstehung der Welt und der Beziehung zwischen Körperlichem und Seelischem, werden unter den Voraussetzungen dieses Systems entwickelt; es bedeutet eine großartige Erleichterung für die Einzelpsyche, wenn die nie ganz überwundenen Konflikte der Kinderzeit aus dem Vaterkomplex ihr abgenommen und einer von allen angenommenen Lösung zugeführt werden.

Wenn ich sage, das alles sind Illusionen, muß ich die Bedeutung des Wortes abgrenzen. Eine Illusion ist nicht dasselbe wie ein Irrtum, sie ist auch nicht notwendig ein Irrtum. Die Meinung des Aristoteles, daß sich Ungeziefer aus Unrat entwickle, an der das unwissende Volk noch heute festhält, war ein Irrtum. ebenso die einer früheren ärztlichen Generation, daß die Rückenmarkschwindsuchteine Folge von sexueller Ausschweifung sei. Es wäre mißbräuchlich, diese Irrtümer Illusionen zu heißen. Dagegen war es eine Illusion des Kolumbus, daß er einen neuen Seeweg nach Indien entdeckt habe. Der Anteil seines Wunsches an diesem Irrtum ist sehr deutlich...Wir heißen also einen Glauben eine Illusion, wenn sich in seiner Motivierung die Wunscherfüllung vordrängt und sehen dabei von seinem Verhältnis zur Wirklichkeit ab, ebenso wie die Illusion selbst auf ihre Beglaubigungen verzichtet.

Wenden wir uns nach dieser Orientierung wieder zu den religiösen Lehren, so dürfen wir wiederholend sagen: Sie sind sämtlich Illusionen, unbeweisbar, niemand darf gezwungen werden, sie für wahr zu halten, sie zu glauben. Einige von ihnen sind so unwahrscheinlich, so sehr im Widerspruch zu allem, was wir mühselig über die Realität der Welt erfahren haben, daß man sie - mit entsprechender Berücksichtigung der psychologischen Unterschiede - den Wahnideen vergleichen kann. Über den Realitätswert der meisten von ihnen kann man nicht urteilen. So wie sie unbeweisbar sind, sind sie auch unwiderlegbar.

*Sigmund Freud*

*(Bearbeitete Fassung aus Werner Trutwin (Hg.), An Gott glauben. Kurs Theologie. Forum Religion 5, Düsseldorf ²1985, 96. Im Original: Sigmund Freud, Die Zukunft einer Illusion, 1921, in: A. Freud u.a (Hg.),Gesammelte Werke 14. Bd., Frankfurt a.M. ³1963, 325-380 )*

## Text 2:   Ein philosophischer Blick auf den Gottesglauben

Wenn ich nun von einem Vertrauen auf unsere religiösen Bedürfnisse rede, was verstehe ich dann unter diesem »Vertrauen«? Soll es die Berechtigung einschließen, eine unsichtbare Welt in allen Einzelheiten auszumalen und diejenigen mit Auch und Bann zu belegen, deren Glaube ein anderer ist? Sicher nicht! Unsere Glaubensfähigkeiten wurden uns ursprünglich nicht zu dem Zwecke gegeben, Orthodoxie und Ketzertum auszubilden, sondern auf dass wir danach leben sollten. Und auf unsere religiösen Bedürfnisse zu vertrauen heißt in erster Linie: in ihrem Lichte zu leben und so zu handeln, als wäre die unsichtbare Welt, auf welche sie hindeuten, wirklich. Es ist eine Tatsache der menschlichen Natur, dass man aufgrund einer Art von Glauben, welcher eines jeden Dogmas und jeder näheren Bestimmung entbehrt, leben und sterben kann. Die bloße Zuversicht, dass diese Naturordnung nicht das letzte Wort ist, sondern nur ein Symbol, eine Erscheinung, das äußere Gerüst eines vielstöckigen Universums, in dem geistige Kräfte das letzte Wort haben und ewig sind - diese bloße Zuversicht genügt für solche Menschen, das Leben lebenswert erscheinen zu lassen, trotz aller entgegenstehenden Annahmen, wie sie durch die Lebensumstände auf dem natürlichen Schauplatz nahe gelegt werden. Wird aber diese innere Gewissheit - vage, wie sie ist - vernichtet, so ist für diese Menschen mit einem Mal alles Licht und aller Glanz des Daseins ausgelöscht. Oft genug setzt an diesem Punkte die Verzweiflung am Leben, die Selbstmordstimmung ein.

Und nun ergibt sich uns sofort die Nutzanwendung. Wahrscheinlich würde jedem von uns hier auch das unglücklichste Leben gar wohllebenswert erscheinen, wenn wir nur *sicher* sein könnten, dass unsere Tapferkeit und Geduld ihm gegenüber irgendwo in einer unsichtbaren geistigen Welt Ziel und Ausgang findet und Frucht trägt. Doch zugegeben, dass wir dessen nicht sicher sind: Folgt dann daraus, dass ein bloßes Vertrauen auf eine solche Welt ein erträumtes Schlaraffenland ist, oder folgt vielmehr, dass es eine tätige Verhaltensweise darstellt, der zu folgen uns freisteht?

Nun, es steht uns doch wohl frei, unser Vertrauen auf unsere eigene Gefahr hin auf alles zu setzen, was nicht unmöglich ist und was Analogien für sich geltend machen kann. […]

Nun habe ich bei dieser Beschreibung eines Glaubens, der sich selbst bestätigt, angenommen, dass eben durch unseren Glauben an eine unsichtbare Weltordnung jene Geduld und jene Anstrengungen inspiriert werden, welche die sichtbare Weltordnung für sittliche Menschen zu einer guten machen. Unser Glaube an die Vortrefflichkeit der sichtbaren Welt (wobei nun Vortrefflichkeit so viel heißt wie Tauglichkeit zu erfolgreichem sittlichen und religiösen Leben) hat sich selbst verwirklicht, indem er sich auf unseren Glauben an die unsichtbare Welt stützte. Wird sich aber unser Glaube an die unsichtbare Welt in ähnlicher Weise selbst verwirklichen? Wer weiß?

Noch einmal: Es ist eine Sache des Vielleicht! Und noch einmal: Das Vielleicht beherrscht die Situation! Ich gestehe: Ich sehe nicht ein, warum nicht die Existenz einer unsichtbaren Welt selbst teilweise von der persönlichen Erwiderung soll abhängen können, die wir der Forderung der Religion von unserer Seite zuteil werden lassen. Kurz gesagt: Gott selbst saugt vielleicht Lebenskraft und Lebenssteigerung aus unserem Glauben. Ich für meine Person wüsste nicht, was der Schweiß und das Blut und die Tragödie dieses Lebens zu bedeuten haben, wenn sie etwas Geringeres bedeuten als dies. […]

*William James*

*(aus: James: „Ist das Leben wert, gelebt zu werden?", 2002, 285ff.)*

## Text 3:  Das Dasein Gottes im Hause der Vernunft bei Kant

„Alles, was uns als Gegenstand gegeben werden soll, muss uns in der Anschauung gegeben werden. Alle unsere Anschauung geschieht aber nur vermittels der Sinne. Der Verstand schaut nichts an, sondern reflektiert nur" (288). „Daher haben auch die reinen Verstandesbegriffe ganz und gar keine Bedeutung, wenn sie von Gegenständen der Erfahrung abgehen und auf Dinge an sich selbst bezogen werden wollen" (312). „Daher scheinen die reinen Verstandesbegriffe viel mehr Bedeutung und Inhalt zu haben, als dass der bloße Erfahrungsgebrauch ihre ganze Bestimmung erschöpfte, und so baut sich der Verstand unvermerkt an das Haus der Erfahrung noch ein viel weitläufigeres Nebengebäude an, welches er sich mit lauter Gedankenwesen anfüllt, ohne es einmal zu merken, dass er sich mit seinen richtigen Begriffen über die Grenzen ihres Gebrauchs verstiegen habe" (316).

*(aus: Kant, Prolegomena zu einer jeden künftigen Metaphysik 1783/2001, 288,312,316)*

„Unser Begriff von einem Gegenstande mag also enthalten, was und wie viel er wolle [d.i. dass er existiert], so müssen wird doch aus ihm herausgehen, um diesem die Existenz zu erteilen. Bei Gegenständen der Sinne geschieht dies dieses durch den Zusammenhang mit irgendeiner meiner Wahrnehmungen nach empirischen Gesetzen; aber für die Objekte des reinen Denkens ist ganz und gar kein Mittel, ihr Dasein zu erkennen, weil es gänzlich a priori erkannt werden müsste; unser Bewusstsein aller Existenz aber (es sei durch Wahrnehmung unmittelbar, oder durch Schlüsse, die etwas mit der Wahrnehmung verknüpfen) gehört ganz und gar zur Einheit der Erfahrung; und eine
Existenz außer diesem Felde kann zwar nicht schlechterdings für unmöglich erklärt werden, sie ist aber eine Voraussetzung, die wir durch nichts rechtfertigen können. Der Begriff des höchsten Wesens ist eine in mancher Absicht sehr nützliche Idee; sie aber eben darum, weil sie bloß Idee ist, ganz unfähig, um vermitteltst ihrer allein unsere Erkenntnis in Ansehung dessen, was existiert, zu erweitern."

*(aus: Kant, Kritik der reinen Vernunft $^2$1787/1995, 403)*

## Text 4: Das Dasein Gottes bei Wolfgang Leidhold

**Mysterium und Logik**

72. Die religiöse Erfahrung erscheint mithin zunächst als mysteriös. Denn der Ursprung der Erfahrung bestimmt unseren Begriff von der jeweiligen Realität ihrer Dimension. Der Ursprung der sinnlichen Erfahrung liegt in den Gegenständen. Gegenstände wirken auf unseren Körper, daher erscheint uns die sinnliche Seite als „handfest": Wir können Gegenstände in die Hand nehmen. Hei der Erfahrung des Numinosen gibt es einen eigentümlich paradoxen Zug: Das Numinose präsentiert sieh nicht als solches in unserer Erfahrung: es erscheint keine Sache. Wir haben stattdessen nur an uns selbst einen Moment des In-Bezug-genommen-Werdens, ohne daß dabei jenes Andere auftaucht, das diesen Bezug zu uns aufnimmt. Hingegen: Wenn wir etwas sehen, ist der sichtbare Gegenstand da: wenn wir uns etwas vorstellen, ist z.B. eine Erinnerung da; wenn wir uns unserer selbst bewußt werden, sind wir als Selbstbewußtsein ebenfalls da. Nur in der religiösen Erinnerung scheint nichts da zu sein. Lediglich ich mit meinem Bewußtseinszentrum bin da, an welche, sich die religiöse Erfahrung vollzieht.

Aufgrund dieser bezugnehmenden Abwesenheit erscheint uns das Numen nicht nur, ähnlich einer unbekannten Sache, als Problem. sondern eben als Mysterium. Mysterium ist, was Geheimnis bleibt. Es macht sich bemerkbar, bleibt jedoch ungreifbar. In meiner Erfahrungswelt finde ich zwar die Spur des Numinosen, doch ohne der Quelle, die diese Spur hervorruft, jemals habhaft werden zu können. Dennoch ist sie in all ihrer Andersartigkeit gegenüber allen anderen Spuren da, und insofern nennt man sie mit einem gewissen Recht „wunderbar". Das Numinose ist geradezu der Inbegriff des Wunders, da es den anderen Dimensionen der Realität nicht gleicht. Jede sinnliche Erfahrung macht uns einen Gegenstand präsent. Jede Imagination vergegenwärtigt eine Vorstellung. Im Selbstbewußtsein beziehen wir uns auf uns selbst. Daus Numinose aber bezieht sich auf uns - und bleibt selbst doch abwesend.

73. Wenn uns keine Sache präsent wird, dann bleibt gewiss auch erst einmal ganz dunkel, was der Inhalt der religiösen Erfahrung ist. Ist es das, was man gemeinhin Gott oder das Göttliche nennt? Die Realität Gottes scheinen wir zunächst in der Erfahrung nicht erfassen zu können. Es ist ja nichts da, woran sich die Frage „Was ist das?" wenden könnte. In den anderen Arten der Erfahrung liegen die Dinge anders. Wenn wir uns im Unklaren darüber sind, was wir gesehen haben, dann sehen wir uns die Sache nochmals an, solange sie uns zugänglich ist. Sie mag uns unklar sein, ist aber gleichwohl da. In der religiösen Erfahrung können wir uns aber keine „Sache" vergegenwärtigen. Ja, man scheut sich geradezu, überhaupt von einer Sache zu reden. Denn es ist ja nichts präsent - und dennoch hat uns etwas in Bezug genommen. Wenn „Realität" bedeutet: sich einen vollständigen Begriff von einer Sache zu machen, dann scheint das Numinose zunächst keine Realität zu haben. Im modernen Sinn von Realität, der das Reale, das nach Kant „der Empfindung ... correspondirt", im Gegensatz zum Irrealen meint, scheint das Numinose noch rätselhafter: Denn nun ist eine „Empfindung" da, aber ihr „correspondirt" nichts.

*(aus: Leidhold, Gottes Gegenwart, 2008, 35/36)*

## Text 5: Radikalisierte Aufklärung nach Kant

### Die Religionskritik von Marx

*Karl Marx, der Begründer des Kommunismus, war nicht primär Religionskritiker. Trotzdem hat
Marx einige neue Perspektiven zur Begründung des Atheismus entdeckt, indem er auf gesellschaftliche
Ursachen bei der Entstehung und Entwicklung der Religion hinwies.*

Für Deutschland ist die Kritik der Religion im wesentlichen beendigt, und die Kritik der Religion ist die Voraussetzung aller Kritik. Die *profane* Existenz des Irrtums ist kompromittiert, nachdem seine *himmlische Oratio pro aris et focis* widerlegt ist. Der Mensch, der in der phantastischen Wirklichkeit des Himmels, wo er einen Übermenschen suchte, nur den *Widerschein* seiner selbst gefunden hat, wird nicht mehr geneigt sein, nur den Schein seiner selbst, nur den Unmenschen zu finden, wo er seine wahre Wirklichkeit sucht und suchen muß.

Das Fundament der irreligiösen Kritik ist: *Der Mensch macht die Religion, die Religion macht nicht den Menschen.* Und zwar ist die Religion das Selbstbewußtsein und das Selbstgefühl des Menschen, der sich selbst entweder noch nicht erworben und schon wieder verloren hat. Aber *der Mensch,* das ist kein abstraktes, außer der Welt hockendes Wesen. Der Mensch, das ist *die Welt des Menschen,* Staat, Sozietät. Dieser Staat, diese, Sozietät produzieren die Religion ein *verkehrtes Weltbewußtsein,* weil sie eine *verkehrte Welt* sind. Die Religion ist die allgemeine Theorie dieser Welt, ihr enzyklopädisches Kompendium, ihre Logik in populärer Form, ihr spiritualistischer Point-d'honneur, ihr Enthusiasmus, ihre moralische Sanktion, ihre feierliche Ergänzung, ihr allgemeiner Trost- und Rechtfertigungsgrund. Sie ist die *phantastische Verwirklichung* des menschlichen Wesens, weil das menschliche Wesen keine wahre Wirklichkeit besitzt. Der Kampf gegen die Religion ist also mittelbar der Kampf gegen *jene Welt,* deren geistiges *Aroma* die Religion ist.

Das religiöse Elend ist in einem der *Ausdruck* des wirklichen Elendes und die Protestation gegen das wirkliche Elend. Die Religion ist der Seufzer der bedrängten Kreatur, das Gemüt einer herzlosen Welt, wie sie der Geist geistloser Zustände ist. Sie ist das *Opium* des Volks.

Die Aufhebung der Religion als des *illusorischen* Glücks des Volkes ist die Forderung seines *wirklichen* Glücks. Die Forderung, die Illusionen über seinen Zustand aufzugeben, ist die *Forderung, einen Zustand aufzugeben, der der Illusionen bedarf.* Die Kritik der Religion ist also im Keim die *Kritik des Jammertales,* dessen *Heiligenschein* die Religion ist.

Die Kritik hat die imaginären Blumen an der Kette zerpflückt, nicht damit der Mensch die phantasielose, trostlose Kette trage, sondern damit er die Kette abwerfe und die lebendige Blume breche. Die Kritik der Religion enttäuscht den Menschen, damit er denke, handle, seine Wirklichkeit gestalte wie ein enttäuschter, zu Verstand gekommener Mensch, damit er sich um sich selbst und damit um seine wirkliche Sonne bewege. Die Religion ist nur die illusorische Sonne, die sich um den Menschen bewegt, solange er sich nicht um sich selbst bewegt.

Es ist also die *Aufgabe der Geschichte,* nachdem das *Jenseits der Wahrheit* verschwunden ist, die *Wahrheit des Diesseits* zu etablieren; Es ist zunächst die *Aufgabe der Philosophie,* die im Dienste der Geschichte steht, nachdem die *Heiligengestalt* der menschlichen Selbstent-fremdung entlarvt ist, die Selbstentfremdung in *ihren unheiligen Gestalten* zu entlarven. Die Kritik des Himmels verwandelt sich damit in die Kritik der Erde, die *Kritik der Religion* in die *Kritik des Rechts*, die *Kritik der Theologie* in die *Kritik der Politik.*

(…)

Die Kritik der Religion endet mit der Lehre, daß der *Mensch das höchste Wesen für den Menschen*

sei, also mit dem *kategorischen Imperativ, alle Verhältnisse umzuwerfen,* in denen der Mensch ein

erniedrigtes, ein geknechtetes, ein verlassenes, ein verächtliches Wesen ist.

*Karl Marx*

*(Bearbeitete Fassung aus Trutwin (Hg.), An Gott glauben, ²1985, 94. Im Original: Karl Marx, „Die Frühschriften", hg. von S. Landshut (Hg.), Stuttgart 1968, 207ff., 216.)*

## Text 6:   Theologische Rationalität nach Kant

Legitimerweise kann man gar nicht von einem göttlichen Wirken in der Welt ohne innerweltliche Ursachen reden, denn damit macht man aus Gott eine phy-sikalische Ursache. Würde nämlich Gott ohne innerweltliche Ursachen in der Welt wirken, so wäre er auch die innerweltliche Ursache des Geschehens. Das heißt aber, er wäre ein Glied innerhalb der innerweltlichen Ursachenkette; er stünde auf der gleichen Ebene mit den anderen innerweltlichen Ursachen und wäre nicht der transzendente Schöpfer von Himmel und Erde. Außerdem wäre das von Gott ohne innerweltliche Ursachen in der Welt Hervorgebrachte ein Fremdkörper in ihr, der gar keine Beziehung zu den Dingen der Welt hätte. Aber weder ist ein Gott denkbar, der nicht Gott ist, noch ein Ereignis in der Welt, das zugleich nicht in ihr wäre. Die alte Auffassung, daß Gott im Wunder an die Stelle der geschaffenen Ursachen tritt, ist also nicht zu halten.

*(aus: Béla A. Weissmahr, Zauber. Mirakel. Wunder. Auf der Suche nach einem ausge-wogenen Wunderverständnis, in: BiKi29 (1974), 3)*

## Text 7: Machterleben im gültigen Bund

---

### Gen 26, 1-5[372]

**1** Im Land brach eine Hungersnot aus, eine andere als die frühere zur Zeit Abrahams. Isaak begab sich nach Gerar zu Abimelech dem König der Philister. **2** Da erschien ihm der Herr und sprach: Geh nicht nach Ägypten hinunter, bleib in dem Land wohnen, das ich dir verspreche. **3** Halte dich als Fremder in diesem Land auf! Ich will mit dir sein und dich segnen. Denn dir und deinen Nachkommen gebe ich alle diese Länder und erfülle den Eid, den ich deinem Vater Abraham geleistet habe. **4** Ich mache deine Nachkommen zahlreich wie die Sterne am Himmel und gebe ihnen alle diese Länder. Mit deinen Nachkommen werden alle Völker der Erde sich segnen, **5** weil Abraham auf meinen Ruf gehört und weil er auf meine Anordnungen, Gebote, Satzungen und Weisungen geachtet hat. **6** Isaak blieb also in Gerar.

---

## Text 8: Zukünftige Machtverheißung auf der Basis von Machterleben

---

### Gen 12, 1-9

**1** Der Herr sprach zu Abram: Zieh weg aus deinem Land, von deiner Verwandtschaft und aus deinem Vaterhaus in das Land, das ich dir zeigen werde. **2** Ich werde dich zu einem großen Volk machen, dich segnen und deinen Namen groß machen. Ein Segen sollst du sein. **3** Ich will segnen, die dich segnen; wer dich verwünscht, den will ich verfluchen. Durch dich sollen alle Geschlechter der Erde Segen erlangen. **4** Da zog Abram weg, wie der Herr ihm gesagt hatte, und mit ihm ging auch Lot. Abram war fünfundsiebzig Jahre alt, als er aus Haran fortzog. **5** Abram nahm seine Frau Sarai mit, seinen Neffen Lot und alle ihre Habe, die sie erworben hatten, und die Knechte und Mägde, die sie in Haran gewonnen hatten. Sie wanderten nach Kanaan aus und kamen dort an. **6** Abram zog durch das Land bis zur Stätte von Sichem, bis zur Orakeleiche. Die Kanaaniter waren damals im Land. **7** Der Herr erschien Abram und sprach: Deinen Nachkommen gebe ich dieses Land. Dort baute er dem Herrn, der ihm erschienen war, einen Altar. **8** Von da brach er auf zum Bergland östlich von Bet-El und schlug sein Zelt auf, dass er Bet-El im Westen und Ai im Osten hatte. Dort baute er dem Herrn einen Altar und rief den Namen des Herrn an. **9** Dann zog Abram immer weiter, dem Negeb zu.

---

[372] Sämtliche verwendete Bibelstellen beziehen sich auf die Einheitsübersetzung (Die Bibel. Einheitsübersetzung, Freiburg i.Br. [14]1999)

# Text 9: Festhalten an Machtverheißung in der theologischen Krise des Machterlebens

---

**1 Kön 17, 17-24**

**17** Nach einiger Zeit erkrankte der Sohn der Witwe, der das Haus gehörte. Die Krankheit verschlimmerte sich so, dass zuletzt kein Atem mehr in ihm war. **18** Da sagte sie zu Elija: Was habe ich mit dir zu schaffen, Mann Gottes? Du bist nur zu mir gekommen, um an meine Sünde zu erinnern und meinem Sohn den Tod zu bringen. **19** Er antwortete ihr: Gib mir deinen Sohn! Und er nahm ihn von ihrem Schoß, trug ihn in das Obergemach hinauf, in dem er wohnte, und legte ihn auf sein Bett. **20** Dann rief er zum Herrn und sagte: Herr, mein Gott, willst du denn auch über die Witwe, in deren Haus ich wohne, Unheil bringen und ihren Sohn sterben lassen? **21** Hierauf streckte er sich dreimal über den Knaben hin, rief zum Herrn und flehte: Herr, mein Gott, lass doch das Leben in diesen Knaben zurückkehren! **22** Der Herr erhörte das Gebet Elijas. Das Leben kehrte in den Knaben zurück und er lebte wieder auf. 23 Elija nahm ihn, brachte ihn vom Obergemach in das Haus hinab und gab ihn seiner Mutter zurück mit den Worten: Sieh, dein Sohn lebt. **24** Da sagte die Frau zu Elija: Jetzt weiß ich, dass du ein Mann Gottes bist und dass das Wort des Herrn wirklich in deinem Mund ist.

---

# Text 10: Festhalten an Machtverheißung in der soziopolitischen Krise des Machterlebens

---

**Am 5, 4-6**

**4** Ja, so spricht der Herr zum Haus Israel: Sucht mich, dann werdet ihr leben. **5** Doch sucht nicht Bet-El auf, geht nicht nach Gilgal, zieht nicht nach Beerscheba! Denn Gilgal droht die Verbannung und Bet-El der Untergang. **6** Sucht den Herrn, dann werdet ihr leben. Sonst dringt er in das Haus Josef ein wie ein Feuer, das frisst, / und niemand löscht Bet-Els Brand.

---

## Text 11: Allmachtsmodell der Umwandlung

Abschluss: Was Gott kann. Von Gottes Allmacht

Fragen wir uns abschließend, was Gott – ausweislich der Bibel – tun kann, bzw. was es mit seiner (All-)Macht auf sich hat. Von kosmischem, die Naturgesetze außer Kraft setzendem Handeln Gottes wird in der Bibel nicht berichtet – oder wenn, dann nur im hymnischen oder metaphorischen Sinn. Elia macht die Erfahrung: "Er im Sturme nicht – Er im Beben nicht – Er im Feuer nicht -, aber nach dem Feuer eine Stimme verschwebenden Schweigens" (1 Kön 19,11-12). Gott kann sich von anderem unterscheiden und damit NichtGöttliches zulassen. Was immer seine Macht ist, durch Teilen und Teilhabe wird sie nicht kleiner. Gott kann reden (Das können andere Götter nicht!). Gott kann zu einzelnen Menschen sprechen. Er kann sie berufen, für andere da zu sein (so wendet er sich an viele; so kann er sogar ein ganzes Volk berufen). Er kann ihnen Verheißungen, Versprechungen geben. Er kann ihnen Gebote geben. Er kann ihnen drohen oder sie verlocken. Er kann gedenken (was mehr ist als sich erinnern) – Gedenken heißt, dem einmal Versprochenen für alle Zukunft treu bleiben. "Er gedenkt seines Bundes auf ewig, seiner Verheißung, gewährt für tausend Geschlechter, des Bundes, den er geschlossen mit Abraham": Ps 105,8f)
Das ist schon alles.
Durch sein Wort erweckt Gott Glauben. Dieser Glaube bezieht sich auf Gottes Gerechtigkeit. Wo diese Gerechtigkeit wirkt, erfahren wir Gottes "Geist". "Ich lege meinen Geist auf ihn, dass er den Völkern die Wahrheit verkünde. ... In Treue trägt er das Recht hinaus": Jes 42,1-3. Der Glaube, der sich an Gottes Wort hält und von seinem Geist getragen wird, hält sich an nichts von dem, was es in der Welt - im Himmel, auf der Erde und unter der Erde - gibt. Dieser Glaube ist darum allem Mächtigen auf Erden, allen Mächten und Gewalten, überlegen. Paulus: "Denn ich bin gewiß, dass weder Tod noch Leben, weder Engel noch Herrschaften, weder Gegenwärtiges noch Zukünftiges, noch Mächte, weder Höhe und Tiefe, noch irgendein anderes Geschöpf uns zu scheiden vermag von der Liebe Gottes": Röm 8,38f). Darum ist Gott allmächtig. "Die Stimme Jahwes ist voller Kraft. Die Stimme Jahwes zersplittert die Zedern. Die Stimme Jahwes schlägt feurige Blitze. Die Stimme Jahwes macht erbeben die Wüste. Die Stimme Jahwes entwurzelt die Eichen" (aus Ps 29,4-9)."Er hat Macht geübt mit seinem Arme, zerstreut die Hochmütigen in ihres Herzens Sinne. Gewaltige hat er vom Thron gestürzt und Niedrige erhöht" (Lk 1,51f).

*(aus: Thomas Ruster, Gotteslehre (Vorlesung SoSe 1999, Quelle: http://www.fk14.tu-dortmund.de/medien/uploads/Gotteslehre_WS1999-2000.pdf [14.02.2012])*

## Text 12: Allmachtsmodell des Pantokrators

Und die letzte Stufe, die die wichtigste ist, weil hier die meisten Verwechslungen drohen: Gott ist nicht die «Macht an sich». Der Inbegriff aller Macht: Können, Möglichkeit, Freiheit als neutrales Sein, absolute Freiheit, abstraktes Können, Macht an sich, das ist ein berauschender Gedanke. Ist Gott der Inbegriff aller Souveränität, schlechthin *potentia?* Er ist oft so verstanden worden, und es liegt so nahe, sich diese *potentia*, die Macht an sich, als das Göttliche, das Tiefste, Wahrste und Schönste vorzustellen, diese Macht an sich zu bewundern und zu verehren, anzubeten und zu loben als das Geheimnis des Daseins. Sie erinnern sich wohl, wie Hitler, wenn er von Gott zu sprechen pflegte, ihn den «Allmächtigen» nannte. Aber nicht der «Allmächtigen» ist Gott, nicht von einem höchsten Inbegriff von Macht aus ist zu verstehen, wer Gott ist. Und wer den «Allmächtigen» Gott nennt, der redet in der furchtbarsten Weise an Gott vorbei. Denn der «Allmächtige» ist böse, wie «Macht an sich» böse ist. Der «Allmächtige», das ist das Chaos, das Übel, das ist der Teufel. Man könnte gerade den Teufel nicht besser bezeichnen und definieren, als indem man diese Vorstellung eines in sich begründeten, freien, souveränen Könnens zu denken versucht. Dieser Rauschgedanke der Macht, das ist das Chaos, das *tohu wabohu*, das Gott in seiner Schöpfung hinter sich gelassen hat, das er nicht gewollt hat, als er den Himmel und die Erde schuf. Das ist der Gegensatz zu Gott, [...]

*(aus: Karl Barth, Dogmatik im Grundriss im Anschluß an das Apostolische Glaubensbekenntnis, Zürich [3]1947, 52.)*

## Text 13: Das Verständnis von Gottes Rede aus Sicht der Kirche

2. Gott hat in seiner Güte und Weisheit beschlossen, sich selbst zu offenbaren und das Geheimnis seines Willens kundzutun (vgl. Eph 1,9): daß die Menschen durch Christus, das fleischgewordene Wort, im Heiligen Geist Zugang zum Vater haben und teilhaftig werden der göttlichen Natur (vgl. Eph 2,18; 2 Petr 1,4). In dieser Offenbarung redet der unsichtbare Gott (vgl. Kol 1,15; 1 Tim 1,17) aus überströmender Liebe die Menschen an wie Freunde (vgl. Ex 33,11; Joh 15,14-15) und verkehrt mit ihnen (vgl. Bar 3,38), um sie in seine Gemeinschaft einzuladen und aufzunehmen. Das Offenbarungsgeschehen ereignet sich in Tat und Wort, die innerlich miteinander verknüpft sind: die Werke nämlich, die Gott im Verlauf der Heilsgeschichte wirkt, offenbaren und bekräftigen die Lehre und die durch die Worte bezeichneten Wirklichkeiten; die Worte verkündigen die Werke und lassen das Geheimnis, das sie enthalten, ans Licht treten. Die Tiefe der durch diese Offenbarung über Gott und über das Heil des Men-

schen erschlossenen Wahrheit leuchtet uns auf in Christus, der zugleich der Mittler und die Fülle der ganzen Offenbarung ist. [...]

11. Das von Gott Geoffenbarte, das in der Heiligen Schrift enthalten ist und vorliegt, ist unter dem Anhauch des Heiligen Geistes aufgezeichnet worden; denn aufgrund apostolischen Glaubens gelten unserer heiligen Mutter, der Kirche, die Bücher des Alten wie des Neuen Testamentes in ihrer Ganzheit mit allen ihren Teilen als heilig und kanonisch, weil sie, unter der Einwirkung des Heiligen Geistes geschrieben (vgl. Joh 20,31; 2 Tim 3,16; 2 Petr 1,19-21; 3,15-16), Gott zum Urheber haben und als solche der Kirche übergeben sind. Zur Abfassung der Heiligen Bücher hat Gott Menschen erwählt, die ihm durch den Gebrauch ihrer eigenen Fähigkeiten und Kräfte dazu dienen sollten, all das und nur das, was er - in ihnen und durch sie wirksam - geschrieben haben wollte, als echte Verfasser schriftlich zu überliefern.

*(aus: Dei Verbum, 2,11 (nach DH 4202))*

„Die Glaubensgemeinschaft ist unzweifelhaft der angemessene Kontext für die Interpretation der kanonischen Texte. In ihr bereichern der Glaube und der Heilige Geist die Exegese. Die kirchliche Autorität, die im Dienste der Gemeinschaft steht, muß darüber wachen, daß die Interpretation der großen Tradition, aus der die Texte hervorgingen, treu bleibt (vgl. Dei Verbum, 10)." (S. 46) [...]

„Das richtige Verständnis des biblischen Textes ist nur dem zugänglich, der eine lebendige Beziehung zu dem hat, wovon der Text spricht. (...) eine authentische Interpretation der Heiligen Schrift ist somit zuerst die Annahme eines in diesen Ereignissen gegebenen Sinnes, der in ausgezeichneter Weise in der Person Jesu Christi aufscheint." (S. 67) [...]

„Auch wenn die biblische Hermeneutik zur allgemeinen Hermeneutik literarischer und geschichtlicher Texte gehört, ist sie dennoch zugleich ein Sonderfall dieser Hermeneutik. Ihre besonderen Charakteristika kommen ihr von ihrem Objekt her zu. Die Heilsereignisse und ihre Erfüllung in der Person Jesu Christi geben der gesamten Geschichte der Menschheit Sinn. Die neuen geschichtlichen Interpretationen [der Heilsereignisse] können nichts anderes sein als die Entschleierung der Fülle dieses Sinns. Die biblische Erzählung dieser Ereignisse kann durch den Verstand allein nicht voll erfaßt werden. Ihre Interpretation bedarf besonderer Voraussetzungen, z.B. des in der kirchlichen Gemeinschaft gelebten Glaubens und der Führung durch den Heiligen Geist. Mit dem Wachsen des Lebens im Geiste weitet sich bei der Leserschaft das Verständnis der Wirklichkeiten, von denen der biblische Text spricht." (S. 67/68).

*(aus: Die Interpretation der Bibel in der Kirche, 1993)*

# Text 14: Perspektivwechsel in der Leidfrage

## Ps 73

1 [Ein Psalm Asafs.] Lauter Güte ist Gott für Israel, / für alle Menschen mit reinem Herzen. 2 Ich aber - fast wären meine Füße gestrauchelt, / beinahe wäre ich gefallen. 3 Denn ich habe mich über die Prahler ereifert, / als ich sah, dass es diesen Frevlern so gut ging. 4 Sie leiden ja keine Qualen, / ihr Leib ist gesund und wohlgenährt. 5 Sie kennen nicht die Mühsal der Sterblichen, / sind nicht geplagt wie andere Menschen. 6 Darum ist Hochmut ihr Halsschmuck, / wie ein Gewand umhüllt sie Gewalttat. 7 Sie sehen kaum aus den Augen vor Fett, / ihr Herz läuft über von bösen Plänen. 8 Sie höhnen, und was sie sagen, ist schlecht; / sie sind falsch und reden von oben herab. 9 Sie reißen ihr Maul bis zum Himmel auf / und lassen auf Erden ihrer Zunge freien Lauf. 10 Darum wendet sich das Volk ihnen zu /und schlürft ihre Worte in vollen Zügen. 11 Sie sagen: «Wie sollte Gott das merken? / Wie kann der Höchste das wissen?» 12 Wahrhaftig, so sind die Frevler: / Immer im Glück, häufen sie Reichtum auf Reichtum. 13 Also hielt ich umsonst mein Herz rein / und wusch meine Hände in Unschuld. 14 Und doch war ich alle Tage geplagt / und wurde jeden Morgen gezüchtigt. 15 Hätte ich gesagt: «Ich will reden wie sie», / dann hätte ich an deinen Kindern Verrat geübt. 16 Da sann ich nach, um das zu begreifen; / es war eine Qual für mich, 17 bis ich dann eintrat ins Heiligtum Gottes / und begriff, wie sie enden. 18 Ja, du stellst sie auf schlüpfrigen Grund, / du stürzt sie in Täuschung und Trug. 19 Sie werden plötzlich zunichte, / werden dahingerafft und nehmen ein schreckliches Ende, 20 wie ein Traum, der beim Erwachen verblasst, / dessen Bild man vergisst, wenn man aufsteht. 21 Mein Herz war verbittert, / mir bohrte der Schmerz in den Nieren; 22 ich war töricht und ohne Verstand, / war wie ein Stück Vieh vor dir. 23 Ich aber bleibe immer bei dir, / du hältst mich an meiner Rechten. 24 Du leitest mich nach deinem Ratschluss / und nimmst mich am Ende auf in Herrlichkeit. 25 Was habe ich im Himmel außer dir? / Neben dir erfreut mich nichts auf der Erde. 26 Auch wenn mein Leib und mein Herz verschmachten, / Gott ist der Fels meines Herzens / und mein Anteil auf ewig. 27 Ja, wer dir fern ist, geht zugrunde; / du vernichtest alle, die dich treulos verlassen. 28 Ich aber - Gott nahe zu sein ist mein Glück. / Ich setze auf Gott, den Herrn, mein Vertrauen. / Ich will all deine Taten verkünden.

## Text 15: Die bedrängende Leidfrage im Alten Testament

---

**Jer 12, 1-4**

**1** Du bleibst im Recht, Herr, wenn ich mit dir streite; / dennoch muss ich mit dir rechten. Warum haben die Frevler Erfolg, / weshalb können alle Abtrünnigen sorglos sein? **2** Du hast sie eingepflanzt und sie schlagen Wurzel, / sie wachsen heran und bringen auch Frucht. Nur ihrem Mund bist du nah, / ihrem Herzen aber fern. **3** Du jedoch, Herr, kennst und durchschaust mich; / du hast mein Herz erprobt / und weißt, dass es an dir hängt. Raff sie weg wie Schafe zum Schlachten, / sondere sie aus für den Tag des Mordens! **4** Wie lange noch soll das Land vertrocknen, / das Grün auf allen Feldern verdorren? Weil seine Bewohner Böses tun, / schwinden Vieh und Vögel dahin. / Denn sie denken: Er sieht unsre Zukunft nicht.

---

## Text 16: Die Eliminierung der Allmacht bei Hans Jonas

---

Zum 100. Geburtstag von Hans Jonas am 10.Mai
Von Wolf Scheller

Er war einer der letzten großen jüdischen Denker, die in Deutschland ihre Heimat und Wurzeln hatten. Hans Jonas stammte aus einer alten Fabrikantenfamilie in Mönchengladbach. Als er berühmt wurde, seine Bücher von einem breiten Publikum zur Kenntnis genommen wurden, war er selbst schon ein alter Mann. Wenige Wochen vor seinem Tod Anfang Februar 1993 sagte er in einem Interview: „Man darf die Hoffnung nicht aufgeben, daß Menschen auch zu Verstand und zu einer ethisch haltbaren Handlungsweise kommen."
Die Lebensgeschichte dieses Philosophen ist von der Tragik des europäischen Judentums im 20.Jahrhundert tief gezeichnet. Seine Mutter wurde von den Nazis zunächst nach Lodz, dem damaligen Litzmannstadt, verschleppt und später in Auschwitz ermordet. Viele seiner Angehörigen erlitten ein ähnliches Schicksal. Im Alter hat er öfter davon gesprochen, mit jener leisen, stillen Trauer, die dem Zuhörer auch die schwierige Gratwanderung zwischen dem Wissen um das Ungeheuerliche und dem Glauben an die Güte eines Gottes kenntlich machte, dem Jonas die Allmacht absprach. Auschwitz wäre sonst aus der Perspektive von Hans Jonas unerklärlich. Seine metaphysische Vermutung ging davon aus, daß sich Gott von Anbeginn aus der Schöpfung zurückgezogen habe,
um die Freiheit des im Urbeginn mit angelegten Geistes zu garantieren.
So begriff Jonas Auschwitz als eine unerhörte Herausforderung an die herkömmliche Religiosität,, sicherlich ein Kraftakt, den viele Juden später geistig nachvollziehen konnten. Gott – seine These . muß menschenfern, verborgen und

unverstehbar gedacht werden. Aber da zögerte er bereits. Denn an der Verständlichkeit dieses Gottes wollte er schon festhalten.

Kurz nach der Machtergreifung Hitlers, unmittelbar nach dem Boykott-Tag vom 1.April 1933, emigrierte Jonas, zunächst nach London, später nach Palästina. Er hatte bei Heidegger, Husserl und Bultmann studiert, und noch 1934 – nach seinem Weggang – erschien in Deutschland sein berühmtes Frühwerk „Gnosis und spätantiker Geist", seine erste große Studie einer universalen Glaubenskrise. Die Gnosis lehrte, daß der Mensch gut und die Welt schlecht sei. Das traf sich bei Jonas mit der tiefen Überzeugung von der unüberwindbaren Weltverflochtenheit der Menschen. Es war im Grunde in intellektueller Rettungsversuch, der die nihilistische Gefahr in der Gnosis erkannte. Es war dieser Nihilismus, der später in die politische Hörigkeit Heideggers mündete, was Jonas zunächst wohl unbewußt wahrgenommen hatte und erst Jahre später zum Bruch mit der Philosophie Heideggers führte.

Dennoch hat Heidegger auch für Jonas und seine philosophische Entwicklung sehr viel mehr bedeutet als das Schüler-Lehrer-Verhältnis zu Rudolf Bultmann. Daß sich der „Gnosis-Jonas", wie man ihn nannte, bei zwei so unterschiedlichen Doktorvätern als jüdischer, zionistischer Student promovieren lassen konnte, spricht nicht zuletzt für den offenen Geist ind er Philosophie der Weimarer Jahre.

Aber 1933 kannte noch kaum jemand den jungen jüdischen Gelehrten. In Palästina betrieb er nicht nur seine religionsphilosophischen Studien weiter. Als der Krieg begann, schloß er sich einer jüdischen Brigade der britischen Armee an, brachte es als Artillerist bis zum Offizier und schwor bei sich, nach Europa nur als Soldat, als Sieger, zurückzukehren. Was muß es für ihn bedeutet haben, als er in das zerbombte Rheinland kam und in Mönchengladbach vom Tod seiner Mutter in Auschwitz erfuhr! Er hatte 1938 noch ein Zertifikat zur Ausreise für sie besorgt. Doch die Mutter hatte es nicht angenommen, sondern für den jüngeren Bruder von Jonas verwendet. Jonas fuhr in diesen ersten Nachkriegswochen noch einmal nach Marburg und besuchte seinen alten Lehrer Bultmann, der ihn nach dem zweiten Band der „Gnosis" fragte. An den 1976 gestorbenen evangelischen Theologen hat sich Jonas immer mit großer Sympathie erinnert. Anders lag der Fall bei Heidegger. Jonas wußte

zwar, daß dessen philosophisches Denken seiner Zeit weit vorausging, doch er argwöhnte einen Mangel an Moral, eben jenes Überhandnehmen von Nihilismus, der Heidegger noch heute zum umstrittensten Philosophen des 20.Jahrhunderts gemacht hat. Beide – Jonas und Heidegger, also Schüler und Lehrer – haben sich nach dem Krieg nur noch einmal getroffen. Die Anregung ging von Jonas aus. Doch registrierte er noch im Alter jene eigentümliche Kälte, die von Heidegger ausging. Daß der Lehrer von einst kein Wort des Bedauerns für die in Auschwitz umgekommene Mutter seines Schülers fand – Jonas hat es ihm nie verziehen.

Irgendwann in den dreißiger Jahren muß er darauf gestoßen sein, daß im Zusammenhang mit der Frage „Was ist das Sein?" an den deutschen Universitäten

nie auf die Bedeutung der Naturwissenschaften und der Natur hingewiesen
worden war. Die Philosophie überging das. Jonas zitierte dann gerne Bacons
Ausspruch „Wissen ist Macht" und leitete daraus die Einsicht ab, daß sich die
Menschheit im Fortschritt der Naturwissenschaften meistens selber überrascht
habe. Daraus wiederum ergaben sich Bedenken, die Jonas in jahrzehntelanger
Arbeit in seinem berühmtesten Werk, dem 1979 erschienenen „Prinzip Verantwortung" hinführten. Mit diesem Opus summum wandte er sich konsequent
gegen den Glauben der Moderne an das Alles-Machbare. Das Buch wurde zu
Recht auch als Antwort und Gegenschrift zu Ernst Blochs „Prinzip Hoffnung"
verstanden und vom Autor
auch ausdrücklich so interpretiert. Bloch hatte von dem Fortschritt der Technik
allen Segen erwartet, während Jonas mit zunehmendem Alter den Fortschritt der
Technik, vor allem ihren Gebrauch mit Skepsis und Besorgnis begegnete. Angebote deutscher Universitäten hat Jonas stets abgelehnt, Deutschlands akade-
mische Jugend wollte er nicht unterrichten. Er ging nach Kanada, erhielt 1955
einen Ruf als Professor an die New Yorker School for Social Research und
lehrte dort bis zu seiner Emeritierung im Jahr 1976. Später reiste er wohl häufig
zu Vorträgen in die Bundesrepublik, aber heimisch ist er in Deutschland nie
wieder geworden. Daran änderte auch der Friedenspreis des Deutschen Buch-
handels nichts, den Jonas 1987 – genau zwanzig Jahre nach Ernst Bloch – erhielt. Deutschland war ihm fremd geworden. Sein „Prinzip Verantwortung"
immerhin ließ er nach jahrzehntelanger Distanz im Insel-Verlag erstmals auf
Deutsch erscheinen. Hier hatte er auch seinen Gedanken von der „Ethik der
Befürchtung" und der „Heuristik der Furcht" entwickelt. Erst durch die Abfolge
von Katastrophen, durch die wachsende Empfindung vor künftiger Bedrohung
werde die Menschheit ein gewisses Maß an Sorgsamkeit gegenüber der ökolo-
gischen Gefährdung des Planeten abverlangt. Doch wußte Jonas eben auch, daß
die Menschen von einem allgemeinen Bewußtsein dieser Art noch weit entfernt
sind. Wie ein prophetischer Blick muten uns heute die Worte an, die Jonas in
einem seiner letzten Interviews fand:" Meistens denke ich an die Zukunft meiner Kindeskinder mit Angst, aber nicht mit Verzweiflung. Ich glaube, es können
schlimme Zeiten kommen."

*(Quelle:    http://www.heidelberger-lese-zeiten-verlag.de/archiv/online-archiv/    jo-
nas100.pdf [12.02.2012])*

## Text 17:  Die Sinnlosigkeit einer Theodizee im Rahmen der Vernunft

Unter einer Theodicee versteht man die Vertheidigung der höchsten Weisheit
des Welturhebers gegen die Anklage, welche die Vernunft aus dem Zweckwidrigen in der Welt gegen jene erhebt. - Man nennt dieses, die Sache Gottes ver-
fechten; ob es gleich im Grunde nichts mehr als die      Sache unserer anma-
ßenden, hiebei aber ihre Schranken verkennenden      Vernunft sein möchte,
welche zwar nicht eben die beste Sache ist, insofern er doch gebilligt werden
kann, als (jenen Eigendünkel bei Seite gesetzt) der Mensch als ein vernünftiges
Wesen berechtigt ist, alle Behauptungen, alle Lehre, welche ihm Achtung auferlegt, zu prüfen, ehe er sich ihr unterwirft,      damit diese Achtung aufrichtig
und nicht erheuchelt sei. Zu dieser Rechtfertigung wird nun erfordert, daß der
vermeintliche Sachwalter Gottes entweder beweise: daß das, was wir in der
Welt als zweckwidrig beurtheilen, es nicht sei; oder: daß, wenn es auch derglei-
chen wäre, es doch gar nicht als Factum, sondern als unvermeidliche Folge aus
der Natur der Dinge beurtheilt werden müsse; oder endlich: daß es wenigstens
nicht als Factum des höchsten Urhebers aller Dinge, sondern bloß der Weltwesen, denen etwas zugerechnet werden kann, d. i. der Menschen, (allenfalls auch
höherer, guter oder böser, geistiger Wesen) angesehen werden müsse.      Der
Verfasser einer Theodicee willigt also ein, daß dieser Rechtshandel vor dem
Gerichtshofe der Vernunft anhängig gemacht werde, und macht sich anheischig,
den angeklagten Theil als Sachwalter durch förmliche Widerlegung aller Be-
schwerden des Gegners zu vertreten: darf letztern also während des Rechtsgan-
ges nicht durch einen Machtspruch      der Unstatthaftigkeit des Gerichtshofes
der menschlichen Vernunft ( exceptionem fori ) abweisen, d. i. die Beschwer-
den nicht durch ein dem Gegner      auferlegtes Zugeständniß der höchsten
Weisheit des Welturhebers, welches sofort alle Zweifel, die sich dagegen regen
möchten, auch ohne Untersuchung für grundlos erklärt, abfertigen; sondern muß
sich auf die Einwürfe einlassen und, wie sie dem Begriff der höchsten Weisheit[1]) keinesweges Abbruch thun, durch Beleuchtung und Tilgung derselben
begreiflich machen. -Doch auf eines hat er nicht nöthig sich einzulassen: nämlich daß er die höchste Weisheit Gottes aus dem, was die Erfahrung an dieser
Welt  lehrt, auch sogar beweise; denn hiermit würde es ihm auch schlechterdings nicht gelingen, weil Allwissenheit dazu erforderlich ist, um an einer gegebenen Welt (wie sie sich in der Erfahrung zu erkennen giebt) diejenige Vollkommenheit zu erkennen, von der man mit Gewißheit sagen könne, es sei überall keine größere in der Schöpfung und Regierung derselben möglich. Das
Zweckwidrige in der Welt aber, was der Weisheit ihres Urhebers entgegenge-
setzt werden könnte, ist nun dreifacher Art:
I Das schlechthin Zweckwidrige, was weder als Zweck, noch als Mittel von
einer Weisheit gebilligt und begehrt werden kann.
II Das bedingt Zweckwidrige, welches zwar nie als Zweck, aber doch    als
Mittel mit der Weisheit eines Willens zusammen besteht.

Das erste ist das moralisch Zweckwidrige, als das eigentliche Böse (die Sünde); das zweite das physische Zweckwidrige, das Übel (der Schmerz). - Nun giebt es aber noch eine Zweckmäßigkeit in dem Verhältniß der Übel zu dem moralischen Bösen, wenn das letztere einmal da ist und nicht verhindert werden konnte oder sollte: nämlich in der Verbindung der Übel und Schmerzen als Strafen mit dem Bösen als Verbrechen; und von dieser Zweckmäßigkeit in der Welt fragt es sich, ob jedem in der Welt hierin sein Recht widerfährt. Folglich muß auch noch eine 3te Art des Zweckwidrigen in der Welt gedacht werden können, nämlich das Mißverhältniß der Verbrechen und Strafen in der Welt. Die Eigenschaften der höchsten Weisheit des Welturhebers, wogegen jene Zweckwidrigkeiten als Einwürfe auftreten, sind also auch drei:
Erstlich die Heiligkeit desselben als Gesetzgebers (Schöpfers) im Gegensatze mit dem Moralisch=Bösen in der Welt. Zweitens die Gütigkeit desselben als Regierers (Erhalters) im Contraste mit den zahllosen Übeln und Schmerzen der vernünftigen Weltwesen. Drittens die Gerechtigkeit desselben als Richters in Vergleichung mit dem Übelstande, den das Mißverhältniß zwischen der Straflosigkeit der Lasterhaften und ihren Verbrechen in der Welt zu zeigen scheint.

---

[1]Obgleich der eigenthümliche Begriff einer Weisheit nur die Eigenschaft eines Willens vorstellt, zum höchsten Gut als dem Endzweck aller Dinge zusammen zu stimmen; hingegen Kunst nur das Vermögen im Gebrauch der tauglichsten Mittel zu beliebigen Zwecken: so wird doch Kunst, wenn sie sich als eine solche beweiset, welche Ideen adäquat ist, deren Möglichkeit alle Einsicht der menschlichen Vernunft übersteigt (z. B. wenn Mittel und Zwecke wie in organischen Körpern einander wechselseitig hervorbringen), als eine göttliche Kunst nicht unrecht auch mit dem Namen der Weisheit belegt werden können; doch, um die Begriffe nicht zu verwechseln, mit dem Namen einer Kunstweisheit des Welturhebers zum Unterschiede von der moralischen Weisheit desselben. Die Teleologie (auch durch sie die Physikotheologie) giebt reichliche Beweise der erstern in der Erfahrung. Aber von ihr gilt kein Schluß auf die moralische Weisheit des Welturhebers, weil Naturgesetz und Sittengesetz ganz ungleichartige Principien erfordern, und der Beweis der letztern Weisheit gänzlich a priori geführt, also schlechterdings nicht auf Erfahrung von dem, was in der Welt vorgeht, gegründet werden muß. Da nun der Begriff von Gott, der für die Religion tauglich sein soll (denn zum Behuf der Naturerklärung, mithin in speculativer Absicht brauchen wir ihn nicht), ein Begriff von ihm als einem moralischen Wesen sein muß; da dieser Begriff, so wenig als er auf Erfahrung gegründet, eben so wenig aus bloß transscendentalen Begriffen eines schlechthin nothwendigen Wesens, der gar für uns überschwenglich ist, herausgebracht werden kann: so leuchtet genugsam ein, daß der Beweis des Daseins eines solchen Wesens kein andrer als ein moralischer sein könne.

[2]Diese drei Eigenschaften zusammen, deren eine sich keineswegs auf die andre, wie etwa die Gerechtigkeit auf Güte, und so das Ganze auf eine kleinere Zahl zurückführen läßt, machen den moralischen Begriff von Gott aus. Es läßt sich auch die Ordnung derselben nicht verändern (wie etwa die Gütigkeit zur obersten Bedingung der Weltschöpfung machen, der die Heiligkeit der Gesetzgebung untergeordnet sei), ohne der Religion Abbruch zu thun, welcher eben dieser moralische Begriff zum Grunde liegt. Unsre eigene reine (und zwar praktische) Vernunft bestimmt diese Rangordnung, indem, wenn

sogar die Gesetzgebung sich nach der Güte bequemt, es keine Würde derselben und keinen festen Begriff von Pflichten mehr giebt. Der Mensch wünscht zwar zuerst glücklich zu sein; sieht aber doch ein und bescheidet sich (obzwar ungern), daß die Würdigkeit glücklich zu sein, d. i. die Übereinstimmung des Gebrauchs seiner Freiheit mit dem heiligen Gesetze, in dem Rathschluß des Urhebers die Bedingung seiner Gütigkeit sein und also nothwendig vorhergehen müsse. Denn der Wunsch, welcher den subjectiven Zweck (der Selbstliebe) zum Grunde hat, kann nicht den objectiven Zweck (der Weisheit), den das Gesetz vorschreibt, bestimmen, welches dem Willen unbedingt die Regel giebt. Auch ist die Strafe in der Ausübung der Gerechtigkeit keineswegs als bloßes Mittel, sondern als Zweck in der gesetzgebenden Weisheit gegründet: die Übertretung wird mit Übeln verbunden, nicht damit ein anderes Gute herauskomme, sondern weil diese Verbindung an sich selbst, d. i. moralisch nothwendig und gut ist. Die Gerechtigkeit setzt zwar Güte des Gesetzgebers voraus (denn wenn sein [Seitenumbruch] Willen nicht auf das Wohl seiner Unterthanen ginge, so würde dieser sie auch nicht verpflichten können ihm zu gehorchen); aber sie ist nicht Güte, sondern als Gerechtigkeit von dieser wesentlich unterschieden, obgleich im allgemeinen Begriffe der Weisheit enthalten. Daher geht auch die Klage über den Mangel einer Gerechtigkeit, die sich im Loose, welches den Menschen hier in der Welt zu Theil wird, zeige, nicht darauf, daß es den Guten hier nicht wohl, sondern daß es den Bösen nicht übel geht (obzwar, wenn das erstere zu dem letztern hinzu kommt, der Contrast diesen Anstoß noch vergrößert). Denn in einer göttlichen Regierung kann auch der beste Mensch seinen Wunsch zum Wohlergehen nicht auf die göttliche Gerechtigkeit, sondern muß ihn jederzeit auf seine Güte gründen: weil der, welcher bloß seine Schuldigkeit thut, keinen Rechtsanspruch auf das Wohlthun Gottes haben kann.

Der Ausgang dieses Rechtshandels vor dem Gerichtshofe der Philosophie ist nun: daß alle bisherige Theodicee das nicht leiste, was sie verspricht, nämlich die moralische Weisheit in der Weltregierung gegen die Zweifel, die dagegen aus dem, was die Erfahrung an dieser Welt zu erkennen giebt, gemacht werden, zu rechtfertigen: obgleich freilich diese Zweifel als Einwürfe, so weit unsre Einsicht in die Beschaffenheit unsrer Vernunft in Ansehung der letztern reicht, auch das Gegentheil nicht beweisen können. Ob aber nicht noch etwa mit der Zeit tüchtigere Gründe der Rechtfertigung derselben erfunden werden könnten, die angeklagte Weisheit nicht (wie bisher) bloß ab instantia zu absolvieren: das bleibt dabei doch noch immer unentschieden, wenn wir es nicht dahin bringen, mit Gewißheit darzuthun: daß unsre Vernunft zur Einsicht des Verhältnisses, in welchem eine Welt, so wie wir sie durch *Erfahrung* immer kennen mögen, zu der höchsten Weisheit stehe, schlechterdings unvermögend sei; denn alsdann sind alle fernere Versuche vermeintlicher menschlicher Weisheit, die Wege der göttlichen einzusehen, völlig abgewiesen. Daß also wenigstens eine negative Weisheit, nämlich die Einsicht der nothwendigen Beschränkung unsrer Anmaßungen in Ansehung dessen, was uns zu hoch ist, für uns erreichbar sei: das muß noch bewiesen werden, um diesen Proceß für immer zu endigen; und dieses läßt sich gar wohl thun. Wir haben nämlich von einer Kunstweisheit in der Einrichtung dieser Welt einen Begriff, dem es für unser speculatives Vernunftvermögen nicht an objectiver Realität mangelt, um zu einer Physikotheologie zu gelangen. Eben so haben wir auch einen Begriff von einer moralischen Weisheit, die in eine Welt überhaupt durch einen vollkommensten Urheber gelegt werden könnte, an der sittlichen Idee unserer eigenen praktischen Vernunft. - Aber von der Einheit in der Zusammenstimmung jener Kunstweisheit mit der moralischen Weisheit in einer Sinnenwelt haben wir keinen Begriff und können auch zu demselben nie zu gelangen hoffen. Denn ein Geschöpf zu sein und als Naturwesen bloß dem Willen seines Urhebers zu folgen; dennoch aber als freihandelndes Wesen (welches seinen vom äußern Einfluß unabhängigen Willen hat, der dem erstern vielfältig zuwider sein kann) der Zurechnung fähig zu sein und seine eigne That doch auch zugleich als die Wirkung eines höhern Wesens anzusehen: ist eine Vereinbarung von Begriffen, die wir zwar in der Idee einer Welt, als des höchsten Guts, zusammen denken müssen; die aber nur der einsehen kann, welcher bis zur Kenntniß der übersinnlichen (intelligiblen) Welt durchdringt und die Art einsieht, wie sie der Sinnenwelt zum Grunde liegt: auf welche Einsicht allein der Beweis der moralischen Weisheit des Welturhebers in der letztern gegründet werden kann, da diese doch nur die Erscheinung jener erstern Welt darbietet, - eine Einsicht, zu der kein Sterblicher gelangen kann.

*(aus: Kant, Über das Misslingen aller philosophischen Versuche in der Theodizee, 1793/1983, 105-107, 114f.)*

## Text 18: Theodizee als begründete Alternativlosigkeit

58. Auf diese Weise erhält man die größtmögliche Mannigfaltigkeit, aber zugleich auch die größtmögliche Ordnung, d. h., man erhält auf diese Weise die größtmögliche Vollkommenheit (vgl. Theodicee, §§ 120, 124, 241ff., 214, 243, 275).

59. Diese Hypothese allein (von der ich zu sagen wage, daß sie bewiesen ist) stellt die Größe Gottes in das richtige Licht. Das erkannte auch Herr Bayle an, als er in seinem *Dictionnaire* (Artikel Rorarius) Einwände dagegen erhob, in denen er sich sogar zu der Annahme versucht sah, ich schriebe Gott zuviel und mehr als möglich zu. Er vermochte indes keinen Grund anzuführen, weshalb jene universale Harmonie, kraft deren jede Substanz alle andren durch die Beziehungen, die sie zu ihnen hat, genau ausdrückt, unmöglich sein sollte[14]).

60. Im übrigen ersieht man aus dem Dargelegten die apriorischen Gründe dafür, warum die Dinge gar keinen anderen Verlauf nehmen können. Weil Gott bei der Ordnung des Ganz en auf jeden einzelnen Teil und insbesondere auf jede einzelne Monade, die von Natur ein vorstellendes Wesen ist, Rücksicht genommen hat , so gibt es nichts, was sie darauf beschränken könnte, nur einen Teil der Dinge vorzustellen; obgleich allerdings diese Vorstellung, was die einzelnen Dinge der Welt anlangt[5]), verworren ist und nur deutlich sein kann bei einem geringe n Teil de r Dinge, nämlich bei solchen, die für die Monade die nächsten oder größten sind; […]

89. Ferner kann man sagen, daß Gott als Baumeister Gott als Gesetzgeber in allem zufriedenstellt, und daß somit die Sünden - gerade kraft der Naturordnung und der mechanischen Struktur der Dinge selbst - ihre Strafen nach sich ziehen müssen, und ebenso erlangen die guten Handlungen, hinsichtlich der Körper, ihren Lohn auf mechanischen Wegen, wenn gleich das nicht immer auf der Stelle geschehen kann und darf.

90. So wird es schließlich unter dieser vollkommenen Regierung keine gute Tat ohne Belohnung, keine schlechte ohne Bestrafung geben, und alles muß den Guten zum Besten dienen, d.h. denen, die in diesem großen Staate keine Unzufriedenen sind, die, nachdem sie ihre Pflicht getan haben, der Vorsehung vertrauen, die den Urheber alles Guten nach Gebühr lieben und nachahmen, die steh in der Betrachtung seiner Vollkommenheiten erfreuen, der Natur der wahren reinen Liebe folgend, die uns an der Glückseligkeit dessen, was wir lieben, Freude haben läßt. Das ist der Grund dafür, daß weise und tugendhafte Menschen an alledem arbeiten. was mit dem mutmaßlichen oder früher kundgetanen
Willen Gottes übereinzustimmen scheint - sich aber gleichwohl mit dem bescheiden, was Gott durch seinen geheimen, folgerechten und entschiedenen

Willen tatsächlich eintreffen läßt. Sie anerkennen nämlich, daß wir bei genügendem Verständnis der Ordnung des Universums entdecken würden, daß es alle Wünsche der Weisesten übertrifft, und daß es unmöglich ist, die Welt besser zu machen als sie ist, und zwar nicht nur in bezug auf das allgemeine Ganze, sondern euch und besonders für uns selbst, wenn wir dem Urheber des Ganzen in gebührender Weise ergeben sind: nicht nur als dem Baumeister und der bewirkenden Ursache unseres Seins, sondern auch als unserem Herrn und Endzweck, der das ganze Ziel unseres Willens sein muß und allein unser Glück bewirken kann (vgl. Theodicee, § 134 Ende; Vorrede, § 4a. b.; § 278)[24]).

*(aus: Leibniz, Monadologie,1989, Abs. 58,60,89,90)*

## Text 19: Perspektivwechsel als Voraussetzung zur Bearbeitung der Theodizee

Es sieht ja so aus, als handele es sich nur um eine formale Umkehrung, einen abstrakten Gegensatz: Gott in der Welt oder: die Welt in Gott? Aber *jüdische Lehre eröffnet hiermit eine fundamental wichtige neue Frage: letztlich die: Was ist ursprünglich wirklich? Gott oder die Welt? Was ist als ursprünglich wichtig maßgebend für unsere menschlichen Begriffe von Wirklichkeit? Die Wirklichkeit der Welt oder nicht vielmehr die Gottes? Was ist uns dringendere Frage: Ob wir Gott verifizieren können, indem wir ihn weltlich orten? Oder wäre es nicht viel dringender zu wissen, ob und wie wir die Welt und damit: uns selbst verifizieren können, nämlich: umfassend, - radikal, mithin unter Einschluß einer (der!) Wirklichkeitsinstanz Gott, - mithin (theologisch geredet: coram Deo, »vor Gott«? Gehört eher Gott vor das Forum der Welt, oder gehört nicht eher die Weltwirklichkeit vor das Forum Gottes? Bedarf es nur einer Rechtfertigung Gottes, nicht viel eher einer Rechtfertigung der Welt und der Menschen?[...]*

*(aus: Marquardt, Was dürften wir hoffen, wenn wir hoffen dürften?, Bd, 3, 1996, 430)*

## Text 20:  Neubestimmung der Allmacht in der Theodizee-Bearbeitung

Prof Dr. Thomas Ruster

# Die dunklen Seiten Gottes

### 1. Theodizee: Wie kann Gott angesichts des Leidens gerechtfertigt werden - eine in der Regel falsche Fragestellung

Meist wird die Fragestellung mit Epikur (342-270 v. Chr) eingeführt: Wie kann Gott zugleich allmächtig und gütig sein?

Entweder will Gott die Übel aufheben und kann nicht, oder er kann und will nicht, oder er will nicht und kann nicht, oder er will und kann.

Wenn er will und nicht kann, ist er schwach, und das trifft für Gott nicht zu. Wenn er kann und nicht will, ist er neidisch und das ist ebenso unvereinbar mit Gott. Wenn er nicht kann und nicht will, ist er neidisch und schwach und dementsprechend auch kein Gott. Wenn er aber- will und kann, wie das allein angemessen für Gott ist - wo kommen dann die Übel her, und warum hebt er sie nicht auf?

Der Text weiß zu genau, was für Gott angemessen ist: nämlich eine Allmacht, die alles kann. Und er weiß zu genau, was Güte ist; er dekretiert, dass Neidisch-Sein mit Güte und damit auch mit Gott nicht vereinbar ist. Gott wird wie ein Mensch gesehen, nur dass er allmächtig ist und sich am Maßstab der Güte messen lassen muss.

Zur Allmacht: Die Aussage der traditionellen katholischen Dogmatik, die mit der einer philosophischen Gotteslehre völlig übereinstimmt, dass Gott allmächtig ist im Sinne von Omnipotentia, von Alles-Vermögen was er will (und selbst das, was er wollen kann), ist nicht genau genug, Sie macht Gott verwechselbar - mit dem „Allmächtigen", mit menschlichen Allmachtsvorstellungen im Sinne unbeschränkter Handlungsmacht und Absolutheit (Losgelöstheit von allen Bedingungen) mit der menschlichen Gottesvorstellung, die nichts ist als die Hypostasierung menschlicher Erfahrungen von Macht. Einem solchen Gott gegenüber ist nur ein „Du musst" angebracht - seiner Macht muss man sich beugen.

Was meint dagegen die Aussage: Ich glaube an Gott den Allmächtigen (Pantokrator)? Von Gott hört man in der ganzen Bibel kein „du musst" aber immer „du sollst". Gott handelt der Welt, indem er seinen Willen kundtut und Gebote gibt. In seinem Gesetz ist er allem voraus, denn zu allem, was der Fall ist, hat er immer noch ein Gebot zu geben, nichts bleibt so wie es ist, weil immer noch etwas zu tun ist. Gott ist keine unwiderstehliche Schicksalsmacht, wie er es wäre, wenn er in einem weltlichen Sinne allmächtig wäre, sondern seine Macht liegt in seinem Gesetz: dass er Menschen gegenüber allen Tatsachen noch etwas zu tun gibt. Leo Baeck: Aus dem Gesetz erwächst die Kraft und die Fähigkeit, "Subjekt gegenüber dem Schicksal zu bleiben, zu erwählen und nicht nur geschehen zu lassen" (auch gegenüber dem Tod: Kiddusch Ha-Schem: "Der Mensch bleibt auch gegenüber dem Tode ein Wählender, er erwählt durch den Tod sein Leben. Im Martyrium hört der Tod auf, ein Schicksal zu sein"- wenn er eben noch zur Erfüllung des Gebots, den Namen des Herrn zu heiligen, gelebt wird). Die sittliche Forderung des Gesetzes begründet die Einzigkeit Gottes und seine Andersartigkeit gegenüber der Welt. Er ist mit nichts identisch, was es gibt, er ist kein Teil der Welt, sondern der Welt in seinem Gebot immer voraus. Steven Schwarzschild: Gott ist "the ought", der Imperativ gegenüber dem Bestehenden, und darum transzendent. Ralf Miggelbrink hat gezeigt, dass die Erkenntnis der Einzigkeit und Transzendenz Gottes sich bei den Propheten aufgrund der absoluten Verwerfung bildete, die der Wille Gottes gegenüber den bestehenden Zuständen bedeutet: eine Transzendenz ex negativo. Durch das Gesetz wird sie denn positiv gefüllt. Gott will, dass die Welt etwas wird, was sie noch nicht ist. Er ist allmächtig, weil er Gebote geben kann und wirklich gegeben hat. - Aber nichts in der Bibel deutet darauf hin, dass Gott omnipotent im philosophischen Sinne ist. An diesem Allmachtsbegriff darf man ihn deshalb auch nicht messen.

Zur Güte: Die Theodizee-Frage unterwirft Gott einem moralischen Begriff von Güte. Folglich zitiert ihn Leibniz vor den „Richterstuhl der Vernunft", dort hat er zu erscheinen. - Das ist Aufklärung, das ist 18. Jhd.: Moral wird als übergreifender Code über alle systemischen Unterscheidungen gesetzt, sie übernimmt die Aufgabe der Religion. Dann wird auch Gott an ihr gemessen, er wird allenfalls als der Grund dafür herangezogen, dass die Unterscheidung von gut und böse selbst gut ist, dass es gut ist, das Gute zu tun und nicht das Böse (de Sade!). Das kann man theologisch so nicht gelten lassen: Gott steht außerhalb jeder moralischen Unterscheidung! Sie ist an ihm zu messen, nicht er an ihr. Gott wäre auch dann noch Gott, wenn er unmoralisch wäre.

Zu fragen ist: Was ist der Wille Gottes? Was gebietet das Gesetz? Was ist demgemäß das Gute, das wir tun sollen? Die moralische Unterscheidung gilt für uns, nicht für Gott. Gut ist es in Übereinstimmung mit seinem Willen zu leben und zu handeln. Was kann uns sonst davor bewahren, als das Gute immer das anzunehmen, was uns nützt? Die Vernunft spielt uns da gerne einen Streich, denn sie kann die Bestimmung des Guten nicht von unserer Selbsterhaltung trennen.

*(aus: Thomas Ruster, Manuskript zum gehaltenen Vortrag beim Institut für Lehrerfortbildung Mülheim/Ruhr (Kommende Dortmund, 16. Mai 2002)*

## Text 21: Gott ‚herrscht' im Land zur Wahrung des Rechts

**Gott herrscht im Land – aber wie?**

Gott wählt ein kleines Stückchen Erde, wenigstens ein winzig kleines Land unter allen Ländern, (...), um ein Beispiel zu geben dafür, was es für alle heißen könnte: Gott regiert auf Erden. Er erwählt seinem von seiner Tora geleiteten Volk ein nach der Tora zu behandelndes Musterländle zu, in einem missionarischen Akt, in dem er selbst und das Geschehen seines Willens auf Erden inmitten aller Länder erkennbar werden kann: was für eine Art Gott er ist und daß er Gott ist. (...) Das ‚Experiment Israel' soll Gottes Protest gegen die politische Schicksalsverfallenheit der Völker werden. Dafür entreißt er ein kleines Volk seiner Schicksalsverfallenheit in Ägypten und unterstellt es stattdessen seinen Führungen. (...) Die Herausforderung heißt: Gerade dort, wo die Idee eines Gottes nicht hinpaßt, wir froh sind, wenn wir zwei Reiche auf Distanz zueinander bringen können, will dieser Gott ‚mitmischen', zu Worte kommen; gerade dort will ‚Wort Gottes' zu mehr als nur einer ‚geistigen Realität' werden, wo wir resigniert und zynisch immer wieder bereit sind, der Unmoral, Unmenschlichkeit, vor allem: der Gottlosigkeit das Feld irgendeiner Selbstgesetzlichkeit zu überlassen, ja: es geradezu einzuräumen. […]
Gott sucht ein Land, das für die Menschen schwierig ist – alles andere als Milch und Honig träufend; oder wenigstens eins, auf dem er es einem Volk schwer machen kann, aus Erdkräften sich zu helfen und zu verstehen, eins also: das er mit seinem ersten Gebot radikal und konsequent entmythisieren, einbinden kann in sein Wort, sein Gesetz. Das ist die Bedeutung des Zusammenhangs von Erstem Gebot und Land. Es gibt nicht nur gesellschaftliche Sklaverei, die Gott angreift, es gibt auch Erdverfallenheit, die die Menschen an sich selbst fesselt. Gott sucht für uns einen davon freien Raum.

*(aus: Marquardt, Was dürften wir hoffen, wenn wir hoffen dürften?, Bd. 2, 1994, 253ff)*

Gefragt wird nach der Herkunft und dem sozialen und politischen Kontext von bestimmten Metaphern und Modellen der Gott-Mensch-Beziehung, die aus dem sozialen bzw. politischen Bereich stammen und Gott als König, Vater, Gatte, Hirte, Herr usw. bezeichnen. Solche Metaphern und Modelle sind uns aus der Bibel vertraut. Modelle sind realisierte Metaphern. Wenn eine Nonne z.B. Christus ihren Bräutigam nennt und in Hinblick auf diese Beziehung ehelos bleibt, dann hat sie eine Metapher zum Modell ihrer Gottesbeziehung gesteigert. Wenn das Volk Israel ein Bündnis mit Jahwe als einen politischen Oberherrn eingeht und im Hinblick auf dieses Bündnis andere politische Bindungen ablehnt, dann wird auch hier eine Metapher zum Modell gemacht. Hier wird nicht metaphorisch, sondern „buchstäblich", in aller Form und mit allen politischen Konsequenzen, ein Bündnis geschlossen und Gott zum Vertragspartner gemacht. Die Rolle des Oberherrn ist nicht Metapher, sondern Modell, verbindliche Form seiner Weltzuwendung. (...) Diese Unterscheidung ist für unsere Frage nach dem sozialen Kontext religiöser Begriffe von entscheidender Bedeutung. Denn solange wir es mit Metaphern zu tun haben, handelt es sich lediglich um Widerspiegelungen oder Ausprägungen der sozialen Wirklichkeit im Raum der Sprache und Texte. Sobald es aber um Modelle geht, wirken das Denken, die Sprache und die Texte umgestaltend auf die Wirklichkeit zurück und haben einschneidende Konsequenzen im Raum der sozialen und politischen Bindungen zur Folge. In diesem Fall schafft die Religion sich ihren sozialen Kontext. Hier handelt es sich nicht bloß um eine Widerspiegelung, sondern um eine Umgestaltung der soziopolitischen Wirklichkeit.

*(aus: Assmann, Herrschaft und Heil, 2000, 109f.)*

## Text 22: Bibel als Text voller Gewalt

**Jos 6,20f**

**20** Darauf erhob das Volk das Kriegsgeschrei, und die Widderhörner wurden geblasen. Als das Volk den Hörnerschall hörte, brach es in lautes Kriegsgeschrei aus. Die Stadtmauer stürzte in sich zusammen, und das Volk stieg in die Stadt hinein, jeder an der nächstbesten Stelle. So eroberten sie die Stadt. **21** Mit scharfem Schwert weihten sie alles, was in der Stadt war, dem Untergang, Männer und Frauen, Kinder und Greise, Rinder, Schafe und Esel.

## Text 23: Gott verübt Gewalt

**Ex 15,3-13**

**3** Der Herr ist ein Krieger, Jahwe ist sein Name. **4** Pharaos Wagen und seine Streitmacht warf er ins Meer. Seine besten Kämpfer versanken im Schilfmeer. **5** Fluten deckten sie zu, sie sanken in die Tiefe wie Steine. Deine Rechte, Herr, ist herrlich an Stärke; **6** deine Rechte, Herr, zerschmettert den Feind. **7** In deiner erhabenen Größe wirfst du die Gegner zu Boden. Du sendest deinen Zorn; er frißt sie wie Stoppeln. **8** Du schnaubtest vor Zorn, da türmte sich Wasser, da standen Wogen als Wall, Fluten erstarrten im Herzen des Meeres. **9** Da sagte der Feind: Ich jage nach, hole ein. Ich teile die Beute, ich stille die Gier. Ich zücke mein Schwert, meine Hand jagt sie davon. **10** Da schnaubtest du Sturm. Das Meer deckte sie zu. Sie sanken wie Blei ins tosende Wasser. **11** Wer ist wie du unter den Göttern, o Herr? Wer ist wie du gewaltig und heilig, gepriesen als furchtbar, Wunder vollbringend? **12** Du strecktest deine Rechte aus, da verschlang sie die Erde. **13** Du lenktest in deiner Güte das Volk, das du erlöst hast, du führtest sie machtvoll zu deiner heiligen Wohnung.

## Text 24:  Gott fordert zu Gewalt auf

**1 Sam 15,2f**

**2** So spricht der Herr der Heere: Ich habe beobachtet, was Amalek Israel angetan hat: Es hat sich ihm in den Weg gestellt, als Israel aus Ägypten heraufzog. **3** Darum zieh jetzt in den Kampf, und schlag Amalek! Weihe alles, was ihm gehört, dem Untergang! Schone es nicht, sondern töte Männer und Frauen, Kinder und Säuglinge, Rinder und Schafe, Kamele und Esel!

## Text 25:  Miggelbrink: Eine andere biblische Gewalthermeneutik

### 4. Zur Hermeneutik des prophetischen und deuteronomistischen Gotteszornes
a) JHWH- ein gewalttätiger Gott,
der in ein Leben ohne Gewalt führt

Die deuteronomisch-deuteronomistische Theologie verbindet das Gottesbild eines äußerst gewaltbereiten JHWH mit zwei gesellschaftspolitischen Zielsetzungen. Zum einen geht es ihr um die Durchsetzung der exklusiven JHWH - Verehrung in öffentlichen und familiären Kult, zum andern vertritt sie eine Sozialethik der Brüderlichkeit aller Volksgenossen untereinander.
Diese Zielsetzungen erscheinen im Lieht unserer gesellschaftspolitischen Gegenwart als zumindest im ersten Teil fragwürdig: Die Militanz der Durchsetzung exklusiver Verehrung eines Gottes passt auf den ersten Blick gut zum Bild des eifersüchtigen, unbarmherzig streitenden Gottes. Der Monotheismus ist seit E. Peterson verdächtig zu autoritären Gesellschaftskonzepten zu passen, deren Konzentration auf einen Führer der Konzentration auf einen Gott entspricht.[15] Der Polytheismus erscheint dem Philosophen Odo Marquard als der rnenschlichen Freiheit viel gemäßer als der notwendig intolerante Monotheismus.[16] Ähnlich positiv bewertet der Ägyptologe Jan Assmann den ägyptischen Polytheismus, der anders als das Christentum und der Islam keinen intoleranten, gewaltbereiten Durchsetzungswillen gezeigt habe[17], sondern dessen Idolatrie Ausdruck eines friedvollen, ausgeglichenen Beheimatetseins in der Welt sei.[18]
Wer allerdings so argumentiert, bedenkt die Entstehung und Wirkung von Gottesvorstellungen höchst oberflächlich: Die Gottesvorstellung wird schlicht als der Spiegel einer wünschenswerten gesellschaftlichen Realität gedeutet, ohne

dass gefragt würde, *für wen* diese gesellschaftliche Realität *warum* wünschenswert ist. Das Gottesbild wird lediglich gedeutet als eine Wirklichkeit, die der politischen Realität nachgeformt ist. Seine Wirksamkeit ist also rein *nachläufig* bestätigender Art Zuerst sind gesellschaftliche Machtverhältnisse, dann finden sie ihren Ausdruck in Theologien.

Historisch allerdings ist sowohl hinsichtlich der Schriftpropheten als auch hinsichtlich der deuteronomisch-deuteronomistischen Bewegung offensichtlich, dass es sich hierbei um Theologien handelt, die *im Widerspruch* zu den bestehenden Machtverhältnissen formuliert. wurden. Wenn das Deuteronomium eine Ethik der Brüderlichkeit und der normativen Rückbesinnung auf die Exodusgesellschaft der Gleichen postuliert, dann stellt es sich auf die Seite der in der israelitischen Gesellschaft zu kurz Gekommenen. Die Absage an den Pluralismus der religiösen Betätigung geht einher mit dem Versuch, die religiösen Inhalte zum Motor sozialer Reform werden zu lassen. Das Religiöse tritt heraus aus der *Funktion der nachläufigen Bestätigung* bestehender Verhältnisse und soll stattdessen die Veränderung gesellschaftlicher, politischer und ökonomischer Verhältnisse inaugurieren. Das setzt allerdings die Glaubenszustimmung jedes Einzelnen voraus. Das religiöse Ideal kann nur durch seine gesamtgesellschaftliche Verbreitung gesellschaftliche Wirklichkeit verändern.

Man kann diese neue Dimension der Religion auch beschreiben als die Überwindung mythischer Religion durch die prophetische Religion: Der Mythos ist religionsgeschichtlich immer die Nacherzählung eines urgeschichtlichen Überganges von der anfänglichen Labilität zur abschließenden Stabilität und Irreversibilität der gesellschaftlichen Ordnung. [...]

Monolatrie und die *Verinnerlichung* der ethischen Verpflichtung auf den einen Gott gehen Hand in Hand und bilden die Möglichkeit dafür, dass Religion gesellschaftliche Veränderung ermöglichen und tragen kann.

Ein toleranter Gott neben anderen vermöchte eine solche Wirkung nicht zu entfalten. Die Gesellschaft aber des fröhlichen Polytheismus wäre deshalb nicht gewaltfreier. Der Verzicht auf eine sinngebende, die Gesellschaft zur Gemeinschaft zusammenfügende gemeinsame religiös-politische Vision ist nicht gleichbedeutend mit Gewaltlosigkeit. Die Propheten erleben die naturwüchsigen Konsequenzen des Eigentumsrechts in der Königszeit sehr wohl als Form der Gewalt gegen die Armen. Ihr im Rahmen der Rechtsordnung legalerweise herbeigeführtes Abhängigkeitsverhältnis, ihre entwürdigende Instrumentalisierung für die Besitzenden wird getragen durch Recht, Justiz, König und letztlich durch das stehende Heer des Königs.

JHWH tritt gegen diese Instanzen des Machterhaltens auf. Er vertritt die Vision der Exodusgesellschaft Gleicher. Das bringt ihn in den Widerspruch zu den herrschenden gesellschaftlichen Gruppen. In diesem Widerspruch tritt JHWH auf als der übermächtige Kriegsherr und als der souveräne Lenker der Weltgeschichte, vor dem die Inhaber der gesellschaftlichen Macht sich fürchten müssen. Die Gewalttätigkeit JHWHs macht dabei die latente Gewalt der gesellschaftlichen Verhältnisse offenbar: Die Aggression der Menschen findet einen

Ausdruck, ein Ziel, eine Legitimation, ohne sich allerdings als manifeste Gewalt zu realisieren. Denn JHWHs Übermacht lässt eigene Gewalt als überflüssig und chancenlos erscheinen. JHWHs Gewalt spiegelt nicht gesellschaftlich reale Gewalt, sondern ist Ausdruck der *Entlarvung gesellschaftlicher Verhältnisse*, in denen Menschen durch die ökonomischen und juristischen Strukturen die Lebenschancen so weit beschnitten werden, dass sie zu einer aktiven Partizipation an der Gesellschaft als einer Gesellschaft im Grundsatz Gleicher nicht mehr fähig sind. […]

Die deuteronomistische Verkündigung des Gewaltgottes des Zorns und der Rache geht als nicht einher mit einer Vermehrung der gesellschaftlich erlittenen Gewalt. Die Verkündigung des gewalttätigen Gottes ist nicht Aufforderung zur Gewalt. Vielmehr ist sie der Versuch, einer Gesellschaft, die selbst latent gewalttätig ist, ein Ideal der Brüderlichkeit und der Gewaltfreiheit entgegenzustellen.

*(aus: Miggelbrink, Der zornige Gott, 2002, 33-37)*

## Text 26:  Gott definiert wahres Gottsein

**Psalm 82**

1 Gott steht auf in der Versammlung der Götter, im Kreis der Götter hält er Gericht. 2 «Wie lange noch wollt ihr ungerecht richten und die Frevler begünstigen? 3 Verschafft Recht den Unterdrückten und Waisen, verhelft den Gebeugten und Bedürftigen zum Recht! 4 Befreit die Geringen und Armen, entreißt sie der Hand der Frevler!» 5 Sie aber haben weder Einsicht noch Verstand, / sie tappen dahin im Finstern. Alle Grundfesten der Erde wanken. 6 «Wohl habe ich gesagt: Ihr seid Götter, ihr alle seid Söhne des Höchsten. 7 Doch nun sollt ihr sterben wie Menschen, sollt stürzen wie jeder der Fürsten.» 8 Erheb dich, Gott, und richte die Erde! Denn alle Völker werden dein Erbteil sein.

## Text 27:  Gott ist seinem Volk in seinem Namen nahe

**Psalm 75**

1 Gott, der gerechte Richter 2 Wir preisen dich, Gott, wir preisen dich; dein Name ist denen nahe, die deine Wunder erzählen. 3 «Ja, zu der Zeit, die ich selbst bestimme, halte ich Gericht nach meinem Recht. 4 Die Erde mit allen, die auf ihr wohnen, mag wanken; doch ich selbst habe ihre Säulen auf festen Grund gestellt.»5 Ich sage zu den Stolzen: Seid nicht so vermessen!, und zu den Frevlern: Brüstet euch nicht mit eurer Macht! 6 Brüstet euch nicht stolz mit eurer

Macht, redet nicht so überheblich daher! **7** Denn weder vom Osten noch vom Westen noch aus der Wüste kommt die Erhöhung. **8** Nein, der Richter ist Gott; den einen erniedrigt er, den andern erhöht er. **9** Ja, in der Hand des Herrn ist ein Becher, herben, gärenden Wein reicht er dar; ihn müssen alle Frevler der Erde trinken, müssen ihn samt der Hefe schlürfen. **10** Ich aber werde jubeln für immer; dem Gott Jakobs will ich singen und spielen. **11** «Ich schlage die ganze Macht der Frevler nieder; doch das Haupt des Gerechten wird hoch erhoben.»

## Text 28: Die Offenbarung des Namens

**Ex 3,13f.**

**13** Da sagte Mose zu Gott: Gut, ich werde also zu den Israeliten kommen und ihnen sagen: Der Gott eurer Väter hat mich zu euch gesandt. Da werden sie mich fragen: Wie heißt er? Was soll ich ihnen darauf sagen? **14** Da antwortete Gott dem Mose: Ich bin der "Ich-bin-da". Und er fuhr fort: So sollst du zu den Israeliten sagen: Der "Ich-bin-da" hat mich zu euch gesandt.

## Text 29: Gottes Name verheißt Gerechtigkeit

**Ex 6,2-8**

**2** Gott redete mit Mose und sprach zu ihm: Ich bin Jahwe. **3** Ich bin Abraham, Isaak und Jakob als El-Schaddai (Gott, der Allmächtige) erschienen, aber unter meinem Namen Jahwe habe ich mich ihnen nicht zuerkennen gegeben. **4** Auch habe ich einen Bund mit ihnen geschlossen und habe versprochen, ihnen das Land Kanaan zu geben, das Land, in dem sie als Fremde lebten. **5** Ferner habe ich gehört, wie die Israeliten darüber stöhnen, dass die Ägypter sie wie Sklaven behandeln. Da habe ich meines Bundes gedacht, **6** und deshalb sag zu den Israeliten: Ich bin Jahwe. Ich führe euch aus dem Frondienst für die Ägypter heraus und rette euch aus der Sklaverei. Ich erlöse euch mit hoch erhobenem Arm und durch ein gewaltiges Strafgericht über sie. **7** Ich nehme euch als mein Volk an und werde euer Gott sein. Und ihr sollt wissen, dass ich Jahwe bin, euer Gott, der euch aus dem Frondienst in Ägypten herausführt. **8** Ich führe euch in das Land, das ich Abraham, Isaak und Jakob unter Eid versprochen habe. Ich übergebe es euch als Eigentum, ich, der Herr.

## Text 30:  Die Vergötzung des Namens

> Vor allem aber, weil es bisher auch der christlichen Kirche und Theologie nicht gelungen ist, das Wörtlein Gott mit den Namen Abrahams, Isaaks, Jakob/Israels und mit dem Namen Jesu von Nazareth so unverwechselbar zu machen, daß es als Projektionsbegriff und –medium nicht mehr frei zur Verfügung und zu beliebiger Verwendung steht. Diese Schwäche des christlichen Zeugnisses, das Wort »Gott« nicht strikt genug zu besetzen mit der Geschichte Israels und Jesu, ist ein Indiz für die wahre Selbsterniedrigung Gottes in seine Verwechselbarkeit, Unbestimmtheit und Austauschbarkeit hinein, *zugleich* damit aber auch für die übermäßigen Erniedrigungen, der wir ihn dadurch ausliefern, und die jene Vergötzung Gottes bewirkt, die ihn zu einer Funktion unseres Willens, selbst und allein Gott sein zu wollen, macht.

*(aus: Marquardt, Was dürfen wir hoffen, wenn wir hoffen dürften?, Bd. 1, 1993, 257)*

## Text 31:  Über das Tora-Tun zur Heiligung des Namens

> *Das Apostelkonzil (ca. 48/49)*
>
> ➢ **Der Streitfall und sein historischer Kontext:** Kirche aus Juden und Heiden – mit oder ohne Tora?
>
> Jesus wusste sich gesandt zu den "verlorenen Schafen des Hauses Israel" (Mt 15,24 par). Seine Sendung war es, das Haus Israel wieder zu sammeln (analog zu Josua). Dazu gehörte das Programm der Tora-Entschärfung nach innen (Mk 7,14-23) und Tora-Verschärfung nach außen (Mt 5,13ft). Bereits zu seinen Lebzeiten gab es vereinzelt Kontakte mit heidnischen Menschen (Mt 15,21-28 u.ö.). Seine Jünger verstanden die Auferstehung als Aufforderung zur Heidenmission (Mt 28,16-20). Was bedeutete das aber für die Bindung des Volkes Gottes an die Tora? Kann es eine Bundesbeziehung ohne Bundesgesetz geben?
> Nach der Apg erkannten die Apostel in Jerusalem schon bald, dass zumindest die Reinheitsvorschriften der Tora, vor allem insoweit sie auf die Abgrenzung zu den Heiden gerichtet waren, für Christen keine Gültigkeit mehr haben (Apg 10: Taufe des Kornelius). Gilt das aber für alle Tora-Gebote? Und gleichermaßen für Judenchristen wie für Heidenchristen? Das Neue Testament hat zu dieser Frage sehr viele Positionen. Durchgesetzt hat sich schließlich Paulus , der erklärte, "dass der Mensch nicht durch Werke des Gesetzes gerecht wird, sondern durch den Glauben an Jesus Christus" (Gal 2,16). Im sog. "antiochenischen Zwischenfall" kam es über die Gesetzesfrage zum Konflikt zwischen Paulus und Petrus (Gal 2, 11-21)~ Petrus hielt mit den Judenchristen zusammen die jüdischen Speisegesetze ein, -mit den Heidenchristen nicht. Paulus warf ihm

deshalb Heuchelei vor. Im Zusammenhang mit dem -Zwischenfall in Antiochien (vorher oder nachher?) reisten Paulus und Barnabas nach Jerusalem, um
die Frage der Gesetzesverpflichtung der Heidenchristen zu klären. Es kommt
zum sog. Apostelkonzil (oder - konvent), das in Apg 15 beschrieben wird. Die
,,Apostel und
die Ältesten", unter denen Petrus und Jakobus namentlich genannt werden,
kommen zu der Entscheidung von Apg 15,20.29.

> **Die Positionen**

,,Einige Leute von Judäa": "Wenn ihr euch nicht nach dem Brauch des Mose
beschneiden lasst, könnt ihr nicht gerettet werden" (Apg 15,1).
Paulus: "Käme die Gerechtigkeit durch das Gesetz, so wäre Christus vergeblich
gestorben" (Gal 2,21).
Petrus: "Er [Gott] machte keinerlei Unterschied zwischen uns [Juden] und ihnen
[Heiden], denn er hat ihre Herzen durch den Glauben gereinigt. Warum stellt ihr
also jetzt Gott auf die Probe und legt den Jüngern ein Joch auf den Nacken, das
weder unsere Väter noch wir tragen konnten?" (Apg 15,9).

> **Die Personen**

Paulus ist "nicht durch Menschen zum Apostel berufen, sondern durch Jesus
Christus und Gott" (Gal 1,1). Auch sein "Evangelium hat er nicht durch Menschen gelernt, sondern durch die Offenbarung Jesu Christi" (Gal 1,12). Obwohl
durch Gott "vom Mutterleib auserwählt" (Gal 1,15), hat er doch "als gesetzes-
treuer Jude die Gemeinde Gottes maßlos verfolgt" (Gal 1,13), bis ihm Gott (um
31/32) "seinen Sohn offenbarte" (Gal 1,16). Darauf sofort Mission und erst
,,nach drei Jahren" Kontakt mit Petrus und dem Herrenbruder Jakobus in Jerusa-
lem(Gal 1,17-19).
Petrus hat vor allem im Mk-Ev eine herausgehobene Rolle (Mk 1,36; 10,28;
11,21). Er gehört zu der Dreiergruppe mit Jakobus und Johannes (Mk 9,2-10;
14,32-42 u.ö.), Lt. Mt 16,16-19 wollte Jesus auf ihn seine ,,Kirche bauen". Nach
lKor 15,5 erschien der Auferstandene "dem Kefas" als erstem. In der Apg gehört er durchgängig zu den führenden Männern der Gemeinde. - Paulus und
Petrus: Amtsautorität vs. persönliches Charisma?

> **Die Entscheidung des Konzils**

Die Entscheidung, den Heidenchristen "keine andere Last aufzuerlegen als diese
notwendigen
Dinge: Götzenopferfleisch, Blut, Ersticktes, und Unzucht zu meiden" (Apg
15,29) steht in sachlicher Kontinuität mit dem sog. ,,noachidischen Geboten",
die nach jüdischer Überlieferung für alle Menschen gelten (vgl. Gen 9,4-7).

Diese noachidischen Gebote lauten: 1. Rechtspflege, 2. Unterlassung von Götzendienst und 3. Gotteslästerung, 4. Unzucht, 5. Blutvergießen, 6. Raub und 7. Genuss von Blut eines lebenden Tieres. Für Juden ist dies das heidnische Minimum für die Gemeinschaft mit Gott.

Die Bestimmungen des Apostelkonzils sind im Sinne der priesterlichen Tradition Israels als Reinheitsgebote aufzufassen. Reinheitsgebote formulieren Fehlverhalten in Probleme der Berührung um und regulieren auf diese Weise Sünde und abweichendes Verhalten.

➢ **Fragen**

Das Apostelkonzil steht mitten im Prozess der Entfremdung zwischen Juden und Christen, der schon bald nach Jesu Auferstehung begonnen hat. Die „Kompromissformel" des Aposteldekrets ist, soweit wir wissen, kaum wirksam geworden. Der Siegeszug der Kirche hat sich auf der paulinischen Linie vollzogen, durch das "gesetzesfreie Evangelium". Ist aber die von Paulus formulierte Alternative - Rechtfertigung durch Werke des Gesetzes oder durch Glauben? - überhaupt richtig? Ist es nicht vielmehr so: Als Gerechter tut man das Gesetz! Die Frage ist dann aber: Wie wird man ein/e Gerechte/r? Die jüdische Antwort ist: Die Gabe des Gesetzes macht gerecht. Indem Gott Israel sein Gesetz gibt, erwählt er es als sein Volk und macht es gerecht. Christus antworten hier mit Paulus anders: Gerecht wird man, indem man an Christus glaubt. Dann aber gilt: „Beschnitten sein ist nichts, und unbeschnitten sein ist nichts, sondern: Gottes Gebote halten" (1Kor 7,19). Wie sähe es um das Christentum aus, und wie um seine Beziehung zum Judentum, wäre das Aposteldekret als eine Art „Mischna" für Christen aufgefasst worden und wäre Gesetzesgehorsam in der Kirche weiter geübt worden?

**Leseempfehlungen**
- Hermann Josef Sieben, Vom Apostelkonzil zum Ersten Vatikanum, Paderborn 1996, S.3-8
- Friedrich Wilhelm Marquardt, Was dürfen wir hoffen, wenn wir hoffen dürfen? Eine d. 1, Gütersloh 1993, S. 200-335 (zu den noachidischen Geboten)

*(aus: Thomas Ruster, Skript zu Basiswissen Dogmatik, 5f., Quelle: http://www.fk14.tu-dortmund.de/medien/uploads/Basiswissen_Skript.pdf [14.02.2012])*

## Text 32: Perspektivwechsel im Willen Gottes

Wir vergötzen Gott, indem wir ihn - der herabfährt auf den Berg Sinai (Ex 19,11), - der in Israels Geschichte mehr als einmal »den Himmel neigt« und »herabfährt« aus seiner Höhe, um Bedrängte aus Not herauszureißen (Ps 18,10), - der seine Engel (Joh 1,51; 5,4), seinen Geist herabfahren läßt (Lk 3,22), - der schließlich sogar den ihm Nächsten, Jesus, »erniedrigen« läßt bis zum Tode, ja bis zum Tode am Kreuz (Phil 2,8), - von dessen Selbsterniedrigung die christliche Theologie mit Blick auf die Erniedrigung Jesu sogar sprach -: wir vergötzen Diesen, indem wir seine freie Erniedrigung zu uns fortdenken und fortschreiben zu einer Erniedrigung *unter* uns. Das ist es, was wir mit einer »übermäßigen«, also einer maßlosen Erniedrigung Gottes durch uns meinen. Es genügt uns nicht, ihn bei uns und mit uns leben zu lassen, wir stellen uns dann über ihn, verweisen ihn noch unter uns und beginnen dann, ihn, statt aus *seiner* Lebensbewegung, in der er herabfährt aus seiner Höhe, aus jener Tiefe zu denken, von der *unsere* Lebensbewegungen bewegt, »motiviert«: getrieben sind. Gott, aus den Wurzeltiefen unseres Seins und seiner Bewegungen gedacht, macht ihn aber fast zwangsläufig zu einer Funktion der Abläufe oder Triebkräfte unseres Daseins. Mit Hilfe von so etwas wie Gott projizieren wir dann – Feuerbach- unsere tiefsten Bedürfnisse, für die wir keine Selbsterfüllung kennen, oder auch anders nicht realisierbare Interessen geistiger, seelischer, aber durchaus auch gesellschaftlicher und politischer Art: Luther! […]

Gott wie Jesus sollen wir wesenhaft als verheißungsvolle Wirklichkeiten, also: als *Zukunftswesen* denken. Während auch christliche Theologen - wie heidnische- Gott bis heute lieber mit dem Grund dessen, was schon ist, zusammendenken: mit der Welt, - unserem Dasein, das wir leben und erleiden, wie wir es leben und erleiden, - dem Sein, das *ist* und aus dem wir *uns* haben, will Luther uns lehren, daß wir Jesus und Gott lieber nur als Quell von Zukünftigem denken sollen.

*(aus: Marquardt, Was dürfen wir hoffen, wenn wir hoffen dürften?, Bd. 1, 1993, 256,350)*

Wohl ist wahr, daß, biblisch gesehen, die Landverheißungen ein Stück Gesetz sind, aber nicht ein Stück historischer Gesetzlichkeit, sondern eines der *Tora*, die Gott dem Mose gegeben hat. Als solches trägt auch diese Verheißung die Züge der Weisung, die Gott seinem Volk gibt; alle »*Verheißung« ist Verpflichtung*, nirgendwo aber Stoff für historische Spekulation oder Legitimation von Politik; gerade nach der Tora Israels würde sie, so gebraucht, mißbraucht. Was Gottes Verheißung in Aussicht stellt, will nach biblischem Verstand von Menschen bewährt, also getan sein: »vor Gott«, d.h. einerseits allein um seinetwillen ohne jede weitere Nebenabsicht, - andererseits: unter seinem ständig begleitenden Urteil mit der Frage, ob es *ihm* so recht ist, wie wir als Menschen es bewähren und tun. Und da denn fangen wir an, die theologische Dimension auch der Landverheißung zu begreifen, - als erstes also: ihre *nie erlöschende Aktualität. Weil die Verheißung Gebot ist*, gilt sie unbegrenzt und richtet sich quer durch die Zeiten an alle Generationen Israels [...]

Was aber zog nun Gott so unwiderstehlich ins Land, daß er es gegen den Willen seines eingeborenen Sohnes, Israels, erzwingen und Israel nötigen wollte zu einer Gethsemane-Entscheidung: Herr, ist es nicht rnöglich, daß dieser Kelch an mir vorübergehe, so geschehe dein Wille (Mt 26,42), nicht wie ich will, sondern wie du willst (Mt 26,39; dies sind die *wirklichen* Dimensionen in den Beziehungen der Juden zu ihrem Land!). Die Antwort der in dieser Hinsicht am tiefsten entwickelten Theologie, der des Deuteronomium lautet: *Dies Land ist verunreinigt durch avoda zara, Götzendienst.* Freilich könnte das den Gott Israels noch kalt lassen, denn keineswegs sind schon »alle Lande seiner Ehre voll« (Jes 6,3). Aber gerade das begründet seinen Drang zum Lande: *Wenigstens ein* kleines Stückchen Erde, *wenigstens ein* winzig kleines  Land unter allen Ländern, wählt er, um ein  Beispiel zu geben dafür, was es für alle heißen könnte: Gott regiert auf Erden. Er erwählt seinem von seiner Tora geleiteten Volk ein nach der Tora behandelndes Musterländle, in einem missionarischen Akt, in dem er selbst und das Geschehen Seines Willens auf Erden inmitten aller Länder erkennbar werden kann; was für eine Art Gott er ist und daß er Gott ist. Theologisch stark ausgedrückt: Er braucht *ein Stück Land als Offenbarungsort.* Was in der Mitte Israels die Bundeslade war und das Zelt der Begegnung, soll analog in der Mitte der Völker in ihren Ländern sein Volk in seinem Land sein. Dieser Gott will nicht nur »kultisch«, nicht nur ethisch verpflichten. Er will auch *»politisch« Gehör finden,* besser, biblisch gemäßer ausgedrückt: *auch auf der Ebene der Völker und Länder.* Denn sie ist, wie wir schon sagten, stärker als Kult und Ethos, das größte Allgemeine, *die universalste Kommunikationsebene, die es im Menschengeschlecht gibt*, die konkreteste Verwirklichung des Adam, der aus der Adama, dem Acker, und für die Adama geschaffen und bestimmt worden war, Ebene des Überindividuellen, und doch bestimmt es das Leben jedes einzelnen Menschen, der als Adam kein unbestimmt-allgemeiner Erdenbürger, sondern ein konkret-allgemeiner Landsmann ist.

*(aus: Marquardt, Was dürfen wir hoffen, wenn wir hoffen dürften?, Bd. 2, 1994, 208f, 253)*

# Text 33:  Formale oder inhaltliche Anfrage?

**Gott - eine Projektion des Menschen**
**Die Religionskritik Feuerbachs**

*Feuerbach gehört zu den wichtigen Religionskritikern des 19. Jahrhunderts. In seinen Schriften versucht er, einen humanen Atheismus wissenschaftlich zu begründen. Hier einige Auszüge au, verschiedenen Schriften:*

- Die Religion, wenigstens die christliche, ist das Verhalten des Menschen zu sich selbst, oder richtiger: zu seinem Wesen, aber das Verhalten zu seinem Wesen als zu einem anderen Wesen. Das göttliche Wesen ist nichts anderes als das menschliche Wesen, oder besser: das Wesen des Menschen, abgesondert von den Schranken des individuellen, d. h. wirklichen, leiblichen Menschen, vergegenständlicht, d.h. angeschaut und verehrt als ein anderes, von ihm unterschiedenes, eigenes Wesen - alle Bestimmungen des göttlichen Wesens sind darum Bestimmungen des menschlichen Wesens.

- Die Religion ist die Entzweiung des Menschen mit sich selbst: Er setzt sich Gott als ein ihm entgegengesetztes Wesen gegenüber. Gott ist nicht, was der Mensch ist - der Mensch nicht, was Gott ist. Gott ist das unendliche, der Mensch das endliche Wesen; Gott vollkommen, der Mensch unvollkommen; Gott ewig, der Mensch zeitlich; Gott allmächtig, der Mensch ohnmächtig; Gott heilig, der Mensch sündhaft. Gott und Mensch sind Extreme: Gott das schlechthin Positive, der Inbegriff aller Realitäten, der Mensch das schlechtweg Negative.

- Das Abhängigkeitsgefühl des Menschen ist der Grund der Religion; der Gegenstand dieses Abhängigkeitsgefühles, das, wovon der Mensch abhängig ist und abhängig sich fühlt, ist aber ursprünglich nichts anderes, als die Natur. Die Natur ist der erste, ursprüngliche Gegenstand der Religion, wie die Geschichte aller Religionen und Völker sattsam beweist.

- Der Mensch glaubt Götter nicht nur, weil er *Phantasie* und *Gefühl* hat, sondern auch weil er den *Trieb hat, glücklich zu sein.* Er glaubt ein seliges Wesen, nicht nur, weil er eine Vorstellung der Seligkeit hat, sondern weil er selbst selig sein will; er glaubt ein vollkommenes Wesen, weil er selbst vollkommen zu sein wünscht; er glaubt ein unsterbliches Wesen, weil er selbst nicht zu sterben wünscht. Was er selbst nicht ist, aber zu sein wünscht, das stellt er sich in seinen Göttern als seiend vor; *die Götter sind die als wirklich gedachten, die in wirkliche Wesen verwandelten Wünsche des Menschen*; ein Gott ist der in der Phantasie befriedigte Glückseligkeitstrieb des Menschen. Hätte der Mensch keine Wünsche, so hätte er trotz Phantasie und Gefühl keine Religion, keine Götter. Und so verschieden die Wünsche, so verschieden sind die Götter, und die Wünsche sind so verschieden, als es die Menschen selbst sind. Der Trieb, aus dem die Religion hervorgeht, ihr letzter Grund ist der *Glückseligkeitstrieb, also der Egoismus.*

- Unser Verhältnis zur Religion ist kein nur verneinendes, sondern ein kritisches; wir scheiden nur das Wahre vom Falschen - obgleich allerdings die von der Falschheit ausgeschiedene Wahrheit immer eine neue, von der alten wesentlich unterschiedene Wahrheit ist. Die Religion ist das erste Selbstbewußtsein des Menschen. Heilig sind die Religionen, eben weil sie die Überlieferungen des ersten Bewußtseins sind. Aber was der Religion das Erste ist, Gott, das ist, wie bewiesen, an sich, der Wahrheit nach das Zweite, denn er ist nur das sich gegenständliche Wesen des Menschen, und was ihr das Zweite ist, der Mensch, daß muß daher als das Erste gesetzt und ausgesprochen werden. Die Liebe zum Menschen darf keine abgeleitete sein; sie muß zur ursprünglichen werden. Dann allein wird die Liebe eine wahre, heilige, zuverlässige Macht. Ist das Wesen des Menschen das höchste Wesen des Menschen, so muß auch praktisch das höchste und das erste Gesetz die Liebe des Menschen zum Menschen sein. Homo homini Deus est - dies ist der oberste praktische Grundsatz, dies der Wendepunkt der Weltgeschichte.

*Ludwig Feuerbach*

*(Bearbeitete Fassung aus Trutwin (Hg.), An Gott glauben, [2]1985, 92. Im Original: Ludwig Feuerbach, „Das Wesen der Religion", hg. von A. Esser, Köln 1967, 97f., 128f., 229, 214f.)*

## Text: 34: Kirchliche Kommunikation kann sich nicht selbst verifizieren

Alle kirchliche Wahrheit schreit nach ihrer Verifizierung durch Gott. In den Geruch des Götzendienstes kommt kirchliches Bekenntnis und kirchliche Theologie immer dann, wenn sie meinen, ihre Erkenntnis selbst verifizieren zu können und zu sollen. Sie bestimmen sie dann fremd, indem sie sich selbst und andere unter philosophischen Wahrheitsanspruch stellen, was aber heißt: unter ein von vornherein anderes Verifikationskriterium als es das unableitbare Geschehen des Geistes, also die Bewahrheitung von Bekenntnis und Erkenntnis der Kirche durch Gott selbst ist. Dieser Vorbehalt ist auch mit der philosophischen Figur der Selbstevidenz des Inhalts einer Aussage nicht auf seinen theologischen Begriff gebracht. Auf eine Selbstevidenz der christologischen und trinitarischen Bekenntnissätze müßte die Kirche vergebens warten. Sie bedarf wirklich eines »Beweises des Geistes und der Kraft« (G. E. Lessing) für ihre Wahrheitsbehauptungen und sie hindert sie, je krampfhafter oder aggressiver sie sich um irgendeine andere Evidenz als diese spezifisch theologische bemüht. Kirche und Theologie haben diesen alleinigen Erweis- und Beweismittel ihrer Lehre nicht trauen mögen, haben sich über die Ohnmacht des Ereignis-

Vorbehalts hinweggetäuscht, ja oft auch willentlich hinweggelogen. Dabei können und sollen sie aber wissen, daß sie sich nur da vor dem Geruch des Götzendienstes schützen können, wo sie die menschliche Ohnmacht ihrer Erkenntnisse, statt sie zu vertuschen, ausdrücklich bejahen und bezeugen: als »Konstitutionsbedingung« für das, was für sie Wahrheit heißt. Nur wo wir freimütig die Konstitutionsschwäche unserer Wahrheitsbehauptungen zugeben, können wir sie als *Gottes*wahrheit vertreten, die niemand als Er Allein bewahrheiten kann. Allein ein solches Verweisen auf Gott selbst kann uns schützen vor avoda zara. Götzendienst aber waren unsere Dogmen immer dann, wenn wir sie statt in Ohnmacht: als Macht bezeugten, d. h. als keiner Anfechtung mehr fähig, jeder Infragestellung schon von Hause aus überhoben.

So trifft uns das Gebot avoda zara an der empfindlichen Stelle, wo *Wahrheit und Macht* miteinander zu tun bekommen: Wahrheit und Geistesmacht, Wahrheit und die Macht, Gedanken gesellschaftlich durchzusetzen, ein bestimmtes Denken von Gott zu erzwingen. Die neutestamentliche Verheißung: »Meine Kraft ist in den Schwachen mächtig« - also auch in denen, die als Hingerissene Gottes etwas sagen müssen, was sie doch nicht verifizieren können -, sie ist für uns vielleicht die größte Herausforderung der zweiten noachidischen mizva.

*(aus: Marquardt, Was dürfen wir hoffen, wenn wir hoffen dürften?, Bd. 1, 1993, 270)*

## Text 35:  Zur Unterscheidung von Gottesidee und Gott selbst

**PD Renate Huber, Fak. 14, TU Dortmund**

**Zum Begriff der Wirkmächtigkeit**

Unterscheidung zwischen der Wirkmächtigkeit

♣ eines <u>Gottes</u>, der als ontologische Entität existiert.
• nur ein existierender Gott kann tatsächlich wirksam sein.
• ein existierender Gott kann auch dann wirksam sein, wenn kein Mensch an ihn glaubt.

♣ einer <u>Gottesidee</u>, die von einer Person / Gruppe vertreten wird
• keine Gottesidee kann wirksam sein, wenn keiner sie vertritt
• jede Gottesidee kann wirksam sein, wenn jemand sie vertritt

✑Israeliten haben keine Erfahrungen mit Jahwe gemacht
✑ weil es Jahwe nicht wirklich gibt, sondern nur als Gottesidee

♣ hätten die Israeliten tatsächliche Erfahrungen mit einem existierenden & wirkmächtigen Jahwe gemacht, dann wären solche Gewaltphantasien gar nicht nötig, sie hätten dann auf die tatsächlichen Erfahrungen verweisen können (Gewaltphantasien eines Volkes sind ein sicheres Indiz für einen Gott, der als „zahnloser Tiger" daherkommt)

♣ es gab & gibt nur eine Konkurrenz von Gottesideen, wird belegt durch das 1. Gebot (keine anderen Götter…) ein wirkmächtiger Gott überzeugt durch Wirkmächtigkeit

♣ erklärt, warum das Volk Israel immer von Jahwe abzufallen drohte & nach den Göttern von mächtigenVölkern schielte (Grund: Macht eines Volkes wurde als Wirkmächtigkeit seines Gottes gedeutet)

> *theologisches*
> *Problem*

♣      wenn der geistliche Sinn darin besteht, dass auf Jahwe Verlass sein soll, dann möchte ich wissen,

• woher diese Behauptung ihre Rechtfertigung bezieht

• worauf soll vertraut werden (auf zukünftige Brutalität?)

(☜ Werbetext für Jahwe, Werbung für einen brutalen Gott?)

↪ **Jahwe ist gerade nicht wirkmächtig**
↪ die Gewaltphantasien des AT sind eine Bankrotterklärung von Jahwe

*(aus: Renate Huber, Bibelverständnis – aus Philo-Perspektive, Skript zur Veranstaltung". Bibelverständnis aus philosophischer und theologischer Perspektive(WS2007-08))*

## Text 36:  Notwendigkeit der Transzendenz-Immanenz-Kreuzung

### KAPITEL 3

#### Über die Erfindung Jesu
#### 3.1 Die Evangelien als Legenden

Vor kurzem las ich in einer angesehenen christlichen Zeitung, die Kindheitsgeschichten der Evangelien seien allesamt »Legenden«, historisch wisse man von Geburt und Kindheit Jesu nichts. Nicht dass mich diese Nachricht schockierte;

ich staunte nur darüber, dass diese in die Jahre gekommene Standardannahme der liberalen Exegese nun auch in das Fleisch und Blut vorweihnachtlicher Erbauungsliteratur übergegangen ist. Was hier dem Leser geboten wurde, war - Bultmann und seine Schule- . Der Marburger Theologe galt und gilt als einer der radikalsten Zerstörer der historischen Basis des Glaubens. Nicht dass Bultmann deshalb ein ungläubiger Theologe gewesen wäre; ihm ging es erklärtermaßen "um den Glauben«. Erzählt werden solle nicht historische Wahrheit, sondern begründet werden solle der Glaube. Offenbar galt dabei der Satz "Je weniger Historie, umso mehr Glauben«.

Sehen wir genauer hin: Was ist eine *Legende?* Als Legende versteht man fiktionale (= erfundene) Texte, deren »Held« jedoch unzweifelhaft gelebt hat. Der Ausdruck und die Gattung entstammen dem
Mittelalter. Der Ursprungsort der *legenda (historia)* ist das nächtliche Mönchsoffizium. Dort gibt es eine Stelle, an der jeweils an den/die Heiligen des Tages erinnert wird - gewissermaßen eine Art tägliche *Heldenerinnerung.* Nun gab es freilich Helden oder Heldinnen, über die auch dann zu berichten war, wenn man nur ganz wenige Daten wusste und zur Verfügung hatte. So entstand die klassische Heiligenlegende. In ihr gab es eine Anzahl standardisierter Topoi, die es erlaubten, die dürftige Faktenbasis spielerisch zu umgehen. Maßgeblich wurde das in der Spätantike ausgeprägte Schema des *Theios Aner,* des »göttlichen Menschen«, das bestimmte Züge geradezu vorhersehbar
machte. Problematisch wird es, wenn man diese gelegen kommende literarische »Technik« - einfach ins 1. Jh. n. Chr. implantiert und dort als gegebene Verfahrensweise voraussetzt.-

Dennoch machte die *Legende* in der Theologie des letzten Jahrhunderts regelrecht Karriere und wurde fast so etwas wie der Bürostempel der liberalen historisch-kritischen Schule. Die Einstufung
von Texten als Legenden fiel den Neutestamentlern immer dann leicht, wenn diese Texte historisch Unwahrscheinliches oder Unmögliches berichteten, wenn sie redeten ...

- von Engeln, Himmelsstimmen, Verklärungen, Himmelfahrten, Transporten durch den Heiligen Geist (Apg 8,39f.);
- vom Auftreten des Teufels mit eigener Stimme (Versuchungsberichte Jesu):
- von historisch sonst nicht belegten Ereignissen (Kindermord des Herodes nach Mt 2,16-18);
- von Ereignissen, die zugleich auch jeder gesunden Erfahrung widersprechen (zeitweiliges Auferstehen Toter nach Mt 27,52f.);
- von Worten oder Geschehnissen, die theologisch schwierig einzuordnen sind;
- von Ereignissen der Privat- oder Individualsphäre, für die man keine weiteren Zeugen hatte (Marias Gang zu Elisabeth übers Gebirge; Iesu Beten in Gethsemane, während die Jünger schliefen);

- von wundersamen Ereignissen im außermenschlichen Bereich (Sonnenfinsternis zu Jesu Tod; Zerreißen des Tempelvorhangs bei Jesu Tod; Bannung der Dämonen in die Schweineherde nach Mk 5,12-14).

Es fällt auf, dass diese aus der Sicht der liberalen Exegese klassischen Legenden sich bei Jesus vor allem um die Berichte von seinen Anfängen und von seinem Ende gruppieren. Der Ausdruck »Legende« bedeutet wie gesagt: Für eine Person, die gelebt hat, an deren historischer Existenz also kein ernst zu nehmender Zweifel besteht, werden Geschichten erfunden, die nicht historisch sind, auch wenn sie teilweise historisch wahr sein könnten. Aber dieser letztere Punkt wird von den Richtern über Legende oder historische Faktizität nicht beachtet.

Nach dem klassischen Modell liberaler Exegese setzt die Legendenbildung immer dort ein, wo zuverlässiges historisches Material mangels Masse aufzufüllen ist. So ist die Rede von Kindheits-legenden, von Legenden im Zusammenhang der Passion Jesu (Schweißtuch der Veronika), und insbesondere hätten die dürftigen Nachrichten über die Apostel - Petrus und Paulus einmal ausgenommen eine üppige Legendenbildung angeregt, die sich in den apokryphen Apostelakten und in der »Historia Apostolorum« der Westkirche niedergeschlagen hätte.

Der Zeitpunkt, von dem an Legendenbildungen massiv einsetzten, wird zumeist mit »Ostern« angegeben, ein weiterer Zeitpunkt sei dann der »Tod der Apostel« gewesen. Für das liberalexegetische
Verständnis bilden der Tod Jesu, seine Glorifizierung in der Gemeinde und der Umschlag der Rede über Jesus ins legendenhafte, Erfundene, bewusst Konstruierte eine unauflösliche Einheit.

Auch in den so genannten synoptischen Evangelien (Matthäus, Markus, Lukas – das Wort synoptisch betont den quellenmäßigen Zusammenhang dieser Evangelien) ortet man viel erfundenes Material und spricht von »Gemeindebildungen«. Damit meint man Texte, die von einer bestimmten »Gemeinde« erzeugt worden seien und die deswegen nicht von Jesus stammen könnten. Es geht auch umgekehrt: Stoffe, die man Jesus nicht »zutraut«, werden Gemeindebildungen genannt. Unter den Gemeindebildungen sind offenbar viele Legenden mit biografischem Charakter.

Nun fragt man sich freilich nach den Kriterien dieser Scheidekunst zwischen dem Gold historischer Glaubwürdigkeit und dem minderen Material interessegeleiteter, fabulierender (Gemeinde-)Erkenntnis.

Es zeigt sich: Die Urteile über das, was legende sei, werden erstaunlicherweise oft außerordentlich leichtfertig gefällt, die Trennung von historisch Verlässlichem und legenden oft ohne deutliche Kriterien vorgenommen. Unter "leichtfertig gehandhabten Kriterien verstehe ich den offensichtlich geltenden Grundsatz, dass es sich dann um Legende handle, wenn etwas zu außergewöhnlich, anstößig, wunderbar, gar in Begleitung von Engeln oder unter Voraussetzung erheblicher Veränderung der Leiblichkeit »geschehen« sein sollte.

Die Leichtfertigkeit an dieser Stelle ist nur mit Gleichgültigkeit gegenüber der Geschichte zu erklären. »Was nicht sein kann, das nicht sein darf« — dieser Satz passt ins Szenario des Deutschen Idealismus und in der Geschichtswissenschaft hat er eigentlich nichts verloren. Man kann nicht Geschichte betreiben und damit voraussetzungslos offen für das sein, was sich wirklich ereignet hat, und gleichzeitig ein Interesse einbringen, das Anstößige, Unbequeme, im intellektuellen Diskurs nicht so recht Vorzeigbare zu eliminieren. In der Tat hatte man ja in der Zeit der Anfänge der Bultmann-Schule hören können, dass Historie für den Glauben an Jesus unerheblich sei. Damit waren auch historische Daten für den Glauben unwichtig, ja geradezu gefährlich — der Glaube sollte ja ein reines Wagnis sein, dem die Krücken des Wissens schlecht zu Gesicht stehen. obwohl diese Geringschätzung historischer Faktizität zum Teil bis heute fortlebt, gilt doch auch, dass in der Erforschung des Neuen Testaments schon seit den sechziger Jahren das Historische wieder wichtiger geworden ist.

Mit der Frage nach der Legendenbildung sind wir am zentralen Punkt: Welchen Realitätsgehalt haben neutestamentliche Berichte wie Erscheinungen (Die Verkündigung des Engels an Maria, Ostervisionen), Verklärungen, Himmelfahrten Was ist faktisch dran an für unser Vorstellungsvermögen extremen Wundern, an der Auferweckung des Lazarus, an der Auferstehung Jesu, an der Wiederkunft des Menschensohnes »auf den Wolken des Himmels«?

Und wenn wir das alles für fromme Legende halten, warum nicht auch Engel, Dämonen, Teufel? Und warum nicht gar die Existenz Gottes? Und wo wir schon einmal bei den Legenden sind - muss man sie nicht auch in den Kirchen annehmen und ihren Geltungsbereich auf die Sakramente ausdehnen? Was ist mit dem Mitsterben mit Christus in der Taufe? Müssen wir die Gegenwart Jesu im Abendmahl ihres legendären Charakters entkleiden? Und was ist das Märchenhafte an der Vergebung der Sünden bei der Lossprechung? Obwohl es sich um erkennbar Verschiedenes handelt, gilt doch der modernen Theologie der Realitätscharakter dieser Größen als »dubios« und in der Regel als nicht gegeben. Dabei macht zumeist die Realität Gottes eine Ausnahme; sie wird aber dann eher indirekt bejaht.

Das Ergebnis unserer Suche nach einer stringenten Kriteriologie ist einigermaßen ernüchternd: Das Legenden-Kriterium par excellence scheint letztlich die »normale Alltagserfahrung« gewesen zu sein, die man gegen klerikale Vernebelung der Wirklichkeit ausspielte. So wurden der gesunde Menschenverstand, die Normalität von Otto Normalverbraucher zum Maßstab, was in der Bibel als hartes Faktum und was als krause Fabel zu gelten habe, letztlich auch zum Instrument im gesellschaftlichen Machtkampf zwischen aufgeklärt-bürgerlicher Wissenschaft und obskurantisch -mystifizierender Kirche.

## 3.2 Die doppelte Wahrheit der Historiker und der Gläubigen

Gerade angesichts des Johannesevangeliums kann die Frage entstehen, ob man Christen nicht eine »doppelte Wahrheit« zumutet: Einerseits sollen sie glauben, es sei wahr, dass Jesus der Menschensohn ist, andererseits sollen sie die historischen Berichte über Jesus zur Kenntnis nehmen, bei denen offenkundig nicht alles stimmt, was da steht. Doch die Lage ist noch komplizierter. Von Gotthold Ephraim Lessing stammt die These, der Graben zwischen zufälligen Geschichtstatsachen und allgemeinen Vernunftwahrheiten sei garstig und unüberbrückbar. Diesen Ansatz Lessings hat man dann auf das Verhältnis von Geschichte (das Terrain der *historisch* arbeitenden Bibelwissenschaftler) und Dogmatik (der »unhistorisch« arbeitenden, denkenden, bloß spekulativen Theologen) übertragen. Dabei tat man so, als habe es die Exegese nur mit handfesten Geschichtswahrheiten und die Dogmatik vor allem mit allgemeinen Vernunftwahrheiten zu tun, was sicher falsch ist. [...]

*(aus: Berger, Jesus, 2004, 41-45)*

## Text 37: Eine systemtheoretische Rekonstruktion von Religion

**Der Heilige Text als re-entry des religiösen Codes: Realitätsverdopplung durch Einführung der Transzendenz**

Religion kann als der Versuch angesehen werden, dies Unvermeidliche nicht bloß hinzunehmen. Deshalb wird die durch Unterscheidungen beobachtbare Welt dupliziert und schließlich mit der Leitdifferenz von Immanenz und Transzendenz in die strenge Form eines Codes gebracht. Codierung ist nichts anderes als ein Umschreiben der Realitätsunterscheidung in eine andere, strenger gekoppelte, besser unterscheidbare Form. Sie wird dadurch einer neuartigen Welterfahrung angepaßt, mit höherer Kontingenz kompatibel gemacht. Einerseits werden Identitäten dadurch destabilisiert. Es ist jetzt, jedenfalls bei anspruchsvoller Hochform religiöser Beobachtung, nicht mehr möglich, Dinge oder Ereignisse nach sakral/profan zu sortieren; denn jetzt ist alles aus transzendenter oder aus immanenter Sicht beschreibbar, und es kommt auf den Beobachter an, den man beobachten muß, wenn man wissen will, wie Dinge und Ereignisse zugeordnet werden. Dafür müssen Religionen jetzt Kriterien, Regeln, Programme bereitstellen. Andererseits findet die Religion jetzt ihren Halt nicht mehr an ausgezeichneten Dingen oder Ereignissen, sondern an der in sich geschlossenen, Welt interpretierenden Unterscheidung, so daß auch höhere »weltliche« Unsicherheit verkraftet werden kann.

Den wohl markantesten Einschnitt in dieser Entwicklung finden wir in der Religion der Hebräer, und zwar in der Form einer resoluten Verweigerung der Rückkehr des Jenseits ins Diesseits. [...]

Bei allen Inkonsequenzen einer dann wieder anschließenden Priesterreligion: der Gott der Hebräer hat keinen Namen.[50] Er entzieht sich der Erkenntnis und der Behandlung, indem er sich vorstellt als die Zukunft, die er sein wird. Er gibt sich als Text in die Welt. Der Text, der der Welt als Bauplan zugrunde liegt, ist als doppelgleisige Tradition offenbart, als *schriftliche* Fixierung für eine zukunftsoffene *mündliche* Überlieferung der Interpretation. Er ersetzt alle anderen Formen des immanenten re-entry, besonders nach der Zerstörung des zweiten Tempels. Und Aufgabe der Tradition des Talmud ist es, die endlos mögliche Interpretation *als Kontroverse* zu bewahren. (89f.)

## Das Vermittlungsproblem der Unterscheidung von Transzendenz und Immanenz

Als typische, sicher vorherrschende semantische und institutionelle Reaktion auf die Unterscheidung einer diesseitigen und einer jenseitigen Welt findet man einen Bedarf für Vermittlungen - sei es durch Objekte, sei es durch Handlungen. Die weite, wohl universelle Verbreitung dieser Form des Vermittelns beweist zugleich, daß die zugrundeliegende Unterscheidung sehr urtümlichen Charakter hat und wohl mit Recht zur Genealogie der Religion zu rechnen ist. Die Unterscheidung selbst ist nur an Hand einer Markierung der Grenze faßbar. Man hilft sich zum Beispiel mit der Einteilung von Räumen oder Zeiten oder mit dem artifiziellen Unsichtbarmachen eines Teils des Geschehens. Die Markierung der Grenze selbst hat einen ambivalenten Status; sie gehört der einen ebenso wie der anderen Seite an, also beiden 5eiten oder keiner. Sie symbolisiert und vollzieht damit die Einheit der Unterscheidung. Daher ist die Markierung selbst ein sacrum, heilig und schrecklich zugleich. Von Anbeginn gibt es also das Problem der Einheit der Differenz, auch wenn es nicht als solches reflektiert wird, sondern eine Annäherung nur mit Schauder und Scheu oder nur im Schutz bestimmter »Weihen« zuläßt; oder mit bestimmten technischen Vorkehrungen, die zum Beispiel dem Schamanen eine glückliche Rückkehr von seinem Ausflug in diese andere Welt garantieren sollen. Das Sakrale kondensiert gewissermaßen an der Grenze, die die Einheit der Unterscheidung von transzendent und immanent darstellt.[38] Die Religion selbst findet keineswegs im Jenseits statt.
Wenn es nicht um Markieren, sondern um Überschreiten der Grenze geht, um ein Kreuzen hin und zurück, sind Vermittler nötig. Auch sie sind, wenn man von ihrer jeweiligen Befindlichkeit abstrahiert und sie zu identifizieren sucht, Inkarnationen des Paradoxes. In seinem Weltleben ist Jesus von Nazareth Mensch (wenngleich Mensch ohne Sünde). Als Christus ist er Sohn Gottes. Als Teil der Trinität ist er Gott, also sein eigener Vater, so wie Gottvater sein eigener Sohn ist. Das Mysterium sabotiert die Unterscheidung, auf der es beruht. Die Differenz von Transzendenz (Gottvater) und Immanenz (Erdenleben des Sohnes) wird als Explikation des Problems vorausgesetzt und zugleich annulliert. Der Verzicht auf Logik ist kein Fehler, sondern die angemessene Form des Problems. Man kann es bei dieser Feststellung belassen, kann aber auch eine Neubeschreibung des Problems versuchen. (82f.)

## Texte und Kanonisierung

Aber Hochreligionen, die prüfen können, was in ihrem Kontext Sinn macht und was nicht, sind autopoietische Systeme. Sie reproduzieren sich durch ihre eigenen Operationen und benötigen dafür die Unterscheidung von Selbstreferenz und Fremdreferenz. Dazu verhilft eine als Kanon dienende Textbasis, eine Orthodoxie mit begrenzter Lernfähigkeit. Aber die Texte formulieren eine Beschreibung der Welt, sie ermöglichen also die Reproduktion der *Differenz* von Selbstreferenz und Fremdreferenz. Die Welt wird religiös interpretiert, mit religiösem Sinn überzogen - aber dies auf Grund von kommunikativen Operationen, die im System selbst anschlußfähig sind. Man kann dann Aussagen über etwas *anderes* an *eigenen* Mitteln verifizieren. Diese Textmittel müssen deshalb als bindend, als religio vorausgesetzt werden, ihre Selbstinterpretation muß an ihrer Heiligkeit Schranken finden; denn sonst würde man *intern* zulassen, daß die Beschreibungen ständig *von außen* (zum Beispiel politisch) modifiziert werden. (199)

## Selbstoffenbarung als Bearbeitung des Beobachtungsproblems

Sobald man aber annimmt, daß Gott *alles* beobachtet (ihm entgeht nichts) und er sich deshalb *von allem unterscheiden muß*, kann er in oder auch an der Welt nicht beobachtet werden; an Weltlichem kann man nicht unterscheiden, ob Gott existiert oder nicht. Die Gottesbeweise geraten in Widerspruch zu dem, was sie beweisen wollen. Wir müssen deshalb die Frage wiederholen: wie kann der Mensch den Beobachtergott beobachten, und soziologisch zugespitzt: wie geht man mit Meinungsverschiedenheiten um, die beim Vollzug der Beobachtung des Unbeobachtbaren zu erwarten sind?
Denn ungeachtet der Frage des Tiefgangs der theologischen Reflexion finden sich die Theologen als professionelle Beobachter Gottes oder Interpreten seiner Texte ihrerseits Fragen und Antworterwartungen ausgesetzt. Sie müssen im Religionssystem kommunizieren und sagen, was sie wissen. Das zwingt (mehr oder weniger) zu einer fatalen Umdeutung der Kontingenzformel in ein Selektionskriterium: dies ja, das nein - so will es Gott, Tertium non datur. Aber wie kann man dann, anders als der Teufel, der die biblisch verbotene Frucht nicht selber ißt(!), wie kann man dann den Hochmut des Besserwissens vermeiden? (163f.)

*(zusammengestellt aus Luhmann, Die Religion der Gesellschaft, 2000, 89f. 82f. 199, 163ff.)*

## Abbildung 1: Schulbuchdoppelseite (Reflexives Lernen II)

# Woran du nun dein Herz hängst, das ist dein Gott

### 700 Intellektuelle beten einen Öltank an

Ohne Einladung
Sind wir gekommen
Siebenhundert (und viele sind noch unterwegs)
Überall her
Wo kein Wind mehr weht
Von den Mühlen, die langsam mahlen, und
Von den Öfen, hinter denen es heißt
Daß kein Hund mehr vorkommt.

Und haben Dich gesehen
Plötzlich über Nacht
Öltank.

Gestern warst Du noch nicht da
Aber heute
Bist nur Du mehr.

Eilet herbei, alle
Die ihr absägt den Ast, auf dem ihr sitzt
Werktätige!
Gott ist wiedergekommen
In Gestalt eines Öltanks.

Du Häßlicher
Du bist der Schönste!
Tue uns Gewalt an
Du Sachlicher!

Lösche aus unser Ich!
Mache uns kollektiv!
Denn nicht wie wir wollen
Sondern wie Du willst.

Du bist nicht gemacht aus Elfenbein und
Ebenholz sondern aus Eisen.
Herrlich, herrlich, herrlich!
Du Unscheinbarer!

Du bist kein Unsichtbarer
Nicht unendlich bist Du!
Sondern sieben Meter hoch.
In Dir ist kein Geheimnis
Sondern Öl.
Und Du verfährst mit uns
Nicht nach Gutdünken, noch unerforschlich
Sondern nach Berechnung.

Was ist für Dich ein Gras?
Du sitzest darauf.
Wo ehedem ein Gras war
Da sitzest jetzt Du, Öltank!
Und vor Dir ist ein Gefühl
Nichts.

Darum erhöre uns
Und erlöse uns von dem Übel des Geistes.
Im Namen der Elektrifizierung
Der Ratio und der Statistik!

*Bertolt Brecht*

B.Brecht verwendet in seinem Gedicht Formulierungen, die an religiöse Texte erinnern. Schreibt diese Formulierungen auf und überlegt, warum er sie gebraucht.
Der „Öltank" hat heute viele Gestalten. Warum sind sie für viele Menschen so anziehend?

176

### Vertrauen auf Gott

Woran du nun dein Herz hängst und worauf du dich verläßt, das ist eigentlich dein Gott.

Das muß ich ein wenig grob herausstreichen, damit man es versteht und merkt an einfachen Beispielen des Gegenteils. Es ist mancher, der meint, er habe Gott und alles genug, wenn er Geld und Gut hat. Er verläßt sich darauf und brüstet sich damit so steif und sicher, daß er sonst auf niemanden etwas gibt. Siehe, dieser hat auch einen Gott, der heißt Mammon, das ist Geld und Gut, woran er sein ganzes Herz hängt; und das ist der am weitesten verbreitete Abgott auf Erden. Wer Geld und Gut hat, der wähnt sich sicher, ist fröhlich und unerschrocken, als sitze er mitten im Paradies; und wiedrum, wer keins hat, der zweifelt und verzagt, als wisse er von keinem Gott. Denn man wird gar wenige finden, die guten Muts sind, nicht trauern noch klagen, wenn sie den Mammon nicht haben; es klebt und hängt der Natur an bis ins Grab.

Also auch, wer trotzig darauf vertraut, daß er große Kunst, Klugheit, Gewalt, Gunst, Freundschaft und Ehre hat, der hat auch einen Gott, aber nicht diesen rechten einzigen Gott.

Darum sage ich noch einmal, daß die rechte Auslegung dieses Gebotes sei, daß einen Gott haben heißt: etwas haben, worauf das Herz gänzlich vertraut.

*Martin Luther*

*Sind Luthers Beispiele heute noch aktuell?*

Ich meine, daß jeder Mensch etwas braucht, an das er glauben kann. Wenn man einmal total am Ende ist, braucht man einfach etwas, an dem man sich festhalten kann, auf das man hoffen kann.

Wenn ich Probleme habe, bete ich zu Gott, dann fühle ich mich irgendwie leichter, freier. Gott ist für mich ein Halt, an dem ich meine ganzen Probleme ablegen kann, zu dem ich reden kann, dem ich vertrauen kann. Wenn ich mit meinen Problemen nicht zu meiner Freundin gehen möchte - denn sie könnte es ja weitersagen oder nicht verstehen - so ist Gott für mich ein guter Zuhörer, und er sagt es auch nicht weiter.

*Ulrike, Kl. 10*

Gott ist für mich etwas, an das ich mich klammere, wenn ich Hilfe brauche oder wenn ich große Freude teilen will. Wenn ich wirklich einmal ein Tief habe, bitte ich Gott, mir zu helfen und fasse so selber Mut, wieder hochzukommen. Wenn mir etwas Tolles passiert ist, danke ich Gott, daß er mir geholfen hat, so etwas zu leisten. Gott ‚lenkt‘ mein Handeln, indem er mir ‚sagt‘, was ich tun soll. Obwohl ich kein allzu großer Christ bin, bin ich doch froh, daß Gott für mich da ist.

*Udo, Kl. 10*

Ich kann mir unter Gott zwar nichts vorstellen, bräuche aber etwas, worauf ich vertrauen kann. Es gibt so viele Situationen in meinem Leben, die ich selber gar nicht beeinflussen kann. Da hilft es mir, darauf zu vertrauen, daß es schon einen guten Ausweg geben wird.

*Sybille, Kl. 10*

*Vergleiche Luthers Aussagen mit den Schüleräußerungen.*

*(Schmidt/Thierfelder/Kraft/Petri (Hg.), Das neue Kursbuch Religion 9/10, 1988, 176f.)*

## Tabelle 1: Gottes Dasein

| | Position | Gott ist da, wenn… | Kommentar |
|---|---|---|---|
| **Atheismus** | Gott existiert nicht in der Welt. | wir unsere Menschlichkeit verlieren. | Primat der menschlichen Denkmöglichkeiten |
| **Agnostizismus** | Wir können über Gottes Dasein in der Welt nichts Sicheres wissen. Eine Existenz ist nicht auszuschließen. | wir dafür Hinweise finden würden. | |
| **Radikale Transzendenz/ Deismus** | Gottes Dasein kann in der Welt gar nicht gegenwärtig sein. Er ist jenseits der Welt gegenwärtig. | wir die Welt verlassen würden. | Integration der menschlichen Denkmöglichkeiten unter Aufgabe wesentlicher Eigenschaften Gottes |
| **Pantheismus/ Monismus** | Gottes Dasein ist in der Welt als Seiendes allgegenwärtig. | du dich genau umschaust. | |
| **Hermeneutische Theologie** | Gottes Dasein erschließt sich in menschlicher Sprache, die wir deuten müssen. Sein Dasein ist nicht wörtlich zu nehmen, er ist nicht wie andere Dinge. Er ist aber in der Sprache und kann uns in seinem Wort ganz nahe kommen. | wir seinem Wort zuhören. | Integration der menschlichen Denkmöglichkeiten unter Aufgabe der Selbstverständlichkeit Gottes |
| **Transzendentaltheologie** | Gottes Existenz ist die Voraussetzung menschlichen Denkens. Wenn er nicht wäre, könnten wir gar nicht die sein, für die wir uns halten. Gott selbst zu sehen, geht nicht, da er die Voraussetzung des Sehens ist. | wir sehen könnten, was uns sehen lässt. | |
| **Fideismus** | Gottes Existenz in der Welt ist evident, wir können seine Existenz aber nicht mit der Vernunft erfassen. | wir die Grenzen des Verstandes hinter uns lassen. | Primat der göttlichen Möglichkeiten |

## Tabelle 2: Gottes Macht

| | Position | Gott ist da, wenn… | Kommentar |
|---|---|---|---|
| **Atheismus** | Gott existiert nicht in der Welt. | …wir unsere Menschlichkeit verlieren. | Primat der menschlichen Denkmöglichkeiten |
| **Agnostizismus** | Wir können über Gottes Dasein in der Welt nichts Sicheres wissen. Eine Existenz ist nicht auszuschließen. | …wir dafür Hinweise finden würden. | |
| **Radikale Transzendenz/ Deismus** | Gottes Dasein kann in der Welt gar nicht gegenwärtig sein. Er ist jenseits der Welt gegenwärtig. | …wir die Welt verlassen würden. | Integration der menschlichen Denkmöglichkeiten unter Aufgabe wesentlicher Eigenschaften Gottes |
| **Pantheismus/ Monismus** | Gottes Dasein ist in der Welt als Seiendes allgegenwärtig. | …du dich genau umschaust. | |
| **Hermeneutische Theologie** | Gottes Dasein erschließt sich in menschlicher Sprache, die wir deuten müssen. Sein Dasein ist nicht wörtlich zu nehmen, er ist nicht wie andere Dinge. Er ist aber in der Sprache und kann uns in seinem Wort ganz nahe kommen. | …wir seinem Wort zuhören. | Integration der menschlichen Denkmöglichkeiten unter Aufgabe der Selbstverständlichkeit Gottes |
| **Transzendental-theologie** | Gottes Existenz ist die Voraussetzung menschlichen Denkens. Wenn er nicht wäre, könnten wir gar nicht die sein, für die wir uns halten. Gott selbst zu sehen, geht nicht, der er die Voraussetzung des Sehens ist. | …wir sehen könnten, was uns sehen lässt. | |
| **Fideismus** | Gottes Existenz in der Welt ist evident, wir können seine Existenz aber nicht mit der Vernunft erfassen. | …wir die Grenzen des Verstandes hinter uns lassen. | Primat der göttlichen Möglichkeiten |

# Farbfolien Gottes Herrschaft

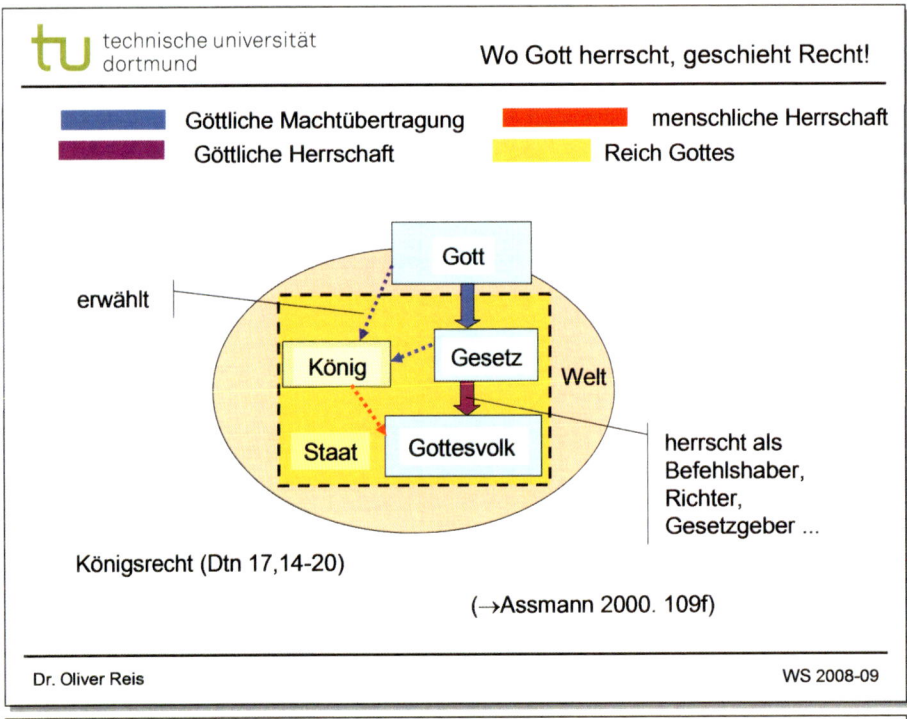

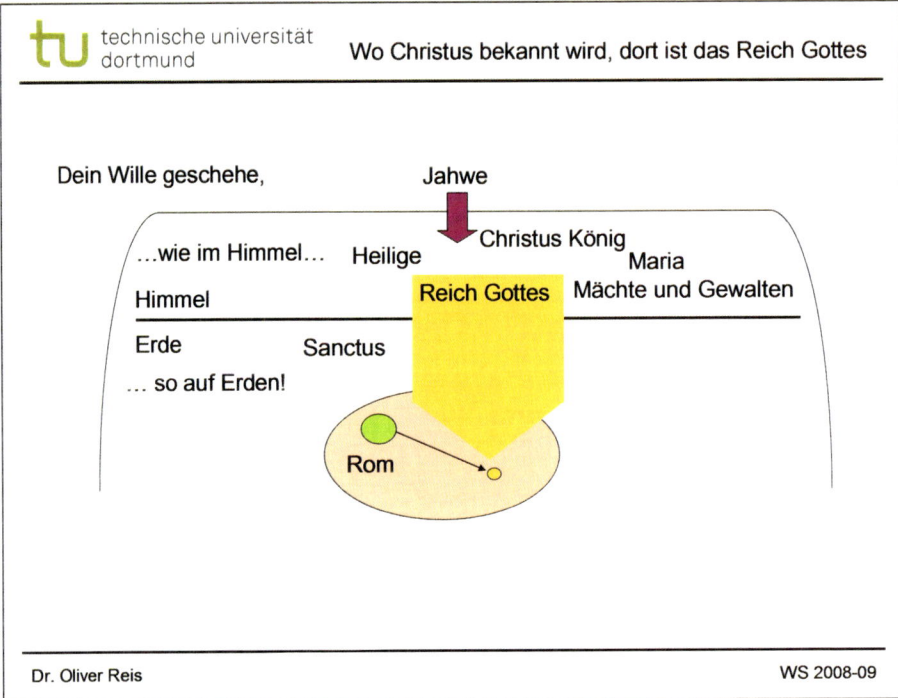

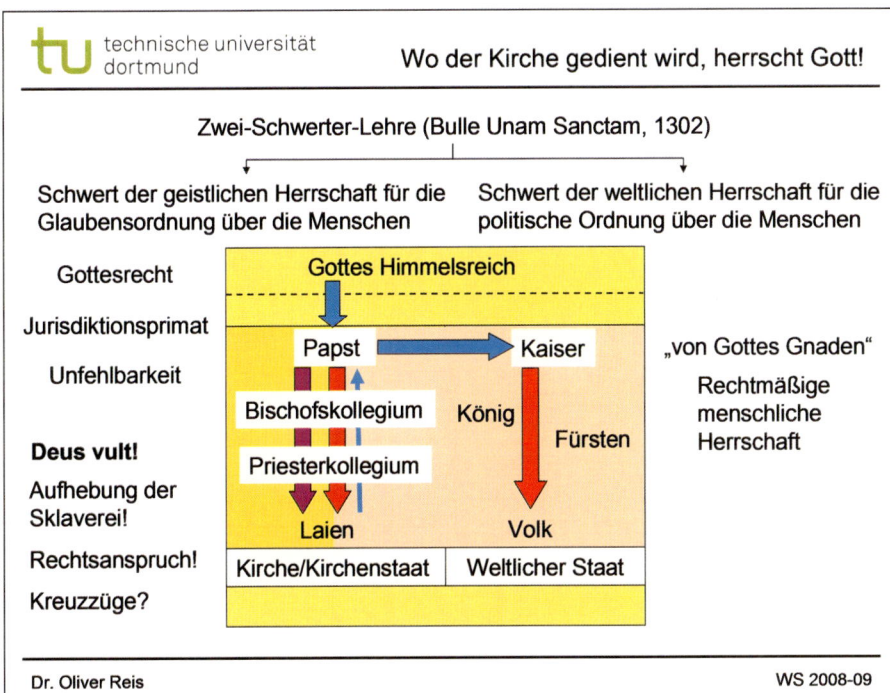

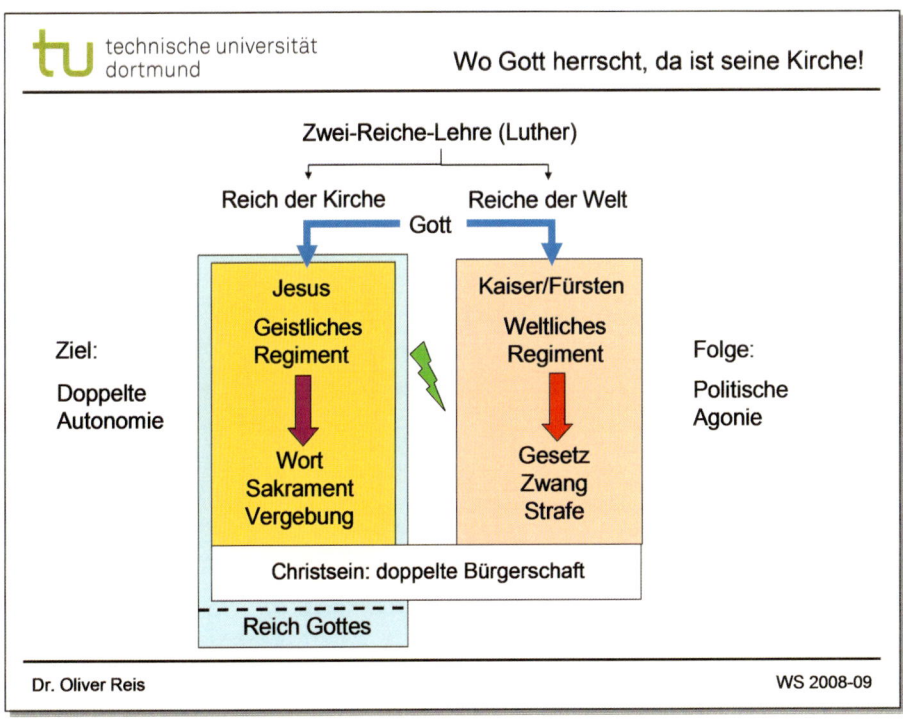

438

technische universität
dortmund

Wo Gott herrscht, da ist die Macht!

Gottes

Jesus

erwählt

und

segnet

mit dem Geist

und erweckt Charismen,

… um zu glauben.

… um zu verkünden.

… um zu heilen.

… um zu prophezeien.

… um zu siegen.

… um zu beten.

… um zu kämpfen.

… um zu verdienen.

… um sich zu vermehren.

Dr. Oliver Reis

WS 2008-09

# Farbfolien Reflexives Lernen II (Visualisierungen)

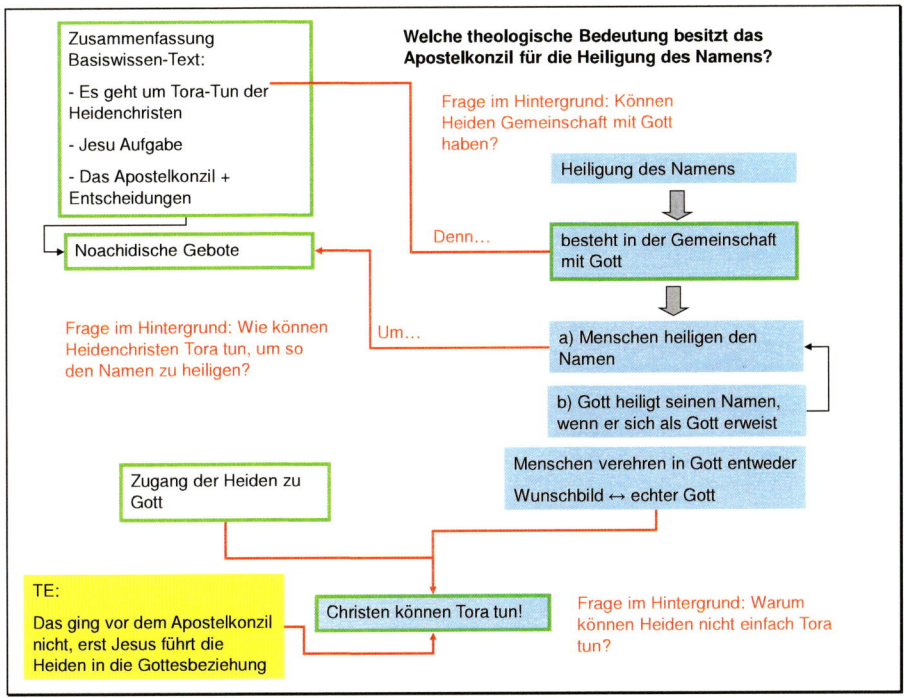

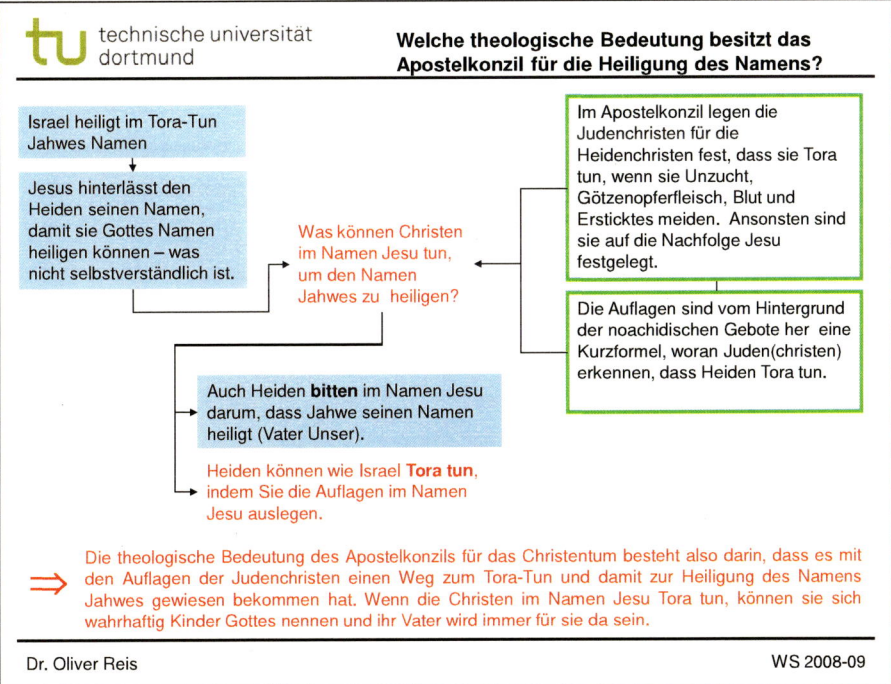

# Lehr- und Studienbücher zur Theologie

Wolfgang Marhold; Bernd Schröder (Hg.)
unter Mitarbeit von Claudia Bendick
**Evangelische Theologie studieren**
Eine Einführung
Als zukünftige Theologiestudierende oder Studienanfänger halten Sie eine Einführung in der Hand, die Ihnen den Start in den neuen Lebensabschnitt deutlich erleichtern wird. Knappe, gut verständliche Aufsätze führen in die Disziplinen und Fragestellungen der theologischen Wissenschaft ein. Darüber hinaus erhalten Sie konkrete Studienhilfen, die Ihnen die Organisation Ihres Studiums erleichtern und über die Hürden der ersten Hausarbeit hinweghelfen. Die intensive Beschäftigung mit dem theologischen Denken eröffnet Möglichkeiten zu interdisziplinär ausgerichteter wissenschaftlicher Arbeit und kann Berufsfelder erschließen, die nicht unbedingt auf den ersten Blick mit Evangelischer Theologie in Verbindung gebracht werden.
Das Buch erscheint in zweiter revidierter Auflage, in der die durch den Bologna-Prozess stark veränderten Studienbedingungen berücksichtigt sind.
Bd. 3, 2.,erw. Aufl. 2007, 264 S., 19,90 €, br.,
ISBN 978-3-8258-0883-9

Ernst Leuninger
**Einführung in die Katholische Soziallehre**
Ein Arbeitsbuch für das Gruppen- und Selbststudium
In der Katholischen Soziallehre legt die Kirche kein eigenes System vor, sondern erlaubt im Licht ihrer Grundideen zu erkennen, inwieweit die bestehenden Systeme den Forderungen der Menschenwürde entsprechen.
Damit macht sie Menschen fähig, in die gesellschaftliche Diskussion über den besseren Weg im Sinne von Gerechtigkeit und Menschenwürde einzutreten. Es ist ein altes Anliegen der Katholischen Soziallehre einzuwirken auf die Änderung der Einstellungen aber auch auf die Änderung von Strukturen.
Das Arbeitsbuch will in diese Soziallehre einführen in vier Lerneinheiten: Die Hoffnung auf Gerechtigkeit, Geschichte der Katholischen Soziallehre, Ansätze der Soziallehre und Wege zur Praxis heute.
Bd. 4, 2009, 488 S., 39,90 €, br., ISBN 978-3-643-10050-4

Karl Christian Felmy
**Einführung in die orthodoxe Theologie der Gegenwart**
In der rumänischen Fassung dieses in sechs Sprachen übersetzten Buches lautet der Titel: »Dogmatik der kirchlichen Erfahrung«. So werden zwei Eigenarten der Darstellung hervorgehoben: Daß es sich insbesondere um eine *dogmatische* Theologie handelt und daß das Prinzip *kirchlicher Erfahrung* eine besondere Rolle spielt. Darum werden dem orthodoxen Gottesdienst mit seinen Gebeten, der orthodoxen kirchlichen Hymnik und der für den Gottesdienst bestimmten Ikone besondere Aufmerksamkeit gewidmet. Theologische Gegenstände und Fragenkomplexe werden vornehmlich von dem her, was erfahrbar ist, erläutert, wie es für die orthodoxe Theologie der Gegenwart kennzeichnend ist.
Das Buch hat gegenüber vergleichbaren Darstellungen den Vorzug, Außen- und Innenperspektive in glücklicher Weise zu vereinen.
Bd. 5, 2011, 336 S., 39,90 €, br., ISBN 978-3-643-11199-9

Hartmut Rosenau
**Vom Warten – Grundriss einer sapientialen Dogmatik**
Neue Zugänge zur Gotteslehre, Christologie und Eschatologie
Dieses Lehr- und Studienbuch führt in die heutigen Aufgaben und Probleme der Systematischen Theologie ein und erörtert klassische Themen sowohl der natürlichen Theologie (Gottesbeweise, Anthropologie, Schöpfungslehre) als auch der Offenbarungstheologie (Christologie, Schriftprinzip, Theologie der Religionen). Die hier aufgezeigten Aporien leiten zu einem eigenständigen Entwurf einer sapientialen (weisheitlichen) Dogmatik über, die an den Beispielen der Gotteslehre, der Christologie und der Eschatologie neue Wege zwischen aufgeklärter Skepsis und orientierender Verbindlichkeit eröffnet.
Bd. 8, 2012, 184 S., 19,90 €, br., ISBN 978-3-643-11518-8

**LIT** Verlag Berlin – Münster – Wien – Zürich – London
Auslieferung Deutschland / Österreich / Schweiz: siehe Impressumsseite